**NORDOSTÄGÄISCHE
INSELN**
*Seiten 120–153*

**DODEKANES**
*Seiten 154–199*

NORDOST-
ÄGÄISCHE
INSELN

SPORADEN UND
EVIA

**KRETA**
*Seiten 240–277*

KYKLADEN

D1727347

DODEKANES

KRETA

# VIS à VIS

# GRIECHISCHE INSELN

# GRIECHISCHE
# INSELN

RV VERLAG

## Ein Dorling Kindersley Buch

TEXTE
Rosemary Barron, Marc Dubin, Stephanie Ferguson, Mike Gerrard,
Andy Harris, Lynette Mitchell, Colin Nicholson, Robin Osborne,
Barnaby Rogerson, Paul Sterry, Tanya Tsikas

FOTOGRAFIE
Max Alexander, Joe Cornish, Paul Harris, Rupert Horrox,
Rob Reichenfeld, Linda Whitwam, Francesca Yorke

ILLUSTRATIONEN
Stephen Conlin, Steve Gyapay, Maltings Partnership, Chris Orr &
Associates, Mel Pickering, Paul Weston, John Woodcock

KARTOGRAFIE
Gary Bowes, Fiona Casey, Christine Purcell (ERA-Maptec Ltd)

REDAKTION UND GESTALTUNG
Dorling Kindersley Ltd.

•

•

© der deutschen Ausgabe:
RV Reise- und Verkehrsverlag GmbH in der Falk-Verlag AG,
München 1998

ÜBERSETZUNG Claudia Magiera, Werner Geischberger und Pia Arras
für GAIA Text, München
REDAKTION Gerhard Bruschke; Dr. Thomas Pago,
Falk-Verlag AG, München
SATZ UND PRODUKTION GAIA Text, München
LITHOGRAPHIE Colourscan, Singapur
DRUCK A. Mondadori Editore, Verona, Italien

ISBN 3-89480-922-1

1 2 3 4 5 6  02 01 00 99 98

Für Hinweise, Verbesserungsvorschläge und Korrekturen
ist der Verlag dankbar. Bitte richten Sie Ihr Schreiben an:
Falk-Verlag AG
Redaktion
Neumarkter Straße 43
81673 München

**Der Hafen von Réthymno, Kreta**

# INHALT

**Der türkische Prinz Cem trifft auf
Rhodos ein (15. Jh.)**

## DIE INSELN STELLEN SICH VOR

◁ **Fischer beim Entladen ihres Fangs im Hafen von Mýkonos-Stadt**

**Gorgonenhaupt, Évia**

*Garídes giouvétsi*, Shrimps mit Feta in Tomatensauce

## ZU GAST AUF DEN INSELN

## DAS ANTIKE GRIECHENLAND

**Familienausflug**

## FÜHRER DURCH DIE GRIECHISCHEN INSELN

## GRUND-INFORMATIONEN

### PRAKTISCHE HINWEISE *336*

**Kámpos-Strand auf Ikaría, Nordostägäische Inseln**

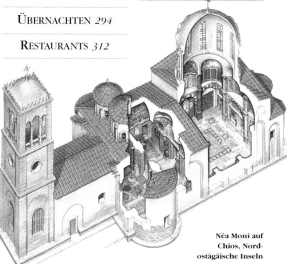

**Néa Moní auf Chíos, Nordostägäische Inseln**

# BENUTZERHINWEISE

DIESER REISEFÜHRER soll Ihren Griechenland-Besuch zu einem Erlebnis machen. Der Abschnitt *Die Inseln stellen sich vor* beschreibt das Land und stellt historische Zusammenhänge dar. Das Kapitel *Antikes Griechenland* gibt Hintergrundinformationen zu beschriebenen Kunst-werken. Sieben Regionalkapitel und *Kurzer Aufenthalt in Athen* beschreiben wichtige Sehenswürdigkeiten. Von uns empfohlene Hotels und Restaurants werden im Kapitel *Zu Gast auf den Inseln* beschrieben. Die *Grund-informationen* helfen Ihnen beim Zu-rechtfinden auf den Griechischen Inseln.

## FÜHRER DURCH DIE GRIECHISCHEN INSELN

Die Inseln wurden in sechs Gruppen bzw. Kapitel unterteilt. Kreta wurde ein eigenes Kapitel gewidmet. Auf der vorderen Umschlaginnenseite ist eine Übersichtskarte zu finden. Jede Inselgruppe ist mit einer Farbkodierung versehen.

**1 Einführung**
*Hier werden Landschaft, Geschichte, Entwicklung und Charakter der Inselgruppen beschrieben.*

**Jede Inselgruppe** kann anhand ihrer Farbkodierung schnell wiedergefunden werden.

**Die Orientierungskarte** zeigt Ihnen, wo Sie sich befinden.

**2 Übersichtskarte**
*Aus der Vogelperspektive werden die beschriebenen Inseln gezeigt. Fährrouten sind auf dieser Karte markiert.*

**Diese Übersicht** nennt alle Inseln in alphabetischer Form. Jede Insel ist mit einem Querverweis versehen.

**Die Hauptfähr-strecken**, Straßen und Verkehrswege sind auf Karten markiert.

**Die Orientie-rungskarte** zeigt Ihnen, wo Sie sich befinden.

**3 Detaillierte Informationen**
*Alle Sehenswürdigkeiten der Inseln werden einzeln be-schrieben. Dazu gehören Adresse, Telefonnummer, Öffnungszeiten und Informationen über Eintritt und Zugang für Rollstuhlfahrer.*

**Kolumnen** beleuchten Wissenswertes zu den Sehenswürdigkeiten.

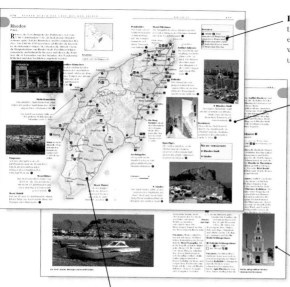

**Die Infobox** enthält praktische Informationen, die für einen Besuch hilfreich sind, wie etwa zu Verkehrsmitteln und Festen.

**4 Hauptsehenswürdigkeiten**
*Die wichtigsten Sehenswürdigkeiten werden hier aufgelistet und auf den folgenden Seiten detailliert beschrieben.*

**Diese Seiten** beschreiben die Inseln detailliert.

**Die Hauptfährstrecken,** Straßen und Verkehrswege sind auf Karten markiert.

**5 Detailkarte**
*Städte, Viertel und Sehenswertes werden aus der Vogelperspektive beleuchtet.*

**Sterne** markieren herausragende Sehenswürdigkeiten.

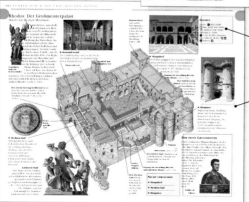

**Die Infobox** enthält praktische Informationen, die für einen Besuch hilfreich sind.

**6 Wichtigen Sehenswürdigkeiten**
*werden jeweils eine oder mehrere Seiten gewidmet. Pläne und Rekonstruktionen antiker Stätten geben einen Einblick in die Antike.*

# Die griechischen Inseln stellen sich vor

# Griechenland auf der Karte

GRIECHENLAND, gelegen am Südrand der Balkanhalbinsel, zählt über 2000 Inseln, die sich vom Ionischen Meer im Westen bis zum Ägäischen Meer im Osten hinziehen. Das Festland grenzt an Albanien, Bulgarien, die Türkei und die Republik Makedonien. Über zehn Prozent der 10,2 Millionen Einwohner Griechenlands leben auf den Inseln.

POLEN

PRAG

TSCHECHISCHE REPUBLIK

SLOWAKEI

WIEN

BRATISLAVA

ÖSTERREICH

BUDAPEST

UNGARN

SLOWENIEN
LJUBLJANA

ZAGREB

KROATIEN

BELGRAD

BOSNIEN-
HERZEGOWINA

SARAJEVO

JUGOSLAWIEN

A d r i a

KORSIKA

ROM

ITALIEN

SKO
MAKEDONI

TIRANA

Tyrrhenisches Meer

SARDINIEN

ALBANIEN

GRI

Korfu

I o n i s c h e s

SIZILIEN

M e e r

TUNIS

TUNESIEN

M i t t e l m e e r

**LEGENDE**

Fähre

Internationaler Flughafen

Autobahn

Hauptstraße

Eisenbahnlinie

Staatsgrenze

TRIPOLIS

LIBYEN

◁ **Blick von Chóra, Sérifos, auf den Hafen von Livádi**

UKRAINE

MOLDAWIEN

CHISINAU

RUMÄNIEN

BUKAREST

SOFIA

BULGARIEN

**EUROPA UND NORDAFRIKA**

NORWEGEN
FINNLAND
SCHWEDEN
ESTLAND
DÄNEMARK
LETTLAND
RUSSISCHE
FÖDERATION
LITAUEN
RUSSISCHE FÖD.
IRLAND
GROSS-
BRITANNIEN
NIEDERLANDE
POLEN
WEISSRUSSLAND
DEUTSCHLAND
BELGIEN
LUXEMBURG
TSCHECHIEN
UKRAINE
SLOWAKEI
MOLDAWIEN
FRANKREICH
ÖSTER-
REICH
UNGARN
RUMÄNIEN
SCHWEIZ
SLOWENIEN
KROATIEN
JUGOSLAWIEN
BOSNIEN-
HERZEGOWINA
BULGARIEN
SPANIEN
ITALIEN
MAKE-
DONIEN
PORTUGAL
ALBANIEN
GRIECHENLAND
TÜRKEI
Athen
SYRIEN
TUNESIEN
ISRAEL
IRAK
MAROKKO
JORDANIEN
SAUDI-
ARABIEN
ALGERIEN
LIBYEN
ÄGYPTEN

Schwarzes Meer

ANKARA

TÜRKEI

...CHENLAND

Ägäisches Meer

ATHEN

Piraeus

Santorini

Rhodes

ZYPERN
NICOSIA

SYRIEN

Kreta

LIBANON
BEIRUT

0 Kilometer    200

ISRAEL

ÄGYPTEN

# EIN PORTRÄT DER GRIECHISCHEN INSELN

G RIECHENLAND *ist eines der meistbesuchten Länder Europas. An der Nahtstelle mehrerer Kulturen gelegen, entstand der moderne griechische Staat erst 1830. Er vereint Eigenheiten des Balkans, des Nahen Ostens und des Mittelmeerraums.*

Griechenlands große und kleine Inseln gehen in die Tausende. Nur etwa hundert sind ständig bewohnt; auf ihnen leben knapp zehn Prozent der gut zehn Millionen Einwohner des Landes. Seit Jahrhunderten leben viele Insulaner im Ausland. Auslandsgriechen machen derzeit mehr als die Hälfte der »Heimattreuen« aus; ihre Unterstützung der Daheimgebliebenen ist ein Standbein der Inselökonomien. Neuerdings kehren zahlreiche Auslandsgriechen zurück. Ihren Einfluß auf Architektur und Küche bemerkt man schon vielerorts.

Selbst in Sichtweite gelegene Inseln können höchst unterschiedliche Entwicklungen durchlaufen

**Griechischer Pope**

haben. Die meisten Archipele entlang der Levante spielten zwischen dem Zerfall des Byzantinischen Reiches und dem Entstehen des modernen Griechenlands Schlüsselrollen. Kreta, die Kykladen und die Ionischen Inseln standen unter venezianischer Kontrolle und italienischem Kultureinfluß.

Die Inseln der Nordostägäis und des Dodekanes wurden im Mittelalter von Genuesen und Kreuzfahrern beherrscht, die Argo-Saronischen Inseln wiederum von albanischen Christen neu besiedelt.

Das 20. Jahrhundert brachte Veränderungen des Insel- und Stadtlebens, Jahre der Besatzung und Kriege. Der Bürgerkrieg fand erst nach der Zeit der Militärjunta (1967–74)

**Fischer beim Netzeflicken auf der Kykladen-Insel Páros**

◁ Seitenstraße in Anógeia, Kreta

Dorfcafé in Kretas Lasíthi-Hochebene

ein Ende. Inzwischen beschleunigt der Tourismus die Entwicklung vieler Inseln von traditionellem Ambiente zu modernem Wohlstand. Die meisten Ägäischen Inseln besaßen vor 1970 weder befestigte Straßen noch andere Infrastruktur. Während die Verbindungen nach Athen und ins Ausland verbessert wurden, verkehrten selbst auf größeren Inseln nur ein Bus und ein paar Taxis.

### RELIGION, SPRACHE UND KULTUR

Die griechisch-orthodoxe Kirche bewahrte in den Jahrhunderten venezianischer und osmanischer Herrschaft *(siehe S. 36f)* durch Liturgie und Schulen Sprache und

Heiligenfresko des Johannes-Klosters, Pátmos

Identität der Griechen. *Eísai Orthódoxos?* (»Sind Sie orthodoxen Glaubens?«) heißt soviel wie *Ellinas eísai?* (»Sind Sie Grieche?«). Trotz der Säkularisierungsreformen der – ersten demokratisch gewählten – PASOK-Regierung (1981–85) ist die Kirche weiterhin eine tragende Kraft. Obwohl gesetzlich die standesamtliche Trauung genügt, verzichtet kaum ein griechisches Ehepaar auf den kirchlichen Segen. Sonntagsmessen sind gut besucht, vor allem von Frauen, denen Kirchen als Treffpunkt oft soviel bedeuten wie Männern ihre *kafeneía* (Cafés).

Viele Geistliche, zu erkennen an Zylinder und langem Bart, heiraten und gehen oft Nebentätigkeiten nach – ein Grund für die konstante Zahl der Kirchenmitglieder. Zugleich erlebt, vielleicht als Reaktion auf den Materialismus der Nachkriegszeit, das zölibatäre Mönchsleben eine Renaissance.

Ausdruck nationaler Identität ist neben der griechisch-orthodoxen Kirche das subtile, wohlklingende

Traditionelle Häuser am Meer auf der Ionischen Insel Kefalloniá

Stiegenstraßen und weiße Hauswände auf der Kykladen-Insel Santoríni

sur waren Schriftsteller und Sänger sprudelnde Nachrichtenquellen und sehr wichtige Informanten.

### WIRTSCHAFT UND AUSSENPOLITIK

Nach Maßstäben der Nachbarstaaten ist Griechenland wohlhabend und stabil, nach jenen Westeuropas ein armer, seit einigen Jahre an der EU-Tafel gastierender Vetter. Zum chronischen Defizit der Außenhandelsbilanz trägt der hohe Import von Luxusgütern bei. Ihn nährt *xenomanía*, die Überzeugung von der Überlegenheit ausländischer Produkte (und bezüglich Autos ist dies der Grund, daß Griechenland, wie viele andere, kleinere europäische Staaten auch, bis heute keine Fahrzeuge baut).

Familie auf einem Motorroller, Kos

Neugriechisch. Im Sprachenstreit unterlag die altertümelnde, zur Zeit der Unabhängigkeit hastig entwickelte Schriftsprache *katharévousa* der *dimotikí*, der organisch entstandenen demotischen Sprache des Volkes.

Den Sieg der *dimotikí* erklärt nicht zuletzt die lange Erzähltradition. Das Geschichtenerzählen in Griechenland ist heute noch so beliebt wie zu Homers Zeiten: In den *kafeneía* redet man aus Spaß am Reden. Die Bardentradition lebt fort durch Poeten wie Mános Eleftheríou und Komponisten wie Stávros Xarchákos. Sie und andere Künstler schufen Volkslieder, die seit dem 19. Jahrhundert eine wesentliche Rolle spielen und zur Lebendigkeit der *dimotikí* beitragen.

In den – nicht sehr fernen – Zeiten der von Besatzungsmächten und Diktatoren verhängten Zen-

Dienstleistungs- und Agrarsektor tragen zwei Drittel zum Bruttosozialprodukt bei; dies zeigt den Nachholbedarf in der Industrie. Wirtschaftliche Parallelen mit Ostblockstaaten treffen seit Griechenlands EU-Beitritt 1981 nicht mehr zu. Der Staat hat unrentable Betriebe veräußert, die Inflationsrate ist (erstmals seit 1973) einstellig,

Strand bei Plakiás, Kreta

**Windmühle in Olympos auf der Insel Kárpathos, Dodekanes**

die Drachme hat sich stabilisiert, Zinssätze fallen – nicht aber die relativ hohen Arbeitslosenzahlen.

Der Fremdenverkehr fährt das Gros harter Devisen ein. Er entschädigt für die weltweite Schiffahrtkrise und die Konkurrenz von Agrarprodukten aus den anderen Mittelmeerländern der EU. Eine maßgebliche Rolle spielt diese Lebensader vieler Inseln erst seit Ende der 60er Jahre. Die Stillosigkeit vieler touristischer Einrichtungen geht überwiegend auf den unbedachten Übereifer während der Zeit der Militärjunta zurück. Jüngere Anlagen beziehen Natur und Umwelt stärker ein. Statt auf billigen Massentourismus setzt man nun auf gehobenen Fremdenverkehr. Um aus anderen europäischen Ländern zahlungskräftige Besucher, orthodoxe Pilger und Special-Interest-Touristen anzulocken, verbessert man die Infrastruktur auf den Inseln, plant Badeorte, Jachthäfen, neue Flugplätze und moderne Fernmeldeverbindungen heutzutage wesentlich bewußter.

**Kinder im Festgewand im Dorf Koskinoú, Rhodos**

Der moderne griechische Staat ist keine 200 Jahre alt. Angesichts dessen und der bis in jüngste Zeit währenden politischen Unruhen wundert es nicht, daß die Griechen seinen Institutionen wenig vertrauen. Sie verlassen sich lieber auf persönliche Freundschaften

**Festtagsbrot, angeboten in den Markthallen von Chaniá, Kreta**

**Eine Eselsarbeit: Dreschen auf den Kykladen**

und Beziehungen. Rechte und linke politische Fronten bildeten sich erst nach 1930. Auf der politischen Bühne fiel in der ersten Hälfte des 20. Jahrhunderts Elefthérios Venizélos auf, ein antiroyalistischer, liberaler Staatsmann aus Kreta. Hauptdarsteller wurden nach dem Zweiten Weltkrieg Andréas Papandréou,

Hafentreiben in Pythagóreio, Sámos

als Vorsitzender der von ihm gegründeten PASOK (Panhellenische Sozialistische Bewegung) dreimal Ministerpräsident, und der konservative Ministerpräsident und Staatspräsident Konstantínos Karamanlís.

Seit Ende des kalten Krieges besinnt sich Griechenland seiner latenten Balkan-Identität. Es hat die Beziehungen zu den nächsten Nachbarn verbessert, seit 1990 insbesondere zu Albanien, nachdem dort das kommunistische Regime zurücktreten mußte. In Bulgarien bereits Hauptinvestor, nähert es sich nun der Republik Makedonien an – Anzeichen dafür, daß Griechenland sich zu einer bedeutenden regionalen Macht entwickelt.

### FAMILIENLEBEN

Soziale Kernzelle ist weiterhin die Familie. Unter traditionellen Besitz- und Arbeitsverhältnissen konnte eine Familie ohne Fremdhilfe ihre Felder bestellen und ernten. Familienbetriebe sind auch in den vielen Hafenstädten noch die Norm. Arrangierte Ehen konnte der Gesetzgeber nicht verhindern. Junge Leute wohnen bis zur Heirat meist bei ihren Eltern oder anderen Verwandten; außerhalb großer Universitätsstädte wie z.B. in Rhodos-Stadt, Irákleio und Mytilíni leben Paare selten in »wilder Ehe«. Kinder, die zum Besuch höherer Schulen auf größere Inseln umziehen müssen, kommen oft bei Verwandten unter. Angesichts der Kinderliebe mag die niedrige – in Europa nur

Fisch auf dem Markt von Réthymno, Kreta

von Italien unterbotene – Geburtenrate erstaunen; vor dem Zweiten Weltkrieg war sie mehr als doppelt so hoch.

Macho-Attitüden halten sich auf den Inseln zäh; viele Frauen verzichten auf eine berufliche Karriere, um Haus und Kinder zu hüten. In den Städten erhöhen »moderne Sitten« zwar die Stellung der Frau, doch scheint kein noch so starker Fremdeinfluß imstande, den traditionsverhafteten Lebensstil zu entwurzeln.

Mann mit Esel in der Stadt Mýkonos, Kykladen

# Typische Architektur der Griechischen Inseln

**D**IE BAUWEISEN unterscheiden sich stark voneinander, selbst auf benachbarten Inseln. Obwohl es also »den« Inselhaustyp nicht gibt, bestehen durchaus Gemeinsamkeiten, und zwar nicht nur innerhalb einer Inselgruppe. Auf den Kykladen und den Ionischen Inseln prägten die Venezianer, auf den Inseln der nordöstlichen Ägäis und des Dodekanes die Osmanen nachhaltig den später von Einheimischen weiterentwickelten Baustil.

Ansicht der vom *kástro* überragten Stadt Chóra auf der Insel Astypálaia, Dodekanes

**Außenkamin nach venezianischem Vorbild**

**Steinernes Zierrelief**

***Sachnisiá*** (Vorsprünge) fertigte man aus Lattenwerk und Gips, gestützt von hölzernen Freiträgern.

*Venezianische Stadthäuser kamen auf Kreta während der Herrschaft der Venezianer (15.–17. Jb.) auf. Sie umstehen oft einen Hof, das Erdgeschoß diente als Lager.*

**Schiebefenster mit Läden**

**Der oberste Stock** diente zum Empfangen von Gästen und Schlafen.

**Die Küche** befand sich im Mittelgeschoß.

**Im steinernen Erdgeschoß** waren Tiere und Gerätschaften untergebracht.

**Ebenerdige Arkade als Veranden-träger**

*Pýrgoi, für Lésvos typische befestigte Wohntürme im Zentrum bäuerlicher Anwesen, wurden erstmals im 18. Jahrhundert gebaut. Die meisten Überreste, zu finden nahe der Stadt Mytilíni, entstammen dem 19. Jahrhundert.*

**Doppelte Verandatüren des Salons**

*Archontiká (Stadthäuser) sieht man auf Sífnos vor allem in Kástro, Artemónas und Katavatí. Sie besitzen, anders als die einstöckigen Bauernhäuser, zwei Etagen.*

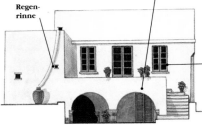

**Regenrinne**

## KÁSTRO-ARCHITEKTUR

Das *kástro* der Kykladen-Insel Antíparos entstand im 15. Jahrhundert. Es stellt das unverfälschteste Beispiel einer von Venezianern geplanten, zum Schutz vor Piraten befestigten Siedlung dar.

**Zentrale Zisterne zum Speichern von Regenwasser**

**Zum Innenhof ausgerichtete Häuser**

**Einziger Eingang**

**Anlage eines Hof-*Kástro***

**Schornsteintopf aus Tonscherben**

**Treppe zum Innenhof**

**Vergipste, geweißelte Wände**

*Häuser im Kástro- oder Kastellstil besitzen an der Front rechtwinklige Außentreppen. Sie blicken auf einen Innenhof oder ein Netz schmaler Gassen. Seewärts sind winzige Fenster eingelassen. Beispiele finden sich auf Síkinos, Kímolos, Sífnos, Antíparos und Folégandros.*

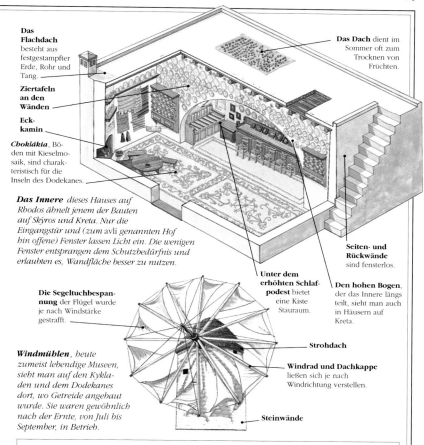

**Das Flachdach** besteht aus festgestampfter Erde, Rohr und Tang.

**Ziertafeln an den Wänden**

**Eck- kamin**

*Choklákia*, Böden mit Kieselmosaik, sind charakteristisch für die Inseln des Dodekanes.

**Das Dach** dient im Sommer oft zum Trocknen von Früchten.

*Das Innere* dieses Hauses auf Rhodos ähnelt jenem der Bauten auf Skýros und Kreta. Nur die Eingangstür und (zum avlí genannten Hof hin offene) Fenster lassen Licht ein. Die wenigen Fenster entsprangen dem Schutzbedürfnis und erlaubten es, Wandfläche besser zu nutzen.

**Seiten- und Rückwände** sind fensterlos.

**Unter dem erhöhten Schlaf- podest** bietet eine Kiste Stauraum.

**Den hohen Bogen**, der das Innere längs teilt, sieht man auch in Häusern auf Kreta.

**Die Segeltuchbespan- nung** der Flügel wurde je nach Windstärke gestrafft.

**Strohdach**

**Windrad und Dachkappe** ließen sich je nach Windrichtung verstellen.

*Windmühlen*, heute zumeist lebendige Museen, sieht man auf den Kykladen und dem Dodekanes dort, wo Getreide angebaut wurde. Sie waren gewöhnlich nach der Ernte, von Juli bis September, in Betrieb.

**Steinwände**

## HEIMISCHE BAUMETHODEN UND -MATERIALIEN

Auf den vulkanischen Inseln Lésvos, Límnos, Nísyros und Mílos verwendet man zum Hausbau Lavagestein, auf den Kykladen Schiefer. Auf osmanischen Einfluß verweisen Lattenwerk und Gips, leichte, vornehmlich auf Sámos, Lésvos, den Sporaden und anderen nördlichen Inseln eingesetzte Materialien. Bescheidene Häuschen aus Lehm und Naturstein sieht man auf allen Inseln, ebenso *dóma*, flache Dächer aus Baumstämmen, gedeckt mit gebündeltem Rohr und einer Tang-Lehm-Schicht.

**Mörtellose Wand aus Schieferplatten**

**Behauenes Vulkangestein**

**Schiefer- oder »Schuppen«-Dach**

**Dachpfannen, typisch für den Dodekanes**

**Flaches Lehmdach oder *dóma***

**Gebogene Pfeiler zum Schutz vor Erdbeben**

# Meeresfauna und -flora

**Trompeten-
schnecke**

GEGENÜBER DEN OZEANEN wirken Mittelmeer und Ägäis wie ruhige Meeresbecken. Da die Gezeiten dieser fast vollkommen landumschlossenen Meere schwach ausgeprägt sind, legt die Ebbe wenige Meerestiere und -pflanzen bloß. Dafür entschädigt vielerorts der Reichtum der Küstenvegetation und Strandvögel. Und wenn Sie in Strandnähe schnorcheln oder in die Küstengewässer abtauchen, dann tut sich eine Welt auf, in der es von kleinen und großen Lebewesen nur so wimmelt.

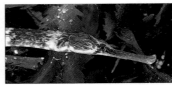

*Die Große Seenadel sieht treibendem Seetang ähnlich, ist aber ein langgestreckter Knochenfisch. Sie lebt gern in seichtem Gewässer zwischen Felsen, Geröll und Algen und ist beim Schnorcheln zu sichten.*

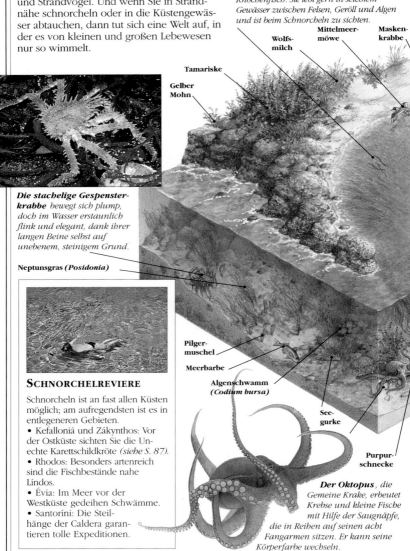

*Die stachelige Gespensterkrabbe bewegt sich plump, doch im Wasser erstaunlich flink und elegant, dank ihrer langen Beine selbst auf unebenem, steinigem Grund.*

Neptunsgras (*Posidonia*)

Tamariske
Gelber Mohn
Wolfsmilch
Mittelmeermöwe
Maskenkrabbe

Pilgermuschel
Meerbarbe
Algenschwamm (*Codium bursa*)
Seegurke
Purpurschnecke

## SCHNORCHELREVIERE

Schnorcheln ist an fast allen Küsten möglich; am aufregendsten ist es in entlegeneren Gebieten.
• Kefalloniá und Zákynthos: Vor der Ostküste sichten Sie die Unechte Karettschildkröte *(siehe S. 87)*.
• Rhodos: Besonders artenreich sind die Fischbestände nahe Líndos.
• Évia: Im Meer vor der Westküste gedeihen Schwämme.
• Santoríni: Die Steilhänge der Caldera garantieren tolle Expeditionen.

*Der Oktopus, die Gemeine Krake, erbeutet Krebse und kleine Fische mit Hilfe der Saugnäpfe, die in Reihen auf seinen acht Fangarmen sitzen. Er kann seine Körperfarbe wechseln.*

**Die Unechte Karettschildkröte** *legt ihre Eier an Sandstränden ab. Der Badetourismus hat ihre Bestände stark dezimiert. Heute versucht man, die wenigen verbliebenen Brutplätze vor Störenfrieden zu schützen.*

**Diese Qualle** *»segelt mit dem Wind«. Sie benutzt organisches Treibgut, um sich vom Wind übers Meer tragen zu lassen. Badende seien gewarnt: Selbst die losen, fadendünnen Nesselschläuche mancher Quallenarten verursachen Hautbrennen.*

**Rotschenkel**

**Algenschwamm**

**Seepferdchen** *kommen in griechischen Gewässern in großer Zahl vor. Sie leben gern zwischen Seegraspolstern; um die Pflanzen gewickelt, gibt der Schwanz ihnen Halt. Sie betreiben Brutpflege, was ungewöhnlich für Fische ist. Es sind die Männchen, die Eier und Junge im Brutbeutel tragen.*

**Sardine**

**Badeschwamm**

**Die Schwimmkrabbe** *ist eine der aggressivsten Krabben. Das Schwimmen ermöglichen ihr die flachen, paddelähnlichen Enden der Hinterbeine.*

**Muräne**

**Roter Knurrhahn**

**Veilchenschnecke**

**Strandkrabbe**

**Der Heringskönig** *geht in der küstennahen Felsenwelt majestätisch auf Patrouille. Er besitzt einen platten, ovalen Körper und an der Rückenflosse lange Stacheln. Er kann, wo Fischer ihn nicht verschrecken, sehr zutraulich, ja unverschämt neugierig sein.*

## SICHERHEITSTIPS FÜR SCHNORCHLER

• Stürme können über dem Mittelmeer urplötzlich aufziehen. Erfragen Sie die Witterungs- und Badebedingungen, ehe Sie auf Schnorcheltour gehen.
• Schnorcheln Sie nicht, wo Quallen vorkommen.
• Schnorchel und Maske müssen perfekt sitzen; achten Sie beim Kauf oder Ausleihen darauf.
• Schnorcheln Sie nie ohne Begleitung.
• Tragen Sie ein T-Shirt oder Taucherhemd.
• Meiden Sie die Nähe von Flußmündungen und Häfen. Dort sind die Gewässer trübe, Schiffe und Verunreinigungen bilden Gefahrenherde.
• Bleiben Sie stets in Strandnähe; prüfen Sie immer wieder die Entfernung zum Ufer.

# DIE GESCHICHTE DES LANDES

DIE GRIECHISCHE Geschichte ist die eines Volkes, nicht eines Landes: Die Geographie prägt das griechische Nationalgefühl weniger als Sprache, Religion, Abstammung und Brauchtum. Innere Kämpfe kennzeichnen die frühe Geschichte, von der bronzezeitlichen minoischen und mykenischen Kultur bis hin zur Epoche der im 1. Jahrtausend v.Chr. entstandenen Stadtstaaten.

**Alexander d.Gr., Bildnis des Volkskünstlers Theófilos**

Nachdem Philipp II. von Makedonien 338 v.Chr. bei Charoneia das griechische Heer geschlagen hatte, ging Griechenland im Weltreich Alexanders des Großen auf, mit dem Sieg der Römer über Makedonien 168 v.Chr. als Provinz im Römischen Imperium. Als Teil des Oströmischen oder Byzantinischen Reiches schließlich wurde es von Konstantinopel aus regiert und im 11. Jahrhundert ein tragendes Element der neugeordneten byzantinischen Welt.

Die osmanische Eroberung Konstantinopels (1453) raubte Griechenland seine politische Einheit. Um Kontrolle über die Handelsrouten des Ionischen und Ägäischen Meeres stritten mit den Osmanen die Venezianer, die Küsten und Inseln zügig befestigten. Durch Europas Unabhängigkeitsbewegungen angefacht und an die Demokratie des klassischen Athen erinnert, wagten die Griechen den Aufstand und 1821 den Freiheitskampf. 1832 stellten Europas Großmächte die Erbmonarchie Griechenland unter ihren Schutz. Dies markierte das Ende der Osmanenherrschaft.

1922, nach fast einem Jahrhundert der Grenzkonflikte, verlor Griechenland den Griechisch-Türkischen Krieg. Es folgten Metáxas' Diktatur und der Bürgerkrieg (1946–49), der eine halbe Million Menschenopfer forderte. Das heutige Staatsgebiet besteht seit Italiens Rückgabe des Dodekanes (1948). Daß Griechenland nun eine gefestigte Demokratie im EU-Verbund ist, erscheint wie ein Zirkelschluß nach 2000 Jahren Fremdherrschaft.

**Griechenlandkarte aus Abraham Ortelius' Atlas *Theatrum orbis terrarum* (1595)**

◁ **Ritter des Johanniter-Ordens, Illustration einer Chronik (15. Jh.) der Belagerung von Rhodos**

# Die Frühzeit

**Mykenische Goldbrosche**

IN DER BRONZEZEIT blühten in Griechenland drei Zivilisationen: im 3. Jahrtausend die kykladische, die von Kreta aus alle Ägäischen Inseln erfassende minoische sowie die mykenische Kultur, die auf dem Festland entsprang und um 1450 v.Chr. die minoische Kultur auf Kreta ablöste. Minoische und mykenische Kultur gipfelten in den sogenannten Palastzeiten des 2. Jahrtausends, in denen Religion und Bürokratie zentral straff organisiert waren.

**DIE FRÜHZEIT**

▢ besiedelte Gebiete (Bronzezeit)

**Jungsteinzeitlicher Kopf**
*(3000 v. Chr.)*
*Diese auf der Sporaden-Insel Alónnisos geborgene Figur stellt wohl eine Fruchtbarkeitsgöttin dar, durch deren Verehrung Bauern gute Ernten erhofften.*

**Fehlende Schutzmauern** als Zeichen des Mutes der Bewohner

**Kykladische Figurine**
*Bronzezeitliche, 2800–2300 v.Chr. gefertigte Marmorstatuetten wie diese fand man auf den Kykladen in mehreren Gräbern.*

**Mehrstöckige Häuser**

**Minoischer »Badewannen«-Sarkophag**
*Diesen Sargtypus (um 1400 v.Chr.) findet man nur in der minoischen Kunst. Vermutlich war er Hochrangigen vorbehalten.*

## ZEITSKALA

*»Bratpfannen«-Gefäß aus Sýros (2500–2000 v.Chr.)*

| 200 000 v. Chr | 5000 v. Chr. | 4000 v. Chr. | 3000 v. Chr. | 2000 |
|---|---|---|---|---|
| | **7000** Neolithische Ackerbauern in Nordgriechenland | **3200** Erste bronzezeitliche Kulturen auf Kreta und den Kykladen | **2000** Die ersten griechisch sprechenden Menschen treffen auf dem Festland ein | |
| **200 000** Nachweise paläolithischer Zivilisation in Nordgriechenland und Thessalien | | | **2800–2300** Blüte der Kéros-Sýros-Kultur auf den Kykladen<br><br>**2000** Mit dem Bau von Palästen auf Kreta beginnt die Erste Palastzeit | |

## Mykenische Totenmaske

*Reiche Funde an Gold-
arbeiten machte man
in Mykéne, der
Heimatstadt des
homerischen
Helden Agamem-
non auf dem
Peloponnes.
Masken wie diese
streifte man
Verstorbenen über.*

**Bewaldete Hügel**

**Die Bewoh-
ner** zeigen
sich den
Besuchern
gegenüber
freundlich.

# WEGWEISER ZUR FRÜHZEIT

Athens Museum für kykladische Kunst *(siehe S. 287)*
besitzt Griechenlands umfang-
reichste Sammlung kykladischer Statuen. Das Archäologische Nationalmuseum *(S.
282)* zeigt mykenische Gold-
arbeiten. Auf der Kykladen-
Insel Santoríni sind in Akrotíri
*(S. 237)* bis zu dreistöckige
minoische Häuser, auf Milos
in Philakopí *(S. 233)* auf 1500
v.Chr. datierte mykenische
Mauern freigelegt. Kreta, der
Nabel der minoischen Kultur,
hat die Paläste von Knosós *(S.
268ff)*, Phaestos *(S. 262f)*
und Agía Triáda *(S. 259)*
vorzuweisen.

## Zyklopen-Mauern

*Mykenische Festungen wie
diese in Tiryns, Pelopon-
nes, waren von solch
mächtigen Steinmauern
bewehrt, daß spätere Zivilisationen sie für das Werk
von Giganten hielten. Ob
die Mauern tatsächlich
der Verteidigung
dienten, ist ungeklärt.*

**Mit Rudern versehenes Segelboot**

## MINOISCHE MEERESLANDSCHAFT

Ende des 16. Jhs. v.Chr. begrub ein Vulkanausbruch Santorínis Wandmalereien *(siehe
S. 234ff)*. Dieser Ausschnitt zeigt von einer
Küstenstadt ablegende Schiffe. Anders als
jene der kriegerischen Mykener spiegelt die
Kunst der Minoer eine stabile Gesellschaft
wider, die sich in der Ägäis nicht durch Eroberung, sondern durch Handel behauptete.

### Mykenischer Krakenkrug

*Der Form
angepaßt ist
das Dekor die-
ses Gefäßes
(14. Jh.), dessen
Schlichtheit sich
von der Nonchalance
minoischer Vorläufer
abhebt.*

**1750–1700**
Beginn der Zwei-
ten Palastzeit und
Goldenes Zeitalter
der minoischen
Kultur auf Kreta

**1525** Ein
Vulkanausbruch auf
Santoríni verwüstet die
Region

**1250–1200** Zerstörung von Troja nach
Entführung der Helena *(siehe S. 50)*

**1450** Mykener erobern
Knosós, Verwendung der
Linear-B-Schrift

*Helena von
Troja*

| 1800 v. Chr. | 1600 v. Chr. | 1400 v. Chr. | 1200 v. Chr. |
|---|---|---|---|

**1730** Vernichtung der Paläste, Ende der Ersten Palastzeit

**1600** Beginn der Blütezeit
mykenischer Kultur

*Minoische
Figurine einer
Schlangengöt-
tin, 1500 v.Chr.*

**1200** Niedergang
der mykenischen
Kultur

**1370–50** Zweite Zerstörung des
Palastes von Knosós auf Kreta

# »Finsteres« Mittelalter und archaische Zeit

U M 1200 v.Chr. begann für Griechenland ein düsteres Zeitalter. Armut breitete sich aus, und die Bevölkerungszahl nahm ab. Um 800 v.Chr. ging mit dem Entstehen von Stadtstaaten ein rasanter Aufschwung einher, der Kunst, Politik und Kriegführung neue Impulse versetzte. Im Zuge der Kolonisation besiedelten Griechen entfernte Regionen wie die Küsten des Schwarzen Meeres und des westlichen Mittelmeeres, das heutige Syrien und Nordafrika.

**Silbermünze aus Athen**

**Koûros** *(530 v. Chr.)*
Koúroi, *frühe Monumentalstatuen nackter Jünglinge, waren eher idealisierende als realistische Darstellungen. Ihrem Vorbild, der ägyptischen Plastik, entsprachen frontale Perspektive und Beinhaltung.*

**Bronzener Brustharnisch**

**MITTELMEERRAUM, 479 v.CHR.**

Gebiete unter griechischem Einfluß

**Der Doppelflötenspieler**
gab den Marschtakt an.

**Bronzeschienen**
schützten die Beine.

**Solon** *(640–558 v. Chr.)*
Solon, *ernannt zum Archon, dem Inhaber des höchsten Amtes in Athen, läutete mit Gesetzesreformen die Demokratisierung ein.*

## HOPLITEN

Die »Chigi«-Vase aus Korinth (um 750 v.Chr.) bietet eine der frühesten genauen Illustrationen der damaligen Innovationen in der Kriegskunst. Neu war u.a. der Einsatz hart ausgebildeter, schwerbewaffneter Fußtruppen, der Hopliten. Diese kämpften in geschlossenem Verband (Phalanx) für ihre Gemeinde, ein Phänomen, das mit dem Stadtstaat aufkam und im Gemeinschaftsgefühl der Hopliten begründet ist.

## ZEITSKALA

*Fragment einer Vase mit Bändern in geometrischem Linienmuster*

**900** Erste Keramikmalereien im geometrischen Stil

| 1100 v. Chr. | 1000 v. Chr. | 900 v. Chr. |
|---|---|---|
| **1100** Völkerwanderungen in der gesamten griechischen Welt | **1000–850** Bildung der homerischen Königreiche | |

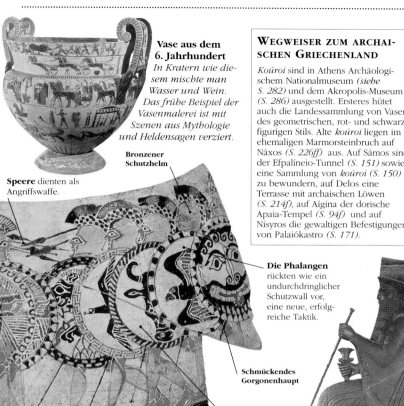

## Vase aus dem 6. Jahrhundert
*In Kratern wie diesem mischte man Wasser und Wein. Das frühe Beispiel der Vasenmalerei ist mit Szenen aus Mythologie und Heldensagen verziert.*

**Speere** dienten als Angriffswaffe.

**Bronzener Schutzhelm**

### WEGWEISER ZUM ARCHAISCHEN GRIECHENLAND

*Koûroi* sind in Athens Archäologischem Nationalmuseum (*siehe S. 282*) und dem Akropolis-Museum (*S. 286*) ausgestellt. Ersteres hütet auch die Landessammlung von Vasen des geometrischen, rot- und schwarzfigurigen Stils. Alte *koûroi* liegen im ehemaligen Marmorsteinbruch auf Náxos (*S. 226ff*) aus. Auf Sámos sind der Efpalíneio-Tunnel (*S. 151*) sowie eine Sammlung von *koûroi* (*S. 150*) zu bewundern, auf Delos eine Terrasse mit archaischen Löwen (*S. 214f*), auf Aígina der dorische Apaia-Tempel (*S. 94f*) und auf Nísyros die gewaltigen Befestigungen von Palaiókastro (*S. 171*).

**Die Phalangen** rückten wie ein undurchdringlicher Schutzwall vor, eine neue, erfolgreiche Taktik.

**Schmückendes Gorgonenhaupt**

**Typische Rundschilde**

## Heimkehrender Jäger
*(500 v. Chr.)*
*Aristokraten betrieben die Jagd auf Hasen, Hirsche und Wildschweine als Sport. Sie jagten, wie auf dem Becher zu sehen, zu Fuß und mit Hunden.*

**Darius I.** *(reg. 521–486 v.Chr.) Dieses Relief aus Persepolis zeigt den Perserkönig, der das griechische Festland erobern wollte, aber in der Schlacht bei Marathon 490 v.Chr. unterlag.*

**776** Herkömmliche Datierung der ersten Olympischen Spiele

**675** Lykourgos gibt den Anstoß zu Spartas strenger Gesetzgebung

**580** Bau der ersten dorischen Säulen im Hera-Tempel, Olympia

*Dorisches Kapitell*

**490** Athen besiegt bei Marathon die Perser

| 800 v. Chr. | 700 v. Chr. | 600 v. Chr. | 500 v. Chr. |

**750–700** Homer stellt die Epen *Ilias* und *Odyssee* zusammen

**770** Griechen kolonisieren Italien, Ägypten und andere Regionen

*Votivfigur aus Sparta*

**546** Die Perser unterwerfen die Ionier, Athen erblüht unter Peisistratos und seinen Söhnen

**630** Die Lyrikerin Sappho schreibt auf Lésvos

**480** Die Perser zerstören Athen und schlagen Sparta, Athen gewinnt die Schlacht von Salamis

**479** Athen, Sparta und deren Verbündete vernichten bei Plataiá das persische Landheer

# Klassische Zeit

**Amphore**

**D**IE KLASSISCHE Zeit gilt gemeinhin als Griechenlands Goldenes Zeitalter. 150 Jahre außergewöhnlicher Kreativität in Philosophie, Literatur, Theater und anderen Künsten brachten Dramatiker wie Aischylos, Sophokles, Euripides und große Denker wie Sokrates, Platon und Aristoteles hervor. Aber es war auch eine Zeit blutiger Auseinandersetzungen. Das 5. Jahrhundert v.Chr. stand im Zeichen des Peloponnesischen Krieges, ausgetragen zwischen den Stadtstaaten Athen und Sparta und ihren Bündnispartnern. Im 4. Jahrhundert kämpften Athen, Sparta und Theben um die Vorherrschaft – und unterlagen allesamt 338 v.Chr. Philipp II. von Makedonien.

**KLASSIK, 440 V.CHR.**

▨ *Athen und Verbündete*

☐ *Sparta und Verbündete*

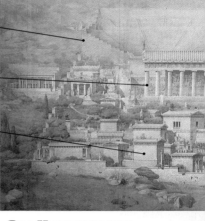

Stadion für die
Pythischen
Spiele

Apollon-
Tempel

Sifni-
sches
Schatz-
haus

### FISCHGESCHÄFT

*Diese griechische Vase (4. Jh. v.Chr.) ist ein Fund aus Cefalù auf Sizilien. Weite Teile Siziliens waren von Griechen besiedelt und Kultur, Sprache und Religion deren einigendes Band.*

**Perikles**

*Dieser demokratische Staatsmann stellte die griechische Marine auf. 450–430 v.Chr. ließ er Athen, u.a. die Akropolis, großartig ausbauen.*

## DAS HEILIGTUM VON DELPHI

Das in Mittelgriechenland gelegene Heiligtum erlangte im 5. und 4. Jahrhundert v.Chr. seine höchste politische Bedeutung. Diese beruhte auf dem Apollon-Orakel, das die Entscheidungen von Athen und Sparta stark beeinflußte. Die Staaten bedachten Apollon mit reichen Gaben, die in Schatzhäusern entlang der Heiligen Straße aufbewahrt wurden.

## ZEITSKALA

*Ausschnitt des Parthenon-Frieses*

**462** Die Reformen des Ephialtes verstärken Athens demokratische Strukturen

**431–404** Peloponnesischer Krieg, nach dem Athen für 33 Jahre seine Vorherrschaft Sparta überlassen muß

**um 424** Der Historiker und Chronist Herodot stirbt

| **475 v. Chr.** | **450 v. Chr.** | **425 v. Chr.** |
|---|---|---|

**478** Mit Bildung des Attisch-Delischen Seebundes gewinnt Athen die Kontrolle über Griechenlands Städte

**451– 429** Perikles lenkt Athens Geschicke und lanciert ein aufwendiges Bauprogramm

**447** Beginn des Parthenon-Baus

*Herodot-Büste, vermutlich aus hellenistischer Zeit*

**Vergoldeter Eichenkranz aus Vergína**
*Mitte des 4. Jahrhunderts hatte Philipp II. von Makedonien die griechische Welt unterworfen. Dieser Kranz war seinem Grab beigegeben.*

## WEGWEISER ZUR KLASSISCHEN ZEIT

Im Mittelpunkt von Athen steht die Akropolis mit ihren Mitte des 5. Jahrhunderts unter Perikles erbauten Kultstätten, darunter dem Parthenon *(siehe S. 284ff)*. Die Insel Delos, mythologischer Geburtsort von Artemis und Apollon, war Zentrum des Attisch-Delischen Seebundes, des ersten Attischen Seebundes; dort sind Steinplastiken des 5. Jahrhunderts v.Chr. freigelegt *(S. 214f)*. Auf Rhodos ist bei Líndos der Athena-Tempel *(S. 192f)* gut erhalten.

Weihgeschenk der Rhodier

Attische Stoa

Heilige Straße

Schatzhaus der Athener

**Athena Lemnia**
*Diese römische Kopie eines Werks von Pheidias (ca. 490–ca. 430 v.Chr.) – er war mit der Ausschmückung der Akropolis betraut – zeigt Athens göttliche Schutzherrin. Typisch für die Klassik ist der eher idealisierende als realistische Ansatz.*

**Junger Sklave**
*(400 v. Chr.)*
*Sklaven waren in Griechenland ein wichtiger Wirtschaftsfaktor. Sie kamen oft aus anderen Kontinenten, dieser Schuhputzer aus Afrika.*

**387** Platon gründet die Akademie in Athen

*Platon-Skulptur*

**359** Philipp II. wird König von Makedonien

**337** Die Gründung des Korinthischen Bundes legitimiert die Vorherrschaft Philipps II. über die griechischen Stadtstaaten

| 400 v. Chr. | 375 v. Chr. | 350 v. Chr. |
|---|---|---|

**399** Verurteilung und Hinrichtung des Sokrates

**371** Thebens Sieg über Sparta in der Schlacht von Leuktra läutet ein Jahrzehnt thebanischer Hegemonie ein

**338** Philipp II. von Makedonien schlägt in der Schlacht von Chaironeia die Griechen

**336** Ermordung Philipps II. in Aigai, Thronnachfolger wird sein Sohn Alexander

# Hellenistische Zeit

**A**LEXANDER DER GROSSE von Makedonien setzte die Eroberungspolitik seines Vaters fort. Er unterwarf Persien und dehnte sein Großreich östlich bis Indien, südlich bis Ägypten aus. Die hellenistische Epoche erlebte die Ausbreitung der griechischen Sprache, Religion und Kultur über die von Alexander eroberten Gebiete. Sie währte über seinen Tod 323 v.Chr. hinaus bis zur Zerschlagung seines Imperiums durch die Römer Mitte des 2. Jahrhunderts v.Chr. Makedoniens Vorherrschaft über Griechenland endete 168 v.Chr., um von jener Roms abgelöst zu werden.

*Alexander der Große*

**Heros-Relief** (*um 200 v.Chr.*)
*Die Verehrung von Helden war ein Teil der griechischen Religion. Alexander d.Gr. wurde als Gott verehrt.*

**Pélla** war Geburtsort Alexanders d.Gr. und Hauptstadt von Makedonien.

**Das Mausoleum** von Halikarnassos galt als eines der Sieben Weltwunder der Antike.

**Issos**, heute auf türkischem Boden, war Schauplatz von Alexanders Sieg über die Perser 333 v.Chr.

SCHWARZES MEER

● Pélla

● Athen

**Mausoleum von Halikarnassos**

MITTELMEER

KLEIN ASIEN

● Issos

**Ishtar-Tor Babylon**

Ammonion ●   **Leuchtturm von Alexandria**

ÄGYPTEN

**Das Amun-Orakel** erklärte Alexander zum Gott.

ROTES MEER

ARABIEN

**Alexander** starb 323 v.Chr. in Babylon.

**Alexandria**, gegründet von Alexander, löste Athen als Zentrum der griechischen Kultur ab.

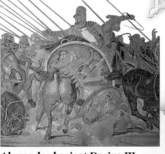

**Alexander besiegt Darius III.**
*Dieses pompejische Mosaik illustriert die Niederlage des Perserkönigs 333 v.Chr. bei Issos. Die langen Piken der Makedonier waren überaus wirksame Waffen.*

**Terrakottastatue**
*Die Skulptur (2. Jb. v.Chr.) zweier Frauen belegt das Interesse der hellenistischen Kunst an der Darstellung von Menschen aus dem Volk.*

**LEGENDE**

- - - Alexanders Kriegszüge

☐ Alexanders Reich

☐ Unterworfene Gebiete

## ZEITSKALA

**333** Alexander d.Gr. schlägt den Perserkönig Darius III. und ruft sich zum König von Asien aus

**323** Tod von Alexander und Diogenes

**301** Die Schlacht von Ipsos zwischen Alexanders rivalisierenden Nachfolgern bewirkt den Zerfall des Imperiums in drei Königreiche

**268–261** Chremonideischer Krieg, der mit Athens Kapitulation vor Makedonien endet

| 325 v. Chr. | 300 v. Chr. | 275 v. Chr. | 250 v. Chr. |
|---|---|---|---|

**322** Tod von Aristoteles

**331** Alexander gründet nach Eroberung Ägyptens Alexandria

**287–275** Im »Pyrrhussieg« schlägt König Pyrros von Epirus die Römer, erleidet aber hohe Verluste

*Der hellenistische Philosoph Diogenes*

## Verschmelzung westlicher und östlicher Religionen

*Diese Plakette aus Afghanistan zeigt die griechische Göttin Nike und die klein-asiatische Göttin Kybele.*

**Susa**, die Hauptstadt des persischen Reiches, wurde 331 v.Chr. eingenommen. 324 v.Chr. fand eine Massenhochzeit zwischen Alexanders Offizieren und Asiatinnen statt.

**Alexander** wählte 327 v.Chr. aus einer Gruppe sogdischer Kriegsgefangener seine Frau Roxane.

### WEGWEISER ZUM HELLENISTISCHEN GRIECHENLAND

Im antiken Thíra auf Santoríni – von dort aus kontrollierten die Ptolemäer im 3. und 2. Jahrhundert v.Chr. die Ägäis – sind aus hellenistischer Zeit bewahrt: das Heiligtum des Artemídoros von Perge, die Königliche Säulenhalle und der Tempel Ptolemäus' III. *(siehe S. 236).* Das Archäologische Museum *(S. 180)* in der ehemaligen Ritterherberge von Rhodos-Stadt präsentiert eine Sammlung hellenistischer Plastiken. Das Asklepieion auf Kós *(S. 168)* war Sitz eines Priesterordens. Den Turm der Winde *(S. 283)* in Athen baute der Astronom Kyrrestes.

**Roxane**

• Alexandropolis

SOGDIANE

BAKTRIEN

• Taxil

**Kriegselefant**

Beas

INDIEN

GEDROSIEN

KASPISCHES MEER

PERSIEN

• Susa

PERSISCHER GOLF

**Skulptur aus Persepolis**

ARABISCHES MEER

**Elefanten** wurden 326 v.Chr. im Krieg gegen den indischen König Poros eingesetzt.

**Alexanders Heer** kehrte am Fluß Beas um.

**Persepolis**, das altpersische religiöse Zentrum im heutigen Iran, fiel 330 v.Chr. an Alexander.

**Alexanders** Truppen erlitten in der Wüste von Gedrosien schwere Verluste.

## REICH ALEXANDERS DES GROSSEN

Alexander legte bei seinen Kriegen gewaltige Entfernungen zurück. Nachdem er in Asien die Perser geschlagen hatte, zog er nach Ägypten. Zurück in Asien, schaltete er Darius, alsdann in Baktrien dessen Mörder aus. In Indien verweigerten 326 v.Chr. seine Truppen den Weitermarsch.

### Der Tod des Archimedes

*Archimedes, der bedeutende Mathematiker und Physiker, wurde 212 v.Chr. von einem Römer erschlagen. Dieses Mosaik illustriert seinen Tod.*

**227** Ein Erdbeben zerstört den Koloß von Rhodos

*Der Koloß von Rhodos*

**197** Die Römer schlagen Philipp V. von Makedonien und erklären Griechenland für befreit

**146** Die Römer zerstören Korinth, Griechenland wird römische Provinz

| 225 v. Chr. | 200 v. Chr. | 175 v. Chr. | 150 v. Chr. |
|---|---|---|---|

**222** Makedonien vernichtet Sparta

**217** Friede von Náfpaktos: Appell an die Griechen, ihren Zwist beizulegen, ehe sich «die Wolke im Westen» (Rom) über ihnen verdichtet

**168** Makedonien unterliegt den Römern bei Pydna

*Römische Münze (196 v.Chr.), geprägt zum Gedenken an den Sieg über die Makedonier*

# Römische Zeit

**Marcus Antonius**

**M**IT DER EROBERUNG und Zerstörung von Korinth 146 v.Chr. war Rom endgültig Herrscher über Griechenland. Dieses entwickelte sich zum kulturellen Zentrum des Römischen Reiches: Der römische Adel schickte seine Sprößlinge auf Athens Philosophenschulen. Die römischen Bürgerkriege wurden auf griechischem Boden ausgetragen und 31 v. Chr. mit der Schlacht von Aktium in Thessalien entschieden. 323 n. Chr. erhob Kaiser Konstantin I. Konstantinopel zur Hauptstadt des Römischen Reiches, das in eine griechischsprachige Ost- und eine lateinischsprachige Westhälfte geteilt wurde.

RÖM. PROVINZEN, 211 N.CHR.

**Mithridates IV.**
*Der expansionshungrige König von Pontus am Schwarzen Meer dirigierte ab 88 v.Chr. den kriegerischen Aufstand gegen Rom.*

Bema, das Podium, auf dem der Apostel Paulus sprach

Römische Basilika

Bouleuterion (Versammlungshalle)

Quellhaus der (zur Quelle verwandelten) Peirene

**Notitia Dignitatum**
*(395 n.Chr.)*
*Griechenland war in Provinzen aufgeteilt. Der Prokonsul der Provinz Achaia verwandte diese Insignien.*

## REKONSTRUKTION DES RÖMISCHEN KORINTH

Korinth wurde 46 v.Chr. unter Julius Caesar wiederaufgebaut und Hauptstadt der Provinz Achaia. Die Römer errichteten die Agora, das Theater und Basiliken. Der Apostel Paulus arbeitete dort als Zeltmacher.

Bäder des Eurykles

## ZEITSKALA

*Münze mit Porträt der Kleopatra, Königin von Ägypten*

**49–31 v. Chr.** Die römischen Bürgerkriege enden mit der Niederlage von Marcus Antonius und Kleopatra im griechischen Aktium

**49–54** Der Apostel Paulus verkündet in Griechenland das Christentum

**124–131** Kaiser Hadrian läßt Athen prachtvoll ausbauen

| 100 v. Chr. | 1 n. Chr. | 100 r |

**86 v. Chr.** Der römische Feldherr Sulla nimmt Athen ein

**46 v. Chr.** Wiederaufbau von Korinth als Römerkolonie

*Der predigende Apostel Paulus*

**66–67** Kaiser Nero bereist Griechenland

**Mosaik**
*(180 n. Chr.)*
*Dieses römische*
*Mosaik im Haus*
*der Masken auf*
*Delos zeigt*
*Dionysos auf*
*einem Leoparden.*

**Tempel der Octavia**

**WEGWEISER ZUM RÖMISCHEN GRIECHENLAND**

In Athen veranschaulicht das Theater des Herodes Atticus *(siehe S. 284)* zu Füßen der Akropolis die römische Architektur. Südwestlich der Akropolis steht neben dem Tempel des Olympischen Zeus als Übergang zwischen der römischen und alten griechischen Stadt noch der Hadriansbogen *(S. 281).* Auf Santoríni *(S. 256)* sind Relikte römischer Bäder erhalten, auf Delos *(S. 214f)* Römerhäuser mit Mosaiken, besonders das Haus der Delphine und das Haus der Masken.

**Odeion, überdachtes römisches Theater**

**Griechisches Freilichttheater**

**Galerius-Bogen**
*Dieser Triumph-bogen, errichtet zum Andenken an den Sieg Kaisers Galerius' über die Perser, steht in Thessaloníki. Das Relief zeigt Galerius in seinem Wagen.*

**riechischer pollon-Tem-el aus archa-cher Zeit**

**Apoll von Belvedere**
*Viele griechische Plastiken, wie diese Apollon-Statue, sind nur als römische Kopien bewahrt.*

---

**170** Pausanias vollendet seine Beschreibung Griechenlands, einen »Reiseführer« für Römer

**267** Goten plündern Athen

**323** Konstantin I. erlangt die Alleinherrschaft und ruft Konstantinopel zur Reichshauptstadt aus

**395** Goten verwüsten Athen und den Peloponnes

**381** Kaiser Theodosius I. erhebt das Christentum zur Staatsreligion

| **200** | **300** |
|---|---|

*Münze mit Konterfei des römischen Kaisers Galerius*

**293** Unter Kaiser Galerius wird Thessaloníki die nach Byzanz (Konstantinopel) bedeutendste Stadt

**393** Verbot der Olympischen Spiele

**395** Theodosius I. stirbt, Teilung des Reiches in lateinisches West- und byzantinisches Ostrom

# Byzanz und Kreuzfahrer-Zeit

**Armbinde byzantinischen Hofgewandes**

IM BYZANTINISCHEN oder Oströmischen Reich, entstanden Ende des 4. Jahrhunderts durch die Teilung des Römischen Reiches, setzte sich das orthodoxe Christentum durch. Griechenland wurde in Militär- und Verwaltungsbezirke, *themes*, zergliedert. Nach der Einnahme Konstantinopels durch Kreuzfahrer 1204 wurde Griechenland abermals aufgeteilt, hauptsächlich unter Venezianern und fränkischen Herrschern. 1261 fielen Mystrás und Konstantinopel zurück an das Byzantinische Reich, das die Türken 1453 endgültig auslöschten. Hinterlassenschaft jener Ära sind Hunderte von Kirchen und sakrale Kunstwerke.

**BYZANTINISCHES GRIECHENLAND, 10. JAHRHUNDERT**

**Kapelle**

**Tsimiskis-Wachturm**

**Refektorium**

**Doppeladler**
*Im Byzantinischen Reich war der Kaiser zugleich Kirchenpatriarch. Symbol seiner Doppelrolle war der zweiköpfige Adler.*

## LÁVRA-KLOSTER

Móni Lávra ist das älteste (963 n.Chr.) und größte der vielen Klöster am Berg Athos in Nordgriechland, die sich zu bedeutenden Zentren der Wissenschaft und sakralen Kunst entwickelten. Trotz Umbauten blieb sein byzantinischer Gesamteindruck bewahrt.

**Verteidigung von Thessaloníki**
*Thessaloníkis Einnahme durch die Sarazenen (904) erschütterte das Byzantinische Reich schwer. Danach wurden viele Städte Griechenlands befestigt.*

## ZEITSKALA

**578–86** Awaren und Slawen fallen in Griechland ein

*Goldener Solidus der byzantinischen Kaiserin Irene (reg. 797–802)*

| 400 | 600 | 800 |
|---|---|---|

**529** Die Dominanz christlich-orientalischer Kultur bewirkt die Schließung der Philosophenschulen von Aristoteles und Platon

**680** Bulgaren überqueren die Donau und errichten in Nordgriechenland ein Reich

**726** Kaiser Leon III. entfacht den (843 beendeten) Bilderstreit

**841** Parthenon wird christliche Kirche

### Konstantin der Große

*Konstantin I., hier mit seiner Mutter Helena, gründete 324 n.Chr. Konstantinopel und erkannte als erster oströmischer Kaiser das Christentum an.*

**Zypresse des Agios Athanásios**

### Christus Pantokrátor

*Dieses Fresko (14. Jh.) stellt Christus als Herrscher über die Erde dar. Es schmückt ein Kloster der Ruinenstadt Mystrás.*

## WEGWEISER ZUM BYZANTINISCHEN UND KREUZFAHRER-GRIECHENLAND

Athens Benáki-Museum *(siehe S. 287)* stellt Ikonen, Plastiken und Textilien aus. Das 1088 gegründete Kloster des Apostel Johannes auf Pátmos *(S. 160 f)* besitzt die – Athos ausgenommen – reichste Schatzkammer, das Nonnenkloster Néa Moní auf Chíos *(S. 146f)* Mosaiken auf goldenem Grund. Auf Rhodos beeindruckt vor allem die mittelalterliche Architektur des Palastes der Großmeister und der Straße der Ritter *(S. 182ff)*. Ebenfalls sehenswert sind die Bauten der Ordensritter auf Kos *(S. 166ff)*. Das venezianische Kastell auf Páros *(S. 223)* stammt aus dem Jahr 1260.

**Kapelle des Agios Athanásios, Gründer des Lávra-Klosters**

**Bibliothek mit Schatzkammer**

**Wehrmauern**

Im *katholikón*, der Hauptkirche des Lávra-Klosters, sind die schönsten Fresken der Mönchsrepublik Athos zu bewundern.

---

**1054** Der Patriarch von Konstantinopel und Papst Leo IX. exkommunizieren einander

*Das fränkische Kastell Chlemoútsi*

**1081–1149** Normannen überfallen Griechenland

**1354** Osmanische Türken fallen über Süditalien und Griechenland in Europa ein

**1390–1450** Die Türken unterwerfen weite Teile des griechischen Festlands

| **1000** | **1200** | **1400** |
|---|---|---|

*Der byzantinische Kaiser Basíleios II., der »Bulgarentöter« (956–1025)*

**1204** Die Kreuzfahrer erobern Konstantinopel, die Aufteilung in einzelne Besitztümer bedeutet den Zerfall des Byzantinischen Reiches

**1210** Die Venezianer besetzen Kreta

**1261** Mystrás entfaltet seine geistige und künstlerische Blüte

**1389** Venezianer kontrollieren weite Teile von Griechenlands Festland und Inseln

# Venezianische und osmanische Zeit

**Venezianischer Löwe**

**D**IE OSMANISCHE Einnahme Konstantinopels 1453 und fast des gesamten übrigen griechischen Territoriums 1460 war folgenschwer. Sie trug Griechenland 350jährige Fremdherrschaft ein. Konstantinopel, obwohl Hauptstadt des riesigen Osmanischen Reiches, blieb Sammelbecken der Griechen und wurde Brennpunkt griechischen Freiheitsstrebens. Im bevölkerungsarmen Griechenland machten sich Stagnation und Verarmung breit; der Widerstand formierte sich in Rebellengruppen und Milizen. Die Ionischen Inseln, Kreta und einige Küstenenklaven waren in Händen der Venezianer, die ihren Einfluß stärker geltend machten als die teilweise wesentlich nachgiebigeren Osmanen. Dafür hinterließen jene aber ein reiches kulturelles und architektonisches Erbe.

**GRIECHENLAND UM 1493**

- Venezianische Gebiete
- Osmanische Gebiete

**Schlacht von Lepanto (1571)**
*Vor Náfpaktos besiegte die Flotte der Heiligen Liga unter Juan de Austria die Osmanen und gebot so der osmanischen Expansion nach Westen Einhalt.*

### PRINZ CEMS LANDUNG AUF RHODOS

Prinz Cem, rebellischer Sohn Mehmets II., floh 1481 nach Rhodos in die Obhut der Ritter des Johanniter-Ordens *(siehe S. 184f)*. 1522 nahmen die Osmanen nach einer Belagerung Rhodos ein.

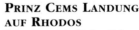

**Kretische Schule**
*Diese Ikone (15. Jh.) steht für die »Kretische Schule«, einen von Griechen entwickelten, bis zur osmanischen Eroberung Kretas 1669 florierenden Stil.*

## ZEITSKALA

**1453** Mehmet II. erobert Konstantinopel und macht es unter dem türkischen Namen Istanbul zur Hauptstadt des Osmanischen Reiches

**1503** Die Osmanen kontrollieren den Peloponnes, Monemvasía ausgenommen

**1571** Eine venezianisch-spanische Flotte der Heiligen Allianz schlägt die Osmanen in der Schlacht von Lepanto

| 1500 | 1550 | 1600 |
|---|---|---|

**1460** Die Osmanen nehmen Mystrás ein

**1456** Die Osmanen besetzen Athen

**1522** Die Ritter des Johanniter-Ordens müssen Rhodos den Osmanen abtreten

*Kretischer Kettenpanzer aus dem 16. Jahrhundert*

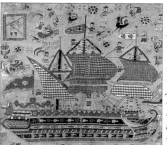

## Seehandel

*Griechen trieben im gesamten Osmanischen Reich Handel. Um 1800 bestanden Handelsniederlassungen in Konstantinopel und fernen Orten wie London und Odessa. Diese Stickerei (19. Jh.) spiegelt den türkischen Einfluß auf die griechische Gebrauchskunst.*

## WEGWEISER ZUR VENEZIANISCHEN UND OSMANISCHEN ARCHITEKTUR

Besonders reich an venezianischen Baudenkmälern sind die Ionischen Inseln. Zwei venezianische Festungen beherrschen die Altstadt von Korfu *(siehe S. 70ff)*. Venezianer bauten auch die Zitadelle auf Zákynthos *(siehe S. 86)*. Zu Kretas venezianischen Bauten zählen der alte Hafen von Irákleio *(siehe S. 264f)* und die malerischen Seitenstraßen von Chaniá *(siehe S. 248f)*. Irákleios Festung hielt der Großen Belagerung (1648–69) stand. Aus osmanischer Zeit haben auf Thásos *(siehe S. 127)* mehrere Häuser überlebt, in der Altstadt von Rhodos außer Moscheen profane Gebäude wie eine Bibliothek und das *hammam* (Bad) *(siehe S. 178ff)*.

**Die Ritter** des Johanniter-Ordens trotzten den Türken bis 1522.

**Die Festungsmauer** wurde schließlich von der türkischen Artillerie gestürmt.

**Die Kreuzritter** unterstützten den türkischen Rebellen Prinz Cem.

## Griechische Mahlzeit 1801

*Die knapp 400jährige osmanische Fremdherrschaft beeinflußte maßgeblich Griechenlands Kultur, ethnische Zusammensetzung und Alltag. Türkische Gerichte stehen bis heute auf der griechischen Speisekarte.*

**1687** Venezianer beschießen ein türkisches Munitionsdepot und beschädigen dadurch den Parthenon schwer

**1715** Türken beherrschen den Peloponnes erneut

*Ali Pascha (1741–1822), ein Statthalter des Osmanischen Reiches*

**1814** Die Briten gewinnen Kontrolle über die Ionischen Inseln

| 1650 | 1700 | 1750 | 1800 |
|------|------|------|------|

*Zerstörung des Parthenon*

**1684** Venezianer erobern den Peloponnes zurück

**1778** Ali Pascha wird Wesir von Ioánnina und mächtiger Herrscher in Albanien und Nordgriechenland

**1801** Elgin bringt Parthenon-Fries außer Landes

**1814** Gründung der griechischen Unabhängigkeitsbewegung *Filikí Etairéia*

# Das Entstehen des modernen Staates

**Fahne mit den Symbolen der Filikí Etairéia**

DER GRIECHISCHE Freiheitskampf beendete die Osmanenherrschaft und begründete das große patriotische Ziel, alle Griechen unter einer Fahne *(Enosis)* zu einen. Griechenland expandierte zunächst erfolgreich; im 19. Jahrhundert verdoppelte es sein Staatsgebiet, und viele Inseln erhielten ihre Souveränität zurück. Den Versuch aber, nach dem Ersten Weltkrieg Konstantinopel bzw. Istanbul einzunehmen, bereute es bitter: Millionen Griechen wurden 1922 aus Smyrna (Izmir) im türkischen Anatolien vertrieben. Dies bedeutete das Ende von Jahrtausenden griechischen Machtstrebens in Kleinasien.

**DAS MODERNE GRIECHENLAND**

  Griechenland 1832

  1832–1923 gewonnene Gebiete

**Klephten,** räuberische Freischärler in den Gebirgen, bildeten die Stütze der Unabhängigkeitsbewegung.

**Das Massaker von Chíos**
*Dieser Ausschnitt aus einem Gemälde von Delacroix illustriert die 1822 verübte blutige Vergeltung der Türken von Morden an Muslimen.*

**Die Waffen** waren Familienerbstücke oder Spenden.

**Verkündung der Verfassung in Athen**
*Die Verfassung wurde 1843 in Athens neoklassizistischem Parlament verkündet, das nach 1830 als Palast für Otto I., Griechenlands ersten König, erbaut wurde.*

## ZEITSKALA

**1824** Der Dichter Byron stirbt in Mesolóngi an Fieber

**1831** Ioánnis Kapodistrias wird ermordet

**1832** Die Großmächte stellen Griechenland unter Schutz und bestimmen Prinz Otto, Sohn Ludwigs I. von Bayern, zum König

**1834** Athen löst Náfplio als Hauptstadt ab

*Der Archäologe Heinrich Schliemann*

| 1830 | 1840 | 1850 | 1860 | 18' |
|------|------|------|------|-----|

**1827** Schlacht von Navarino

**1828** Ioánnis Kapodistrias wird erster Regent des unabhängigen Griechenlands

*König Otto I. (reg. 1832–62)*

**1862** Eine Revolution vertreibt König Otto I. aus Griechenland

**1874** Heinrich Schliemann beginnt mit der Ausgrabung von Mykene (Mikines)

**1821** Die griechische Freiheitsfahne wird am 25. März gehißt; Griechen massakrieren Türken bei Tripolitsá

**1864** Eine neue Verfassung bestimmt Griechenland zur ›bekrönten Demokratie‹, der orthodoxe Glaube wird Staatsreligion

### Leben in Athen

*Eine Kombination von griechischer Tracht und westlicher Mode prägte 1836 den städtischen Kleidungsstil. Auch die osmanische Mode, erkennbar am Fes der Männer, behauptete sich weiterhin.*

### WEGWEISER ZUM 19. JAHRHUNDERT

Moní Arkadíou *(siehe S. 256)* auf Kreta war 1866 Schauplatz eines Freitods von Freiheitskämpfern; auf Kreta befindet sich auch das Grab von Venizélos *(S. 247)*. Auf Sýros belegen Hafen und Umgebung *(S. 216)*, daß Griechenland im 19. Jahrhundert eine bedeutende Seemacht war.

## HISSEN DER FREIHEITSFAHNE 1821

1821 stachelte der Geheimbund Filikí Etaireía eine Revolte griechischer Offiziere an, die an vielen Stellen des Peloponnes Aufstände gegen die Türken entfachte. Erzbischof Germanós von Pátra soll am 25. März nahe Kalávryta (Peloponnes) die Flagge der Rebellen gehißt und damit das Fanal zum Unabhängigkeitskampf gegeben haben.

### Kanal von Korinth

*Diese Verbindung zwischen Ionischem und Ägäischem Meer wurde 1893 eröffnet.*

### Elefthérios Venizélos

*Unter diesem kretischen Politiker, als Führer der liberalen Partei Ministerpräsident, verdoppelte Griechenland in den Balkankriegen (1912/13) sein Staatsgebiet.*

---

**1893** Eröffnung des Kanals von Korinth

**1896** Austragung der ersten Olympischen Spiele der Neuzeit in Athen

**1908** Anschluß Kretas an Griechenland

**1921** Vorstöße in Kleinasien

**1917** Konstantin I. dankt ab, Griechenland tritt in den Ersten Weltkrieg ein

**1922** Die Türken stecken Smyrna (Izmir) in Brand

| 1880 | 1890 | 1900 | 1910 | 1920 |
|---|---|---|---|---|

*Spyrídon Louis, 1896 Marathon-Olympiasieger*

**1899** Arthur Evans beginnt mit den Ausgrabungen von Knosós

**1912/13** Griechenland erweitert in den Balkankriegen sein Staatsgebiet

**1920** Der Frieden von Sèvres bringt Griechenland Landgewinne

**1923** Der Friedensvertrag von Lausanne legt einen Bevölkerungsaustausch von Griechen und Türken fest, Griechenland verliert gewonnene Territorien

# Das 20. Jahrhundert

NACH DER NIEDERLAGE im Griechisch-Türkischen Krieg 1922 erlebte das griechische Volk leidvolle Jahre. Der Zustrom verarmter Flüchtlinge trug zur politischen Instabilität bei. Metáxas' Diktatur folgten Italiens Angriff, die Besetzung durch Italiener, Deutsche und Bulgaren und 1946–49 der Bürgerkrieg. Die 50er Jahre waren von der Zypernfrage geprägt. Während der Militärjunta 1967–74 schien es unvorstellbar, daß Griechenland sich zu einem demokratischen Staat und EU-Mitglied entwickeln würde.

**1947** Erste Ausstellung des international anerkannten Giánnis Tsaroúchis in Athens Romvoss-Galerie

**1938** Tod des Bildhauers Giannoúlis Chalepás, besonders bekannt durch seine Grabfigur *Schlafendes Mädchen*

**1946** Der »Weiße Terror« der Regierung gegen die Kommunisten setzt ein

**1958** Die UdSSR droht für den Fall der Einrichtung von NATO-Basen wirtschaftliche Sanktionen an

**1945** Níkos Kazantzákis' später verfilmter Roman *Alexis Sorbas* erscheint

**1957** Rein zufällig werden in Pélla im Palast Philipps II. (300 v.Chr.) Mosaiken entdeckt

| 1925 | 1935 | 1945 | 1955 |
|------|------|------|------|

| 1925 | 1935 | 1945 | 1955 |
|------|------|------|------|

**1932** Aristoteles Onassis ersteht sechs Frachter, Grundstein seines Reederei-Imperiums

**1933** Tod des Dichters Constantine (C. P.) Cavafy

**1939** Griechenland erklärt bei Ausbruch des Zweiten Weltkrieges seine Neutralität

**1948** Der Dodekanes fällt an Griechenland zurück

**1951** Das Land tritt der NATO bei

**1955** Der Guerillakampf der Griechen auf Zypern gegen die britische Kolonialmacht beginnt

**1925** Geburtsjahr von Chatzidákis, der die Musik zum Film *Sonntags nie* (1960) komponierte

**1946–49** Bürgerkrieg zwischen Regierung und den vom Bergland aus operierenden Kommunisten

**1944** Churchill besucht Athen, um seine Unterstützung der Regierung gegen die Kommunisten zu demonstrieren

**1940** Italien greift Griechenland an, Widerstandskämpfer verteidigen den Norden des Landes, Griechenland tritt in den Zweiten Weltkrieg ein

**1960** Zypern wird unabhängig

**1963** Wahlsiege bringen die Zentrumsunion unter Geórgios Papandréou an die Macht

OI HPΩIΔEΣ TOY 1940

**1967** Rechte Offiziere bilden die Junta, König Konstantin II. flieht ins Ausland

**1993** Andréas Papandréou gewinnt ein drittes Mal die Wahl

**1981** Melína Merkoúri wird Kultusministerin, Kampagne zur Rückführung der von Elgin nach Großbritannien gebrachten Marmorskulpturen

**1975** Aristoteles Onassis stirbt

**1990** Die Néa Dimokratía gewinnt die Wahlen, Konstantin Karamanlís wird Staatspräsident

**1994** Athen leidet stark unter Smog *(nefos)* und beschränkt den Verkehr in der Innenstadt

| 1965 | 1975 | 1985 | 1995 |
|------|------|------|------|

| 1965 | 1975 | 1985 | 1995 |
|------|------|------|------|

**1971** Der Lyriker und Nobelpreisträger George Seféris stirbt

**1973** Griechische Bischöfe segnen die kurzlebige Präsidentschaft des Obristen Papadópoulos ab

**1981** Andréas Papandréous PASOK-Partei stellt Griechenlands erste sozialistische Regierung

**1974** Sturz der Junta, Konstantin Karamanlís wird zum Ministerpräsidenten gewählt

**1988** Acht Millionen Touristen besuchen Griechenland, der Fremdenverkehr nimmt weiter zu

**1996** Andréas Papandréou stirbt, Wahlsieger und Nachfolger wird im September Kóstas Simítis

**1994** Gipfeltreffen der EU auf Korfu unter griechischem Vorsitz

# Das Jahr auf den Griechischen Inseln

**Gebinde zum Maifeiertag**

Der Rhythmus der Jahreszeiten prägt das Leben auf den Inseln. Glanzlichter sind die Feiertage der Heiligen und farbenfrohe religiöse Feste *(panigýria)*. Mit Abstand das bedeutendste Fest der orthodoxen Kirche ist Ostern. Der Fastenzeit gehen ausgelassene Karnevalsfeiern voran. Frömmigkeit und Vergnügen verfließen im Enthusiasmus, mit dem die Griechen hohe Feierlichkeiten und kleinste Dorfjahrmärkte begehen. Einige Feste sind nichtchristlichen Ursprungs, andere feiern die Ernte, z.B. von Trauben, Oliven und Getreide, wieder andere werden dem Sieg des griechischen Freiheitskampfes gewidmet.

## FRÜHLING

Frühling heisst im Neugriechischen *ánoixi* (Eröffnung). Auf den Inseln eröffnet das Frühjahr die Touristensaison. Hoteliers und Ladenbesitzer kehren aus Athen oder

**Kinder in Nationaltracht am 25. März**

Rhodos rechtzeitig zurück. Im Frühling zeigen sich die Inseln von ihrer schönsten Seite: Die Obstbäume blühen, Klatschmohn, Kamille und Veilchen breiten Blütenteppiche aus, die Fischerboote und Häuser sind frisch gestrichen, die Menschen besonders herzlich. Dem Karneval (Ende Februar/März) folgt die Fastenzeit und dieser der Höhepunkt des Frühlings, das orthodoxe Osterfest. Auf den nördlichen Inselgruppen kann es bis Ende April noch regnerisch sein, doch auf Kreta, dem Dodekanes und den Ostägäischen Inseln ist es meist warm und sonnig.

## MÄRZ

**Apókries**, Karnevalssonntag *(erster Sonntag vor der Fastenzeit)*. Auf vielen Inseln gipfeln dreiwöchige Karnevalsfeiern der Vorfastenzeit in diesem Sonntag. Mitreißend wird in Agiásos auf Lésvos und auf Kárpathos gefeiert, auf Skýros wird ein Ziegentanz aufgeführt.

**Katharí Deftéra**, Sauberer Montag *(sieben Sonntage vor Ostern)*. Frühjahrsputz und *lagána*, ungesäuertes Brot, läuten die Fastenzeit ein. Auf Évia findet ein prächtiger Wettbewerb im Drachensteigen statt.

## OSTERN IN GRIECHENLAND

Das orthodoxe Osterfest fällt auf andere Termine (bis zu drei Wochen früher oder später) als das unsere. Dieses höchste religiöse Fest der Griechen vereint in der Karwoche die Familien. Urlaubern gibt es Gelegenheit, Prozessionen und Gottesdienste zu erleben und österliche Delikatessen zu kosten. Symbolik und Liturgie gründen in byzantinischen und älteren Riten. Erlösender Höhepunkt ist die mitternächtliche Verkündung der Priester am Ostersamstag: »Christus ist auferstanden.« Dann begrüßen Feuerwerke den mit Essen, Musik und Tanz gefeierten Ostersonntag. Das Fleischmahl am Ostersonntag symbolisiert das Ende der Fastenzeit und die Hoffnung auf das im Frühjahr neu erwachende Leben. Die Prozessionen der Karwoche, die Abendmessen des Karfreitags und Ostersamstags faszinieren besonders in Olympos auf Kárpathos, auf Ydra und Pátmos sowie in fast allen kretischen Dörfern.

*Särge*, geschmückt mit Blumen, bergen das Christusbild, das am Abend des Karfreitag feierlich durch die Straßen getragen wird.

*Kerzen* leuchten am Ende der Ostersamstagsmesse auf. In tiefschwarzer Nacht werden mit einer Flamme die Kerzen der Gläubigen angezündet.

**Popen im Talar mit Ikonen bei der Osterprozession**

Arbeiterdemonstration in Athen am 1. Mai, dem Tag der Arbeit

**Unabhängigkeitstag und Evangelismós** *(25. März).* Paraden und Tänze begleiten den Nationalfeiertag zum Gedenken an den Aufstand gegen die Osmanen 1821. Evangelismós (Mariä Verkündigung), eines der höchsten orthodoxen Feste und Namenstag von Evángelos und Evangelía, erinnert an Mariens Verkündigung zur Mutter Gottes durch den Erzengel Gabriel.

## APRIL

**Megáli Evdomáda**, Karwoche *(April/Mai)* mit *Kyriakí ton Vaïón* (Palmsonntag), *Megáli Pémpti* (Gründonnerstag), *Megáli Paraskeví* (Karfreitag), *Megáli*

*Savváto* (Ostersamstag) und zum Ausklang *Páscha* (Ostersonntag), dem höchsten orthodoxen Festtag.
**Agios Geórgios**, Tag des hl. Georg *(23. Apr).* Feiertag zu Ehren des Schutzpatrons der Schafhirten und traditioneller Beginn der Weidejahreszeit.

Drachenwettbewerb in Chalkída auf Évia

## MAI

**Protomagiá**, Maifeiertag und Tag der Arbeit *(1. Mai).* Nach altem Brauch hängen die Griechen zur Abwehr von Bösem Gebinde aus Wildblumen und Knoblauch auf.
   **Agios Konstantínos kai Agía Eléni** *(21. Mai).* Feiertag zu Ehren von Konstantin d.Gr. und seiner Mutter, der ersten orthodoxen (daher geheiligten) byzantinischen Herrscher.
**Análipsi**, Mariä Himmelfahrt *(40 Tage nach Ostern, meist im Mai).* Ein bedeutender orthodoxer Feiertag.

*Tänze ziehen nach dem Mittagessen am Ostersonntag jung und alt ins Freie.*

*Osterbrote, aus süßem Teig gebacken, sind besteckt mit rotgefärbten Eiern, die das Blut Christi symbolisieren. Rote Eier schenkt man sich traditionell auch am Ostersonntag.*

*Osterbrötchen bäckt man am Ende der Fastenzeit. Ein typisches Ostermahl ist auch die Suppe mayeritsa aus Lamminnereien, serviert am Morgen des Ostersonntag.*

*Lamm, traditionell im Freien an riesigen Spießen über Holzkohle gegrillt, kommt Ostersonntag zu Mittag auf den Tisch. Dazu gibt es jungen Retsina, als Nachspeise süßes Zimtgebäck.*

**Gerstenernte im Juli auf der Insel Folégandros**

## SOMMER

Wenn die Inseln durch Trockenheit geprägt sind, ist die Touristensaison voll im Gang. Dorfbewohner mit freien Zimmern umwerben an den Fähren Rucksackreisende, die ein Zimmer suchen. Kühlung verschafft mitunter der *meltémi*, ein stürmisch über die Ägäis fegender Nordwind. Er bringt die Fährenfahrpläne durcheinander und setzt die Windsurfer in Spannung.

Der Juni ist der Monat der Getreideernte, der köstlichsten Kirschen, Aprikosen und Pfirsiche. Im Juli werden Kräuter gesammelt und getrocknet, die Feigen beginnen zu reifen. Im August, vor allem zu Mariä Himmelfahrt (15.8.), stürmen Athener die Inseln. Der Spätsommer bringt die ersten Trauben und steigende Temperaturen.

**An kirchlichen Feiertagen gesegnetes Brot**

## JUNI

**Pentikostí**, Pfingstsonntag *(sieben Wochen nach dem orthodoxen Osterfest)*. Wichtiger orthodoxer, landesweit begangener Festtag.
**Agiou Pnévmatos**, Pfingstmontag *(tags darauf)*. Ein gesetzlicher Feiertag.
**Athen-Festival** *(Mitte Juni–Mitte September)*, Athen. Kulturveranstaltung mit buntgemischtem Theater- und Musikprogramm.
**Klídonas** *(24. Juni)*, Chanía, Kreta *(siehe S. 248f)*. Das Fest erinnert an den Brauch der Gattenwahl durch Wasserorakel. Ein lustiges Lied begleitet den Tanz der Einheimischen.
**Agios Ioánnis**, Johannisfest *(24. Juni)*. Auf einigen Inseln entfacht man am Vorabend Freudenfeuer und übergibt sich Maikränze. Junge Leute springen über die Flammen.
**Agioi Apóstoloi Pétros kai Pávlos**, Peter und Paul *(29. Juni)*. Feiern in Petrus und Paulus geweihten Kirchen, u.a. in der Paulus-Bucht von Líndos auf der Insel Rhodos *(siehe S. 193)*.
**Agioi Apóstoloi**, Tag der Apostel *(30. Juni)*. Alle, die nach einem der zwölf Apostel heißen, feiern Namenstag.

## JULI

**Agios Nikódimos** *(14. Juli)*, Náxos-Stadt. Kleines Volks-

**Feier auf Tínos für Koímisis tis Theotókou (15. Aug)**

fest mit Prozession zu Ehren des Schutzheiligen der Stadt.
**Agía Marína** *(17. Juli)*. In ländlichen Gebieten, u.a. überall auf Kreta und in der Stadt Agía Marína auf Léros, feiert man die als Erntepatronin und Heilerin von Schlangenbissen verehrte Heilige.
**Profítis Bías**, Prophet Elia *(18.–20. Juli)*. Auf den Kykladen, auf Rhodos und Évia gefeiert in Elia geweihten Bergkapellen, deren hohe Lage dem Wunsch entsprang, Gott näher zu sein.
**Agíou-Panteleïmonos-Fest** *(25.–28. Juli)*, Tílos *(siehe S. 173)*. Dreitägige Gesänge und Tänze im Moní Agíou Panteleïmonos bei Taxiárchis, Megálo Chorió, gipfeln im »Koupa-Tanz« (Kelchtanz). Auch im Moní Panachrántou auf Andros *(siehe S. 205)* finden Feiern statt.
**Simonídeia-Fest** *(1.–19. Aug)*, Kea. Mit Theater, Tanz und Ausstellungen ehrt die Insel ihren berühmten Sohn, den Lyriker Simonides (556–468 v.Chr.).
**Réthymno-Festival** *(Juli und August)*, Réthymno, Kreta. Ein Wein- und Renaissancefest sind Teile des Programms.

## AUGUST

**Ippokráteia**, Hippokrates-Festival *(gesamter August)*, Kos *(siehe S. 166)*. Kulturprogramm mit Kunstausstellungen, Konzerten, Filmen und festlichem »Eid des Hippokrates« beim Asklepieion.

**Eines der vielen sommerlichen Kirchenfeste (Pátmos)**

**Dionysía-Fest** *(erste Augustwoche)*, Náxos-Stadt. Festival mit Volkstänzen, kostenlosem Essen und reichlich Wein.

**Metamórfosi**, Verklärung Christi *(6. Aug)*. Wichtiger, landesweit begangener orthodoxer Festtag. Ausgelassen feiert man ihn auf dem Dodekanes, besonders auf Chálki. Achtung: Dort bewirft man einander mit Eiern, Mehl, Joghurt und Tintenfisch-Sekret.

**Koímisis tis Theotókou**, Mariä Himmelfahrt *(15. August)*. Der gesetzliche Feiertag ist das nach Ostern wichtigste orthodoxe Fest. Bei den Prozessionen nach der Abendmesse des 14. August küssen Gläubige das Marienbild. Die mehrere Tage dauernden Feiern sind ausgezeichnete Gelegenheiten, traditionelle Musik und spontane Tänze zu erleben. Sie beeindrucken vor allem in Olympos auf Kárpathos *(siehe S. 199)*, wo die Frauen prächtige Trachten tragen, außerdem in Panagía Evangelístria auf der Insel Tínos *(siehe S. 208f)*.

**Frauen in Festtagstracht, Kárpathos**

## HERBST

DIE WINZERMONATE September und Oktober sind auf Kreta, dem Dodekanes und den Kykladen noch sehr warm; die See kann allerdings rauh sein. Nördlich davon ist mit Regen zu rechnen. Der Oktober beschert den »kurzen Sommer des hl. Dimitrios«, eine angenehme Hitzewelle, begleitet von den ersten Tropfen jungen Weins. Die Jagdsaison beginnt, Jäger schießen in den Bergen Tauben, Rebhühner und Wild. Die einsetzende Hochkonjunktur der Fischer setzt Leckerbissen wie Brassen und Seebarben auf die Speisekarten der Restaurants. Ende Oktober setzen viele Insulaner nach Athen über, einander *Kaló Ximóna* (einen guten Winter) wünschend. Das traditionelle Inselleben geht trotzdem weiter: Man erntet Oliven, trocknet für den Winter Stauden aus Knoblauch, Zwiebeln und Tomaten, treibt Schafherden von den Bergweiden hinunter und flickt Fischernetze.

**Junger Wein**

## SEPTEMBER

**Génnisis tis Theotókou**, Mariens Geburtstag *(8. September)*. Wichtiger orthodoxer Feiertag. Im Hafen von Spétses *(siehe S. 97)* wird, abgerundet von einem Feuerwerk und einem Fest, die Schlacht von Spétses (1822) rekonstruiert.

**Ypsosis tou Timíou Stavroú**, Kreuzerhöhung *(14. September)*. Dieser Feiertag gilt, obwohl er in den Herbst fällt, als Sommerfest. Man feiert ihn auf Chálki.

**In der Herbstsonne trocknende Tomaten**

## OKTOBER

**Agios Dimítirios** *(26. Oktober)*. Ein populärer, weithin gefeierter Namenstag, an dem auch die ersten heurigen Weine ausgereift sind.

**Ochi-Tag** *(28. Oktober)*. Gesetzlicher Feiertag mit Tänzen und Paraden in den Städten. Er gedenkt des betonten »Nein« *(óchi)*, mit dem Metáxas 1940 auf Mussolinis Ultimatum zur Errichtung von Stützpunkten in Griechenland reagierte.

**Griechische Veteranen, Ochi-Tag**

## NOVEMBER

**Ton Taxiarchón Michaíl kai Gavriíl** *(8. November)*. Viele den Erzengeln Michael und Gabriel geweihte Klöster, wie etwa das Panormítis-Kloster auf Sými *(siehe S. 175)*, feiern dieses Datum, das zugleich als populärer Namenstag eine Rolle spielt.

**Eisódia tis Theotókou**, Mariä Opfer *(21. November)*. Das ist eines der orthodoxen Hochfeste Griechenlands und außerdem Namenstag der auf María, Máry und Panagióta Getauften.

**Tauchen am Dreikönigstag (6. Januar)**

## WINTER

IM WINTER ist das Klima eher frisch. Es gehen heftige Winde, die See ist rauh. In den *kafeneía* spielen die Männer hinter beschlagenen Fenstern Karten und Backgammon, während die Frauen oft sticken und häkeln. Auf den Tisch kommen wärmende Eintöpfe und Suppen. Haben die Fischer ihren Schutzpatron Agios Nikólaos gefeiert, wird Weihnachten vorbereitet. Ab Heiligabend, Beginn der zwölftägigen Ferien, bis zur Vertreibung am Dreikönigstag treiben Kobolde, *kallikántzaroi*, ihr Unwesen. Für Weihnachten schlachtet man Schweine und fertigt Gebäck, das an die Windeln des Jesuskindes erinnern soll. Die Bescherung findet erst in der Silvesternacht statt. Im Neujahrskuchen *vasilópita* verbirgt man Münzen, die den Findern Glück versprechen.

**Kourambiethes, weihnachtliches Mandelgebäck**

## DEZEMBER

**Agios Nikólaos** *(6. Dezember)*. An diesem Festtag des Schutzheiligen der Seeleute finden in Hafennähe kirchliche Feiern, *panigýria*, und an den Stränden Paraden geschmückter Boote und Ikonen statt.
**Agios Spyrídon** *(12. Dezember)*, Korfu (siehe S. 70ff). Fest des Schutzpatrons der Insel mit Prozession seiner Reliquien.
**Christoúgenna**, 1. Weihnachtstag *(25. Dezember)*. Gesetzlicher Feiertag. Obwohl Ostern nachgeordnet, ist Weihnachten ein hohes Fest.
**Sýnaxis tis Theotókou**, 2. Weihnachtstag *(26. Dezember)*. Religiöser und gesetzlicher Feiertag, außerdem als Festtag des Agios Stéfanos Namenstag der auf Stéfanos und Stéfania Getauften.

## JANUAR

**Agios Vasíleios** oder *Protochroniá (1. Januar)*. Gesetzlicher Feiertag zu Ehren dieses Heiligen, verbunden mit Neujahrsfeiern. Man tauscht Geschenke und den Gruß *Kalí Chroniá* aus.
**Theofánia**, Dreikönigstag *(6. Januar)*. Gesetzlicher und kirchlicher Feiertag. An vielen Küsten wird in eindrucksvollen Zeremonien

Wasser geweiht. Priester werfen in das Hafenwasser ein Kruzifix, das die jungen Taucher anschließend möglichst schnell zu bergen versuchen.

## FEBRUAR

**Ypapantí**, Lichtmeß *(2. Februar)*. Das überaus wichtige, landesweit begangene orthodoxe Fest Griechenlands erinnert an Mariens Tempelbesuch mit dem Jesuskind.

**Popen im Festtalar an Ypapantí (2. Februar)**

### NAMENSTAGE

Die meisten Griechen feiern ihren Geburtstag nur bis zum zwölften Lebensjahr. Danach hat der Namenstag, *giortí*, Vorrang, der Festtag des Heiligen, dessen Taufnamen sie tragen. Die Namenswahl nimmt man in Griechenland sehr ernst. Gewöhnlich heißen Kinder nach ihren Großeltern. Neuerdings sind jedoch antike Namen aus Griechenlands Geschichte und Mythologie modern. Am Fest des hl. Georg und der hl. Helena (21. Mai) scheint das ganze Land Namenstag zu feiern: Überall tauchen Besucher mit kleinen Geschenken auf, für die man sich mit Süßigkeiten und Getränken bedankt. An Namenstagen sagen sich Freunde vielleicht: *Giortázo símera* (»Ich feiere heute«). Die traditionelle Antwort lautet: *Chrónia pollá*, was wörtlich »viele Jahre«, sinngemäß »herzlichen Glückwunsch« bedeutet.

# Das Klima

**A**UF ALLEN INSELN sind die Sommer eher lang und trocken, die Winter mild, doch regnerisch. Die küstennahen Gebiete auf Kreta, dem Dodekanes und den Kykladen werden vom trockenen Nordwind *meltémi* heimgesucht. Er kann zwischen Juni und September sehr heftig wehen und die Hitze mildern.

Durchschnittliche monatliche Höchsttemperaturen

Durchschnittliche monatliche Tiefsttemperaturen

Durchschnittliche Sonnenscheindauer am Tag

Durchschnittliche monatliche Niederschläge

## NORDÖSTLICHE ÄGÄISCHE INSELN

| °C | 23 | 34 | 26 | 17 |
|---|---|---|---|---|
| | 5 | 17 | 10 | 0 |
| ☼ | 8 Std. | 12 Std. | 7 Std. | 3 Std. |
| ☂ | 28 mm | 11 mm | 50 mm | 96 mm |
| Monat | Apr | Juli | Okt | Jan |

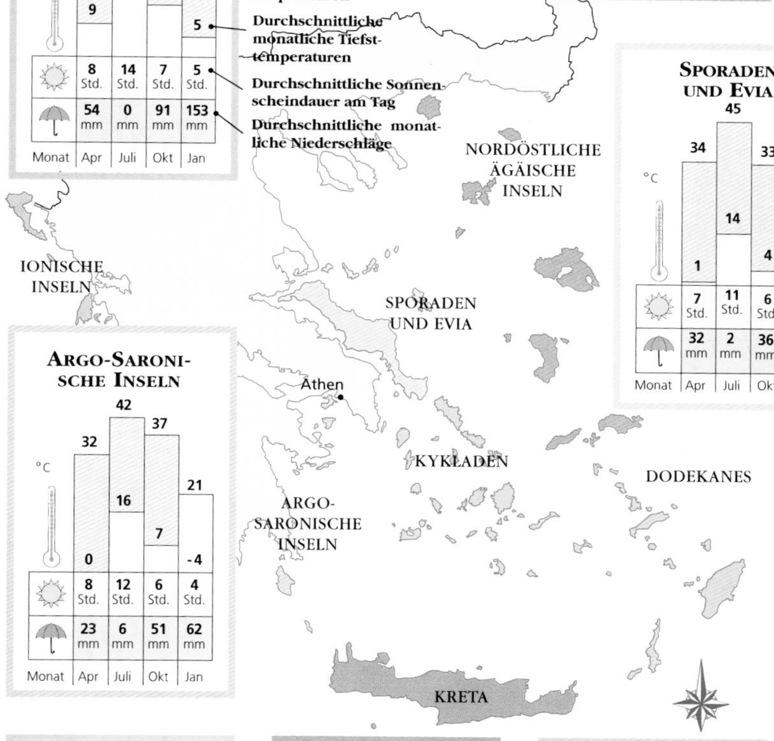

## IONISCHE INSELN

| °C | 24 | 37 | 29 | 17 |
|---|---|---|---|---|
| | 9 | 18 | 14 | 5 |
| ☼ | 8 Std. | 14 Std. | 7 Std. | 5 Std. |
| ☂ | 54 mm | 0 mm | 91 mm | 153 mm |
| Monat | Apr | Juli | Okt | Jan |

## SPORADEN UND EVIA

| °C | 34 | 45 | 33 | 25 |
|---|---|---|---|---|
| | 1 | 14 | 4 | -3 |
| ☼ | 7 Std. | 11 Std. | 6 Std. | 3 Std. |
| ☂ | 32 mm | 2 mm | 36 mm | 41 mm |
| Monat | Apr | Juli | Okt | Jan |

## ARGO-SARONISCHE INSELN

| °C | 32 | 42 | 37 | 21 |
|---|---|---|---|---|
| | 0 | 16 | 7 | -4 |
| ☼ | 8 Std. | 12 Std. | 6 Std. | 4 Std. |
| ☂ | 23 mm | 6 mm | 51 mm | 62 mm |
| Monat | Apr | Juli | Okt | Jan |

## KYKLADEN

| °C | 27 | 33 | 29 | 19 |
|---|---|---|---|---|
| | 10 | 20 | 13 | 6 |
| ☼ | 6 Std. | 13 Std. | 6 Std. | 3 Std. |
| ☂ | 19 mm | 2 mm | 45 mm | 91 mm |
| Monat | Apr | Juli | Okt | Jan |

## KRETA

| °C | 30 | 35 | 31 | 21 |
|---|---|---|---|---|
| | 8 | 18 | 12 | 5 |
| ☼ | 8 Std. | 13 Std. | 6 Std. | 3 Std. |
| ☂ | 26 mm | 1 mm | 64 mm | 95 mm |
| Monat | Apr | Juli | Okt | Jan |

## DODEKANES

| °C | 31 | 40 | 33 | 22 |
|---|---|---|---|---|
| | 5 | 15 | 7 | -4 |
| ☼ | 8 Std. | 12 Std. | 8 Std. | 4 Std. |
| ☂ | 25 mm | 3 mm | 61 mm | 149 mm |
| Monat | Apr | Juli | Okt | Jan |

NORDÖSTLICHE ÄGÄISCHE INSELN

IONISCHE INSELN

SPORADEN UND EVIA

Athen

KYKLADEN

ARGO-SARONISCHE INSELN

DODEKANES

KRETA

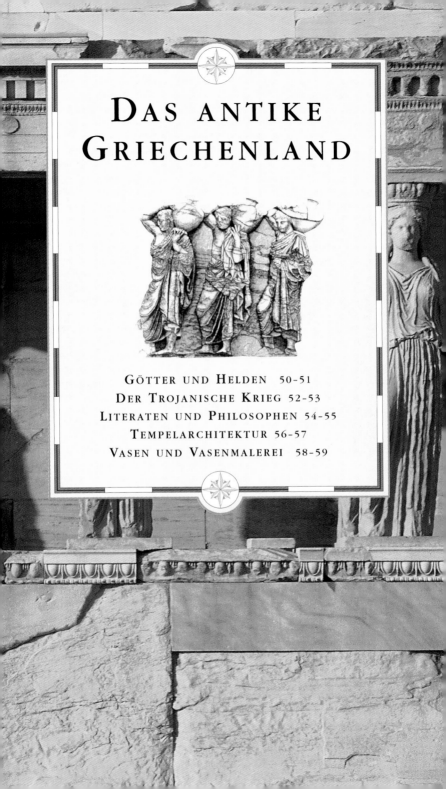

# DAS ANTIKE GRIECHENLAND

# Götter und Helden

MÜNDLICH WURDEN die griechischen Mythen und Sagen bereits in der Bronzezeit überliefert. Seit ihrer ersten schriftlichen Fixierung im frühen 6. Jahrhundert v.Chr. sind sie fester Bestandteil der abendländischen Literatur. Sie spiegeln frühe religiöse Vorstellungen wider und den Versuch, das Wirken der Natur zu erklären. Sie erzählen die Schöpfungsgeschichte sowie von den Göttern und Sterblichen des »Goldenen Zeitalters«. Sie erzählen auch von der Ära der Heroen, den zu Halbgöttern verklärten Helden wie Theseus und Herakles. Die Götter und Göttinnen sind keineswegs frei von menschlichen Begierden und Fehlschlägen. Sie sind Mitglieder einer Familie mit Zeus als höchstem Gott. Zeus zeugte zahlreiche Kinder, die allesamt göttliche Funktionen ausübten.

**Hades und Persephone** herrschten als König und Königin über das Totenreich, die Unterwelt. Persephone war die Tochter der Demeter, der Göttin des Ackerbaus. Von Hades entführt, durfte sie nur zwei Drittel des Jahres bei ihrer Mutter verbringen.

**Zeus** war der Vater der Götter. Vom Berg Olympos aus regierte er über Götter und Menschen.

**Eris** war die Göttin des Streites.

**Klymene**, eine Nymphe und Tochter des Helios, war die Mutter des Prometheus, des Schöpfers des Menschen.

**Poseidon**, ein Bruder des Zeus, war Herrscher über das Meer. Symbol seiner Macht war der Dreizack. Er heiratete die Meeresgöttin Amphitrite, nahm es aber mit der Treue nicht allzu ernst. Diese Statue steht in Athens Archäologischem Nationalmuseum (siehe S. 282).

**Hera**, Schwester und Gemahlin des Zeus, war für ihre Eifersucht berüchtigt.

**Athena** entsprang in voller Rüstung dem Haupt ihres Vaters Zeus.

**Paris** sollte der schönsten von drei Göttinnen einen goldenen Apfel überreichen.

**Paris' Hund** half seinem Herrn, einem Prinzen, der als Hirte auf dem Berg Ida aufwuchs.

**Dionysos**, Gott der Fruchtbarkeit und des Weines, entsprang dem Oberschenkel seines Vaters Zeus. Auf diesem von Exekias bemalten Becher (6. Jh. v.Chr.) ruht er in einem Schiff, dessen Mast ein Rebstock ist.

## GÖTTLICHER SCHÖN-HEITSWETTBEWERB

Die Szene auf dieser Vase spielt am Berg Ida nahe Troja. Als Hera, Athena und Aphrodite darum stritten, welche von ihnen die schönste sei, ließ Hermes Paris, einen trojanischen Prinzen, entscheiden. Paris wählte Aphrodite. Sein Lohn war die Liebe der Helena, der schönsten Frau auf Erden. Paris raubte sie ihrem Gemahl, Menelaos von Sparta, und löste damit den Trojanischen Krieg aus (siehe S. 53f).

◁ **Die Karyatiden (stützende Mädchenstatuen) des Erechtheion in Athen**

*Artemis*, Göttin der Jagd, war
eine Tochter des Zeus und
Zwillingsschwester des Apollon.
Sie wird dargestellt mit Pfeil
und Bogen, Jagdhunden und
Nymphen, in deren Begleitung sie
die Wälder durchstreifte. Obwohl
der Keuschheit verschrieben, gilt
sie auch als Göttin der Geburt.

**Glück**, hier in Gestalt zweier
Göttinnen, begrüßt den Sieger mit
goldenen Lorbeerblättern. Lorbeer-
kränze zeichneten die Gewinner
von Musik- und Sportwettbewerben
aus.

**Helios**, der Sonnengott,
lenkte seinen mit vier feuer-
speienden Rossen bespann-
ten Wagen (Symbol der
Sonne) täglich über den
Himmel.

**Hermes** war der
Götterbote.

**Aphrodite**, die Liebes-
göttin, hier abgebildet mit
ihrem Sohn Eros, war
geboren aus dem Schaum
des Meeres.

*Apollon*, Sohn des
Zeus und Zwil-
lingsbruder der
Artemis, war Gott
der Heilkunst, der
Sühne und der
Musik. Zugleich
verkörperte er das
griechische
Schönheitsideal.

## DIE TATEN DES HERAKLES

Herakles (lat. Hercules) war ein Sohn
des Zeus und der sterblichen Alk-
mene. Um die Unsterblichkeit zu
erlangen, mußte er im Dienst des
Königs von Mykene, Eurystheus, die
»Zwölf Arbeiten« ausführen. Mit
übermenschlicher Kraft erledigte
Herakles die Aufträge. Zunächst
erlegte er den Nemeischen Löwen,
dessen Fell er später trug.

*Die Tötung der Lernäischen Hydra*
war die zweite Arbeit des Herakles. Jedem
abgeschlagenen Haupt dieser neun-
köpfigen Riesenschlange wuchsen sofort
zwei nach. Herakles bewältigte auch diese
Aufgabe mit Athenas Beistand.

*Der Eryman-
thische
Eber* wütete
am Berg
Eryman-
thos. Herakles' vierte
Arbeit bestand
darin, ihn ein-
zufangen. Er
überbrachte ihn
lebend König
Eurystheus.

*Die Stymphaliden*, menschenfressende
Ungeheuer mit eisernen Schnäbeln,
trieben am See Stymphalía ihr Unwesen.
Herakles hatte sie in seiner sechsten
Arbeit zu vernichten. Er erlegte sie mit
einer Steinschleuder.

# Der Trojanische Krieg

**Ajax mit dem Leichnam des Achilles**

DIE ENTFÜHRUNG der Helena, der Gemahlin von Menelaos, dem König von Sparta, führte zum Zug der Griechen gegen Troja. Homers Epos *Ilias* (8. Jh. v.Chr.) liefert den ältesten Bericht von Teilen der Kämpfe des Trojanischen Krieges. Der römische Dichter Vergil knüpfte in seiner *Äneis* den Bogen zwischen dem Brand von Troja und der Gründung Roms. Die auf dem Gebiet der heutigen Türkei freigelegten Ruinen von Troja sprechen dafür, daß der Mythos nicht bloße Legende ist. Und viele antike Stätten des Peloponnes, wie etwa Mykene und Pylos, werden mit der *Ilias* genannten Städten gleichgesetzt.

**Achilles verbindet die Wunden seines Freundes Patroklos**

## VERSAMMLUNG DER HELDEN

KÖNIG MENELAOS ist nicht gewillt, Paris' *(siehe S. 50)* Entführung seiner Gattin Helena hinzunehmen. Für den Feldzug schart er griechische Könige und Helden um sich. Oberster Befehlshaber der Streitkräfte wird sein Bruder Agamemnon, König von Mykene. In den Krieg zieht auch der junge Achilles.

In Aulis verhindert ungünstiger Wind das Auslaufen der Flotte. Als Agamemnon seine Tochter Iphigeneia opfert, können die Schiffe ablegen.

## KAMPF UM TROJA

MIT IHRER Schilderung der Kämpfe um Troja setzt die *Ilias* im zehnten Kriegsjahr ein: Die Griechen sind nach neun Jahren Belagerung ermüdet,

doch siegesfroh. Da spaltet sie der Zorn des Achilles über den Verlust seiner Sklavin Briseis an Agamemnon in zwei Lager.

Während Achilles in seinem Zelt grollend den Einsatz verweigert, drängen die Trojaner die Griechen zurück. Verzweifelt überredet ihn sein Freund Patroklos, ihm zumindest die Rüstung zu leihen. In dieser führt Patroklos, für die Trojaner getarnt als Achilles, die Myrmidonen, Achilles' Truppen, in die Schlacht. Er wendet das Blatt zugunsten der Griechen, wird aber getötet von Hektor, dem Sohn Königs Priamos von Troja. Im Schmerz über den Tod des Freundes zieht Achilles zurück in den Kampf, um Rache an Hektor zu üben.

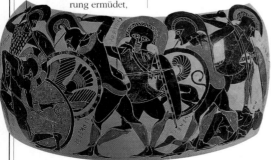

**Priamos bittet Achilles um Freigabe der Leiche seines Sohnes**

## RÄCHUNG DES PATROKLOS

ACHILLES ERHÖRT nicht das Flehen des sterbenden Hektor, ihn von den Schmerzen zu erlösen. Vielmehr bindet er ihn an den Knöcheln an seinen Wagen, schleift ihn um Trojas Mauern und zurück ins Lager der Griechen. Patroklos widmet er eine pompöse Trauerfeier mit riesigem Scheiterhaufen, Opfern von Tieren und trojanischen Gefangenen und Leichenspielen. Zwölf Tage noch schleift er Hektors Leichnam um Patroklos' Grabhügel, bis die Götter seiner Grausamkeit Einhalt gebieten.

## PRIAMOS BEI ACHILLES

AUF ANRATEN des Zeus macht Priamos sich mit Geschenken zum Lager der Griechen auf, um die Leiche seines Sohnes auszulösen. Mit dem Beistand des Hermes erreicht er Achilles' Zelt. Er bittet Achilles, des eigenen Vaters zu gedenken und sich zu erbarmen. Achilles gestattet schließlich die Rückführung von Hektors Leichnam nach Troja.

Obwohl normalen Sterblichen überlegen, wurden die griechischen Helden nicht als unfehlbar dargestellt, sondern als Wesen mit menschlichen Zügen und Gefühlen.

**In Bronzerüstung kämpfende Griechen und Trojaner**

## ACHILLES TÖTET DIE AMAZONENKÖNIGIN

**D**IE AMAZONEN waren ein Volk kriegerischer Frauen; es heißt, sie verstümmelten ihre rechte Brust, um den Bogen besser spannen zu können. Sie eilen zur Unterstützung Trojas herbei. Achilles tötet im Zweikampf ihre Königin Penthesilea. Einer Legende zufolge verlieben sich beide in dem Augenblick, in dem Penthesilea stirbt – eine Allianz von Liebe und Tod, die psychoanalytisch 2000 Jahre später Freud und Jung bewegte.

**Frühe Darstellung des Trojanischen Pferdes (Tonvase, 7. Jh. v.Chr.)**

**Achilles tötet im Zweikampf Penthesilea**

## DAS TROJANISCHE PFERD

**A**CHILLES STIRBT in Troja durch einen Pfeil des Paris. Diesen Verlust militärischer Schlagkraft versuchen die Griechen durch eine List wettzumachen. Sie konstruieren ein riesiges hölzernes Pferd und verbergen darin ihre besten Krieger. Daraufhin verbreiten sie das Gerücht, das Pferd sei eine Weihegabe für Athena und dürfe nie in Trojas Mauern gelangen, da die Stadt durch den Schutz der Göttin uneinnehmbar werde. Sie täuschen den Rückzug vor, und nachdem göttliche Fügung Zweifel der Trojaner ausgeräumt hat, ziehen diese das Pferd in die Stadt. In derselben Nacht entsteigen die Griechen dem Pferd und brandschatzen Troja. Zu den Überlebenden zählt Äneas, der nach Italien entkommt. Dort gründen seine Nachfolger mit Rom ein zweites Troja. Die abenteuerliche Heimfahrt der griechischen Helden wird in der *Odyssee* geschildert *(siehe S. 83)*.

## TOD DES AGAMEMNON

**W**ÄHREND Agamemnons zehnjähriger Abwesenheit regierten in Mykene seine Gattin Klytemnestra und ihr Geliebter Aigisthos. Klytemnestra, verzehrt von Trauer über den Tod ihrer Tochter Iphigeneia, bereitet dem heimkehrenden Gatten einen triumphalen Empfang, um ihn dann im Bade zu ermorden. Der Tod des Agamemnon war vorbestimmt, hing doch über dem Geschlecht ein Fluch. Diesen hoben die Götter erst auf, nachdem Orestes und Elektra ihre Mutter Klytemnestra und Aigisthos ermordet hatten. Daß das Schicksal der gottähnlichen Helden und Sterblichen vom Willen der Götter abhängt, ist allen Mythen gemein.

## GRIECHISCHE MYTHEN IN DER WESTLICHEN KUNST

Seit der Renaissance haben die antiken Mythen und Sagen Bildhauer und andere Künstler inspiriert. Könige und Königinnen ließen sich als Götter und Göttinnen – je nach Gusto der Liebe oder des Krieges – verewigen. Maler schöpften aus Themen der griechischen Mythologie, aus Vorbildern der »klassischen Antike«, insbesondere bei Akten und Halbakten. Das klassische Schönheitsideal regte u.a. den englischen Maler Frederic Leighton (19. Jh.) an, dessen Interpretation der Elektra rechts abgebildet ist.

**Die trauernde Elektra am Grab ihres Vaters Agamemnon**

# Literaten und Philosophen

**Die Dramatiker Aristophanes und Sophokles**

AM BEGINN der griechischen Literatur stehen lange Epen, in Versform gefaßte Erzählungen über Kriege und Wirrnisse. Bestandteil der abendländischen Literatur wurden die Tragödie und die Komödie sowie die Prosadialoge des 5. und 4. Jahrhunderts. Unser Wissen über die Welt der Griechen verdanken wir literarischen Quellen, über die weite Bereiche der griechischen Kultur erschlossen werden. Die von Pausanias verfaßte Beschreibung Griechenlands liefert wertvolle Hinweise auf erhaltene wie verlorene Schätze.

**Hesiod mit den neun Musen, die ihn zum Dichter weihten**

## EPISCHE DICHTUNG

SCHON IM 2. Jahrtausend v.Chr., noch vor der Zeit der mykenischen Paläste, trugen Rhapsoden, wandernde Sänger, die griechischen Götter- und Heldensagen vor. Diese Verslieder wurden mündlich tradiert, dabei variiert und ausgeschmückt. Zu Großepen zusammengefaßt wurden sie um 700 v.Chr. in der *Ilias* und der *Odyssee (siehe S. 83).* Traditionell schreibt man beide Epen (die neuere Forschung nur die ältere *Ilias)* Homer zu, über dessen Leben nichts Verläßliches bekannt ist. Ebenfalls

um 700 v.Chr. lebte Hesiod, besonders berühmt durch die *Theogonie,* eine Dichtung über die Herkunft der Götter, sowie *Werke und Tage,* ein Lehrgedicht über die rechte Lebensführung. Im Gegensatz zu Homer soll Hesiod seine Gedichte schriftlich fixiert haben, eine Theorie, die allerdings nicht eindeutig belegt ist.

## ELEGISCHE DICHTUNG

ZUM VORTRAG bei privaten Anlässen, vor allem zur Unterhaltung bei Symposien (kultivierten Trinkgelagen), entstanden kurze Verslieder. Diese hatten einen individualistischen Ansatz; sie betonten Gefühle wie Liebe und Haß, waren oft aber auch höchst politisch. Zu ihren Vertretern zählen Archilochos, Alkaios, Alkman, Hipponax und Sappho. Viele jener Gedichte sind nur durch Zitate späterer Schriftsteller bewahrt oder als Papyrusfragmente, die aus Privatbibliotheken des hellenistischen und römischen Ägypten geborgen wurden. Sie erlauben Einblicke in das Leben einer wettbewerbsbewußten Elite. Weiberhaß ist ein häufiges Motiv, nahmen an Symposien doch nahezu ausschließlich Männer teil. Angesichts dieser männlich dominierten Literaturszene beeindruckt um so mehr, daß sich mit der Dichterin Sappho auch eine Frau Anerkennung verschaffte. Auf Lésvos schrieb sie ihre – nur bruchstückhaft überlieferten – ausdrucksstarken Gedichte, aus denen tiefe Bewunderung für Frauen spricht.

## GESCHICHTSSCHREIBUNG

BIS ZUM 5. Jahrhundert bedienten sich nur wenige griechische Schriftsteller der Prosa – selbst die frühen Philosophen schrieben in Versen. Ende des 5. Jahrhunderts schilderten umfassende Geschichtswerke erstmals in Prosa jüngste sowie aktuelle Geschehnisse. Als »Vater der Geschichtsschreibung« gilt Herodot (Herodotos). Er gab seiner die Jahre 490–479 v.Chr. abdeckenden Darstellung der Perserkriege ethnographische Beschreibungen des Persischen Reiches bei und bemühte sich bei der Erklärung des Konflikts zwischen Griechen und Persern um objektive Wiedergabe von Berichten. Thukydides

**Herodot, Verfasser der Geschichte der Perserkriege**

konzentrierte sich in seiner Chronik des Peloponnesischen Krieges (431–404 v.Chr.) auf politische Fakten und ihre Analyse mit dem Ziel, die »wahren« Kriegsursachen aufzudecken. Ihm eiferten spätere Geschichtsschreiber nach, doch nur wenige besaßen sein scharfes Einsichtsvermögen in das Wesen der Menschen.

**Außergewöhnlich: ein Frauen-Symposion, dargestellt auf einer Vase**

**Der Redner Demosthenes (Figurine aus Staffordshire, 1790)**

## RHETORIK

DIE ÖFFENTLICHE Rede war schon im archaischen Griechenland wichtiger Bestandteil der politischen Kultur. Ab Ende des 5. Jahrhunderts entwickelte sich die Rhetorik zur Kunstform. Einige fixierten ihre Vorträge schriftlich, so zum Beispiel Lysias die Rede vor Gericht und Demosthenes die Rede vor einem politischen Gremium. Die erhaltenen Texte erhellen Athens öffentliches politisches, aber auch die Schattenseiten des privaten Lebens. Den Reden des attischen Staatsmanns und Rhetors Demosthenes (4. Jh. n.Chr.) eiferten römische Politiker nach. Im 18. Jahrhundert trug der Klassizismus in Europa Demosthenes erneute Bewunderung ein, und seine politischen Ideen wurden wieder intensiv diskutiert.

## DRAMA

FAST ALLE überlieferten Tragödien stammen aus den Federn von Aischylos, Sophokles und Euripides; alle drei wirkten im 5. Jahrhundert v.Chr in Athen. Die Werke von Sophokles und Euripides (z.B. *Medea*) wenden sich der psychologischen Charakterisierung zu. Die Komödie, im 5. Jahrhundert noch derbe Posse und polemische Kritik an Mißständen der Zeit, entwickelt sich im 4. Jahrhundert zur »neuen« Komödie, die auf Situationskomik setzt.

**Zwei kostümierte Schauspieler (Vasenmalerei um 370 v.Chr.)**

## GRIECHISCHE PHILOSOPHEN

Sokrates wirkte im späten 5. Jahrhundert v.Chr. als Sittenlehrer. Er selbst hinterließ keine Schriften. Überliefert ist seine Auffassung von Gerechtigkeit, Tugend und Mut durch die Sokratischen Dialoge seines Schülers Platon, der am Rande Athens die Platonische Akademie ins Leben rief. Platons Schüler Aristoteles gründete das Peripatos, eine Schule, die Athen zu einer der ersten Universitätsstädte machte. Raffael setzte mit dem Fresko *Schule von Athen* (1508–11) seine Interpretation der altgriechischen Denker ins Bild um.

**Platon** sah »den Sitz der Ideen« im Himmel.

**Aristoteles**, Verfasser der *Nikomachischen Ethik*, versuchte alle Wissenschaften einzubeziehen.

**Euklid** fixierte um 300 v.Chr. geometrische Regeln.

**Epikur** propagierte ein Leben der Freuden.

**Sokrates** lehrte durch geschicktes Hinterfragen.

**Diogenes**, der Kyniker, lebte als Bettler.

# Tempelarchitektur

D IE BEDEUTENDSTEN Gebäude des antiken
Griechenlands waren Tempel, bestimmte
doch die Religion wesentlich die Alltagskultur.
Allerdings untermauerten Tempel außer göttli-
cher auch politische Macht. Oft standen sie an
exponierter Stelle. Die frühesten entstanden
im 8. Jahrhundert aus Holz und luftgetrockne-
ten Ziegeln; ab dem 6. Jahrhundert v.Chr. grif-
fen Marmorbauten viele ihrer Merkmale auf.

**Bildhauer Pheidias bei der Arbeit am Parthenon**

**TEMPELBAU**
Diese Zeichnung illu-
striert Konstruktion
und Funktion eines
idealtypischen
dorischen
Tempels.

**Die Cella**, der Hauptraum,
hütete das Kultbild.

**Das Giebeldreieck**
schmückten oft Skulpturen.

**Das Kultbild** war die Statue der
Gottheit, welcher der Tempel
geweiht war.

**Die Kannelur**
meißelte man an Ort u
Stelle, wobei die obersten u
untersten Säulentrommeln
Proportionierung bestimm

**Eine
Rampe**
führte zum
Eingang empor.

**Die Stufenplattform** ruhte
auf einem Steinfundament.

**Die Säulentrommeln** wurden
bossiert, roh behauen, ehe man
sie plazierte.

## ZEITSKALA DER TEMPELBAUTEN

**477–390** Attischer Apollon-
Tempel auf Delos *(siehe S. 214f)*

**522** Hera-Tempel auf
Sámos *(ionisch; siehe
S. 152)*

**447–405** In der Akropolis
von Athen: Tempel der
Athena Nike (ionisch), Parthenon (dorisch), Erechtheion
(ionisch; *siehe S. 284ff)*

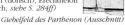

*Giebelfeld des Parthenon (Ausschnitt)*

| 700 v. Chr. | 600 v. Chr. | 500 v. Chr. | 400 v. Chr. | 300 v. Chr. |
|---|---|---|---|---|
| | **490** Aphaia-Tempel auf Aígina (dorisch; *siehe S. 94f)* | **4. Jh. v.Chr.** Tempel der Athena Lindia in der Akro-polis von Lindos auf Rhodos (dorisch; *siehe S. 192f)* | **Spätes 4. Jh. v.Chr.** Heiligtum der Großen Götter auf Samothráki (dorisch; *siehe S. 128f)* | |

**An den Dachfirstenden** ragten Schmuckfiguren oder Akroterien auf, hier Statuen der »geflügelten Siegerin« Nike. Von kaum einem Tempel sind die oberen Bauteile erhalten.

**Das Dach** ruhte auf Holzbalken. Die Deckung bestand aus Reihen von Tonziegeln mit vertikalen Stirnziegeln am First.

# DIE ENTWICKLUNG DER TEMPELARCHITEKTUR

Die drei Stilrichtungen entstanden in chronologischer Folge. Ihr bestes Erkennungsmerkmal sind die Säulenkapitelle.

*Dorischen Tempeln* *waren stämmige Säulen ohne Basis und mit flachem Kapitell vorgesetzt.*

**Dreieckiges, plastisch ausgeschmücktes Giebelfeld**

**Guttae** imitierten die Zapfen zum Befestigen der hölzernen Dachbalken.

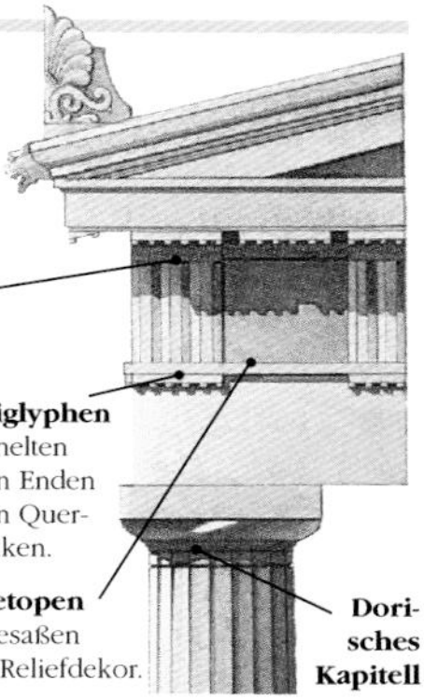

**Triglyphen** ähnelten den Enden von Querbalken.

**Metopen** besaßen Reliefdekor.

**Dorisches Kapitell**

*Ionische Tempel* *besaßen meist mehr und anders geformte Säulen als dorische. Typisch für das Kapitell ist das Widderhörnern ähnliche Paar von Voluten.*

**Der Fries** war ein langes, zusammenhängend skulptiertes Band.

**Der ionische Architrav** war in drei abgetreppte Streifen gegliedert.

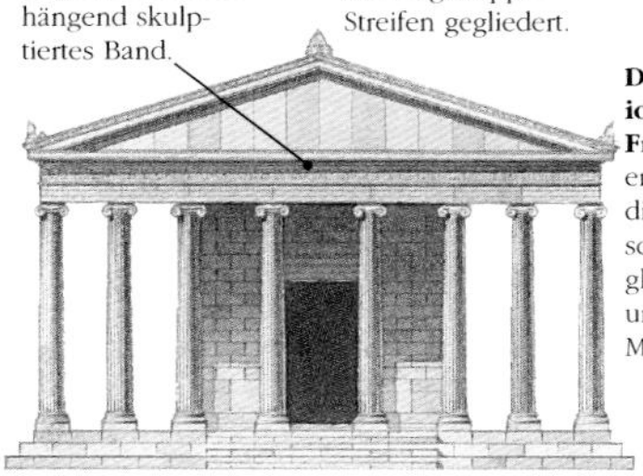

**Die Akroterien** an den Ecken des Daches ähnelten persischer Ornamentik.

**Der ionische Fries** ersetzte die dorischen Triglyphen und Metopen.

**Ionisches Kapitell**

**Die Steinblöcke** fügte man exakt zusammen. Sicheren Halt verschafften Metallklammern und -dübel; Mörtel fand beim Tempelbau keine Verwendung.

**Der Grundriß** entsprach jenem des Megaron (Hauptraums) mykenischer Häuser: einem rechteckigen Einraum mit Säulenvorhalle.

*Karyatiden* *heißen die weiblichen Statuen, die – z.B. beim Erechtheion in Athens Akropolis – statt Säulen das Gebälk stützen. Bei Athens Agora (siehe S. 282f) übernahmen Tritonen, dargestellt als Mischform aus Mensch und Fisch, diese Funktion.*

*Korinthische Tempel* *wurden unter den Römern erbaut, und zwar nur in Athen. Schlanke Säulen und hohe Kapitelle mit kunstvollem Akanthusrelief sind ihre Erkennungsmerkmale.*

**Akroterion in Gestalt eines Greifs**

**Der Eingang zur Cella** befand sich an der Ostseite.

**Das Kranzgesims** war die vortretende Abdeckfläche über den Kapitellen.

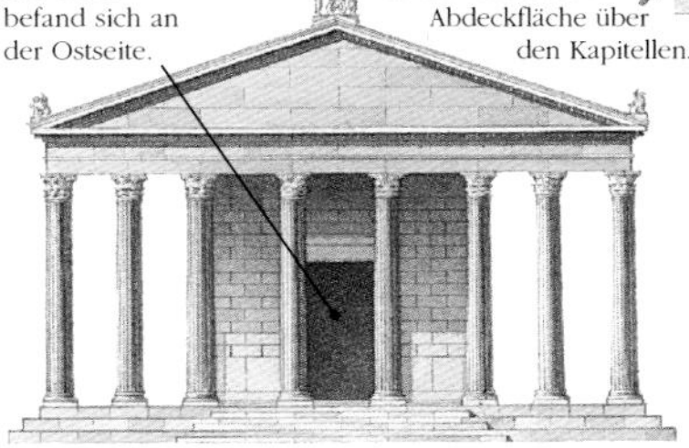

**Das Giebelfeld** zeigte diversen plastischen Dekor.

**Kapitell mit Akanthusblatt-Dekor**

# Vasen und Vasenmalerei

**Esels-becher**

**D**IE GRIECHEN pflegten die Kunst der Vasenmalerei von 1000 v.Chr. bis in die hellenistische Zeit. Hauptzentrum der Produktion war Athen, das seine schwarz- und rotfigurigen Keramiken im 6. Jahrhundert v.Chr. in alle Teile der altgriechischen Welt exportierte. Das Töpferviertel Kerameikós im Westen von Athen ist heute noch zu besichtigen. Die bemalten Vasen – ein Begriff für Keramiken verschiedenster Form – sind, obwohl zumeist für den täglichen Gebrauch hergestellt, herrliche Kunstwerke. Überdies verleihen sie eine Vorstellung von den nicht erhaltenen Wandmalereien. Anders als diese sind Vasen in großer Zahl bewahrt, unversehrt oder aus Scherben zusammengesetzt.

*Diese schwarzfigurige Vase des 6. Jhs. illustriert den täglichen Gebrauch von Keramikgefäßen. Dargestellt sind* hydriai, *mit denen Frauen aus Quellen und öffentlichen Brunnen Wasser schöpften.*

**Bei der Nackten** mit dem *kylix* in Händen handelt es sich vermutlich um eine Flötenspielerin oder Prostituierte.

*Der weißgrundige* **lekythos**, *ein Salbgefäß mit schmalem Hals, kam im 5. Jh. v.Chr. auf. Lekythen wurden an Gräbern geopfert und daher meist mit Trauerszenen verziert. Auf diesem Werk des Achilles-Malers schmückt eine Frau ein Grab mit Blumen.*

## DAS SYMPOSION
Bei diesen überwiegend männlichen Eß- und Trinkgelagen wurde gern *kottabos* gespielt. Auf diesem *kylix* halten Männer die Becher hoch, um die Neige auf ein Ziel zu schleudern.

## STILENTWICKLUNG DER VASENMALEREI
Die Vasenmalerei erreichte ihren Höhepunkt im Athen des 6. und 5. Jahrhunderts v.Chr. Die Töpfer überließen das Verzieren der gebrannten Gefäße meist Malern. Archäologen konnten die Handschriften vieler Meister des rot- und schwarzfigurigen Stils identifizieren.

**Die Bahre** mit dem Leichnam wird von Trauernden getragen.

**Das geometrische Muster** ist eine Urform des späteren Mäander-Ornaments.

**Wagen und Krieger** bilden den Trauerzug.

*Der geometrische Stil bezeichnet die älteste Periode (ca. 1000– 700 v.Chr.) mit Ornamenten aus Streifen geometrischer und figürlicher Muster. Diese über einen Meter hohe Vase (8. Jh. v.Chr.) stand auf einem Grab. Ihre Bemalung zeigt Totenbahre und Bestattungsriten für einen Mann.*

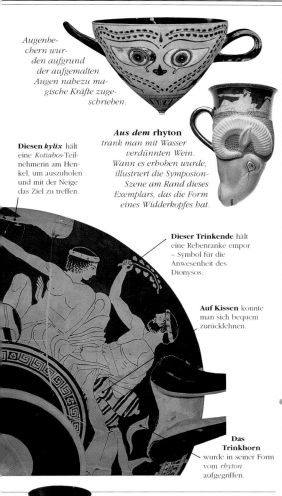

Augenbechern wurden aufgrund der aufgemalten Augen nahezu magische Kräfte zugeschrieben.

**Diesen kylix** hält eine *Kottabos*-Teilnehmerin am Henkel, um auszuholen und mit der Neige das Ziel zu treffen.

**Aus dem rhyton** trank man mit Wasser verdünnten Wein. Wann es erhoben wurde, illustriert die Symposion-Szene am Rand dieses Exemplars, das die Form eines Widderkopfes hat.

**Dieser Trinkende** hält eine Rebenranke empor – Symbol für die Anwesenheit des Dionysos.

**Auf Kissen** konnte man sich bequem zurücklehnen.

**Das Trinkhorn** wurde in seiner Form vom *rhyton* aufgegriffen.

## VASENFORMEN

Fast alle griechischen Vasen waren Gebrauchsgegenstände und ihre Formen der Funktion angepaßt. Attische Töpfer kannten ungefähr zwanzig Gefäßformen. Unten sind einige der gebräuchlichsten Vasen und ihre Verwendungszwecke vorgestellt.

**Die Amphora,** ein bauchiges Gefäß mit zwei Henkeln, diente zum Aufbewahren von Wein und Öl, eingelegten und getrockneten Lebensmitteln.

**In Kratern,** Krügen mit weiter Öffnung und Henkeln (hier als «Voluten» eingerollt), mischte man Wasser und Wein.

**Mit der hydria** holte man Wasser vom Brunnen. Der Krug besaß drei Henkel, von denen einer zum Tragen und Gießen vertikal, zwei zum Heben horizontal angebracht waren.

**Der lekythos,** hergestellt von 3 cm bis knapp 1 m Höhe, diente zum Lagern von Speiseöl, aber auch als Gräbern beigegebenes Salbgefäß.

**Die oinochoe,** der gewöhnliche Weinkrug, besaß einen runden oder dreilappigen Ausguß und nur einen Henkel.

**Der kylix,** ein Trinkbecher mit zwei Henkeln, zählte zu den Gefäßen, die man auch innen verzierte.

**Der schwarzfigurige Stil** entstand um 630 v.Chr. in Athen. Man versah die aus eisenoxydhaltigem Ton gebrannten, orangefarbenen Gefäße mit Figuren, die mit schwarzem Ton aufgemalt wurden. Diese Vase trägt die Signatur des Töpfers und Malers Exekias.

**Der rotfigurige Stil** trat um 530 v.Chr. hervor. Die Figuren erscheinen als Silhouetten in der rötlichen Farbe des Tons auf schwarzem Grund. Hier schenkt eine Frau aus einem Weinkrug ein.

# FÜHRER DURCH DIE GRIECHISCHEN INSELN

# Die Inseln im Überblick

GRIECHENLANDS Inselwelt umfaßt kleine unbewohnte Eilande aus Fels ebenso wie die großen Inseln Kreta und Évia. Im Lauf der Jahrhunderte landeten Siedler und Invasoren und beeinflußten die jeweilige Lebensweise nachhaltig. Heute strömen Millionen Touristen herbei. Jede Insel hat ihren eigenen Charakter, bedingt durch Landschaft, Klima und kulturelles Erbe. Die Inseln sind reich an historischen Stätten, bieten ideale Voraussetzungen auch für ehrgeizige Wanderer und eine außergewöhnliche Vielfalt an Stränden.

**Skópelos**
*Die Hauptstadt gleichen Namens (siehe S.108 f) schlängelt sich malerisch vom hochgelegenen* kástro *hinab zum Meer.*

**Korfu**
*Das grüne, fruchtbare Korfu (siehe S. 68ff) ist die meistbesuchte der Ionischen Inseln. Zwei venezianische Festungen thronen über der gleichnamigen Hauptstadt und ihrem Labyrinth schmaler Sträßchen.*

## LEGENDE

 Ionische Inseln *S. 64–87*

Argo-Saronische Inseln *S. 88–99*

Sporaden und Évia *S. 100–119*

Nordostägäische Inseln *S. 120–153*

Dodekanes *S. 154–199*

Kykladen *S. 200–239*

Kreta *S. 240–277*

Athen

**Aígina**
*Aígina (siehe S. 92ff), durch die Nähe zu Athen eine historisch besonders interessante Insel, beherbergt den großartigen, guterhaltenen Aphaia-Tempel.*

**Kreta**
*Historische Städte, minoische Paläste wie jener von Knosós und aufregende Landschaften wie die Samariá-Schlucht (rechts) machen die Reize von Kreta (siehe S. 240ff), Griechenlands größter Insel, aus.*

◁ **Windmühlen im Dorf Olympos, Kárpathos**

### Delos

*Diese winzige Insel* (siehe S. 214f) *ist übersät von den Ruinen einer hochbedeutenden antiken Stadt. Vom Aufstieg zur Hochburg des Apollon-Kults um 1000 v.Chr. bis zur Zerstörung im 1. Jahrhundert v. Chr. war Delos ein blühendes Zentrum von Kultur und Religion.*

### Chíos

*Herrliche Mosaiken des byzantinischen Klosters Néa Moní im Zentrum dieser Insel* (siehe S. 142ff) *haben das schwere Erdbeben von 1881 überlebt. Die Dörfer im Süden profitierten vom Mastix-Strauch und seinem Harz, einer im Mittelalter begehrten Handelsware.*

### Pátmos

*Auf der »heiligen Insel« Pátmos* (siehe S. 158ff) *soll der Evangelist Johannes die Apokalypse oder Geheime Offenbarung verfaßt haben. Das Johannes-Kloster, eine befestigte Anlage aus Kirchen und Höfen, ist heute noch eine Pilgerstätte.*

0 Kilometer       100

### Rhodos

*Die Ritter des Johanniter-Ordens bauten die mittelalterliche ummauerte Zitadelle, die das Bild von Rhodos-Stadt beherrscht. Die Insel hat viele schöne Strände zu bieten, im Inneren malerische Dörfer und abgelegene Klöster* (siehe S. 176ff).

# DIE IONISCHEN INSELN

KORFU · PAXOS · LEFKADA · ITHAKI · KEFALLONIA · ZAKYNTHOS

OLIVENHAINE *und Zypressen prägen das Bild der Ionischen Inseln, Griechenlands größtem, grünstem und fruchtbarstem Archipel. Hier, vor der Westküste des Festlands, war der westeuropäische Einfluß von jeher bestimmend. Die Osmanen konnten sich nur auf der Insel Lefkáda durchsetzen.*

Die Inselgruppe rühmt sich, Heimat des Odysseus zu sein. Im 8. Jh. v.Chr. von Korinthern besiedelt, stieg sie schnell zu einem florierenden Handelsposten auf. Im 5. Jahrhundert unterlag Korinth Korfu, das mit Athen den Peloponnesischen Krieg anstiftete.

**Gorgo-Giebel im Archäologischen Museum von Korfu-Stadt**

Urlaubsziel wurden die Ionischen Inseln schon zur Römerzeit, eine politische Einheit aber erst im Byzantinischen Reich. Von 1363 bis 1797 unterstanden sie Venedig. 1815, nach kurzer französischer Herrschaft, riß Großbritannien die Macht an sich, um die Inseln 1864 an Griechenland abzutreten.

Spuren der Inselbesatzer sind noch an vielen Stellen erhalten, am deutlichsten in der Stadt Korfu, wo italienische, französische und britische Baustile zu erkennen sind.

Keine Insel gleicht der anderen: Olivenhaine prägen das winzige Paxos, Felsen Itháki, Gebirge Korfu, wilde und stark gegliederte Landschaften Kefalloniá. Kýthira, historisch der Inselgruppe zugehörig, wird hier wegen der Verkehrsanbindung den Argo-Saronischen Inseln zugeordnet.

Die Inseln liegen entlang einer tektonischen Bruchlinie, die sich an Griechenlands Westküste nach Süden erstreckt. Daher haben starke Erdbeben immer wieder schwere Schäden angerichtet, im Sommer 1953 insbesondere auf Kefalloniá und Zákynthos.

Das Klima ist auf den Ionischen Inseln im Sommer heiß und trocken, im übrigen Jahr mild. Die üppige Vegetation entspricht den hohen Niederschlägen. Das vielfältige Angebot für Strandurlauber reicht von Badeorten mit ausgeprägtem Nachtleben bis hin zu stillen, vom Tourismus kaum berührten Stränden.

**Schiff beim Einlaufen in den Hafen von Sámi, Kefalloniá**

◁ Das Klosterinselchen Vlachérna, das mit Korfu durch einen Damm verbunden ist

# Überblick: Die Ionischen Inseln

**KORFU**

DIE WEITVERSTREUTEN Ionischen Inseln sind vom Festland aus leicht erreichbar, untereinander allerdings weniger gut verbunden. Die nördlichen Inseln lassen sich am besten von Korfu, die südlichen von Kefalloniá aus bereisen. Antike Überreste gibt es recht wenige; Museen konzentrieren sich vorwiegend auf Brauchtum sowie historische und kulturelle Bande zu Europa. Die Hauptinseln sind groß genug, um Nachtschwärmer genauso zu befriedigen wie Gäste, die in familienfreundlichen Badeorten und Fischerdörfern Ruhe suchen. Auf kleineren Inseln wie Meganísi vor Lefkáda, Mathráki, Othoní und Erikoúsa nördlich von Korfu sowie im Inneren der größeren Inseln ist die Lebensweise stark von Traditionen geprägt.

Korfu-Stadt

Igoumení

Lefkimmi

PAXOS

Gáïos

ANTIPAXOS

IONISCHES MEER

## AUF EINEN BLICK

*Korfu* S. 68ff
Itháki S. 82f
Kefalloniá S. 84f
Lefkáda S. 81
Paxos S. 80
Zákynthos S. 86f

## SIEHE AUCH

- **Übernachten** S. 298f
- **Restaurants** S. 322f
- **Reiseinformationen** S. 356ff

**Der Platz Plateía Dimarcheíon (links das Rathaus) in Korfu-Stadt**

**Typisches Haus auf dem Land, hier im Dorf Stávros auf Itháki**

## LEGENDE

| | |
|---|---|
| ▬▬ | Hauptstraße |
| ▬▬ | Asphaltierte Straße |
| ▭▭ | Nicht–asphaltierte Straße |
| ▬▬ | Panoramastraße |
| – – | Fähre in der Hauptsaison |
| ☼ | Aussichtspunkt |

0 Kilometer        25

**Die Gebirgslandschaft von Lefkáda**

*ATHEN*

## ZUR ORIENTIERUNG

### UNTERWEGS

Bis auf Itháki und Paxos sind alle Inseln mit dem Flugzeug erreichbar. Der Flughafen von Préveza bedient Lefkáda, das auch über eine Autobrücke mit dem Festland verbunden ist. Während viele größere Fähren auf ihren Routen das Festland anlaufen, unterhalten kleinere oft direkte Verbindungen zwischen den Inseln. Beachten Sie bei der Planung, daß viele Inseln mehrere Fährhäfen besitzen. Auf den Inseln übernimmt ein von den Hauptstädten ausstrahlendes Busnetz den Transport, Taxis stopfen Lücken. Vielerorts kann man Autos und Fahrräder mieten, allerdings sind die Straßen von höchst unterschiedlicher Qualität.

*rga*

*Pátra*

Lefkáda-Stadt

LEFKÁDA

Vasilikí  Nydrí  Vathý

Spartochóri

MEGANISI  KALAMOS

ARKOUDI  KASTOS

Fiskárdo  Astakós

Fríkes  ATOKOS

Pólis Bay  ITHAKI

KEFALLONIA  Vathý

Agía Efthymía  Piso Aetós

ostóli  Sámi

Póros  Pátra

Pesáda

Skinári

Kyllíni

Zákynthos-Stadt

ZÁKYNTHOS

**Einheimischer beim Herrichten seines Boots im Hafen von Gáios, Paxos**

**Ferienunterkünfte in Fiskárdo, Kefalloniá**

# Korfu
Κερκύρα

K ORFU HAT VIELE Gesichter: traditionelle Bergdörfer, unerschlossene Küstenstreifen sowie von Ferienanlagen beherrschte Strände. Sie war von 229 v.Chr. bis 337 n.Chr. römische Provinz. Den Herrschern des Byzantinischen Reiches entrissen Goten, Normannen und Angeviner die Macht. Aufgrund der Lage zwischen Italien und dem griechischen Festland hatte Korfu auch unter den Venezianern (1386–1797) hohe Bedeutung. In die Zeit französischer Herrschaft (1807–14) fielen die Neubelebung der griechischen Sprache und die Gründung der Ionischen Schule, die der Kunst Aufschwung gab. Die britische Herrschaft (1814–64) endete mit Korfus Anschluß an Griechenland.

**Detailansicht des Rathauses von Korfu**

**Das Angelókastro**, eine verfallene Festung (13. Jh.), erhebt sich gegenüber der Bucht von Palaiokastrítsa (*siehe S. 77*).

**Myrtiótissa** gehört zu Korfus schönsten Stränden (*siehe S. 78*).

## Sidári
*Bizarre, vom Meer überformte Sandsteinformationen verleihen dem Badeort Sidári malerischen Reiz. Der Legende zufolge bleiben Paare, die den Canal d'Amour durchschwimmen, bis ans Ende ihres Lebens zusammen.* ➎

## Vátos
*Dieses traditionelle Bergdorf überragt die fruchtbare Rópa-Ebene.* ➐

## Korisíon-Lagune
*Die durch einen schmalen Landstreifen mit schönen Stränden vom Ionischen Meer getrennte Lagune ist ein artenreiches Naturparadies.* ➑

### LEGENDE
Symbole siehe Umschlaginnenseite

0 Kilometer         5

## Palaiokastrítsa
*Drei Hauptbuchten säumen hier eine dichtbewaldete Landzunge. Palaiokastrítsa ist eines der – besonders bei Familien – beliebtesten Urlaubsziele der Insel mit Wassersportangebot und freundlicher Atmosphäre.* ➏

### NICHT VERSÄUMEN
★ **Korfu-Stadt**

Perouládes · ➎ Sidári · Róda · Acharáv

Karousádes ·

Avliótes

Kavvadádes · Episkópi · Epískep · Nymfés

Afiónas · Valaneió

Ano Korakiána

Skriperó

Lákones · ➏ Palaiokastrítsa

Liapádes

Giannádes · Vátos

Ermones · ➐

Péle

Glyfáda

### Kassiópi
*Ein hübscher Kai mit Tavernen, Geschäften und Bars begrenzt die saubere Hafenbucht von Kassiópi.* ❹

**INFOBOX**

👥 100 000. ✈ 3 km südl. der Hauptstadt. ⛴ Xenofóntos Stratigoú, Korfu-Stadt. 🚌 ℹ Korfu-Stadt (0661 37520). 🎭 Kulturfestival in Ano Korakiána: 1.–15. Aug; Festival in Benítses: 17. Juli.

### Pantokrátor
*Von diesem Berg, Korfus höchster Erhebung, hat man herrliche Blicke über die Insel, an klaren Tagen bis Italien.* ❸

### Kalámi
*Diesem hübschen Küstendorf verhalf der Schriftsteller Lawrence Durrell zu Bekanntheit.* ❷

### ★ Korfu-Stadt
*Hier vermischen sich europäische Einflüsse harmonisch. Vom in der französischen Ära erbauten Liston, Brennpunkt der Cafészene, blickt man auf die von Venezianern angelegte Esplanade.* ❶

### Achílleion
*Kaiserin Elisabeth ließ 1890–91 dieses Schlößchen erbauen.* ❿

### Benítses
*Der Ort, ein typisches Ziel des Pauschaltourismus, zieht vor allem junge Leute an. Attraktionen sind sein vibrierendes Nachtleben und sein breites Wassersportangebot.* ❾

**Die Festung Gardíki** stammt aus dem 13. Jahrhundert. Auf dem Ruinenfeld entdeckte man altsteinzeitliche Relikte *(siehe S. 78)*.

# Im Detail: Korfus Altstadt ❶

Πόλις της Κέρκυρας

**D**ER CHARME DER Stadt Korfu hat im 20. Jahrhundert nicht gelitten. Er besteht in der harmonischen Mixtur europäischer Stilelemente: Die Venezianer hinterließen nach 400jähriger Herrschaft elegante Gebäude mit Balkonen und Fensterläden, die Franzosen Arkadenhäuser, die Briten ein Fülle von Baudenkmälern und natürlich den Cricketplatz an der Esplanade oder Spianáda *(siehe S. 72f)*. Dieser weite, zum Spielen und Spazieren einladende Park ist Treff von Einheimischen wie Touristen. Östlich davon überwacht die Alte Festung *(siehe S. 74)* die Stadt, eine stolze Erinnerung daran, daß Korfu nie von den Osmanen eingenommen wurde.

**Neue Festung**
*(siehe S. 74)*

**Blick von der Altstadt auf die Alte Festung**

**Die Kirche Mitrópoli,** 1577 erbaut und seit 1841 Korfus orthodoxe Kathedrale, ist der hl. Theodora geweiht. Sie hütet die Reliquien der Heiligen und sehenswerte Goldikonen.

---

## NICHT VERSÄUMEN

★ **Palast des St. Michael und St. Georg**

★ **Liston**

★ **Agios Spyrídon**

---

FILELLINON

THERMISTOKLEOUS

AGIOU SPYRIDONOS

N THEOTOKI

**Rathaus**
*(siehe S. 74)*

KAPODISTRIO

N THEOTOKI

ELEFTHER

**Das Banknotenmuseum** zeigt eine Sammlung griechischen Papiergelds. Es erläutert Korfus Geschichte anhand seiner Währungen, aber auch die Herstellung moderner Banknoten *(siehe S. 73).*

**Archäologisches Museum**
*(siehe S.74f)*

**★ Agios Spyrídon**
*Diese Kirche aus dem Jahr 1589 besitzt den höchsten, von einer roten Kuppel gekrönten Glockenturm der Insel. Sie ist dem Schutzpatron der Insel geweiht; sein Sarkophag steht rechts neben dem Altar (siehe S. 72).*

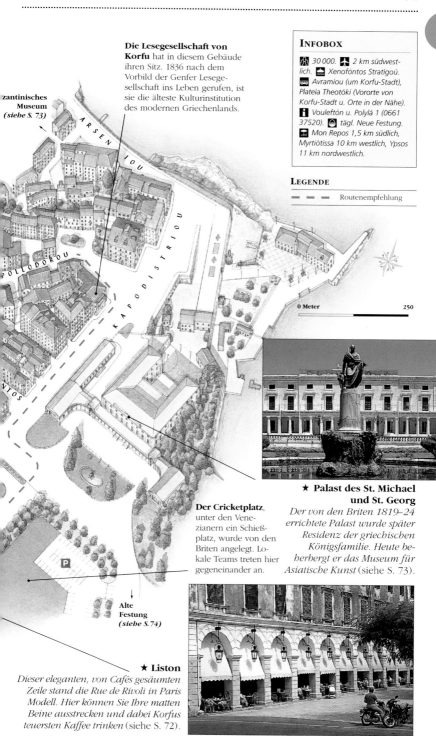

**Die Lesegesellschaft von Korfu** hat in diesem Gebäude ihren Sitz. 1836 nach dem Vorbild der Genfer Lesegesellschaft ins Leben gerufen, ist sie die älteste Kulturinstitution des modernen Griechenlands.

zantinisches
**Museum**
*(siehe S. 73)*

**INFOBOX**

🏛 30 000. ✈ 2 km südwestlich. ⛴ Xenofóntos Stratigoú.
🚌 Avramiou (um Korfu-Stadt), Plateía Theotóki (Vororte von Korfu-Stadt u. Orte in der Nähe).
ℹ Vouleftón u. Polylá 1 (0661 37520). ♦ tägl. Neue Festung.
🎾 Mon Repos 1,5 km südlich, Myrtiótissa 10 km westlich, Ypsos 11 km nordwestlich.

**LEGENDE**

– – – Routenempfehlung

0 Meter          250

★ **Palast des St. Michael und St. Georg**
*Der von den Briten 1819–24 errichtete Palast wurde später Residenz der griechischen Königsfamilie. Heute beherbergt er das Museum für Asiatische Kunst (siehe S. 73).*

**Der Cricketplatz**, unter den Venezianern ein Schießplatz, wurde von den Briten angelegt. Lokale Teams treten hier gegeneinander an.

**Alte Festung**
*(siehe S. 74)*

★ **Liston**
*Dieser eleganten, von Cafés gesäumten Zeile stand die Rue de Rivoli in Paris Modell. Hier können Sie Ihre matten Beine ausstrecken und dabei Korfus teuersten Kaffee trinken (siehe S. 72).*

## Überblick: Korfu-Stadt

IM HOCHSOMMER quellen Korfus schmale Altstadtstraßen von Touristen über. Doch selbst dann finden sich immer irgendwo ruhige Fleckchen. Quer über die Straßen spannen sich von Balkon zu Balkon Wäscheleinen, zu ebener Erde verstecken sich im Labyrinth der Gassen die

Läden von Silberschmieden und Holzschnitzern. Die Nikifórou Theotóki begrenzt im Süden die Altstadt. Sie wird streckenweise gesäumt von eleganten, unter den Franzosen erbauten Arkaden, hinter denen man Souvenirläden, Kapellen und Kirchen entdeckt. Selbst die teils recht moderne Neustadt besitzt reichlich Bausubstanz aus französischer und britischer Zeit.

**Mit der Kutsche durch Korfu-Stadt**

### 🔒 Agios Spyrídon

Agíou Spyrídonos. **☎** *0661 33059.*
**🕐** *tägl.*
Die Kirche, die heiligste Stätte der Insel, ist mit ihrem rot überkuppelten Turm von weitem sichtbar. Sie bewahrt in einem kleinen Silbersarg die Mumie des hl. Spyrídon, dessen Namen viele Korfioten tragen.

Spyrídon kam nicht aus Korfu, sondern wuchs als Schäfer auf Zypern auf. Er trat in die Kirche ein, stieg zum Bischof auf und bewirkte zu Lebzeiten zahlreiche Wunder. Solche schrieb man ihm noch nach seinem Tod 350 n.Chr. zu. Ihm soll u.a. zu verdanken sein,

daß die Türken 1716 nach sechswöchiger Belagerung von der Insel vertrieben wurden. Seine Gebeine schmuggelte man 1453 kurz vor dem Einzug der Osmanen aus Konstantinopel heraus. Nach Korfu gelangten sie zufällig. 1589 baute man die Kirche als Hüterin der Reliquie.

Zu den Kirchenschätzen zählen zahllose Silberarbeiten, darunter Kandelaber, Ikonenrahmen und Weihgeschenke des unablässigen Pilgerstroms. Am Festtag des Heiligen, dem 12. Dezember, wird die Reliquie hoch über den Köpfen der Menge durch die Straßen getragen.

### 🌿 Esplanade

Was die Stadt Korfu so reizvoll macht, ist nicht zuletzt die Esplanade oder Spianáda. Halb Park, halb urbaner Platz, bietet sie im Sommer Erholung vom Gewühl in den Straßen. Ausspannen kann man auf einer Bank im Park oder mit Blick auf den Cricketplatz in einem eleganten Café des **Liston**.

Der Liston, eine Häuserzeile an der Esplanade, entstand 1807 nach Plänen des Franzosen Mathieu de Lesseps. Der Name geht zurück auf die »Liste«, das *Libro d'Oro* oder *Goldene Buch*, in dem die Venezianer Patrizierfamilien registriert waren; nur wer darin verzeichnet war, durfte an der Esplanade promenieren.

Mehrere Denkmäler stehen am und um den Platz. Das marmorne **Enosis-Denkmal** nahe dem Brunnen – *énosis* bedeutet Vereinigung – erinnert an Großbritanniens Abtritt der Ionischen Inseln an Griechenland 1864. Die Reliefs des Denkmals zeigen die Symbole der Ionischen Inseln.

Eine Statue ehrt den Korfioten **Ioánnis Kapodístrias**, der 1827 als erster Grieche zum Regenten der jungen Nation ernannt wurde. Sie erhebt sich am Ende der nach ihm benannten, die Esplanade

**Blick von einer der vielen Ladengassen auf die Agios Spyrídon**

**Cricketmatch an der Esplanade**

flankierenden Straße. Kapodístrias wurde 1831 in Náfplio, Peloponnes, ermordet – Rachetat zweier Kreter, deren Onkel er inhaftiert hatte.

Gegenüber gedenkt die **Maitland-Rotunde** (1816) des persönlich wie politisch wenig beliebten Sir Thomas Maitland. Dieser amtierte nach Einrichtung des britischen Protektorats 1814 als erster Lord Hochkommissar.

### ♖ Palast des St. Michael und St. Georg

Plateía Spianáda. 🛈 0661 30443. 🕓 Di–So. ⬤ Feiertage.
Die Briten ließen den Palast des St. Michael und St. Georg 1819–24 aus Malteser Kalkstein errichten. Als ehemalige Residenz des Lord Hochkommissars Maitland ist er das älteste Amtsgebäude des modernen Griechenlands. Nach dem Abzug der Briten 1864 aus Korfu diente er für kurze Zeit als Quartier der griechischen Königsfamilie.

Nach 1950 ließ der britische Botschafter Sir Charles Peake das lange ungenutzte, verfallene Gebäude sorgfältig renovieren. Heute beherbergt es das Fremdenverkehrsamt, die Verkehrspolizei, eine Bibliothek und mehrere Behörden. Auch Tagungen und Ausstellungen finden darin statt.

In den Palasträumen ist außerdem das **Museum für Asiatische Kunst** eingerichtet. Den Grundstock der Sammlung bilden 10 000 Objekte, die der Korfiote und Diplomat Grigórios Mános (1850–1929) auf Reisen zusammentrug. Mános vermachte seine Schätze dem

Staat unter der Bedingung, aus dem Dienst ausscheiden und Kurator des zu gründenden Museums werden zu dürfen. Doch er starb, ehe sein Wunsch wahr wurde. Die Exponate umfassen Statuen, Rüstungen, Seiden- und Keramikarbeiten aus China, Japan, Indien und einigen anderen Ländern Asiens.

Vor dem Gebäude steht die Statue des **Sir Frederick Adam**. Adam, 1824–31 britischer Hochkommissar auf Korfu, ließ die Villa Mon Repos *(siehe S. 75)* im Süden der Stadt bauen und trug zur Erschließung von Palaiokastrítsa *(siehe S. 77)* bei, das er als Ausflugsziel sehr schätzte.

**Statue des Sir Frederick Adam**

### ▣ Byzantinisches Museum

Prosfórou 30 u. Arseníou. 🛈 0661 38313. 🕓 Di–So. ⬤ Feiertage. 🖼
Die renovierte Kirche Panagía Antivouniótissa steuerte mehrere Kunstschätze zu den Beständen des Byzantinischen Museums bei, das 1984 in ihren Räumen eröffnete. Zu sehen sind u.a. 90 Ikonen des 15. Jahrhunderts, aber auch Werke der Kretischen Schule. Viele Vertreter dieses Stils arbeiteten und lebten auf der Insel Korfu, die vom 13. bis 17. Jahrhundert eine bedeutende Station auf der Route Kreta–Venedig war.

### ▣ Banknotenmuseum

Ioniki Trapéza, Plateía Iróon Kypriakoú Agóna. 🛈 0661 41552.
🕓 Mo–Sa. ⬤ Feiertage.
Anhand einer umfassenden Sammlung griechischen Papiergelds rollt das Banknotenmuseum die Zusammenhänge von sozialpolitischem Wandel und Währungsausgabe auf. Einheit von Korfus erstem »griechischen« Papiergeld war das britische Pfund, im Zweiten Weltkrieg waren deutsche und italienische Banknoten im Umlauf. Eine weitere faszinierende Ausstellung erklärt die Herstellung von Banknoten vom künstlerischen Entwurf bis zum Druck.

**Die Maitland-Rotunde an der Esplanade**

**Die Alte Festung, Bollwerk zur See am Ostrand der Stadt Korfu**

### ⚜ Alte Festung
🛈 0661 48310. ⬤ tägl.
⬤ Feiertage. 🖼 außer So.
♿ begrenzt.
Die Ruinen der Alten Festung, des Palaió Froúrio, stehen auf einer Landzunge, die nach Meinung von Archäologen – die Ausgrabungen dauern noch an – spätestens ab dem 7. bis 8. Jahrhundert n.Chr. befestigt wurde. Die Alte Festung wurde 1550–59 von den Venezianern angelegt. Ihr höchster Punkt gibt großartige Blicke auf die Stadt und die malerische Ostküste der Insel frei. Die ehemalige britische Garnisonskirche St. Georg stammt aus dem Jahr 1840. Im Sommer werden in der Festung ionische Volkstänze vorgeführt, die durch Ton- und Lichtschauen abgerundet werden.

### ⚜ Neue Festung
Plateía Solomoú. 🛈 0661 27477.
⬤ Apr–Okt tägl. 🖼
Um die Bewehrung der Stadt zu verstärken, begannen die Venezianer 1576 mit dem Bau eines zweiten Forts. Da dieses erst 1589, 30 Jahre nach der Alten Festung, fertiggestellt wurde, nannte man es Néo Froúrio, Neue Festung. Die Anlage ist heute Übungsgelände der Marine, ihr äußerer Graben Kulisse des Stadtmarkts.

### 🛕 Mitrópoli
Mitropóleos. 🛈 0661 39409.
⬤ tägl.
Die griechisch-orthodoxe Kirche der Panagía Spiliótissa, der Jungfrau von der Höhle, wurde 1577 erbaut. 1841 erweiterte man ihr Hauptschiff und erhob sie zu Korfus Kathedrale.

Sie ist der byzantinischen Kaiserin Theodora geweiht. Theodoras Gebeine – sie gelangten mit jenen des hl. Spyrídon nach Korfu – ruhen in einem Silbersarg neben dem Altar.

### 🏛 Plateía Dimarcheíou
Rathaus 🛈 0661 40402.
⬤ tägl. ⬤ Feiertage. 🖼 ♿
Agios Iákovos ⬤ tägl.
An diesem eleganten Platz beeindruckt das **Rathaus**. Es entstand unter den Venezianern 1663 als einstöckige *loggia*, Versammlungshaus des Adels. 1720 richtete man darin das San-Giacomo-Theater ein, das erste moderne Theater des Landes. Die Briten setzten 1903 den zweiten Stock auf und funktionierten es zum Rathaus um.

Die benachbarte katholische Kathedrale **Agios Iákovos**, auch unter ihrem italienischen Namen San Giacomo bekannt, wurde 1588 errichtet und 1633 eingeweiht. Nur ihr Glockenturm überstand 1943 unversehrt einen Bombenangriff. Messen finden täglich, sonntags dreimal, statt.

### 🏛 Archäologisches Museum
Vraíla 1. 🛈 0661 30680. ⬤ Di–So.
⬤ Feiertage. 🖼 ♿
Vom Stadtzentrum führt ein Uferbummel nach Süden zum Archäologischen Museum. Seine Sammlung ist zwar nicht sehr umfangreich, doch der Besuch lohnt allein wegen des Gorgo-Frieses.

Der 17 Meter lange Fries (6. Jh. v.Chr.) stammt vom Westgiebel des Artemis-Tempels nahe der Villa Mon Repos. Das Museum präsentiert dieses Prunkstück geschickt am Ende des Rundgangs, der

**Die katholische Kathedrale Agios Iákovos am Plateía Dimarcheíou**

## ZENTRUM VON KORFU

Agios Spyrídon ⑤
Byzantinisches
   Museum ⑧
Esplanade ⑥
Mitrópoli ②
Neue Festung ①
Palast der St. Michael und
   St. Georg ⑦
Banknotenmuseum ④
Plateía Dimarcheíou ③

0 Meter ————————— 250

### LEGENDE

| | Detailkarte *(siehe S.70 f)* |
| --- | --- |
| 🚢 | Fährhafen |
| 🅿 | Parken |
| ℹ | Auskunft |
| ✝ | Kirche |
| ▥▥▥ | Alte Stadtmauer |

Der Gorgo-Fries im Archäologischen Museum von Korfu-Stadt

weitere Fundstücke vom Artemis-Tempel und der Ausgrabungsstätte bei der Villa Mon Repos vorstellt.

**UMGEBUNG:** Die Stadt Korfu wird gesäumt von der Garítsa-Bucht. Wo diese in einer Halbinsel ausläuft, steht im Vorort Anemómilos die Kirche **Agios Iásonos kai Sosipátrou** in einer Straße gleichen Namens. Sie ist dem hl. Jason und dem hl. Sassipatros geweiht, Schülern des Apostels Paulus, die im 1. Jahrhundert n.Chr. in Korfu den christlichen Glauben lehrten. Das Innere schmücken Wandmalereien, darunter ein Fresko des 11. Jahrhunderts.

Die **Villa Mon Repos** südlich von Anemómilos ließ Sir Frederick Adam, zweiter Hochkommissar auf den Ionischen Inseln, 1824 für seine Frau errichten. Später gelangte sie in Besitz der griechischen Königsfamilie. Nahebei liegen die Ruinen des **Artemis-Tempels**, gegenüber jene der **Agía Kérkyra**, der Kirche (5. Jh.) der antiken Vorgängerin der Stadt Korfu.

Von Korfu-Stadt bringen Sie ein einstündiger Fußweg oder kurzer Bustrip nach Süden zur Halbinsel **Kanóni** mit den Inselchen **Vlachérne** und **Pontikonísi**. Vlachérne mit seinem kleinen Nonnenkloster ist über einen Damm erreichbar und einer von Korfus bekanntesten Flecken. Im Sommer setzen Boote zur »Mäuseinsel« Pontikonísi über. Der Legende zufolge ist sie das von Poseidon versteinerte Schiff des Odysseus. Poseidons Unbill ließ Odysseus auf Scheria stranden, der Insel der Phäaken, die viele mit Korfu identifizieren.

🏛 **Villa Mon Repos**
◯ *Apr–Okt tägl.* 🎨 ✓

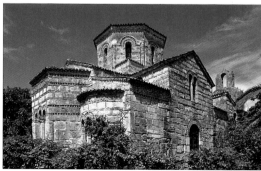

Die Kirche Agios Iásonos kai Sosipátrou

# Korfus Norden

DER NORDEN der Insel, vor allem die Nordostküste, ist unübersehbar Korfus Ferienrevier. An der Küstenstraße reihen sich Badeorte aneinander, darunter Hochburgen wie Kassiópi und Sidári, aber auch ruhigere Dörfer wie Kalámi. Im Nordwesten liegt eines der schönsten Gebiete, das malerische Geflecht der Buchten und Strände von Palaiokastrítsa. Und der Gipfel des Pantokrátor zeigt an, daß auch das Inselinnere Entdeckungsreisen lohnt.

**Blick über den Strand der Kalámi-Bucht nach Süden**

## Kalámi ❷
Καλάμι

26 km nordöstl. von Korfu-Stadt.
🚶 18. 🚌 bis Kassiópi.

Das Dorf Kalámi hat sein Flair trotz der vielen Besucher bewahrt. Eine Handvoll Tavernen säumt den Sand- und Kiesstrand, dahinter gedeihen Zypressen und Olivenbäume auf den unteren Hängen des Pantokrátor. Jenseits der Kalámi-Bucht, nur gut zwei Kilometer entfernt, sind Albaniens Hügel zu sehen.

Kalámi bezauberte 1939 Lawrence Durrell. An Hochsommertagen, wenn Ausflügler aus Ferienorten einfallen, würde der Schriftsteller sein »friedvolles Fischerdorf« nicht wiedererkennen. Abends und außerhalb der Monate Juli und August herrscht beschauliches Alltagsleben.

## Pantokrátor ❸
Ορος Παντοκράτωρ

29 km nördl. von Korfu-Stadt.
🚌 bis Petáleia.

Der Pantokrátor, der »Allherrscher«, bestimmt das Bild von Korfus nordöstlicher Ausbuchtung. Er ragt so steil auf, daß sein Gipfel (906 m) keine drei Kilometer von den Badeorten Nisáki und Mparmpáti entfernt ist. Der günstigste Weg führt im Norden über eine holprige Straße hinauf zum kleinen Kloster am höchsten Punkt. Der Berg reizt Naturfreunde und Wanderer, doch machen Korfus jähe Wetterumschwünge Touren unter Umständen etwas riskant. Oben angekommen, wird man mit einem Panorama belohnt, das im Osten Albanien und Epirus, im Süden Korfu-Stadt und bei klarer Sicht in westlicher Richtung sogar Italien einfängt.

## Kassiópi ❹
Κασσιόπι

37 km nördl. von Korfu-Stadt.
🚶 600. 🚌 🚤 Avláki 2 km südlich.

Kassiópi, obwohl eines von Korfus betriebsamsten Ferienzentren, hat seinen Reiz und Charakter nicht verloren. Nabel des Orts ist der von zwei bewaldeten Landzungen begrenzte Hafen. Dort treiben vor Tavernen und Souvenirläden Fischerboote und die Motorboote der vielen Wassersportschulen. Ein lebhaftes Nachtleben für jüngere Urlauber gibt es zwar, nicht aber Hochhäuser, die den Anblick verschandeln.

Im 1. Jahrhundert n.Chr. soll Kaiser Nero den Jupiter-Tempel im Westen des Hafens besucht haben, an dessen Stelle sich nun die Kirche **Kassiopítissa** erhebt. Ein kurzer Spaziergang in westlicher Richtung führt zu den Ruinen einer Burg aus dem 13. Jahrhundert.

**Festgemachte Fischerboote im Hafen von Kassiópi, östlich der Burgruinen**

schwer zugänglich. Der britische Hochkommissar Sir Frederick Adam *(siehe S. 73)* ließ die Straße zwischen Palaiokastrítsa und Korfu-Stadt bauen.

Wo sich auf der größten Landzunge das **Moní Theotókou** aus dem 17. Jahrhundert erhebt, stand schon 1228 ein Kloster. Beachtung verdient der Baum des Lebens, der die Decke der Kirche schmückt.

Vom Kloster aus erblickt man über den Klippen westlich von Palaiokastrítsa das **Angelókastro**, die verfallene Festung (13. Jh.) des byzantinischen Despoten von Epirus, Michaíl Angelos Komninós II. Das Bollwerk wurde nie eingenommen. 1571 schützte es die Einheimischen vor den Türken, als diese – wiederum vergeblich – Korfu zu erobern versuchten. Zu den Überresten zählen eine Bergkapelle, Zellen und Höhlen von Einsiedlern.

**Wachhabender Mönch des Moní Theotókou, Palaiokastrítsa**

## Sidári ❺
Σιδάρι

31 km nordwestl. von Korfu-Stadt.
🚶 *300.* 🚌 🚆 *Róda 6 km östlich.*

Funde belegen, daß Sidári schon um 7000 v.Chr., vor der Jungsteinzeit, besiedelt war. Damit ist der heute vielbesuchte Urlaubsort eine der ältesten Siedlungen der Insel. Seine Attraktion besteht in den Sandstränden und bizarren Felsformationen. Erosion hat in den Sandstein Höhlen und Tunnel gefressen und zwischen zwei Felsen den legendenumrankten Canal d'Amour *(siehe S. 68)* geschaffen.

## Palaiokastrítsa ❻
Παλαιοκαστρίτσα

26 km nordwestl. von Korfu-Stadt.
🚶 *600.* 🚌

Palaiokastrítsa zählt zu Korfus beliebtesten Urlaubszielen. Drei Hauptbuchten und zahlreiche andere Strände säumen die bewaldete Küste. Das Schwimmen ist ungefährlich, weshalb besonders gern Familien anreisen. Man kann Wassersport treiben und in Booten die nahen Grotten erforschen. Die Gegend war früh für ihre Schönheit bekannt, doch bis ins frühe 19. Jahrhundert

### VORGELAGERTE INSELN
Drei Inseln sind Korfu vorgelagert. Auf **Mathráki** ist der Lebensstil einfach. Herrliche Sandstrände machen **Ereikoússa** zu einer beliebten Insel. **Othonoí**, die größte Insel, weist zwar die besten Einrichtungen auf, nicht aber die schönsten Strände.

---

## SCHRIFTSTELLER UND KÜNSTLER AUF KORFU

Der Dichter Dionýsos Solomós lebte von 1828 bis zu seinem Tod 1857 auf Korfu. Teile seines bekanntesten Werks, der *Hymne an die Freiheit*, wurden nach der Unabhängigkeit für die Nationalhymne übernommen. Zu den Schriftstellern, die sich auf Korfu inspirieren ließen, zählen ferner der englische Dichter und Maler Edward Lear (1812–88) sowie die Gebrüder Durrell. Letztere schrieben beide über die Insel, Gerald in *Meine Familie und andere Tiere* über seine idyllische Kindheit in den 30er Jahren des 20. Jahrhunderts, Lawrence in *Prosperos Zelle*. Diesen Roman verfaßte Lawrence 1945 in Kalámi. Dort besuchte ihn Henry Miller, dessen *Koloß von Maroussi* (1941) zu den aufschlußreichsten und liebenswertesten Büchern über Griechenland gehört.

**Szenerie nahe Gastoúri an der Straße nach Benítses, Edward Lear**

# Korfus Süden

**K**ORFUS SÜDEN ist weniger gebirgig, doch kontrastreicher als der Norden: In Benítses wimmelt es von Nachtschwärmern, in der Korisíon-Lagune von scheuen Tieren. Die Rópa-Ebene nördlich von Vátos liefert einen Großteil von Korfus Ernteprodukten. Südlich davon liegt Myrtiótissa. Die Busverbindungen sind gut, doch abseits der Hauptrouten benötigt man ein Auto.

**Blick vom Meer über die Süßwasserlagune Korision**

## Vátos ❼
Βάτος

24 km westl. von Korfu-Stadt.
👣 480. 🚌 🚃 Myrtiótissa 2 km südlich, Ermones 2 km westlich.

Die weißgetünchten Häuser mit blumengeschmückten Balkonen davor sind ein griechisches Bilderbuchmotiv. Das Bergdorf Vátos hat sich nicht dem Tourismus ausgeliefert; ihm reichen zwei Tavernen und eine Handvoll Läden. Vom Ort führt ein steiler Aufstieg auf den Agios Geórgios (329 m). Zu Füßen liegen die fruchtbare Rópa-Ebene und der Strand von Ermones.

**UMGEBUNG:** Zwei Kilometer südlich von Vátos breitet sich vor Beständen von Zypressen und Olivenbäumen der goldene Sandstrand von **Myrtiótissa** aus. Seinen Namen verdankt er dem Panagía Myrtiótissa (Unserer Lieben Frau der Myrten) geweihten Kloster (14. Jh.) landeinwärts – und das in *Prosperos Zelle* nachzulesende Kompliment, »vielleicht schönster Strand der Welt« zu sein, Lawrence Durrell.

Südlich von Vátos liegt das malerische, noch ursprünglichere Dorf **Pélekas**. Seine alten Häuser schmiegen sich entlang der bewaldeten Hänge hinab zum kleinen, einsamen Strand. Kaiser Wilhelm II. zog es während seiner Aufenthalte im Schlößchen Achílleion oft hierher, um auf dem **Kaiserthron** am Gipfel den Sonnenuntergang zu erleben.

## Korisíon-Lagune ❽
Λίμνι Κορισσίων

42 km südl. von Korfu-Stadt.
🚃 Gardíki 1 km nördlich.

Einige von Korfus schönsten Dünen und Stränden trennen die fünf Kilometer lange Korisíon-Lagune vom Meer. Sie ist trotz des Jagdeifers der Griechen ein Tierparadies. Am Ufer tummeln sich Strandläufer, Säbelschnäbler, Silberreiher und Ibisse. Pflanzenliebhaber können Meeresstrandnarzissen und Jersey-Orchideen entdecken.

Knapp zwei Kilometer nördlich davon befinden sich die Ruinen der im 13. Jahrhundert von Michaíl Angelos Komninós II. *(siehe S. 77)* erbauten **Festung Gardíki**. Reste der Türme und Außenmauern stehen noch. Auf dem Gelände wurden altsteinzeitliche Funde geborgen.

## Benítses ❾
Μπενίτσες

14 km südl. von Korfu-Stadt.
👣 1400. 🚌 🚃 Benítses.

Benítses steht bei Pauschalreisenden hoch im Kurs. Wer Ruhe und authentisch griechische Atmosphäre sucht, ist hier fehl am Platz.

Im Hochsommer bevölkern Massen die Strände. Man kann jede Art von Wassersport betreiben und in den Bars und Diskotheken die Nächte durchmachen, um frühmorgens die heimkehrenden Fischer zu begrüßen.

Außer den Relikten eines römischen Bades nahe dem Hafenplatz weist Benítses so gut wie keine historischen Sehenswürdigkeiten auf.

**Weißgetünchtes Haus im schmucken Bergdorf Vátos**

## Achílleion ⑩
Αχίλλειον

19 km südwestl. von Korfu-Stadt.
☎ ☎ 0661 56210. **Schloß u. Gärten** ☐ tägl.

Das Schlößchen Achílleion besuchen Korfu-Urlauber gern im Rahmen eines Tagesausflugs. Kaiserin Elisabeth von Österreich (1837–98) ließ es 1890/91 nach Plänen des italienischen Architekten Raphael Carita erbauen. Hier erholte sich »Sissy« vom aufreibenden Leben am Hof. Ihre Gesundheit war schwach und ihr Ehemann, Kaiser Franz Joseph I., ein notorischer Schürzenjäger. 1898 wurde sie Opfer des Attentats eines italienischen Anarchisten. Danach stand das Schloß leer, bis Kaiser Wilhelm II. es 1907 erwarb. Hier wurden Szenen des James-Bond-Streifens *In tödlicher Mission* gedreht.

**Außentor des Achílleion-Parks**

### Die Gärten
Vom Schloß fällt ein Hang 150 Meter bis zur Küstenstraße ab. An ihm sind üppige Terrassengärten angelegt, die nach Norden und Süden großartige Blicke über die zerklüftete Küste freigeben. Vor Mauern wuchern farben-

**Gemälde der Prinzessin Elisabeth von Bayern von Franz Xavier (19. Jh.)**

prächtige Bougainvilleen und Palmen, im Grün verbergen sich Statuen. Da Elisabeth Achilles bewunderte und ihr Schloß nach ihm benannte, stößt man besonders häufig auf Bildnisse dieses Helden. Als Ausdruck ihrer Trauer über den Selbstmord ihres zweiten Sohnes, Erzherzog Rudolph, in Mayerling gilt das anrührende Bronzedenkmal *Sterbender Achill* des deutschen Bildhauers Ernst Herter. Auch Kaiser Wilhelm II. ließ es sich nicht nehmen,

Achilles mit einer 15 Meter hohen Statue aus Gußeisen zu huldigen.

### Das Schloß
Manche bezeichnen die Architektur des Achílleion als neoklassizistisch, andere als teutonisch. Lawrence Durrell schimpfte es ein »monströses Gebäude«. Die Kaiserin war mit dem Ergebnis nicht sonderlich zufrieden, nahm es aber in ihrer großen Liebe zu Korfu hin.

Das Inventar allerdings ist durchaus sehenswert; es umfaßt eine große Anzahl historisch bedeutender Objekte. Zur Innenausstattung zählen Mobiliar der kaiserlichen Besitzer, einige gelungene Achilles-Gemälde sowie der auffällige sattelförmige Schreibtischstuhl Kaiser Wilhelms II., auf dem der Herrscher saß, wenn er seine Verwaltungsaufgaben erledigte.

Wer sich zum Abschluß des Besuchs einen guten Tropfen gönnen will, hat in der Kellerei und Brennerei Vasilákis gegenüber dem Eingang die Qual der Wahl zwischen korfiotischen Weinen, Ouzo und der Kumquat-Likör genannten Hausspezialität.

---

### DIE ACHILLES-LEGENDE

Achilles' Mutter Thetis badete ihren neugeborenen Sohn im Fluß Styx. Dadurch machte sie seinen Körper unverwundbar – bis auf die Ferse, an der sie ihn festhielt. Achilles war bestimmt, vor Troja zu fallen *(siehe S. 52f)*. Er war der größte Held der Griechen im Trojanischen Krieg, den Paris' Entführung der Helena, der Gattin des Königs Menelaos von Sparta, nach Troja ausgelöst hatte. Achilles tötete den trojanischen Helden Hektor, starb dann aber durch einen Pfeil, mit dem Paris seine Ferse traf.

**Achilles schleift Hektors Leiche triumphierend um Trojas Mauern**

**Im östlichen Teil des Hafens von Gáïos liegende Fischerboote**

# Paxos
Παξοί

2700. Gáïos, Lákka. Gáïos. Gáïos (0622 33222). Mogonísi 3 km südöstl. von Gáïos.

EINIGE Bauern- und Fischerdörfer zieren das grüne, waldige Paxos. Die dichten Olivenhaine stellen heute noch eine Haupteinnahmequelle dar. Der Mythologie zufolge schuf Poseidon für seine Mätresse diese Insel. Paxos wurde Griechenland 1864 zusammen mit den anderen Ionischen Inseln angeschlossen.

## GAIOS
Der lebhafte kleine Ferienort besitzt zwei Häfen: Am Haupthafen legen Fähren an, den kleinen, einen kurzen Fußweg entfernten Hafen säumen Häuser aus dem 19. Jahrhundert mit Fensterläden und Balkonen im venezianischen Stil. Am Ufer gedenkt eine Statue des Seemanns Pyropolitis und seines heldenhaften Todes im griechischen Freiheitskampf (siehe S. 38f). Im größten Haus residierte der britische Kommissar auf Korfu. Dahinter stößt man auf schmale alte Sträßchen mit Tavernen.

### INSELERKUNDUNG
Eine Hauptstraße durchquert in Nord-Süd-Richtung die Insel. Es sind nur wenige Autos unterwegs. Am besten bewegt man sich mit Motorrad, Moped oder Fahrrad voran, denn oft führen reizvolle Pfade durch Wald auf hohe Klippen und zu abgeschiedenen Buchten. An der Nordküste, am Ende einer tiefen, fast kreisrunden Bucht,

**Statue des Pyropolitis am Hafen von Gáïos**

liegt vor einer Kulisse aus Olivenhainen und kiefernbestandenen Hügeln **Lákka**. Tagsüber wird das hübsche Städtchen von Ausflüglern aus Korfu aufgesucht. Abends verwandelt es sich zurück in ein ruhiges Fischerdorf mit nur wenigen Fremdenzimmern, Restaurants und Cafés.

Östlich davon liegt **Pórto Longós**, ein Weiler mit Kiesstrand. Diese hübscheste Siedlung der Insel besteht aus einigen Häusern, Läden und Tavernen, deren Tische am Ufer einladen. Das Eintreffen des Bootes, das alle paar Tage Obst und Gemüse anliefert, ist ein Ereignis. Vom Ort führen Wege durch Olivenhaine zu stillen, zum Schwimmen geeigneten Buchten.

**VORGELAGERTE INSELN**
**Antípaxos** südlich von Paxos zählt um die 100 Einwohner. Die meisten leben in Agrapidiá, die übrigen im Inselinneren. Die Insel ist, ein seltener Fall, nicht vom Oliven-, sondern vom Weinbau geprägt und Lieferant guter, kräftiger Weine. Es gibt keine Unterkünfte. Zwar ziehen die Sandstrände Sommerurlauber aus Paxos an, doch hält sich der Tourismus sehr in Grenzen. Vor Gáïos liegen die Inselchen Panagiá und Agios Nikólaos.

**Blick über Lákka nach Süden**

**Häuser an einem Hang nahe Kalamítsi**

# Lefkáda
## Λευκάδα

👥 25 000. ⛴ Nydrí, Vasilikí.
🚌 Dimitroú Golémi, Lefkáda-Stadt.
ℹ️ Lefkáda-Stadt (0645 26450).
🏛 Lefkáda-Stadt tägl.

DIE abwechslungsreiche Insel weist Bergdörfer ebenso vor wie Badeorte. Ihre Geschichte war sehr bewegt, angefangen von 640 v.Chr., als Korinth Arkananien die Macht entriß, bis zum Anschluß an das moderne Griechenland 1864.

### LEFKADA-STADT
Erdbeben beschädigten wiederholt die Stadt. Doch immer noch kann man durch alte Seitenstraßen bummeln. Eine herrliche Ansicht bietet die Ruine der **Festung Sánta Mávra** (14. Jh.) auf dem Festland. Der Hauptplatz, die Plateía Agíou Spirídona, wurde nach der Kirche (17. Jh.) mit ihren ausgefallenen Glockentürmen aus Metall benannt. Das nahe **Phonographische Museum** zeigt eine private Sammlung von Schallplatten und Grammopho-

nen, das **Volkskundemuseum** Trachten und alte Fotografien der Insel. Das **Moní Faneroménis** oberhalb der Stadt wurde im 17. Jahrhundert gegründet. Der heutige Bau stammt aus dem 19. Jahrhundert, ebenso die Panagía-Ikone.

🎙 **Phonographisches Museum**
Konstantinou Kalkáni 10.
📞 0645 23433. 🕐 tägl.
● Feiertage. ♿
🎙 **Volkskundemuseum**
Stefanítsi 2. 📞 0645 22473.
🕐 tägl., Mai–Okt. ● Feiertage.

**Glocke des Moní Faneroménis**

### INSELERKUNDUNG
Zwar besteht von Lefkáda-Stadt aus ein Linienbusverkehr, doch besser kommt man mit gemieteten Mopeds und Fahrrädern herum. Der Badeort **Agios Nikítas** besitzt traditionelles Flair. Südlich davon liegt **Kalamítsi**, ein typisches Bergdorf. Weiter im Süden hat sich **Agios Pétros** trotz der Nähe zum Windsurfer-Paradies **Vasilikí** sein bäuerliches Ambiente bewahrt. In **Nydrí**, dem Ferienzentrum an der Ostküste, bestechen die Blicke auf die vorgelagerten Inseln.

### VORGELAGERTE INSELN
**Meganísi** ist noch ländlich geprägt. Von Nydrí setzen Boote zum Haupthafen Vathý über. Am beiderseits von Kapellen begrenzten Hafen laden Tavernen ein. Das einzige Hotel der Insel befindet sich im kleinen Bergdorf Katoméri.

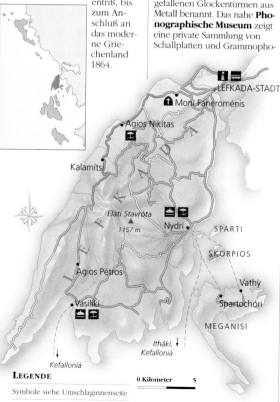

LEFKÁDA-STADT
ℹ️ 🏛
⛪ Moní Faneroménis
● Agios Nikítas
🏖
Kalamítsi ●
Eláti Stavróta
▲ 1157 m
Nydrí ● 🏖 ⛴
SPARTI
SKORPIOS
● Agios Pétros
Vathý
Vasilikí ●
🏖 ⛴
Spartochóri
MEGANISI
Itháki, ↓
Kefalloniá
↓
Kefalloniá

**LEGENDE**

Symbole siehe Umschlaginnenseite

0 Kilometer 5

**Segelboote vor dem weißen Sandstrand von Vasilikí**

**Blick über die Pólis-Bucht an Itháki's Nordwestküste**

# Itháki
Ιθάκη

🏔 4000. 🚢 Vathý. 🚌 ℹ Vathý
(0674 327 95). 🚢 Pólis-Bucht 20 km
nordwestlich von Vathý.

**D**IE KLEINE, gebirgige Insel
rühmt sich als Heimat des
Odysseus.

**0 Kilometer** 5

Funde belegen, daß sie schon
um 4000 bis 3000 v.Chr. besiedelt war. In mykenischer Zeit
war sie Zentrum eines König-
reiches, das die größere Nachbarinsel Kefalloniá mit ein-
schloß.

### VATHY
Der auch Itháki-Stadt genannte Hauptort der Insel ist ein
hübsches Hafenstädtchen. Seine braun gedeckten Häuser
drängen sich um die tiefe
Bucht. Die angrenzenden Hügel wurden zuerst, der Hafen
im Mittelalter besiedelt.

Hauptstadt wurde Vathý im
17. Jahrhundert. Der Wiederaufbau nach den schweren
Zerstörungen des katastropha-
len Erdbebens von 1953 ori-
entierte sich am traditionellen
Baustil, dem sich auch Neubauten anzupassen haben.

Das **Archäologische Museum** stellt überwiegend mykenische Vasen und Weihgaben
aus. Die Kirche **Taxiárchis**
hütet eine El Greco *(siehe S.
264)* zugeschriebene Christus-
Ikone aus dem 17. Jahrhundert.

🏛 **Archäologisches Museum**
Kallinikou. 📞 0674 32200. 🕐 Di–So.
⬤ Feiertage. ♿ 📷

### INSELERKUNDUNG
Die Insel besitzt nur einen
Hauptort und wenige touristische Einrichtungen. Um so angenehmer ist es, sie zu entdecken. Zweimal (in der Saison viermal) täglich verbindet
ein Bus Vathý mit den Dörfern
im Norden. Einige Taxis sorgen
für mehr Mobilität.

**Stavrós**, das größte Dorf im
Norden, zählt nur etwa 300
Einwohner, ist aber ein lebhaftes Marktzentrum in den Bergen. Die nahe **Pólis-Bucht** gilt
als der antike Hafen Itháki (Ithaka), ihre Nymphengrotte als
ein Schauplatz der *Odyssee*.
Oberhalb von Stavrós stand
womöglich der **Palast des
Odysseus**. Den Weg dorthin
können Sie im **Archäologischen Museum** erfragen. Der
Kurator bietet mehrsprachige
Führungen an. Präsentiert wird
u.a. das Fragment einer Ton-
maske mit einer Odysseus ge-
widmeten Inschrift.

🏛 **Archäologisches Museum**
Stavrós. 📞 0674 31305. 🕐 variabel.
⬤ Feiertage. ♿

## Inselkarte

Exogí
Platreithiás
*Kefalloniá*
Pilikáta
Fríkes        *Lefkáda*
Stavrós
Pólis-
Bucht        Kióni
Léfki
Anogí
*Astakós*
Agios Ioánnis
*Kefalloniá*
VATHY
Píso Aetós
Perachóri
*Kefalloniá*
Taxiárchis
Filiatró

Symbole siehe Umschlaginnenseite

## LEGENDE

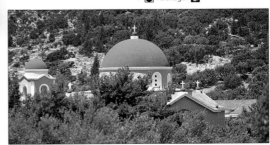

**Rot überkuppelte Kirche in Stavrós**

# Die Heimkehr des Odysseus nach Ithaka

ODYSSEUS, der König von Ithaka ( Itháki), verließ widerwillig seine Frau Penelope und seinen Sohn Telemachos, um mit Agamemnon gegen Troja zu ziehen *(siehe S. 52f)*. Dort tat er sich durch Mut und List hervor. Seine Heimfahrt, die Odyssee, setzte ihn etlichen Gefahren aus, u.a. den einäugigen Zyklopen, der Zauberin Circe und der Nymphe Kalypso. Daß Odysseus all seine Gefährten verlor, war die Strafe des Meeresgottes Poseidon dafür, daß er die Zyklopen geblendet hatte; selbst Athena, die Schutzgöttin des Helden, war machtlos gegenüber Poseidons Zorn. Die Phäaker brachten den Gestrandeten nach zehn Jahren zurück nach Ithaka. Dort umwarben Freier Penelope. Mit Hilfe seines Schweinehirten Eumaios und dessen Sohn tötete der als Bettler verkleidete Odysseus die Buhler und nahm seinen Platz wieder ein.

*Die Heimkehr des Odysseus ist Thema dieses Coracelli zugeschriebenen Gemäldes (15. Jh.). König Alkinoós war es, der den an der Phäakeninsel Scheria (Korfu) gestrandeten Odysseus nach Ithaka bringen ließ.*

*Penelope wob, wie auf A. F. Gorguets Illustration (1920) zu sehen, ein Totenhemd für Odysseus' Vater Laertes. Sie gelobte, sich erst nach Vollendung dieser Arbeit erneut zu vermählen – und trennte nachts ihr Tagwerk wieder auf.*

*Eumaios, Odysseus' getreuer Schweinehirte, nahm seinen Herrn, ohne ihn zu erkennen, in der Nacht der Heimkehr auf. Im Gespräch lobte er Odysseus und schilderte die Lage auf Ithaka. Die Begebenheit ist auf dieser attischen Vase (5. Jh. v.Chr.) ins Bild gesetzt.*

*Argos, Odysseus' altersschwacher Hund, erkannte – wie die Amme Eurykleia – seinen verkleideten Herrn wieder. Gleich darauf verendete er.*

*Telemachos forderte Penelopes Freier auf, Odysseus' Bogen zu spannen. Demjenigen, dem dies gelang, versprach er die Hand seiner Mutter. Doch alle versagten. Odysseus spannte vor der Schar der Freier den Bogen, gab sich zu erkennen und tötete sämtliche Rivalen.*

# Kefaloniá
Κεφαλονιά

ARCHÄOLOGISCHE FUNDE belegen, daß Kefaloniá schon um 5000 v.Chr. besiedelt war. Nach ihrer Blüte in mykenischer Zeit blieb die Insel griechisches Territorium, um im 2. Jahrhundert v.Chr. im Römischen Reich aufzugehen. Später Zankapfel vieler Eroberer, stand sie 1500 bis 1700 unter venezianischer Kuratel. Kefaloniás Reize reichen von den Badeorten bis hin zum Nationalpark um den höchsten Gipfel der Ionischen Inseln, den Berg Aínos.

**Kirchturm zwischen Argostóli und Kástro**

### ARGOSTOLI
Kefaloniás große, geschäftige Hauptstadt liegt in fruchtbarer Landschaft auf einer Landzunge, von der die schmalen Straßen zur Bucht absteigen. Sie wurde nach dem verheerenden Erdbeben von 1953 mit finanzieller Unterstützung von Auswanderern vollkommen neu aufgebaut, leider nicht nach altem Vorbild. Das **Geschichts- und Volkskundemuseum** erläutert mit Fotos die Katastrophe und den Wiederaufbau, mit landwirtschaftlichen Geräten, Trachten und vielem mehr das Brauchtum. Zu

den Schätzen des nahen **Archäologischen Museums** zählen Fundstücke vom Pan-Heiligtum im See der Melissaní-Höhle sowie ein eindrucksvoller, in Sámi entdeckter männlicher Bronzekopf aus dem 3. Jahrhundert n.Chr. Blickfang am Ufer ist die 1813 unter den Briten erbaute **Drápanos-Brücke**.

**Geschichts- und Volkskundemuseum**
Ilia Zervoú 12. **C** 0671 28835.
Apr–Okt Mo–Sa. Feiertage.
**Archäologisches Museum**
Rókkou Vergotí. **C** 0671 28300.
Di–So. Feiertage.

### INSELERKUNDUNG
Man muß genügend Zeit mitbringen, um Kefaloniá, die größte der Ionischen Inseln, zu erkunden. Doch reizvolle Flecken belohnen das Reisen. Am umtriebigsten geht es in **Lássi** und den Ferienzentren an der Südküste zu, andernorts findet man ruhige Dörfer und faszinierende Natur vor. Linienbusse verbinden Argostóli mit fast allen Teilen der Insel.

**Kástro** war bis 1757 Inselhauptstadt. Die geweißelten Häuser des wohlhabenden Dorfes liegen vor den Ruinen der byzantinischen Festung Agios Geórgios. 1504 von den Venezianern renoviert, wurde das Fort 1636 und 1637, vollends schließlich 1953 durch Erdbeben zerstört. Das weite, überwucherte Trümmerfeld ist heute ein von Schwalbenschwänzen wimmelndes Schmetterlingsparadies. Ein Nonnenkloster aus dem Jahr

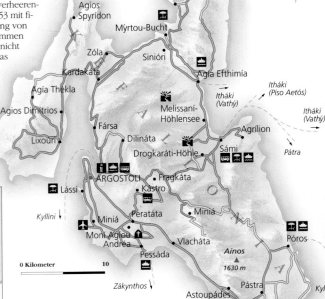

Lefkáda

Fiskárdo

Ithaki
(Píso Aetós)

Asos

Agios
Spyrídon

Mýrtou-Bucht

Zóla

Sinióri

Kardakáta

Agía Efthimía

Agía Thékla

Ithaki
(Píso Aetós)

Agios Dimítrios

Ithaki
(Vathý)

Melissaní-
Höhlensee

Ithaki
(Vathý)

Fársa

Lixoúri

Dilináta

Agrílion

Drogkaráti-Höhle

Sámi

Pátra

ARGOSTOLI

Fragkáta

Lássi

Kástro

Kyllini

Miniá

Peratáta

Miniá

Moni Agíou
Andréa

Vlacháta

Póros

Pessáda

Aínos
▲
1630 m

Zákynthos

Pástra

Kyllír

Astoupádes

Markópoulo

Néa Skála

**0 Kilometer          10**

### LEGENDE
Symbole siehe Umschlaginnenseite

Besucher des leuchtendblauen Sees der Melissaní-Höhle

**INFOBOX**

🏙 31 000. ✈ 9 km südl. von
Argostóli. ⛴ Argostóli, Fiskárdo,
Agía Efthimía, Sámi, Póros,
Pessáda. 🚌 Ioánnou Metaxá,
Argostóli. 🅸 Am Hafen, Argostóli
(0671 22248). 🛍 tägl., Argostóli.
🎭 Panagía oder Schlangenfest in
Markópoulo: 15. Aug; Weinfest in
Fragáta: 1. Sa nach dem 15. Aug.

1264 war Vorläuferin des **Moní Agíou Andréa**. In der alten, 1953 eingestürzten Kirche wurde ein Museum eingerichtet, in dem vom Erdbeben verschonte Fresken und Ikonen ausgestellt sind. Die neue Kirche hütet die heiligste Reliquie des Klosters, den angeblichen Fuß des Apostels Andreas.

Auf dem Gipfel des **Aínos** (1630 m) stand einst ein Heiligtum für Aenios Zeus. Heute streifen Wildpferde durch das zum Nationalpark ausgewiesene Gelände, an den Hängen wächst die Kefaloniá-Tanne (*Abies cephalonica*). Eine Straße, die sich nach kurzer Strecke zur Holperpiste entwickelt, führt auf die Spitze des Berges.

Der Apostel Andreas
(Moní Agíou Andréa)

Fähren verbinden **Sámi** an der Ostküste mit dem Peloponnes und Itháki. 3,5 Kilometer südlich von Sámi hängen von der Decke der Tropfsteinhöhle **Drogkaráti** Stalaktiten herab. Die Grotte hat die Ausmaße eines weiten Konzertsaals und wird wegen ihrer ausgezeichneten Akustik auch als solcher genutzt. Zwei Kilometer nördlich von Sámi nähert man sich in der **Höhle Melissaní** einem unterirdischen See. Durch die teils eingestürzte Kalksteindecke einfallendes Licht läßt sein Wasser tiefblau strahlen. Ein Kanal führt zum abgeriegelten Bezirk, bei dem sich ein mykenisches Pan-Heiligtum befand. Von Pan verschmäht, ertränkte sich dort der Legende zufolge die Nymphe Melissaní.

**Fiskárdo**, Kefaloniás schönstes Dorf, blieb 1953 vom Erdbeben verschont. Pastellfarbene venezianische Häuser aus dem 18. Jahrhundert drängen sich um den Hafen. Die Bucht ist im Sommer Anlaufstelle von täglich verkehrenden Fähren und Ausflüglern aus anderen Teilen der bezaubernden Insel.

Steinterrassen sieht man noch im Umland von **Asos**, einem Dorf an der Westküste. Die Ruinen einer venezianischen Festung (1595) bedecken die Halbinsel gegenüber der Bucht von Asos.

Wegen des Mangels an Unterkünften ist Asos vornehmlich Ziel von Tagestouren. Südlich von Asos erstreckt sich die weite, bezaubernde **Mýrtou-Bucht** mit einem der schönsten Strände der Insel.

**🔒 Moni Agíou Andréa**
Peratáta. 📞 0671 69557.
🅾 tägl. 📷 nur zum Museum.

Blick über Asos im Nordwesten der Insel

# Zákynthos
Ζάκυνθος

ZAKYNTHOS war von Achäern bewohnt, ehe sich im 5. Jahrhundert v.Chr. Athen die Insel aneignete. Später wechselten die Herrscher einander ab, unter ihnen Spartaner, Makedonier, Römer, Byzantiner und von 1484 bis 1797 Venezianer. 1864 erfolgte der Anschluß an das unabhängige Griechenland. Bergdörfer, Klöster, fruchtbare Ebenen und reizvolle Aussichten lohnen einen längeren Aufenthalt auf der Insel.

**Statue des Dichter Solomós am Hauptplatz von Zákynthos-Stadt**

im **Byzantinischen Museum**. Zu sehen ist darin außerdem eine Sammlung von Fresken und Ikonen aus zerstörten Kirchen und Klöstern.

Nördlich davon umfaßt das **Solomós-Museum** das Grab des Dichters und Texters der griechischen Nationalhymne, Dionýsos Solomós (1798–1857). Die Exponate bewahren das Andenken an Solomós und andere Bürger der Insel.

Vom Stadtzentrum führt ein kurzer Fußweg auf den Aussichtshügel **Stráni**. Noch stärker beeindrucken die Blicke auf das Festland bei der venezianischen Festungsruine über der Stadt. Innerhalb des Mauerrings entdeckt man die Überreste von Kirchen.

🏛 **Byzantinisches Museum**
📞 0695 22315. ⬜ Di–So.
⬛ Feiertage. 📷 ♿
🏛 **Solomós-Museum**
📞 0695 48932. ⬜ tägl.
⬛ Feiertage. 📷

### ZAKYNTHOS-STADT
Das Erdbeben, das 1953 die Ionischen Inseln erschütterte, zerstörte die Stadt völlig. Beim Aufbau bemühte man sich, ihre Schönheit wiederherzustellen. So säumen Straßen mit traditionellen Arkadenhäusern das Ufer, an dem die Fischer von Booten aus ihren Fang verkaufen. Ein Stück weiter legen Fähren und große Kreuzer auf ihren Rundreisen durch das Mittelmeer an.

Die beeindruckende Kirche **Agios Dionýsos** (1925) am Südende des Hafens überstand wie durch ein Wunder das Erdbeben. Sie bewahrt in einem Silbersarg die Gebeine des hl. Dionýsos (1547–1622), des Schutzheiligen der Insel. Wie elegant die von den Venezianern angelegte Stadt vor dem Erdbeben aussah, zeigt ein Modell

### INSELERKUNDUNG
Bis auf die Ferienzentren ist die Insel touristisch wenig erschlossen. Wegen der zumeist guten Straßen kann man sie in einem Tag umfahren, am bequemsten mit Leihwagen oder

## DIE UNECHTE KARETTSCHILDKRÖTE

Der Sandstrand der Bucht von Laganás gilt als einer der schönsten Griechenlands. Seit Jahrtausenden ist er einer der wichtigsten Mittelmeer-Brutplätze der aus Afrika kommenden Unechten Karettschildkröte *(Caretta caretta)*. Diese mächtigen, bis zu 180 Kilogramm schweren Meeresschildkröten legen ihre Eier nachts am Strand ab und vergraben sie im Sand. Von den Lichtern der Hotels und Diskos irritiert, gelingt nur noch wenigen die Fortpflanzung. Viele der abgelegten Eier

werden von Fahrzeugen und Sonnenschirmstangen vernichtet. Umweltschützern ist es zu verdanken, daß einige Streifen Strand abgesperrt wurden. So könnte der Bestand dieser vom Aussterben bedrohten Art konstant bleiben.

### INFOBOX

🏃 30.000. ✈ 4 km südl. von Zákynthos-Stadt. ⛴ Zákynthos-Stadt; Agios Nikólaos.
🚌 Zákynthos-Stadt. ℹ Tzouláti 2, Zákynthos-Stadt (0695 27367).
🎭 Zákynthos-Stadtfest: Juli.

-motorrad. Zwischen Zákynthos-Stadt und Urlaubsorten wie Alykés, Tsiliví und Laganás pendeln häufig Busse.

Durch die ungezügelte Entwicklung des Tourismus in der Bucht von **Laganás** wurde der Bestand der Unechten Karettschildkröte, die am weichen, 14 Kilometer langen Sandstrand ihre Eier ablegt, auf schätzungsweise 800 Exemplare dezimiert. Inzwischen versucht man, durch Schutzmaßnahmen das Überleben der Meeresschildkröten zu sichern. Beobachten kann man die in der Bucht lebenden Tiere durch den Glasboden von Booten. Schildkrötensouvenirs stapeln sich in den Kramläden, die ebenso zahlreich vertreten sind wie

Bars und Diskos, in denen das Nachtleben mit dem Morgengrauen endet.

Ruhiger geht es in den nördlichen Badeorten **Tsiliví** und – Tip für Windsufer – **Alykés** zu. Das **Moní tis Panagías tis Anafonítrias** (16. Jh.) im Nordwesten ist ein von Einheimischen hochverehrter Ort. Denn dort verbrachte Dionýsos, der Schutzheilige der Insel, als Abt seine letzten Lebensjahre. In jener Zeit, heißt es, nahm er einem Mörder die Beichte ab. Obwohl er – anders als der Beichtende – wußte, daß

**Wappen im Moní tis Panagías tis Anafonítrias**

sein Bruder das Opfer war, erteilte er die Absolution. Fahndern sagte er, den Gesuchten nie gesehen zu haben. Dies war die einzige Lüge, die je über seine Lippen kam. Persönliche Hinterlassenschaften bestücken die erhaltene Zelle, in der Dionýsos wohnte. Die dreischiffige Kirche und die winzige Kapelle nebenan wurden, ein seltenes Glück, 1953 vom Erdbeben verschont. Am nördlichsten Inselrand schuf unermüdliche Brandung die Blauen Höhlen. Die Haupthöhle, die **Blaue Grotte** genau unterhalb des Leuchtturms am Kap Skinári, wurde 1897 entdeckt. Ihr Zauber, das glasklar blaue Wasser, lockt seither Besucher an. Die Grotten werden vom Badeort Agios Nikólaos aus sowie bei den in den Ferienzentren angebotenen Inselrundfahrten angelaufen.

**Die Blauen Höhlen am Nordrand der Insel Zákynthos**

# DIE ARGO-SARONISCHEN INSELN

SALAMINA · AIGINA · POROS · YDRA · SPETSES · KYTHIRA

TROTZ DES *Fremdenverkehrs haben die Argo-Saronischen Inseln ihren eigenen Stil bewahrt. Mit ihren Fischer- und Bauerndörfern liefern sie immer noch ein Bild typisch griechischen Insellebens. Kýthira vor der Spitze des Peloponnes stand früher unter venezianischer und britischer Oberhoheit, ist aber heute verwaltungsmäßig den Argo-Saronischen Inseln zugeordnet.*

Ihre Nähe zu Athen trug den Inseln eine bewegte Vergangenheit ein. Aígina war im 7. Jahrhundert v.Chr. ein wohlhabender, Seehandel treibender Staat, der eigene Münzen prägte und den großartigen Aphaia-Tempel hinterließ. Salamína ging durch die Seeschlacht von Salamis (480 v.Chr.), in der die griechische Flotte die Perser schlug, in die Geschichtsbücher ein. Wie sehr Gesellschaft und Kultur der Inseln von der Handelsschiffahrt profitierten, erkennt man heute noch an Ydras geschmackvoller Architektur und Aíginas prächtigen privaten und öffentlichen Bauten. Ydra und Spétses spielten eine entscheidende Rolle im Unabhängigkeitskrieg *(siehe S. 38f)*; unter ihren tapferen Kämpfern ragten die Heldin Laskarína Mpoumpoulína und Admiral Miaoúli hervor.

**Terrakotta-Ornament**

Salamína und Aígina, nur einen Katzensprung von Athen entfernt, werden oft als Inselvororte der Landeshauptstadt bezeichnet. Póros wirkt kaum wie eine Meeresinsel, da es ein nur schmaler Kanal vom Peloponnes trennt. Trotz moderner Bebauung besitzen die Inseln noch ursprüngliche Flecken. Póros und Spétses sind üppig-grün, bedeckt von Kiefern und Olivenhainen, ihre Schwestern karger und gebirgiger. Kýthiras Küste erinnert eher an die Kykladischen Inseln. Auf dieser an antiken Schiffahrtsrouten gelegenen Insel barg man wertvolle Funde wie den bronzenen *Jüngling von Antikýthira*, zu sehen im Archäologischen Nationalmuseum *(siehe S. 282)*.

**Der Hafen von Agios Nikólaos auf Aígina**

◁ **Die Stadt Póros mit den Bergen des Peloponnes im Hintergrund**

# Überblick: Die Argo-Saronischen Inseln

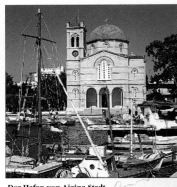

DA SIE VOR Athens Haustür liegen, eignen sich diese Inseln für Stippvisiten ebenso wie für längere Aufenthalte. Ihre Vegetation ist üppig, und man findet friedliche Buchten mit kristallklarem Wasser. Aígina, der ideale Ausgangspunkt, besitzt wie die anderen Inseln pittoreske Hafenorte mit gepflasterten Straßen und klassizistischen Gebäuden. Die vielen Bars und Geschäfte verleihen den Inseln weltstädtisches Ambiente, dem Kajiken, traditionelle Segelboote, die in Häfen Gemüse feilbieten, und Pferdedroschken widersprechen. Auf Pferdestärken setzen vor allem die für Autos gesperrten Städte Póros, Ydra und Spétses. Immer noch ein Geheimtip ist, trotz ihrer hübschen Dörfer und einsamen Strände, die große Insel Kýthira.

**Der Hafen von Aígina-Stadt**

## AUF EINEN BLICK

### SIEHE AUCH

• *Übernachten* S. 299

• *Restaurants* S. 323

• *Reiseinformationen* S. 356 ff

### LEGENDE

| | |
|---|---|
| | Asphaltierte Straße |
| | Nicht-asphaltierte Straße |
| | Panoramastraße |
| - - | Fähre in der Hauptsaison |
| ※ | Aussichtspunkt |

**Blick über Palaiochóra (Kýthira) und seine Umgebung**

*Ermióni*

*DOKOS*

*SPETSES*

*SPETSOPOULA* *TRIKERI* *ALEXANDROS*

*Spétses-Stadt*

0 Kilometer 20

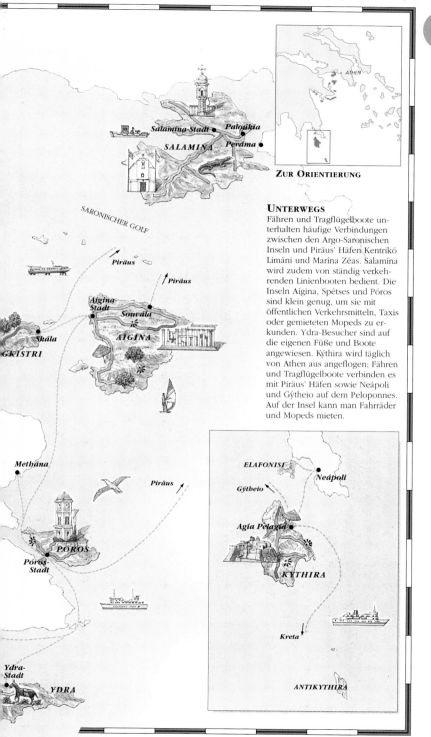

**ZUR ORIENTIERUNG**

## UNTERWEGS

Fähren und Tragflügelboote unterhalten häufige Verbindungen zwischen den Argo-Saronischen Inseln und Piräus' Häfen Kentrikó Limáni und Marína Zéas. Salamína wird zudem von ständig verkehrenden Linienbooten bedient. Die Inseln Aígina, Spétses und Póros sind klein genug, um sie mit öffentlichen Verkehrsmitteln, Taxis oder gemieteten Mopeds zu erkunden. Ydra-Besucher sind auf die eigenen Füße und Boote angewiesen. Kýthira wird täglich von Athen aus angeflogen; Fähren und Tragflügelboote verbinden es mit Piräus' Häfen sowie Neápoli und Gýtheio auf dem Peloponnes. Auf der Insel kann man Fahrräder und Mopeds mieten.

## Salamína
Σαλαμίνα

🏃 23 000. ⛴ Paloúkia u. Selínia.
🚌 Salamína-Stadt. 🚢 Do in
Salamína-Stadt, Sa in Aiánteio.

DIESE GRÖSSTE Insel des Saronischen Golfes liegt so nahe der Landeshauptstadt Athen, daß die meisten Griechen sie dem Festland zurechnen. Bei ihr schlugen 480 v.Chr. in der Seeschlacht von Salamis die von Themistokles angeführten Griechen die Perser. Ungläubig beobachtete der Perserkönig Xerxes I., wie die wendigen Trieren der weit kleineren griechischen Flotte seine schweren Schlachtschiffe in der Bucht von Salamis besiegten. Heute bliebe sein Auge an der Mixtur aus Ferienhäusern, Kirchen und billigen Tavernen, an der Ostküste aber auch an den Schrottplätzen und Stützpunkten der Kriegsmarine.

Die reizlose Inselhauptstadt **Salamína** erstreckt sich an der Westküste zu beiden Seiten einer von Weingärten bedeckten Landenge. Stadt und Insel trug ein Keks, dessen Form jener der Insel ähnelt, den Spitznamen Koúlori ein.

Mehr Charakter besitzt **Agios Nikólaos** östlich von Salamína-Stadt. Villen aus dem 19. Jahrhundert säumen den Kai, an dem kleine Kajiken fangfrischen Fisch entladen. Ab Paloúkia windet sich eine Straße durch den Inselsüden zu den Dörfern Selínia, Aiánteio und Peristéria.

Im Nordwesten der Insel blickt das **Moní Fanereménis** (17. Jh.) über den schmalen Golf auf das antike Eleusis an Attikas Küste. Im Unabhängigkeitskrieg *(siehe S. 38 f)* diente das Kloster griechischen Freiheitskämpfern als Versteck. Wandmalereien mit Szenen des *Jüngsten Gerichts* (18. Jh.) schmücken die byzantinische, von den Venezianern restaurierte Klosterkirche. Die Nonnen heißen Besucher willkommen und pflegen den Garten, durch den Pfauen stolzieren.

In den Hafen von Aígina einlaufende Fischerboote

## Aígina
Αίγινα

🏃 12 400. ⛴ 🚌 Aígina-Stadt.
ℹ Leonárdou Ladà, Aígina-Stadt
(0297 27777).

DIE ZWEITGRÖSSTE, von Piräus nur 20 Kilometer nach Südwesten entfernte Saronische Insel ist seit über 4000 Jahren bewohnt. Von frühen Siedlern aus Phönikien »Taubeninsel« (*Aí* heißt »Insel«, *Gina* »Taube«) getauft, nahm sie lange Zeit eine historisch bedeutende Rolle ein. Sie stieg zu einem reichen, Seehandel treibenden Staat auf. Dieser prägte im 7. Jahrhundert v.Chr. Europas erste Silbermünzen, ein in der ganzen griechischsprachigen Welt anerkanntes Zahlungsmittel. Aígina kontrollierte fast den gesamten Außenhandel des alten Griechenlands. Seine Bewohner waren begnadete Seefahrer, die im Mittelmeer und im Schwarzen Meer kreuzten. Ihr Reichtum schürte den Neid der benachbarten Athener, die 456 v.Chr. schließlich die Insel einnahmen. Noch vor diesem Datum, um 490 v.Chr.,

Schrein gegenüber dem Moní Faneroménis

entstand der **Aphaia-Tempel** *(siehe S. 94f)*, die berühmteste Sehenswürdigkeit der Insel. Die Jahrhunderte, in denen Machtkämpfe der Türken und Venezianer und Überfälle von Piraten Aígina beutelten, brachten den Niedergang herbei. Doch sollte Aígina-Stadt kurz abermals eine geschichtsträchtige Rolle spielen: 1828 war die Stadt Sitz der ersten neugriechischen Regierung unter dem Vorsitz von Ioánnis Kapodístrias.

**Ruine des venezianischen Pýrgos Markéllou, Aígina-Stadt**

### AÍGINA-STADT

Die malerische Stadt beherbergt zahlreiche Kirchen, darunter die **Agía Tríada** (19. Jh.), die den Hafen überblickt. Am Ufer warten Pferdedroschken, um Gäste durch schmale, von klassizistischen Häusern gesäumte Straßen zum venezianischen Turm **Pýrgos Markéllou** nahe der Kathedrale zu bringen. Am Kai liegen Kajiken vom Festland, die Obst und Gemüse feilbieten. Oktopusse trocknen vor den Tavernen in den gepflasterten Straßen, die zum umschlossenen Fischmarkt lenken. Nordwestlich, hinter den Läden, die irdene Wasserkrüge und

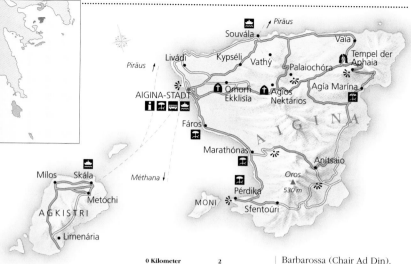

0 Kilometer 2

### LEGENDE

Symbole siehe Umschlaginnenseite

**Die Kirche Agía Triáda
in Aígina–Stadt**

die köstlichen Pistazien der
Insel verkaufen, trifft man auf
die Reste des **Apollon-Tempels** (6. Jh. v.Chr.). Dort
fand man die berühmte,
im **Aígina-Museum** aus-
gestellte Sphinx von Aígina (6. Jh. v.Chr.).

### 📷 Aígina-Museum
Kolóna 8. ☎ 0297 22637.
⏰ Di–So. ⬤ Feiertage. 📷 ♿

**UMGEBUNG:** In Livádi, nördlich von Aígina-Stadt, verweist eine Gedenktafel auf
das Haus, in dem der Níkos
Kazantzákis *Alexis Sorbas*
schrieb *(siehe S. 272)*.

### INSELERKUNDUNG
Die nur acht Kilometer
durchmessende Insel läßt
sich bequem mit dem Rad
kennenlernen. Östlich von
Aígina-Stadt steht dicht an

der Inselhauptstraße die byzantinische, mit sehenswerten
Fresken ausgemalte Kirche
**Omorfi Ekklisía** (13. Jh.). Pilger reisen auf der Straße weiter zum Kloster **Agios Nektários**. Erzbischof Nektários
(1846–1920) wurde 1961 hei-
liggesprochen. Besucher können die Wohnräume und
Grabkapelle dieses jüngsten
Heiligen der griechisch-orthodoxen Kirche besichtigen.
Am Hang gegenüber liegen
die Ruinen von **Palaiochóra**.

**Verstreute Ruinen byzantinischer Kapellen in
der aufgegebenen Stadt Palaiochóra**

Barbarossa (Chair Ad Din),
unter Sultan Suleiman I. Oberbefehlshaber der türkischen
Flotte, zerstörte 1537 die in
byzantinischer Zeit gegründete Stadt. Ihre Umgebung wurde 1826 verlassen.
Von Aígina-Stadt führt eine
reizvolle Küstenstraße im Schatten des **Oros**, der höchsten
(530 m) Inselerhebung, durch
Pistazienhaine und den Fischerhafen Fáros nach **Pérdika** im
Südwesten der Insel. Das malerische Fischerdorf besitzt gute
Fischtavernen mit Hafenblick,
in denen sich am Wochenende
Ausflügler aus Athen drängen.

### VORGELAGERTE INSELN
Kajiken segeln von Pérdika in
nur 15 Minuten zur Insel Moní
hinüber. Smaragdgrünes Wasser, abgeschiedene Buch-
ten und versteckte Höhlen
sind ihre Attraktionen.
**Agkístri** ist von Aígina-
Stadt aus mit Kajiken, von
Piräus aus mit Fähren
rasch erreicht. Deutsche
haben sich die ursprüng-
lich von Albanern besie-
delte Insel zur zweiten
Heimat erkoren: Im Dorf
Metóchi über Skálas Hafen
gehören ihnen fast alle
Häuser. In Skála und Mí-
los, dem zweiten Hauptha-
fen, wurden Hotels und
Bars in großer Zahl ange-
legt. Andernorts ist die kiefernbestandene Insel noch
unversehrt. Traditionelles
Flair hat das Bauern- und
Fischerdorf Liménaria im
Süden.

# Aígina: Aphaia-Tempel
Ναός της Αφαίας

**D**ER APHAIA-TEMPEL, einer der besterhaltenen dorischen Tempel *(siehe S. 56f)* des Landes, liegt zwischen Kiefern auf einem Hügel über dem umtriebigen Badeort Agía Marína. Eine Kultstätte befand sich dort schon im 13. Jahrhundert v.Chr. Der deutsche Archäologe Adolf Furtwängler grub den um 490 v.Chr. entstandenen Tempel aus. Eine 1901 geborgene Inschrift belegt, daß der Tempel statt – wie angenommen – Athena der Göttin Aphaia geweiht war. Die Anlage ähnelt dem größeren, 30 Jahre jüngeren Zeus-Tempel in Olympia.

**Innere Mauern**
*Die Innenmauern besaßen eine verdickte Basis und, als Pendant zu jenen des Säulengangs, angedeutete Kapitelle.*

**Das östliche Giebelfeld** schmückten um Athena herum angeordnete Figuren. Sie ersetzten, anders als die archaischen Plastiken im westlichen Giebelfeld, ältere Skulpturen.

**Luftaufname der Südseite des Tempels**

Triglyph
Metope
Architrav

**Ecksäulen**
*Da freier Hintergrund Säulen schmaler wirken läßt, stellte man an den Ecken dickere Säulen auf.*

**Vom Altar zum Tempel steigende Rampe**

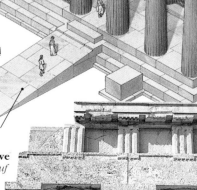

**Eckarchitrave**
*Das Mauerwerk ist gut erhalten. Auf dem glatten* Architrav *(Tragebalken) liegt ein Fries mit verzierten Tri-glyphen (dreiteiligen Feldern) und Metopen (Zwischenfeldern) auf.*

### Innensäulen
*Die Cella umstehen doppelstöckige dorische Säulen. In den oberen Säulen setzt sich die Verjüngung der unteren fort.*

**Die Dachziegel**
bestanden aus gebranntem Ton, an den Kanten aus parischem Marmor.

**Ophistodomos, die rückwärtige Vorhalle**

#### INFOBOX

12 km östl. von Aigina-Stadt. 0297 32398. **Stätte** Apr–Sep Mo–Fr 8.15–19 Uhr, Sa, So 8.30–15 Uhr; Okt–März Mo–Fr 8.15–17 Uhr, Sa, So 8.30–15 Uhr. **Museum** tägl. 9–13 Uhr 1. Jan, 25. März, Karfreitag, Ostersonntag, 1. Mai, 25., 26. Dez.

**Ansicht der Cella**
*In der Cella, dem Innenraum, stand das Kultbild. Manche Tempel besaßen mehr als eine Cella; dann war der hintere Raum der Priesterin vorbehalten.*

**Kultbild der Göttin Aphaia**

## REKONSTRUKTION DES APHAIA-TEMPELS

Diese Rekonstruktion zeigt aus der Nordwest-Perspektive, wie der Tempel nach seiner Fertigstellung um 490 v.Chr. aussah. Mit Stukkaturen und Anstrich verziert, bot das aus Kalkstein der Umgebung errichtete Bauwerk einen farbenfrohen Anblick.

**Das Olivenölbecken**
diente der Aufnahme der vielen Trankopfer, die man der Göttin darbrachte.

## DIE GIEBELFIGUREN DES APHAIA-TEMPELS

Eine Gruppe britischer und deutscher Architekten und Künstler, unter ihnen Baron Haller von Hallerstein, John Foster und C. R. Cockerell, entdeckte im April 1811 die berühmten Figuren der Giebelfelder des Aphaia-Tempels. Kronprinz Ludwig von Bayern ersteigerte die Skulpturen später für die Münchner Glyptothek, in der sie heute noch zu bewundern sind. Thema der Plastiken sind Heldenkämpfe der griechischen Sagenwelt. Die westlichen Giebelfiguren entstanden um 490 v.Chr. im archaischen, die östlichen um 480 v.Chr. im frühen klassischen Stil.

**Rekonstruktion der *Krieger*, einer Plastik des westlichen Giebelfelds**

# Póros
Πόρος

🏠 4000. 🚢 🚌 Póros-Stadt.
ℹ️ Póros-Stadt (0298 22256).
🎪 Fr vormittags in Paidikí Chará.

IHREN NAMEN verdankt die Insel der 400 Meter schmalen Passage *(póros)*, die sie von Galatás auf dem Festland trennt. Póros bestand ursprünglich aus zwei Inseln, die nun ein Damm vereint: der dicht von Kiefern bewachsenen Insel Kalavreía im Norden und dem vulkanischen Inselchen Sfairía im Süden. Auf Sfairía liegt **Póros-Stadt**. Der angenehme Ort zieht sich an der vielbefahrenen Meerenge dahin. Am Hang stapeln sich Häuser aus dem 19. Jahrhundert hinauf zum Uhrturm.

Nordwestlich der Stadt und des Dammes ankert vor der 1849 eingerichteten **Nationalen Marineschule** gewöhnlich ein altes Kriegsschiff, das der Kadettenausbildung dient.

Auf Kalavreía steht das schmucke **Moní Zoödóchou Pigís** (18. Jh.) bei der einzigen Quelle der Insel. Auf dem Hügel nahe Kalavreías Zentrum liegt die frei zugängliche Ruine des **Poseidon-Tempels** (6. Jh. v.Chr.), der im Altertum auch für Troezen auf dem Peloponnes eine wichtige Kultstatt war. Dort entging 323 v.Chr. der zum Tode verurteilte Redner Demosthenes seinen makedonischen Verfolgern, indem er sich vergiftete.

**Der lebhafte Hafenkai von Ydra**

# Ydra
Ύδρα

🏠 3000. 🚢 Ydra-Stadt.
ℹ️ Ydra-Stadt (0298 52205).
🏖️ Mandráki 1,5 km nordöstlich von Ydra-Stadt; Vlychós 2 km südwestlich von Ydra-Stadt.

DIE SCHMALE Insel besteht aus einem kahlen Felsrücken. Ihre Geschichte beginnt im 16. Jahrhundert mit der Besiedlung durch orthodoxe Christen aus Albanien. Danach wandten sich die Einwohner der einträglichen Seefahrt zu. Die Stadt Ydra entstand in der kurzen Blüte des späten 18. und frühen 19. Jahrhunderts; während der Napoleonischen Kriege durchbrachen Ydras Schiffe die Seeblockade und förderten damit den Reichtum der Insel. Nach der Unabhängigkeit fiel Ydra zurück in den Dornröschenschlaf. Nach 1960 restaurierten Feriengäste die alten Häuser und verwandelten Ydra in einen exklusiven Urlaubsort. Architektonisch hat dies der Insel nicht geschadet dank der Auflage, das Stadtbild der 20er Jahre des 19. Jahrhunderts zu erhalten. Zudem sind Autos von der Insel verbannt; statt dessen trotten die Esel durch die steilen Treppenstraßen.

**Glockenturm der Kirche Panagía, Ydra**

### YDRA-STADT
Im Hafenviertel gibt es noch über ein Dutzend der drei- bis vierstöckigen *archontiká* oder Herrenhäuser. Sie stehen Besuchern allerdings nicht regelmäßig offen. Wandernde

**Das Häuserdickicht von Póros-Stadt am Hang von Sfairía**

Handwerker bauten sie zwischen 1780 und 1820. Das Herrenhaus **Tsamadoú** an der östlichen Hafenseite beherbergt jetzt die Staatliche Schule der Handelsmarine, das Herrenhaus **Tompázi** die Akademie der Schönen Künste. Gleich hinter dem Zentrum des Kais ragt die zwischen 1760 und 1770 errichtete Klosterkirche **Panagiá** auf. Der Poseidon-Tempel auf Póros lieferte ihr Baumaterial. Ihr marmorner Glockenturm gilt als Werk eines Steinmetzmeisters aus Tínos.

**Der alte Hafen von Valtíza auf Spétses**

### INSELERKUNDUNG

Besucher müssen sich Ydra erwandern oder an der Küste mit Wassertaxis voranbewegen. Südwestlich führt ein 15minütiger Uferbummel nach **Kamíni**, Haupthafen der Fischer seit dem 16. Jahrhundert. Der Bauernweiler **Episkopí** im äußersten Südwesten der Insel war einmal Sommerzuflucht und Jagdrevier der Betuchten. Eine Stunde dauert der steile Aufstieg zum Kloster **Agía Efpraxía** – die Nonnen verkaufen eifrig Handarbeiten – oberhalb von Ydra-Stadt. Mönche leben im benachbarten Kloster **Profítis Ilías** (19. Jh.). Von dort aus erblickt man im Osten der Insel die drei unbewohnten Klöster aus dem 18. und 19. Jahrhundert. Diese säumen die lange Route zum **Moní Panagía**, von dem es nicht mehr weit zum Kap Zoúrvas im Nordosten der Insel ist.

## Spétses
Σπέτσες

🏠 3700. 🚢 🚏 Spétses-Stadt.
ℹ️ Spétses-Stadt (0298 73744).
⛴️ Mi in Kokinária.

S PETSES IST eine Verballhornung von Pityoússa (»Kiefernharz«), dem alten Namen dieser Insel. Die Geschichte ähnelt jener von Ydra: Auch hier ließen sich im 16. Jahrhundert Albaner nieder, blühten Seefahrt und Handel, stellte man im Freiheitskampf Schiffe für die griechische Flotte ab. Gegen die Türken kämpfte auch eine Frau, die Heldin Laskarína Mpoumpoulína. Sie befehligte das Flaggschiff *Agamemnon*. Man munkelt, sie habe Männer mit vorgehaltenem Gewehr »verführt«. Sie wurde 1825 vom Vater eines Mädchens erschossen, mit dem ihr Sohn durchgebrannt war. In den 20er und 30er Jahren war Spétses Hochburg urlaubender britischer Auswanderer. Motorfahrzeuge sind nicht ganz verboten: Man kann Mopeds mieten, Busse fahren die Strände an.

**Statue der Mpoumpoulína in Spétses-Stadt**

### SPETSES-STADT

Die Stadt Spétses zieht sich zwei Kilometer an der Küste hin. Cafés säumen den vielbesuchten Kai Ntápia. Im *archontiká* des Chatzi-Giánnis Méxis (1795) bewahrt das **Museum Chatzi-Giánnis Méxis** den Sarg der Mpoumpoulína und Galionsfiguren ihres Schiffes. Das Haus der Heldin wurde in das private **Mpoumpoulína-Museum** verwandelt. Südöstlich davon liegt in der Meerenge **Valtíza** der alte Hafen, in dem man noch auf herkömmliche Weise Holzboote baut. Kieselmosaiken schmücken die hübsche Kirche **Agios Nikólaos** (17. Jh.) oberhalb des Hafens, deren Glockenstuhl Handwerker aus Tínos fertigten.

🏛️ **Museum Chatzi-Giánnis Méxis**
300 m vom Hafen entfernt.
📞 0298 72994. ⏰ Di–So.
🔴 Feiertage. 🎫
🏛️ **Mpoumpoulína-Museum**
Hinter Plateía Ntápia. 📞 0298 72077.
⏰ 25. März–28. Okt tägl. 🎫 ✏️

### INSELERKUNDUNG

Eine nur zum Teil asphaltierte Straße führt rund um die Insel. Es empfiehlt sich, ein Fahrrad oder Moped zu mieten. In der jetzt geschlossenen Anargyreios-Korgialéneios-Privatschule lehrte nach 1950 kurze Zeit der britische Romanautor John Fowles. In Spétses ließ Fowles später den Roman *Der Magier* spielen. Spétses besitzt die besten Kiesstrände der Argo-Saronischen Inseln, darunter jene von **Ligonéri**, **Vréllas** und **Agía Paraskeví**, mit **Agioi Anárgyroi** seinen einzigen Sandstrand.

**Kieselmosaik in der Kirche Agios Nikólaos, Spétses-Stadt**

# Kýthira
## Κύθηρα

**Blick von Chóra auf Kapsáli**

FRÜHER WURDE Kýthira mit den Ionischen Inseln von den Venezianern und Briten regiert; heute untersteht es zusammen mit den Argo-Saronischen Inseln der Verwaltung von Piräus. Die Venezianer nannten die Insel, einen der legendären Geburtsorte der Aphrodite, Tserigo. 60 000 Australien-Auswanderer, die ihre Heimat gern besuchen und finanziell unterstützen, brachten ihr den Beinamen »Känguruh-Insel« ein. Auch Athener schätzen die Strände und die Ferienhäuser mit ihrer eigenwilligen Mixtur ägäischer und venezianischer Elemente.

### CHORA

Chóra ist erst seit Zerstörung der Stadt Palaiochóra 1537 Inselhauptstadt. Das **Kástro** entstand in zwei Bauphasen im 13. und 15. Jahrhundert. An seinem Fuß krönen mehrere Kuppeln eine intakte Zisterne, oben umringen alte Kanonen die Kirche **Panagía Myrtidiótissa**. Der Hang, an dem Festung und Stadt liegen, fällt fast senkrecht ab zum Meer und dem Inselchen Avgó, dem sagenhaften Geburtsort der Aphrodite – ein einzigartiges Motiv in der griechischen Inselwelt. Die reizvolle untere Stadt prägen solide Villen mit Flachdach aus dem 17. bis 19. Jahrhundert, die reiche Athener anziehen. Im **Archäologischen Museum** am Stadtrand sind mykenische und minoische Fundstücke sowie Grabsteine aus der britischen Besatzungszeit (1809–64) zu besichtigen.

**Archäologisches Museum**
0735 31739. Di–So.
Feiertage.

**UMGEBUNG:** Am Ostrand von Chóra legen im gut geschützten Hafen von **Kapsáli** Jachten, Tragflügelboote und manchmal auch große Fähren an. Trotz des nur mittelmäßigen Strandes treffen sich hier die Besucher. Über dem Kiefernwald steht auf der Klippe das **Moní Agios Ioánnis sto Gkremó** (16. Jh.). Die nächsten Strände findet man (7 km südlich von Kálamos) am Sandstrand von Chalkós und (8 km nordöstlich via Kálamos) bei **Fyrí Ammos**, einem Kiesstrand mit Grotten im Süden.

### Map labels

Platiá Ammos
Gýtheio
Neápoli
Karavás
Agía Pelagía
Kreta Antikýthira
Potamós
Palaiochóra
Ntouriánika
Moní Agíou Theodórou
Friligkiánika
Diakófti
Agía-Sofía-Höhle
Mylopótamos
Mitáta
Agios Geórgios
Avlémonas
Káto Chóra
Fónissa
Palaiópoli
Kastrí Pointi
Limniónas
Frátsia
Kaladía
Limnária
Kalokairinés
Livádi
Komponáda
Kálamos
Fyrí Ammos
Melidóni
Moní Agios Ioánnis sto Gkremó
CHORA
Kapsáli
Chalkós

0 Kilometer 5

**LEGENDE**

Symbole siehe Umschlaginnenseite hinten

**Abendansicht der an den Hang gebauten Häuser von Chóra**

**Geweißeltes Haus in Mylopótamos**

## INSELERKUNDUNG

Wie auf vielen Griechischen Inseln sind auch auf dem recht gebirgigen Kýthira Mopeds das beste Fortbewegungsmittel. Im Sommer fährt einmal täglich ein Bus die Hauptorte an der Strecke Agía Pelagía–Kapsáli ab. Ein felsiger Küstenstreifen endet östlich bei **Avlémonas**, einem hübschen Fischerort mit Doppelhafen und gewölbten Lagerhäusern. Nahebei sank 1802 die *Mentor*, an Bord viele der von Elgin abtransportierten Marmorskulpturen. Zu beiden Seiten von Kap Kastrí erstrecken sich schöne Strände.

**Schrein am Strand auf Kýthira**

Hoch über Avlémonas thront die mit Bodenmosaiken verzierte Kirche Agios Geórgios (6. Jh.).

Von **Mylopótamos** an der entgegengesetzten Inselseite führt ein Pfad westwärts zum Wasserfall Fónissa; stromab entdeckt man eine Mühle und eine winzige Steinbrücke.

Durch seine Lage auf einer steil nach Nord und West abfallenden Klippe und die Ansammlung verschlossener Kapellen ähnelt das Kástro von **Káto Chóra** (1565) auf den ersten Blick Palaiochóra. Das Bauwerk diente nicht militärischen Zwecken, sondern Bauern als Zufluchtstätte in unruhigen Zeiten. Über dem Eingang wacht ein Markuslöwe, nahebei wird eine von Briten 1825 gebaute Schule restauriert.

2,5 Kilometer von Káto Chóra entfernt hat sich (150 m ü.d.M.) in schwarzem Kalkstein die Höhle **Agía Sofía** gebildet. Den Schrein am Eingang bemalte im 13. Jahrhundert ein Einsiedler mit Illustrationen der christlichen Kardinaltugenden. Auf einem 200 Meter hohen Felsen liegen die Ruinen von **Palaiochóra**, nach 1248 byzantinische »Hauptstadt« der Insel. Obwohl so angelegt, daß sie von See her kaum sichtbar war, wurde sie 1537 vom Oberbefehlshaber der türkischen Flotte (Barbarossa) erspäht und zerstört. **Agía Varvára** (14. Jh.) ist die besterhaltene der sechs Kirchen.

Nach Süden gelangt man zum **Moní Theodórou**, Sitz des Bischofs von Kýthira. Die Klosterkirche (12. Jh.) erlebte gravierende Veränderungen; eine griechische Rarität ist das Barockrelief über dem Portal. Der Haupthafen **Agía Pelagía** verfügt über einige Hotels. **Karavás** dagegen wirkt mit seinen an die Steilhänge eines Flußtals gebauten Häusern wie ein Oasendorf.

## INFOBOX

🏘 3000. ✈ 22 km nordöstlich von Chóra. ⛴ Agía Pelagía und Kapsáli. 🚌 zwischen Agía Pelagía und Kapsáli. 🏛 So in Potamós.

### 🏛 Agía-Sofía-Höhle

Mylopótamos. ☎ 0735 33754. ⭕ Di–So. ⬛ Nov–März. 📷 🎫 Juli u. Aug.

## VORGELAGERTE INSELN

Das kahle Eiland **Elafonísi** nördlich von Kýthira besitzt nach Ansicht der vorwiegend griechischen Besucher die schönsten wüstenähnlichen Strände im Lande. Als bester Strand gilt (5 km südöstlich des Hafenstädtchens) Símos im Osten einer Halbinsel. Die Insel **Antikýthira** im Südosten von Kýthira hat kaum Einwohner und keine Strände.

**Blick von Palaiochóra über eine Schlucht nach Osten**

# DIE SPORADEN UND EVIA

SKIATHOS · SKOPELOS · ALONNISOS
SKYROS · EVIA

WER NUR GRIECHENLANDS *karge, trockene Inseln kennt, etwa die Kykladen, den erstaunt das satte Grün von Évia und den Sporaden. Die üppig von Kiefern bestandenen Berge, die Quellen und Flüsse, die langen Strände und geschützten Buchten dieser Inseln haben seit früher Zeit Siedler wie Piraten angelockt.*

Ihre Nähe zum Festland machte die Sporaden und Évia (Euböa) zur leichten Beute von Eroberern. Aus dem nahen Iolkos (Vólos) kamen in prähistorischer Zeit Siedler, die Minoer führten den Oliven- und Weinanbau ein. Architektonisch spiegelt sich die wechselvolle Geschichte am stärksten auf Évia wider: Außerordentlich viele Bauten zeugen von den langen Jahren venezianischer und türkischer Besatzung. Von Piraten heimgesucht, lebten die Bewohner der Sporaden bis ins 19. Jahrhundert im Schutz befestigter Städte. Selbst Évias Einwohner wanderten, wenn das Leben in Küstendörfern wie Límni zu hart wurde, für einige Generationen nach Skiáthos aus. Die Insulaner befuhren handeltreibend das Ägäische Meer; bis heute gelten sie als begabte Segler. Selbstversorgung und Wohlstand sicherte ihnen zudem die Landwirtschaft: Überaus fruchtbare Felder und Haine, bewässert von Quellen und Flüssen, überziehen das Innere. Bäuerliche Bodenständigkeit hat insbesondere auf der abgelegenen Insel Skýros einmalige Handwerkskünste und Bräuche hervorgebracht. Dank seiner unzugänglichen Küste ist Skýros weitgehend verschont von Hotelkomplexen, die auf Skiáthos und Skópelos wie Pilze aus dem Boden geschossen sind.

Évia ist groß genug, daß die Einheimischen auch im Sommer, wenn die Touristenströme kommen, ihren Gewohnheiten nachgehen.

**Seemanns-
figur in
Kárystos, Évia**

**Das Rote Kastell nahe Kárystos, Évia**

◁ **Der Hafen von Agnóntas auf Skópelos in der Abendsonne**

# Überblick: Die Sporaden und Évia

IE HIGH SOCIETY war es, die zwischen 1960 und 1980 von ihren Jachten aus die einsamen Strände von Skiáthos, Skópelos und Alónnisos entdeckte. Inzwischen kommen zahlreiche Gäste aus dem In- und Ausland an die herrlichen Küsten. Zum Wassersport locken fast alle Strände, auf Skópelos und Skiáthos auch gepflegte Nachtklubs und Bars. Die ruhigeren, kulturell und landschaftlich vielfältigen Inseln Skýros und Évia sind ideal für Wanderferien, aufgelockert durch Besuche volkskundlicher Museen und faule Tage an schönen Stränden.

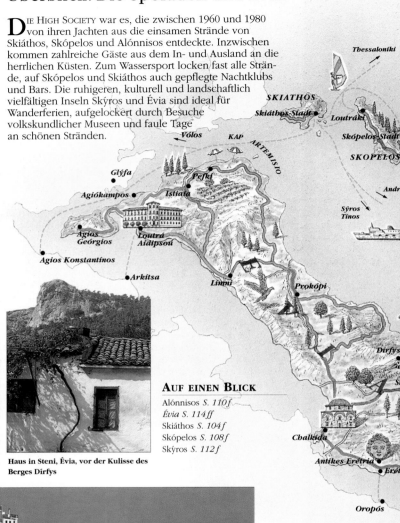

*Thessaloníki*

*Vólos*

KAP ARTEMÍSIO

SKIÁTHOS
Skiáthos-Stadt

*Loutráki*

Skópelos-Stadt

SKÓPELOS

*Andro*

*Sýros*
*Tínos*

*Glýfa*
*Pefkí*

*Agiókampos* • *Istiaía*

*Agios Geórgios* • *Loutrá Aidipsoú*

*Agios Konstantínos*

• *Arkítsa*

*Limni*

*Prokópi*

*Dírfys*

## AUF EINEN BLICK

Alónnisos *S. 110f*
Évia *S. 114ff*
Skiáthos *S. 104f*
Skópelos *S. 108f*
Skýros *S. 112f*

*Chalkída*

*Antikes Erétria* • *Eréti*

*Oropós*

**Haus in Steni, Évia, vor der Kulisse des Berges Dírfys**

**Der Hafen von Skiáthos-Stadt**

## SIEHE AUCH

• ***Übernachten*** S. 300

• ***Restaurants*** S. 324

• ***Reiseinformationen*** S. 356ff

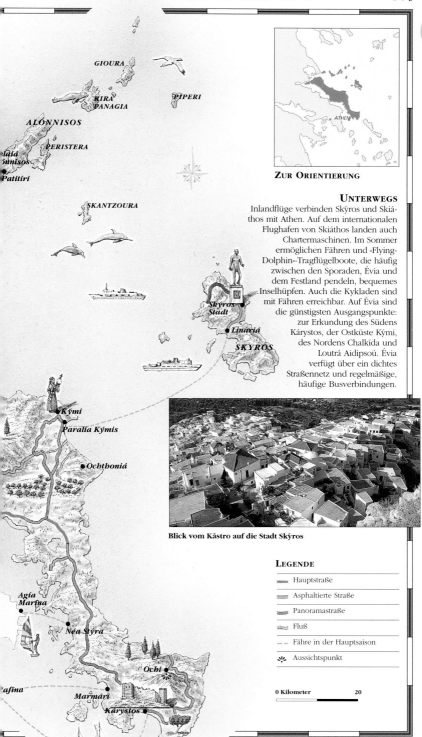

**GIOURA**

**PIPERI**

**KIRA PANAGIA**

**ALONNISOS**

**PERISTERA**

*laía*
*unisos*
*Patitíri*

**SKANTZOURA**

**ZUR ORIENTIERUNG**

ATHEN

## UNTERWEGS

Inlandflüge verbinden Skýros und Skiáthos mit Athen. Auf dem internationalen Flughafen von Skiáthos landen auch Chartermaschinen. Im Sommer ermöglichen Fähren und »Flying-Dolphin«-Tragflügelboote, die häufig zwischen den Sporaden, Évia und dem Festland pendeln, bequemes Inselhüpfen. Auch die Kykladen sind mit Fähren erreichbar. Auf Évia sind die günstigsten Ausgangspunkte: zur Erkundung des Südens Kárystos, der Ostküste Kými, des Nordens Chalkída und Loutrá Aidipsoú. Évia verfügt über ein dichtes Straßennetz und regelmäßige, häufige Busverbindungen.

**Skýros-Stadt**

**Linariá**

**SKYROS**

**Kými**

**Paralía Kýmis**

**Ochthoniá**

**Agía Marína**

**Néa Stýra**

**afina**

**Marmári**

**Ochi**

**Kárystos**

**Blick vom Kástro auf die Stadt Skýros**

## LEGENDE

| | |
|---|---|
| ⬛ | Hauptstraße |
| ⬛ | Asphaltierte Straße |
| ⬛ | Panoramastraße |
| ⬛ | Fluß |
| -- | Fähre in der Hauptsaison |
| ☆ | Aussichtspunkt |

**0 Kilometer          20**

# Skiáthos
Σκιάθος

**S**KIATHOS LÄSST Touristen genußvoll ihre Bedürfnisse ausleben. Das nahm sich vor allem der Jet-set heraus, der nach 1960 diese Traumstrände entdeckte, und das tun heute die mit Kind und Kegel, Eimer und Schaufel anrückenden Pauschalurlauber. Skiáthos ist kein exklusives Reiseziel mehr, seit es einen Flughafen besitzt, aber vor dem Strand von Koukounariés liegen immer noch Luxusjachten vor Anker. Und der landschaftlichen Schönheit sowie der Idylle der Kirchen und Klöster hat der Massentourismus nichts anhaben können.

**Die weite Bucht von Koukounariés**

Kástro
Laláría
Moní Agíou Charalámpou
Panagía Kardási
Moní Evangelistrías
Agios Apóstolos
Taxiárchis
Thessaloníki, Skópelos
Profítis Ilías
Loutráki
Kechriás
SKIATHOS-STADT
ARKOS
Asélinos
Agios Ioánnis
Ftélia
Andros
Moní Kounístra
Mandráki
Sýros, Tínos
Vólos
TSOUGKRIA
Koukounariés
Kalamáki
Máratha
Troúllos
TSOUGRIAKI

**LEGENDE**

Symbole siehe Umschlaginnenseite

0 Kilometer     2

**SKIATHOS-STADT**

Der Hauptort der Insel ist immer noch ein malerischer Fleck. Häuser mit roten Ziegeldächern und verwinkelte Pflastersträßchen bedecken seine zwei kleinen Hügel. Aus der Höhe überblicken die **Trión Ierarchón** und die kleinere **Panagía Limniá**, zwei Kirchen aus dem 19. Jahrhundert, den lebendigen Hafen. Zwischen den Hügeln windet sich die Hauptstraße hinauf zum beschaulichen alten Viertel Limniá, in dem Bougainvilleen und an Spalieren gezogener Wein restaurierte Kapitänshäuser umwuchern. Der Ort ist

ein Einkaufsparadies voller Bäckereien, schicker Boutiquen und Antiquitätenläden. Wer stöbert, findet hochwertiges Kunsthandwerk wie Keramiken, Ikonen, Schmuck und Stickereien.

Das kiefernbestandene Inselchen **Bourtzi**, durch einen

schmalen Damm zur Halbinsel mutiert, teilt den Hafen. Einst stand hier eine Festung. Heute ist Bourtzi ein Zentrum der Kultur und jeden Sommer Bühne der Konzerte, Tanz- und Theatervorführungen des Ägäis-Tanzfestivals. Blickfang ist das geschmackvolle klassizistische Gebäude, vor dem eine Statue an den populären Erzähler Aléxandros Papadiamántis erinnert. Drehscheibe aller Orte der Insel sind die Kais mit den vielen *kafeneía*, in denen es *loukoumádes* gibt, ausgebackene Honigkugeln. Dort genießt man beim Abendbummel die milde Nachtluft und schaut tagsüber dem unablässigen Kommen und Gehen der Jachten, Fähren und Tragflügelboote zu. Am Westende des Kais von Skiáthos-Stadt befinden sich ein schöner Fischmarkt, eine von Einheimischen frequentierte *ouzerí* und die kleinen Boote und Kajiken, die Tagesausflüge

**Blick von der Kirche Profítis Ilías auf Skiáthos-Stadt**

**Fresko der Christós-Kirche**

**INFOBOX**

5000. 2 km nordöstl. von Skiáthos-Stadt. am Hafen, Skiáthos-Stadt. 0427 23172. Ägäisches Tanzfestival, Skiáthos-Stadt: Juli.

zu einigen der schönsten Inselstrände, darunter Koukouariés und Laláría, sowie zu den nahen Inseln Tsougkriá und Arkos unternehmen.

Hinter dem Hafen entführt das kleine, nach dem auf Skiáthos geborenen Schriftsteller benannte **Papadiamántis-Museum** in das Inselleben vor der Zeit des Tourismus.

**Papadiamántis-Museum**
0427 23843. Mai–Okt.

**Das Moní Agíou Charalámpou in den Hügeln über Skiáthos-Stadt**

**INSELERKUNDUNG**
Während die Südküste touristisch voll erschlossen ist, verbergen sich im von Kiefern und Olivenbäumen dicht bewachsenen Norden einsame Klöster und Kirchen sowie Quellen und eine artenreiche Vogelwelt. Sogar verschwiegene Strände und Buchten

findet man dort noch; allerdings kann man sich bei vielen, so **Kechrías** und **Mandráki**, nur im Rahmen von Inselrundfahrten für einige Stündchen absetzen lassen.

Von Skiáthos-Stadt führt die Inselstraße südwärts durch Ftélia. Kurz vor Troúllos zweigt sie westlich zum Strand von Asélinos und dem früher Panagiá Eikonístra genannten **Moní Kounístra** (17. Jh.) ab. Begründer des Klosters war ein Mönch, welcher der Legende zufolge in einem nahen Baum eine wundersame, nun in der Kirche Trión Ierarchón von Skiáthos-Stadt bewahrte Ikone fand.

Vom Kloster steigt ein Pfad zwischen Kiefern steil auf zur Kirche **Agios Ioánnis**. Es ist Sitte, bei Ankunft ihre Glocke zu läuten.

Sterne übersäen die blaue Decke der winzigen Kapelle **Panagía Kardási**, die weiter nördlich hoch über der 1829 aufgegebenen Inselhauptstadt **Kástro** wacht. Außer den Resten von 300 Häusern sind drei restaurierte Kirchen zu sehen, darunter die **Christós-Kirche** (17. Jh.) mit kunstvoller Ikonostase.

Auf der Skiáthos-Stadt nordwestlich verlassenden Straße gelangt man zur **Profítis Ilías**, einer Kirche mit Tonnengewölbe aus dem 20. Jahrhundert. Bei der nahen, guten Taverne bieten sich einzigartige Blicke über die Stadt. Vorbei

an wohlhabenden Bauernhöfen und der Kirche **Agios Apóstolos**, führt der Pfad weiter nach Norden und durch wuchernden Salbei und Adlerfarn hinab zum **Moní Charalámpou** (1809), in dem der Schriftsteller Aléxandros Moraïtidis nach 1920 als Mönch seine letzten Lebensjahre verbrachte. Südlich liegt in nächster Nähe das von Mönchen des Berges Athos 1775 gegründete **Moní Evangelistrías**. Im Unabhängigkeitskrieg (*siehe S. 38f*) schlüpften darin zahlreiche Freiheitskämpfer unter.

Auf dem Rückweg nach Skiáthos-Stadt stößt man südlich des Moní Agíou Charalámpou auf die mit kreuzförmigen Tafeln verkleidete Kirche **Taxiárchis**. Dort sprudelt aus einem Hahn das beste natürliche Mineralwasser der Insel.

## ALEXANDROS PAPADIAMANTIS

Aléxandros Papadiamántis, der berühmteste Sohn der Insel, zählt zu den herausragendsten Literaten des Landes. Er wuchs auf Skiáthos auf und ging zum Studium nach Athen. In der Hauptstadt begann seine schriftstellerische Laufbahn. In über hundert Novellen und Erzählungen setzte er sich mit dem Inseldasein auseinander. Zu den bekanntesten seiner Werke zählen *Die Mörderin*, ein psychologisch eindringliches Werk, *Zigeunerkinder* und *Der Emigrant*. 1908 kehrte Papadiamántis nach Skiáthos zurück, wo er 1911 im Alter von 60 Jahren starb.

**Der Strand von Kalamáki, Skiáthos** ▷

# Skópelos
Σκόπελος

Angesichts der Nähe zu Skiáthos erstaunt, daß Skópelos nicht restlos vom Tourismus erschlossen ist. Die Minoer ließen sich um 1600 v. Chr. auf dieser Insel nieder, die im Byzantinischen Reich ein Ort der Verbannung war. Ab 1204 hielten sich die Venezianer 300 Jahre an der Macht. Skópelos, schon in der Antike für seinen Wein berühmt, ist bekannt für seine köstlichen Früchte. Es bietet viele Strände und im bewaldeten Inneren eine reizvolle Landschaft.

**Der Weg zur Panagía tou Pýrgou über Skópelos-Stadt**

## LEGENDE

Symbole siehe Umschlaginnenseite (hinten)

*(Karte mit Orten: Glóssa, Loutráki, Elios, Délfi, Glystéri, Skiáthos, Vólos, Alónnisos, Moní Timíou Prodrómou, SKÓPELOS-STADT, Moní Metamórfosis tou Sotíros, Moní Evangelístrias, Paloúki, Moní Taxiarchón, DASIA, Miliés, Adrina, Pánormos, Limnonári, Agnóntas, Stáfylos, Velóna. Skópelos-Stadt, Skiáthos. Délfi 680 m. Paloúki 395 m.)*

0 Kilometer — 5

lis (5. Jh. v.Chr.) des antiken Skópelos. In nächster Nähe steht auf Fundamenten des 9. Jahrhunderts die Kirche **Agios Athanásios** (11. Jh.). Das Innere zieren Fresken aus dem 16. Jahrhundert. Hinter der Hafenanlage, in einem Herrenhaus aus dem 19. Jahrhundert, zeigt das **Museum für Volkskunst** traditionelle Möbel, Stickereien und Trachten.

**▣ Museum für Volkskunst**
Chatzistamáti. **℡** 0424 23494.
**◷** tägl. ▧

## SKÓPELOS-STADT

Der charmante Inselhauptort präsentiert sich stolz mit 123 Kirchen, zahlreichen attraktiven Villen und Süßwarenläden voll traditioneller Spezialitäten wie Honig und Trockenpflaumen. Vom Ufer schlängeln sich Pflastersträßchen den Hang hinauf, liebevoll verziert mit Mustern aus Kieseln und Muschelschalen. Etliche Häuser verkörpern mit ihren Holzbalkonen und den schuppenartig gedeckten Schieferdächern den alten urbanen Sporadenstil.

Ein Juwel der Oberstadt ist die kreuzförmig angelegte **Panagía Papameletíou** (1662), auch Koímisis tis Theotókou genannt. In der gepflegten Kirche sind sakrale Kunstschätze zu bewundern. Der Kreter Antónios Agorastós schnitzte ihre Ikonostase. Auf einer Klippe über der Stadt

schimmert das Schuppendach der unübersehbaren **Panagía tou Pýrgou**, die von ihrem Hochsitz die gesamte Hafenanlage überblickt.

Eine verfallene venezianische **Festung** krönt Kástro, das alte Viertel oberhalb der neuen Stadt. Die Familie Ghisi erbaute sie im 13. Jahrhundert auf dem Gelände der Akropo-

**UMGEBUNG:** In den Hügeln über Skópelos-Stadt befinden sich, zu erreichen über die östliche Ausfallstraße, zahlreiche sehenswerte Klöster. Ihre Kirchen mit den geschnitzten Ikonostasen und Ikonen sind kleine Schmuckstücke. Zu den größten der Insel zählt das hübsche, auch Moní Evangelismós genannte **Moní Evangelístrias** (1712). Dort

**Blick vom Kástro auf die reizvolle Bucht von Skópelos-Stadt**

**Nachmittagsstimmung: Fischtavernen an der Agnóntas-Bucht**

**INFOBOX**

5000. Skópelos-Stadt.
am Hafen (0424 23220).
Panagía: 15. Aug.

bieten die Nonnen selbstgefertigte Produkte wie Web- und Stickarbeiten sowie kulinarische Delikatessen zum Verkauf an. Etwas weiter erreicht die Straße eines der ältesten Klöster (16. Jh.) der Insel, das **Metamórfosis tou Sotíros**. In seinen Mauern lebt nur noch ein einziger Mönch.

Nördlich davon eröffnet das 1721 restaurierte **Moní Timíou Pródromou** einen eindrucksvollen Blick auf die Stadt Skópelos zu seinen Füßen. Nach 1920 zogen Nonnen darin ein, die heute ebenfalls Handarbeiten verkaufen. Eine Holperpiste führt vom Kloster auf den Berg **Paloúki** (385 m) und von dort ein Weg entlang den *sares*, den steilen Klippen gegenüber Alónissos, zum verlassenen Kloster **Moní Taxiarchón**.

### INSELERKUNDUNG

Auf der Inselhauptstraße läßt sich Skópelos bequem bereisen. Sie führt durch den erschlossenen Süden und bis Glóssa im Nordwesten. Haine von Pflaumenbäumen, Kiefernwälder und *kalívia* (Bauernhäuser) ziehen auf der Fahrt durch das reizvolle Inselinnere vorbei; einziger Störfaktor ist der Mangel an Wegweisern.

Eine Straße fällt steil ab zu den beliebten Stränden Stáfylos und Velóna südlich von Skópelos-Stadt. Ruhiger als die Inselhauptstadt ist der Hafen von **Agnóntas**, wo bei schlechtem Wetter die Fähren anlegen. Einheimische schätzen die Fischtavernen an seinem Kiesstrand. Zum zauberhaften, von azurblauem Wasser umspülten Kieselstrand des nahen **Limnonári** gelangt man mit Booten oder auf der

**Weißverputzte Häuser mit bunten Türen und Fensterläden in Glóssa**

schmalen, hoch auf den Klippen verlaufenden Straße. Vor dem modernen Dorf Elios erreicht man die umtriebigen Badeorte Miliés und Pánormos. Schmal, dafür aber stiller und oft sogar menschenleer, ist der nahe Strand von **Adrina**. Gegenüber liegt das waldige Inselchen Dasiá, benannt nach einer vor langer Zeit hier ertrunkenen Piratin. Direkt östlich von Skiáthos liegt **Glóssa**. Pittoreske Überreste venezianischer Türme und Häuser erinnern in diesem zweitgrößten Ort der Insel an die venezianische Besatzung. Der reizlose Hafen **Loutráki** unterhalb von Glóssa ist neben Skópelos-Stadt wichtigste Anlegestelle für Fähren.

An der Nordküste pendeln Kajiken zwischen dem Kiesstrand von **Glystéri** und Skópelos-Stadt. Von Glystéri kurvt eine Straße zu den waldigen Osthängen des **Délfi**, der höchsten Inselerhebung. Folgt man den Wegweisern mit der Aufschrift *sentoukía* (»Kästen«), erreicht man nach kurzem Weg durch bezaubernden Kiefernwald vier in den Fels gehauene Nischen, vermutlich Sarkophage aus der Jungsteinzeit. Dort ergeben sich Blicke über die Insel.

### KALIVIA

Im Inselinnern sieht man noch oft hübsche *kalívia*. Manche dieser traditionellen, aus Stein erbauten Bauernhäuser sind ganzjährig bewohnt, andere nur zu Erntezeiten oder an den festlich begangenen Namenstagen örtlicher Schutzheiliger. Typisch sind die im Freien stehenden Öfen zum Trocknen von Pflaumen, Erinnerung daran, daß Skópelos berühmt war für seine Dörrpflaumen. Die *kalívia* erhalten ein Stück ländlichen Lebensstils, der auf Nachbarinseln fast ausgestorben ist.

**Ein traditionelles *kalívi* zwischen Olivenbäumen und Zypressen**

**Restaurierung zweier Häuser in Palaiá Alónnisos**

# Alónnisos
Αλόννησος

🏃 3000. ⛴ 🚌 *Patitíri.*
⛪ *Kokkinókastro 6 km nördlich von Patitíri.*

**A**LONNISOS WURDE im Lauf seiner Geschichte von vielen Übeln heimgesucht: wie die anderen Sporaden-Inseln von Barbarossa, dem Oberbefehlshaber der türkischen Flotte, und 1965 von einem Erdbeben. Der Tourismus hat die Insel nur zum Teil geprägt, vornehmlich in den beiden Hauptorten Patitíri und Palaiá Alónnisos.

## PATITÍRI
Vom Patitíris geschäftigem Hafen aus kann man mit Booten Tagesausflüge zu den Nachbarinseln unternehmen, am Felsstrand nordöstlich davon ausgezeichnet baden. Mit welch liebevollem Stolz die Griechen ihre Häuser pflegen, belegen in den malerischen Seitenstraßen blitzweiße Höfe und prangende Blumentöpfe. Drei bis vier Kilometer nördlich liegen Rousoúm und Vótsi, zwei ruhigere Ortschaften mit natürlichen, von Klippen und Tavernen umrahmten Hafenanlagen.

## INSELERKUNDUNG
Die friedvolle Insel umfaßt Strände und Buchten in großer Zahl. Das Innere durchziehen Pisten und Pfade, die nur für Motorräder und furchtlose Schafherden geeignet sind. Hoch auf einem Fels nistet die frühere Inselhauptstadt **Palaiá Alónnisos**. Sie wurde 1965 von einem Erdbeben zerstört und verlassen. Die meisten Bewohner ließen sich in Patitíri nieder, zunächst in Notunterkünften aus Beton. Seit deutsche und britische Familien die Häuser aufgekauft und restauriert haben, bietet Palaiá Alónnisos wieder das Bild eines traditionellen Sporaden-Dorfes. Eindrucksvolle Akzente setzen die Ruinen einer venezianischen Festung (15. Jh.) und die hübsche, schuppenförmig gedeckte Kapelle Tou Christoú.

Nordöstlich von Patitíri durchquert die Straße fruchtbares, von Kiefern, Oliven- und Erdbeerbäumen bestandenes Land. Rote Klippen und Kiefern rahmen den beliebten Kieselstrand von **Kokkinókastro**. Dort liegen die Überreste der antiken Stadt Ikos, deren Namen die Insel einst trug. In ihrem Hauptquartier in Stení Vála informiert die **Hellenische Gesellschaft zum Studium und Schutz der Mönchsrobbe** über ihre bedrohten Schützlinge. Sie unterhält ein Forschungszentrum in **Gérakas** am Nordrand der Insel. Man erreicht den Ort über eine kurvige Straße. Sein Strand ist ein gutes Schnorchelrevier.

**✈ Hellenische Gesellschaft zum Studium und Schutz der Mönchsrobbe**
Stení Vála. 📞 0424 65084. ◯ Apr–Okt tägl.; Nov–März auf Anfrage. &

**Frachter und Fischerboote im Hafen von Patitíri**

**Taverne in Stení Vála**

**Zwei Exemplare der bedrohten Mönchsrobbe**

# Sporaden-
# Meerespark
### Θαλάσσιο Πάρκο

🚢 von Skiáthos, Skópelos, Alónnisos.

NATIONALER Meerespark von Alónnisos und den Nördlichen Sporaden, so heißt das 1992 eingerichtete, in der Ägäis einzigartige Naturschutzgebiet. Es umfaßt außer Alónnisos die unbewohnten vorgelagerten Inseln Peristéra, Skantzoúra und Gioúra. Tagestouren mit dem Boot sind nur mit Einschränkungen erlaubt.

Der Park dient dem Erhalt von Griechenlands größter Kolonie der vom Aussterben bedrohten Mittelmeer-Mönchsrobbe sowie dem Schutz des gesamten Ökosystems dieser Gewässer. Meeresbiologen der Universität Athen riefen 1988 die Hellenische Gesellschaft zum Studium und Schutz der Mönchsrobbe ins Leben. Dieser ist es gelungen, das Verhalten der scheuen Tiere wissenschaftlich zu erforschen.

Mit weltweit weniger als 500 Exemplaren zählt die Mittelmeer-Mönchsrobbe zu den bedrohtesten Arten der Erde. Etwa 250 Robben leben in der Ägäis, 47 von ihnen im Meerespark. Und es scheint, als zahlten sich die Einschränkungen des Fischfangs und andere Schutzmaßnahmen positiv aus.

Die Robben sichtet man im Park zwar nicht immer, dafür aber eine Vielzahl anderer Tiere, wie die auf Gioúra lebenden Wildziegen und bei den steilen Klippen des Eilands Skantzoúra die seltenen Audouin-Möwen und Eleonora-Falken.

Jedes Jahr im Frühling und Sommer finden im Meerespark zahlreiche Zugvögel einen geeigneten Rastplatz. Winzige Grasmücken, große elegante Weihen und viele andere Landvögel ziehen auf dem Weg von und zu ihren Nistplätzen im Norden von Europa in meist sehr großen Scharen durch das Gebiet.

## DIE MEERESFAUNA DER SPORADEN

Wer nach der Mönchsrobbe Ausschau hält, bekommt dabei viele andere Bewohner der Sporaden zu Gesicht. Graureiher und Eisvögel, von Besuchern aus Nordeuropa oft nur an süßen Gewässern vermutet, tummeln sich an den Küsten. Vor allem im Frühjahr und Sommer kann man mehrere Arten von Möwen und Seeschwalben sichten. Fährt man nah an die Klippen heran, erspäht man Eleonora-Falken, die in unzugänglichen Simsen nisten und in der Luft ihre akrobatischen Flugkünste vorführen.

Achten Sie weiter draußen im Meer auf die Quallen. Vielleicht begleitet eine Gruppe Gemeiner Delphine eine Weile Ihr Boot. Sturmtaucher fliegen mit kräftigen Flügelschlägen dicht über den Wellen dahin und bei Einbruch der Nacht im Aufwind zum Ufer zurück. Im Dunkeln sehen Sie vermutlich an der Wellenoberfläche jenes Leuchten, das von mikroskopisch kleinen Meeresorganismen ausgestrahlt wird.

**Sturmtaucher**, ein häufiger Anblick in der Umgebung von Alónnisos, segeln dicht über dem Meer.

**Quallen**, hier eine *Pelagia noctiluca*, leben in großer Vielfalt in den Gewässern der Sporaden.

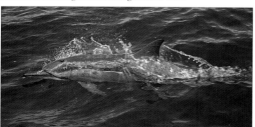

**Gemeine Delphine** zeigen manchmal in kleinen Gruppen neben dem Boot beeindruckende Kunststücke oder ziehen im Kielwasser mit.

**Mittelmeermöwen** sind an den weißen Flügeln und den schwarzen Kappen ihres Sommergefieders einwandfrei auszumachen.

# Skýros
Σκύρος

**Skýros-Pony**

**D**ER MYTHOLOGIE zufolge war Skýros das Versteck des Achilles *(siehe S. 79)* und Zuflucht des Helden Theseus. Historisch spielte die Insel eine wichtige Rolle. 476 v.Chr. von Athen annektiert, nahm sie im Byzantinischen Reich begüterte Exilanten aus Konstantinopel auf. Heute ist sie Stützpunkt der griechischen Marine und Luftwaffe. Landschaftlich und architektonisch hat sie mehr mit den Inseln des Dodekanes gemein als mit den Sporaden.

**Traditionelle Stickereien sind im Fáltaïts-Museum ausgestellt**

## SKYROS-STADT

Die Architektur der Inselhauptstadt, eine überaus fesselnde Mixtur kubischer Häuser, byzantinischer Kirchen und großzügiger Plätze, ist untypisch für die Inseln der Ägäis. Während lärmende Tavernen und Bars die Hauptstraße dominieren, kann man in vielen Seitenstraßen kurze Blicke in alte, stolz mit Keramiken, Schnitzereien, Kupferwaren und Stickereien ausstaffierte Häuser werfen.

Über dem alten Kástro-Viertel mit seinen stattlichen Villen liegen auf dem Gelände der antiken Akropolis und späteren venezianischen Festung die Reste der **Burg des Lykomedes**. Steigt man durch den Tunnel unterhalb des geweißelten **Moní Agíou Geórgiou** – sehenswert die Darstellung des Drachentöters St. Georg – hinauf, empfangen großartige Blicke über die Bucht. Nahebei entdeckt man die Ruinen zweier byzantinischer Kirchen

*Die Unsterbliche Poesie an der Plateía Rupert Brooke*

und drei winzige, in zartem Rosa und Blau ausgemalte Kapellen. Das **Stadtmuseum** besteht aus einem traditionellen Skýros-Haus mit typischem Inventar. Das **Archäologische Museum** stellt jungsteinzeitliche und mykenische Funde der Insel aus, darunter befinden sich auch Armbänder und Töpfereien. Im Stammhaus der Familie Fáltaïts ist das ausgezeichnete, 1964 von Manos Fáltaïts eröffnete **Fáltaïts-Museum** eingerichtet. Seine breite, seltene Bücher, Handschriften, Fotografien und Gemälde umfassende volkskundliche Sammlung gibt Aufschluß über Geschichte und Kultur der Insel. Man erfährt, wie das Handwerk byzantinische, venezianische und osmanische Einflüsse aufsog und das Aufkommen einer reichen Aristokratenschicht dazu beitrug, daß Holzschnitzerei, Stickerei, Kupferschmieden und Töpfern einmalige Stile entwickelten.

Urlauber können sich in diesen Künsten selbst üben: Das **Skýros-Zentrum** bietet entsprechende Kurse an, auch in vielen anderen »Disziplinen« wie Yoga, kreativem Schreiben und Windsurfen. Eine Außenstelle liegt in Atsítsa an der Westküste.

*Unsterbliche Poesie* heißt die heftig umstrittene Statue an der Plateía Rupert Brooke, ein männlicher, von M. Tómpros geschaffener Akt. Sie wurde 1930 in Erinnerung an den englischen Dichter Rupert Brooke aufgestellt, der auf der Insel verstarb.

🏛 **Stadtmuseum**
Megálou Stratoú. 📞 0222 91256.
🕐 tägl. 🔴 Nov–März. 🔲 🔲

🏛 **Archäologisches Museum**
Plateía Brooke. 📞 0222 91327.
🕐 Di–So. 🔴 Feiertage. 🔲

🏛 **Fáltaïts-Museum**
Palaiópyrgos. 📞 0222 91232.
🕐 tägl. 🔴 Nov–März.

📮 **Skýros-Zentrum**
📞 0171-267 4424 (Reservierung erforderlich). 🕐 Apr–Okt.

**UMGEBUNG:** Unterhalb von Skýros-Stadt liegen die hübschen Badeorte **Mólos** und **Magaziá**. In ihrer Umgebung findet der Besucher zahlreiche zweckmäßige Hotels, einfache Tavernen und Privatzimmer.

Ein kleines Stück weiter breitet sich der zum Schnorcheln und Speerfischen ausgezeichnete Strand von **Pouriá** aus. Am **Kap Pouriá** wurde die Kapelle Agios Nikólaos in einer Höhle errichtet. Auf den nahen Inselchen von Vrikolakonísia setzte man im 17. Jahrhundert unheilbar Kranke aus.

**Die Burg des Lykomedes hoch über Skýros-Stadt**

**LEGENDE**

Symbole siehe Umschlaginnenseite hinten

**INFOBOX**

🏠 3000. ✈ 18 km nordwestl. von Skýros-Stadt. ⛴ Lìnariá. 🚌 Skýros-Stadt. ℹ 0222 92789. 🎭 Insel-Karneval: Ende Feb– Anfang März.

Südhälfte der Insel, Vounó genannt, bildet ein schmales, fruchtbares Tal südlich von **Ormos Achíli**. Die Inselstraße führt nach Süden zur Bucht von **Kalamítsa**, danach zum natürlichen, einst von Piraten, heute von der griechischen Marine genutzten Tiefwasserhafen **Treís Mpoúkes**. Über eine Piste gelangt man zum schlichten, in einen Olivenhain gebetteten Marmorgrab von Rupert Brooke (1887–1915). Der Dichter starb auf einem Lazarettschiff, das auf der Fahrt nach Geliboiu (Gallipoli) dort ankerte.

### INSELERKUNDUNG

Die Straße zwischen Skýros-Stadt und dem Hafen Linariá teilt Skýros in eine nördliche und eine südliche Inselhälfte. Auf Méroi, dem nördlichen Teil, leben die meisten Einwohner. Sie bewirtschaften die fruchtbaren Ebenen Kámpos und Trachý.

Die einzigartigen Skýros-Ponys wurden schon in der Antike auf dieser Insel gezüchtet; manche vermuten, daß es sich bei den Pferden des Parthenon-Frieses *(siehe S. 286)* um diese Rasse handelt. Die Ponys streunen frei herum, vor allem im Süden in der Nähe des Grabs von Rupert Brooke.

In nördlicher Richtung führt die Inselstraße von Skýros-Stadt zum Flughafen und dann im Bogen durch Kiefernwälder westwärts zu den vor dem Nordwind *meltémi* geschütz-

ten Stränden von **Kalogriá** und **Kyrá Panagiá**. Danach erreicht sie das kleine Dorf **Atsítsa**, in dem ein kieferngesäumter Strand, Fremdenzimmer, eine gute Taverne und eine Niederlassung des auf Kreativurlaub spezialisierten Skýros-Zentrums zu finden sind. Weiter südlich folgen die Strände von **Agios Fokás** und **Péfkos**. Dann zieht die Straße eine Schleife zum Haupthafen der Insel, **Linariá**. Von dort steuern Kajiken die Meeresgrotten von Pentekáli und Diatrýpti an der Ostküste an.

Den Übergang von der Nord- zur gebirgigen

**Von azurblauem Wasser und Bäumen umrahmt: der Strand von Péfkos**

### ZIEGENTANZ

Skýros ist bekannt für den Ziegentanz, einen der wenigen Bräuche des Landes, die keinen christlichen Ursprung haben. Beim Ziegentanz, dem Höhepunkt der ausgelassenen Vorfastenzeit, ziehen Gruppen kostümierter Männer lärmend durch die schmalen Straßen von Skýros-Stadt. Anführer jeder Gruppe sind drei Hauptfiguren: der *géros* (alter Mann), zu erkennen an der Lammfellmaske und dem traditionellen, mit bimmelnden Glocken behängten Schäfergewand, der *koréla* (junger Mann) in der Inseltracht der Frauen und der *frángos* (Fremde), eine komische, schäbig gekleidete Gestalt.

**Ein *géros* im Fellkostüm**

# Évia
Εύβοια

**E**VIA (EUBÖA) ist die nach Kreta zweitgrößte Insel Griechenlands und in weiten Teilen kaum berührt vom Tourismus. Sie fängt Griechenlands facettenreiche Geschichte und Landschaften wie ein Brennglas ein. Vom Einzug der Makedonier 338 v.Chr. bis zum Abzug der Türken 1830 kamen und gingen viele Besatzer.

Zu den Spuren der bewegten Vergangenheit zählen Chalkídas religiöse Vielfalt und die Nachfahren im 15. Jahrhundert eingewanderter Albaner, die bis heute einen eigenen Dialekt sprechen.

**Kap Artemísio**
*Vor diesem Kap fand 480 v.Chr. die Seeschlacht von Artemision statt.* **8**

**Istiaía**, der Hauptort des Inselnordens, ist ein hübsches Marktstädtchen mit beschaulichen Plätzen *(siehe S. 119).*

**Límni**
*Das Fischerstädtchen scheint dem Bilderbuch entsprungen: Weiße Häuser, herausgeputzt mit Kaskaden bunter Blumen, säumen verwinkelte schmale Straßen.* **10**

**★ Loutrá Aidipsoú**
*Die heißen Quellen des liebenswert altmodischen Heilbads ziehen seit Jahrhunderten Kurende an. In der weiten Bucht gehen die Fischer ungerührt ihrem Gewerbe nach.* **9**

**Prokópi**
*Am Rand dieses friedlichen Dorfes liegt das weitläufige Kandíli-Gut, ein Besitz der englischen Familie Noel-Baker.* **7**

**NICHT VERSÄUMEN**

★ Loutrá Aidipsoú

★ Kárystos

**Chalkída**
*Die Bevölkerung der modernen Inselhauptstadt setzt sich aus Muslimen, Juden und griechisch-orthodoxen Christen zusammen. Am Ufer herrscht lebhaftes Markttreiben.* **1**

### Stení

*Sein mildes Klima macht Stení an den grünen Hängen des Berges Dírfys zur wohltuenden Sommerfrische und zum beliebten Ziel von Tagesausflügen.* ❻

**INFOBOX**

🏚 208 000. ⛴ Agiókampos, Erétria, Kárystos, Loutrá Aidipsoú, Marmári, Néa Stýra, Paralía Kýmis. 🚌 Chalkida.
ℹ Chalkída (0221 77777).
🎭 Sommertheater-Festival in Chalkída: Mai–Sep.

### Kými

*Kými, in den 80er Jahren des 19. Jahrhunderts ein florierender Hafen, ist ein stattlicher Ort. Das sehenswerte Volkskundemuseum zeigt traditionelles Kunsthandwerk wie diesen bestickten Bilderrahmen.* ❺

### Ochthoniá

*Die Wind und Wellen ausgesetzten Strände um Ochthoniá sind oft menschenleer, ein angenehmer Gegensatz zum umtriebigen Dorf.* ❹

**Der Berg Dírfys**, Évias höchste Erhebung, ist ein Wanderparadies *(siehe S. 118).*

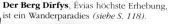

### ★ Kárystos

*Dieser traditionelle Ferien- und Hafenort liegt zu Füßen der imposanten Kulisse des Berges Ochi.* ❸

**Der Dystós-See**, ein ausgedehntes Sumpfgebiet, liegt an der Straße nach Néa Stýra *(siehe S. 117).*

**Der Berg Ochi** garantiert landschaftlich reizvolle Tageswanderungen mit herrlichen Fernsichten *(siehe S. 117).*

**Das antike Erétria**
*Diese Plastik der Göttin Athena und andere Relikte des antiken Erétria sind im Archäologischen Museum der modernen Stadt zu sehen.* ❷

**Néa Stýra** ist einer der kleineren Häfen mit Fährverbindung zum Festland *(siehe S. 117).*

**LEGENDE**

Symbole siehe Umschlaginnenseite

0 Kilometer    15

# Chalkída ❶
Χαλκίδα

**INFOBOX**

🏠 75 000. 🚌 🚆 Athinón.
🚏 Ecke Athanasíou Diákou und
Frizi. 🈯 0221 77777.
🕐 Mo–Sa. 🎉 Agía Paraskeví-
Feierlichkeiten: 26. Juli–1. Aug.

D**AS ANTIKE** Chalkída rangierte unter den großen griechischen Stadtstaaten. Es wurde 506 v.Chr. von Athen eingenommen, dem es bis 411 v.Chr. unterstand. Nach kurzer makedonischer Besatzung geriet die Stadt um 200 v.Chr. unter römische Kontrolle. Wie auf den Sporaden lösten sich später byzantinische, fränkische und venezianische Herrscher ab. Seit dem 6. Jahrhundert v.Chr. überspannt eine Brücke den Evripos-Kanal. Es heißt, Aristoteles habe sich von dieser Brücke gestürzt, weil er das Rätsel der ständig wechselnden Strömungen nicht lösen konnte.

**Markt am Ufer von Chalkída**

### Überblick: Chalkída
Das Stadtbild ist vorwiegend modern geprägt und vom Geschäftsleben bestimmt. Einen Streifzug lohnen das Ufer des Evripos-Kanals und das alte Kástro-Viertel an den Hängen über der Meerenge.

### Der Uferbezirk
Altmodische Hotels, Cafés und Restaurants stehen am Kanalufer. Bauern aus den Nachbardörfern verkaufen ihre Produkte auf dem abgegrenzten Markt, der im angrenzenden Viertel mit dem türkischen Namen Pazári oft ein Verkehrschaos auslöst. Beim Bummel durch Pazáris schmale Straßen stößt man auf interessante Läden für den außergewöhnlichen Bedarf wie das Imkerfachgeschäft in der Neofýtou Nr. 6.

### Kástro
Die faszinierende Architektur des ruhigen alten Kástro-Viertels südöstlich der Evripos-Brücke spiegelt die Stadtgeschichte wider. An die venezianischen und osmanischen Besatzer erinnern an vielen Fassaden hölzernes Gitterwerk und Marmorwappen. In diesem Stadtteil treffen sich Mitglieder von Griechenlands

kleiner jüdischer Gemeinde sowie Muslime, die nach 1980 aus Thrakien hierherzogen. Er besitzt daher eine ungewöhnliche Vielfalt sakraler Bauten, darunter die **Synagoge** (19. Jh.) in der Varatásou, die hübsche **Moschee** (15. Jh.) am Platz beim Zugang zum Viertel und die Kirche **Agía Paraskeví** nahe dem Volkskundemuseum. Die Moschee ist meist geschlossen, dafür ist der arabisch beschriftete Brunnen vor ihren Toren zu bewundern.

Die Agía Paraskeví erzählt wie kein anderes Gebäude der Stadt von Évias wechselvoller Geschichte. Die große Basilika aus dem 13. Jahrhundert erhebt sich über einer weit älteren byzantinischen Kirche. Das Äußere erinnert an eine gotische Kathedrale. Das Stilgemisch des Interieurs –

marmorne Ikonostase, geschnitzte Holzkanzel, braune Steinwände, hohe Holzdecke – trägt die Handschriften der Eroberer, unter ihnen Franken und Türken. Gegenüber der Kirche ziert der geflügelte Markuslöwe, das Wappen von Venedig, eine Hausfassade.

Am höchsten Punkt des Kástro-Viertels beherbergen Gewölbe der venezianischen Festungsruine das **Volkskundemuseum**. Trachten, Gravuren, Schnitzereien und die Uniformen einer Blaskapelle, die samt Instrumenten von der Decke baumeln, bestücken die kunterbunte Sammlung. Systematischer präsentiert das **Archäologische Museum** in Kárystos und andernorts auf der Insel geborgene Funde. Zu den Exponaten gehören Grabsteine und Vasen aus dem 5. Jahrhundert v.Chr.

**Römischer Pferdekopf im Archäologischen Museum**

🏛 **Volkskundemuseum**
Skalkóta 4. 🈯 0221 21817.
🕐 Mi–So. ♿
🏛 **Archäologisches Museum**
Venizélou 13. 🈯 0221 76131.
🕐 Di–So. ⬛ Feiertage. 📷

**Die Moschee (15. Jh.) im Kástro-Viertel umfaßt byzantinische Relikte**

## Évias Umgebung

KIEFERN- UND Kastanienwälder, Flüsse und einsame Strände bestimmen im fruchtbaren Inselnorden die Szenerie. Der vom Norden durch das zentrale Bergmassiv getrennte Süden ist eher trocken und staubig. Dort wächst mageres Buschwerk, weiden Schafe auf steinigen Feldern und quälen sich die Straßen über Klippen und die Hänge des Ochi.

**Der pittoreske Hafen von Kárystos an den Hängen des Ochi**

## Das antike Erétria ❷
Αρχαία Ερέτρια

22 km südöstlich von Chalkída.

Nach 1890 begannen beim Städtchen Néa Psará die Ausgrabungen des antiken, 87 v.Chr. im Ersten Mithridatischen Krieg zerstörten Erétria. Sie belegen den hohen Stand der Zivilisation dieses Stadtstaates, der in seiner Blütezeit Kolonien in Italien und Kleinasien unterhielt. Der antike Hafen ist verlandet, doch lassen die am Rand der modernen Stadt gelegenen Überreste von Agora und Tempel, von Gymnasion, Theater und Isis-Heiligtum den aus dem Seehandel geschöpften Wohlstand ahnen.

Zu den Exponaten des **Archäologischen Museums** zählen Grabbeigaben wie Bronzekessel und Urnen, Weihgaben aus dem Apollon-Tempel, Goldschmuck und ein Gorgonenhaupt aus Terrakotta, entdeckt in einer makedonischen Villa des 4. Jahrhunderts v.Chr.

Beim Museum erhalten Sie den Schlüssel zum restaurierten **Mosaikenhaus**, dessen Bodenmosaik ringende Löwen, Pferde, Sphingen und Panther darstellt.

**Archäologisches Museum**
An der Straße Chalkída–Alivéri.
0229 62206. Di–So.

**UMGEBUNG:** Ein mittelalterliches Kastell und ein häßliches Kraftwerk sind die Wahrzeichen von **Alivéri**. Jenseits davon, im Dorf **Lépoura**, gabelt sich die Straße. Am Hang wachen venezianische Türme, die sich auch um die Dýstos-Ebene, nördlich bis Kými und südlich bis Kárystos, verteilen. Eine Straße windet sich durch von Olivenbäumen umringte Dörfchen wie Stýra. Zu Füßen liegen die Badeorte Néa Stýra und Marmári, die beide Fährenschluß nach Rafína besitzen.

**Gorgonenhaupt in Erétrias Archäologischem Museum**

## Kárystos ❸
Κάρυστος

130 km südöstlich von Chalkída.
4600.

Platanen umstehen die *kafeneía* des Dorfes Mýloi, das wie das Castello Rosso auf diese malerische Stadt herabblickt. Das moderne Kárystos entstand im 19. Jahrhundert unter König Otto. Fünf klassizistische Kommunalgebäude und die ausgezeichneten Fischtavernen am Ufer nahe dem kleinen venezianischen Fort Bourtzi zählen zu seinen Attraktionen. Das **Volkskundemuseum** veranschaulicht in einem traditionellen, mit kunstvollen Möbeln des 19. Jahrhunderts, Stickereien, Ölamphoren, Kupfertöpfen und -pfannen eingerichteten Haus die ländliche Kultur. Bekannt sind Kárystos' grün-weißer Marmor sowie die Dach- und Bodenplatten aus grünlichem Schiefer.

**Volkskundemuseum**
50 m vom Hauptplatz.
0224 22452.
Apr–Okt Di u. Do; Nov–März Mi. Feiertage.

**UMGEBUNG:** Südöstlich von Kárystos liegen an den Hängen des Ochi abgeschiedene Dörfer wie Platonistós und Amigdaliá. Von diesen bringen Boote Passagiere zu nahen Grotten mit ihren prähistorischen Relikten.

### DRACHENHÄUSER

Bei Stýra steigt von der Hauptstraße ein mit roten Pfeilen markierter Pfad zu den Drachenhäusern oder *drakóspita* an. Diese Bauten sind aus solch mächtigen Steinplatten gefertigt, daß man glaubte, nur Drachen hätten dieses Werk vollbringen können. Während der Name damit geklärt ist, gehen die Erklärungen des wahren Entstehens auseinander. Die plausibelste knüpft daran an, daß sich zwei ähnliche Stätten auf den Gipfeln des Ochi und Ymittós in Attika befinden, und zwar ebenfalls in der Nähe von Marmorsteinbrüchen. Dort arbeiteten Sklaven aus Kleinasien (wo vergleichbare Bauten stehen), die um das 6. Jh. v. Chr. die Monumente als Tempel errichteten.

**Die malerische, Olivenhaine durchquerende Straße zwischen Ochthoniá und Avlonári**

## Ochthoniá ❹
Οχθονιά

90 km östlich von Chalkida.
🏠 1140. 🚌

Wie in Avlonári drängen sich Ochthoniás klassizistische Häuser um einen verfallenen venezianischen Turm – ein Bild, das an befestigte umbrische Bergorte erinnert.

Eine von fränkischen Eroberern angelegte Burg überwacht Ochthoniá, während am Westrand von Avlonári die Basilika Agios Dimítrios (14. Jh.), die größte byzantinische Kirche der Insel, auffällt. Um die Dörfer betten sich fruchtbare Felder. Dahinter breiten sich romantische Strände aus, wie jene von Agios Merkoúris und Mourterá, die zu den schroffen Klippen des Kaps Ochthoniá verlaufen.

## Kými ❺
Κύμη

90 km nordöstlich von Chalkida.
🏠 4000. 🚢 🚌 🏠 Sa. 🚤 Platána 7 km südlich.

Kými blickt, vier Kilometer über Paralía Kýmis gelegen, weit über das Meer. Trotz seines zurückgezogenen Standorts war es, wie die eleganten klassizistischen Häuser in den schmalen Straßen belegen, im 19. Jahrhundert ein florierendes Städtchen. Es profitierte von der Seidenherstellung und dem Seehandel; 1880–90 befuhren 45 Schiffe aus Kými die Handelsrouten der Ägäis.

Heute sprudeln Gewinne aus der nahen Heilquelle Choneftikó. Eine Statue am Hauptplatz ehrt Kýmis prominentesten Bürger, Dr. Geórgios Papanikoláou, den Entwickler des »Pap-Tests«, des Schleimhautabstrichs vom Gebärmutterhals. Das große **Volkskundemuseum** präsentiert übersichtlich seine Sammlungen, u.a. einzigartige Kokonstickereien und Trachten. Die Straße nach Norden führt zum von Nonnen bewohnten, waghalsig an eine Klippe gesetzten **Moní Sotíra** (17. Jh.).

**Dr. Papanikoláou
(1883–1962)**

🏛 **Volkskundemuseum**
📞 0222 22011. 🕐 tägl.
● Feiertage. 📷

## Steni ❻
Στενή

31 km nordöstlich von Chalkída.
🏠 1250. 🚌

Griechen schätzen die kühle Luft und reizvolle Natur dieser Bergzuflucht. Gipfelstürmer treibt es auf den Dírfys, die höchste (1743 m) Erhebung der Insel. Oben belohnt ein faszinierendes Panorama. Wer sich nach einem streßfreien Ausflugstag sehnt, relaxt nach einem kräftigen Marsch mittags bei klassischer Gebirgskost, Grillfleisch und gebackenen Bohnen. Am Hauptplatz kann man sich mit Spezialitäten wie Wildkräutern und Bergtee eindecken.

Von Stení schraubt sich die Straße durch Gebirge zur Nordküste vor. Enge Schluchten mit Wasserfällen und Kiefern an den Hängen und Kornfelder, die sich zum Meer senken, machen die Route zur Augenweide.

**Bergkloster mit Meerblick: das Moní Sotíra nahe Kými**

## Prokópi **⑦**
Προκόπη

52 km nordwestlich von Chalkída.
👥 *1200.* 🚌 🚆 *So.* 🚉 *Krýa Vrýsi 15 km nördlich.*

Wachgerüttelt wird das verträumte Dorf nur von Pilgerbussen. Wallfahrtsziel ist die moderne Kirche Agíou Ioánnou tou Rósou. Sie bewahrt die Reliquien des heiligen Ioánnis o Rósos. Johannes der Russe war ein gebürtiger Ukrainer. Im 18. Jahrhundert nahmen ihn Türken fest und schafften ihn nach Prokópi (heute Ürgüp in Kappadokien, Zentralanatolien). Während der Massenumsiedlung von 1923 brachten Griechen aus Kappadokien die wunderwirkenden Gebeine des Heiligen mit. Mit Souvenirläden und Hotels rund um den Hauptplatz ist das Dorf auf die Pilger eingestellt.

Mit Abstand größter Grundbesitzer ist die englische Familie Noel-Baker. Ihr gehört u.a. das nahe, einst piekfeine Kandíli-Gut. Sie hat zwar viel für die Region getan, doch ihr Einfluß und Reichtum waren den Einheimischen stets ein Dorn im Auge. Seit Kandíli in ein exquisites Ferienzentrum verwandelt ist und damit die Einnahmen steigen, haben viele ihren Groll begraben.

**UMGEBUNG:** Die Straße von Prokópi nach Mantoúdi folgt dem Fluß Kiréa. Von ihr führt ein Pfad zu einem der ältesten Bäume Griechenlands. Über 2000 Jahre soll die riesige Platane alt sein. Ihr Umfang mißt über 4,5 Meter. Leider versinkt sie allmählich im Schlamm, den ein Bergwerk verursacht.

**Front des Herrenhauses des Kandíli-Guts, Prokópi**

**Blick über den Strand des Kap Artemísio**

## Kap Artemísio **⑧**
Ακρη Αρτεμίσιο

105 km nordwestlich von Chalkída.
🚌 *bis Agriovótano.* ℹ️ *Agriovótano (0226 42117).* 🚉 *Psaropoúli 15 km südöstlich.*

Unterhalb des malerischen Dorfes Agriovótano ragt das Kap Artemísio ins Meer. Dort schlug die persische Flotte unter König Xerxes I. in der Schlacht von Artemision die Griechen. Vor der Küste bargen Fischer 1928 die berühmte, im Archäologischen Nationalmuseum in Athen *(siehe S. 282)* ausgestellte Poseidon-Bronzestatue.

**Rüstiger alter Mercedes-Benz**

**UMGEBUNG:** Das etwa 20 Kilometer östlich entfernte **Istiaía** ist ein angenehmes Marktstädtchen mit gemütlichen Plätzen, weißen Kapellen und ockerfarbenen Häusern.

## Loutrá Aidipsoú **⑨**
Λουτρά Αιδιψού

90 km nordwestlich von Chalkída.
👥 *5000.* ℹ️ *0226 22456.* 🚆 *Mo–Sa.* 🚉 *Giáltra 20 km südwestlich.*

Die schwefelhaltigen, vielerlei Beschwerden lindernden Thermalquellen dieses größten Heilbads des Landes sind seit der Antike bekannt. Sie sprudeln im gesamten Stadtgebiet. Viele Hotels sind über einer Quelle erbaut, um kurende Hausgäste versorgen zu können. Über den Felsenteichen der öffentlichen Bäder am Meer sieht man im Winter den Dampf, der die roten Felsen erhitzt. Im Luxushotel Thérmai Sýlla führen ein morbider Lift und eine Marmortreppe zu den prächtigen Kurräumen im Untergeschoß. Vom Glamour des späten 19. Jahrhunderts zeugen auch die angestaubten klassizistischen Nobelhotels an der Uferpromenade. Heute ist die Atmosphäre des Kurorts entspannt und der Strand im Sommer von griechischen Familien besucht.

**UMGEBUNG:** Im Sommer setzen Fähren regelmäßig nach **Loutrá Giáltron** am anderen Ufer der Bucht über. Thermalquellen wärmen dort das seichte Wasser vor dem ruhigen Strand auf.

## Límni **⑩**
Λίμνη

87 km nordwestlich von Chalkída.
👥 *2100.* 🚌 ℹ️ *0227 31215.*

Límni, im 19. Jahrhundert durch die Seefahrt zu Wohlstand gelangt, bietet einen erfreulichen Anblick: stilvolle Häuser, Pflasterstraßen, eine reizende Uferpromenade. Unmittelbar südlich hängt an den Felsen des Berges Kandíli das byzantinische **Moní Galatáki**. Nach 1940 bezogen Nonnen dieses älteste Kloster der Insel. In der Kirche zeigt das Fresko des *Jüngsten Gerichts* Liebe zum Detail: Verzweifelt klammern sich Verdammte an die Himmelsleiter, während andere in den Rachen des Drachen Leviathan stürzen.

# DIE NORDOSTÄGÄISCHEN INSELN

### THASOS · SAMOTHRAKI · LIMNOS · LESVOS
### CHIOS · IKARIA · SAMOS

D IE SIEBEN GRÖSSEREN *Nordostägäischen Inseln zeigen noch weniger Ähnlichkeiten als Griechenlands andere Archipele. Gemeinsam ist ihnen die Erfahrung genuesischer Herrschaft und eine lebhafte Fischindustrie. Ihre Landschaften, Kulturen und Lebensstile aber sind trotz der Nähe alles andere als einheitlich.*

Nur wenige Spuren zeugen vom alten Glanz der Inseln Sámos und Chíos. Auf Chíos sind die beeindruckendsten mittelalterlichen Anlagen der Region erhalten, so das byzantinische Kloster Néa Moní und die Mastixdörfer. Auf Sámos hütet ein Museum Relikte des Heraion. In Límnos' Hauptstadt Mýrina sind das Kastell und die Wohnbauten lebendiges Erbe der genuesischen und osmanischen Besatzer.

*Mariä Entschlafung* **von Theófilos (1873–1934), Byzantinisches Museum von Mytilíni, Lésvos**

Lésvos ist wie Límnos vulkanisch entstanden und befestigt, doch wirken seine Bauten und das Landschaftsbild imposanter. Die südlichen Inseln Sámos, Chíos und Ikaría sind gebirgig, reich an Kiefern, Olivenbäumen und Zypressen. Auf Thásos vernichteten nach 1980 Waldbrände fast alle Kiefern. Unversehrt ist Samothráki: Die wilde Natur mit dem hohen Fengári, den heißen Quellen und Wasserfällen kontrastiert stark mit dem einst so bedeutenden Heiligtum der Großen Götter.

Strände gibt es in allen Größen, mit feinstem Sand oder melonengroßen schwarzen Steinen bedeckt. Mit Ausnahme von Thásos, Sámos und Lésvos wird der Norden mit seinen kurzen Sommern vom Pauschaltourismus kaum beeinflußt. Wer Bäder in Mineralquellen und Strandwanderungen liebt, ist im wilden Ikaría, lange ein Mauerblümchen, am richtigen Fleck. Zum Faulenzen und Genießen laden die Strände und köstlichen Meeresfrüchte seines vorgelagerten Inselchens Foúrnoi ein.

**Der Hafen von Mólyvos, Lésvos, überragt vom genuesischen Kastell (14. Jh.)**

◁ **Der breite Sandstrand in der Nähe des Dorfes Kámpos, Ikaria**

# Überblick: Die Nordostägäischen Inseln

S TRÄNDE UND antike Ruinen – bei beiden stößt man auf den berühmten weißen Marmor – machen Thásos' Reiz aus. Samothráki zieht unternehmungslustige Naturliebhaber an, Límnos mit seinen malerischen Dörfern und gut erreichbaren Stränden erholungsbedürftigere Urlauber. Die Erkundung von Lésvos, der landschaftlich abwechslungsreichsten, von Olivenbäumen übersäten Insel, verlangt Zeit und Unternehmungslust. Für Erstbesucher der östlichen Inseln ist Sámos der beste Ausgangspunkt; für Chíos sprechen das mildere Klima und die guten Einkaufsmöglichkeiten seiner Hauptstadt. Wer Ursprünglichkeit und Ruhe sucht, kommt auf Ikaría, Psará und Foúrnoi noch auf seine Kosten.

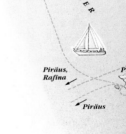

**Fischerboot im Hafen von Mólyvos, Lésvos**

0 Kilometer 20

## AUF EINEN BLICK

Kaváa
Thásos-Stadt
THÁSOS
Kamariótissa
SAMOTHRÁKI
THRAKISCHES MEER
Kaváa
LÍMNOS
Myrina
Thessaloníki
AGIOS EFSTRATIOS
Rafína
Vólos
ÄGÄISCHES MEER
Piräus, Rafína
Piräus
Piräu Sýros

**Südwestansicht des byzantinischen Klosters Néa Moní, Chíos**

## LEGENDE

| | |
|---|---|
| | Nebenstraße |
| | Nicht–asphaltierte Straße |
| | Panoramastraße |
| -- | Fähre in der Hauptsaison |
| ☼ | Aussichtspunkt |

**Vulkanlandschaft nahe Kontiás, Límnos**

### SIEHE AUCH

- **Übernachten** S. 300 f
- **Restaurants** S. 325 f
- **Reiseinformationen** S. 356ff

## ZUR ORIENTIERUNG

### UNTERWEGS

Thásos und Samothráki besitzen keine Flughäfen, aber Fähranschluß an Alexandroúpoli und Kavála auf dem Festland. Flugzeuge und Fähren verbinden Límnos und Lésvos mit Athen und Thessaloníki. Sehr unterschiedlich ist das Busnetz der Inseln: auf Límnos und Samothráki äußerst weit, auf Lésvos zufriedenstellend, auf Thásos sehr dicht geknüpft. Chíos, Ikaría und Sámos sind durch Flüge mit Athen, untereinander durch Fähren verbunden. Chíos bereist man trotz hinlänglicher Busverbindungen besser im Auto. Häufiger verkehren die Busse auf Sámos, das klein genug ist für Motorradtouren. Ikarías öffentlicher Nahverkehr steckt noch im Aufbau, und die steilen Straßen erfordern geländegängige Fahrzeuge.

**Der Sandstrand von Messaktí, Ikaría**

# Thásos
Θάσος

D IE INSEL IST seit der Steinzeit bewohnt. Im 7. Jahrhundert v.Chr. ließen sich Siedler aus Páros an ihrer Ostküste nieder. Goldvorkommen nahe der modernen Stadt Thásos und der Seehandel förderten das Entstehen eines wohlhabenden Reiches mit dem antiken Thásos als Hauptstadt. 462 v.Chr. verlor Thásos seine Unabhängigkeit an Athen. Im Römischen Reich erneut eine blühende Stadt, welkte Thásos im Mittelalter dahin. Von den Bodenschätzen ist nur der edle weiße Marmor geblieben; besonders markante Steinbrüche prägen die Hänge südlich von Thásos-Stadt.

**Außenansicht des Archäologischen Museums, Thásos**

**Blick von der Agora auf den Hafen von Thásos-Stadt**

## Thásos-Stadt ❶
Λιμένας

🏠 3000. 🚢 🚌 ℹ️ 0593 22500.
🚢 tägl. 🚕 Pachý 9 km westlich.

In der seit nahezu drei Jahrtausenden besiedelten Küstenebene liegt Liménas, auch Thásos-Stadt genannt. Die Stadt wäre ein durchschnittlicher Urlaubsort, gäbe es nicht die Relikte ihrer antiken Vorgängerin. Diese fließen in das moderne Ortsbild ein: Die Fundamente einer byzantinischen Basilika nehmen einen Teil des Platzes im Zentrum ein, die Straße nach Panagía passiert ein weitläufiges Herakles-Heiligtum, danach ein großes Tor.

### 🏛 Das antike Thásos
**Stätte u. Museum** 📞 0593 22180.
🕐 tägl. ⬤ Mo (nur Museum), Feiertage. 📷 nur Museum.

Im Rahmen von Ausgrabungen, 1911 von den Franzosen begonnen, wurden Ruinen der antiken, im 7. Jahrhundert v.Chr. gegründeten Stadt Thásos freigelegt. Sie werden an mehreren Orten der modernen Stadt fortgesetzt und die neuesten Funde im **Archäologischen Museum** neben der Agora ausgestellt.

Jenseits des antiken Militärhafens, des heutigen Limanáki- oder Fischerhafens, stößt man auf die **Agora**, erkennbar an den vier hellenistischen und römischen Säulenhallen. Obwohl mit nur wenigen Säulen rekonstruiert, sind die Kernstücke der Stadt leicht

## AUF EINEN BLICK

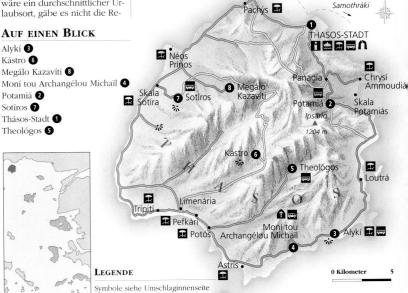

**LEGENDE**

Symbole siehe Umschlaginnenseite

0 Kilometer 5

## PLAN DES ANTIKEN THASOS

### INFOBOX

🏛 16 000. 🚌 🚢 Thásos-Stadt.
🎉 Panagía: 15. Aug.

**Das Parmenon-Tor in der südlichen Stadtmauer des antiken Thásos**

### LAGEPLAN

① Archäologisches Museum
② Agora
③ Dionysos-Tempel
④ Theater
⑤ Zitadelle
⑥ Stadtmauer
⑦ Tempel der Athena Poliouchou
⑧ Pan-Heiligtum
⑨ Parmenon-Tor

0 Kilometer 5

auszumachen, darunter Tempel für Götter und vergötterte römische Kaiser, Heldendenkmäler und die weitverzweigte Kanalisation.

Bei den Fundamenten des **Dionysos-Tempels** – man barg dort einen Marmorkopf (3. Jh. v.Chr.) des Gottes – beginnt der Aufstieg zur Akropolis. Phantastische Meerblicke eröffnen sich beim hellenistischen **Theater**, in dem sich später die Römer an blutigen Schauspielen ergötzten. Die teils von Eichen überwachsene Anlage soll nach Beendigung der Ausgrabungen vollständig restauriert werden.

Venezianer und Byzantiner bauten im 13. Jahrhundert die alte **Zitadelle**, ehemals Standort eine Apollon-Tempels, wieder auf. Kaiser Manuel II. Palaiológos überließ die Burg 1414 der genuesischen Familie Gatelluzi. Diese erweiterte bis 1455 unter Verwertung antiken Baumaterials die Anlage, was am Südtor deutlich zu sehen ist. Im 5. Jahrhundert v.Chr. umwehrte eine über vier Kilometer lange Mauer die Stadt. Die Zerstörung der Abschnitte an der Küste geht hauptsäch-

lich auf das Konto der Belagerungen von 492 und 462 v.Chr.

Unterhalb des Akropolis-Gipfels liegen die Fundamente eines **Tempels der Athena Poliouchou**, der Schutzherrin der Stadt, aus dem frühen 5. Jahrhundert v.Chr. Mächtige Mauern stützen seine Terrasse. Dahinter ist in einen Felsvorsprung das **Pan-Heiligtum** (3. Jh. v.Chr.) gehauen;

ein verwittertes Relief zeigt den Gott beim Flötenspiel.

Vom höchsten Punkt steigt auf der anderen Seite eine Treppe (6. Jh. v.Chr.) steil zum **Parmenon-Tor** in der Stadtmauer ab. Das samt Sturz erhaltene Tor heißt nach seinem Erbauer, der sich auf einer nahen Steintafel mit der Inschrift »Parmenon errichtete mich« verewigt hat.

**Säulen der Agora vor der Kulisse der Stadtkirche**

## Überblick: Die Insel Thásos

**D**IE INSEL IST gerade klein genug, um sie mit dem Motorrad zu erkunden. Die Küstenrundstraße wird gut von Bussen bedient, Tragflügelboote verbinden Thásos-Stadt täglich mit den Badeorten im Westen. Die besten Strände finden sich im Süden und Osten. Die meisten Küstenorte entstanden nach Ausrottung der Seeräuberei im 18. Jahrhundert als Vorposten von Dörfern im Innern.

**Plastik im Vagis-Museum**

**Boote im beschaulichen Hafen von Skála Potamiás**

### Potamiá ❷
Ποταμιά

9 km südlich von Thásos-Stadt.
🏠 1000. 🚌 🍴 tägl. 🏖 Loutrá 12 km südlich; Chrysí Ammoudiá 5 km östlich.

Im Tal außerhalb des Ortes führt ein Fluß ganzjährig Wasser. Er gab dem kleinen Dorf seinen Namen. Folgt man den Bulldozerspuren stromauf, gelangt man zum Ausgangspunkt des vielbegangenen Pfades, der in sieben Stunden auf den 1204 Meter hohen Ipsário führt. Der Weg wurde vom griechischen Bergsteigerverein markiert, ist aber in schlechtem Zustand.

Aus Potamiá stammt der Bildhauer und Maler Polýgnotos Vagis (1894–1965). Er wanderte früh in die USA aus,

**Blau getünchtes Haus in Panagía**

vermachte jedoch kurz vor seinem Tod den Großteil seiner Werke dem griechischen Staat. Das kleine **Vagis-Museum** im Ortszentrum zeigt seine Arbeiten: mythisch-traumhaft anmutende Vögel, Fische, Schildkröten und geisterhafte Gesichter, gemeißelt in große und kleine Steinblöcke.

🏛 **Vagis-Museum**
📞 0593 61400. 🕐 Di–So.

**UMGEBUNG:** Viele Touristen verweilen und genießen drei Kilometer östlich von Potamiá in Skála Potamiás die traditionelle griechische Küche. Meistbesuchtes Bergdorf ist das zwei Kilometer nördlich, herrlich über einer Sandbucht gelegene Panagía mit seinen guterhaltenen Häusern

aus dem 19. Jahrhundert und dem lebhaften Hauptplatz.

### Alykí ❸
Αλυκή

29 km südlich von Thásos-Stadt.
🚌 🍴 Astrís 12 km westlich.

Die Halbinsel Alykí ist der vielleicht reizvollste Fleck an Thasos' Ufern. Strände flankieren den schmalen Streifen, der sie mit der Küste verbindet. Um die westliche Bucht gruppiert sich der Weiler Alykí. Der gepflegte Zustand seiner Häuser aus dem 19. Jahrhundert geht auf die Ausweisung des Geländes zum archäologischen Schutzgebiet zurück. Über der östlichen Bucht sind die Reste eines dorischen Tempels freigelegt, auf der Landzunge dahinter zwei frühchristliche Basiliken (5. Jh.) mit teils rekonstruierten Säulen.

Von Alykís antiken Steinbrüchen, bei denen der kostbare Marmor abgebaut wurde, zeugen nur noch überwucherte Absenkungen. Der Salzgewinnung dienten früher die »Badewannen«, in Meereshöhe in den Felsboden gehauene Gräben.

**Das hoch auf eine Klippe gebaute Moní tou Archangélou Michaïl**

### Moní tou Archangélou Michaïl ❹
Μονί του Αρχαγγέλου Μιχαήλ

34 km südlich von Thásos-Stadt.
📞 0593 51275. 🚌 🕐 tägl.

Hoch über dem Meer thront, drei Kilometer westlich von

Alykí, das Kloster des Erzengels Michael. Ein Mönch namens Lukas gründete es im frühen 12. Jahrhundert bei einer auf Geheiß des Erzengels entsprungenen Quelle. Es ist heute eine Dependenz des Moní Filothéou am Berg Athos in Nordgriechenland und seit 1974 von Nonnen bewohnt. Seine geheiligtste Reliquie ist ein Nagel des Kreuzes Christi.

**Kennzeichnend für Theológos: Haus mit Schieferdach und großen Schornsteinkappen**

## Theológos ❺
Θεολόγος

*50 km südlich von Thásos-Stadt.* 🏠 *900.* 🚌 🅿 *tägl.* 🚊 *Potós 10 km südwestlich.*

Theológos, zum Schutz vor Seeräubern landeinwärts angelegt, war unter den Osmanen Inselhauptstadt. Große Kamine und Schieferdächer sind Charakteristika der übereinander geschachtelten Häuser. Großzügige Gärten und Höfe lassen das Dorf grün und luftig wirken. Vom alten, im 16. Jahrhundert von griechischen Flüchtlingen aus Konstantinopel gegründeten Theológos verblieben am Hügel gegenüber ein verfallener Turm und niedrige Mauern.

## Kástro ❻
Κάστρο

*45 km südwestlich von Thásos-Stadt.* 🏠 *6.* 🚊 *Tripti 13 km westlich von Limenária.*

Noch sicherer vor Piraten als Theológos liegt im Inselzentrum auf 500 Meter Höhe das Bergdorf Kástro. Die Genuesen machten den 1403 vom byzantinischen Kaiser Manuel II. Palaiológos gegründeten Ort zu einem Stützpunkt. Sie befestigten den Hügel, auf dem sich nun der Friedhof erstreckt. Als Deutsche 1850 bei Limenária eine Bergwerkskonzession erhielten und Arbeit anboten, setzte der Exodus zur Küste ein.

Inzwischen wird der Weiler von Schafzüchtern wieder periodisch bewohnt. Er hat keinen Strom und nur ein Telefon, installiert im *kafeneío* im Erdgeschoß der ehemaligen Schule neben der Kirche.

## Sotíros ❼
Σωτίρος

*23 km südwestlich von Thásos-Stadt.* 🏠 *12.* 🚊 *Skála Sotíra 3 km östlich.*

Dem Sonnenuntergang zugewandt, wirkt Sotíros einladend wie kein anderes Dorf im Inselinnern – kein Wunder, daß ausländische Gäste es sich zur zweiten Heimat gemacht haben. Am mit Stühlen kleiner Tavernen vollgestellten Platz, den Platanen beschatten, sitzt man wie auf einer Galerie. Die Ruine oberhalb der Kirche war Unterkunft deutscher Bergarbeiter; die Wunden von Probeschürfungen klaffen am Kamm gegenüber.

**Traditionelle Steinhäuser mit Holzbalkonen, Megálo Kazavíti**

## Megálo Kazavíti ❽
Μεγάλο Καζαβίτι

*22 km südwestlich von Thásos-Stadt.* 🏠 *1650.* 🚌 🅿 *tägl.* 🚊 *Néos Prinos 6 km nordöstlich.*

Der offiziell Ano Prinos genannte Ort ist von Grün umgeben und, auf Thásos eine seltene Ausnahme, um einen zentralen Platz herum angeordnet. Seine Häuser liefern die besten Beispiele für Thásos' traditionelle, vom makedonischen Festland beeinflußte zweckmäßige Architektur. Zu ihren Merkmalen zählen Türen mit schmalem Rundbogen, Balkone, vorstehende Obergeschosse und der in allen Balkanländern früher übliche Verputz in Indigo-, Magenta- und Ockertönen.

**Von Platanen beschattete Taverne im Dorf Sotíros**

# Samothráki
Σαμοθράκι

🏛 2700. 🚢 🚌 *Kamariótissa.*
🏖 *Pachiá Ammos 15 km südwestlich von Kamariótissa.*

**M**IT AUSNAHME des West-kaps besitzt die vom mächtigen Berg Fengári dominierte Insel so gut wie keine flachen Stellen. Bewohner Thrakiens ließen sich in der Bronzezeit auf Samothráki nieder. Ihr Kult der Großen Götter floß um 700 v.Chr. in die Kultur der griechischen Siedler ein und hielt sich, gefördert von den Römern, bis ins 4. Jahrhundert n. Chr. Das unwirtliche Wetter und die schroffe, erhabene Bergszenerie lassen erahnen, weshalb der Glaube an die Großen Götter hier so lange überlebte.

## CHORA
Die Inselhauptstadt Chóra liegt fünf Kilometer östlich des Haupthafens Kamariótissa in einer kiefernbestandenen Senke, die sie von den Einflüssen des Meeres abschirmt.

Der labyrinthische Basar, die verwinkelten Pflastersträßchen und die rustikalen, ziegelgedeckten Häuser machen Chóra zum hübschesten Dorf der Insel. Zwei Tavernen laden am großzügigen Platz ein, die Sicht auf das Meer hinter der genuesischen Burg zu genießen. Von der Burg, die ehemals ein byzantinisches **Fort** war, steht wenig mehr

**Die Stadt Chóra, überragt von der genuesischen Burgruine**

als das Tor. Bergab entdeckt man die besser erhaltenen Festungsanlagen von Chóras Vorgängerin **Palaiópoli**. Dort

---

# Das Heiligtum der Großen Götter
Ερείπια του Ιερού των Μεγάλων

**N**AHEZU EIN Jahrtausend lang war das Heiligtum der Großen Götter Hauptkultstätte der antiken Regionen Äolien, Thrakien und Makedonien. Límnos und Ténedos besaßen zwar ähnliche Stätten, doch diese fanden weder solchen Zulauf, noch pflegten sie dieselben Riten. Daß allein die Lage Ehrfurcht gebietet, war vermutlich beabsichtigt. Inzwischen überwuchert, beeindruckt die Anlage am Nordosthang des Fengári in einer Schlucht zu Füßen jäh ins Meer fallender Klippen heute noch. Die Überreste stammen vorwiegend aus hellenistischer Zeit, in der die Stätte von den Nachfolgern Alexanders des Großen erweitert und verschönt wurde.

**Nike-Brunnen**
*In der Brunnenmitte stand einst die berühmte Nike von Samothrake. Zu bewundern ist die von Franzosen 1863 entdeckte Marmorstatue der geflügelten Siegesgöttin im Louvre.*

**Die Stoa**, die 90 Meter lange Säulenhalle, entstand im frühen 3. Jh. v.Chr.

**Halle für Weihegeschenke**

**Im Theater** wurden beim jährlichen Fest im Juli heilige Schauspiele aufgeführt.

**Hieron**
*Hier fand – bis 200 v.Chr. – die zweite Weihe, epopteia, statt. Die Zeremonie bestand, ähnlich dem späteren christlichen Ritus, aus Bekenntnis, Absolution und anschließender Taufe im Blut eines Opferstieres oder -widders. Gesprochen wurde ein alter thrakischer Dialekt.*

überragen drei Gatelluzi-Türme *(siehe S. 134)* aus dem Jahr 1431 die weitläufig angelegten Mauern der alten Stadt.

**INSELERKUNDUNG**
Die Insel ist gut mit dem Moped oder wandernd zu erkunden. An ihrer Südwestflanke verstecken sich Dörfer zwischen Olivenbäumen und Pappeln. An der feuchteren Nordküste stehen an Flußufern Platanen, Kastanien und Eichen. Quellen sprudeln reichlich, Wasserfälle schießen bei Kremastá Nerá im Süden ins Meer. Stürmisches Wetter bedingt den Mangel an Häfen.

**Thérma** ist aufgrund seiner heißen Quellen und üppig-grünen Natur seit der Römerzeit der Haupturlaubsort der Insel.

**Gatelluzi-Türme des antiken Palaiópoli**

In den beiden rustikalen, holzüberdachten Freiluftbecken beträgt die Wassertemperatur 34 °C, in der modernen, sterilen Badeanlage 39 °C und in der Wanne des Badehäuschens 48 °C. Beim eineinhalb Kilometer östlich gelegenen **Gría Váthra** findet man zum Baden geeignete Felsenteiche und kleine Wasserfälle, noch käl-

tere und beeindruckendere fünf Kilometer östlich von Thérma nach 45minütigem Aufstieg durch die Foniás-Schlucht. Höchste (1600 m) Erhebung in der Ägäis und ein weithin sichtbares Seezeichen ist der **Fengári**. Sein Gipfel eröffnet, obwohl oft wolkenverhüllt, großartige Aussichten. Die meisten Wanderer besteigen den Fengári im Rahmen der sechsstündigen Rundroute ab Thérma. Länger, dafür bequemer, ist der Weg, der im Dorf Profítis Ilías am Südwesthang beginnt.

### Arsinoeion
*Mit einem Durchmesser von über 20 Metern ist diese Rotunde der größte erhaltene griechische Rundbau. Sie wurde im 3. Jahrhundert v.Chr. den Großen Göttern geweiht.*

### Anaktoron
*In diesem Gebäude wurde die* myesis, *die erste Einweihung in die Riten, zelebriert. Dabei nahmen in den geheimen Kult bereits Eingeweihte Kontakt mit* — den kabiri *auf.*

**Am Temenos**, einem rechteckigen Platz, fanden vermutlich die Feste statt.

**Kleines Theater**

**Das Propylon**, den monumentalen Torbau, weihte Ptolemäus II. von Ägypten 288 v.Chr. feierlich ein.

useum

**INFOBOX**

6 km nordöstl. von Kamariótissa. nach Palaiópoli. **Stätte, Museum** 0551 41474. Di–So 9–15 Uhr. Feiertage.

## SAMOTHRAKIS GÖTTER UND MYSTERIEN

Die Griechen, die 700 v.Chr. Samothráki besiedelten, nahmen dort verehrte Gottheiten in ihre olympische Götterwelt auf. Die thrakische Erdgöttin Axieros, die Große Mutter, setzten sie mit Demeter, Aphrodite und Hekate gleich. Axieros zeugte mit dem Fruchtbarkeitsgott Kadmilos Zwillinge, die Kabiren oder *kabiri* (ein aus dem Semitischen abgeleiteter Begriff mit der Bedeutung »Die Großen«, der bald die gesamte Götterfamilie bezeichnete). Diese wurden mit den Dioskuren identifiziert, den göttlichen Zwillingen Kastor und Polydeukes (lat. Castor und Pollux). In den Kult konnte sich jeder einweihen lassen, gleich welchen Alters und Geschlechts, ob frei oder Sklave, Grieche oder »Barbar«. Wegen des Schweigegelübdes sind die

**Kastor und Polydeukes**

Details immer noch überaus mysteriös.

# Límnos
Λήμνος

**D**ER LEGENDE ZUFOLGE prallte Hephaistos, von Zeus aus dem Olympos gestoßen, auf Límnos auf. Als Gott der Schmiedekunst und des Feuers wurde Hephaistos mit dem Vulkanismus verbunden. Vulkanisch ist die Insel tatsächlich; ihre wichtigsten Produkte, Wein und Kräuterhonig, verdankt sie dem fruchtbaren Lavaboden, der in den breiten Stränden ausläuft. Am Zugang zu den Dardanellen gelegen, war die Insel ein wichtiger Außenposten für die Byzantiner und die Osmanen, unter denen sie als Handelsstation blühte.

**INFOBOX**

👥 12 000. ✈ 22 km nordöstlich von Mýrina. ⛴ Mýrina. 🚌 Plateía Kída, Mýrina. ℹ Rathaus, an der Uferfront von Mýrina (0254 22208). 🎉 15. Aug.

Fachleute interessanten Tonscherben. Die beeindruckendste Keramik ist ein Votivlampenpaar in Gestalt von Sirenen; es stammt aus dem Tempel von Ifaisteía. Die Metallarbeiten aus Polyóchni umfassen Werkzeuge und Zierat aus Bronze. In der Nordägäis unübertroffen ist die Lage des verfallenen **Kástro**, das auf einem Felsvorsprung Stadt und Meer überwacht. Wie andere Burgen der Region war es zunächst eine antike Akropolis, später ein byzantinisches Fort, umkämpft und umgestaltet von Venezianern und Genuesen, bis die Osmanen 1478 die Insel einnahmen. Der – am besten abends unternommene – Aufstieg zum Kástro lohnt sich vor allem wegen der Blicke über den Westen der Insel.

**LEGENDE**

0 Kilometer 5

Symbole siehe Umschlaginnenseite

## MYRINA
Die Inselhauptstadt ist Nachfolgerin der antiken Mýrina, der seinerzeit zweitbedeutendsten Stadt der Insel. Mit nicht allzu vielen Touristen, ihren Pflasterstraßen, stattlichen spätosmanischen Häusern und dem unprätentiösen Basar ist sie eine der angenehmeren Inselhauptstädte der Nordägäis. Die

prächtigsten Häuser konzentrieren sich hinter dem nördlichen Strand Romaíikos Gialós. Dort pulsiert das Nachtleben. Ein halbes Dutzend Tavernen blickt vom Kai auf den kleinen Fischerhafen, hinter dem sich der Südstrand Toúrkikos Gialós erstreckt. Köstliches Trinkwasser spendet am Platz Kída der mit Kalligraphien verzierte Brunnen, das einzige unverkennbar türkische Relikt.

Das **Archäologische Museum** ist in einer stattlichen Villa des 19. Jahrhunderts hinter Romaíikos Gialós untergebracht. Kürzlich umgestaltet, präsentiert es auf vorbildliche Weise Funde aus Limnos' vier wichtigsten antiken Städten. Da die Prachtstücke nach Athen gingen, besteht die Sammlung vorwiegend aus nur für

**🏛 Archäologisches Museum**
Romaíikos Gialós. 📞 0254 22990. 🕐 Di–So. ⛔ Feiertage.

**Der Hafen von Mýrina breitet sich zu Füßen des Kástro aus**

**Blick vom Dorf Kontiás auf die Vulkanlandschaft von Límnos**

### INSELERKUNDUNG

Zwar fahren im Sommer von Mýrina Busse zu fast allen Dörfern der Insel, doch sind – zu mieten in Mýrina – Autos und Motorräder die weit bessere Alternative. Die Inselstraße führt von Mýrina südostwärts nach **Kontiás**. Dieser drittgrößte Ort ist zwischen zwei vulkanische Felsvorsprünge eingebettet, auf denen die einzigen Kiefernwälder der Insel stehen. Die Landschaft und die stabilen Häuser mit ihren roten Ziegeldächern, darunter Exemplare im Stil der Belle époque, machen Kontiás zum schönsten Dorf im Inselinnern.

In der Bucht von **Moúdros** hatte das Commonwealth-Korps 1915 während der gescheiterten Gallipoli-Offensive sein Hauptquartier. Viele Verwundete kamen hierher ins Lazarett. Die Toten trug man östlich des Orts Moúdros neben der Straße nach Roussopoúli zu Grabe. Ein kurzer Fußweg führt zum mit 887 Gräbern größten Commonwealth-Soldatenfriedhof der Griechischen Inseln. Am anderen Ufer der Bucht wurden bei **Portianoú** 348 englischsprachige Militärangehörige bestattet.

Nahe dem Dorf Kamínia liegt an einer Klippe das Ausgrabungsgelände von **Polyóchni**. Die befestigte Stadt wurde kurz vor 3000 v.Chr. gegründet, früher als Troja (Truva) an der gegenüberliegenden türkischen Küste. Wie Troja, das womöglich eine Kolonie Polyóchnis war, fiel sie 2100 v.Chr. einem Erdbeben zum Opfer. Die Bewohner konnten vor dem Erdbeben nicht mehr fliehen; inmitten der Ruinen fand man ihre Skelette. Die fortan aufgegebene Stadt war bekannt für ihre Schmiede, die Roherz aus Lagerstätten am Schwarzen Meer veredelten und bearbeiteten. Die Produkte wurden auf die Kykladen und nach Kreta verschifft. In einem Haus barg man ein (in Athen ausgestelltes) Goldschmuckdepot. Jeden Sommer setzen italienische Archäologen die Ausgrabungen fort; bislang sind vier Siedlungsschichten freigelegt.

Am Ufer der Tigáni-Bucht wurde in **Ifaisteía**, der bis zur byzantinischen Zeit größten Stadt der Insel, Límnos' Schutzgott Hephaistos verehrt. Noch sind wenige Ruinen frei-

**Die Reste des römischen Theaters von Ifaisteía**

gelegt und lediglich die Konturen des römischen Theaters, Teile einer Nekropolis sowie Fundamente des Hephaistos-Tempels zu sehen. Grabbeigaben und Keramiken kann man in Mýrinas Archäologischem Museum bewundern.

Fortgeschrittener sind die Ausgrabungen der Kultstätte **Kabeirio** (neugriechisch Kavírio), gegenüber von Ifaisteía auf der anderen Seite der Tigáni-Bucht. Wie auf Samothráki *(siehe S. 128f)* huldigte man auf Límnos den Kabiren. Hier jedoch hat vom Schrein und der Stoa außer Stümpfen und Sockeln wenig überdauert.

Unterhalb des Heiligtums führen Stufen zur Höhle des Philoktetes hinab. Hier soll der an einer hartnäckigen Beinwunde leidende Philoktetes, ein Held der *Ilias*, auf dem Weg nach Troja ausgesetzt worden sein; Jahre später holte Odysseus ihn nach Troja.

### VORGELAGERTE INSELN

Einsamste ihrer nordägäischen Schwestern ist das Eiland **Agios Efstrátios**, benannt nach dem Heiligen, der hier in der Verbannung starb. Im Sommer verirren sich nur wenige Touristen hierher. Ein Erdbeben tötete 1967 Dutzende von Einheimischen und zerstörte den einzigen Hafenort; wenige erhaltene Bauten stehen über dem Fähranleger. Die menschenleeren Strände zu beiden Seiten des Hafens erreicht man zu Fuß in einer Stunde.

# Lésvos
Λέσβος

**S**CHON RÖMISCHE Touristen liebten Lésvos. Die Osmanen priesen die Insel wegen ihrer Obsthaine und dichten Wälder im Süden als »Garten der Ägäis«. Sie nahmen Lésvos 1462 ein, versklavten viele Einwohner oder deportierten sie nach Konstantinopel. Die Osmanen, aber auch die häufigen Erdbeben, tilgten fast alle sichtbaren Spuren ihrer genuesischen und byzantinischen Vorgänger. Die Insel brachte eine Reihe von Künstlern hervor, darunter Sappho, die berühmte Dichterin des 7. Jahrhunderts.

**Ouzo aus Plomári**

### ★ Mólyvos
*Mólyvos ist die Touristenhochburg der Insel. Den Hafen überwacht das genuesische Kastell.* **6**

### Pétra
*Der Felsen, der mitten in diesem beliebten Badeort steil aufragt, gab Pétra seinen Namen. Stufen führen zur Kirche (18. Jh.).* **7**

### Kalloní
*Vor der Küste des nahen Skála Kallonís werden die berühmten Sardinen von Kalloní gefangen. Der Ort ist Knotenpunkt vieler Buslinien.* **8**

### Antissa
*Antissa ist das größte Dorf seiner Umgebung. Mächtige Platanen beschatten den Hauptplatz, an dem ausgezeichnete kafeneía einladen.* **9**

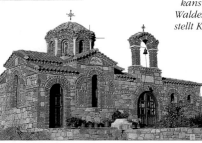

### Moní Ypsiloú
*Dieses Kloster (12. Jh.) ist am Gipfel eines erloschenen Vulkans unweit eines versteinerten Waldes angesiedelt. Sein Museum stellt Kirchenschätze aus.* **10**

### Sígri
*Nahe dem westlichsten Punkt der Insel, am Rand des Dorfes Sígri, steht am Ufer diese kleine Kapelle.* **11**

### Skála Eresoú
*Dies ist einer der Hauptferienorte auf Lésvos. Sein Strand liegt einen kurzen Fußweg entfernt von Eresoú, dem Geburtsort der Lyrikerin Sappho.* **12**

*Map labels:*
Mólyvos **6**
Pétra **7**
Anaxo
Kámpos
Moní Perivolís
Skalochóri
Moní Ypsiloú
Moní Leimónos
Antissa **9**
Vatoússa
Kalloní **8**
Sígri **11**
Chídira
Skála Kallonís
Eresós
Skála Eresoú **12**
Mesótopos
Kólpos Kallonís
Vaterá

**Mantamádos**
Attraktionen dieses reizenden Dorfes sind seine Töpferwaren und die «schwarze» Ikone des imposanten Moní ton Taxiarchón. ④

## INFOBOX

90 000. ✈ 8 km südlich von Mytilíni. ⛴ Pávlou Kountourióti, Mytilíni.
🚌 Mytilíni (um die ganze Insel).
ℹ Mytilíni (0251 28661).
🎭 Panigýri in Agiásos: 15. Aug.

**Sykaminiá**
Das Küstenstädtchen ist Geburtsort des modernen Schriftstellers Stratís Myrivílis und sein Hafen einer der malerischsten des Landes. ⑤

**★ Mytilíni**
In einem Vorort der Stadt widmet sich ein Museum dem Werk des Malers Theófilos Chatzimicháïl. ①

0 Kilometer       10

**Plomári**
Der Badeort ist die Ouzo-Hauptstadt der Insel. Hierher kommen die edlen Tropfen der Varvagiánnis-Destillerie. ②

**Agiásos**
Vielen gilt Agiásos als hübschestes Bergdorf der Insel. Der hl. Lukas soll die Ikone seiner Hauptkirche gemalt haben. ③

## NICHT VERSÄUMEN

★ Mólyvos

★ Mytilíni

## LEGENDE

Symbole siehe Umschlaginnenseite

# Mytilíni **❶**
Μυτιλήνη

**Osmanische Inschrift über dem Burgtor**

**INFOBOX**

🚶 30 000. ✈ 8 km südlich.
🚌 Pávlou Koudourióti.
ℹ Aristárchou 6 (0251 42511).
Agios Ermogénis 12 km südlich; Charamida 14 km südlich. 15. Juli–15. Aug.

DAS MODERNE Mytilíni liegt auf dem Gelände der gleichnamigen antiken Stadt an den Hängen einer von zwei Häfen gerahmten Landzunge. Die Straße Ermoú durchschneidet das Zentrum eines Basars; am Südende breitet der Fischmarkt sein ausgefallenes Sortiment aus, am Norden- de markiert die Moschee Gení Tzamí die Grenze des ehemaligen türkischen Viertels. An die osmanische Besat- zungszeit (1462–1912) erinnern die Häuser in den schma- len Gassen zwischen der Ermoú und dem Burgberg. Ziegeldächer prägen die Stadtsilhouette gemeinsam mit den Türmen von Agioi Theódoroi, Agios Therápon und ande- ren Belle-époque-Kirchen.

**Kuppeldach der Agios Therápon**

## ⚓ Kástro
Ermoú 201. 📞 0251 27970.
☐ Di–So. ● Feiertage. 🖼
Das von Kiefern umgebene Kástro entstand unter Kaiser Justinian I. (reg. 527–565). Mit seinen gewaltigen Außenmauern beeindruckt es selbst als Ruine. Weit größer noch war die Anlage unter den Genuesen. Die osmanischen Invasoren schleiften 1462 viele Wälle und Türme; eine osmanische Inschrift ist am Südtor zu sehen. Über dem inneren Tor stehen die Initialen der María Palaiologína und ihres genuesischen Gatten Francesco Gatelluzi, der Johannes VIII. Palaiológos zurück auf den byzantinischen Kaiserthron verhalf. Zu den Überresten zählen der Gatelluzi-Palast, eine islamische Medrese (Hochschule), eine Derwischzelle sowie die byzantinische Zisterne am Nordtor.

## 🏛 Archäologisches Museum
Argýris Eftaliótis. **Neuer Trakt:** Ecke 8 Noemvríou u. Melínas Merkoúri.
📞 0251 28032. ☐ Di–So.
● Feiertage. 🖼 ♿
Das Museum präsentiert in einer Belle-époque-Villa und einem Gartengebäude Ausgrabungsfunde der Insel, darunter von Briten 1929–33 nördlich der Stadt bei Thermí geborgene jungsteinzeitliche Relikte und im Garten aufgestellte Grabstelen. Seine kostbarsten Exponate sind römische Mosaiken. Ein neues Nachbargebäude hat zusätzlichen Ausstellungsraum geschaffen.

## 🏛 Byzantinisches Museum
Agios Therápon. 📞 0251 28916.
☐ Mitte Mai–Mitte Okt Mo–Sa. 🖼
Ikonen bilden den Schwerpunkt des auf sakrale Kunst spezialisierten Museums. Sie entstammen dem 13. bis 18. Jahrhundert. Eine naive Ikone von Theófilos Chatzimichaíl gibt ein Beispiel neugriechischer Kunst.

**UMGEBUNG:** Das **Theófilos-Museum** zeigt drei Kilometer südlich der Stadt in vier Räumen Gemälde des in Mytilíni geborenen Theófilos Chatzimichaíl (1873–1934). Es sind Werke, die Theófilos' Mäzen Tériade 1927 in Auftrag gab

und die in den letzten sieben Lebensjahren des Malers entstanden sind. Sie illustrieren das ländliche Leben von Lésvos, Fischer, Bauern und Bäcker. Theófilos schuf treffende Porträts von Menschen, denen er auf seinen Reisen begegnete. Bei historischen Ereignissen und Landschaften, die er nicht aus eigener Anschauung kannte, schöpfte er aus seiner Phantasie. Einziger Hinweis auf die Moderne sind zuweilen im Hintergrund versteckte Flugzeuge und Dampfschiffe.

Im selben Gebäude stellt das **Tériade-Museum** die Sammlung von Stratís Eleftheriádis aus. Er wanderte um die Jahrhundertwende nach Paris aus. Dort nahm er den Namen Tériade an. Als Sammler und Verleger förderte er u.a. Miró, Chagall, Picasso, Léger und Villon.

## 🏛 Theófilos-Museum
Mikrás Asías. 📞 0251 41644.
☐ Di–So. ● Feiertage. 🖼

## 🏛 Tériade-Museum
Mikrás Asías. 📞 0251 23372.
☐ Di–So. ● Feiertage. 🖼

**Daphnis und Chloe von Marc Chagall (1887–1984), Tériade-Museum**

# Olivenanbau in Griechenland

Die Minoer auf Kreta sollen als Erste um 3800 v.Chr. Öl-bäume kultiviert haben. Um 700 v.Chr. war Olivenöl ein einträgli-cher Exportartikel; zu jener Zeit wurden die Olivenhaine angelegt, die bis heute ein Wahrzeichen des Landes sind. Die Olive ist in Griechenland ein Frie-denssymbol – schließlich soll Athena, Göttin des Krieges wie des Friedens, in Athens Akropolis den ersten Ölbaum gepflanzt haben. Die

**Zweig mit reifenden Oliven**

Früchte von Lésvos' etwa elf Mil-lionen Olivenbäumen gelten als die ölreichsten der griechischen Inselwelt. Zwar produziert Kreta mehr und hochwertigeres Oli-venöl, doch prägt der Olivenanbau auf keiner Insel die Landschaft so sehr wie auf Lésvos. Die erste Pres-sung liefert ein gutes Speiseöl, die Pressung der Rückstände wieder-um ein Öl zur Herstellung von Sei-fen und Lampenbrennstoff. Der Preßku-chen ergibt einen guten Dünger.

*In der Mythologie ist der Ölbaum ein jungfräu-licher Baum, gehegt von unberührten Männern. Die Ernte seiner Früchte liefert seit der Antike Dichtern, Sängern und anderen Künstlern Stoff. Auf dieser Vase schütteln drei Männer die Oliven eines Baumes ab, während ein vierter die Früchte in einen Korb füllt.*

**Die Olivenhaine** *von Lésvos bestehen meist aus Bäumen, die nach dem harten Frost von 1851 neu gezogen wurden. Die Plantagen zwischen Plomári und Agiásos liefern die besten Oliven. Die Landwirte legten sie im 18. Jahrhundert auf unwegsamem Gelände an.*

**Griechisches Olivenöl** *ist nach der Pressung grüngelblich. Die Griechen halten es für hochwertiger als seine spanische und italienische Konkur-renz. Als Grund führen sie den wegen der heißeren Sommer nied-rigeren Säuregehalt der Oliven an.*

**Die Olivenernte** *findet von Ende November bis Ende Dezember statt. Die Bauern bringen die Früchte möglichst bin-nen 24 Stunden zur nächsten Ölmühle. Dort werden die Liefe-rungen gepreßt und ihre Qualitäten bewertet.*

## OLIVENSORTEN

Mit ihrer Vielfalt – von den milden ionischen bis zu den ölreichen kretischen Früchten – sind die Griechischen Inseln ein Oliven-Paradies.

**Elitses** heißen die kleinen, süß-lichen Oliven aus Kreta.

**Tsakistés** werden jung gepflückt, leicht zerquetscht und in Salzwasser eingelegt.

**Throúmpes** sind eine Delikatesse und mit Olivenölbrot eine schlichte, doch köstliche *mezés* (Vorspeise).

**Kalamáta**, die be-kannteste griechische Olive, ist glänzend schwarz und mandel-förmig. Sie wird in Rotweinessig eingelegt.

**Thásos'** salzig ein-gelegte Oliven haben ein kräftiges Aroma und schmecken gut zu Käse.

**Ionische Oliven** sind grün und von mildem Geschmack. Man konserviert sie in leichtem Salzwasser.

## Überblick: Der Osten von Lésvos

**Die wunder-tätige Ikone von Agiásos**

ZWEI GIPFEL gleicher Höhe (968 m) beherrschen den Osten der Insel: der Lepétymnos im Norden und der Olympos im Süden. Im Osten finden sich die meisten Kiefernwälder und Olivenhaine, ebenso die nach dem Hafen und Hauptort einwohnerstärksten Dörfer sowie die beiden Zentren des Tourismus. Hinzu kommen Thermalquellen; die wohltuendsten sprudeln in Loutrá Eftaloús nahe Mólyvos. Alle wichtigen Siedlungen besitzen Busanschluß an Mytilíni; wer dort zeitig aufbricht, kann den Osten der Insel in einem Tag bereisen.

### Plomári ❷
Πλωμάρι

42 km südwestlich von Mytilíni.
🚶 3600. 🚌 🚗 Mo–Sa.
🚏 Agios Isidoros, 3 km nordöstlich; Melinta, 6 km nordwestlich.

Plomáris schmucke Häuser sind an den Hang über dem Hafen gebaut. Sie verteilen sich bis an die Ufer des meist ausgetrockneten Sedoúntas, dessen Bett das Geschäftsviertel durchquert. Die meisten Bauten entstanden im 19. Jahrhundert, in dem der Schiffbau Plomári bereicherte. Plomári gilt als Lésvos' »Ouzo-Hauptstadt«; bekannteste seiner fünf Destillerien ist die Varvagiánnis-Destillerie.

### Agiásos ❸
Αγιάσος

28 km westlich von Mytilíni.
🚶 3500. 🚌 🚗 Mo–Sa.
🚏 Vaterá, 31 km südlich.

Dieses vielleicht schönste Bergstädtchen der Insel liegt in einer waldigen Schlucht unterhalb des Olympos. Es entstand im 12. Jahrhundert mit der Klosterkirche **Panagía Vrefokratoússa**, erbaut als Hüterin einer wundertätigen, angeblich vom Evangelisten Lukas gemalten Ikone.

Im 18. Jahrhundert befreite der Sultan den Ort von den Steuern. Dies löste einen gewaltigen Zustrom notleidender Griechen aus anderen Teilen der Insel aus. Das von ziegelgedeckten Häusern und schmalen Pflastergassen geprägte Ortsbild hat sich in jüngster Zeit kaum verändert. Hinzu kamen lediglich die Souvenirläden, die am Weg zur Kirche heimisches Kunstgewerbe anbieten. Der Glockenturm der Kirche ragt inmitten eines Basars auf. Geschäfte auf Kirchengrund, die mit Pachtzahlungen den Erhalt des Gotteshauses unterstützen, sind eine alte Einrichtung. Sie förderten den Jahrmarktcharakter der ländlichen *panagýria*, der religiösen Feste, die Pilgern zugleich Ge-

legenheit zum Kaufen und Verkaufen verschafften. Agiásos' Fest der Entschlafung Mariens (Mariä Himmelfahrt) am 15. August gilt als eines der lebhaftesten des Landes; dabei beweisen die Musiker des Ortes ihr Können. Der Karneval während der Vorfastenzeit ist überaus farbenfroh.

### Mantamádos ❹
Μανταμάδος

36 km nordwestlich von Mytilíni.
🚶 1500. 🚌 🚗 Mo–Sa.
🚏 Tsónia, 12 km nördlich.

Das attraktive Dorf ist bekannt für seine Töpfereien und das nahe **Moní Taxiarchón**. Der jetzige Klosterbau entstammt dem 17. Jahrhundert. Die darin aufbewahrte schwarze Ikone des Erzengels Michael wurde angeblich aus Lehm und dem Blut von Mönchen angefertigt, die bei einem Überfall der Osmanen umkamen. Am dritten Sonntag nach Ostern wird ein Stier geopfert, dessen Fleisch einem Gemeindefestschmaus dient. Ähnliche Zeremonien finden zu späteren Terminen an anderen Orten der Insel statt. Kerami-

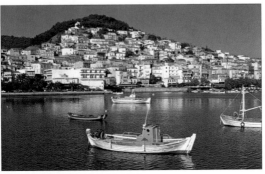

**Blick von der langen Mole auf Plomári**

**Fischerboote im Hafen von Mólyvos vor der Burgkulisse**

ken stellt man in Mantamádos her, von kleinen *koumária* (Wasserkrügen) bis hin zu riesigen *pythária* (Olivenölgefäßen).

## Sykaminiá ❺
Σικαμινιά

46 km nordwestlich von Mytilíni.
🏠 300. 🚌 🏠 Mo–Sa. 🚐 Kágia, 4 km östlich; Skála Sykaminiás, 2 km nördlich.

Kein Dorf an den Hängen des 968 m hohen Lepétymnos liegt so phantastisch wie Sykaminiá, das zwischen den Flanken einer tiefen Klamm auf die Meerenge zwischen Lésvos und Kleinasien blickt. Unweit des Hauptplatzes wurde der Schriftsteller Efstrátios Stamatópoulos (1892–1969), bekannt unter dem Namen Stratís Myrivílis, geboren. An der Mole von Skála Sykaminiás steht jene Kirche, die ein Schauplatz seines Romans *Die Madonna mit dem Fischleib* ist. Eine von Skálas Tavernen heißt nach dem *mouria* (Maulbeerbaum), auf dem Myrivílis in heißen Sommernächten schlief.

## Mólyvos ❻
Μόλυβος

61 km nordwestlich von Mytilíni.
🏠 1500. 🚌 ℹ️ 0253 71313.
🏠 Mo–Sa.

Die Weingärten im Umland von Mólyvos, dem meistbesuchten und malerischsten Städtchen der Insel, waren in der Antike berühmt. Hier wurde Arion, ein Lyriker und Sänger des 7. Jahrhunderts, geboren. Und hier trug Achilles der Legende zufolge den achäischen Krieger Palamedes zu Grabe. Achilles belagerte vergebens die Stadt, bis die Königstocher sich in ihn verliebte und die Tore öffnete – ein Verrat, für den Achilles sie tötete. Von der antiken Stadt ist bis auf freigelegte Gräber nahe dem Fremdenverkehrsamt wenig verblieben. Eine Renaissance erfährt ihr Name Míthyma als Alternative zu Mólyvos, einer Hellenisierung des türkischen »Molova«.

Vor 1923 stellten Muslime ein Drittel der Bevölkerung. Gebildet und reich an Grundbesitz, trugen sie der Stadt ihre vornehmen dreistöckigen Häuser und ein Dutzend, teils noch mit originalen Kalligraphien geschmückte Brunnen ein. Die *archontiká* genannten Herrenhäuser sind deutlich orientalisch inspiriert: Die Gruppierung der oberen Wohnräume um den zentralen Treppenschacht entspricht dem – die Ordnung des Kosmos symbolisch aufgreifenden – Vorbild türkischer Villen. Der Ort mit seinem pittoresken Hafen und den von verwinkelten Pflastergassen getrennten Häuserblocks steht unter Denkmalschutz; Neubauten müssen sich dem alten Stadtbild anpassen.

Über der Stadt gibt das stattliche, 1995 restaurierte byzantinische **Kástro** großartige Blicke auf die türkische Küste frei. 1373 vom Genuesen Gatelluzi *(siehe S. 134)* umgestaltet, fiel die Burg 1462 bei einem Feldzug Muhammads des Eroberers (Muhammad II. Fatih) an die Osmanen. Über dem mittelalterlichen, aus Holz und Eisen erbauten Tor ist eine osmanische Inschrift zu lesen. Jedes Jahr im Sommer erfüllen Konzert- und Theatervorführungen die Burg mit Leben.

Beim Abstieg zum Hafen kann man im **Archäologischen Museum** Relikte des antiken Míthymna besichtigen. Am Fischerhafen erinnert eine noch betriebene Werft daran, daß Mólyvos zu Lésvos' wichtigsten Handelshäfen zählte.

## 🏠 Kástro
📞 0253 71803. 🕐 Di–So.
⬤ Feiertage. 📷
## 🏛️ Archäologisches Museum
📞 0253 71059. 🕐 Di–So.
⬤ Feiertage.

**Farbenfroh restauriert: osmanisch geprägte Häuser in Mólyvos**

**Verschachtelte Häuser am Hang über dem malerischen Hafen von Mólyvos** ▷

# Überblick: Der Westen von Lésvos

DER FELSIGE, vorwiegend baumlose Westen der Insel ist von herber Schönheit. Dort werden die berühmten Pferde von Lésvos gezüchtet, und dort liegen drei der bedeutendsten Klöster der Insel. Im Innern gibt es sehenswerte Dörfer, an der Küste Badeorte. Wo Flüsse ihr in Tälern angesammeltes Wasser ins Meer gießen, wuchern Schilfoasen, im Frühjahr ein Eldorado für Vogelbeobachter. Da Linienbusse zu selten verkehren, sollte man besser in Mólyvos ein Auto mieten.

An den Hang geschmiegte Häuser des Dorfes Skalochóri

## Pétra ❼
Πέτρα

55 km nordwestlich von Mytilíni.
🏠 1000. 🚌 🚲 Anaxos 3 km westlich.

Mitten im Dorf ragt ein Monolith aus Vulkangestein auf, der Pétra («Fels») seinen Namen gab. An seinem Fuß steht die Basilika **Agios Nikólaos** (16. Jh.) mit original erhaltenen Fresken, auf seiner Spitze am Ende von 103 Stufen die Kirche **Panagía Glykofiloúsa** (18. Jh.). Zu den wenigen Überlebenden der auf Lésvos einst weitverbreiteten osmanischen Wohnhäuser *(siehe S. 137)* zählt das **Archontikó Vareltzídaina** (18. Jh.).

🏛 **Archontikó Vareltzídaina**
Saphous. 📞 0253 41510.
◻ Di–So. ◼ Feiertage.

## Kalloní ❽
Καλλονή

40 km nordwestlich von Mytilíni.
🏠 1600. 🚌 🚲 Mo–Sa.
🚲 Skála Kallonís 2 km südlich.

Der wichtige Verkehrsknoten und Markt Kalloní liegt zwei Kilometer landeinwärts. Netzfischer fangen am Strand von **Skála Kallonís** Sardinen.

**UMGEBUNG:** 1527 gründete der Abt Ignatios das weitläufige **Moní Leimónos**, das zweitbedeutendste Mönchskloster der Insel. Man kann seine geheiligte Zelle besichtigen. Innenarkaden und eine beschnitzte Holzdecke schmücken die Kirche, in der eine heilige Quelle rieselt. Zu den Klostereinrichtungen zählen Pflegestätten für Gebrechliche, ein Minizoo, ein Volkskunde- und ein Kirchenmuseum.

🏛 **Moní Leimónos**
5 km nordwestlich von Kalloní.
📞 0253 22289.
**Kirchenmuseum** ◻ tägl.
**Volkskundemuseum** ◻ auf Anfrage.

## Antissa ❾
Αντισσα

76 km nordwestlich von Mytilíni.
🏠 1400. 🚌 🚲 tägl.
🚲 Kámpos 4 km südlich.

Antissa, das größte Dorf in diesem Teil der Insel, ist allein wegen seines reizvollen Hauptplatzes eine Rast wert. Der Atmosphäre in Cafés und Tavernen im Schatten dreier mächtiger Platanen kann man sich hingeben. Die Straße führt hinab zu den acht Kilometer entfernten Ruinen der gleichnamigen, von den Römern 168 v.Chr. zerstörten antiken Stadt. Östlich des Fischerhafens Gavathás und des langen Sandstrands von Kámpos stößt man am Ufer auf Überreste des genuesischen Kastells **Ovriókastro**.

**UMGEBUNG:** Schönstes Dorf der Region ist das zehn Kilometer entfernte **Vatoússa**. Aussicht auf die Nordküste bieten die drei Kilometer weiter nördlich an den Hang geschmiegten Häuser von **Skalochóri**. Das Dorf besitzt eine Moschee, die nach dem Frieden von Lausanne 1923 *(siehe S. 39)* verfiel.

In einem Tal drei Kilometer östlich von Antissa verbirgt sich in einem Obsthain am Flußufer das **Moní Perivolís** (16. Jh.). In der Kirchenvorhalle wurden nach 1960 drei Fresken des 16. Jahrhunderts restauriert: die apokalyptische Vision *Erde und Meer entlassen ihre Toten*, der *Reuige Sünder von Golgatha* und die *Heilige Jungfrau*. Da nur Tageslicht das Innere erhellt, sollte man das Kloster vor Einbruch der Dunkelheit besuchen.

Fresken in der Kirchenvorhalle des Moní Perivolís

## Moní Ypsiloú ❿
Μονή Υψηλού

62 km nordwestlich von Mytilíni.
📠 📞 0253 56259. ⬜ tägl.

Nur vier Mönche leben noch im Moní Ypsiloú (12. Jh.) auf dem 511 Meter hohen, erloschenen Vulkan Ordymnos. Beachtung verdienen das Doppelportal des Bauwerkes, die filigrane Holzdecke des *katholikón* (Hauptkirche), die nebenan ausgestellten Schätze sakraler Kunst und die Bruchstücke versteinerter Bäume im Außenhof. Schutzpatron dieses Klosters – und vieler anderer religiöser Gemeinschaften, die in unwirtlichen Gegenden zurückgezogen leben – ist der Evangelist Johannes, der (umstrittene) Verfasser der *Geheimen Offenbarung.*

**Drillingsglockenturm, Moní Ypsiloú**

**UMGEBUNG:** Westlich des Klosters befindet sich der Haupteingang zum **versteinerten Wald**. Ein Ausbruch des Ordymnos vor etwa 15 bis 20 Millionen Jahren begrub zahllose Mammutbäume unter Vulkanasche, wo sie im Lauf der Zeit versteinerten.

## Sígri ⓫
Σίγρι

93 km nordwestlich von Mytilíni.
🏛 400. 📠

Ein osmanisches **Kastell** (18. Jh.) und die Kirche **Agía Triáda** bewachen diesen Hafen, den das Inselchen Nisópi vor klimatischen Einflüssen schützt. Sígri ist ein Marinestützpunkt, touristisch daher wenig erschlossen. Aber es hat mehrere kleine Strände vorzuweisen. Abgelegenere Badegelegenheiten erreicht man nach kurzer Fahrt.

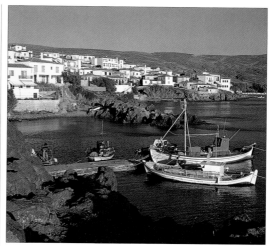

**Der ruhige Hafen von Sígri**

## Skála Eresoú ⓬
Σκάλα Ερεσού

89 km westlich von Mytilíni.
🏛 1500. 📠

Attraktion dieses drittgrößten Ferienorts der Insel ist der Strand von Skála Eresoú, der sich unterhalb der Akropolis des antiken Eresós lang dahinzieht. Besteigt man den Akropolis-Hügel, erkennt man die im Fischerhafen versunkene antike Mole. Von der antiken Stadt am Hügel sind Reste erhalten. Aus byzantinischer Zeit stammen die Fundamente der **Agios Andreás** in ihrem Zentrum; die Restaurierung der Mosaiken (5. Jh.) ist geplant.

**UMGEBUNG:** Das Dorf **Eresós** wurde im Mittelalter als Zuflucht vor Seeräubern elf Kilometer landeinwärts, jenseits einer weiten, fruchtbaren Ebene, angelegt. Es gilt als Geburtsort des Philosophen Theophrastos, eines Schülers des Aristoteles *(siehe S. 55)*, und der Sappho, der größten Lyrikerin des Altertums.

### SAPPHO, DIE DICHTERIN VON LESVOS

Einen festen Platz in der Weltliteratur nimmt Sappho (ca. 615–562 v.Chr.) ein. Die vermutlich in Eresós geborene Tochter einer Adelsfamilie bewegte sich in einem Umfeld, das Frauen beachtliche Freiheiten einräumte. Ihre Gedichte waren schon zu ihren Lebzeiten im Mittelmeerraum bekannt, kamen aber in der Spätantike wie jene männlicher Zeitgenossen aus der Mode. Sie sind nur bruchstückhaft überliefert, als Zitate und auf Papyrusfragmenten. Da Sappho viele Verse Frauen widmete, geriet sie bald in den Ruf einer »Lesbe« – zu Unrecht, denn die Gemeinschaft der Frauen um Sappho war von hohen religiösen Idealen getragen. Noch weniger überzeugt die um Sapphos Tod gesponnene Sage. Dieser zufolge setzte Sappho einem Jüngling bis zur Insel Lefkáda nach und stürzte sich dort im Glauben, der Sprung von einer Klippe heile die Schmerzen einer nicht erwiderten Liebe, von einem Felsen ins Meer – ein für eine vermeintliche Lesbe höchst unglaubwürdiger Freitod.

# Chíos
Χίος

**W**IRTSCHAFT UND Kultur dieser Insel blühten schon in der Antike, doch prägen die mittelalterlichen Grundsteine Chíos weit stärker. Unter den Genuesen, die den Handel mit dem Harz des Mastixstrauches *(siehe S. 144f)* kontrollierten, stieg Chíos zu einer der reichsten Inseln im Mittelmeer auf. Die Blüte dauerte unter den Osmanen an, um im März 1822 durch eines der blutigsten Massaker *(siehe S. 147)* des griechischen Freiheitskampfes jäh zu enden. Chíos hatte sich kaum erholt, als 1881 ein Erdbeben schwere Schäden anrichtete.

**Laden im Basar von Chíos-Stadt**

## Chíos-Stadt ❶
Χίος

🏛 25 000. ⛴ 🚌 *Polytechníou (um die Insel), Dimokratías (Umgebung).* ℹ *Kanári 18 (0271 44389).* 🛍 *Mo-Sa.* ✈ *Karfás 7 km südlich.*

Chíos-Stadt wurde wie die Insel in der Bronzezeit, dann im 9. Jahrhundert v.Chr. von Ioniern aus Kleinasien besiedelt. Für den Standort sprach die Nähe zur gegenüberliegenden türkischen Küste, nicht der Hafen, den die Herren der Insel immer wieder mit langen Wellenbrechern sichern mußten. Da nur wenige Bauten das Erdbeben von 1881 überstanden, ist die Inselhauptstadt modern geprägt. Einige Spuren ihrer bewegten Vergangenheit aber sind sichtbar und mehrere Museen einen Besuch wert. Interessanteste Stationen eines Streifzugs sind das Kástro, der umtriebige Basar am oberen Ende der Straße Roïdou und der osmanische Brunnen (1768) an der Kreuzung der Straßen Martýron und Dimarchías.

### ⛪ Kástro
*Maggiora.* 📞 *0271 22819.* 🕐 *tägl.* ♿
Markantestes mittelalterliches Denkmal ist das ursprünglich byzantinische, von den Genuesen nach Einnahme der Insel 1346 ausgebaute Kástro. Sein südöstlicher Seewall wurde beim Wiederaufbau der Stadt nach dem Erdbeben von 1881 abgetragen. Vom eindrucksvollsten Tor, der Porta Maggiore im Südwesten, zieht sich ein tiefer Trockengraben zur nordwestlichen Außenmauer. Innerhalb der Mauern säumen osmanische Häuser die engen Gassen des ehemaligen islamischen und jüdischen Viertels; orthodoxe und andere Christen mußten nach der osmanischen Eroberung 1566 außerhalb der Mauern wohnen. Im Mauerring stößt man auch auf eine ungenutzte Moschee, Ruinen türki-

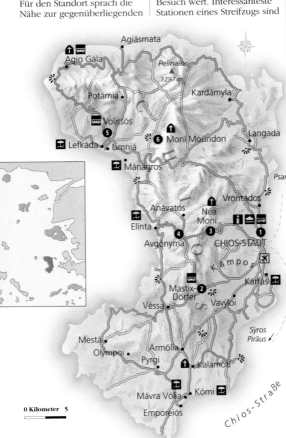

Agiásmata
Agio Gála
Pelinaío
1297 m
Potámia
Kardámyla
Volissós ❺
Lefkáda
Limniá
Moní Moúndon ❻
Langada
Mánagros
Psará ↑
Anávatos
Vrontádos
Néa Moní
Elínta
Avgónyma ❹ ❸
CHÍOS-STADT ❶
Kámpos
Mastix-Dörfer ❷
Karfás
Véssa
Vavýloi
Mestá
Sýros Piräus ↙
Olympoi
Armólia
Pyrgi
Kalamotí
Mávra Vólia
Kómi
Emporeiós
Chíos-Straße

0 Kilometer 5

### LEGENDE

Symbole siehe Umschlaginnenseite

↓ *Sámos*

### AUF EINEN BLICK

**Uferstraße von Chiós-Stadt mit Kuppel und Minarett der Mecidiye-Moschee**

**INFOBOX**

🏘 45 000. ✈ 4 km südlich von Chiós-Stadt. ⛴ Chiós-Stadt.
🚌 ℹ Chiós-Stadt (0271 44389).

des Intellektuellen und Freiheitshelden Adamántios Koraïs (1748–1833) bilden den Grundstock der im Erdgeschoß untergebrachten Koraïs-Bibliothek.

**UMGEBUNG:** Die fruchtbare **Kámpos**-Ebene breitet sich sechs Kilometer südlich von Chiós-Stadt aus. Sie ist durchzogen von unbeschilderten Wegen, an denen hohe Mauern mit reichverzierten gewölbten Toren Einsicht in Grundstücke verwehren. Mit Glück erhascht man durch offene Tore Blicke auf die mittelalterlichen Sommersitze des chiotischen Adels.

Manche dieser Residenzen wurden bei dem Erdbeben von 1881 zerstört, doch einige wieder restauriert. Ihr Mauerwerk besteht aus Sandsteinquadern in wechselnden Farbtönen. Viele besitzen noch die Wasserräder, mit denen man Wasser aus 30 Meter tiefen Brunnen zu offenen, von Pergolen beschatteten Zisternen beförderte, in denen Fische schwammen. Diese Süßwasserspeicher dienen immer noch zum Bewässern der berühmten Orangen-, Zitronen- und Mandarinengärten der Ebene, auch wenn Elektropumpen die Eselskraft abgelöst haben.

scher Bäder sowie einen osmanischen Friedhof mit dem Grab von Admiral Kara Ali. Dieser hatte beim Massaker von 1822 das Oberkommando. Er starb an Bord seines vom griechischen Kapitän Kanarís zerstörten Flaggschiffs.

**Die Porta Maggiore, der Südwesteingang zum Kástro**

### 🏛 Justiniani-Museum
John Kennedy 6. ☎ 0271 22819.
◐ Di–So ● Feiertage. 🎫
Das auf sakrale Kunst spezialisierte Museum zeigt u.a. ein Bodenmosaik (5. Jh.), das aus einer verfallenen Kapelle der Insel gerettet wurde. Zu den abgebildeten Heiligen zählt Isídoros, der die Insulaner gelehrt haben soll, wie man aus Mastix *(siehe S. 144f)* Likör gewinnt. Auch Matrona ist dargestellt, eine Märtyrerin aus dem römischen Ankyra (Ankara); Flüchtlinge aus Kleinasien führten nach 1923 ihren Kult ein.

### 🏛 Byzantinisches Museum
Plateía Vounakíou. ☎ 0271 26866.
◐ Di–So. ● Feiertage. 🎫
Das Byzantinische Museum mutet wie eine archäologische Lagerhalle und Restauratorenwerkstatt an. Es ist untergebracht in der einzigen unversehrten Moschee der Ostägäis, der ehemaligen, samt Minarett erhaltenen Mecidiye Cami. Die im Hof aufgestellten Grabsteine von Juden, Türken und Armeniern erinnern an die heterogene ethnische Zusammensetzung der Inselbevölkerung während des Mittelalters.

### 🏛 Philip-Argénti-Museum
Koraïs 2. ☎ 0271 44246.
◐ Mo–Sa. 🎫
Ein Mitglied einer reichen chiotischen Familie stiftete 1932 die im Stock über der Koraïs-Bibliothek ausgestellte Sammlung. Außer ländlichen Gerätschaften aus Holz, traditionellen Stickereien und Trachten sind Porträts der Familie Argénti, seltene Stiche sowie zahlreiche Kopien des *Massakers von Chíos* zu sehen. Dieses Gemälde von Delacroix (1798–1863) weckte zusammen mit Reportagen in Westeuropa Sympathie für den Freiheitskampf der Griechen *(siehe S. 38f)*. Bücher und Handschriften, darunter Geschenke Napoleons, aus dem Nachlaß

**Massaker von Chíos (1824) von Delacroix, Philip-Argénti-Museum**

# Mastix-Dörfer ❷

Μαστιχοχώρια

**Keramik aus Ammólia**

**WICHTIGSTE DÖRFER**

I M SÜDEN VON Chíos liegen die zwanzig *ma-stichória* oder »Mastix-Dörfer«, so genannt wegen des hier gewonnenen, im Mittelalter teuer bezahlten Mastix. Sie entstanden unter den Genuesen im 14. und 15. Jahrhundert. Zum Schutz vor Piraten wurden diese Dörfer im Inselinnern errichtet und, nicht zuletzt wegen Chíos' Nähe zum türkischen Festland, aufwendig befestigt. Ihre Anlage ist in Griechenland einzigartig. Diese Dörfer wurden als einzige vom Blutbad des Jahres 1822 *(siehe S. 147)* verschont. Zugesetzt haben dem Ortsbild allerdings Erdbeben und unsensible Modernisierung.

**Véssa**
*Nur in diesem Dorf ist, beim Abstieg von der Agios Geórgios Sykoúsis oder Eláta, deutlich der regelmäßige Straßenverlauf zu erkennen.*

**Pyrgí**
*Pyrgís Attraktion sind seine hellen Häuser mit dem xystá genannten Kratzputz-Dekor. Dafür werden die Fassaden mit schwarzem Sand verputzt und weiß überkalkt. Dann kratzt man geometrische, den schwarzen Untergrund freilegende Muster heraus. Auf diese Weise ist auch die Kirche Agioi Apóstoloi verziert, in der Fresken des 12. Jahrhunderts zu bewundern sind.*

**Ammólia**
*Als eines der kleinsten und bescheidensten mastichória ist Ammólia bekannt für seine Töpferwaren.*

**Wachtürme**
standen an den Ecken des Dorfes.

**Die Häuser**
besaßen drei Stockwerke mit, das Obergeschoß ausgenommen, gewölbten Decken.

**Die schmalen Passagen** waren, um Erdbebenstöße abzufangen, von Strebebögen überspannt.

**Die Straßen**
waren bewußt verwinkelt, um Fremden die Orientierung zu erschweren.

**Die Flachdächer**
lagen möglichst auf einer Ebene, um als Fluchtweg dienen zu können.

## Olýmpoi

*Der Turm im Zentrum des quadratisch angelegten Dorfes ist fast vollständig erhalten. Zwei Cafés befinden sich im Erdgeschoß. In Olýmpoi sieht man noch Männer und Frauen beim »Ernten« von Mastix.*

### INFOBOX

28 km südwestlich von Chios-Stadt. Pyrgí: 1200; Mestá: 400; Olýmpoi: 350. Mestá. Mávra Vólia u. Kómi 5 km südöstlich von Pyrgí.

**Der eckige Turm** im Dorfzentrum diente bei Bedrängnis als Fliehburg.

**Vavíli**
*Die byzantinische Kirche Panagía Krína (13. Jh.) am Dorfrand ist bekannt für ihre Fresken und die Ornamentik aus Steinen und Ziegeln.*

### MASTIX-GEWINNUNG

Mastix, das Sekret des Mastix-Strauches, wurde zur Produktion von Farben, Kosmetika und Arzneien verwendet. Erdölhaltige Produkte haben seinen Wert gemindert, aber man nutzt das Harz weiterhin, z.B. für die Herstellung von Kaugummi, Spirituosen und Zahnpasta. Jeden Sommer werden etwa 300 Tonnen Mastix geerntet. Dafür bringt man der Rinde Ritzwunden bei, aus denen Harztropfen fließen.

**Rinde und Harztropfen des Strauches**  **Von der Rinde gelöste Harztopfen**

**Der äußere Häuserring** fungierte zugleich als Stadtmauer.

## MESTA

Paradeexemplar eines Mastix-Dorfes ist Mestá, hier von Südwesten betrachtet. Die Hausdächer sind annähernd gleich hoch, und die Ecktürme der Außenmauer stehen noch.

**Die Kirche Taxiárchis**
*Die größte Kirche (19. Jh.) der Insel beherrscht den Hauptplatz von Mestá. Schmuckstück ist die kunstvoll geschnitzte Ikonostase.*

# Néa Moní ❸

Νέα Μονή

**St.-Anna-Mosaik der inneren Vorhalle**

I N EINEM bewaldeten Tal elf Kilometer westlich von Chíos-Stadt liegt das im 11. Jahrhundert erbaute Néa Moní; die Mosaiken aus jener Zeit zählen zu den schönsten des Landes. Der byzantinische Kaiser Konstantin IX. Monomáchos ließ es als Mönchskloster im Jahre 1042 an der Stelle gründen, an der drei Einsiedler eine Marienikone entdeckt hatten. Den Zenit seiner Macht erlangte das Kloster nach Untergang des Byzantinischen Reiches. Es behauptete seinen Einfluß bis zum Vergeltungsmassaker der Osmanen 1822. Seit Jahrzehnten wohnen Nonnen darin; wenn die letzte verstorben sein wird, soll es wieder ein Mönchskloster werden.

**Westansicht des Néa Moní**

**Der Glockenturm** wurde nach dem Erdbeben von 1881 zugefügt.

**St.-Joachim-Mosaik**

**Die Vorhalle**
*Die aufwendigsten Mosaiken bekleiden die Vorhalle, hier abgebildet vor dem Hintergrund der Kuppel der Hauptkirche. Sie zeigen 28 Heilige, darunter die* hl. Anna *als einzige Frau. Die* Jungfrau mit dem Kind *schmückt die Mittelkuppel.*

**Marmorintarsien** wurden im Byzantinischen Reich als Schmuckwerk sehr geschätzt.

**NICHT VERSÄUMEN**

★ **Anástasis**

★ **Jesu Fußwaschung**

★ **Jesu Fußwaschung**
*Hier wäscht Jesus die Füße seines Jüngers Petrus, der ihm bedeutet, auch Kopf und Hände zu waschen.*

★ **Anástasis**
*Vor seiner Himmelfahrt rettet der auferstandene Christus Adam und Eva aus der Hölle.*

**Mosaik des Evangelisten Markus**

**INFOBOX**

11 km westlich von Chíos-Stadt.
📞 0271 79391. 🚌 ⬤ Apr–Okt tägl. 7–13, 16–20 Uhr; Nov–März tägl. 7–13, 16–18 Uhr. 🚻 📷 ♿ begrenzt.

**Die Kuppel** wurde nach dem Erdbeben von 1881 restauriert, obwohl die herrliche Darstellung Christi als Pantokrátor abhanden gekommen war.

**Kreuzabnahme-Mosaik**

**Die Hauptapsis** ist geschmückt mit einem hoch angebrachten Wandmosaik, das die Muttergottes und Illustrationen irdischer Themen zeigt. In der Kuppel thront Christus.

**Ikonostase**

**Byzantinische Uhr**
*Neben dem Mosaik* Kreuzigung Christi *steht diese auf byzantinische Zeit eingestellte Uhr, eine armenische, vor 1923 in Smyrna (Izmir) angefertigte Arbeit.*

## DAS MASSAKER VON CHIOS

Nach 250 Jahren osmanischer Besatzung schlossen sich die Chioten im März 1822 samiotischen Freiheitskämpfern an. Daraufhin entsandte der Sultan eine Strafexpedition: 30 000 Chioten wurden getötet, mehr als doppelt so viele versklavt, Häuser und Klöster verwüstet. Viele Chioten suchten Schutz im Néa Moní – vergebens: Auch sie wurden umgebracht und mit ihnen fast alle der 600 Mönche. Eine Kapelle am Haupteingang des Klosters bewahrt die Gebeine der Opfer. Von der Grausamkeit der Mörder zeugen Spuren von Axthieben an vielen Schädeln.

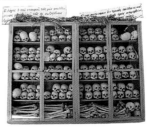

**Vitrine mit den Schädeln chiotischer Opfer des Blutbads von 1822**

**Den Boden** zieren Marmorplatten, die die strenge Struktur des Hauptschiffs aufgreifen.

**Verrat im Garten Gethsemane**
*Auf einer Szene dieses Mosaiks schneidet Petrus nach dem Verrat an Jesus im Garten Gethsemane dem Zenturio das Ohr ab. Leider ist der* Judaskuß *nicht erhalten.*

# Überblick: Die Insel Chíos

**Deckendetail, Kloster Moúndon**

CHIOS IST EINE DER schönsten Inseln der Ägäis: üppig bewachsen, in Teilen gebirgig, im Süden von Felsklippen, im Nordwesten von Sandstränden begrenzt. Von Chíos-Stadt führen Straßen und öffentliche Verkehrsmittel in alle Himmelsrichtungen. Die dichtbesiedelte Südostküste ist am besten mit Bussen erschlossen; bei Erkundungen in andere Teile ist man auf Taxis, Leihwagen oder Motorräder angewiesen.

**Eines der vielen restaurierten Steinhäuser von Avgónyma**

## Avgónyma ❹

Αυγώνυμα

20 km westlich von Chíos-Stadt.
🚶 15. 🚌 Elínta 7 km westlich.

Dieses Dorf, nächster Nachbar des Néa Moní (siehe S. 146f), ist das reizvollste im Zentrum von Chíos. Weniger labyrinthartig verwinkelt angelegt als die Mastix-Dörfer, hat es mit Häusern, die eleganter sind als im Norden der Insel, einen ganz eigenen Stil. »Eiernest« heißt es übersetzt wohl deswegen, weil es beim Blick vom Bergkamm wie ein dichtes Häuflein erscheint. Von hier abstammende US-Bürger haben in den vergangenen Jahren fast alle Häuser geschmackvoll restauriert. Im mittelalterlichen pýrgos (Turm) lädt eine ausgezeichnete Taverne zur Rast.

**UMGEBUNG:** Im vier Kilometer nördlich gelegenen Dorf **Anávatos** scheint, anders als Avgónyma, die Zeit seit Jahrzehnten stillzustehen. Kaum ein Ort der Insel bietet von ferne einen beeindruckenderen Anblick: Die Häuser scheinen mit dem steilen Fels verwachsen zu sein; teils verfallen, blicken sie auf Pistazienhaine. Der Ort war während des Massakers von 1822 (siehe S. 147) Schauplatz eines Massenfreitods: Etwa 400 Griechen sprangen vom Felsvorsprung über dem Dorf in eine 300 Meter tiefe Schlucht, um den türkischen Besatzern zu entgehen.

## Volissós ❺

Βολισσός

40 km nordwestl. von Chíos-Stadt.
🚶 500. 🚌 🚤 Mánagros 2 km südwestlich.

An Volissós' wirtschaftliche Geltung als Marktzentrum der zwanzig kleineren Dörfer im Nordwesten erinnert in heutiger Zeit nur mehr eine Sattlerei am Ortsrand, an seine strategische Bedeutung im Mittelalter die byzantinische Bergfestung (11. Jh.). Im 14. Jahrhundert von den Genuesen ausgebaut, ist die Burg heute eine Ruine. Der Ort breitet sich unterhalb davon über den Süd- und Osthang aus. Viele seiner Bewohner sind inzwischen ins Ausland abgewandert, haben aber mittlerweile Häuser aufgekauft und restauriert.

**UMGEBUNG:** Von Volissós fahren Busse zum 26 Kilometer nordwestlich gelegenen Dorf **Agio Gála**. Im diesem Ort erhält man den Schlüssel zu den beiden Höhlenkapellen (15. Jh.) nahe dem Gipfel eines Felsens. Kleiner, doch wesentlich interessanter ist die hintere, fast vollständig in die tiefe Grotte zurückgezogene Kapelle. Mystisch mutet das überaus kunstvolle Fresko der Jungfrau mit dem Kind in ihrer Apsis an. Eine feine Schnitzarbeit ist die Ikonostase (témblon) der größeren Kapelle am Höhleneingang.

**Das fast vollständig verlassene Anávatos mit den wenigen bewohnten Häusern im Vordergrund**

## Moní Moúndon ❻
Μονή Μούνδων

35 km nordwestlich von Chíos-Stadt.
📞 0274 21230. 🚌 nach Volissós.
🕐 tägl.

Dieses malerische, einst nach dem Néa Moní *(siehe S. 146f)* bedeutendste Kloster der Insel entstand im späten 16. Jahrhundert. Im *katholikón*, der Hauptkirche, faszinieren die spätmittelalterlichen Wandmalereien. Die Illustration der *Seelenrettung am Tag des Jüngsten Gerichts* zeigt die an die Himmelsleiter geklammerten auferstandenen Toten. Zugänglich ist die Kirche zwar nur beim Klosterfest (29. August), ein Besuch aber allein wegen der Lage am Berghang lohnend.

**Moúndons Fresko der *Seelenrettung am Tag des Jüngsten Gerichts***

### VORGELAGERTE INSELN
Daß das friedvolle, wenige Seemeilen östlich von Chíos-Stadt entfernte Inselchen **Oinoússes** Griechenlands reichstes Gebiet ist, wird an der Architektur nicht ersichtlich. Zu beiden Seiten des Hafens findet man schöne Strände, im Nordwesten das Nonnenkloster Evangelismoú.

Weite Teile der Insel **Psará**, 71 Kilometer zur Westküste gelegen, wurden im Freiheitskampf *(siehe S. 38f)* niedergebrannt. Der einzige Ort der Insel, architektonisch eine Mixtur von Inselstilen, wurde in den vergangenen 100 Jahren aufgebaut. Die Landschaft ist kahl und unfruchtbar. Die schönen Strände östlich des Hafens und das abgelegene Moní Koímisis tis Theotókou im Norden sind einen Ausflug wert.

**Überreste eines hellenistischen Turms nahe Fanári, Ikaría**

# Ikaría
Ικαρία

🚶 9000. ✈ 🚢 🚌 Agios Kýrikos.
🛈 Fanári 16 km nordöstlich von Agios Kýrikos.

DIE VON CHÍOS 244 Kilometer südlich entfernte Insel ist nach dem sagenhaften Ikaros benannt. Dieser soll hier abgestürzt sein, als er der Sonne zu nahe kam und das Wachs schmolz, mit dem seine Flügel befestigt waren.

Der Hauptort und -hafen **Agios Kýrikos** ist ein angenehmes Städtchen, flankiert von zwei Heilbädern. Ein kurzer Fußweg führt ins nordöstliche, schon bei den Römern beliebte **Thérma**, dessen Thermalbäder vor allem ältere griechische Kurgäste aufsuchen. Im südwestlichen **Thérma Lefkádas** entspringen die heißen Quellen zwischen Felsen am seichten Meeresufer.

Einen Hafen bietet auch das Dorf Evdilos an der Nordküste, einen breiten Sandstrand das zwei Kilometer westlich gelegene **Kámpos** mit seiner Ruine einer Kirche des 12. Jahrhunderts. Im Byzantinischen Reich war die Insel einer der gnädigeren Verbannungsorte für unliebsame Adlige. Von Kámpos' großer Exilantensiedlung sind die Überreste einer Villa erhalten, und in einem ihrer Räume sind Funde aus Oinoe, der antiken Vorgängerin der Stadt, ausgestellt.

Einen Paß an der Straße nach Oinoe bewachte das byzantinische Kastell **Nikariás** (10. Jh.) über dem fünf Kilometer landeinwärts gelegenen Dorf Kosoíkia. Außer der Burg einzig guterhaltener Wehrbau ist der **hellenistische Turm** (3. Jh. v. Chr.) nahe Fanári; er diente in der Antike als Leuchtturm.

Schöne Strände wie Livádi und Messaktí im Osten haben den von Wäldern umgebenen Weiler **Armenistís** zu Ikarías Touristenzentrum gemacht. Die Fundamente eines Tempels für Artemis Tavropoleio (Artemis als Schutzherrin der Stiere) sind vier Kilometer westwärts freigelegt.

Erstaunlich bevölkert und lebhaft ist das östlich vorgelagerte Eiland **Foúrnoi**, »die« Fischerinsel der Ostägäis. Die von Maulbeerbäumen gesäumte Hauptstraße des Hafenstädtchens führt vom Kai zu einem eckigen Brunnen. Dort flankieren zwei Cafés einen antiken Sarkophag. Die Strände Kampí und Psilí Ammos sind zu Fuß erreichbar.

**Ikarías Hauptort, das Küstenstädtchen Agios Kýrikos**

# Sámos
Σάμος

NATÜRLICHE REICHTÜMER und die Nähe zu Kleinasien lockten schon früh Siedler an. Im 7. Jahrhundert zur Seemacht aufgestiegen, erlebte Sámos unter Polykrates (reg. 538–522 v.Chr.) sein Goldenes Zeitalter. Nach dem Niedergang des Byzantinischen Reiches vertrieben Piraten die meisten Bewohner. Erst 1562 bewirkte der osmanische Admiral Kiliç Ali die Neubesiedlung mit ehemaligen Samioten und anderen orthodoxen Christen. Tabakhandel und Seefahrt belebten im 19. Jahrhundert die Wirtschaft. 1912 erfolgte der Anschluß an das unabhängige Griechenland.

**INFOBOX**

🚶 32 000.  ✈ 4 km westlich von Pythagóreio.  ⚓ Vathý, Karlóvasi, Pythagóreio.
🚌  ℹ Vathý (0273 28530).
🎉 Weinfest: August; Fest der Fischer, Pythagóreio: Juni oder Juli.

**Assyrisches Bronzepferdchen, Archäologisches Museum Vathý**

**Fischer im Hafen von Vathý**

## AUF EINEN BLICK

Efpalíneio Orygma ❷
Heraion ❺
Karlóvasi ❼
Kokkári ❻
Moní Megális Panagías ❹
Kérki ❽
Pythagóreio ❸
Vathý ❶

## Vathý ❶
Βαθύ

🚶 5700.  ⚓ 🚌 Ioánnou Lekáti.  🚌 25 Martiou (0273 28530).
ℹ tägl.  🏖 Psili Ammos 8 km südöstlich; Mykáli 6 km südlich.

Das alte Ano Vathý entstand kurz nach 1600, das Hafenviertel der Neustadt erst nach Erhebung des Orts zur Inselhauptstadt 1832. Geschäfts- und Touristenzentrum ist die überschaubare Unterstadt mit ihrem Basar, während Ano Vathýs Pflastergassen sich jeder Hektik verweigern.

Ausgrabungsfunde des Heraion *(siehe S. 152)* bestücken das **Archäologische Museum**. Da das Hera-Heiligtum Pilger von weit her anzog, ist die Sammlung der kleinen Votivgaben eine der vielfältigsten des Landes. Sie zeigt u.a. die Bronzestatuette einer urartäischen Gottheit, assyrische Figurinen sowie eine Perseus und Medusa darstellende Elfenbeinminiatur. Prunkstück ist die fünf Meter

hohe Koúros-Marmorstatue; es ist das größte erhaltene Standbild des antiken Griechenlands. Die auf 580 v.Chr. datierte Figur war Apollon geweiht.

### 🏛 Archäologisches Museum
Kapetán Gymnasiárchou Kateváni.
📞 0273 27469.  🕐 Di–So.
⊘ Feiertage.

**LEGENDE**

Symbole siehe Umschlaginnenseite hinten

# Überblick: Die Insel Sámos

EINE ASPHALTSTRASSE umrundet die Insel, doch nur zwischen Pythagóreio und Karlóvasi verkehren (via Vathý) häufig Busse. Leihwagen gibt es genügend. Viele Orte sind nur mit Jeep oder zu Fuß erreichbar. Vorsicht ist geboten auf den Holperpisten im Süden und Westen.

## Efpalíneio Orygma ❷
Ευπαλίνειο Ορυγμα

15 km südwestlich von Vathý.
☎ 0273 61400. ☐ Di–So.
● Feiertage. ◪

Efpalíneio Orygma, Tunnel des Eupalinos, heißt der 1040 Meter lange unterirdische Aquädukt, den Hunderte von Sklaven 529–524 v.Chr. unter Aufsicht des Architekten Eupalinos von zwei Seiten durch einen Berg trieben – so akkurat, daß die beiden Stollen ohne Abweichung direkt aufeinandertrafen. Dieses Meisterwerk antiker Ingenieurkunst sollte die Wasserversorgung auch in Belagerungszeiten sichern. Es leitete bis ins 20. Jahrhundert Trinkwasser herbei.

Besucher können über den Wall spazieren, der den Graben des tief darunter liegenden Tunnels aus Schutt aufgehäuft wurde. Der mit Gittern abgesicherte Tunnel ist auf halber Länge begehbar.

## Pythagóreio ❸
Πυθαγόρειο

13 km südwestlich von Vathý.
🏠 1500. ⛴ 🚌🚌 🛈 Lykoúrgou Logothéti (0273 61389).
🏖 Potokáki 3 km westlich.

Die von Pflasterstraßen durchzogene Stadt, benannt nach dem 580 v.Chr. hier geborenen Philosophen Pythagóras, ist ein Touristenmagnet. Aus Respekt vor den Fundamenten und Stadtmauern ihrer antiken Vorgängerin Sámos fehlen Hochhausbauten. Einziges Hochhaus ist der Wohnsitz (19. Jh.) des Freiheitskämpfers **Lykoúrgos Logothétis**, der am 6. August (dem Fest der Verklärung Christi) des Jahres 1824 eine siegreiche Seeschlacht gegen die Türken anführte. Zur Feier des Triumphs wurde nebenan die Kirche **Metamórfosis** errichtet. Am entgegengesetzten Westrand der Stadt stößt man auf die

**Pythagóras-Statue von Nikoláos Ikaris, Pythagóreio**

Ruinen der **Römischen Bäder** mit zum Teil noch erhaltenen Toren. Weiter westlich erhebt sich der noble Hotelkomplex Dorissa Bay über dem Hafen, der bis auf den Glyfáda-See verlandet ist.

## ♆ Römische Bäder
Westlich von Pythagóreio.
☎ 0273 61400. ☐ variabel. ♿

UMGEBUNG: Polykrates, der Tyrann von Sámos, ließ Pythagóreio mit einem über sechs Kilometer langen, mit zwölf Toren versehenen Mauerring um den Hügel Kastrí befestigen. Die Athener zerstörten bei ihrer Belagerung 439 v.Chr. die Mauer. Die besterhaltenen Reste, darunter ein Turm, liegen oberhalb von Glyfáda. Über dem antiken Theater innerhalb der Stadtmauer steht das **Moní Panagías Spillanís**, zu dem ein Marienschrein in einer 100 Meter langen Höhle gehört.

## Moní Megális Panagías ❹
Μονή Μεγάλης Παναγίας

27 km westlich von Vathý. 🚌
☐ Mai–Okt tägl.

Sámos' zweitältestes, 1586 von zwei Einsiedlern aus Kleinasien namens Nílos und Dionýsos gegründetes Kloster besitzt die aus damaliger Zeit besterhaltenen Fresken der Insel. Die Hauptkirche kreuzt diagonal das restaurierte Rechteck der Mönchszellen. Sie entstand vermutlich über einem Artemis-Tempel. Leider wütete 1990, kurz nach dem Tod des letzten Mönches, in dem Gebiet ein Feuer. Die Besuchszeiten des Klosters hängen von der Laune des Hausmeisters ab.

**Jesu Fußwaschung**, Fresko im Moní Megális Panagiás

**Die einzig erhaltene Säule vom Heraion des Polykrates**

## Heraion ❺
Ηραίο

21 km südwestlich von Vathý. [
0273 92255. ■ Iraío.
□ Di–So. ● Feiertage. ▨

Seit der Jungsteinzeit verehrte man hier eine Fruchtbarkeitsgöttin. Mit Hera setzten sie erst die mykenischen Siedler *(siehe S. 24f)* gleich, die ihren olympischen Götterkult mitbrachten. Das Heiligtum war den Fluten ausgesetzt. Dies sollte die Legende untermauern, daß die unter einer heiligen Korbweide am Ufer des Imvrasos geborene Hera hier, während der Herrschaft des Titanen Kronos, ihre Hochzeit mit Zeus unter Weiden feierte.

Im 8. Jahrhundert v.Chr. wurde Hera ein 30 Meter langer Holztempel erbaut. Im 6. Jahrhundert v.Chr. ersetzte der samiotische Architekt Rhoikos diesen durch einen ionischen Steintempel, der aufgrund von Erdbeben oder Konstruktionsfehlern zur Regierungszeit des Polykrates einstürzte. Dieser gab bei Rhoikos' Sohn Theodoros einen Neubau in Auftrag. Theodoros begann 525 v.Chr. am 40 Meter nach Westen verlagerten Standort mit dem Bau, wobei er Altmaterial verwertete. Die immer wieder unterbrochenen Bauarbeiten dauerten Jahrhunderte, doch vollendet wurde der Bau nie.

In der Hochblüte des Heiligtums, im 8. bis 6. Jahrhundert v.Chr., glich das von Weihgaben überquellende Innere laut Augenzeugenberichten einer Kunstgalerie. Aus jener Zeit stammen die meisten im Archäologischen Museum von Vathý *(siehe S. 150)* ausgestellten Funde. Im Gelände standen den Tempel für diverse Gottheiten, doch nur Hera war ein heiliger Altar vorbehalten.

**Vom Heraion des Polykrates verbliebene Plinthe**

Pilger näherten sich auf der 4800 Meter langen Heiligen Straße, die das Heraion mit der antiken Stadt Sámos verband.

Deutsche Archäologen legten die Stätte sorgfältig frei. Trotzdem nötigt der Rundgang Besuchern viel Phantasie ab. Denn byzantinische und mittelalterliche Steinmetze haben sich reichlich am Mauerwerk bedient. Nur eine Säule ließen sie stehen. Die Christen bauten im 5. Jahrhundert östlich des Großen Tempels ihrer Muttergottheit, der hl. Maria, eine Kultstätte.

## Kokkári ❻
Κοκκάρι

10 km westl. von Vathý. ▨ 1000.
■ ▮ Agiou Nikoláou (0273 92333). ▮ Tsamadoú u. Lemonákia 2 km westlich.

Der reizende kleine Hafenort erstreckt sich auf und hinter einer doppelten Landzunge. Seinen Namen verdankt er den schalottenähnlichen Zwiebeln, die man einst landeinwärts anbaute. Heute ist er nach Vathý und Pythagóreio meistbesuchter Ferienort auf Sámos. An seinen beiden Kiesstränden schlagen die Wellen oft hoch. Sie sind ein

---

## DER HERA-KULT

Viele griechische Städte, darunter Argos auf dem Festland, hingen dem Hera-Kult an. Die Tempel lagen stets vor der Stadt. Vor dem 1. Jahrtausend v.Chr. bestand das Hera-Kultbild aus einer schlichten Holztafel; später zierte diese eine Kupferstatue.

An die vereitelte Entführung der Hera-Holzfigur durch argivische und etruskische Piraten erinnerte die jährliche Zeremonie Tonaia. Dabei trug man das Kultbild auf einer Sänfte aus Zweigen von Korbweiden, dem heiligen Symbol der Hera, zur Flußmündung, wusch es im Meer und drapierte es mit Gaben. Konzerte und sportliche Wettspiele begleiteten die ebenfalls jährliche Heraia-Zeremonie zu Ehren der Vereinigung von Hera und Zeus, für die man die Kupferstatue als Braut gewandete. Ab dem 8. Jahrhundert stand das Kultbild in einem Schrein, umgeben von lebenden Pfauen und Korbweidenzweigen. Mit diesen Symbolen und festlich gekleidet ist Hera auf samiotischen Münzen der Römerzeit abgebildet.

**Samiotische Münzen mit der von Pfauen geleiteten Hera**

**Kokkáris von zwei Landzungen flankierter Strand und Hafen**

Paradies für Windsurfer. In den Cafés und Tavernen am gepflasterten Kai kann es leicht sehr spät werden.

**UMGEBUNG:** Viele Bergdörfer von Sámos sind zunehmend von Abwanderung betroffen, ein Schicksal, vor dem Obst- und Weingärten **Vourliótes** bewahren. Vier Tavernen laden zu einem Imbiß ein; sie rücken ihre Stühle auf den malerischen Hauptplatz, einen der schönsten der Insel. Beim Dorf kreuzen sich viele Wanderwege; Pfade führen von Kokkári herauf, steigen ab nach Agios Konstantínos und wieder auf nach Manólates, wo der fünfstündige Rundweg über den Gipfel des Ampelos beginnt.

## Karlóvasi ❼
Καρλόβασι

33 km nordwestlich von Vathý.
🏚 5000. 🚌 🚐 🚉 Potámi 2 km westlich.

Das weitläufige Karlóvasi, das Tor zum Westen und die zweitgrößte Stadt der Insel, gliedert sich in vier deutlich unterscheidbare Bezirke. Néo Karlóvasi war zwischen den Weltkriegen ein Zentrum der Lederindustrie; vom aus der Schuhfabrikation geschöpften Reichtum zeugen stattliche Villen und aufgegebene Gerbereien am Hafen. Auf einem Hügel jenseits des Flusses liegt das schmuckere Meséo Karlóvasi. Der Hafen von Limín zieht mit seiner Atmo-

sphäre und den Tavernen die Touristen an. Von dort verläuft im Schutz einer Schlucht Ano oder Palaió Karlóvasi den Hügel hinauf, überragt von der Kirche **Agía Triáda**.

**UMGEBUNG:** Von Ano Karlóvasi führt ein einstündiger Fußmarsch zu einer mittelalterlichen Siedlung im Hinterland des Strandes von Potámi. Zu den eindruckvollsten Resten zählen die Kirche **Metamórfosis**, das älteste (11. Jh.) Gotteshaus der Insel, und die byzantinische Festung darüber.

## Kérki ❽
Ορος Κέρκι

50 km westlich von Vathý. 🚌 nach Marathókampos. 🚉 Votsalákia 2 km südlich von Marathókampos; Limniónas 5 km südwestlich von Marathókampos.

Der 1437 Meter hohe Kérki, der nach dem Sáos auf Samothráki höchste Gipfel der Ägäis, beherrscht den westli-

chen Teil der Insel. Er besteht zum Teil aus magmatischem Gestein, aufgeworfen zu schroffen Felsen mit tief eingeschnittenen Schluchten.

Die ältesten Berichte über den Kérki sind aus byzantinischer Zeit überliefert. Nicht ahnend, daß Einsiedlermönche dort Grotten bewohnten, deuteten Seeleute den nächtlichen Schein als Lichtaura von Seelen verstorbener Heiliger und der Entdeckung harrender Ikonen. Zwei Bergklöster gibt es heute noch: hoch an der Südflanke das **Moní Evangelistrías** (16. Jh.), verborgen in einem Tal am Nordosthang das Kloster **Koímisis tis Theotókou** (1887).

Trotz Waldbränden und des Ausbaus der Straße zu den Dörfern westlich des Gipfels zeigt sich der Kérki immer noch als großartige, an Wandermöglichkeiten reiche Berglandschaft. In der Seitáni-Bucht an der Nordküste schützt ein Meerespark die Mittelmeer-Mönchsrobbe (siehe S. 111).

**Blick von der Insel Ikaría auf den Berg Kérki**

# DER DODEKANES

PATMOS · LIPSI · LEROS · KALYMNOS · KOS · ASTYPALAIA · NISYROS
TILOS · SYMI · RHODOS · CHALKI · KASTELLORIZO · KARPATHOS

D IE INSELN DES *Dodekanes, Griechenlands südlichstem Archipel, ziehen sich vor der türkischen Küste hin. Sie wurden als letztes Territorium dem modernen griechischen Staat eingegliedert. Ihre Reize sind die orientalisch inspirierte Architektur und, von Touristen geschätzt, reichlich Sonnenschein und schöne Strände.*

Fern von Athen und dem griechischen Festland, war der Dodekanes Beute wechselnder Eroberer, die überall Spuren hinterließen. Die Dorer bauten die dorischen Tempel auf Rhodos. Dessen bekannteste Fremdherrscher waren ab 1309 die Kreuzritter des Johanniter-Ordens, bis 1522 Suleiman der Prächtige einzog.

**Statue im Hafen von Mandráki, Rhodos**

Die Osmanen prägten die Architektur vor allem der reicheren Inseln. Jahrhundertelang die Oberherren, unterlagen sie 1912 den Italienern. Danach begann eine Zeit der Verfolgung. Unter Mussolini entstanden vor allem in Lakí auf Léros Repräsentationsbauten. Erst 1948, nach langen Besatzungsjahren, wurde der Dodekanes Griechenland zugesprochen.

Landschaftlich unterscheiden sich die Inseln stark: Einige, so Chálki und Kásos, sind trocken, kahl und rauh, Tílos und die Vulkaninsel Nísyros fruchtbar und grün. Kykladisch wirken Astypálaia und Pátmos mit ihren geweißelten Häusern, die in Chóra auf Pátmos effektvoll mit dem dunklen Johannes-Kloster kontrastieren. Rhodos-Stadt ist Verwaltungshauptstadt des Dodekanes, die Insel Rhodos wegen ihrer langen Sandstrände und vielen Kulturdenkmäler eines der beliebtesten Reiseziele des Landes.

Sommerlich heiß ist es auf den Inseln bis weit in den Herbst hinein, und entsprechend lang dauert die Badesaison. Es gibt Strände aller Art, ob aus groben, schwarzen Kieseln, feinem Kies oder silberweißem Sand, an einer einsamen Bucht oder einem Massengrill.

**Eine Fortbewegungsart der Mönche auf der heiligen Insel Pátmos**

◁ **Fassade an der Hafenpromenade von Sými-Stadt**

# Überblick: Der Dodekanes

DIE INSELWELT des Dodekanes bietet eine schillernde Palette von Landschaften und Urlaubsaktivitäten: Traumstrände mit breitem Wassersportangebot, geschützte Jachthäfen, üppige Täler, kahle Berge, Höhlen, fjordartige Buchten, auf Nísyros gar einen inaktiven Vulkan. Ebenso vielfältig sind die Kulturdenkmäler, unter ihnen Pátmos' Johannes-Kloster aus dem 11. Jahrhundert, das hellenistische Asklepieion auf Kos, Rhodos' mittelalterliche Ritterstadt und das Dorf Olympos auf Kárpathos, wo scheinbar museales Brauchtum lebt. Kos im Norden und der Verwaltungssitz Rhodos im Süden eignen sich gut als Standbeine zum Inselhüpfen per Schiff oder Flugzeug.

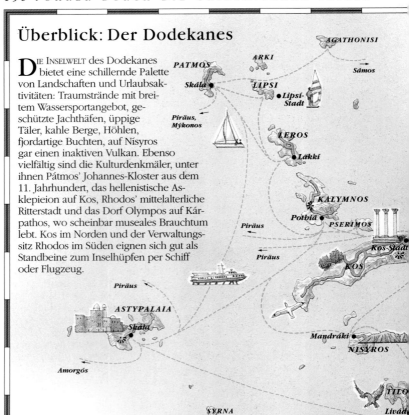

AGATHONISI

ARKI

PATMOS
Skála •

Sámos

LIPSI
• Lipsí-Stadt

Piräus,
Mýkonos

LEROS

• Lakkí

KALYMNOS
Potheá •
PSERIMOS

Piräus

Kos-Stadt

Piräus

KOS

ASTYPALAIA
Skála •

Piräus

Mandráki •
NISYROS

Amorgós

TILO
Livád

SYRNA

Piräus

**Kuppeleingang zum Neuen Markt von Rhodos-Stadt**

• Diafáni

KARPATHOS

Kárpathos–Stadt

Kreta (Irákleio, Siteía)

Kreta (Siteía

Emporeiós •
KASOS

Kreta
(Siteía)

## UNTERWEGS

Kos, Rhodos und Kárpathos verfügen über internationale, Léros, Astypálaia und Kásos über Inlandflughäfen. Schiffsreisen bedürfen sorgfältiger Planung: Zwischen manchen benachbarten Inseln bestehen keine direkten Fährverbindungen. Ferner können Schiffsreisen viel Zeit kosten (von Rhodos nach Pátmos neun Stunden) und Unwetter Fahrpläne durchkreuzen. Bläst der *meltémi* im Hochsommer zu heftig, laufen Fähren nicht aus oder setzen Sie unterwegs irgendwo ab. Die Busverbindungen sind auf den größeren Inseln gut. Taxis, Leihwagen und -motorräder sind überall aufzutreiben, die Straßen allerdings in unterschiedlichem Zustand.

**ZUR ORIENTIERUNG**

*Sámos*

*Rhodos*

*Astypálaia*

*Sými-Stadt*

*SYMI*

*ÁLKI*

*RHODOS*

*Rhodos-Stadt*

*Kastellórizo*

*Líndos*

**Die neoklassizistischen Häuser von Sými-Stadt aus der Vogelperspektive**

### LEGENDE

| | |
|---|---|
| ▰▰▰ | Hauptstraße |
| ▱▱▱ | Asphaltierte Straße |
| ▱▱▱ | Nicht-asphaltierte Straße |
| ▰▰▰ | Panoramastraße |
| ≈≈ | Fluß |
| – – | Fähre in der Hauptsaison |
| ☼ | Aussichtspunkt |

0 Kilometer — 25

*TÜRKEI*

*Rhodos*

*RO*

*Kastellórizo-Stadt*

*KASTELLORIZO*

### SIEHE AUCH

# Pátmos
Πάτμος

PATMOS' Ruf als »Jerusalem der Ägäis« gründet sich auf den Evangelisten Johannes, der 95 n.Chr. auf diese Insel verbannt worden sein soll, und das seit 1088 bestehende Johannes-Kloster *(siehe S. 160f)*. Als Schiffbau und Handel die Insulaner bereicherten, verlor das Mönchskloster an Macht und teilte sich 1720 schließlich den Landbesitz mit Laien. Heute machen Touristen und Pilger Pátmos' Haupteinnahmequelle aus.

### SKALA

Fähren, Jachten und Kreuzfahrtschiffe legen in Pátmos' Hafen und Hauptstadt Skála an. Trotz der vielen Souvenirläden und Boutiquen hat der um die weite, geschützte Bucht gelegene Ort angenehmes, gepflegtes Ambiente.

Das Treiben konzentriert sich am Hafen. Der Kai beherbergt Reisebüros und Reedereien sowie in einem neoklassizistischen Bau die Cafébar *Aríon*, den Nabel des Geschehens. Dort trifft man sich, wartet auf Fähren und beobachtet die Kajiken und Ausflugsschiffe, die täglich Pátmos' wichtigste Strände ansteuern.

**UMGEBUNG:** Der Sandstrand der Stadt ist oft stark überlaufen. Nördlich, jenseits der Bucht, bietet der Kieselstrand von **Meloí** Schatten, einen ausgezeichneten Campingplatz, eine gute Taverne und Wassertaxis zur Rückfahrt nach Skála. Oberhalb von

Skála liegen hellenistische Mauerreste der Akropolis von **Kastélli**. Wer einen beeindruckenden Sonnenuntergang erleben will, sollte zur kleinen Kapelle **Agios Konstantínos** am Gipfel aufsteigen.

### CHORA

Von Skála führt ein alter Pflasterweg zum Johannes-Kloster *(siehe S. 160f)* am höchsten Punkt von Chóra. Den langen Aufstieg belohnen Sámos und Ikaría einfangende Panoramen. Chóra ist ein Juwel byzantinischer Architektur. Über 40 Klöster und Kapellen verbergen sich im schneeweißen Häuserlabyrinth. An vielen Fenstern fallen mit dem griechischen Kreuz verzierte Umrahmungen *(mantomáta)* auf. Daß sich hinter manchen Eingängen Herrenhäuser *(archontiká)* von Kapitänen auftun, ahnt man nicht – Heimlichtuerei zur Irreführung plündernder Piraten.

### Inselkarte

Lampí
Christós
Kámpos
Léfkes
Livádi
Vagía Geránou
Kámpos-Strand
Meloí
SKALA
Kastélli
Höhle der Apokalypse
Chóra
Johannes-Kloster
Grígos
Psilí Ammos
Diakófti
Prásino
▲ 775 m

Agathonísi
Lipsi, Léros
Piräus, Sámos, Mýkonos, Astypálaia

TRAGONISI

Kap Genoúpas

**LEGENDE**

Symbole siehe Umschlaginnenseite

0 Kilometer      2

**Blick vom Johannes-Kloster auf Skála**

**Souvenirstände am Weg zum Johannes-Kloster**

**INFOBOX**

🏘 3500. 🚌 Skála. 🚤 Skála.
ℹ️ Dimou, Skála (0247 31666).
🎭 Níptiras am Johannes-Kloster: Gründonnerstag; Panagía in Kámpos: 15 Aug.

Beim Abstieg nach Skála leiten vom alten Treppenweg blumengeschmückte Stufen hinab zur **Agía Anna** (1090). Die Mariens Mutter geweihte Kirche beherbergt die heilige **Höhle der Apokalypse**, in der Johannes nach christlicher Legende seine von Feuer und Schwefel begleitete Weltuntergangsvision erfuhr und seinem Schüler Próchoros die Apokalypse oder *Geheime Offenbarung* diktierte. Besucher werden auf den Stein hingewiesen, der als Schreibtisch diente, die Einbuchtungen, auf die Johannes sein Haupt lagerte, und den dreigeteilten (Symbol der Dreifaltigkeit) Fels mit dem Spalt, aus dem Gottes Stimme zu Johannes gesprochen haben soll. Fresken des 12. Jahrhunderts und vom Kreter Thomás Váthas 1596 gemalte Ikonen des hl. Johannes und hl. Christódoulos *(siehe S. 160)* dekorieren die Grotte.

Der Kaufmann Aglaïnós Mousodákis erbaute 1625 das **Simantíri-Haus** nahe der Plateía Xánthos. Das *archontikó*, heute ein Volkskundemuseum, beherbergt Originale wie Himmelbetten und Samoware, die Mousodákis aus Rußland mitbrachte.

Einige wertvolle Fresken und Ikonen besitzt das von einem Garten umgebene Kloster **Zoödóchou Pigís** (1607).

🔒 **Höhle der Apokalypse**
Zwischen Skála und Chóra.
📞 0247 31234. ⏰ tägl.

📷 **Simantíri-Haus**
Chóra. ⏰ tägl. 📷

**Votivgaben von Pátmos-Wallfahrern**

**INSELERKUNDUNG**
Im Innern der Insel findet man fruchtbare Täler, an der Küste einige überaus ruhige Strände. Ausflugsboote fahren zu den meisten Stränden, Busse von Skála nach Kámpos, Grígos und Chóra. In einer traumhaften Bucht östlich von Chóra liegt **Grígos**, Pátmos' Ferienzentrum. Fischerboote treiben vor dem Kiesstrand, der Wassersportgelegenheiten und einige Tavernen offeriert.

Von dort schwingt sich die Bucht am unbewohnten Eiland Tragonísi vorbei zum Felsen Kallikátsou, benannt nach der kormoranähnlichen Form der sandigen Landzunge, die er besetzt. Die – vielleicht im 4. Jahrhundert von Mönchen – in den Fels getriebenen Wohnhöhlen sind womöglich identisch mit der von Christódoulos erwähnten Einsiedelei des 11. Jahrhunderts.

An der Südwestküste erstreckt sich **Psilí Ammos**, beliebt bei Campern und wegen seines feinen Sandes und der sanften Dünen der schönste (und inoffizielle FKK-)Strand der Insel. Gegenüber der Bucht markiert eine rote Boje den Genoúpas-Felsen. Dort forderte der Legende zufolge der Magier Genoúpas den hl. Johannes zu einem Wunderwettbewerb heraus. Als er dabei im Meer nach Bildern von Toten tauchte, verwandelte Gott ihn zu Stein. In einer Grotte am Kap Genoúpas soll der Zauberer gehaust haben.

Über das Bergdorf Kámpos im fruchtbareren Agrarland des Nordens kommt man zum Strand **Kámpos** mit seinem Wassersportangebot und einigen Tavernen. Von dort führt eine Piste ostwärts zu den schönen Kieselstränden **Vagiá Geránou** und **Livádi**.

Vom Weiler Christós oberhalb von Kámpos kann man zum von bunten, gemusterten Kieseln übersäten Nordküstenstrand **Lampí** wandern. Hinter dem Schilf liegen zwei Tavernen und eine Kapelle.

**Die Höhle der Apokalypse, Wohn- und Arbeitsort des Evangelisten Johannes**

# Pátmos: Johannes-Kloster
Μονή του Αγίου Ιωάννου του Θεολόγου

**D**AS JOHANNES-KLOSTER zählt zu den bedeutendsten Kultstätten orthodoxer wie römisch-katholischer Christen. Der später heiliggesprochene Mönch Christódoulos gründete es 1088 zu Ehren des Evangelisten Johannes, des (umstrittenen) Verfassers der *Geheimen Offenbarung*. Das Kloster stieg zu einem der reichsten und mächtigsten in Griechenland auf. Seine Türme und Zinnen lassen es wie eine Märchenburg erscheinen, hatten aber den profanen Zweck, die sakralen Schätze zu hüten, die heute Hauptattraktion der Besucherscharen sind.

Das Johannes-Kloster oberhalb von Chóra

**Kapelle Johannes des Täufers**

**Küchen**

**Innenhof**

**Abrahams Gastfreundschaft**
*Nach einem Erdbeben im Jahr 1956 legte man in der Panagía-Kapelle übermalte Fresken des 12. Jahrhunderts frei, darunter dieses besonders kunstvolle Motiv.*

**Im Refektorium der Mönche**
stehen zwei Marmortische aus dem Artemis-Tempel, der vorher auf dem Gelände stand.

★ **Johannes-Ikone**
*Diese Ikone aus dem 12. Jahrhundert genießt höchste Verehrung. Sie ist im katholikón aufbewahrt, der Hauptkirche des Klosters.*

**Die Christó-doulos-Kapelle** birgt das Grab und den silbernen Reliquienschrein des hl. Christódoulos.

---

**NICHT VERSÄUMEN**

★ **Haupthof**

★ **Johannes-Ikone**

### Heilig-Kreuz-Kapelle

*Das Kloster besitzt zehn Kapellen, um die Vorschrift zu befolgen, daß Andachten nur einmal täglich in derselben Kapelle stattfinden durften.*

#### INFOBOX

Chóra, 4 km südlich von Skála.
📞 0247 31398.
**Kloster u. Schatzkammer**
🕐 Apr–Okt Mo, Mi, Fr u. Sa 8–13 Uhr, Di, Do 8–13, 16–18 Uhr, So 10–12, 16–18 Uhr.
🎫 nur Schatzkammer. ✝

### Goldbulle

*Die Schatzkammer bewahrt die Gründungsurkunde aus dem Jahr 1088, eine mit dem Goldsiegel des byzantinischen Kaisers Alexios I. Komnenos versehene Schriftrolle.*

**Die Schatzkammer** hütet mehr als 200 Ikonen, 300 Silberarbeiten und kostbaren sakralen Schmuck.

### ★ Haupthof

*Das Leben des hl. Johannes illustrierende Fresken (18. Jh.) schmücken den äußeren Narthex des katholikón, dessen Arkaden Teil des Hofes sind.*

**Die Apostelkapelle** liegt vor dem Klostertor.

### DIE NIPTÍRAS-ZEREMONIE

Patmos' orthodoxe Osterzeremonien zählen zu den feierlichsten im Lande. Bei der Niptíras-Zeremonie am Gründonnerstag wäscht der Abt des Johannes-Klosters in Chóra vor Hunderten von Zuschauern zwölf Mönchen die Füße. Das Ritual erinnert daran, daß Jesus vor dem Letzten Abendmahl seinen Jüngern die Füße wusch. Byzantinische Fürsten und Bischöfe vollzogen es als Symbol demütiger Dienstbereitschaft.

**Jesu Fußwaschung illustrierende Stickerei**

**Beim Haupteingang** sind Schlitze eingelassen, durch die man Angreifer mit heißem Öl übergießen konnte. Durch dieses Tor (17. Jh.) gelangt man zum Haupthof.

**Die Kirche Agios Ioánnis im Dorf Lipsí**

# Lipsí
Λειψοί

🏠 650. 🚢 Lipsí-Stadt. ℹ️ Rathaus, Lipsí (0247 41209). 🚌 Platýs Gialós 4 km nördlich von Lipsí-Stadt.

GRÜNE HÜGEL, betupft mit blau-weißen Kapellen, bunt angestrichene Häuser und ausgezeichnete Strände tragen zum bezaubernden Charme von Lipsí bei. Die Insel, seit byzantinischer Zeit Besitz des Klosters auf Pátmos, ist beliebtes Ziel von Tagesausflüglern aus Pátmos und Kálymnos. Nicht als einzige behauptet sie, hier habe Kalypso Odysseus umgarnt.

Auf Lipsís nur zehn Quadratkilometern lebt traditionelle Lebensweise fort, sinnlich abgerundet durch gute Weine und Käse.

Der Hauptort **Lipsí-Stadt** umrahmt den Hafen, von dem Schilder zu den Sehenswürdigkeiten führen. Berühmt ist die Ikone des hl. Johannes in der blau überkuppelten Kirche **Agios Ioánnis**: Die Lilien in ihrem Rahmen erblühen wundersam zu Mariä Verkündigung (23. August). Im Rathaus präsentiert das **Nikóforeion-Kirchenmuseum** seine von säuberlich beschrifteten Weihwassergefäßen bis hin zu Trachten reichenden Ausstellungsstücke.

Den Transport vom Hafen zu den entfernteren Stränden und Buchten von **Platýs Gialós** und **Monodéntri** sowie zu **Katsadiás'** Sandbuchten übernehmen als Taxis fungierende Privatfahrzeuge.

🏛️ **Nikóforeion-Kirchenmuseum**
🕐 Mai–Sep tägl.

# Léros
Λέρος

🏠 8000. ✈️ Parthéni. 🚢 Lakkí, Agia Marina. 🚌 Plateia Plátanos, Plátanos. ℹ️ am Hafen, Lakki (0247 22937).

DIE EINST renommierte Artemis-Insel besitzt ein negatives Image, seit hier Griechenlands größte psychiatrische Klinik untergebracht

**Griechenlands Staatspräsident, eskortiert von Popen, auf Léros**

ist. Die Insel wurde 1309 von den Johannitern, 1522–1831 von den Osmanen, 1912 von Italien, das seine Marine in der Bucht von Lakkí stationierte, und 1943 von deutschen Truppen besetzt und 1948 Griechenland angeschlossen. Die Militärjunta (1967–74) inhaftierte auf Léros politische Gegner.

Noch ist die Klinik und nicht der Tourismus größter Arbeitgeber. Immer noch ist der Alltag der freundlichen Insulaner traditionell bestimmt. Für den Erhalt von Léros' reicher musikalischer, dichterischer und tänzerischer Kultur engagiert sich der Jugendverband Artemis.

### LAKKI
Der Haupthafen Lakkí war früher die Inselhauptstadt. Den natürlichen Hafen, einen der besten der Ägäis, nutzten Italiener, Deutsche und Briten als Flottenbasis. Wie pompöse Fassaden einer Filmkulisse wirken die unter Mussolini aufgezogenen Art-déco-Verwaltungsbauten. Tagsüber eine Geisterstadt, erwacht Lakkí abends in den Cafés an der Hafenpromenade zu Leben. Jenseits der Bucht, bei Lépida, beherbergt das Exquartier der italienischen Marine die staatliche psychiatrische Klinik und eine ehemalige Sommervilla des Duce. Lépidas Kirche des Evangelisten

## LAKKIS ART-DECO-BAUTEN

1923 krempelten italienische Architekten und Stadtplaner die Ärmel auf, um mit der Inselhauptstadt Lakkí Mussolinis faschistischem Traum von einem neuen römischen Imperium ein Denkmal zu setzen. Sie schufen eine imposante Stadt mit breiten, von Sardeli und dem Österreicher Caesar Lois angelegten Boulevards. Runde Linien prägen die Art-déco-Bauten, so die untertassenförmige, mit Uhrturm ausgestattete Markthalle (1936) und das zylindrische Rathaus (1933–34). 1937 wurden das Kino, das Theater und als Absteige für italienische Schauspieler die luxuriöse Albergo Romana, das spätere Léros Palace Hotel, hinzugefügt. Heute befinden sich die meisten Bauten allerdings in einem vernachlässigten Zustand.

**Das Art-déco-Kino in Lakkí**

0 Kilometer 4

Symbole siehe Umschlaginnenseite

## LEGENDE

Johannes, die **Agios Ioánnis Theológos** (11. Jh.), wurde vom hl. Christódoulos *(siehe S. 160)* über einer byzantinischen Vorgängerin erbaut.

### INSELERKUNDUNG

In die zerlappte Küste sind tiefe Buchten, Léros' »vier Meere«, eingeschnitten. Mit ihren zerklüfteten Hügeln und fruchtbaren Tälern reizt die ansprechende Insel zum Wandern.

Aus Protest gegen die italienischen Besatzer verließen die Insulaner Lakkí und machten das Dorf **Plátanos** zur Hauptstadt. Die Häuser reichen vom Hügelhang hinab zum kleinen Hafenort Pantéli und dem Fischerdorf Agía Marína.

Ein guter Aussichtsplatz ist das byzantinische, von Venezianern und Johannitern ausgebaute Kástro oberhalb von Plátanos. Dort hütet die Kirche der Madonna von der Burg, **Megalóchari tis Kyrástou Kástrou**, eine wunderwirkende Ikone. Das nahe Fischerdorf Pantéli umfaßt einen Hafen und einen baumbeschatteten Strand. Stattliche, 1880 bis 1920 entstandene neoklassizi-

stische Herrenhäuser säumen die Straße zum nördlichen **Agía Marína**, der Hauptanlegestelle von Tragflügelbooten.

Nördlich davon erreicht die Küstenstraße Krithóni und den **Britischen Soldatenfriedhof**. Er wird besucht von Angehörigen der in der Schlacht von Léros 1943 Gefallenen.

Die Weiterreise nach Norden führt an Stränden vorbei zum Haupturlaubsort **Alínda** mit vielen Cafés und Wassersportmöglichkeiten am langen Strand. Der Auslandsgrieche Paríssis Bellínis baute das mit Zwillingstürmen besetzte Bellini-Schloß, Domizil von Alíndas **Geschichts- und Volkskundemuseum**. An den bedeu-

**Neoklassizistische Fassade der Maliamate-Villa, Agía Marína**

tenden Artemis-Tempel – heute mit Blick auf den Flughafen von Parthéni – erinnern nur einige behauene Steine und Säulenfragmente. Als dauerhafter hat sich das matrilineare Erbrecht erwiesen, eine Nachwirkung des Artemis-Kults.

In der Umgebung entstanden mehrere frühchristliche Basiliken. Für die **Agios Geórgios** (11. Jh.) südlich des Flughafens verwendete ihr auf einem Fresko abgebildeter Begründer, der hl. Christódoulos *(siehe S. 160)*, Tempelsäulen.

Über der sandigen Goúrnas-Bucht an der Westküste wacht die **Agios Isídoros**. Zu ihr gehört die weiße Kapelle auf dem über einen schmalen Damm erreichbaren Inselchen.

Auf Buchten und eine Oleanderschlucht trifft man bei Drymónas. Aus einer Kapelle des 11. Jahrhunderts erstand 1327 die Kirche der **Panagía Gourlomáta**, der »Kulleräugigen Madonna«, so genannt wegen der auffällig großen Augen eines Marienfreskos.

Der Badeort **Xirókampos** liegt in einer Bucht im Süden zu Füßen des antiken Palaiókastro. Im Ruinenfeld der Festung (3. Jh.), die Lépida bewachte, ist außer den Zyklopenmauern die mit überaus feinen Mosaiken dekorierte Kirche Agía Panagía eine vielbesuchte Attraktion.

**Geschichts- und Volkskundemuseum**
Bellini-Schloß, Alínda ☐ Mai–Sep tägl.

**Das Dorf Plátanos, überragt vom Kástro**

# Kálymnos
Κάλυμνος

**F**UNDE IN Vothýnoi nahe Pothía beweisen, daß Kálymnos, bekannt als Insel der Schwammfischer, schon zur Jungsteinzeit bewohnt war. Kretas Verwüstung 1450 v.Chr. bewirkte die konsequente Besiedlung. Im 11. Jahrhundert verübten die Seldschuken in Kastélli ein Massaker. Seither stehen die Insulaner im Ruf eines zähen Volkes.

*Map of Kálymnos with locations:*

Emporeió
Palónissos
Kolonóstilo
Kastélli
TELENDOS
Armeó
Masoúri
Myrtiés
Kamári
Pánormos
Choró
Kreuzritterburg
Vothýnoi
POTHIA
Arginónta
Drasonía
Metóchi
Plátanos
Péra Kástro
Rína
Höhle der sieben Jungfrauen
Armies
Daskalió-Grotte
KÁLYMNOS

Kos, Nísyros, Psérimos
Piräus
NERA
Léros
Astypálaia

**LEGENDE**

Symbole siehe Umschlaginnenseite

0 Kilometer     5

## POTHIA

Der geschäftige Hafen der Inselhauptstadt Pothía ist der größte von Kálymnos. Bunte Häuser rahmen zwischen zwei Bergen seine weite Bucht.

Pothía ist Heimat von Griechenlands letzter Schwammfischerflotte. Eine Schule am östlichen Hafenufer lehrt die Kunst des Schwammtauchens. Blickfang am von Cafés geprägten Kai sind rosafarbene, italienisch inspirierte Kuppelbauten wie der zur Markthalle umfunktionierte **Gouverneurspalast** und die silbern überkuppelte Kathedrale **Agios Christós** (19. Jh.) mit ei-

nem Altaraufsatz von Giannoúlis Chalepás *(siehe S. 40)*. Die hier tätigen Bildhauer Irene und Michális Kókkinos stifteten ihrer Heimatinsel die *Seejungfrau* am Hafen und 42 weitere Werke.

Das aufwendig renovierte **Archäologische Museum** präsentiert in einer neoklassizistischen Villa bis die

*Die Seejungfrau am Hafen von Pothía*

Bronze- und Jungsteinzeit datierende Funde. Über die Schwammfischerei klärt die **Schwammfabrik** nahe der Plateía Elefthérias auf.

**Archäologisches Museum**
Nahe Plateía Kýprou. 0243 23113.
Di–So. Feiertage.

**Schwammfabrik**
Plateía Elefthérias. 0243 28501.
tägl. Feiertage.

**INSELERKUNDUNG**
Gute Linienbusverbindungen und Taxis sorgen für müheloses Reisen. Das Inselinnere wird von drei Bergketten durchzogen, mit denen tiefe, fjordartige Buchten stark kontrastieren.

Drei Windmühlen stehen seit langem still in Pothías Vorort Mýloi, dessen weiße Häuser mit der Exhauptstadt **Chorió** verwachsen. An der Strecke ragt links die **Kreuzritterburg** auf, darüber das Péra Kástro, zu dem in Chorió Stufen aufsteigen. Das befestigte Chorió diente nach einem der vielen Einfälle von Osmanen vom 11. bis 18. Jahrhundert als Fluchtburg. Seine von neun weißen Kapellen besetzten Felsen geben weite Blicke frei. An den Nymphenkult erinnert die **Höhle der sieben Jungfrauen** (Eptá Parthénon), in die laut einer Sage sieben Jungfrauen vor Piraten flohen, um auf ewig in den unterirdischen Fluten zu entschwinden.

**Ansicht der Hafen- und Hauptstadt Pothía**

**Die langgezogene, beim Hafenort Rína endende Bucht von Vathý**

**INFOBOX**

🏔 14 000. 🚢 Pothía.
🚌 hinter dem Marktplatz, Pothía.
ℹ️ Plateía Charalámpous, Pothía
(0243 329 301). 🚢 Pothía:
Mo–Sa. 🎭 Osterfeierlichkeiten
auf der Insel: Ostersamstag;
Schwammwoche in Pothía: in der
Woche nach dem Osterfest.

Die Urlaubszentren sind an der Westküste verteilt. **Myrtiés** ist wie sein Nachbar Masoúri eine lebhafte Touristenhochburg, doch am Ortsausgang Richtung Arméo etwas ruhiger. Ein ungetrübtes Erlebnis beschert Myrtiés durch den Sonnenuntergang über dem Inselchen Télendos. Im nördlichen **Kastélli** versuchten im 11. Jahrhundert die Insulaner, den Osmanen zu entkommen. Von dort führt die aufregende Fahrt an Fischfarmen und Meerengen vorbei zur fjordartigen Badebucht von **Argimónta**. Einen Tagesausflug lohnt der nördlichste Fischer-

weiler **Emporeío**. Sein Hinterland lädt zum Wandern ein, z.B. nach **Kolonóstilo**, wegen der mächtigen Stalaktiten »Zyklopenhöhle« genannt.

Am reizvollsten ist der Südosten der Insel. Drei Siedlungen umbetten das üppige, in eine tiefblaue Meerenge mündende Vathý-Tal: Im Hafen des kleinen **Rína** – Namenspatronin ist die hl. Irene – liegen Boote, dahinter Zitrushaine. Die Platane des Nachbardorfs **Plátanos** wirkt fast so gigantisch wie die Reste seiner Zyklopenmauern. Von dort wandert man in drei Stunden Richtung **Metóchi**,

das dritte Dorf des Vathý-Tals, durch das Inselinnere nach Arginónta. Von Rína segeln Kajiken zur **Daskalió-Grotte** und den Stränden von Armies, Drasoniá und Palónissos an der Ostküste.

### VORGELAGERTE INSELN

Von Pothía setzen Boote täglich nach **Psérimos** und zum Eiland **Nerá** über. Attraktion von Nerá ist das Moní Stavroú, von Psérimos der Sandstrand und am 15. August die Feier von Mariens Entschlafung.

Von Myrtiés kann man nach **Télendos** fahren, eine Insel mit Kiesstränden, Gästezimmern und Tavernen, Römerruinen, den mittelalterlichen Resten einer Burg und des Moní Agios Vasíleos. Aus byzantinischer Zeit stammt das Moní Agios Konstantínos.

## SCHWAMMFISCHEREI AUF KALYMNOS

Die Schwammfischerei ist auf Kálymnos ein alter Erwerbszweig. Krankheitsbefall und Fangbeschränkungen erschweren den einst lukrativen Handel mit den Schwämmen, die von Haremsdamen des Sultans geschätzt wurden, Rüstungen polsterten und heute u.a. industriell verarbeitet werden. Vor Erfindung moderner Taucheranzüge beschwerten sich die Taucher mit Gewichten; viele ertranken oder starben an der Taucherkrankheit.

**Schwamm**

Jährlich steigt vor Auslaufen der Fangflotte das einwöchige *Ipogros*-Fest, das mit Festessen und Volkstänzen die Schwammtaucher verabschiedet.

**Diese schwarzfigurige Vase** ist auf etwa 500 v.Chr. datiert. Ihr Dekor zeigt einen Schwammtaucher kurz vor dem Sprung vom Bug des Bootes ins Meer.

**Ein Steingewicht** beschwerte die den Meeresboden absuchenden Taucher.

**Die Taucherausrüstung** änderte sich im Lauf der Zeit sehr. Alte, aus Gummi und Segeltuch hergestellte Anzüge mit riesigen Helmen sind in der Schwammfabrik von Ponthía und an Verkaufsständen der Schwammtaucher zu sehen.

# Kos
## Κως

**D**IE ZWEITGRÖSSTE Insel des Dodekanes hat angenehmes Klima und fruchtbaren Boden und ist seit 3000 v. Chr. besiedelt; Hippokrates' Lehren machten Kos weltbekannt. Einst eine bedeutende Handelsmacht erfolgte mit der Eroberung durch die Römer um 130 v. Chr ihr Niedergang. Kreuzritter regierten auf Kos ab 1315, die Türken waren hier 1522–1912 an der Macht. Es folgten italienische und deutsche Besatzer; schließlich wurde die Insel 1948 Griechenland zugesprochen.

**LEGENDE**

Symbole siehe Umschlaginnenseite

**Jachten im Hafen von Kos-Stadt**

## Kos-Stadt ❶
### Κως

🏛 15 000. 🚢 🚌 *Akti Koundourio-tou.* ℹ️ *Vasiléos Georgíou 1 (0242 28724).* 🛒 *tägl.* 🚉 *Kos-Stadt.*

Die alte Stadt Kos, überragt von einer Kreuzritterburg, wurde 1933 von einem Erdbeben zerstört. Zahlreiche Gebäude wurden seitdem ausgegraben und restauriert.

Im Hafen wimmelt es von Jachten und Ausflugsbooten, zahlreiche Cafés säumen die Straßen. In der Hochsaison ist die Menschenmenge am Abend beinahe erschreckend. Palmen, Pinien und Jasmingärten entzücken Augen und Nasen. Altes und Neues liegt hier dicht beieinander: Nafklírou, die »Straße der Bars«, befindet sich dicht bei der an-

tiken Agora, die nachts herrlich angestrahlt wird. Die Platane des Hippokrates in der Plateía Platánou soll von ihm selbst vor 2400 Jahren gepflanzt worden sein. Trotz seines Duchmessers von 14 Metern ist der Baum erst 560 Jah-

**Brunnen nahe der Platane des Hippokrates**

re alt und somit wohl eher ein Ableger des Originals. Der Brunnen, dessen Wasser sich in einen alten Marmorsarkophag ergießt, wurde 1792 vom türkischen Statthalter Hadji Hassan erbaut.

### ♦ Kreuzritterburg
Plateía Platánou. ☎ *0242 28326.* ⏰ *Di–So.* ⏹ *Feiertage.* 📷
Die Burg (16. Jh.) ist verziert mit Wasserspeiern und dem alten Wappen des Fernández De Heredia, dem Großmeister der Kreuzritter (reg. 1376–96). Der Hauptturm und die Zinnen wurden zwischen 1450 und 1478 aus Stein und Marmor erbaut, man verwendete auch Blöcke des Asklepieions *(siehe S. 168).* Die Festung diente den Kreuzrittern von Rhodos als Schutz gegen osmanische Angriffe.

### ⍅ Antike Agora
Südlich der Plateia Platánou.
Die Stätte besteht aus mehreren Ruinen von einer hellenistischen Stadt bis zu byzantinischen Gebäuden. Von den Kreuzrittern einst überbaut, wurden die Überreste durch das Erdbeben 1933 freigelegt.

**INFOBOX**

👤 27 000. ✈ 27 km westlich von Kos-Stadt. ⛴ Akti Koundouriótou, Kos-Stadt. 🚌 Kos-Stadt. 🛈 Kos-Stadt (0242 28724). 🎭 Hippokrates-Kulturfestival: Juli–Sep; Panagia in Kardámaina: 8. Sep; Agios-Geórgios-Fest in Palaió Pylí: 23. Apr.

**AUF EINEN BLICK**

Antimácheia ⑦
Asfendíou-Dörfer ③
Asklepieíon ②
Kamári ⑧
Kardámaina ⑥
Kos-Stadt ①
Palaió Pylí ⑤
Tigkáki ④

Sehenswert sind etwa die Stoa Kamára tou Fórou (3. Jh. v. Chr.), der Tempel des Herakles (3. Jh. v. Chr.), Mosaikböden, die Orpheus und Herakles zeigen, sowie die Ruine des Tempels der Pandemós-Aphrodite. Man entdeckte auch eine christliche Basilika und die römische Agora.

**▣ Archäologisches Museum**

Plateía Eleftherías. 📞 0242 28326. 🕐 Di–So. ⬤ Feiertage. 🌐
Eine ausgezeichnete Sammlung hellenistischer und römischer Funde bietet dieses Museum; besonders sehenswert ist eine Marmorstatue ( 4. Jh. v. Chr.), die Hippokrates darstellt. In der Haupthalle kann man ein Asklepios-Mosaik (3. Jh. v. Chr.) bewundern sowie Statuen des Dionysos ( 2. Jh. v. Chr.). Im Ostflügel sind römische Statuen ausgestellt; der Nordflügel zeigt hellenistische Funde, der Westflügel übergroße Statuen.

**⋔ Römische Überreste**

Grigoriou E. 🕐 unbeschränkt.
Am beeindruckendsten ist die Ruine der Casa Romana im pompejanischen Stil. Einst hatte das Gebäude 26 Zimmer und drei Wasserbecken; der Innenhof war mit ionischen und korinthischen Säulen geschmückt. Mosaiken zeigen Delphine, Löwen und Leoparden. Der Speisesaal hatte verzierte Marmorwände, viele andere Räume sind mit Wandmalereien ausgestattet. Im unteren Teil wurden eine Therme und Teile der römischen Hauptstraße ausgegraben. Nahebei stößt man auf das Odeion (Theater) mit Mar-

**Gemüsestand auf dem Markt, Plateía Eleftherías**

morbänken – für die Reichen – und Sitzen aus Kalkstein für das »einfache Volk«.

Gegenüber hat man Funde verschiedener Epochen ausgegraben. Neben mykenischen Überresten fand man auch einen Grabstein der geometrischen Periode und römische Häuser mit Mosaiken. Den stärksten Eindruck hinterläßt die Gymnastikhalle (xystó) mit 17 restaurierten dorischen Pfeilern.

**Die römischen Besucher saßen im Odeion zum Teil auf Marmorbänken**

# Überblick: Die Insel Kos

**Relief des Asklepieion**

DIE FRUCHTBARE, vorwiegend flache Insel heißt mit Beinamen »Schwimmender Garten«. Sie ist übersät von den Ruinen hellenistischer und römischer Bauten, byzantinischer und venezianischer Burgen. Doch es sind vor allem die Sandstrände, die Touristen anlocken. Jene im Südwesten zählen zu den schönsten des Dodekanes, die Buchten im Nordwesten sind Wassersportparadiese. Die Küste ist weitgehend erschlossen, doch traditioneller Lebensstil im Inselinnern noch spürbar.

**Die sieben restaurierten Säulen des Apollon-Tempels, Asklepieion**

## Asklepieion ❷
Ασκλιπείο

4 km nordwestlich von Kos-Stadt.
🚌 ⬭ Di–So. 🖾

Kranke sollten Erholung finden im Asklepieion, einer der bedeutendsten Kultstätten Griechenlands. Die weißen Marmorterrassen am kiefernbestandenen Hügel geben einzigartige Aussichten frei.
Die im 4. Jahrhundert v.Chr. nach dem Tod des Hippokrates entstandene, Tempel, Schule und Sanatorium umfassende Einrichtung war die berühmteste der 300 dem Gott der Heilkunde Asklepios (Äskulap) geweihten *asklepieia* des antiken Griechenlands. Ihre Ärzte, Priester des Asklepios-Kults, wandten Hippokrates' Behandlungsmethoden an. Symbol des Kults war die Schlange, die Heilkräuter finden half. Sie umrankt noch heute den Äskulapstab, das Symbol des Ärztestandes.

Eine Treppe verbindet die drei Ebenen. Auf der unteren Terrasse liegen eine Vorhalle (3. Jh. v.Chr.) und römische Bäder (1. Jh. n.Chr), auf der mittleren der Apollon-Altar (4. Jh. v.Chr.) und der Apollon-Tempel (2.–3. Jh. n.Chr.), auf der obersten der dorische Asklepios-Tempel (2. Jh. v.Chr.).

## Asfendíou-Dörfer ❸
Ασφενδίου

14 km westlich von Kos-Stadt. 🚌

Die Ortschaft Asfendíou an den waldigen Hängen des Dikáios besteht aus fünf malerischen Dörfern – Ziá, Asómatos, Lagoúdi, Evangelístria, Agios Dimítrios. Mit ihren geweißelten Häusern und schmucken byzantinischen Kirchen verströmen sie ursprüngliches Flair. Als Inbegriff eines traditionell griechischen Dorfes gilt – zumindest den vielen Veranstaltern von Busreisen – **Ziá**, die höchstgelegene Siedlung. Individualisten können den äußerst holprigen Weg bezwingen, der vom Asklepieion über das winzige Asómatos nach Ziá führt. Beim weniger überlaufenen **Lagoúdi**, dem untersten Dorf, zweigt eine Straße nach Palaió Pylí ab.

## Tigkáki ❹
Τιγκάκι

12 km westlich von Kos-Stadt.
🚌 🚲 *Tigkáki.*

Lange weiße, für Windsurfer und andere Wassersportler geeignete Sandstrände haben Tigkáki und das benachbarte Marmári zu beliebten Badeorten gemacht. In Tigkáki laufen Boote zur Insel Pserimós aus. Vogelbeobachter werden von den nahen **Salzpfannen von Alikés** fasziniert sein. Sie bieten Lebensraum für Säbelschnäbler wie den Stelzenläufer, zu erkennen an schwarzen Flügeln und hohen roten Beinen, sowie viele andere kleine Wasservögel.

### HIPPOKRATES

Der 460 v.Chr. auf Kos geborene, um 375 in Thessalien verstorbene Hippokrates, der Vater der westlichen Schulmedizin, vertrat eine im Ansatz rationale ganzheitliche Methode. Der Legende zufolge stammte er aus einer halbgöttlichen Arztfamilie; sein Vater war in direkter Linie mit Asklepios, dem Gott der Heilkunst, seine Mutter mit Herakles verwandt. Hippokrates klassifizierte als erster westlicher Mediziner Krankheiten, entwickelte neue Diagnose-, Prophylaxe- und Heilverfahren. Er lehrte auf Kos und verfaßte den hippokratischen Eid, dem Ärzte sich heute noch verpflichten.

**Die Burg von Palaió Pylí krönt einen schroffen Felsen**

## Palaió Pylí ❺
Παλαιό Πυλί

15 km westlich von Kos-Stadt.
🚌 bis Pylí.

Die verlassene byzantinische Siedlung Palaió Pylí thront vier Kilometer abseits des Bauerndorfs Pylí auf einem hohen Felsen, mit dem die Burgruine verwachsen zu sein scheint. Im 11. Jahrhundert, ehe er nach Pátmos begab, baute der hl. Christódoulos *(siehe S. 160)* hier die Kirche Ipapandís (Mariä Reinigung). In Pylí liegt das Grab des mythischen Heldenkönigs Charmýlos, ein Rundbau *(thólos)* mit zwölf Krypten, den die Stávros-Kirche überlagert.

## Kardámaina ❻
Καρδάμαινα

26 km südwestlich von Kos-Stadt.
🚌 🚤 Kardámaina.

Das einst verträumte, nur für seine Keramiken bekannte Fischerdorf ist »der« Ferienort von Kos: hektisch, laut, überlaufen von zahlreichen Touristen, die sich am kilometerlangen Strand vom nächtlichen Streß erholen. Etwas mehr Ruhe und noblere Etablissements findet man weiter südlich, außerdem eine byzantinische Kirche und Reste eines hellenistischen Theaters.

## Antimácheia ❼
Αντιμάχεια

25 km westlich von Kos-Stadt.
🎎 🚌

Wahrzeichen dieses Dorfes sind Windmühlen und, nahe dem Flughafen, ein Venezianerkastell mit mächtigen, zinnenbesetzten Brustwehren und untersetztem Turm. Piraten nahmen die im 14. Jahrhundert von den Johannitern auf Rhodos *(siehe S. 184f)* als Gefängnis genutzte Feste immer wieder unter Beschuß. Vom Kastell bieten sich beeindruckende Blicke auf Kardámaina. Am Innentor entdeckt man das Wappen des Großmeisters Pierre d'Aubusson (1476–1503), im Mauerring zwei kleine Kapellen.

**Zinnenmauern der Burg von Antimácheia**

**UMGEBUNG:** Von Antimácheia führt die Straße ins nördliche **Mastichári** mit ansprechendem Hafen und guten Fischtavernen. Auf dem Weg zu den Dünen am Westende des langen Sandstrands stößt man auf die Ruine einer frühchristlichen Basilika mit gut erhaltenen Mosaiken.

## Kamári ❽
Καμάρι

15 km südwestlich von Kos-Stadt.
🚌 🚤 Paradise 7 km östlich.

Kamári eignet sich als Ausgangspunkt für Erkundungen der Westküste. Zu den besten Stränden muß man meist von der Straße aus hinabklettern. Besonders beliebt ist der weiße Paradise Beach. Der Strand von Kamári führt zur Agios Stéfanos, einer frühchristlichen Basilika (5. Jh.) mit Mosaiken und ionischen Säulen.

**UMGEBUNG:** Im Rücken von Kamári liegt auf der gebirgigen Halbinsel **Kéfalos**, bekannt für aromatischen Thymian, Honig und Käse. In der verfallenen Kreuzritterburg soll die von Artemis in einen Drachen verwandelte Tochter des Hippokrates immer noch auf den Kuß eines Ritters warten, der ihr wieder Menschengestalt verleiht. Oberhalb von Kéfalos trifft man auf die Windmühle von Papavasilis, in Palátia auf die Ruinen von Hippokrates' Geburtsort **Astypálaia** und nahebei auf die Höhle Aspri Pétra, eine archäologische Fundstätte. Durch großartige Landschaften gelangt man zum **Moní Agios Ioánnis** sechs Kilometer südlich von Kéfalos und auf einem Pfad zum Strand von Agios Ioánnis Theológos.

**Bars und Diskos im touristischen Kardámaina**

**Chóra überragt den Hafen Skála auf Astypálaia**

# Astypálaia
Αστυπάλαια

🏯 1100. ✈ 11 km östlich von Astypálaia-Stadt. ⛴ 🚌 Astypálaia-Stadt. ℹ Skála-Hafen, Astypálaia-Stadt (0243 61206).

DAS IM KLASSISCHEN Zeitalter unbedeutende Astypálaia blühte 1207–1522 unter der Herrschaft der venezianischen Familie Quirini auf. Die abgelegene Insel ist die westlichste des Dodekanes, im Innern gebirgig, an den Ufern umrahmt von hohen Klippen und zerfressen von teils sandigen Buchten, in denen Malteser Piraten ankerten. Den Reiz der Insel macht neben der malerischen Küste auch die befestigte frühere Hauptstadt Chóra mit ihren blitzweißen Häusern aus.

Heute ist Chóra die verwinkelte Oberstadt von **Astypálaia-Stadt**. Auf dem Gelände einer antiken Akropolis imponiert das venezianische Kástro der Familie Quirini, deren Wappen das Burgtor ziert. Im aus Wohnhäusern gefügten Mauerring sind zwei Kirchen aus dem 14. Jahrhundert besonders sehenswert: die an der Silberkuppel erkennbare Panagía Portaítissa (»Madonna der Burgtore«) und die einen antiken Tempel überlagernde Agios Geórgios.

Eine zweistündige Wanderung führt von Chóra an aufgegebenen Windmühlen vorbei nach Westen zur **Agios Ioánnis**, bei der ein Wasserfall schäumt. In Chóras Süden erstrecken sich ein fruchtba-

res, mit Zitrusbäumen und Getreide bepflanztes Tal und der lange Strand des Hauptferienorts **Livádi**. Etwas weiter südlich, bei **Tzanakí**, wird dem FKK-Kult gefrönt. Von Livádi kann man in eineinhalb Stunden zur Bucht **Agios Andréas** im Norden wandern.

Am schnellsten entwickelt sich der Tourismus in **Maltezána** (auch Análipsi genannt) nördlich von Chóra. Der Ortsname verweist auf die Piraten, die an der schmalen Nahtstelle der Inselhälften geballt ihr Unwesen trieben. 1827 setzte hier der französische Kapitän Bigot sein Schiff lieber in Flammen, statt es in fremde Hände fallen zu lassen.

Einsam in einer tiefen Bucht des Nordostens, der »Verlassenen Lagune«, liegt der Weiler **Vathý**, drei Kilometer südlich die 1912 von den Italienern angelegte Festung Kastellano. Von Vathý fahren Boote zu den Grotten von Drákou und Negrí.

**Typische Hausfassade in Mandráki, Nísyros**

# Nísyros
Νίσυρος

🏯 1000. ✈ ⛴ 🚌 Mandráki-Hafen. 🚤 Gyaliskári 2 km östlich von Mandráki; Páloi 4 km östlich von Mandráki.

DIE FAST kreisrunde Insel besteht aus einem 1400 Meter hohen Vulkanberg an der tektonischen Bruchlinie, die Aígina, Póros, Mílos und Santoríni durchquert. 1422 schuf ein heftiger Ausbruch ihre weite Caldera (siehe S. 172). Der Lavaboden ist äußerst fruchtbar, manche Pflanzen und Tiere kommen nur hier vor.

Der Legende zufolge entstand Nísyros folgendermaßen: Um den klagenden Giganten Polybetes zu vernichten, schleuderte Poseidon einen aus Kos gebrochenen Fels auf den Riesen, der seit jener Zeit Feuer und Rauch spuckend unter der Last stöhnt. In der Antike war die Insel bekannt für ihre Mühlsteine, die »Steine von Nísyros«. Heute profitiert sie vom Bimssteinabbau auf dem nördlich vorgelagerten Inselchen Gyalí.

### MANDRAKI
Schiffe legen am Kai der Hauptstadt Mandráki an. Dort bieten Tavernen einen Imbiß, Schalter Fahrkarten und Busse Fahrten zum Vulkankrater an. Bunte Holzbalkone, an denen Tomaten- und Zwiebelzöpfe trocknen, hängen vor den schmalen, zweistöckigen Häusern. Ein Kriegerdenkmal mahnt an der Plateía Iróon, der

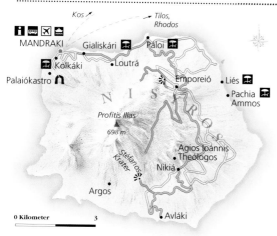

**LEGENDE**

Symbole siehe Umschlaginnenseite

**INSELERKUNDUNG**

Mit dem üppigen Grün der Insel, den mit Oliven-, Feigen- und Mandelbäumen bepflanzten Terrassen, kontrastiert Nísyros' Hauptattraktion, die grau-gelbe von Kratern durchsetzte Mondlandschaft. Tagsüber bevölkern Touristen aus Kos die Insel, doch mit Ablegen der Ausflugsboote kehrt Ruhe ein.

Oberhalb von Mandráki liegen bei **Palaiókastro** die 2600 Jahre alten Ruinen der antiken Akropolis, darunter dorische Säulen und Zyklopenmauern aus vulkanischen Steinquadern.

Nísyros ist ein angenehmes Wanderrevier. Beim Ausflug zum Krater sollte man **Nikiá** (siehe S. 172), ein hübsches Dorf mit *Choklákia*-Mosaik am Hauptplatz, und das verlassene **Emporeió** am Kraterrand besuchen.

Das reizende Fischerdorf **Páloi** östlich von Mandráki besitzt gemütliche Tavernen und eine Reihe von dunklen Sandstränden, das zwei Kilometer westlich entfernte **Loutrá** eine ausgediente Thermalbadeanlage.

In der Hauptsaison fegt der *meltémi* heftig über Nísyros hinweg. Dann ähneln die Strände östlich von Páloi leider oft Schutthalden.

Kreuzung eines Gassenlabyrinths. Andere Sträßchen verlaufen landeinwärts nach Süden, vorbei am *kípos* (Gemeindegarten) und münden in den Hauptplatz, die Plateía Ilikioménon. Dort geht es abends hoch her: Alle Geschäfte, als solche nur an den traditionellen Schildern auszumachen, haben geöffnet. Zum mittelalterlichen Chóra-Viertel hin verengen und verwinkeln sich die Gassen zusehends; im Langádi-Viertel scheinen gegenüberliegende Balkone fast zusammenzustoßen.

Mandrákis Hauptsehenswürdigkeiten sind das Kloster und das von den Johannitern (siehe S. 184f) 1325 hoch an den Fels gebaute Kástro. Im Burggelände liegt das **Moní Panagía Spilianís** (ca. 1600). Prunkstück der kunstvoll geschnitzten Ikonostase seiner Kirche ist die von Gold und Silber überzogene, russisch inspirierte Ikone der Jungfrau mit dem Kind. Zum Ruf des Klosters trug bei, daß die Sarazenen seinen Silberschatz nicht fanden – dieser war als Dekor byzantinischer Ikonen »versteckt«. Die Biblio-

*Choklákia*-**Mosaik am Hauptplatz von Nikiá**

thek hütet seltene Ausgaben von Schriften und andere sakrale Schätze. Im **Geschichts- und Volkskundemuseum** sind eine rekonstruierte traditionelle Küche, Stickereien und eine Fotosammlung zu sehen.

Boote bieten Trips zu den weißen Sandstränden von **Gyalí** und dem entfernteren Eiland **Agios Antónios** an.

**Geschichts- und Volkskundemuseum**
Kástro. ☐ Mai–Sep tägl.

**Blick auf Mandráki, die Hauptstadt von Nísyros**

# Geologie der Insel Nísyros

**Kristalle im Vulkanschlot**

E IN VULKANAUSBRUCH formte den weiten Krater, die Caldera, im Inselinneren. Bewegungen in der Erde lassen noch Schwefeldämpfe aufsteigen. Vor etwa 24 000 Jahren ausgeflossenes Magma erstarrte an den oberen Hängen der Insel zu einer 100 Meter dicken Schicht aus Bimsstein. Anfänglich durchmaß die Caldera drei Kilometer. Heute liegen in ihr mehrere Krater und fünf erstarrte Lavakegel – der Profítis Ilías ist der größte Europas –, die in den vergangenen Jahrtausenden entstanden. 1873 schütteten weitere Ausbrüche 100 Meter hohe Aschenkegel auf.

**Steile Wege** *steigen zum Kraterboden ab. Der Grund ist so heiß, daß Gummisohlen schmelzen. Aus Spalten entweichen 98 °C heiße Dämpfe unter der Erdkruste brodelnder Flüssigkeiten.*

**Pfade** lenken Besucher um die Caldera.

**Profítis Ilías** ist der Name eines 600 Meter hohen Lavavulkans.

**Die Aschenkegel** der Caldera entstanden in jüngerer Zeit.

**Ursprünglicher Rand der Caldera**

**Lavakegel**

**Der Stéfanos-Krater** (300 m Durchmesser und 25 m Tiefe) entstand durch Explosion überhitzter Gase und Dämpfe.

## DIE CALDERA VON NISYROS

In der Caldera liegen mehrere kleine Krater, deren Grund von Wasser bedeckt ist. Größter ist der postvulkanisch aktive Stéfanos-Krater mit blubbernden Schlammlöchern, austretenden heißen Quellen und Gasen. Schwefelgestank hängt in der Luft, und Möchtegern-Gesteinskundler sacken Schwefelkristalle für ihr Souvenirmuseum ein.

**Nikiá** *ist mit seinen bunt gestrichenen Häusern und aus Kieseln gelegten* Choklákia-*Mosaiken das hübscheste Dorf am Kraterrand. Es eröffnet beeindruckende Blicke über die Caldera, zu der ein Pfad absteigt.*

**Die Vulkanite** *der Insel Nísyros sind bis zu 200 000 Jahre alt. Um die Caldera gibt es reiche Vorkommen von Bimsstein, Sulfidmineralen und Kaolin.*

**Sulfidmineral**

**Kaolin**

**Bimsstein**

# Tílos
Τήλος

🏛 300. ⛴ 🚌 Livádia. ℹ Megálo
Chorió (0241 44212). 🚤 Eristós
10 km nordwestlich von Livádia.

DIE ENTLEGENE, ruhige Insel
ist ein geeignetes Revier
zum Wandern und Beobachten
der hier rastenden Zugvögel.
Aus der weitgehend kargen
Landschaft sticht das grüne
Zentrum hervor, in dem Klein-
bauern Tabak, Mandelbäume
und vieles mehr kultivieren.
Auf den Hügeln verstreuen sich
Kapellen und Ruinen von Burgen der Johanniter, die Tílos
von 1309 bis 1522 regierten.

Musik und Dichtkunst haben
auf Tílos eine sehr lange Tradition: Hier wurde im 4. Jahrhundert v.Chr. die Lyrikerin Erinna
geboren, berühmt für ihr Werk
*Die Spindel*. Im 18. und 19.
Jahrhundert pries man die Web-
stoffe für die Frauentrachten, die
einige Insulanerinnen heute
noch tragen.

## LIVADIA
Ein von Bäumen umrahmter
Kieselstrand schwingt sich um
die Bucht des Hauptorts Livá-
dia. Am Hafen fällt die Kirche
**Agios Nikólaos** ins Auge; ihre
Ikonostase schnitzte 1953 der
Rhodier Katasáris. Ein hübsches
Bodenmosaik schmückt die
frühchristliche Basilika **Agios
Panteleímon kai Polykarpos**
an der Uferstraße.

Einer von Tílos' vielen Mandelbaumhainen

Der Kieselstrand von Livádia

### INSELERKUNDUNG
Busse verbinden Livádia mit
Megálo Chorió und Eristós.
Außerdem können Sie Mo-
peds mieten oder sich zu Fuß
auf den Weg machen.

Oberhalb von Livá-
dia, acht Kilometer ent-
fernt, besetzt **Megálo
Chorió** das Gelände
der antiken Stadt Telos.
Die Venezianer trugen
für ihr Kástro Steine
der Akropolis ab und
gliederten ihm ein klas-
sisches Tor ein. Das
**Paläontologische Mu-
seum** bewahrt bei
Misariá entdeckte Kno-
chen von Zwerg-
elefanten und den ei-
nem hellenistischen
Grab nahe Kena bei-
gegebenen Goldschatz.

Vor den Burgmauern steht
die 1827 erbaute Kirche Archángelos Michaíl. Sie besitzt
eine vergoldete
Ikonostase (19.
Jh.) und hütet sil-
berne Ikonen der
alten Taxiárchis-
Kirche, von der
Fresken (16. Jh.)
erhalten sind.
Südlich von
Megálo Chorió
erstreckt sich der
Sandstrand von
**Eristós**. Die
»Strandfelsen« des
Strands **Agios
Antónis** sind ver-
steinerte Men-
schenknochen,
vermutlich von
Seeleuten, die
beim Ausbruch
des Nísyros-Vul-
kans 600 v.Chr.
ausfließende Lava
unter sich begrub.

Detail des Krieger-
denkmals, Livádia

Tílos' Glanzlicht ist das byzantinische Kloster **Moní Agios Panteleímon** (1470). Seine
roten Ziegeldächer verstecken
sich zwischen Bäumen an einem Felshang der Westküste –
bei Sonnenuntergang
ein Logenplatz. Die
Anlage umfaßt runde
Kapellen, einen mo-
saikverzierten Hof
und mittelalterliche
Mönchszellen. In der
Kirchenkuppel re-
giert *Christus als
Pantokrátor* oder All-
herrscher, ein Gemäl-
de (1776) Gregors
von Sými. Beachtung
verdienen u.a. die
das Paradies und die
Apostel darstellenden
Fresken (15. Jh.) und
die Ikonostase (1714).

Die Burgruine von Misária
markiert die in einer Schlucht
gelegene **Charkadió-Höhle**, in
der man auf 7000 v.Chr. datierte fossile Reste von Zwergele-
fanten entdeckte. Verlassen und
verfallen ist **Mikró Chorió** unterhalb von Misária. Etwa 220
Häusern fehlt das Dach: Wer
ein Steindach besaß, nahm es
mit beim Exodus nach Livádia,
der nach 1950 einsetzte. Im
tagsüber eher stillen Dorf gehen abends die Lichter an: Ein
Haus ist als Bar restauriert.
Überdauert haben die mit Fresken (18. Jh.) dekorierte Kirche
**Timía Zóni** aus der Mitte des
17. Jahrhunderts sowie die im
15. Jahrhundert ausgemalten
Kapellen **Sotíras**, **Agios Elésas**
und **Pródomos**.

🖼 **Paläontologisches
Museum**
Megálo Chorió. 📞 0241 44212.
🔓 Apr–Okt tägl.; Schlüssel im
Rathaus abholen. ⬤ Nov–März.

# Sými
## Σύμη

**D**AS FELSIGE, kahle Sými lebte schon im Altertum von der Schwammfischerei und dem Schiffbau. Jährlich liefen 500 Schiffe vom Stapel. Im 17. Jahrhundert war Sými die drittreichste Insel des Dodekanes. Mit der italienischen Eroberung 1912 und dem Aufkommen von Kunstschwämmen setzte der Niedergang ein: Bis zum Zweiten Weltkrieg sank die Bevölkerung von 23 000 auf 6000 Einwohner, und die stattlichen Herrenhäuser begannen zu verfallen.

**Betender in einer Flasche, Moní Taxiárchi**

### SÝMI-STADT

Das Hafenviertel Gialós zählt mit seinen an den Hang gebauten neoklassizistischen Häusern und schönen Kirchen zu den schönsten im Lande. Oft wimmelt es von Besuchern des Klosters Panormítis.

Die Fähren legen vor dem Uhrturm (1884) an der westlichen Hafenseite an. Noch weiter westlich schließt sich die kiesige Badebucht von Nos an. Neben dem Rathaus erläutert das **Meeresmuseum** Sýmis spannende Seefahrtsgeschichte.

375 Stufen und eine Straße verbinden Gialós mit Chorió, der Oberstadt. Viele der schmucken Häuser besitzen ihr altes Interieur. Das Kieselmosaik der **Agios Geórgios** aus dem späten 19. Jahrhundert zeigt zornige Meerjungfrauen, die im Volksglauben die von Seeleuten gefürchte-

ten Stürme entfesselten. Das **Sými-Museum** hoch oben in Chorió zeigt eine kleine heimatkundliche Sammlung; zu den Exponaten gehören Trachten und einige hellenistische Funde. Oberhalb davon liegt das verfallene byzantinische **Kástro**. Schmuckstück der ummauerten Burg ist die Kirche Megáli Panagía und deren

Juwel eine von Geórgios Klontzás im späten 16. Jahrhundert gemalte Ikone, die das *Jüngste Gericht* illustriert.

**Meeresmuseum**
Plateía Ogdóis Maḯou. 0241 72263.
Apr – Okt tägl. Nov – März.

**Sými–Museum**
Chorió. 0241 71114.
Di–So. Feiertage.

### LEGENDE

Symbole siehe Umschlaginnenseite

0 Kilometer    4

**Die pastellfarbenen Häuser von Chorió über dem Hafen von Sými**

**Traditionelle Schiffbaukunst in Sými-Stadt**

**INFOBOX**

🏃 2500. 🚢 🚌 Gialós, Sými-Stadt. 🛈 Sými-Stadt (0241 71344). 🎭 Orthodoxe Osterfeierlichkeiten; Parade anläßlich der Unterzeichnung des Dodekanes-Vertrages in Gialós: 8 Mai.

über von *tamáta*, Weihgaben der Pilger, darunter goldene und silberne Schiffchen.

Mastrodiákis Taliadoúros schnitzte die Ikonostase. Rußgeschwärzte, von den symiotischen Brüdern Nikítas und Michaílos Karakostís gemalte Fresken (18. Jh.) bekleiden Wände und Decke.

In der Sakristei hütet das Museum seine Schätze. Ein Beispiel nachbyzantinischer Kunst gibt das die Agioi Déka (zehn Heilige) darstellende Gemälde des Kreters Theódoros Poulákis. Angesammelt ist in Panormítis angelandete »Flaschenpost«: Flaschen mit betenden Figuren und Geldspenden frommer Seeleute im Bauch. Eine Arkadengalerie umläuft den Kreuzgang, dessen Hof mit einem *chokláki*a (Bodenmosaik aus Kieseln, *siehe S. 194*) ausgelegt ist.

Westlich des Klosters erinnert ein Denkmal an einen Abt, zwei Mönche und zwei Lehrer, die 1944 von Deutschen hingerichtet wurden. Panormítis bietet auch einen Strand und nach **Marathoúnta** führende Waldwanderwege.

🛐 **Moní Taxiárchi Michaíl Panormíti**

Panormítis-Bucht. ⭕ Di–So. 📷

**UMGEBUNG:** Die Straße von Gialós nach Chorió führt über den **Noúlia** oder Pontikokástro genannten Hügel. Dort stößt man auf 20 verfallene Windmühlen und ein vermutlich 412–411 v.Chr. von Spartanern errichtetes Grabmal.

**INSELERKUNDUNG**
Nur wenige befestigte Straßen, aber zahlreiche Pisten erschließen das Inselterrain. Östlich von Sými-Stadt führt eine Eukalyptusallee durch Agrarland hinab zum Strand in der Bucht von **Pédi**, wo viele Einheimische baden. Von dort gelangt man mit Wassertaxis zum Strand von **Agios Nikólaos**; auch einige Pfade führen zu den Buchten von Agios Nikólaos und **Agía Marína**.

Wie ein Wüstenfort, das gotische und andere Stilelemente vereint, erscheint die Kirche (18. Jh.) des **Moní Agíou Michaíl Roukounióti** drei Kilometer westlich von Sými-Stadt. Sie besitzt Fresken aus dem 14. Jahrhundert. Ihre halbrunde Ikone (15. Jh.), ein Werk von Stylianós Génis, stellt *Abrahams Gastfreundschaft* dar.

Die weißen Bauten (18.–20. Jh.) des **Moní Taxiárchi Michaíl Panormíti**, Sýmis Attraktion und Pilgerstatt griechischer Seeleute, säumen das Ufer der Panormítis-Bucht. Am hufeisenförmigen Hafen ragt der elegant verspielte Glockenturm (1905) auf, modelliert nach dem berühmten Vorbild der Agía Foteiní im türkischen Izmir.

Kostbarstes Stück ist die Ikone des Erzengels Michael, des Schutzpatrons der Insel und der Seeleute. Sie wurde nach Gialós gebracht, fand aber auf wundersame Weise zurück nach Panormítis. Daraufhin wurde das Kloster gegründet. Die einschiffige Hauptkirche ersetzte 1783 eine frühbyzantinische, St. Michael geweihte Kapelle.

Da der Heilige Wünsche nur erhört, wenn man ihm Lohn verspricht, quillt die Kirche

**Der verspielte Glockenturm des Moní Taxiárchi Michaíl Panormíti**

**BEFREIUNG DES DODEKANES**

Am Kai von Gialós gedenkt eine Tafel vor dem Restaurant Les Katerinettes des Endes des Zweiten Weltkriegs. Nach Abzug der deutschen Wehrmacht verwalteten die Alliierten den Dodekanes, den Italien seit 1912 besetzt hielt und durch den Pariser Friedensvertrag 1947 an Griechenland abzutreten hatte. Der offizielle Anschluß erfolgte am 7. März 1948. An die Befreiung der Inseln erinnert etwas weiter das Flachrelief eines antiken Schiffs, eine Kopie des Reliefs am Fuß der Akropolis von Líndos auf Rhodos (*siehe S. 192f*).

**Relief einer Triere, eines antiken Kriegsschiffs, am Kai von Sými-Stadt**

# Rhodos
Ρόδος

**R**HODOS, der Verwaltungssitz des Dodekanes, war vom 5. bis 3. Jahrhundert v.Chr. ein bedeutendes Handelszentrum, später Teil des Römischen und Byzantinischen Reiches. Von 1306 bis 1519 herrschten auf Rhodos die Kreuzritter des Johanniter-Ordens. Sie erbauten die Altstadt – heute die Hauptattraktion von Rhodos-Stadt. Den Rittern folgten osmanische und italienische Besatzer und diesen die Touristen, die zu Tausenden von den Stränden, den Wandermöglichkeiten und dem Nachtleben angelockt werden.

**LEGENDE**

Symbole siehe Umschlaginnenseite

### Antikes Kámeiros
*Zu den eindrucksvollen Ruinen der einst blühenden Stadt zählen die Reste eines Tempels der Athena Polias aus dem 6. Jahrhundert v.Chr.* ❺

### Skála Kameírou
*Das attraktive Skála Kameírou, einst Hafen der antiken Stadt Kámeiros, ist ein angenehmer, erholsamer Ort.* ❻

*Das Kastell von Kritinía zählte zu den größeren Wehrbauten der Johanniter (siehe S. 189).*

**Emponas**
Seit den 20er Jahren des 20. Jahrhunderts baut die Weinkellerei Emery an den umliegenden Hängen dieser traditionellen Ortschaft Wein an. ❼

**Siána** ist ein traditionelles Bergdorf mit dem Branntwein *soúma (siehe S. 189)* als Spezialität.

### Monólithos
*Das Dorf wird überschattet von der Feste, die von den Kreuzrittern im 15. Jahrhundert auf einen mächtigen Felsmonolith gesetzt wurde.* ❽

**Moní Skiádi**
Das im 18. und 19. Jahrhundert erbaute Kloster birgt eine hochverehrte Ikone der Panagía oder Muttergottes. ❾

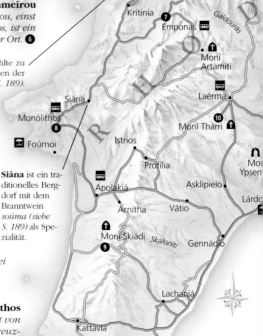

**Moní Thárri**
*In der Kuppelkirche des Klosters sind noch Fresken aus dem 12. Jahrhundert zu sehen.* ❿

Kalavárda
So
Antikes Kámeiros
Skála Kameírou
Litenós
Profítis Ilías
800 m
Kritinía
Emponas
Gaidoúras
Moní Artamíti
Laérma
Siána
Monólithos
Moní Thárri
Foúrnoi
Istrios
Mo
Ypsen
Profília
Apolakiá
Asklipieío
Lárdc
Arnitha
Vátio
Moní Skiádi
Skaloníti
Gennádio
Lachaniá
Kattavía
Plimmýri
Prasonísi

### Petaloúdes

*Der Name dieser Schlucht bedeutet »Schmetterlingstal«: Im Sommer tummeln sich darin Tausende von Faltern.* **4**

### Moní Filérimos

*Die Hauptkirche dieses Klosters an den reizvollen Hängen des Filérimos stammt aus dem 14. Jahrhundert.* **3**

### INFOBOX

🏙 100 000. ✈ 25 km südwestlich von Rhodos-Stadt. ⚓ Industriehafen, Rhodos-Stadt. ℹ Rhodos-Stadt (0241 23255). 🎭 Rodíni-Park-Weinfest, Vororte von Rhodos-Stadt: Ende Aug.

*Chálki, Piräus, Astypálaia*

↑ *Sými, Kos*

→ *Kastellórizo*

**RHODOS-STADT** ❶

**Triánda**

**Paradísi** ✈

**Antikes Ialyssós** ❷

**Moní Filérimos** ❸

**Réni**

**Koskinoú**

**Koskinoú** ❶⑤

**Thérmes/Kalithéas**

**Kalithéas**

**Kalythiés**

❹ **Petaloúdes**

**Psinthos**

❶④ **Faliráki**

**Ladikó-Bucht**

**Afántou**

**Kolýmpia**

**S**

**O**

*Loútari*

**Eptá Pigés** ❶③

**Moní Tsampíka**

**Tsampíka**

❶② **Archángelos** **Sténga**

**Charáki**

**Líndos** ❶①

**Péfkoi**

❹ **Petaloúdes**

### Antikes Ialyssós

*Die Geschichte der Siedlung reicht bis 2500 v.Chr. zurück. Die Ruinen des Ortes und der Akropolis (3. Jh. v.Chr.), liegen auf einem Plateau.* **2**

### Faliráki

*Der Strand des von jungen Leuten bevorzugten Ortes ist ein Zentrum des Wassersports; nachts ist die Hölle los.* **14**

### ★ Rhodos-Stadt

*Der Hafen Mandráki stößt an das Zentrum von Rhodos-Stadt, eines der meistbesuchten Touristenziele Griechenlands.* **1**

### Koskinoú

*Dieses kleine Dorf besticht durch eine traditionelle Architektur und die* choklákia *genannten Kieselmosaiken (siehe S. 194).* **15**

### Die Burg

**Faráklos** diente den Johannitern als Gefängnis. Heute überragen ihre Ruinen das Dorf Charáki *(siehe S. 190f).*

### Eptá Pigés

*Die »Sieben Quellen«, so die Übersetzung des Namens dieser reizvollen Landschaft, speisen das größte Süßwasserreservoir der Region.* **13**

### NICHT VERSÄUMEN

★ **Rhodos-Stadt**

★ **Líndos**

### Archángelos

*Der gernbesuchte, ländlich gelegene Ort pflegt altüberlieferte Handwerkskünste.* **12**

0 Kilometer    10

### ★ Líndos

*Die Stadt Líndos zählt zu den touristischen Highlights der Insel. Hoch auf einem Tafelberg thront unübersehbar die Akropolis der antiken Stadt.* **11**

# Im Detail: Die Altstadt von Rhodos ❶

Πόλη Ροδού

**D**IE STADT RHODOS ist seit ihrer Gründung 408 v.Chr. ununterbrochen bewohnt. Nach ihrem Einzug im Jahr 1309 bauten die Kreuzritter des Johanniter-Ordens auf antiken Fundamenten die mittelalterliche Zitadelle. Überragt von den Türmen des Großmeisterpalasts, bildet sie das Zentrum der Altstadt. Außerhalb der Altstadtmauern liegt die Neustadt *(siehe S. 186f).* Elf Tore führen in die Altstadt; von diesen bietet das Koskinoú- oder Johannes-Tor am Rande des Bürgerviertels *(siehe S. 181)* den besten Blick auf die Wehranlagen.

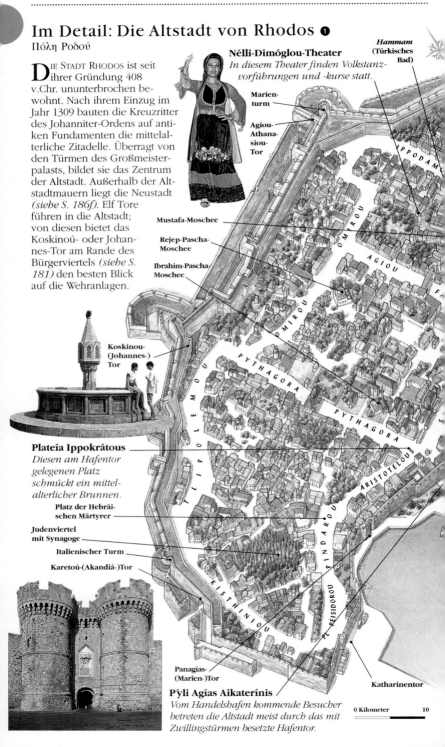

**Nélli-Dimóglou-Theater**
*In diesem Theater finden Volkstanz-vorführungen und -kurse statt.*

*Hammam* (Türkisches Bad)

Marien-turm

Agiou-Athana-siou-Tor

Mustafa-Moschee

Rejep-Pascha-Moschee

Ibrahim-Pascha-Moschee

Koskinou-(Johannes-)Tor

**Plateía Ippokrátous**
*Diesen am Hafentor gelegenen Platz schmückt ein mittel-alterlicher Brunnen.*

Platz der Hebräi-schen Märtyrer

Judenviertel mit Synagoge

Italienischer Turm

Karetoú-(Akandiá-)Tor

Panagías-(Marien-)Tor

**Pýli Agías Aikaterínis**
*Vom Handelshafen kommende Besucher betreten die Altstadt meist durch das mit Zwillingstürmen besetzte Hafentor.*

Katharinentor

0 Kilometer          10

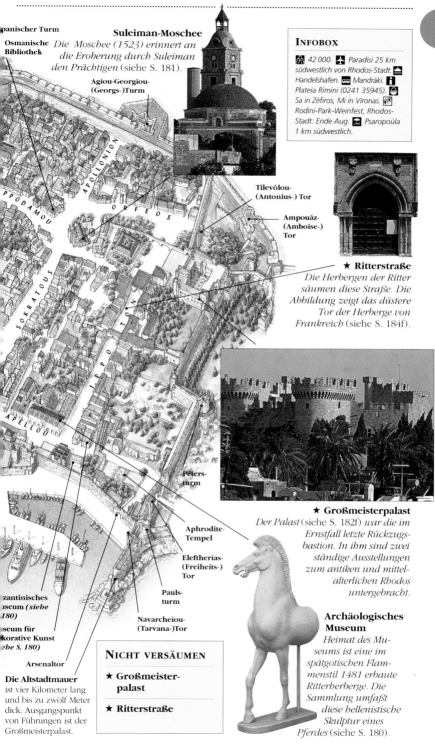

**panischer Turm**

**Osmanische Bibliothek**

### Suleiman-Moschee
*Die Moschee (1523) erinnert an
die Eroberung durch Suleiman
den Prächtigen* (siehe S. 181).

**Agíou-Georgíou-
(Georgs-)Turm**

#### INFOBOX

🏙 42 000. ✈ *Paradisi 25 km
südwestlich von Rhodos-Stadt.* ⛴
*Handelshafen.* 🚌 *Mandráki.* ℹ
*Plateía Rímini (0241 35945).* 🎭
*Sa in Zéfiros, Mi in Vironas.* 🎉
*Rodini-Park-Weinfest, Rhodos-
Stadt: Ende Aug.* 🏖 *Psaropoúla
1 km südwestlich.*

**Tilevólou-
(Antonius-) Tor**

**Ampouáz-
(Amboise-)
Tor**

#### ★ Ritterstraße
*Die Herbergen der Ritter
säumen diese Straße. Die
Abbildung zeigt das düstere
Tor der Herberge von
Frankreich* (siehe S. 184f).

**Petersturm**

#### ★ Großmeisterpalast
*Der Palast* (siehe S. 182f) *war die im
Ernstfall letzte Rückzugs-
bastion. In ihm sind zwei
ständige Ausstellungen
zum antiken und mittel-
alterlichen Rhodos
untergebracht.*

**Aphrodite-
Tempel**

**Eleftherías-
(Freiheits-)
Tor**

**Paulsturm**

#### Archäologisches
#### Museum
*Heimat des Mu-
seums ist eine im
spätgotischen Flam-
menstil 1481 erbaute
Ritterherberge. Die
Sammlung umfaßt
diese hellenistische
Skulptur eines
Pferdes* (siehe S. 180).

**Navarcheíou-
(Tarvana-)Tor**

**zantinisches
useum (siehe
180)**

**seum für
korative Kunst
ehe S. 180)**

**Arsenaltor**

**Die Altstadtmauer**
ist vier Kilometer lang
und bis zu zwölf Meter
dick. Ausgangspunkt
von Führungen ist der
Großmeisterpalast.

#### NICHT VERSÄUMEN

★ **Großmeister-
palast**

★ **Ritterstraße**

# Überblick: Die Altstadt von Rhodos

ELF TORE FÜHREN in die von einer vier Kilometer langen Mauer umwehrte mittelalterliche Festungsstadt. Sie wird beherrscht von der Zitadelle des Großmeisterpalasts. Ritter und Bürger lebten getrennt in zwei Stadtteilen, die Ritter in der Collachium genannten, 1309 angelegten Ritterstadt, die übrige Bevölkerung, darunter Juden, Türken und Griechen, in der Bürgerstadt namens Bourg. In ihrer Geschlossenheit ist die Altstadt ein als Stätte des Weltkulturerbes geschütztes Denkmal mittelalterlicher Festungsarchitektur.

**Das majestätische Amboise-Tor (16. Jh.)**

## Ritterstadt

In diesem Stadtteil, dem Collachium, liegen die Ritterstraße *(siehe S. 184f)* und der Großmeisterpalast *(siehe S. 182f)*. Von der Neustadt gelangt man durch zwei Haupttore hinein: Das 1512 vom Großmeister d'Amboise erbaute Amboise-Tor führt von der Dimokratías-Straße zum Palast, das von den Italienern errichtete Eleftherías-(Freiheits-)Tor von der Eleftherías-Straße zur Plateía Sýmis und von dort ein Torweg zum Byzantinischen Museum.

## 🏛 Archäologisches Museum

Plateía Mouseíou. **℡** *0241 27657.* ⚪ *Di–So.* ⬤ *Feiertage.* 📷

Prunkstück des im gotischen Ordenshospital (1440–81) eingerichteten Museums ist die Marmorfigur der *Aphrodite von Rhodos* (1. Jh. v.Chr.). Aus dem Helios-Tempel am nahen Monte Smith stammt der Kopf der Statue des Sonnengotts Helios (2. Jh. v.Chr.). Eine Ahnung vom Leben im 5. Jahrhundert v.Chr. vermitteln die Grabstelen der Nekropole von Kámeiros. *Kouroi* (550–525 v.Chr.) aus Kámeiros, Münzen, Schmuck und Keramiken aus mykenischen Gräbern des nahen Ialyssós zählen zum reichen Museumsschatz.

*Aphrodite von Rhodos,* **Archäologisches Museum**

## 🏛 Museum für Dekorative Kunst

Plateía Argyrokástrou. **℡** *0241 21954.* ⚪ *Di–So.* ⬤ *Feiertage.* 📷 ♿

In dem sehr gut eingerichteten Museum für Dekorative Kunst sind Teller und Kacheln aus Líndos, Inseltrachten und ein rekonstruiertes rhodisches Haus zu bewundern.

**Gewölbestraße in der Altstadt**

## 🏛 Ausstellungen zum antiken und mittelalterlichen Rhodos

Großmeisterpalast. **℡** *0241 23359.* ⚪ *Di–So.* ⬤ *Feiertage.* 📷 ♿

Diese ständigen Ausstellungen sind im Großmeisterpalast *(siehe S. 182f)* zu sehen. In der mittelalterlichen Ausstellung geben byzantinische Ikonen, Kriegsausrüstung, italienische und spanische Keramiken Einblick in Handel und Alltag der Zeit vom 4. Jahrhundert n.Chr. bis zur osmanischen Eroberung 1522. Neben dem Innenhof präsentiert die zweite Ausstellung unter dem Motto »Antikes Rhodos: 2400 Jahre« herrliche, von Archäologen innerhalb von 45 Jahren ans Licht geholte Funde.

## 🏛 Byzantinisches Museum

Apéllou. **℡** *0241 27657.* ⚪ *Di–So.* ⬤ *Feiertage.* 📷 ♿

Das Gebäude, im 11. Jahrhundert als byzantinische Kirche entstanden, wurde unter den Johannitern zur Kathedrale und unter den Osmanen zur Enderum-Moschee. Im Volksmund Rote Moschee genannt, beherbergt es nun erlesene Ikonen und Fresken. Aus dem Moní Thárri *(siehe S. 190)* stammen ungewöhnlich dynamische Arbeiten des 12. Jahrhunderts im komnenischen Stil. Wertvoll sind auch die in das späte 14. Jahrhundert datierten Fresken aus der Kirche Agios Zacharías auf Chálki.

**Hof des Ordenshospitals, heute Archäologisches Museum**

## ⌂ Mittelalterliche Stadtmauer

Führungen vom Großmeisterpalast. ⭕ Di u. Fr 14.45 Uhr.
🈳

Die vier Kilometer
lange Mauer ist ein
Meisterwerk
mittelalterlicher
Militärarchitektur.
Sie trägt 151
Wappen von
Großmeistern
und Rittern.

**Uhrturm der Bürgerstadt**

### Die Bürgerstadt
Ein glänzender Aussichtspunkt
ist der restaurierte Uhrturm, der
1852 einen byzantinischen
Turm ersetzte. Er markiert nahe
dem Amboise-Tor die Grenze
der Ritterstadt. Lebensader des
Bourg-Viertels, der Bürgerstadt,
ist die von Läden gesäumte So-
krátou-Straße, «die» Einkaufs-
meile. In den Seitengassen laden Straßencafés und Tavernen
ein. Die Architektur vermengt
neoklassizistische, mittelalterliche und levantinische Elemente. Balkone hängen vor den
Häusern, in deren Gewirr sich
Moscheen verbergen.

Sehenswert sind außer den
nachstehend vorgestellten Attraktionen die Herberge der
italienischen »Zunge« oder Na-
tionalität sowie die Kirche der
siegreichen Madonna, Panagía
tis Níkis, nahe dem Katharinentor. Diese wurde 1480
nach einem Sieg über die
Osmanen erbaut, den die
Ritter auf eine Mariener-
scheinung zurückführten.

## ☪ Moschee Suleimans des Prächtigen
Orféos Sokrátous. ●
wegen Renovierung.
Die rosafarbene, 1522
zur Feier des Sieges
über die Ritter entstandene
und 1808 originalgetreu
rekonstruierte Moschee ist ein
Wahrzeichen der Stadt. Ihr
herrliches, doch baufälliges
Minarett wurde 1989
abgetragen. Nun harrt die
einst prächtige, verschlossene
Moschee ihrer Renovierung.

## ⛲ Ahmet-Havuz-Bibliothek
Orféos Sokrátous. 📞 0241 74090.
⭕ Mai–Sep nach tel. Vereinbarung.
● Okt–Apr; Feiertage. 🈳
Die Bibliothek (1793) bewahrt
die Chronik der Eroberung
von 1522. Ihre seltene Sammlung arabischer und persischer Handschriften umfaßt
kunstvoll illuminierte Koran-
ausgaben des 15. und 16.
Jahrhunderts. Diese wurden
gestohlen, tauchten danach in
London auf und wurden vor
kurzer Zeit zurückgebracht.

## 🎭 Nélli-Dimóglou-Theater
7 Andrónikou. 📞 0241 20157.
⭕ Mitte Mai–Mitte Okt Mo, Mi u.
Fr. 🈳 🈳
Das Theater bietet Volkstanz-
kurse an. In seinem Garten
kann man sich ganztägig er-
frischen. Vorstellungen finden Montag bis Freitag (Beginn 21.20 Uhr) statt.

## ⛲ Hammam
Plateia Ariónos. 📞 0241 27739.
● Mo u. So. 🈳
Mustafa Pascha ließ 1765 das
hammam, das türkische Bad,
einrichten. Früher exklusive
Oase der osmanischen Ober-
schicht, wird es nun von
Griechen, Touristen und der
türkischen Minderheit fre-
quentiert. Männer und Frau-
en baden von jeher getrennt;
Seife und Handtücher sind
mitzubringen.

## ☪ Ibrahim-Pascha-Moschee
Plátanos. 📞 0241 73410. ⭕ tägl.
🈳 Spende erbeten.
Diese 1928 renovierte Mo-
schee (1531) nahe der Sofo-
kléous-Straße besticht durch
ihr exquisites Interieur.

## ☪ Rejep-Pascha-Moschee
Ekátonos. ● wegen Renovierung.
Diese Moschee (1588), eine
der eindrucksvollsten der 14
Moscheen der Altstadt, hütet
den Sarkophag des Rejep
Pascha. Byzantinische und
mittelalterliche Kirchensäulen
lieferten Material für ihren
Brunnen. Nahebei steht die
winzige byzantinische Kirche
Agios Fanourios.

### Das Judenviertel
In der Bürgerstadt, östlich
des Hippokrates-Platzes, liegt
Evriáki. Dies war vom 1.
Jahrhundert n.Chr. an das
Viertel der Juden, bis diese
1944 von den deutschen Besatzern deportiert wurden.
An die in Konzentrations-
lagern umgekommenen Ju-
den erinnert an der Ostseite
der Aristotélous-Straße die
**Plateía Evraíon Martýron**
(Platz der Hebräischen Märtyrer). In der Mitte des Platzes
steht der bronzene Seepferd-
chen-Brunnen, nördlich der
mittelalterliche Admirals-
palast und in der Dosiádou-
Straße die Synagoge.

**Kuppel der Moschee Suleimans des Prächtigen**

# Rhodos: Der Großmeisterpalast
Παλάτι του Μεγάλου Μαγίστρου

**D**IESE FESTUNG innerhalb der Festung war Residenz von 19 Großmeistern, das Zentrum der Ritterstadt und in Zeiten der Gefahr Fliehburg der Einwohner. Im 14. Jahrhundert erbaut, überstand der Palast Erdbeben und Belagerungen. Zerstört wurde er durch einen »Unfall«, eine Explosion im Jahr 1856. Zur Regierungszeit von Mussolini und Victor Emmanuel III. restaurierten die Italiener das Gebäude.

**Vergoldeter Engel als Kerzenständer**

Einige Räume heißen nach Orten auf Kos, aus denen ihre kostbaren Bodenmosaiken stammen. Zwei Ausstellungen widmen sich dem mittelalterlichen und dem antiken Rhodos *(siehe S. 180).*

**Kolonnadensaal**
*Zwei Säulengänge stützen die Decke. Der Boden ist mit einem frühchristlichen Mosaik belegt.*

**Seepferd- und Nymphen-Saa**

**Thyrosstab-Saal**

**Der Zweite Kreuzgewölbesaal** diente einst als Gouverneursbüro. Seinen Boden bedeckt ein kunstvolles frühchristliches Mosaik (5. Jh. n.Chr.) aus Kos.

**Erster Kreuzgewölbesaal**

**★ Medusa-Saal**
*Mittelpunkt dieses späthellenistischen Mosaiks ist die schlangenförmige Medusa, eine der drei Gorgonen der griechischen Mythologie. Chinesische und islamische Vasen bestücken das Interieur.*

**Laokoon-Saal**
*Eine Kopie der im Vatikan ausgestellten, von den rhodischen Bildhauern Athenodoros, Agesandros und Polydoros geschaffenen Laokoongruppe (1. Jh. v.Chr.) beherrscht den Saal. Die Skulptur zeigt den Todeskampf des Trojaners Laokoon und seiner Söhne.*

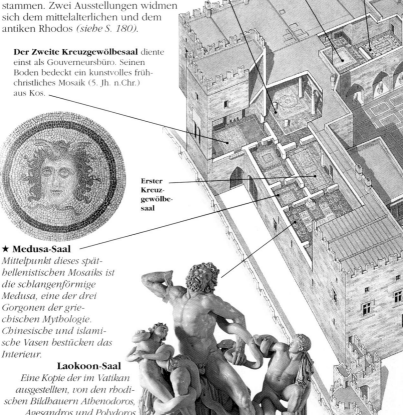

**Brustwehren** und andere Befestigungen schützten den Palast, der beim Sturm der Stadtmauer als Fluchtburg halten sollte.

### INFOBOX

Ippotón. ☎ 0241 23359.
○ Aug–Sep Di–So 8–18 Uhr;
Okt–Juli Di–So 8.30–15 Uhr;
Karfreitag 12–15 Uhr.
● 1. Jan, 25. März, Ostersonntag, 1. Mai, 25., 26. Dez. 📷 📷
♿ begrenzt. 📷

### ★ Haupthof
*Der Palast gruppiert sich um den Haupthof mit geometrisch verlegten Marmorplatten. Hellenistische Statuen vom Odeion in Kos (siehe S. 167) flankieren die Nordseite des Hofs.*

**Eingang zur Ausstellung über das antike Rhodos** *(siehe S. 180)*

**Den Saal der neun Musen** ziert ein Mosaik mit Brustbildnissen der neun Musen der griechischen Mythologie.

### ★ Haupttor
*Hufeisenförmige Zwillingstürme mit Nebentürmchen bewachen den beeindruckenden Eingang, an dem das Wappen des 1319–46 amtierenden Großmeisters de Villeneuve zu sehen ist.*

**Eingang**

**Ritterstraße** *(siehe S. 184f)* →

**Den Ersten Saal** schmücken ein späthellenistisches Mosaik und Chorgestühl aus dem 16. Jahrhundert.

**Großer Treppenaufgang**

**Eingang zur Ausstellung über das mittelalterliche Rhodos** *(siehe S. 180)*

**Den Zweiten Saal** dekorieren ein späthellenistisches Mosaik und ein beschnitztes Chorgestühl.

### DER ERSTE GROSSMEISTER

Erster Großmeister (Magnus Magister) der Johanniter war von 1305 bis 1319 der französische Ritter Foulkes des Villaret. Er kaufte dem Machthaber Admiral Vignolo de Vignoli Rhodos ab. Einziehen konnten seine Ritter aber erst, nachdem sie den Widerstand der Bevölkerung gebrochen hatten. Die Johanniter *(siehe S. 184f)* behaupteten ihren souveränen Staat auf Rhodos bis zu ihrer Vertreibung 1522. Der Name lebt fort im Villare, einem Weißwein der Insel.

**Foulkes de Villaret**

MAGNUS FRATER FULCUS 1305 — MAGISTER DE VILLARET 1319

### NICHT VERSÄUMEN

★ **Haupthof**

★ **Medusa-Saal**

★ **Haupttor**

# Rhodos: Ritterstraße

Z WISCHEN DEM Hafen und dem Großmeisterpalast *(siehe S. 182f)* verläuft die mittelalterliche Ritterstraße (Odos Ippotón), eine der berühmtesten Sehenswürdigkeiten der Altstadt. Beidseitig stehen die Herbergen der Zungen oder Nationalitäten der Johanniter-Ritter. Sie wurden ab dem 14. Jahrhundert als Versammlungsstätten im spätgotischen Stil erbaut und die meisten im frühen 20. Jahrhundert von den Italienern restauriert. Wo die deutsche Herberge lag, ist unbekannt.

**Diese Residenz** wurde für den Meister der Zunge von Aragon, Diomede de Vilaragut, erbaut.

**SÜDSEITE**

← Zur englischen Herberge

**Durchgang zum osmanischen Garten**

**Das Archäologische Museum** *(siehe S. 180)* ist im ehemaligen Neuen Ordenshospital untergebracht.

**Die Herberge der Provence** trägt am Eingang die Wappen des Kreuzritter-Ordens der Johanniter, des französischen Königshauses, des Großmeisters del Carretto und des Ritters de Flota.

**Agia Triáda oder Französische Kapelle**

**NORDSEITE**

Großmeister- palast ←

**Bogenbrücke zwischen den Herbergen von Spanien und der Provence**

## Die Ritter des Johanniter-Ordens

**Wappen von Foulkes de Villaret, dem ersten Großmeister**

H ÄNDLER AUS AMALFI gründeten im 11. Jahrhundert den Ritterlichen Orden Sankt Johannis vom Spital zu Jerusalem. Dieser bewachte dort das Heilige Grab und pflegte Kranke. Als Militärorden organisierte er sich nach dem Ersten Kreuzzug (1096–99). Nachdem 1291 das Heilige Land an die Muslime verloren war, richteten sich die Johanniter auf Zypern ein. 1306 kauften sie dem genuesischen Freibeuter Admiral Vignoli Rhodos ab, in das sie 1309 einzogen. Oberhaupt des aus sechs Zungen – Frankreich, Italien, England, Provence, Spanien und Auvergne – bestehenden Ordens war der auf Lebenszeit gewählte Großmeister. Jede Zunge bewachte eine Kurtine, einen Abschnitt der Stadtmauer. Die Ritter schufen auf dem Dodekanes, den sie mit etwa 30 Burgen befestigten, Meisterwerke mittelalterlicher Militärarchitektur.

**Die Ritter** kamen aus römisch-katho lischen Adelsfamilien. Das Ordens gelübde der Johanniter verpflichtete s zu Keuschheit, Gehorsam und Armu Die Ritter besetzten die hohen Ämter, waren aber Laienbrüder.

**Die Odos Ippotón**, die Ritterstraße, folgt einer antiken Straße, die zum Hafen hinabführte. Hier sammelten sich die Ritter bei Angriffen zum Kampf.

**Durchgang zur Ippárchou-Straße**

**Großmeister-palast →**

**Bogenbrücke zwischen den Herbergen von Spanien und der Provence**

**Durchgang zur Láchitos-Straße**

**Die Herberge von Spanien** ist einer der größten Ritterpaläste. Ihr Versammlungssaal maß über 150 Quadratmeter. Außen ist ein kleines, schlichtes Wappen der spanischen Zunge angebracht.

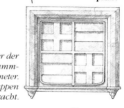

**Die Herberge von Frankreich** trägt das königliche Wappen der Bourbonen mit drei Lilien und das Wappen des Großmeisters Petrus d'Amboise.

**Die Herberge von Italien** ist mit dem marmornen Wappen des Großmeisters Fabricius del Carretto geschmückt.

**Palast des Großmeisters Villiers de l'Isle Adam (1521–34)**

**Herberge der Auvergne →**

**Belagerung von Rhodos** 1522 endete mit der Niederlage der Johanniter. Die Osmanen ließen die 180 Überlebenden der 650 Mann starken Rittergarnison abziehen, töteten aber die Rhodier, die auf seiten der Ritter gekämpft hatten. Sieben Jahre später fanden die Johanniter auf Malta ein neues Asyl. Dort beendete Napoleon 1798 die Herrschaft des Ordens, der heute in die katholischen Malteser und die evangelischen Johanniter gespalten ist.

**Unter Pierre d'Aubusson**, 1476–1503 Großmeister und links Hauptfigur einer Marktszene, wurde in Rhodos eifrig gebaut. Damals entstand das Ordenshospital, das heutige Archäologische Museum.

## Überblick: Die Neustadt von Rhodos

DIE NEUSTADT ist im vergangenen Jahrhundert stetig gewachsen. Prestige verliehen ihr die öffentlichen Prunkbauten, die nach 1920, zur Zeit des italienischen Faschismus, entstanden. Seinen Einfluß behauptet Italien in den östlichen Vierteln Néa Agora und Mandráki mit Pizzerien, Gucci-Boutiquen und allem, was ihm sonst noch zur Verfügung steht. Das Westufer der Neustadt mit seinen umtriebigen Straßen und dem ausgedehnten Strand zieht zahlreiche Touristen an.

**Regierungspalais, vormals italienischer Gouverneurspalast**

**Von zwei Hirschenstatuen flankierte Einfahrt des Mandráki-Hafens**

### Mandráki-Hafen

Der Hafen ist die Alt- und Neustadt verbindende Lebensader der Stadt: Hier unternehmen Einheimische ihren Abendbummel *(vólta)*, hier liegen Jachten und Ausflugsboote dicht beieinander.

Die Bronzebilder eines Hirsches und einer Hirschkuh flankieren die Einfahrt, über der breitbeinig der »Koloß von Rhodos« gestanden haben soll. Drei mittelalterliche Windmühlen ragen auf der Mole empor, die beim Leuchtturm der Festungsruine **Agios Nikólaos** aus dem 15. Jahrhundert endet.

Am Kai stehen elegante, von den Italienern 1920–30 errichtete öffentliche Gebäude Spalier. Dazu gehören: Post, Polizeiwache, Gericht, Rathaus und das **Nationaltheater**, das oft rhodische Volksstücke aufführt.

An der nahen Plateía Eleftherías beeindruckt die Verkündigungskirche oder **Evan-**

gelismoú, eine Rekonstruktion (1925) der Ordenskirche St. Johannes mit aufwendigem Interieur. Neben dem benachbarten Erzbischöflichen Palast sprudelt ein monumentaler, der Fontana Grande im italienischen Viterbo nachgebildeter Brunnen. Nicht zugänglich ist ein Stück weiter das **Regierungspalais** (Nomarchía), dessen elegante Fassadenornamentik und Laubengänge an gotische Bauten in Venedig erinnern.

Am Nordende der Plateía Eleftherías steht die **Murad-Reis-Moschee** mit ihrem grazilen Minarett. Sie heißt nach einem Admiral Suleimans des Prächtigen, der 1522 bei der Belagerung von Rhodos fiel. Ihr Gelände beherbergt die Villa Kleoboulos, in der 1945–47 der britische Schriftsteller Lawrence Durrell wohnte, und einen alten osmanischen Aristokratenfriedhof.

Vom Mandráki-Hafenviertel führt ein angenehmer Uferspaziergang am überfüllten Elli-Strand vorbei zum nördlichsten Teil der Neustadt. Dort ist im Hydrobiologischen Institut das einzige größere **Aquarium** des Landes eingerichtet; seine lebendigen Bewohner tummeln sich in einer unterirdischen Grotte in knapp 40 Becken.

Aquarium Beach an der anderen, nördlichen Seite der Inselspitze ist ein gutes Revier für Windsurfer und Paraglider.

**Minarett d Murad-Rei Moschee**

### 🏊 Aquarium

Hydrobiologisches Institut, Kássou.
📞 0241 27308. 🕐 tägl.
⬤ Feiertage. ♿

---

### DER KOLOSS VON RHODOS

**Der Koloß, gemalt (1700) von Fischer von Erlach**

Der Koloß von Rhodos, eine 32–40 m hohe Bronzestatue des Sonnengottes Helios, war eines der Sieben Weltwunder. Die Stadt Rhodos gab ihn 305 v.Chr. nach der Abwehr des Makedonen Demetrios I. Poliorketes als Siegeszeichen in Auftrag. Der Koloß, für den Bronzewaffen eingeschmolzen wurden, kostete zehn Tonnen Silber und den Bildhauer Chares von Líndos zwölf Jahre Arbeit. Entgegen der Überlieferung stand er nicht an der Mandráki-Hafeneinfahrt, sondern vermutlich beim Apollon-Tempel an der Stelle des Großmeisterpalasts *(siehe S. 182f)*. Schon 227 v.Chr. ließ ein Erdbeben ihn einstürzen.

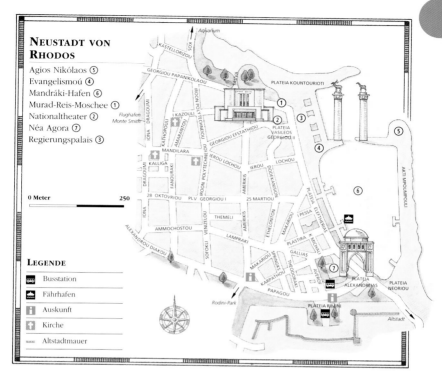

## NEUSTADT VON RHODOS

Agios Nikólaos ⑤
Evangelismoú ④
Mandráki-Hafen ⑥
Murad-Reis-Moschee ①
Nationaltheater ②
Néa Agora ⑦
Regierungspalais ③

0 Meter          250

### LEGENDE

| 🚌 | Busstation |
| ⛴ | Fährhafen |
| ℹ | Auskunft |
| ✝ | Kirche |
| ▦ | Altstadtmauer |

### Néa Agora

Hinter dem Hafen liegt, geprägt von maurischen Kuppeln und munteren Cafés, das Viertel um die Néa Agora, den Neuen Markt. Mit ihren Imbißständen, Geschenkeläden, *Souvláki*-Bars und Cafés ist die Markthalle beliebter Treff von Besuchern der umliegenden Dörfer und Inseln. Dahinter, auf dem Grundstück des Großmeisterpalasts, inszeniert eine Ton- und Lichtschau täglich (jeweils in einer von vier Sprachen) Rhodos' Einnahme durch Suleiman den Prächtigen 1522.

**Blick vom Mandráki-Hafen auf den zentralen Kuppelbau der Néa Agora**

### Monte Smith

Dieser auch Agios Stéphanos genannte Hügel im Westen der Stadt eröffnet herrliche Panoramablicke über Rhodos-Stadt und die Küste. Monte Smith heißt er, weil der englische Admiral Sir Sydney Smith im Jahre 1802 hier nach Napoleons Flotte Ausschau hielt. Am Hügel gruben die Italiener die hellenistische Stadt Rhodos aus. Sie restaurierten Stadion (3. Jh. v.Chr.), Akropolis (2. Jh. v.Chr.) und das kleine, wegen seiner eckigen Anlage außergewöhnliche Theater oder Odeion, das als Sommerbühne klassischer Theatervorführungen dient. Vom mächtigen Tempel des Apollon Pythios zeugen nur mehr drei Säulen, von den Tempeln der Athena Polias und des Zeus einige Ruinen. In der Nähe, an der Voreíou Ipeírou, liegen Reste des Asklepieion, des Tempels des Asklepios genannten Gottes der Heilkunde.

### Rodíni-Park

Dieser äußerst reizvolle Park, Schutzgebiet von Rhodos' Wappentier, dem Hirsch, läßt den Umtrieb der nur drei Kilometer nördlich entfernten Stadt Rhodos vergessen. Hier zogen die Johanniter Kräuter, hier gründete der Redner Aischines 330 v.Chr. die u.a. von Julius Caesar und Cassius besuchte Rhetorikschule. Von ihr ist nichts mehr zu sehen, dafür eine Nekropole (3. Jh. v.Chr.) mit dorischen Felsengräbern und einem Ptolemäer-Grab.

## Überblick: Der Westen von Rhodos

**Ikone der Kirche des Moní Filérimos**

HOTELS, BARS und Restaurants säumen zwischen Rhodos-Stadt und dem Flughafen bei Paradísi die Kieselstrände der windigen Westküste. Im Süden ist das Land grün und fruchtbar, traditionelle Bauerndörfer verstreuen sich in Weingärten und an waldigen Berghängen. Zu den Sehenswürdigkeiten des Westens zählen das Moní Filérimos, das antike Kámeiros, das Weindorf Emponas und das bezaubernde Tal von Petaloúdes, das Rhodos den Beinamen »Insel der Schmetterlinge« eintrug. Weiter südlich beeindrucken hohe befestigte Felsen und Blicke auf die Inseln Chálki und Alimiá.

### Antikes Ialyssós ➋
Αρχαία Ιαλυσός

15 km südwestlich von Rhodos-Stadt. 🚌 bis Triánda. 🔾 Di–So. ⬤ Feiertage.

Ialyssós, benannt nach einem Enkel des Sonnengottes Helios, und die beiden anderen dorischen Stadtstaaten der Insel, Líndos und Kámeiros, gründeten 408 v.Chr. als gemeinsame Hauptstadt Rhodos. Der Aufstieg der Metropole ging auf Kosten der drei alten Städte. Strategisch wichtig blieb Ialyssós aber weiterhin. Hier entmachteten die Genuesen 1248 die byzantinischen Statthalter, von hier eroberten die Johanniter *(siehe S. 184f)* 1309 Rhodos, die Osmanen wiederum 1522 den Ritterstaat. Und im Zweiten Weltkrieg richteten die Italiener hier Geschützstellungen ein.

Von der Akropolis sind nur Reste des **Tempels der Athena Polias und des Zeus Polios** (3. Jh. v.Chr.) zu sehen. Südlich steht ein restaurierter Löwenkopf-Brunnen (4. Jh. v.Chr.).

### Moní Filérimos ➌
Μονή Φιλέρημος

15 km südwestlich von Rhodos-Stadt. 📞 0241 92202. 🚌 bis Triánda. 🔾 Di–So. ⬤ Feiertage.

Die von Zypressen und Kiefern bestandenen Hänge des Filérimos zählen zu den schönsten Flecken der Insel. Mitten im Wald liegen die Kuppelkapellen des Moní Filérimos, verziert mit dem Kreuz der Johanniter und dem Wappen des Großmeisters Pierre d'Aubusson. Der Ort ist seit 2000 Jahren eine Kultstatt, an der Phönizier wie Byzantiner, Orthodoxe wie Katholiken Spuren hinterließen.

Hauptattraktion ist die von den Johannitern erbaute, von den Italienern restaurierte Kirche Unserer Lieben Frau von Filérimos (14. Jh.). Sie besteht aus einer Hauptkapelle, die in drei weitere Kapellen übergeht. Ein byzantinisches Bodenmosaik mit rotem Fischmuster schmückt die innerste Kapelle.

**Das von Wald umgebene Moní Filérimos**

Die Italiener legten den Kreuzweg an. Er führt vom Eingang des Klosters durch eine Allee mit den auf Tafeln dargestellten Stationen bis zum 18 Meter hohen Kreuz am »Kalvarienberg« auf der Landspitze.

### Petaloúdes ➍
Πεταλούδες

26 km südwestl. von Rhodos-Stadt. 🚌

Ein Bach, überspannt von Holzbrücken, zieht sich durch die schmale, grüne Schlucht Petaloúdes, das »Tal der Schmetterlinge«. Die Schmetterlinge sind Gepunktete Harlekine, eine zu den Nachtfaltern gehörende Bärenspinnerart. Das goldene Harz der Amberbäume, dessen Vanilleduft u.a. Weihrauch parfümiert, lockt die Falter von Juni bis September zu Tausenden – und das kühle Tal Wanderer, echte und vorgebliche Schmetterlingsforscher busweise an; am ruhigsten ist es frühmorgens vor Eintreffen der Busse.

Reizvolle Aussichten und Stille beschert der Aufstieg vom Tal aus zum **Moní Panagía Kalópetra** mit seiner ländlichen Klosterkirche von 1782.

**Gepunkteter Harlekin**

### Antikes Kámeiros ➎
Αρχαία Κάμειρος

36 km südwestlich von Rhodos-Stadt. 📞 0241 40037. 🚌 🔾 Di–So. ⬤ Feiertage. 🈲 ♿ nur zu den unteren Bereichen.

Archäologen entdeckten 1859 diese dorische, von Althaemenes aus Kreta gegründete Stadt, die im 5. Jahrhundert v.Chr. ihre Blüte erlebte. Sie wurde vermutlich 142 v.Chr. durch ein Erdbeben zerstört. Dennoch zählt sie zu den besterhaltenen klassischen Städten.

Das Gelände umfaßt Ruinen eines dorischen Tempels (3. Jh. v.Chr.), eines Helios-Altars, Bäder und eine Zisterne (6. Jh. v.Chr.), die 400 Familien mit Wasser versorgte. Auf der obersten Terrasse liegen Reste des Tempels der Athena Polias (6. Jh. v.Chr.), wie etwa die 26 Meter langen dorischen Stoa.

**Auf waghalsigem Hochsitz mit Blick übers Meer gelegen: das Kastell von Monólithos**

## Skála Kameírou ⑥
Σκάλα Καμείρου

50 km südwestlich von Rhodos-Stadt.
🏛 100. 🚌

Dieser Fischerort, einst Hafen des antiken Kámeiros, ist ein guter Tip für ein Mittagessen. Von der dorischen Stadt sind am Felshang Konturen eines lykischen Grabes auszumachen. Nahebei erhebt sich eine der gewaltigsten Burgruinen der Johanniter, das **Kastell von Kritinía**, dessen drei Ebenen unter verschiedenen Großmeistern entstanden. Am Hang drängen sich die weißen Häuser des Dorfes **Kritinía**.

## Emponas ⑦
Εμπονας

55 km südwestlich von Rhodos-Stadt.
🏛 1500. 🚌

Das Atmosphäre ausstrahlende Dorf an den wilden Flanken des Attáviros ist seit den 20er Jahren Sitz des Emery-

Weinguts und bekannt für seine Fest- und Volkstanztradition. Trotz der Beliebtheit bei Teilnehmern organisierter »griechischer Abende« hält es am alten Lebensstil fest.

## Monólithos ⑧
Μονόλιθος

80 km südwestlich von Rhodos-Stadt.
🏛 250. 🚌 🚢 Foúrni 5 km südwestlich.

Der 235 Meter hohe, jäh zum Meer abfallende Felsmonolith gab dieser wichtigsten Siedlung im Südwesten ihren Namen.

Das Dorf liegt zu Füßen des Berges Akram´ytis, zwei Kilometer entfernt vom **Kastell von Monólithos** (15. Jh.). Der Großmeister d'Aubusson ließ die Feste in uneinnehmbarer Lage auf den Gipfel des grauen Felsklotzes setzen. Die wuchtigen Mauern umschließen zwei kleine, freskenverzierte Kapellen aus dem 15. Jahrhundert,

Agios Panteleïmon und Agios Geórgios. Die Aussicht ist atemberaubend, der Blick in den Abgrund beängstigend.

Im Süden der Burg führt eine Piste hinab zum Strand **Foúrni** mit einer (nicht ganzjährig geöffneten) Taverne.

**UMGEBUNG:** Spezialitäten von Siána, einem hübschen Bergdorf mit lehmgedeckten Häusern zwischen Emponas und Monólithos, sind sein Honig und *soúma*, ein dem kretischen Raki ähnelnder Traubenbranntwein. Seine Brennereilizenz verdankt das Dorf den Italienern. In den Straßencafés können Sie beides kosten, den himmlischen Honig und das höllische Feuerwasser, und in der Kuppelkirche **Agios Panteleïmon** restaurierte Fresken (18. Jh.) bestaunen.

## Moní Skiádi ⑨
Μονή Σκιάδι

8 km südlich von Apolakiá.
📞 0244 46006. 🚌 bis Apolakiá.
🕐 tägl.

Eine wundertätige Ikone der Panagía (Muttergottes) ist die Attraktion dieses Klosters. Mariens Wange zeigt braune Flecken – geronnenes Blut, heißt es, das hervorquoll, als im 15. Jahrhundert ein Ketzer darauf einstach.

Das jetzige Kloster wurde im 18. und 19. Jahrhundert um die Kirche Agios Stavrós (Heiliges Kreuz) angelegt. Ostern trägt man die Ikone von Dorf zu Dorf und setzt sie abschließend für einen Monat auf der Insel Chálki ab.

**Sonnenuntergang über Emponas und dem Berg Attáviros**

## Überblick: Der Osten von Rhodos

STRÄNDE UND Felsbuchten säumen kilometerlang die geschützte Ostküste. Von den touristischen Tummelplätzen Faliráki und Líndos heben sich wohltuend die einsamen Sandstrände des Südostens ab. Die Erkundung des Ostens teilt sich in die Strecke zwischen Prasonísi am südlichsten Inselrand und Péfkoi sowie den Nordabschnitt zwischen Líndos und Rhodos-Stadt. Die Landschaft ist überaus bunt und vielfältig, mit der grünen Oase Eptá Pigés, den Orangenhainen um Archángelos, zerklüfteten Küstenstreifen und Sandbuchten.

**Brunnen im Dorf Lárdos**

### Moní Thárri ⑩
Μονή Θάρρι

40 km südlich von Rhodos-Stadt.
🚌 *bis Laérma.* ⬭ *tägl.*

Vom Urlaubsort Lárdos im Hinterland führen Schilder nach Laérma. Unmittelbar südlich davon liegt das Moní Thárri. Die für ihre alten Fresken gerühmte Kuppelkirche wurde zum Schutz vor Seeräubern im Waldversteck angelegt, der Legende nach im 9. Jahrhundert von einer todkranken byzantinischen Prinzessin, die sodann auf wundersame Weise genas.

Einige Spuren zeugen vom Gebäude aus dem 9. Jahrhundert. Auf das 12. Jahrhundert gehen die Mauern im Norden und Süden zurück. Bis zu vier Schichten – die unterste wird auf 1100 datiert – von Wandmalereien überziehen Hauptschiff, Apsis und Kuppel. In der Apsis mit ihren nur drei, dafür besser erhaltenen Freskenschichten (12.–16. Jh.) er-

**Das Dorf Asklipeío**

kennt man Propheten und einen Pferdekopf. Das Kloster bietet einfache Unterkünfte für Besucher.

Auf einer Piste gelangt man zum acht Kilometer südlich entfernten **Asklipeío**, einem hübschen Dorf mit der Kirche Kímisis tis Theotókou, die von Fresken geschmückt wird.

### Líndos ⑪
*Siehe S. 192f.*

### Archángelos ⑫
Αρχάγγελος

33 km südlich von Rhodos-Stadt.
🚶 *3000.* 🚌 🚣 *Sténga 3 km östlich.*

Dieses größte Dorf der Insel liegt im Tal von Aíthona. Das Tal ist bekannt für seine Orangen, der Ort für Töpferarbeiten, handgewebte Teppiche und Lederstiefel. Früher trug man die Stiefel – der Fuß besteht aus festem Rinds-, der lange Schaft aus weichem Ziegenleder – zum Schutz vor Schlangen bei der Feldarbeit. Die Einheimischen pflegen ihren Dialekt und Patriotismus, letzteren noch auf dem Friedhof: Manche Grabsteine sind blau-weiß gestrichen.

Im Zentrum mahnt der gestufte Glockenturm der **Agios Michaïl tis Gavriíl**. Ein Kieselmosaik schmückt den Hof der Kirche des Dorfheiligen.

Das **Johanniter-Kastell** oberhalb des Orts wurde unter dem Großmeister Orsini 1467 zur Abwehr der Osmanen erbaut. Im Ruinengelände steht die Kapelle Agios Geórgios, in der auf einem modernen Fresko St. Georg den Drachen bekämpft. Östlich des Orts endet eine kleine Straße beim ruhigen, geschützten Sandstrand der **Sténga-Bucht**.

**UMGEBUNG:** Südlich gelangt man via Malónas zum **Kastell Faraklós**. Dort verschanzten sich Piraten, bis die Johanniter ihnen den Garaus und die Feste zum Gefängnis mach-

**Das Dorf Charáki, überragt vom Kastell Faraklós**

**Der Sandstrand von Tsampíka**

ten. Die Ruine blickt auf Charáki, ein hübsches Fischerdorf, das sich zum Ferienort mit Kieselstrand und Fischtavernen entwickelt hat.

## Eptá Pigés ⓭
Επτά Πηγές

26 km südlich von Rhodos-Stadt. bis Kolýmpia. Tsampika 5 km südöstlich.

Das waldige Eptá Pigés, »Sieben Quellen«, ist einer der reizvollsten Flecken der Insel. Die sieben Quellen bewässerten die Orangenhaine von Kolýmpia im Osten und speisen heute einen Stausee. Pfauen stolzieren um Wasserläufe und Wasserfälle herum. Besucher können den See trockenen Fußes auf einem Waldweg erreichen oder durch einen 186 Meter langen Tunnel, in dem das Wasser knöchelhoch steht.

**Pfau bei Eptá Pigés**

**UMGEBUNG:** Weiter östlich balanciert auf einem 300 Meter hohen Küstenfelsen das byzantinische **Moní Tsampíka**. Die in der Kapelle gehütete Muttergottes-Ikone (11. Jh.) wurde von einem Ehepaar aufgefunden, dessen Kinderwunsch sich daraufhin endlich erfüllte. Seither pilgern kinderlose Frauen barfüßig zur Ikone und versprechen, Nachwuchs zum Dank auf die – nur auf Rhodos üblichen – Namen Tsampíka oder Tsampíkos zu taufen.

Herrlich, doch zur Hauptsaison dicht bevölkert ist der Sandstrand von **Tsampíka** zu Füßen des Klosters. Auch Wassersportler kommen dort auf ihre Kosten.

## Faliráki ⓮
Φαληράκι

15 km südlich von Rhodos-Stadt. 400.

Lange Sandstrände, dahinter weiße Fassaden von Hotels, Ferienwohnungen und Restaurants – das ist Faliráki, »der« Badeort von Rhodos. Faliráki ist schrill, Faliráki ist laut – genau das, was seine meist jüngeren Besucher wollen. Es ist ein durchaus gutes Quartier für Familien, die viel unternehmen wollen. Es gibt Wasserrutschen, alle Arten von Wassersport, Bars, Diskos, Fish and Chips, Chinafood und etliches mehr, z.B. Bungee-Springen und das **Faliráki-Schlangenhaus**.

**✗ Faliráki-Schlangenhaus**
Faliráki. 0241 85841.
Apr–Okt tägl.

**UMGEBUNG:** Traditionelleres Ambiente kann man nach einem Katzensprung ins Hinterland in **Kalythiés** schnuppern und die Fresken seiner schmucken byzantinischen Kirche **Agiá Eleoúsa** bewundern. Einen Ausflug lohnt die

felsige **Ladikó-Bucht** im Südosten, die als Kulisse bei der Verfilmung der *Kanonen von Navarone* diente.

Aprikosenhaine umstehen das »versteckte Dorf« **Afántou**. Seine Attraktionen sind ein 18-Loch-Golfplatz, kieselige Strände und Buchten, Bootsausflüge nach Rhodos-Stadt und die berühmten handgewebten Teppiche.

## Koskinoú ⓯
Κοσκινού

10 km südlich von Rhodos-Stadt. 1200. Réni Koskinoú 2 km nordöstlich.

Traditionelle rhodische Häuser mit *choklákia*, Kieselmosaiken, in Innenräumen und Höfen prägen das alte Dorf Koskinoú. Ein Schmuckstück ist auch die Kirche **Eisódia tis Theotókou** mit ihrem gestuften Glockenturm. Das nahe **Réni Koskinoú** bietet gute Hotels, Restaurants und Strände.

**UMGEBUNG:** Südlich von Koskinoú, in einem von Kiefernwald abgeschirmten Park, liegt das einst beliebte Heilbad **Thérmes Kalithéas**. Der Charme seiner Kuppelpavillons, rosafarbenen Marmorsäulen und maurischen Bogengänge fasziniert immer wieder Filmregisseure. Inzwischen sorgt ein Strandbad für frischen Wind, und Taucher und Schnorchler wissen die felsigen Buchten zu schätzen.

**Kirche mit gestuftem Glockenturm im Dorf Koskinoú**

# Líndos ⓫
Λίνδος

**B**ESIEDELT WURDE die Stätte erstmals um 3000 v.Chr. Durch den Zwillingshafen war Líndos als Seemacht Kámeiros und Ialyssós, den beiden anderen Stadtstaaten der Insel, überlegen. Die Stadt erblühte im 6. Jahrhundert v.Chr. unter dem Tyrann Kleoboulos, einem der Sieben Weisen, und scheffelte Reichtümer aus Kolonien. Heute steht sie als Touristenmagnet an zweiter Stelle hinter Rhodos und unter Denkmalschutz, so daß nichts das Bild der vom Tafelberg mit Akropolis und Johanniter-Burg überragten weißen Häuser verfälscht.

*Behauene Steine der Stoa*

**Hauseingang in Líndos**

### Überblick: Das Dorf Líndos

Líndos, das nach Rhodos-Stadt meistbesuchte Ziel der Insel, steuert man am besten per Schiff an. Beste Reisezeiten sind Frühling oder Herbst, nicht der Hochsommer, in dem sich Touristenmassen durch die engen Pflastergassen wälzen und die Sonne erbarmungslos brennt: Bei Hitzerekorden liegt Líndos immer vorn.

Motorfahrzeuge sind aus Líndos verbannt. Das kommt dem Charme des Dorfes zugute – ob den Eseln, die Touristen zur Akropolis hieven, sei dahingestellt. Modernem Komfort jedenfalls schadet es nicht, wie der Souvenirbasar und der Fast-food-Tempel beweisen. Zum Glück behaupten sich daneben gute Tavernen und, entsprechend teuer, schicke Restaurants mit internationaler Cuisine.

In den gewundenen Gassen führen stattliche Eingänge in die blumengeschmückten Höfe der einzigartigen lindischen Häuser. Die meisten *archontiká*, Herrenhäuser, wurden vom 15. bis 18. Jahrhundert von reichen Kapitänen erbaut. Sie gruppieren sich, an den Fassaden mit nautischen Motiven wie Schiffskabeln und -ketten geschmückt, um runde Innenhöfe mit *choklákia*, Bodenmosaiken aus Kieseln *(siehe S. 194)*. Ältere *archontiká* weisen byzantinische und arabische Elemente auf, manche kleine Kapitäns-»Kajüten« über dem Eingang, einige sind in Apartments und Restaurants verwandelt.

Ein anmutiger Glockenturm und mit Dachpfannen gedeckte Kuppeln prägen die byzantinische im 10. Jahrhundert gegründete und 1489/90 wiederaufgebaute Kirche **Panagías** im Zentrum. Gregor von Sými schuf 1779 die Fresken.

Im Wachsmuseum **Pántheon** an der Straße zur Akropolis stehen Helden und Götter der Mythologie wie Perseus und Herakles. Ton- und Lichtschauen erwecken die Figuren zu Leben. Ein Souvenirladen fehlt nicht.

Am Weg zur Akropolis bieten Frauen Spitzenarbeiten feil. Gestickte Spitzen aus Líndos sind in Museen in aller Welt ausgestellt; sie schmückten einen Umhang Alexanders des Großen.

**Lindische Stoa**
*Diese Stoa oder Säulenhalle entstand in hellenistischer Zeit um 200 v.Chr.*

**Die Festungsmauern** wurden im 13. Jahrhundert von den Johannitern aufgezogen.

**Eine Triere**, ein antikes Kriegsruderschiff, ist in den Fels gemeißelt.

**Spitzenverkäuferinnen an den Stufen zur Akropolis von Líndos**

## DIE AKROPOLIS VON LÍNDOS

Die Akropolis besetzt einen 125 Meter hohen Tafelberg über dem Dorf Líndos. Am höchsten Punkt zeichnen sich gegen den Horizont die rekonstruierten Säulen des Tempels der Athena Lindia (4. Jh. v.Chr.) ab. Der Tempel zählte zu den bedeutendsten Kultstätten der Antike; Alexander der Große besuchte ihn, angeblich auch Helena von Troja und Herakles. Im 13. Jahrhundert befestigten die Johanniter die Stadt mit Mauern, die höher waren als ihre Vorläufer.

**Die über die Häuser und das Meer blickende Akropolis von Líndos**

Nördlich des Dorfes umrahmt der Hauptstrand **Mégalos Gialós** die Bucht von Líndos, in der Antike diente sie als Ankerplatz der lindischen Flotte. Der Strand ist im Somme reichlich gefüllt, ideal für Familien und bietet Wassersportmöglichkeiten und Tavernen.

 **Pántheon**
Auf dem Weg zur Akropolis.
0244 31841. Apr–Okt tägl.

**Umgebung:** Von Líndos' Hauptstrand führt ein Fußweg zum winzigen, aber schicken Strand **Pallás**. Nudisten pilgern zur azurblauen, fast vollständig umschlossenen **Paulus-Bucht** an der südlichen Landzunge. Eine weiße Kapelle ist dem Apostel geweiht, der 43 n.Chr. in der Bucht gelandet und das Christentum nach Rhodos gebracht haben soll. Jedes Jahr am 28. Juni findet ein Fest statt.

Im **Kleoboulos-Grabmal** am Vorsprung nördlich der Bucht von Líndos ruht, entgegen dem Namen, nicht der weise Tyrann, sondern eine noch unbekannte Größe. Das Rundmausoleum aus mächtigen Steinblöcken entstand um das 1. Jahrhundert v.Chr. herum, mehrere Jahrhunderte nach Kleoboulos' Tod. Es wurde im Frühchristentum zur Kirche Agios Aimilianós umgewandelt.

Kiefern säumen drei Kilometer südlich von Líndos die kleinen Sandstrände von **Péfkos**, das sich zügig zum Ferienzentrum entwickelt.

Landeinwärts, sieben Kilometer westlich von Líndos, begrenzt Schilf die Sanddünen des ruhigen Dorfes **Lárdos**, das mittlerweile Standort gepflegter Landhotels geworden ist.

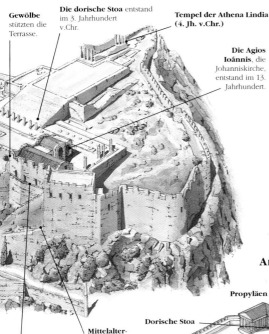

Gewölbe stützten die Terrasse.

**Die dorische Stoa** entstand im 3. Jahrhundert v.Chr.

**Tempel der Athena Lindia (4. Jh. v.Chr.)**

**Die Agios Ioánnis**, die Johanniskirche, entstand im 13. Jahrhundert.

**Den Palast** des Burgkommandanten erbauten die Kreuzritter.

**Mittelalterlicher Zugang zur Akropolis**

**Römischer Tempel des Kaisers Diokletian (3. Jh. n.Chr.)**

**REKONSTRUKTION DER AKROPOLIS (CA. 300 N.CHR.)**

**Tempel der Athena Lindia**

**Propyläen**

**Dorische Stoa**

**Die Häuser von Nimporió mit der steil aufragenden Agios Nikólaos**

# Chálki
## Χάλκη

🏠 280. ⛴ Nimporió. ℹ️ Piátsa, Nimporió (0241 45213). ⛪ Chorió: Panagía, 15. Aug. ⛴ Nimporió.

CHÁLKIS BEWOHNER lebten von der einträglichen Schwammfischerei. Anfang des 20. Jahrhunderts, als die Nachfrage abnahm, wanderten fast alle auf der Suche nach Arbeit nach Florida aus. Seit Chálki wieder aufpoliert wird, steigen die Besucherzahlen. Schafe und Ziegen weiden an den Felshängen der kahlen Insel. Der einst fruchtbare Boden liegt weitgehend brach, denn das Grundwasser ist unter den Meeresspiegel gesunken und versalzt. Tankschiffe müssen Trinkwasser liefern, Lebensmittel kommen aus Rhodos.

### NIMPORIO
Der Hafenort, Chálkis einzige Siedlung, ist ein ruhiges, malerisches Dorf mit neoklassizi-

**Ziegenzüchter auf dem Heimweg, Chálki**

stischem Touch. Seine Hauptsehenswürdigkeit, die **Agios Nikólaos**, besitzt den höchsten, wie eine Hochzeitstorte geschichteten Glockenturm des Dodekanes. Die bezaubernden schwarz-weißen *choklákia* stellen Vögel und den Baum des Lebens dar. Das über das Hauptportal gemalte Auge soll Böses abwehren.

Blickfang am Hafen sind das italienisch inspirierte Rathaus und das Postamt mit dem schmucken Uhrturm. Darüber

reihen sich verfallene Windmühlen aneinander. Der nahe Strand **Póntamos** bietet Ruhe, Sand und seichtes, auch für Kinder geeignetes Wasser.

### INSELERKUNDUNG
Da kaum Motorfahrzeuge verkehren, ist das Wandern eine ungetrübte Freude. Von Nimporió führt ein einstündiger Aufstieg zum verlassenen früheren Hauptort **Chorió**. Die Kreuzritter des Johanniter-Ordens *(siehe S. 184f)* errichteten hoch

## CHOKLAKIA-MOSAIKEN

Diese für den Dodekanes typischen Mosaiken dienen seit byzantinischer Zeit als ebenso dekorativer wie praktischer Bodenbelag. Sie sind gefügt aus verkeilten, meist schwarzen und weißen, zuweilen auch rötlichen Meereskieseln. Hielt man sie feucht, linderte ihre Verdunstungskälte die Hitze in den Häusern.

Frühe Mosaiken zeigen vorwiegend geometrische Muster wie Kreise. Später entwickelte sich eine reichere Ornamentik aus Blumenmotiven und Bildern wie Schiffen, Fischen und Bäumen, die Hinweise auf die Hausbesitzer lieferten. Besonders feine Mosaiken findet man außer auf Chálki in den Häusern von Líndos *(siehe S. 192f)*. Das Mosaik in der Kirche Agios Geórgios *(siehe S. 174)* zeigt eine Meerjungfrau, die über einem Schiff Sturmwogen auftürmt.

**Kieselmosaik vor dem Moní Taxiárchi, Sými**

**Rund ausgelegtes *choklákia* auf Chálki**

auf dem Fels, auf einer Akropolis aus antikem Baumaterial eine Festung. Oben belohnen Fernsichten, an klaren Tagen bis hin nach Kreta. In der Burgruine sind ein Wappen, in ihrer Kapelle byzantinische Fresken auszumachen.

Interessante Fresken weist unterhalb des Kastells auch die Kirche **Panagía** vor, am 15. August Mittelpunkt eines aufwendigen Festes. Am Hang gegenüber klebt die Kirche **Stávros** (Kreuzkirche).

Von Chorió führt eine neue Straße westwärts zum **Moní Agíou Ioánnou Prodrómou**; die Fahrt dauert eine, die Wanderung drei bis fünf Stunden. Im byzantinischen Kloster spendet ein Hof Schatten. Man besucht es am besten frühmorgens oder läßt sich zum Übernachten in einer Zelle einquartieren. Die Strände **Kánia** und **Giali** erreicht man zu Fuß oder mit Wassertaxis.

Innenansicht des Moní Agíou Ioánnis Prodrómou

## VORGELAGERTE INSELN

In Nimorió werden Ausflüge zur Insel **Alímia** im Osten angeboten, bei der die Italiener im Zweiten Weltkrieg U-Boote stationierten. Hier stößt man auf Kapellen und eine Burgruine.

# Kastellórizo
Καστελλόριζω

🏛 275. ✈ 2,5 km südlich von Kastellórizo-Stadt. ⛴ Kastellórizo-Stadt. 🛈 500 m nördlich vom Hafen (0241 49333).

KASTELLORIZO ist Griechenlands abgelegenste Insel, von der Türkei nur zweieinhalb Kilometer, von Rhodos

118 Kilometer entfernt. Seit Eröffnung des Flughafens 1987 öffnet sich die Insel zunehmend dem Tourismus. Strände kann sie nicht vorweisen, dafür klare, zum Schnorcheln ideale Gewässer mit einer reichen Flora und Fauna, darunter Mönchsrobben. Als größte von 14 kleinen Inseln ist Kastellórizo auch unter dem Namen Megísti («die Größte») bekannt.

Nach 1920 litten die Insulaner schwer unter den italienischen Besatzern. Im Zweiten Weltkrieg wurde die Insel bombardiert, geplündert und evakuiert. Dies trug dazu bei, daß die Bevölkerung von 15 000 im 19. Jahrhundert auf knapp 300 Einwohner gesunken ist. Der unbeugsame Wille der Bewohner dieses kargen, eigentümlich zeitvergessenen Eilands ist im ganzen Land berühmt. Vom harten Alltag ahnt man nichts am quicklebendigen Hafen, wo in den Tavernen oft spontan musiziert und getanzt wird.

Der natürliche Hafen von **Kastellórizo-Stadt**, der einzigen Siedlung der Insel, gilt als bester zwischen Piräus und Beirut. Beim verfallenen **Kástro** über dem Ort tun sich phantastische Blicke über die Insel bis zur türkischen Küste auf. Die Insulaner halten am Namen fest, den die Johanniter der Festung aus rotem Stein gaben: Kastello Rosso, Rotes Kastell. Im **Burgmuseum** sind Trachten, Fresken und Fotos zu bewundern, nahebei Griechenlands einziges **Lykisches Felsgrab**, ein mit dorischen Säulen verziertes Denkmal der lykischen Kultur des antiken Kleinasiens.

**Traditionelle Hausfassade in Kastellórizo-Stadt**

Die meisten alten neoklassizistischen Häuser sind Ruinen, zerstört durch Erdbeben und Bomben des Zweiten Weltkriegs. Im Zuge des Tourismus beginnt die Restaurierung.

Zu den Sehenswürdigkeiten zählt die elegante Kathedrale **Agios Konstantínos kai Eléni**. Ihre Granitsäulen entstammen dem Apollon-Tempel im anatolischen Patara.

Vom Ort steigt ein Pfad auf zu vier weißen Kirchen und der dorischen Akropolis und Festung **Palaiokástro** mit einer auf Megísti bezogenen Torinschrift (3. Jh. v.Chr.).

Unbedingt zu empfehlen ist ein Bootsausflug von Kastellórizo-Stadt zur **Perásta-Grotte**, berühmt für ihre Stalaktiten und die faszinierenden Lichtspiele auf dem strahlendblauen Wasser.

🏛 **Burgmuseum**
Kastellórizo-Stadt. 📞 0241 49283. 🕐 Di–So. 🔴 Feiertage.

**Kastellórizo-Stadt mit der Türkei im Hintergrund**

# Kárpathos
Κάρπαθος

DIESE DRITTGRÖSSTE INSEL des Dodekanes ist von wilder, zerklüfteter Schönheit und trotz sprunghaft gestiegener Besucherzahlen noch weitgehend urtümlich. Wie auf den meisten Inseln des Dodekanes kamen und gingen ihre Herren, darunter die Römer und viele Lokalherrscher der byzantinischen Zeit. Früher hieß die Insel nach dem hier erzeugten roten Farbstoff Porfíris. Ihr heutiger Name soll sich von *arpákatos* (»Raub«) ableiten – Erinnerung daran, daß Kárpathos im Mittelalter ein berüchtigtes Piratennest war.

**Volkstümliche Skulptur an einer Taverne in Diafáni**

**LEGENDE**

Symbole siehe Umschlaginnenseite

## KARPATHOS-STADT
Der auch Pigádia genannte Hauptort und -hafen liegt geschützt im Südosten der einst stillen, nun von Hotels umwucherten Vrónits-Bucht. Am Ufer wimmelt es von Straßencafés und Restaurants mit internationalen Speisekarten. Gegenüber dem italienisch beeinflußten Rathaus beherbergt der **Kárpathos-Park** eine Freilichtausstellung antiker Fundstücke der Insel, darunter ein frühchristliches Taufbecken aus Marmor und mykenische Grabbeigaben des 5. Jahrhunderts v.Chr.

0 Kilometer 5

**UMGEBUNG:** Von Kárpathos-Stadt führt ein hübscher Fußweg durch Olivenhaine zum beliebtesten Badeort, dem sieben Kilometer südlich entfernten, von Sandstränden gesäumten **Ammopí**. Oberhalb davon liegt auf 350 Meter Höhe an den Hängen des Profítis Ilías das Dorf **Menetés**. Mit seinen weinumrankten Sträßchen, den pastellfarbenen traditionellen Häusern mit ihren schmucken Höfen und Gärten und der Dorfkirche – sehenswert ist hier die geschnitzte Ikonostase – bietet das Dorf ein stimmungsvolles Bild.

## INSELERKUNDUNG
Ein Bergkamm teilt die Insel in den schroffen Norden und den sanfteren Süden. Ein beliebter Ferienort ist **Arkása**, westlich von Menetés. 1923 entdeckte man im Dorf die Kirche Agía Anastasía aus dem 4. Jahrhundert. Ihre zarten frühbyzantinischen Mosaiken – das schönste zeigt zwei in einen Wasserkrug äugende Hirsche – sind im Archäologischen Museum von Rhodos-Stadt (siehe S. 180) ausgestellt.

Am Berg Kalímni liegt auf 300 Meter Höhe, acht Kiloter nördlich von Kárpathos-Stadt, **Apéri**. Der Ort, bis 1892 Inselhauptstadt, gilt als eines der wohlhabendsten Dörfer Griechenlands – angesichts der Brunnen, geschmackvollen Gärten und stattlichen Häuser aus dem frühen 19. Jahrhundert gewiß zu Recht.

Apéris westliches Nachbardorf **Othos** ist die höchstge-

**Die am Hang dichtgedrängten weißen Villen von Apéri**

◁ **Ein lebendes Museum: das hoch gelegene Bergdorf Olympos im Norden von Kárpathos**

**Windmühlen im alten Dorf Olympos**

**INFOBOX**

🚶 5000. ✈ 17 km südlich von
Kárpathos-Stadt. 🚢 Kárpathos-
Stadt, Diafáni. 🚌 Ecke
Oktovriou u. Dimokratías,
Kárpathos-Stadt. 🛈 Kárpathos-
Stadt (0245 22222.) 🎉 Panagia
in Olympos: 15. Aug.

legene (450 m) und zugleich eine der ältesten Ortschaften der Insel. In einem traditionellen karpathischen Haus zeigt das **Volkskundemuseum** Textil- und Töpferarbeiten, einen alten Webstuhl und herkömmliches Werkzeug.

Wegen seiner drei hufeisenfömigen, von weißem Sand gerahmten Buchten rühmen Karpathioten **Léfkos** an der Westküste als «das» Urlaubsquartier. Auch **Kyrá Panagiá** an der Ostküste weist eine bezaubernde Bucht mit feinem, weißem Sand vor, zudem eine Kirche mit rosiger Kuppel. Daran schließt sich der Bilderbuchstrand – eine Sichel weißen Sandes vor azurblauem Wasser – von **Apélla** an.

An der Nordostküste bietet das lebhafte **Diafáni** Sand- und Kiesstrände, eine Handvoll Tavernen und Hotels. Per Bus erreicht man in 20 Minuten **Olympos** am Steilhang eines 600 Meter hohen Hügels. Die Lage im Norden schottete das 1420 gegründete Dorf jahrhundertelang vor Außeneinflüssen ab. Heute vermengen sich bizarr Mittelalter und Moderne. Durch das dichte Labyrinth farbig getünchter Häuser verlaufen Stufen und Gassen, gerade breit genug für Esel und Maultiere. Ein traditionelles Haus mit nur einem, mit Zierat wie Stickereien dekorierten Raum steht Besuchern offen. Das Dorf pflegt sein Brauchtum. Ältere Frauen tragen noch Tracht und backen Brot in Öfen, die im Freien stehen.

Von Olympos führt ein Holperweg ins nördliche, nur zur Erntezeit von Bauern bewohnte **Avlona** und eine kurze Wanderung weiter nach **Vroukoúnda**. Dort sind von einer Stadt aus dem 6. Jahrhundert v.Chr. Reste von Wehrmauern und Grabkammern zu sehen.

🏛 **Volkskundemuseum**
Othos-Dorf. 📞 0245 31338.
🕐 tägl. 🚫

**VORGELAGERTE INSELN**
Ausflugsboote fahren von Diafáni nach **Sária**, ein Inselchen nördlich von Avlóna mit den Ruinen der antiken Stadt Nísyros.

Kaum berührt vom Tourismus ist **Kásos** vor der Südküste von Kárpathos. Im Hauptort Frý gedenkt man am 7. Juni eine Feier des Blutbads, das die Türken hier 1824 anrichteten. Nahe dem Dorf Agía Marína faszinieren die Stalaktiten und Stalagmiten der Tropfsteinhöhlen Ellinokamára und Selláï. Sonnenhungrige zieht es zur Chelanthrós-Bucht sowie zu den Stränden des Eilands **Armáthia**.

**Wächterin der
Windmühlen von
Olympos**

## BRAUCHTUM IN OLYMPOS

Die Tracht der Frauen von Olympos besteht aus weißen Hosen, über denen eine bestickte Tunika oder ein dunkles Hemd mit gemusterter langer Schürze getragen wird. Die Stoffe sind reich bestickt in Limonengrün, Silber und leuchtendem Rosarot. Halsbänder aus Goldmünzen verraten den Status unverheirateter Frauen. Einst herrschte ein striktes Matriarchat. Heute beerbt die älteste Tochter die Mutter, der Sohn den Vater, so daß beiden Linien der persönliche Besitz der Eltern erhalten bleibt. Viele alte Häuser besitzen verzierte Balkone, und über dem Eingang sind die eingemeißelten Initialen ihrer Besitzer zu sehen. Sie bestehen aus einem einzigen, liebevoll mit «Nippes» dekorierten Raum mit einem Pfeiler in der Mitte und einer tagsüber geräumten Schlafstatt. Alljährlich kommen zu Mariä Himmelfahrt am 15. August Besucher aus aller Welt. In Olympos dauert das mit Musik und Tanz begangene Fest, eines der höchsten der griechisch-orthodoxen Kirche, drei Tage. Zu diesem Fest erklingen *lyra*, ein schon in der Antike bekanntes Saiteninstrument, *tsampourás*, eine dudelsackähnliche Sackpfeife aus Ziegenleder, und die der Mandoline verwandte *láouto*.

**Interieur eines Hauses in Olympos**

# DIE KYKLADEN

ANDROS · TINOS · MYKONOS · DELOS · SYROS · KEA
KYTHNOS · SERIFOS · SIFNOS · PAROS · NAXOS · AMORGOS
IOS · SIKINOS · FOLEGANDROS · MILOS · SANTORINI

DIE KYKLADEN – VON »KYKLOS« (»KREIS«, *da sie um die heilige Insel Delos einen Kreis bilden) sind die meistbesuchte Inselgruppe. Mit strahlendweißen Häusern, gewundenen Pflasterstraßen, blauen Kirchenkuppeln, malerischen Windmühlen und herrlichen Stränden entsprechen sie genau dem Bild einer griechischen Insel.*

Die Inseln brachten die Kykladenkultur (3000–1000 v.Chr.) hervor. Sie entstand in der Bronzezeit und inspiriert seither mit ihren Marmorplastiken Künstler aller Epochen. Die Minoer von Kreta kolonisierten die Inseln und machten Akrotíri auf Santoríni zu einem wichtigen Handelszentrum. Gegen Ende der Kykladenkultur dominierten die Mykener, und Delos wurde zum religiösen Zentrum. Mit dem Einfall der Dorer im 11. Jahrhundert v.Chr. begann der Niedergang dieser Kultur.

Nachhaltige Spuren hinterließ die Herrschaft Venedigs (1204–1453), wie zum Beispiel die zahlreichen mittelalterlichen *kástra* oder die katholischen Gemeinden auf Tínos, Náxos und Sýros.

**Traditionelles Transportmittel**

Von den 56 Kykladeninseln sind 24 bewohnt. Sowohl die kleinen, abgeschiedenen Inseln wie auch die berühmten Urlaubsziele sind ideal für Sonne, Sand und Meer, mit regem Nachtleben auf Mýkonos und Ios. Das politische und wirtschaftliche Zentrum Sýros zählt zu den wenigen Inseln, die nicht vornehmlich vom Tourismus leben. Das Leben auf den Kykladen spielt sich im allgemeinen in den Dörfern mit ihren zwei Zentren ab: dem Hafen und der Oberstadt (Chóra) mit ihrem *kástro*.

Die meisten Inseln sind felsig und trocken, nur Andros, Kéa und Náxos werden von Wäldern und saftigen Tälern eingenommen. Diese Vielfalt zieht Künstler, Wanderer und Erholungsuchende gleichermaßen an.

**Die sandige Bucht von Kolymbíthres auf Páros**

◁ **Die weißgekalkten Häuser von Triandáros auf Tínos**

# Überblick: Die Kykladen

DIE KYKLADEN SIND BERÜHMT für ihre Strände und die weißen Dörfer auf den Klippen mit ihrer atemberaubenden Aussicht. Bekanntestes Beispiel ist Firá auf Santoríni. Mýkonos und Ios zählen zu den beliebtesten Strandurlaubszielen, aber auch abgelegenere Inseln wie Mílos und Amorgós bieten schöne Sandstrände. Im Sommer sind die Inseln meist trocken und überfüllt, im Frühjahr jedoch blumenübersät und grün. Jede Insel hat ihren eigenen Charakter: ruhig und noch typisch wie Síkinos oder touristisch mit regem Nachtleben wie Ios. Zudem finden sich auf den Kykladen reiche Zeugnisse der Antike, wie zum Beispiel auf Delos.

## Inselspringen

Verkehrszentren sind Pátros und Sýros. Von hier gibt es Verbindungen zu den meisten Kykladeninseln, nach Kreta und zu den Inseln des Dodekanes. Von Juli bis September werden die Kykladen vom *meltémi*, einem starken Wind, heimgesucht, der zwar Kühle bringt, aber auch die Fahrpläne der Fähren durcheinanderwirbelt. Mýkonos und Santoríni haben internationale Flughäfen, Sýros, Mílos, Páros und Náxos nationale.

### SIEHE AUCH

ANDROS · Gávrio · Andros-Stadt · Rafina · Skíathos · Rafina · Lávrio · TINOS · Korissiá · Rafina · GYAROS · KEA · Piräus · SYROS · Ermoúpoli · Piräus · Méricbas · KYTHNOS · Piräus · SERIFOS · Liváti · Piräus · Kamáres · SIFNOS · Piräus · KIMOLOS · Psáthi · POLYALGOS · ANTIMILOS · Adámantas · MILOS · FOLEGAND · Kreta

0 Kilometer 20

**Bootshäuser in Mandrákia, Mílos**

## AUF EINEN BLICK

**ZUR ORIENTIERUNG**

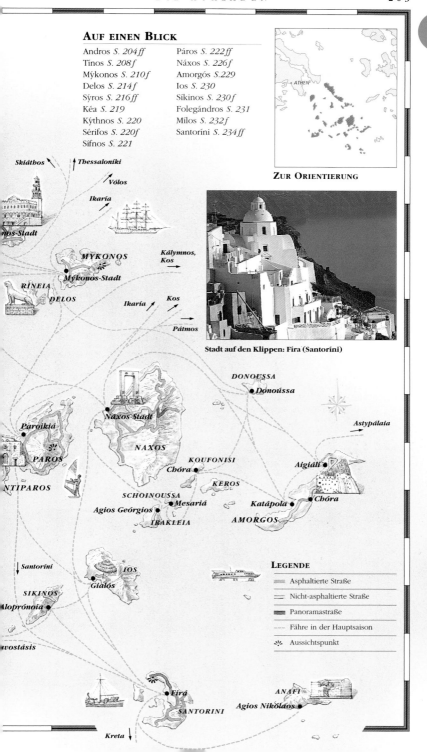

Stadt auf den Klippen: Fíra (Santoríni)

**LEGENDE**

- Asphaltierte Straße
- Nicht-asphaltierte Straße
- Panoramastraße
- Fähre in der Hauptsaison
- Aussichtspunkt

# Andros
Ανδρος

ANDROS, DIE NÖRDLICHSTE KYKLADENINSEL, ist im Süden saftig und grün, im Norden karg und unfruchtbar. Typische Steinmauern trennen die Felder. Die Insel wurde 1000 v.Chr. von den Ioniern kolonisiert. Im Peloponnesischen Krieg *(siehe S. 28)* im 5. Jahrhundert v.Chr. stand Andros an der Seite Spartas. Nach der venezianischen Herrschaft waren die Türken von 1566 bis zum Unabhängigkeitskrieg an der Macht. Andros ist beliebtes Urlaubsziel reicher Reederfamilien aus Athen.

## Andros-Stadt ❶
Χώρα

🏛 1680. 🚌 Plateía Agia Olga. ℹ 0282 22316.

Der Hauptort der Insel (auch Chóra genannt) liegt an der Ostküste, rund 20 Kilometer vom Haupthafen Gávrio entfernt.

In der eleganten Stadt mit ihren herrlichen neoklassizistischen Gebäuden wohnen einige der reichsten Reeder Griechenlands. Die Fußgängerzone im Zentrum mit ihrem Marmorpflaster wird von alten Stadtpalais, *kafeneía* und kleinen Läden gesäumt.

**Der *Hermes von Andros* im Archäologischen Museum**

## Plateía Kaíri
Am Hauptplatz des Ríva-Bezirks findet sich das 1981 erbaute **Archäologische Museum**. Berühmtestes Exponat ist der *Hermes von Andros* aus dem 2. Jahrhundert v.Chr., eine schöne Marmorkopie des Bronzeoriginals (4. Jh. v.Chr.). Außerdem: die *Herrin von Herkulaneum*, die zusammen mit dem Hermes

gefunden wurde, Funde aus Zagorá (10. Jh. v.Chr.) und dem antiken Palaiópoli *(siehe S. 206)* in der Nähe von Mpatsí, architektonische Darstellungen und eine umfangreiche Keramiksammlung.

Das von der Familie Goulandrí gestiftete **Museum moderner Kunst** verfügt über eine ausgezeichnete Sammlung von Werken des 20. Jahrhunderts, darunter Picasso, Braque und führende griechische Künstler wie Alekos Fasianós. Der Garten der Skulpturen umfaßt Werke von Michális Tómpros (1889–1974).

🏛 **Archäologisches Museum**
Plateía Kaíri. ℂ 0282 23664. ⭕ Di–So. ● Mo, Feiertage 🅰
🏛 **Museum moderner Kunst**
Plateía Kaíri. ℂ 0282 22650. ⭕ Mi–Mo ● Feiertage 🅰 außer So.

## Káto Kástro und Plateía Ríva
Von der Plateía Kaíri führt ein Bogengang in das Straßenlabyrinth des mittelalterlichen Stadtteils Káto Kástro, der sich zwischen den Buchten von Parapórti und Nimporió ausbreitet. Die engen Straßen führen zur Plateía Ríva am Ende der Halbinsel, auf der das Denkmal des *Unbekannten Matrosen* von Michális Tómpros steht. Direkt darunter führt eine Steinbrücke zum gegenüberliegenden Felsvorsprung mit der venezianischen Burg **Mésa Kástro** (erbaut 1207–33). Das **Schiffahrtsmuseum** mit Schiffsmodellen, Fotos und nautischen Instrumenten steht an der Ecke des Platzes.

Auf dem Rückweg zum Stadtzentrum findet sich die Kirche **Panagía Theosképasti** (1555), die der Jungfrau Maria geweiht ist. Der Legende nach konnte sich der Priester das Holz für das Dach nicht leisten, und so setzte das Schiff mit dem Holz wieder Segel, geriet aber in einen Sturm. Die Mannschaft flehte bei der Gottesmutter um Hilfe und gelobte, das Holz zu liefern. Die See beruhigte sich auf wunderbare Weise, und die Kirche erhielt den Namen Theosképasti, »von Gott errettet«.

**Der Unbekannte Matrose**

🏛 **Schiffahrtsmuseum**
Plateía Ríva. ℂ 0282 22444. ⭕ Mi–Mo. ● Feiertage. 🅰

**UMGEBUNG: Steniés**, sechs Kilometer nordwestlich von Andros, ist ein schöner Ort, beliebt vor allem bei den reichen Reederfamilien. Der Turm Mpístis-Mouvelá, 15 Gehminuten südwestlich von Steniés, ist ein gutes Beispiel andriotischer Baukunst.

Unterhalb von Steniés liegt **Gyália** mit seinem schattigen Strand unter Eukalyptusbäumen und seiner Fischtaverne. In **Apoíkia**, drei Kilometer westlich, wird Mineralwasser der Sáriza-Quelle abgefüllt. Das Wasser kann an der Quelle getrunken werden.

**Typische Häuser und eine kleine Kirche in Káto Kástro**

# Überblick: Die Insel Andros

**unnen mit Löwen-
öpfen in Ménites**

TROTZ DES INTERNATIONALEN PUBLIKUMS hat
sich die wohlhabende Insel mit ihren
vielen weißen Taubentürmen – von den
Venezianern eingeführt – ihren ursprünglichen Charme erhalten. Man findet zahlreiche ansprechende Strände, Wassersportmöglichkeiten, wilde Berge und ein gutes
Netz von Wanderwegen. Weniger über-
zeugte Wanderer sollten sich unbedingt ein Fahrzeug
mieten, da die Busverbindungen unzureichend sind.

## Mesariá ❷
Μεσαριά

8 km südwestlich von Andros-Stadt.
🏠 850. 🚌

Von Andros-Stadt führt die
Straße durch das mittelalterliche Mesariá mit seinen verfallenen Turmhäusern und der
von Kaiser Emanuel Komne-
nus erbauten, ziegelgedeckten
byzantinischen Kirche **Taxiárchis**, die kürzlich renoviert
wurde.

Im grünen Ort **Ménites**, direkt über Mesariá, findet sich
ein Brunnen mit wasserspei-

enden Löwenköpfen aus Marmor. Ménites ist bekannt für
seine Nachtigallen und für die
Taverne über dem Fluß. Stufen führen zur schön renovierten Kirche **Panagía i Koú-
moulos** (Jungfrau der Fülle),
die an der Stelle eines Dionysos-Tempels erbaut sein soll.

## Auf einen Blick

Andros-Stadt ❶
Gávrio ❻
Mesariá ❷
Moní Panachrántou ❸
Mpatsí ❺
Palaiókastro ❹

### INFOBOX

🏠 9000. 🚌 Gávrio. 📞
ℹ️ 0281 22275. 🎉 Agios
Panteleímon Festival in Moní
Panachrántou: 27. Juli.

## Moní Panachrántou ❸
Μονή Παναχράντου

12 km südwestlich von Andros-Stadt.
📞 0282 51090. 🔓 tägl.

Dieses spektakuläre Kloster
liegt 230 Meter über Meeresspiegel in den Bergen südwestlich von Andros-Stadt.
Von Mesariá benötigt man zu
Fuß zwei, von Andros-Stadt
etwa drei Stunden.

Gegründet wurde das Klo-
ster 961 von Nikifóros Fokás,
der später dank seiner Hilfe
bei der Befreiung Kretas von
den Arabern Kai-
ser von Byzanz
wurde. Drei Mön-
che leben in dem
im byzantinischen
Stil erbauten Klo-
ster. In der Kirche
finden sich viele
religiöse und an-
dere Schätze, dar-
unter der angeb-
lich Heilkraft
spendende Schä-
del von Agios Pan-
teleïmon. An sei-
nem Festtag strö-
men Besucher
hierher, um den
Schädel zu sehen.

**Blick über Moní Panachrántou ins Tal**

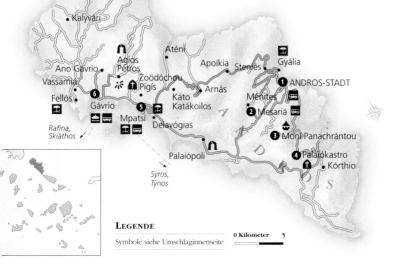

## Palaiókastro ❹
Παλαιόκαστρο

18 km südwestlich von Andros-Stadt.
☐ *freier Zugang.*

Hoch auf einem Felsplateau steht das zerstörte venezianische Palaiókastro (1207–33). Sein zweiter Name, Burg der alten Frau, verweist auf eine Legende, derzufolge eine Frau im 16. Jahrhundert die Venezianer an die Türken verriet und ihnen die Tore der Burg öffnete. Abgestoßen vom folgenden blutigen Massaker, stürzte sie sich in der Nähe von Kórthio, fünf Kilometer weiter südöstlich, aus Reue von den Klippen. Dieser Felsen wird daher Tis Griás to Pídima (Sprung der alten Frau) genannt.

## Mpatsí ❺
Μπατσί

8 km südlich von Gávrio.
🏠 *200.* 🚌

Der hübsche Ort entlang einer Sandbucht hat einen kleinen Fischerhafen und ein Labyrinth kleiner, enger Gassen, die man über Stufen von der Seeseite aus zahlreichen Cafés erreicht. Trotz des regen Nachtlebens hat sich Mpatsí seine dörfliche Atmosphäre bewahrt. Der Hauptstrand ist bei Familien sehr beliebt, FKK-Anhänger bevorzugen **Delavógias** im Süden. Agía Marína noch weiter südlich hat eine nette Taverne.

**UMGEBUNG:** Südlich von Mpatsí befindet sich das alte **Palaiópoli**, die ursprüngliche Hauptstadt der Insel, die bis etwa 1000 n.Chr. bewohnt

war, bevor die Einwohner nach Mpatsí übersiedelten *(siehe S. 205).* Im 4. Jahrhundert wurde es durch ein Erdbeben weitgehend zerstört, doch Teile der Akropolis und unter Wasser gelegene Tempelruinen sind noch sichtbar.

**Káto Katákoilos** im Landesinneren ist bekannt für seine Musik und Tanzfestivals. Von hier führt eine Schotterstraße nach Norden zum Dörfchen **Aténi** am Ende eines fruchtbaren Tals. Noch weiter nordöstlich trifft man in der windigen Bucht von Aténi auf zwei schöne Strände. Das Blumendorf **Arni** am Hang des Bergs Kouvára hat viele Quellen und ist einer der grünsten Flecken der Insel. Die Umgebung mit den vielen Steinmauern eignet sich wunderbar zum Wandern.

**Der Turm von Agios Pétros bei Gávrio**

## ⌂ Palaiópoli
9 km südlich von Mpatsí.
☐ *freier Zugang.* ♿ *begrenzt.*

## Gávrio ❻
Γαύριο

🏠 *450.* ⛴ 🚌 🚕 *Fellós 4 km nordwestlich.*

Gávrio ist eine Hafenstadt mit wenig Flair. An Wochenenden kommen Athener auf dem Weg zu ihren Feriendomizilen. Es gibt einen Strand, einen guten Campingplatz und zahlreiche Tavernen. Selbst in

der Hauptsaison kann man hier noch ein Zimmer ergattern, wohingegen Mpatsí mit Pauschalreisen ausgebucht ist.

**UMGEBUNG:** Von Gávrio geht man eine Stunde bis zum Turm von **Agios Pétros**, dem besterhaltenen hellenistischen Bauwerk der Insel. Der 20 Meter hohe Turm steht in einem Olivenhain unter dem Dorf Káto Agios Pétros. Die oberen Stockwerke erreichte man über Steiglöcher und mittels einer Leiter, das Innere überspannte früher eine Kuppel. Der Zweck des Turms ist unklar. Vielleicht diente er als Wachturm, um die Minen vor Piratenangriffen zu schützen.

Nördlich von Gávrio befinden sich schöne Strände in der Nähe von Vassamiá mit seinen zwei Sandbuchten. Sehr beliebt ist der Strand von **Fellós**, allerdings werden hier Ferienhäuser gebaut.

Acht Kilometer südlich von Gávrio führt eine Straße von der Küstenstraße weg zum Kloster **Zoödóchou Pigís** («Quelle des Lebens») aus dem 14. Jahrhundert. Das Kloster, in dem einst 1000 Mönche lebten, wird heute nur von einigen Nonnen geführt, die Besuchern gern die Ikonensammlung und die byzantinischen Tapisserien zeigen.

**Die Mpatsí-Bucht auf Andros**

# Kykladische Kunst

DIE KYKLADISCHEN MARMORIDOLE mit ihren schlichten geometrischen Formen und Linien stammen aus der Bronzezeit *(siehe S. 24f)* und sind erste Zeugnisse griechischer Kunst. Diese Grabbeigaben stellen vermutlich eine Gottheit dar oder waren Opfergaben an sie. Die frühesten Figuren (vor 3000 v.Chr.) sind schlank und violinförmig. Zur Zeit der Keros-Sýros-Kultur (2700–2300 v.Chr.)

sind die Formen erkennbar menschlich und meist weiblich. Die Größe variiert von einer Handbreite bis zu Lebensgröße, die Proportionen bleiben dabei gleich. Man fand auch Obsidianklingen, Marmorschalen, abstrakte Schmuckstücke und Keramiken, darunter auch die »Pfannen«. Die hier gezeigten Beispiele kykladischer Kunstfertigkeit sind im Museum der Kykladischen Kunst in Athen *(siehe S. 287)* untergebracht.

**»Violinfiguren«** *wie diese stammen aus der frühen kykladischen Periode (3300–2700 v.Chr.) Der Zweck dieser oft nur handgroßen, sehr abstrakten Figuren ist unbekannt. In manchen Gräbern fand man bis zu 14 solcher Idole, andere Gräber waren leer.*

**»Pfannenkeramiken«** *tragen den Namen aufgrund ihrer Form. Sie könnten als Spiegel oder Tabletts gedient haben. Mit ihrer Spiralen- und Sonnendekoration repräsentieren sie eine späte Epoche kykladischer Kunst.*

**Halsvasen** *oder kandelas aus Marmor zählen zu den Höhepunkten kykladischer Kunst. Sie dienten vermutlich als Vorratsgefäße. An den seitlichen vier Henkeln konnten sie aufgehängt werden.*

## EINFLUSS AUF DIE MODERNE KUNST

Die Schlichtheit von Form und Dekor wurde zur Zeit ihrer Entdeckung im 19. Jahrhundert als roh und häßlich empfunden. Doch ließen sich Künstler wie Picasso, Modigliani, Moore und Brancusi später davon inspirieren.

**Dieses männliche Idol** *wurde zusammen mit einem weiblichen gefunden. Männliche Figuren sind selten. Diese hier ist auch wegen ihres erhobenen Armes und dem Band um der Brust untypisch.*

**Dieses weibliche Idol** *mit gekreuzten Armen ist ein typisches Beispiel kykladischer Kunst. Der Kopf ist leicht nach hinten geneigt, Arme, Beine und Gesichtszüge nur angedeutet.*

**Drei stehende Figuren von Henry Moore**

**Der Kuß** von **Brancusi**

# Tínos
Τήνος

**D**IESE FELSIGE UND DOCH GRÜNE Insel wurde von den Ioniern besiedelt. Im 4. Jahrhundert v.Chr. war sie wegen ihres Poseidon- und Amphitrite-Heiligtums bekannt. Seit dem Mittelalter unter venezianischer Herrschaft, war Tínos 1715 die letzte türkische Eroberung. Tínos hat über 800 Kapellen. In den 60er Jahren erklärte die Militärjunta Tínos zur heiligen Insel. Die Kirche Panagía Evangelístria (Maria Verkündigung) in Tínos-Stadt zieht viele orthodoxe Pilger an. Die Insel ist auch für ihre vielen Taubenhäuser *(peristeriónas)* bekannt.

riä Verkündigung und Mariä Himmelfahrt zur Ikonenprozession nach Tínos kommen *(siehe S. 44f)*. Besonders Gläubige pilgern auf Knien zur Kirche, die kostbarste Votivgaben dankbarer Pilger aufzuweisen hat, wie zum Beispiel einen Orangenbaum aus Gold und Silber. Die Ikone selbst ist beinahe flächendeckend mit Gold und Juwelen verkleidet. In der Krypta (Evresis-Kapelle, »Entdeckungskapelle«) ist die Stelle, an der man die Ikone fand, durch einen silbernen Rahmen kenntlich gemacht. Die heilige Quelle (Zoödóchos Pigí) dort soll Heilkraft geben.

**Vase im Archäologischen Museum von Exómpourgo**

In der Sakristei findet man goldbestickte Meßgewänder und kostbare Bibeln. Im Museum innerhalb des Kirchenkomplexes werden Werke lo-

**Kniender Pilger vor der Panagía Evangelístria**

**TÍNOS-STADT**
Die typische Inselhauptstadt präsentiert sich mit engen Straßen, weißen Häusern und einem geschäftigen Hafen mit Restaurants und Hotels.

**🔒 Panagía Evangelístria**
**Kirche und Museen** ⬜ *tägl.*
📞 0283 22256. ♿
An der Hauptstraße Megalóchari, die direkt am Fährhafen beginnt, liegt die das Stadtbild dominierende Kirche Mariä Verkündigung. Die Fußgängerzone Evangelístrias, parallel zur Megalóchari, ist voller Stände mit Ikonen und Devotionalien. 1830 erbaut, beherbergt die Kirche eine wundertätige Ikone.

1822, während des griechischen Unabhängigkeitskriegs, erschien die Muttergottes der Schwester Pelagía, einer Nonne des Moní Kechrovouníou, und zeigte ihr, wo eine Ikone vergraben lag. 1823 entdeckte man nach Anweisungen der Nonne eine Ikone mit der Verkündigung Gabriels an Maria, die 850 Jahre vergraben gewesen war. Unter dem Namen Megalóchari («die große Freude») bekannt, erkannte man bald ihre Wunderkräfte, und die Kirche wurde zum Pilgerzentrum für orthodoxe Christen, die an den Tagen Ma-

**Tínos-Stadt mit seinem kleinen Hafen**

Pánormos
Pýrgos
Kolympíthres
Istérnia
Kalloni
Kómi
Exómpourgko
Kámpos
Potamiá
Santa Margarita
Kiónia
Moní Kechrovouníou
Stavrós
Agios Ioánnis
TÍNOS-STADT
Agios Fokás
Mýkonos, Vólos
Sýros, Páros
Andros, Skiáthos, Thessaloníki

Das malerische Dorf Pýrgos im Norden der Insel

**INFOBOX**

🚶 9000. 🚌 Tínos-Stadt. ⚓
Kai, Tínos-Stadt. 🛈 Ecke
Kioníon u. Vlacháki, Tínos-Stadt
(0283 22255). 🎭 Maria Verkün-
digung u. Himmelfahrt, Tínos-
Stadt: 25. März und 15 Aug.

kaler Bildhauer und Maler
ausgestellt, darunter Antónios
Sóchos, Geórgios Vitális und
Ioánnis Voúlgaris. In der
Gemäldegalerie finden sich
Werke der Ionischen Schule,
je eines von Rubens und Rem-
brandt sowie Werke des 19.
Jahrhunderts aus aller Welt.

### 🏛 Archäologisches Museum

Megalóchari 📞 0283 22670.
🕐 Di–So. ⬤ Feiertage. 🎟
Das Archäologische Museum
an der Megalóchari in der
Nähe der Kirche verfügt über
Skulpturen von Nereiden und
Delphinen aus dem Poseidon-
und Amphitrite-Heiligtum.
Ebenfalls zu sehen: eine Son-
nenuhr aus dem 1. Jahrhun-
dert v.Chr. von Andronikos
Kyrrestes, der den Turm der
Winde in Athen baute (siehe
S. 283) sowie riesige Vorrats-
amphoren (8. Jh. v.Chr.) des
alten Tínos vom Fels von
Exómpourgko.

**UMGEBUNG:** Der Kiesstrand
von **Agios Fokás** östlich der
Stadt ist der naheste. Der
beliebte Strand von **Stavrós**
im Westen hat eine Mole aus
Klassischer Zeit. Im Norden,
in der Nähe von Kiónia, stößt
man auf die Ruinen des
**Heiligtums von Poseidon
und Amphitrite.** Bei Ausgrabungen entdeckte man
hier viele Säulen (kiónia), die
dem Ort ihren Namen gaben.

### INSELERKUNDUNG
Tínos kann man bequem
erkunden, da zahlreiche Taxis
und ausgezeichnete Bus-
verbindungen zur Verfügung
stehen. Nördlich von Tínos-

Stadt steht **Moní Kechrovouníou**, eines der größten Klöster Griechenlands. Die Zelle,
in der Schwester Pelagía ihre
Visionen hatte, und ihre Kopf-
reliquie können besichtigt
werden.
   In 640 Metern Höhe auf
dem Fels von **Exómpourgko**
befand sich das ursprüngliche
Tínos. Später baute die vene-

**Inneres der Klosters Moní Kech-
rovouníou (12. Jh.)**

zianische Familie Ghisi hier
die Burg St. Elena, nachdem
der Doge ihnen die Insel im
Jahre 1207 überlassen hatte.
Die Burg galt als wehrhafteste
der Kykladen, bis sie von den
Türken 1714 eingenommen
wurde. Auf der Felsklippe
sieht man noch Mauerreste,
mittelalterliche Häuser, einen
Brunnen und drei Kirchen.
   Von Kómi im Norden führt
ein Tal zu den zwei Buchten
von **Kolympíthres**. Eine ist
verlassen, in der anderen gibt
es Übernachtungsmöglichkeiten und Tavernen.
   Über dem Hafen von Pánormos im Nordwesten der Insel
liegt Pýrgos mit seiner
berühmten Bildhauerschule.
Das Gebiet ist für seinen grünen Marmor und die kunst-
vollen Steinarbeiten bekannt.
Typische Marmorlünetten und
-balkone zieren die Dörfer.
Beispiele findet man im **Gian-
noúli-Chalepá-Museum** im
Haus des bekannten Bildhauers (1851–1938). Das alte
Schulhaus beherbergt heute
die Schule der Schönen Künste. Die Werke der Studenten
werden in einem Geschäft am
Hauptplatz verkauft.

### 🏛 Giannoúli-Chalepá-Museum
Pýrgos. 🕐 tägl. ⬤ Okt–Apr. 🎟 ♿

---

## TINOS' PERISTERIONAS (TAUBENHÄUSER)

Etwa 1300 weiße Taubenhäuser
(peristeriónas) sind in den Dörfern auf Tínos verstreut, alle
sind aufwendig verziert. Sie haben zwei Stockwerke: ein unte-
res für Vorräte, ein oberes für
die Tauben; dieses ist oft mit
Kreuzblumen oder Taubenfigu-
ren geschmückt. Die Tauben-
zucht kam mit den Venezianern
auf die Insel. Taubenhäuser findet man auch auf Andros und
Sífnos, doch die von Tínos gelten als die schönsten.

**Taubenhaus in Kámpos mit
traditionellen Verzierungen**

# Mýkonos
Μύκονος

**Pétros, das Maskottchen der Insel**

O BWOHL TROCKEN UND UNFRUCHTBAR, ist Mýkonos wegen seiner Sandstrände und seines regen Nachtlebens eine der beliebtesten Kykladeninseln. Seit 1207 unter venezianischer Herrschaft, florierte die Insel unter der 1615 errichteten Gemeinschaft der Mykonier. In den frühen Tagen des Tourismus beliebtes Ziel von Intellektuellen, lebt die Insel heute von ihrem Ruf als Griechenlands aufregendste Insel.

**Der Hafen von Mýkonos am frühen Morgen**

### MYKONOS-STADT

Mit dem Gewirr blendendweißer Gäßchen und kubusförmiger Häuser ist Mýkonos-Stadt (oder Chóra) die Inselstadt schlechthin. Der belebte Hafen mit seinem Labyrinth enger Straßen als Schutz gegen den Wind und Piratenüberfälle ist ein beliebtes Fotomotiv. Noch heute verirrt sich hier so mancher Tourist.

Vom Kai fahren Taxiboote zur Insel Delos *(siehe S. 214f)*. Vielleicht sehen Sie hier auch das Inselmaskottchen, den Pelikan Pétros.

Die Plateía Mavrogénous neben dem Hafen wird von der Büste der Revolutionärin Mantó Mavrogénous (1796–1848) überblickt. Sie wurde für ihren siegreichen Kampf im Unabhängigkeitskrieg gegen die Türken 1821 in den Generalstand erhoben.

Das **Archäologische Museum** in einem neoklassizistischen Gebäude in der Nähe des Fährhafens beherbergt eine umfangreiche

Sammlung römischer und hellenistischer Steinmetzarbeiten, Keramiken aus dem 6. und 7. Jahrhundert v.Chr., Schmuck, Grabsteine und Funde aus Delos.

Der älteste Teil der Stadt, das *kástro*, erhebt sich hoch über dem Hafen. Das exzellente **Volkskundemuseum** (eines der besten ganz Griechenlands) wurde auf einem Teil der antiken Burgmauer erbaut. Die elegante ehemalige Kapitänsvilla beherbergt eine sehenswerte Sammlung von Keramiken, Stickereien und modernen mykonesischen Textilien. Ungewöhnliches Ausstellungsstück ist der ausgestopfte Pelikan Pétros, 29 Jahre lang das Originalmaskottchen der Insel. Teil des Museums ist eine restaurierte, funktionierende Windmühle aus dem 16. Jahrhundert. Sie ist eine der 30 Windmühlen der Insel, mit der früher Getreide gemahlen wurde. Auf dem Gelände sind auch ein Dreschboden und ein Taubenhaus zu besichtigen.

**Mantó Mavrogénous**

Auch das beliebteste Postkartenmotiv, die weithin bekannte Kirche **Panagía Paraportianí**, steht im *kástro*-Viertel an der Stelle eines Burgtores der mittelalterlichen Burg. Sie besteht aus nicht weniger als vier Kapellen zu ebener Erde und einer darüber. Teile stammen von 1425, der Rest aus dem 16. und 17. Jahrhundert.

**Amphore (7. Jh. v.Chr.) im Archäologischen Museum**

Vom *kástro* führen Straßen hinunter zum Künstlerviertel Venetía (**Kleinvenedig**, offiziell: Aléfkandra). Die bemalten Balkone der hohen Häuser ragen bis zum Meer. Am Hauptplatz (Plateía Aléfkandra) erhebt sich die orthodoxe Kathedrale Panagía Pigadiótissa (Unsere liebe Frau der kleinen Brunnen).

Im **Schiffahrtsmuseum** am Ende der Matogiánni sind Schiffsmodelle von vorminoischer Zeit bis ins 19. Jahrhundert zu besichtigen, aber auch nautische Instrumente, Gemälde und Münzen mit maritimen Motiven (5. Jh. v.Chr.)

In **Lenas Haus** (19. Jh.) gleich nebenan gewinnt man Einblick in das Leben der mykonesischen Dame Léna Scrivánou. Von der Stickerei bis zum Nachttopf ist alles erhalten.

In der **Städtischen Gemäldegalerie** an der Matogiánni sind griechische und internationale Künstler vertreten, aber auch Werke von Malern der Insel sind ausgestellt.

**Teil des Volkskundemuseums: betriebene Windmühle (16. Jh.)**

**Die berühmte Kirche Paraportianí**

### Archäologisches Museum
Am Fährhafen. ☎ 0289 22325.
◯ Di–So. ⬤ Feiertage.

### Volkskundemuseum
Am Fährhafen. ☎ 0289 22591.
◯ Apr–Okt tägl.

### Schiffahrtsmuseum
Enóplon Dynámeon. ☎ 0289 22700.
◯ Apr–Okt tägl. ⬤ Feiertage.

### Lenas Haus
Enóplon Dynámeon. ◯ Apr–Okt tägl. begrenzt.

### Städtische Gemäldegalerie
Matogiánni. ☎ 0289 22615.
◯ Apr–Okt tägl.

### INSELERKUNDUNG

Die karge Insel Mýkonos ist vor allem wegen ihrer Strände beliebt, von denen sich die schönsten an der Südküste befinden. 3,5 Kilometer südlich der Stadt **Platýs Giálos** stehen Sonnenanbetern Taxiboote zur Verfügung, die sie von Bucht zu Bucht bringen. Gesäumt von Hotels und Restaurants ist dieser Sandstrand mit seinen Wassersportmöglichkeiten der beliebteste der Insel. FKK-Anhänger zieht es weiter südlich zu den Stränden von **Parágka** oder dem ruhigeren Agía Anna mit seiner netten Taverne. Anschließend:

**Paradise** mit Campingplatz, Disko und Wassersport. Nacktbader schätzen die Bucht von **Super Paradise**. Endstation ist der im Sommer gutbesuchte FKK-Strand **Elía**. Im Gegensatz zu Mýkonos-Stadt ist **Ano Merá**, 7,5 Kilometer östlich, ursprünglich und vom Tourismus kaum berührt. Hauptattraktion ist das Kloster **Panagía i Tourlianí** (16. Jh.), das Mýkonos' Schutzpatronin geweiht ist. Zwei Mönche aus Páros gründeten das Kloster mit der roten Kuppel, das 1767 wiederaufgebaut wurde. Der kunstvolle Marmorturm stammt von tiniotischen Künstlern. Zu besichtigen sind schöne Ikonen

### INFOBOX

🏠 4500. ✈ 3 km südöstlich von Mýkonos-Stadt. ⛴ Mýkonos-Stadt. 🚌 Polykandrióti, Mýkonos-Stadt (für den Norden der Insel); an der Straße nach Ornós, Mýkonos-Stadt (für den Süden der Insel).
ℹ Am Fährhafen, Mýkonos-Stadt (0289 22482). 🎭 Fischerfest, Mýkonos-Stadt: 30 Jun.

(16. Jh.), Roben und Stickereien. Im Nordwesten der Stadt erhebt sich Palaiókastro, auf dem früher eine venezianische Burg stand, und davor vermutlich eine der ersten Städte der Insel. Heute befindet sich hier das Kloster **Moní Palaióka-strou** (17. Jh.). Nordwestlich, im hübschen **Maráthi**, stößt man auf Moní Panteleïmona (1665). Von dort führt eine Straße zur Pánormos-Bucht und zum Surfparadies **Fteliá**.

**Einer der schönsten Strände auf Mýkonos: Platýs Giálos**

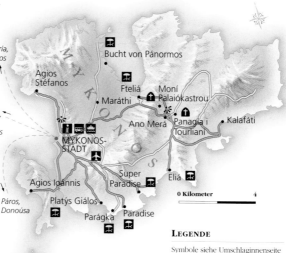

Ikaria, Tinos

Bucht von Pánormos

Agios Stéfanos

Fteliá • Moní Palaiókastrou
• Maráthi

Rafina, Syros, Andros

Ano Merá • Panagia i Tourlianí • Kalafáti

MYKONOS-STADT

Agios Ioánnis

Super Paradise • Elía

Páros, Donoúsa

Platýs Giálos

Parágka • Paradise

0 Kilometer 4

### LEGENDE

Symbole siehe Umschlaginnenseite

**Die alten Häuser von Kleinvenedig (Mýkonos-Stadt)** ▷

# Delos
Δήλος

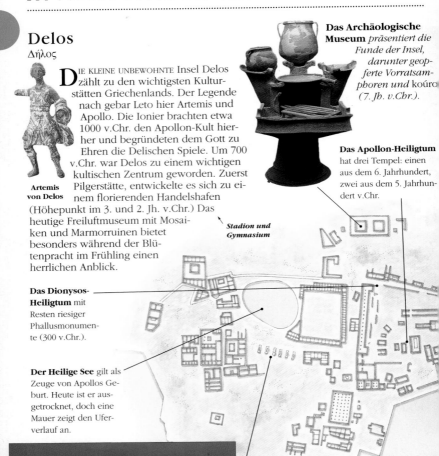

**D**IE KLEINE UNBEWOHNTE Insel Delos zählt zu den wichtigsten Kulturstätten Griechenlands. Der Legende nach gebar Leto hier Artemis und Apollo. Die Ionier brachten etwa 1000 v.Chr. den Apollon-Kult hierher und begründeten dem Gott zu Ehren die Delischen Spiele. Um 700 v.Chr. war Delos zu einem wichtigen kultischen Zentrum geworden. Zuerst Pilgerstätte, entwickelte es sich zu einem florierenden Handelshafen (Höhepunkt im 3. und 2. Jh. v.Chr.) Das heutige Freiluftmuseum mit Mosaiken und Marmorruinen bietet besonders während der Blütenpracht im Frühling einen herrlichen Anblick.

**Artemis von Delos**

**Das Archäologische Museum** *präsentiert die Funde der Insel, darunter geopferte Vorratsamphoren und koúro (7. Jh. v.Chr.).*

**Das Apollon-Heiligtum** hat drei Tempel: einen aus dem 6. Jahrhundert, zwei aus dem 5. Jahrhundert v.Chr.

*Stadion und Gymnasium*

**Das Dionysos-Heiligtum** mit Resten riesiger Phallusmonumente (300 v.Chr.).

**Der Heilige See** gilt als Zeuge von Apollos Geburt. Heute ist er ausgetrocknet, doch eine Mauer zeigt den Uferverlauf an.

**★ Löwenterrasse**
*Die berühmten Löwen auf der Terrasse sollten den Heiligen See bewachen. Von den neun aus Marmor der Insel Náxos gefertigten Löwen (7. Jh. v.Chr.) sind fünf erhalten.*

## ZEITSKALA

| 3000 v.Chr. | 1000 v.Chr. | 750 | 500 | 250 | 1 n.Chr. |
|---|---|---|---|---|---|
| | **1000 v.Chr.** Ionier führen den Apollon-Kult ein | **422 v.Chr.** Die Delier werden von Athen ins Exil nach Kleinasien verbannt<br>**426 v.Chr.** Zweite Katharsis<br>**478 v.Chr.** Delos Zentrum des ersten Attisch-Delischen Seebundes | | **88 v.Chr.** Mithridates plündert Delos<br>**166 v.Chr.** Delos kommt zu Athen; blühender Handel | |
| **2000 v.Chr.** Erste Siedlung am Berg Kýthnos | **700 v.Chr.** Naxier kontrollieren Apollon-Heiligtum<br>**550 v.Chr.** Polykrates, Tyrann von Sámos, erobert die Kykladen, respektiert jedoch die Kultinsel Delos | | **314 v.Chr.** Delos erklärt sich von Athen unabhängig<br>**543 v.Chr.** Erste Katharsis (Reinigung mit Entfernung der Gräber) | **250 v.Chr.** Römer besiedeln Delos<br>**69 v.Chr.** Römer befestigen Delos | |

**Haus der Delphine**
*In dem Haus aus dem 2. Jahrhundert v.Chr. entdeckte man ein Mosaik mit zwei Delphinen und schönen Mäandern.*

**INFOBOX**

2,5 km südwestlich von Mýkonos-Stadt. ☎ 0289 22259. ⛴ 8–10 Uhr tägl. von Mýkonos-Stadt, Rückkunft 12–14 Uhr. ◯ Di–So 8.30–15 Uhr. ● 1. Jan., 25. März, Karfreitag vormittags, Ostersonntag, Ostermontag, 1. Mai, 25., 26. Dez. 🖼 🖸 ▨ ▢

*⸜ Berg Kýthnos*

**Das Haus der Masken** *mit dem Diony-sos-Mosaik, in dem der Gott des Theaters auf einer Pantherin reitet, war vielleicht eine Schauspielerherberge.*

**★ Theaterviertel**
*In hellenistischer und römischer Zeit bauten die Reichen in der Nähe des Theaters Häuser, viele davon mit prächtigen Innenhöfen.*

**Haus der Kleopatra**
*Die zwei Statuen ohne Kopf stellen die Hausbesitzer dar: Kleopatra und ihren Mann Dioskurides (2. Jh. v.Chr.).*

**★ Theater**
*Das Theater für 5500 Zuschauer wurde an der Stelle eines natürlichen Amphitheaters erbaut (300 v.Chr.). An der Westseite wurde von einer riesigen Zisterne ein Teil der Stadt mit Wasser versorgt.*

**LEGENDE**

☐ Theaterviertel

**NICHT VERSÄUMEN**

★ Theater

★ Löwenterrasse

★ Theaterviertel

**Haus des Dionysos**
*Im Haus findet sich ein Mosaik mit Dionysos auf einem Leoparden. Allein für dessen Auge verwendete man 29 Steinchen.*

# Sýros
Σύρος

**D**AS FELSIGE SYROS oder Sýra ist Wirtschafts-, Handels- und Kulturzentrum der Kykladen. Bei Ausgrabungen stieß man auf Spuren kykladischer Zivilisation von 2800 bis 2300 v.Chr. Im Mittelalter konvertierten die Inselbewohner unter den französischen Kapuzinern zum Katholizismus. Im 19. Jahrhundert wurde Sýros zu einem mächtigen Mittelmeerhafen. Obwohl Sýros nicht vom Tourismus lebt, zieht sein natürlicher Charme immer mehr Besucher an.

**Das Rathaus von Ernst Ziller**

**Die beiden Hügel Ano Sýros und Vrondádo in Ermoúpoli**

dréas Miaóuli. Den Platz dominiert das neoklassizistische **Rathaus** (1876) des bayerischen Architekten Ernst Ziller.

Über Stufen am Rathaus erreicht man das **Archäologische Museum** mit seinen Bronze- und Marmorexponaten aus dem kykladischen Chalandriani (3000 v.Chr.).Ebenfalls zu sehen sind kykladische Statuetten und römische Funde. Links vom Rathaus steht das **Historische Archiv**.

An der Plateía Vardáka befindet sich das **Apollon-Theater**, 1864 vom französischen Architekten Chabeau als Kopie der Mailänder Scala errichtet. Das erste Opernhaus Griechenlands ist bekannt für seine schö-

**Statue von Andréas Miaoúli**

## Ermoúpoli ❶
Ερμούπολη

🏛 13 000. ⛴ 🚌 *Akti Ethnikís Antistássis.* 🛈 *Plateia Miaoúli (0281 82610).*

Die elegante Stadt (benannt nach Hermes, dem Gott des Handels) ist die größte der Kykladen. Im 19. Jahrhundert zählte der natürliche Hafen mit der florierenden Werft zu Griechenlands wichtigsten Häfen, in dem Schiffe Kohle bunkerten. Wie ein Amphitheater erhebt sich die Stadt über dem Hafen, mit der katholischen Oberstadt Ano Sýros auf dem nördlichen und dem orthodoxen Vrondádo auf dem südlichen Hügel.

**Die Unterstadt**
Dank der architektonischen Glanzpunkte der **Plateía Miaoúli** im Zentrum wurde die Stadt zum Nationalen Kulturdenkmal erklärt. Der Platz

mit Marmorpflaster, Palmen und Cafés ist Haupttreffpunkt, besonders beim Abendspaziergang, der *vólta*. Es gibt auch einen Musikpavillon aus Marmor und eine Statue des Revolutionärs Admiral An-

## AUF EINEN BLICK

Ermoúpoli ❶
Galissás ❸
Kíni ❷
Poseidonía ❹
Vári ❺

### LEGENDE

Symbole siehe Umschlaginnenseite

0 Kilometer ————— 4

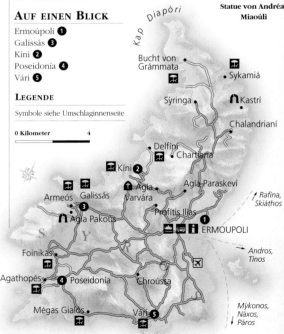

## MARKOS VAMVAKARIS

Márkos Vamvakáris (1905–72), einer der größten Vertreter des Griechischen Blues (*rempétika*), wurde in Ano Sýros geboren.

Rempétika war die Musik der städtischen Unterklasse. Mit starken byzantinischen und islamischen Einflüssen verwendet Rempétika zur Instrumentierung gerne die *baglama* oder Bouzouki. Vamvakáris war nicht nur als Musiker ein Meister, sondern auch ein anerkannter Komponist. Über 20 Aufnahmen seiner Musik wurden gemacht, die frühesten stammen aus den 30er Jahren. Seine Büste blickt von einem nach ihm benannten Platz in Ano Sýros aufs Meer.

nen Wandmalereien mit Darstellungen Mozarts und Verdis. Hier finden immer noch Aufführungen und Konzerte statt.

Gegenüber sieht man die **Velissarópoulos-Villa** (1871), heute Sitz der Gewerkschaft, mit ihrer Marmorfassade und ihren herrlichen Wand- und Deckenmalereien. Gleich in der Nähe: die Kirche **Agios Nikólaos** (1848) mit einer Marmor-Ikonostase des Bildhauers Vitális (19. Jh.). Ebenfalls sein Werk ist das erste Denkmal eines Unbekannten Soldaten vor der Kirche.

### Die Oberstadt

Bei den beiden Glockentürmen und der unverkennbaren blau-goldenen Kuppel von Agios Nikólaos beginnt der Bezirk **Vapória**. Hier errichteten syrotische Reeder neoklassizistische Villen mit eini-

**Marmor-Ikonostase von Vitális in der Kirche von Agios Nikólaos**

gen der schönsten Stuck- und Marmorarbeiten Griechenlands. Über den Kais schmiegen sich die Häuser von Táliro, Evangelídi und Agios Nikólaos die Küste entlang.

Das charmante Viertel **Vrondádo** am östlichen Hügel ist voller hervorragender Tavernen. Von der byzantinischen Kirche **Anástasis** auf dem Hügel sieht man nach Tínos und Mýkonos.

Nach 30 Gehminuten oder einer kurzen Busfahrt entlang Omiroú erreicht man das befestigte mittelalterliche Viertel **Ano Sýros** (auch Apáno Chóra oder *kástro*) am westlichen Hügel. Auf dem Weg liegt der orthodoxe Friedhof von **Agios Geórgios** mit schönen Marmormausoleen. Ano Sýros ist ein Labyrinth weißer Gassen und Häuser, Bögen und Stufen. Die einzigartige Architektur macht das Beste aus dem begrenzten Platz mit *stegádia* (Schiefer- oder Strohdächer) und engen Ecken. Hauptzugang zu Ano Sýros ist der alte Durchgang Kamára, der in die Hauptstraße Piatsa mündet. Dort stößt man auf das **Vamvakáris-Museum**, das sich Leben und Werk des Künstlers widmet. Am

**Decke einer Villa in Ermoúpoli**

**INFOBOX**

🏛 23 000. ✈ 1 km südöstlich von Ermoúpoli. 🚢 Ermoúpoli. 🚌 Ermoúpoli (0281 82375). ℹ Meeresfestival in Ermoúpoli: Juli; Agios-Nikólaos-Prozession in Ermoúpoli: 6. Dez.

höchsten Punkt des Viertels steht die Barockkirche **Aï-Giórgi** (Hl. Georg). Sie wurde an der Stelle einer Kirche aus dem 13. Jahrhundert errichtet. Das Jesuiten-Kloster um die Kirche Unserer lieben Frau von Karmilou (1581) wurde 1744 gegründet. Die Bibliothek beherbergt 6000 Bücher und Manuskripte. Das vom französischen König Ludwig XIII. gegründete Kapuzinerkloster **Agios Ioánnis** bot Schutz vor Piratenangriffen.

🏛 **Archäologisches Museum**
Plateía Miaoúli. ☎ 0281 88487. 🕐 Di–So. ⬤ Feiertage. ♿ begrenzt.

🏛 **Historisches Archiv**
Plateía Miaoúli. ☎ 0281 86891. 🕐 Mo–Fr. ⬤ Feiertage.

🏛 **Vamvakáris-Museum**
Plateía Vamvakáris, Ano Sýros. ☎ 0281 82934. 🕐 Juni–Sep. tägl. ⬤ Feiertage.

**Typische Straße im Viertel Ano Sýros**

# Überblick: Die Insel Sýros

SYROS HAT VIELE SCHÖNE Buchten und Ferienorte wie Galissás und Kíni. Palmen wechseln mit den Terrassenlandschaften der Felder ab. Die typischen Bauernhäuser für Familie und Vieh im nördlichen Apáno Meriá stehen in krassem Gegensatz zu den Villen und Ferienhäusern im Süden. Die Insel hat gut befahrbare Straßen und läßt sich leicht mit einem Fahrzeug erkunden. Vom Hafen gibt es regelmäßige Busverbindungen nach Ano Sýros zu den wichtigsten Ferienorten und Dörfern.

**Die Bucht und der Hafen von Kíni**

## Kíni ❷
Κίνι

9 km nordwestlich von Ermoúpoli.
🏃 300. 🚌 🚹 Delfíni 3 km
nördlich.

Das Fischerdorf Kíni liegt in einer hufeisenförmigen Bucht und hat zwei schöne Sandstrände und einige gute Fischtavernen. Hier trifft man sich gern und beobachtet die untergehende Sonne über einem Gläschen Ouzo.

Im Norden liegt der preisgekrönte Strand von **Delfíni**, der größte der Insel (FKK).

Inmitten von Pinienhügeln zwischen Ermoúpoli und Kíni erhebt sich die rote Kuppel des Klosters **Agía Varvára** mit herrlichem Blick nach Westen.

**Die roten Ziegeldächer des Klosters Agía Varvára bei Kíni**

Das Kloster, einst ein Waisenhaus für Mädchen, beherbergt heute eine Webschule. Die Erzeugnisse werden im Kloster verkauft. Die Fresken in der Kirche zeigen das Martyrium der hl. Barbara.

**UMGEBUNG:** Von Kíni fahren Boote einige der entfernteren Strände im Norden der Insel an. Die **Grámmata-Bucht** mit ihrem goldenen Sand und den im Herbst blühenden Seerosen ist wohl eine der spektakulärsten. Einige der Steine dort tragen hellenistische Inschriften zum Schutz vor Schiffsunglücken.

Auf einem Bootsausflug um die Inselspitze am Kap Diapóri vorbei zur Ostküste gelangt man zum Strand von **Sykamiá**. Hier befindet sich die Höhle, in der Pherekydes, ein syriotischer Philosoph, während der Sommermonate gelebt haben soll. Der Physiker und Astronom revolutionierte die Philosophie des 6. Jahrhunderts vor Christus und erfand das Heliotrop, einen Vorläufer der Sonnenuhr. Von Sykamiá sieht man die Reste der

bronzezeitlichen Zitadelle **Kastrí**, deren sechs Türme sich an einen steilen Felsen zu klammern scheinen.

## Galissás ❸
Γαλησσάς

7 km westlich von Ermoúpoli.
🏃 500. 🚌 🚹 Strand von Armeós
1 km nördlich.

Das fröhliche Galissás besitzt den bestgeschützten Strand der Insel. Der Strand von **Armeós** weiter nördlich gilt als FKK-Paradies. Beide Campingplätze der Insel befinden sich in Galissás, weshalb der Ort bei Rucksacktouristen sehr beliebt ist. In der Hochsaison kann es mit den vielen Bikern recht laut werden. Das antike Galissás befand sich an der Stelle von **Agía Pakoús** im Süden der Bucht.

Die riesige Bucht von **Foínikas** drei Kilometer weiter südlich wurde von den Phöniziern besiedelt. Heute wohnen hier mehr als 1000 Menschen. Der beliebte Ferienort hat einen Pier und Anlegestellen für Jachten und Fischerboote.

**Die langgestreckte Bucht von Foínikas an Sýros' Südwestküste**

## Poseidonía ❹
Ποσειδωνία

12 km südwestlich von Ermoúpoli.
🏃 700. 🚌 🚹 Agathopés 1 km
südlich.

Das reiche Poseidonía oder Dellagrázia bietet als größte Touristenstadt der Insel internationale Hotels und Restaurants. Die erste große Straße

**Herrenhaus in Poseidonía im italienischen Stil**

der Insel (1855 gebaut) verlief von Ermoúpoli durch Poseidonía nach Foínikas. Reiche Inselbewohner haben hier in den Villen ihre Feriendomizile. Ein kurzer Spaziergang nach Südwesten führt ins ruhigere **Agathopés** mit einem angenehmen Strand, an dem der Gezeitenwechsel relativ schwach ist. Der 3,5 Kilometer südöstlich liegende Küstenort Mégas Gialós hat einen hübschen, schattigen Strand mit Tamariskenbäumen.

## Vári **⑤**
Βάρη

8 km südlich von Ermoúpoli.
1150. Vári.

Trotz regen Touristenzustroms gibt es hier noch ursprüngliche Häuser. Auf der Chontrá-Halbinsel westlich des Strands befindet sich die älteste prähistorische Siedlung der Insel (4000–3000 v.Chr.).

## Kéa
Κέα

1600. Korissia. 0288 21100. Gialiskári 6 km nordwestlich von Ioulís.

KEA WURDE ERSTMALS 3000 v.Chr. und später von Phöniziern und Kretern besiedelt. In der Antike gab es vier Städte: Ioulís, Korissía, Poiíssa und Karthaía. Reste von Karthaía sind auf der Landzunge gegenüber von Kýthnos erhalten. Wegen seiner Nähe zu Attika ist Kea bei den Athenern sehr beliebt. Mit seinen Bergen und fruchtbaren Tälern war Kéa bereits im Altertum für Wein, Honig und Mandeln berühmt.

### IOULIS
Die Hauptstadt Ioulís oder Ioulída mit ihren aus Terrakotta gefertigten Hausdächern und dem Labyrinth verschlungener Gäßchen thront fünf Kilometer über Korissía. Die 26 Windmühlen der Stadt stehen auf dem Berg der Mühlen. Das bemerkenswerte neoklassizistische **Rathaus** (1902) krönen die Statuen von Apollo und Pallas Athene. An der Westfassade sieht man antike Bas-Reliefs, beim Eingang die Figur einer Frau mit Kind aus dem antiken Karthaía.

Das Kástro-Viertel erreicht man durch einen weißen Bogengang, der an der Stelle der Akropolis steht. Die Venezianer verwendeten beim Bau ihrer Burg (1210) die Steine des Apollon-Tempels. Von hier hat man einer herrliche Aussicht.

Das **Archäologische Museum** ist in einem neoklassizistischen Gebäude untergebracht. Zu sehen sind eine

Sammlung minoischer Funde von Agía Eiríni, Gebrauchsgegenstände der vier antiken Städte der Insel, kykladische Figuren und Keramiken und eine Kopie des marmornen *koúros* von Kéa (6. Jh.). Der »lächelnde« **Löwe von Kéa** (6. Jh.) ist 400 Meter nördlich der Stadt in Stein gehauen.

**Archäologisches Museum**
0288 22079. Di–So.
Feiertage.

### INSELERKUNDUNG
Im Hafen von **Korissía** genießen griechische Familien die Feiertage. Das gleiche gilt für **Vourkári**, ein beliebtes Urlaubsziel im Norden der Insel, das für seine Fischtavernen bekannt ist.

An der Ausgrabungsstätte **Agía Eiríni** befindet sich die gleichnamige Kapelle. Die bronzezeitliche Siedlung wurde 1450 v.Chr. von einem Erdbeben zerstört und 1960 bis 1968 freigelegt. Erstmals besiedelt wurde die Stadt gegen Ende des Neolithikums um 3000 v.Chr. In der Bronzezeit wurde sie zweimal befestigt. Reste der großen Mauer mit Tor und Turm sowie Straßen sind noch erhalten. Viele Funde können im Archäologischen Museum in Ioulís besichtigt werden.

Kéas beeindruckendstes Bauwerk ist der hellenistische Turm von Moní Agía Marína. Er steht fünf Kilometer südwestlich von Ioulís.

**Hellenistischer Turm von Moní Agía Marína auf Kéa**

# Kýthnos
Κύθνος

🏛 1500. ⛴ 🚌 *Mérichas.*
ℹ 0281 31201.

OBWOHL BELIEBTER Ankerplatz für Jachturlauber, zieht die unfruchtbare Insel vor allem Griechen und nur wenige Touristen an, was sie zusammen mit dem dramatisch zerklüfteten Landesinneren zu einem Paradies für Wanderer macht. Die Tonvorkommen der Insel wurden zum Töpfern, aber auch für die roten Dachziegel verwendet, die charakteristisch für die Inseldörfer sind.

Wegen ihrer heißen Quellen (z.B. das Thermalbad von Loutrá) trägt die Insel auch den Beinamen Thermiá. Seit der Schließung der Eisenminen in den 40er Jahren leben die Bewohner hauptsächlich von Fischfang, Landwirtschaft und Korbflechten. Zu festlichen Anlässen, wie dem Karneval vor der Fastenzeit, tragen sie noch ihre traditionelle Tracht.

### CHORA

Die Hauptstadt (auch Messariá) ist ein charmantes Gewirr roter Dächer und kubusförmiger Häuser. Die Kirche **Agios Sávvas** wurde 1613 von der venezianischen Familie Cozzadini gestiftet und trägt ihr Wappen. Die älteste Kirche ist **Agía Triáda** (Heilige Dreifaltigkeit), eine einschiffige Basilika mit Kuppel.

**Das Innere der Kirche Panagía Kanála in Kanála auf Kýthnos**

### INSELERKUNDUNG

Das Straßennetz ist ziemlich dünn, doch Busse verbinden den Hafen Mérichas mit Kanála im Süden und Loutrá im Norden. Der Rest der Insel liegt von diesen beiden Punkten in Gehdistanz. Der kleine Ort **Mérichas** an der Westküste hat einen von Bäumen gesäumten Strand mit kleinen Hotels und Tavernen. Der Sandstrand von **Martinákia** ist besonders bei Familien beliebt. Weiter die Küste entlang stößt man auf die hübschen Strände von **Episkopí** und **Apókrousi** unterhalb von **Vryókastro**, den hellenistischen Ruinen des an-

**Töpfer bei der Arbeit in Dryopída**

tiken Kýthnos. Die antike gepflasterte Straße mit herrlicher Aussicht führt von Chóra nach **Dryopída** (60 Gehminuten). Die Stadt hat ihren Namen vom Stamm der Dryopen, deren König Kýthnos der Insel ihren Namen gab. Der Fluß teilt die charmante Stadt in zwei Teile: in das fruchtbare Péra Roúga und das einstige Keramikzentrum Galatás, in dem heute nur noch eine Töpferei arbeitet.

In **Kanála** fünf Kilometer südlich entstehen Ferienhäuser in der Nähe der Kirche Panagía Kanála, die der Schutzpatronin der Insel, der Jungfrau Maria, geweiht ist. Die Kirche beherbergt die am höchsten verehrte Marien-Ikone der Insel, wahrscheinlich vom bekannten Ikonenmaler Skordílis, da Kýthnos im 16. Jahrhundert das Zentrum der Ikonenmalerei war. Vom Strand bietet sich eine schöne Aussicht nach Sérifos und Sýros. In der Nähe gibt es schöne Strände. **Loutrá** ist ein weitläufiger Ferienort an der Nordostküste mit windigen Stränden. Die stark eisenhaltigen Heilquellen von Kákavos und Agioi Anárgyroi galten schon im Altertum als wirksam gegen Krankheiten wie Gicht, Rheumatismus, Ekzeme bis hin zu verschiedenen Frauenleiden. Das Xenía-Hotel neben dem hervorragenden Hydrotherapiezentrum verwöhnt seine Gäste mit Marmorbädern (19. Jh.). Im Norden befindet sich die älteste mesolithische Siedlung der Kykladen (7500–6000 v.Chr.).

# Sérifos
Σέριφος

🏛 1100. ⛴ 🚌 *Livádi.*
ℹ 0281 51300.

DER SAGE NACH strandeten Perseus und seine Mutter Danae an der Felsküste von Sérifos, auch die »Unfruchtbare« genannt. Die Insel mit den kahlen Hügeln, fruchtbaren Tälern und langen Stränden

**Die roten Dächer von Dryopída auf Kýthnos**

**Sérifos: die weißen Häuser von Chóra**

war früher reich an Eisen- und Kupfervorkommen.

Die Fähren landen in **Livádi** an der südöstlichen Küste. Die Stadt liegt an einer schattigen Sandbucht mit Hotels und Tavernen. Über steile Treppen oder mit sporadisch verkehrenden Bussen erreicht man das blendend weiße **Chóra** hoch auf einem Hügel, der von den Ruinen des venezianischen *kástro* gekrönt wird. Viele der mittelalterlichen kubusförmigen Häuser, teilweise aus Steinen der Burg erbaut, wurden von griechischen Künstlern und Architekten zu Ferienhäusern umgebaut. Die Stadt mit ihren Kapellen und Windmühlen und dem herrlichen Blick hat einen ganz besonderen Reiz.

In der Nähe von Galaní im nördlichen Landesinneren steht das befestigte, 1500 erbaute Kloster **Moní Taxiarchón** (Erzengel) mit schönen Fresken von Skordílis und wertvollen byzantinischen Manuskripten. Heute lebt dort nur noch ein Mönch.

## Sífnos
Σίφνος

🏛 1950. 🚢 🚌 Kamáres.
ℹ 0284 31210.

**B**ERÜHMT FÜR Küche, Keramik und Dichter, zählt Sífnos zu den beliebtesten Zielen der westlichen Kykladen. Tausende von Besuchern strömen hierher, angelockt von den malerischen Dörfern, den langen Sandstränden und der terrassierten Landschaft mit ihren alten Türmen und venezianischen Taubenhäusern. Im Altertum war Sífnos für seine Goldminen bekannt. Jedes Jahr opferten die Inselbewohner Apollo in Delphi ein Goldei. Einmal jedoch sandten sie statt dessen einen bemalten Stein und zogen sich damit Apollos Zorn zu. Die Goldminen wurden daraufhin überflutet, die Insel verfiel und heißt seitdem «sífnos» – leer.

**Ein Brunnen in Kástro (Sífnos)**

### APOLLONIA
Die Hauptstadt erstreckt sich über dem Hafen von Kamáres. Das Labyrinth aus weißen Häusern, Blumen und Glockentürmen wurde nach dem Apollon-Tempel (7. Jh. v.Chr. ) benannt, an dessen Stelle heute die Kirche **Panagía Ouranofóra** steht. Im **Museum für Volkskunst und Folklore** findet man eine Sammlung lokaler Töpfer- und Stickarbeiten.

🏛 **Museum für Volkskunst und Folklore**
Plateía Iróou. ⬜ Apr–Okt tägl. 📷

### INSELERKUNDUNG
Die kleine, hügelige Insel ist bei Wanderern sehr beliebt. Vom Hafen Kamáres fahren Busse nach Apollonía und Kástro an der Ostküste.
**Artemónas**, die zweitgrößte Stadt der Insel, besitzt beeindruckende venezianische Bauten mit typischen Rauchfangformen. Die Kirche Agios Geórgios tou Aféndi (17. Jh.) hat einige schöne Ikonen aus ihrer Entstehungszeit. Die kuppelreiche Panagía Kónchi steht an der Stelle eines Artemis-Tempels.

Drei Kilometer östlich von Artemónas erhebt sich **Kástro**, dessen Häuser an der Stadtgrenze einen massiven Wall bilden *(siehe S. 18f)*. An einigen Gebäuden der engen Gassen sieht man venezianische Wappen, auch Reste der Akropolis sind erhalten. Das **Archäologische Museum** verfügt über eine Sammlung archaischer und hellenistischer Skulpturen und geometrische und byzantinische Gefäße.

Der Hafen von **Kamáres** ist ein weitläufiger Ferienort mit Cafés und Tavernen. Im Norden reihte sich früher Töpferei an Töpferei mit den typischen blau-braunen Keramiken. Heute gibt es nur noch zwei Betriebe. Taxiboote fahren von Kamáres zum hübschen Töpferort **Vathý** im Süden. Etwa 60 Gehminuten nach Westen trifft man auf das geschäftige **Platýs Gialós** mit seinem langen Sandstrand. Von hier fahren Busse nach Apollonía und Kamáres.

🏛 **Archäologisches Museum**
Kástro. 📞 0284 31022. ⬜ Di–So. ⬤ Feiertage.

**Kapelle mit Stufen zum Kai Platýs in Gialós (Sífnos)**

# Páros
Πάρος

D AS FRUCHTBARE PÁROS mit seinem Thymianduft ist die drittgrößte Kykladeninsel. Der berühmte weiße Marmor sorgte von der Kykladenzeit bis zu den Römern für großen Reichtum. Im 13. Jahrhundert unterstand die Insel den venezianischen Herzögen von Náxos, 1537 bis zum Unabhängigkeitskrieg *(siehe S. 38f)* den Türken. In dem wichtigen Fährenknotenpunkt geht es im Sommer hoch her. Die starken Juli- und Augustwinde machen Páros zu einem Surferparadies. Der Tourismus hat das ursprüngliche Flair der Hügeldörfer, Weingärten und Olivenhaine nicht getrübt.

**Reichverzierter Lüster in der Kirche Ekatontapylianí**

**Die berühmte Windmühle am belebten Hafen von Paroikiá**

## Paroikiá ❶
Παροικιά

🏛 3000. 🚢 🚌 Hafen.
ℹ 0284 21673. 🗓 Apr–Okt.
🚌 Kriós 3 km nördlich

Die Stadt (Chóra) verdankt ihre Gründung dem Marmorhandel. Schon in der Kykladenzeit wichtigste Stadt, wurde sie unter den Römern zum Zentrum des Marmorhandels. Trotz einiger Erdbeben findet man hier noch byzantinische und venezianische Bauten.

Der florierende Tourismus hat am Hafen mit der Windmühle seine Spuren hinterlassen: Ticketbüros, Cafés und Bars prägen das Bild. Hinter dem Hafen beginnt die kykladische Stadt mit engen Gassen, mittelalterlichen Torbögen und weißen, jasminüberwucherten Häusern.

### 🔒 Ekatontapylianí
📞 0284 21243. 🗓 tägl.
Die byzantinische Kirche Ekatontapylianí («Kirche der hundert Türen») im Westen der Stadt ist die älteste Kirche Griechenlands, die ununter-

brochen in Gebrauch war. Ihr offizieller Name lautet »Entschlafung der Jungfrau«.

Der Legende nach wurde sie von Helena, der Mutter Konstantins, des ersten christlichen Kaisers von Byzanz, gegründet. Nach einer Vision vom Weg zum wahren Kreuz gelobte sie, an dieser Stelle eine Kirche zu bauen. Sie starb, bevor sie ihren Schwur einlösen konnte. Kaiser Justinian erfüllte ihn im 6. Jahrhundert n.Chr. Er beauftragte den Architekten Ignatius mit dem Bau. Der Schüler von Isidor von Milet erfüllte den Auftrag so gut, daß ihn sein Meister vor Neid vom Dach stieß. Ignatius bekam Isidors Fuß zu fassen, und so stürzten beide in den Tod. Im Norden des Friedhofs vor der Kirche befindet sich ihr Grabstein.

Ekatontapylianí besteht aus drei verschachtelten Gebäuden und hat angeblich 99 Türen und Fenster. Die Legende nach

**Theoktístis Fußabdruck**

wird Konstantinopel (Istanbul) an die Griechen zurückfallen, wenn die 100. Tür gefunden wird. Erdbeben machten immer wieder aufwendige Renovierungen notwendig. Das Hauptgebäude wurde im 10. Jahrhundert in der Form eines griechischen Kreuzes umgebaut. Die Säulen stammen noch aus vorchristlicher Zeit. Lettner, Kapitelle und Ikonostase sind byzantinischen Ursprungs. In der mit Schnitzwerk verzierten Ikonostase findet sich eine Marien-Ikone, die wegen ihrer Wunderkräfte verehrt wird. Der steinerne Fußabdruck soll von Agía Theoktísti stammen, der Schutzpatronin der Insel. Es

**Fischerboote in Paroikiá**

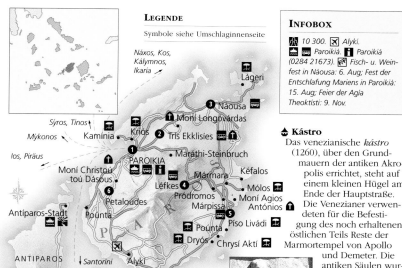

**INFOBOX**

10 300. Alyki.
Paroikiá. Paroikiá
(0284 21673). Fisch- u. Weinfest in Náousa: 6. Aug; Fest der
Entschlafung Mariens in Paroikiá:
15. Aug; Feier der Agía
Theoktísti: 9. Nov.

### ⚓ Kástro

Das venezianische *kástro*
(1260), über den Grund-
mauern der antiken Akro-
polis errichtet, steht auf
einem kleinen Hügel am
Ende der Hauptstraße.
Die Venezianer verwen-
deten für die Befesti-
gung des noch erhaltenen
östlichen Teils Reste der
Marmortempel von Apollo
und Demeter. Die
antiken Säulen wur-
den ebenfalls teil-
weise für den Bau
der angrenzenden
Häuser verwendet.
Unweit der Stelle
des Apollon-Tem-
pels erhebt sich die
300 Jahre alte Kir-
che **Agía Eléni
und Agios Kon-
stantínos** mit ihrer
blauen Kuppel.

**UMGEBUNG:** Taxiboote über-
queren die Bucht von Paroi-
kiá zu den windgeschützten
Stränden von Kamínia und
Kriós. Die Ruinen eines
archaischen delischen
Apollon-Heiligtums sind am
Berg darüber zu sehen.

## AUF EINEN BLICK

Léfkes ❹
Náousa ❸
Paroikiá ❶
Petaloúdes ❻
Píso Livádi ❺
Tris Ekklisíes ❷

**0 Kilometer 5**

zahlbaren Pariums,
einer in Marmor
eingemeißelten
Chronik, die über
1000 Jahre griechi-
scher Geschichte
bis 264 v.Chr. illu-
striert. Sie wurde
im 17. Jahrhundert
in den Mauern des
*kástro* entdeckt. Kostbare
Funde vom Apollon-Tempel
sind zu sehen, etwa die geflügelte Nike-Statue, ein Hera-
kles-Mosaik und ein Fries von
Archilochos, einem lokalen
Dichter und Soldaten, der im
7. Jahrhundert v.Chr. lebte.

**Griechisch-römisches
Fries im Archäo-
logischen Museum**

soll Glück bringen, seinen
Fuß hier hineinzustellen. Zu
besichtigen ist auch ihre abge-
trennte Hand.
Hinten führt eine Tür in die
Agios-Nikólaos-Kapelle römischen Ursprungs (4. Jh.
v.Chr.) mit einer Doppelreihe
ionischer Säulen, Marmor-
thron und Ikonostase (17. Jh.).
Das Baptisterium nebenan hat
ein marmornes Taufbecken
mit einem Fries griechischer
Kreuze. Es gibt keinen
Glockenturm. Die Glocken
hängen deshalb draußen an
einem Baum.

### 🏛 Archäologisches Museum

📞 0284 21231. ⏰ Di–So.
⛔ Feiertage.
Das Museum befindet sich
hinter der Kirche. Eines der
wichtigsten Ausstellungs-
stücke ist ein Teil des unbe-

## DIE LEGENDE DER AGIA THEOKTISTI

Die Schutzpatronin der Insel wurde im 9. Jahrhundert als junge
Frau von Piraten entführt. Sie floh nach Páros, wo sie in den
Wäldern 35 Jahre als Einsiedlerin lebte. Den Jäger, der sie fand,
bat sie um die heilige Kommunion. Als er mit dem Brot zu-
rückkam, lag sie im Sterben. Er erkannte in ihr das Heilige und
schnitt ihre Hand als Reliquie ab. Er konnte Páros aber erst verlassen, nachdem er Hand und Körper wieder vereinigt hatte.

# Überblick: Die Insel Páros

PAROS LÄSST SICH gut erkunden. Die drei wichtigsten Orte der Insel werden durch Busse verbunden: die Hauptstadt Paroikiá, das beliebte Fischerdorf Náousa im Norden und Léfkes in den Bergen. Es gibt ein reichhaltiges Angebot an Mietfahrzeugen, um zu Stränden und Dörfern abseits der frequentierten Wege zu gelangen. Entlegene Strände werden von Booten angefahren.

**Die Bergstadt Léfkes, die mittelalterliche Hauptstadt von Páros**

## Tris Ekklisíes ❷
Τρεις Εκκλησιές

3 km nordöstlich von Paroikiá.

Nördlich von Paroikiá führt die Straße nach Náousa an Tris Ekklisíes, den Resten dreier Kirchen (17. Jh.) vorbei. Sie sind eine Erweiterung einer Basilika (7. Jh.), die wiederum den Marmor eines *heróon* (Heldenschrein) des Dichters Archilochus verwendete.

**Haupttor von Moní Longovárdas**

Im Kloster **Moní Longovárdas** (17. Jh.) weiter nördlich in den Bergen herrscht rege Betriebsamkeit: Die Mönche produzieren Wein, Bücher und arbeiten auf den Feldern. Der Abt ist für seine Ikonenmalerei berühmt. Besucher sind jedoch unerwünscht.

## Náousa ❸
Νάουσα

12 km nordöstlich von Paroikiá.
🏛 2100. 🚌 🚣 Lageri 5 km nordöstlich.

Mit seinen buntbemalten Fischerbooten, den verschlungenen Gassen, teuren Boutiquen und lässigen Bars wurde Náousa ein international beliebtes Ziel des Jet-set. In der zweitgrößten Stadt der Insel tummeln sich die Reichen und die Schönen und lassen sich gern in ihrer Designer-Kleidung an der Hafenpromenade bewundern. Die nach dem Sinken der ufernahen Bereiche zur Hälfte im Wasser stehende venezianische Burg im Hafen dient als einzigartiger Wellenbrecher. Alljährlich am Abend des 23. August stellen hundert von Fackeln beleuchtete Fischerboote die Schlacht zwischen den Inselbewohnern und dem Piraten Barbarossa nach, die im Jahr 1536 stattfand. Das Fest endet mit Musik und Tanz.

## Léfkes ❹
Λεύκες

10 km südöstlich von Paroikiá.
🏛 850. 🚌

Die Bergstraße zum höchsten Ort der Insel Léfkes führt an einem alten Marmorsteinbruch vorbei, von dem zuletzt für Napoleons Grab Marmor gebrochen wurde. Die alten Stollen können mit Fackeln besichtigt werden.

Benannt nach seinen Pappeln war Léfkes Hauptstadt unter den Türken. Das ursprüngliche Dorf mit mittelalterlichen Häusern, verwinkelten Gassen, schattigen Cafés (*kafenía*) und Restaurants mit herrlichem Blick hat ein kleines Volkskundemuseum. In den Läden werden Web- und Keramikarbeiten verkauft.

🏛 **Volkskundemuseum**
⏱ Apr–Okt tägl.; Nov–März: Schlüssel im Rathaus erhältlich. ♿

**UMGEBUNG:** Von den Windmühlen über Léfkes führt nach Südosten eine drei Kilometer lange byzantinische Marmorstraße in das Bauerndorf **Pródromos**. Nach etwa 15 Minuten Weg durch Olivenhaine erreicht man **Mármara** mit seinen marmornen Gassen. Das hübsche **Márpissa** liegt eineinhalb Kilometer südlich.

Am Hügel Kéfalos, zwei Kilometer östlich, stehen die Ruinen einer venezianischen Burg (15. Jh.) und das Kloster **Moní Agios Antónios** (16. Jh.). Beim Bau verwendete man altes Material. Im Innern befindet sich das Fresko *Wiederkunft des Herrn* (17. Jh.).

**Der malerische Fischerhafen von Náousa**

**Kloster Moní Christoú tou Dásous bei Petaloúdes**

## Píso Livádi ❺
Πίσο Λιβάδι

15 km südöstlich von Paroikiá. 🚌 50.
🚌 nach Márpissa. ⚓ Poúnta 1 km
südlich.

Zu Füßen von Léfkes an der
Ostküste hat sich das Fischerdorf Píso Livádi mit seinem
geschützten Sandstrand zu einem ansprechenden, leben-
digen Ferienort entwickelt.
Einst der Hafen für die Dörfer
in den Bergen und die Mar-
morsteinbrüche, erreicht man
heute von hier Agía Anna (siehe S. 226) auf die Insel Náxos.
Der kleine Hafen verfügt über
eine reichhaltige Auswahl an
Bars und Tavernen, gelegentlich werden Veranstaltungen
geboten.

**Der schöne und beliebte Strand
von Poúnta**

**UMGEBUNG: Mólos**, sechs
Kilometer nördlich, verfügt
über einen langen Sandstrand
mit Dünen, Tavernen und ein
Surfzentrum. Im Süden liegt
der Strand von **Poúnta** (nicht
zu verwechseln mit Poúnta an
der Westküste), einer der
besten und beliebtesten
Strände der Kykladen mit
einer überaus lässigen Beach-
Bar. Der berühmteste Strand

der Ostküste, drei Kilometer
weiter südlich, ist das 700
Meter lange **Chrysí Aktí**
(Goldener Strand); er wird
besonders von Familien
geschätzt und ist ein bekanntes Wassersportzentrum: Hier
fand einmal die Weltmeister-
schaft im Windsurfen statt.

**Dryós**, zwei Kilometer weiter südwestlich, ist ein aufstre-
bender Ferienort mit einem
netten Dorfzentrum samt En-
tenteich, Tavernen, einem kleinen Hafen mit Kiesstrand und
einer Reihe sandiger Buchten.

## Petaloúdes ❻
Πεταλούδες

6 km südwestlich von Paroikiá.
🚌 ⭕ 1. Juni–20. Sep tägl. 🎫

Petaloúdes, oder das »Tal der
Schmetterlinge«, am Hang von
Psychopianí, ist leicht von Paroikiá zu erreichen. Das saftig-
grüne Tal bietet von
Mai bis August Le-
bensraum für Jer-
sey-Tigermotten, die
von den Blättern
aufflattern, wenn sie
gestört werden. Das
Tal kann man auch
auf Maultieren rei-
tend erkunden.

Das zwei Kilome-
ter nördlich von Pe-
taloúdes entfernte
Kloster **Moní Chri-
stoú tou Dásous**
(»Christus vom
Wald«) ist einen Ab-
stecher wert, ob-
wohl nur Frauen
Zutritt zum Heilig-
tum haben. Agios
Arsenios, der zweite
Patron der Insel,
liegt hier begraben.

**VORGELAGERTE INSELN**
Die Insel **Antíparos** war
früher durch einen Damm mit
Páros verbunden. Heute verbindet eine Fähre von Poúnta
an der Westküste die beiden
Inseln; es gibt auch Bootstou-
ren von Paroikiá. Wer den
Massen in Páros entfliehen
will, findet in Antíparos-Stadt
eine nette Cafészene am Kai
und im Kástro-Viertel. Das
**Kástro** bildet ein gutes Beispiel für eine befestigte Stadt
des 15. Jahrhunderts, mit Innenhöfen und engen Straßen
zum Schutz vor Piratenüberfällen (siehe S. 18f). Der Ort
verfügt auch über zwei Kirchen, Agios Nikólaos und
Evangelismós (beide 17. Jh.).

Neben den schönen Strän-
den ist die **Tropfsteinhöhle**
mit atemberaubenden Stalagti-
ten- und Stalagmitenformatio-
nen die Hauptattraktion der
Insel. Sie wurde zur Zeit
Alexanders des Großen entdeckt. Im Sommer fahren
Boote die Höhle von Antíparos-Stadt und Poúnta auf
Páros an. Von der Anlegestelle
geht man 30 Minuten den
Berg Ioánnis hinauf bis zum
Höhleneingang. Dem Aufstieg
folgt ein steiler 70-Meter-Ab-
stieg zur Höhle. Lord Byron
und andere haben sich an den
Wänden verewigt. 1673 hielt
der französische Botschafter
Marquis de Nointel hier die
Christmette für 500 Freunde.
Die Kirche Agios Ioánnis
Spiliótis wurde 1774 erbaut.

**Bougainvilleen in Antíparos-Stadt**

# Náxos
Νάξος

DIE GRÖSSTE KYKLADENINSEL wurde erstmals 3000 v.Chr. besiedelt. Als wichtiges Zentrum der Kykladenkultur *(siehe S. 24f)* war sie eine der ersten Inseln, die Marmor verwendete. 1207 fiel Náxos an die Venezianer. Die zahlreichen Wehrtürme *(pýrgoi)* stammen aus dieser Zeit. Die Landschaft ist reich an Zitronenbäumen und Olivenhainen. In der Mythologie kennt man Náxos als die Insel, an der Theseus Ariadne aussetzte.

**Mosaik im Archäologischen Museum, Náxos-Stadt**

**Portára des unvollendeten Apollon-Tempel**

## Náxos-Stadt ❶
Χώρα

🏠 15 000. 🚢 🚌 Am Hafen.
ℹ Am Hafen (0285 22717).

Den Norden des Hafens von Náxos (Chóra) dominiert das Inselchen Paláteia, das man über einen Steindamm erreicht. Die große antike Tempeltür *(portára)* aus Marmor (522 v.Chr.) stammt von einem unvollendeten Apollon-Tempel.

Die Stadt gliedert sich in vier Teile. Der Hafen mit seinen Cafés wimmelt von Fischern bei der Arbeit. Neá Chóra oder Agios Geórgios im Süden ist voller Hotels, Apartments und Restaurants. Die Altstadt oberhalb des Hafens gliedert sich in das venezianische *kástro*, einst Sitz des katholischen Adels, und die mittelalterliche Altstadt, in der in früheren Zeiten die Griechen lebten.

Die gewundenen Gassen dieses Griechenviertels werden gesäumt von Restaurants und Souvenirläden. Die schö-

ne orthodoxe Kathedrale **Mitrópoli Zoödóchou Pigís** aus dem 18. Jahrhundert hat eine beeindruckende Ikonostase von Dimítrios Válvis (Kretische Schule, 1786).

Weiter oben am Hügel stößt man auf das imposante Nordtor (1207) des *kástro*. Nur zwei der sieben Tortürme sind erhalten geblieben. Auch von den Außenmauern (13. Jh.) ist wenig übrig, die Innenmauern jedoch stehen noch und schützen nach wie vor 19 imposante venezianische Häuser mit Wappen der Adelsfamilien, deren Nachkommen teilweise noch in den Häusern wohnen. Ihre Vorfahren liegen in der katholischen **Kathedrale** (13. Jh.) unter marmornen Grabsteinen beerdigt.

**Engel in der katholischen Kathedrale**

Während der Zeit der türkischen Besatzung war Náxos für seine Schulen berühmt. Der herrliche Palazzo Sanoúdo (1627) mit Teilen der venezianischen Befestigung beherbergte das Collège Français. Berühmtester Schüler war Níkos Kazantzákis, *(siehe S. 272),* der Autor von »Alexis

Sorbas«. Heute findet sich hier das **Archäologische Museum** mit einer der besten Sammlungen kykladischer Marmoridole *(siehe S. 207)* der Inseln und einigen schönen römischen Mosaiken.

🏛 **Archäologisches Museum**
Palazzo Sanoúdo. 📞 0285 22725.
🕐 Di–So. ⬤ Feiertage 🚫

**UMGEBUNG:** Ein Damm führt zu den vielen Höhlen im Norden der Stadt **(Gkrótta)**. Die lagunenartige Bucht **Agios Geórgios** im Süden ist mit dem goldenen Sand und dem seichten Wasser ein beliebtes Urlaubsziel.

Die besten Strände finden sich an der Westküste außerhalb der Stadt. **Agía Anna** ist ein netter kleiner Ort mit silbernem Sand und Wassersportmöglichkeiten. Einsamer sind die Dünen von **Pláka** zwei Kilometer südlich, der beste Strand der Insel (hauptsächlich FKK). Noch weiter südlich: die weißen Strände von **Mikrí Vígla** und **Kastráki**, benannt nach einer mykenischen Burg, ideal für Schwimmen und Wassersport.

**Pláka: Schöner, abgeschiedener Strand südlich von Náxos-Stadt**

# Überblick: Die Insel Náxos

**D**AS LANDESINNERE BIETET ein reizvolles Nebeneinander von Gärten, Wein- und Obsthainen, venezianischen Wachtürmen, Dörfern, Bergschluchten und historischen Stätten. Trotz Führungen und guter Busverbindungen empfiehlt sich das Mietauto für gründliche Erkundungstouren. Das Tragaía-Gebiet ist jedoch ein Wanderparadies.

## INFOBOX

👥 20 000. ✈ *2 km südlich von Náxos-Stadt.* ⛴ *Náxos-Stadt.*
ℹ️ *Náxos-Stadt (0285 22717).*
🎭 *Agios Nikódimos Folklorefest, Náxos-Stadt: 14. Juli; Dionysios-Fest, Náxos-Stadt: 1. Wo im Aug; Diorvoia-Fest: Juli–Aug.*

**Umgeben von Olivenhainen: Moní im Tragaía-Tal**

## Mélanes-Tal ❷
Κοιλάδα Μέλανες

10 km südlich von Náxos-Stadt.
🚌 *nach Kinidaros.*

Die Straße südlich von Náxos führt durch das Livádi-Tal (ehemaliges Marmor-Zentrum) zu den Dörfern von Mélanes. Im ersten Dorf **Kourouno-chóri** steht der venezianische Della-Rocca-Turm. In **Mýloi**, in der Nähe des alten Marmorsteinbruchs bei Flério, liegen

**Koúros in einem Privatgarten in Mýloi (Mélanes-Tal)**

## LEGENDE

Symbole siehe Umschlaginnenseite

zwei *koúroi* (6. Jh. v.Chr.). Eine der riesigen Marmorstatuen (8 m) befindet sich in einem Garten, die andere (5,5 m) in einem nahen Feld.

**UMGEBUNG:** Südöstlich von Náxos befindet sich **Glinádo** mit seinem venezianischen

## AUF EINEN BLICK

Apeírathos ❹
Apóllon ❻
Komiakí ❺
Mélanes-Tal ❷
Náxos-Stadt ❶
Tragaía-Tal ❸

Bellonias-Turm, dem ersten Wohnturm auf Náxos. Die Kuppel der Kirche Agios Ioánnis Gýroulas in **Ano Sagkrí** steht auf den Ruinen eines Demeter-Tempels.

## Tragaía-Tal ❸
Κοιλάδα Τραγαία

15 km südöstlich von Náxos-Stadt. 🚌

Von Ano Sagkrí schlängelt sich die Straße zum Tragaía-Tal. Einen Abstecher lohnt **Chalkí** mit seiner venezianischen Architektur und dem byzantinischen Fragkópoulos-Turm im Zentrum.

Von hier führt eine Straße nach Moní mit der ungewöhnlichsten Kirche der Insel, **Panagía Drosianí** (6. Jh.), errichtet aus Steinen der umliegenden Felder.

Der noch ursprüngliche Ort **Filóti**, der größte Ort der Umgebung, liegt am Hang des Berg Zas (mit 1000 m höchste Erhebung der Kykladen).

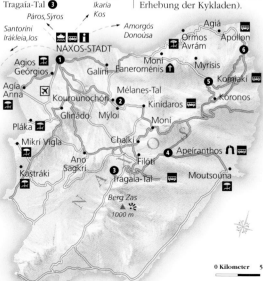

Pátmos
Ikaria
Kos
Santorini
Irákleia, Ios
Páros, Sýros
Amorgós
Donoúsa
Agiá
Órmos
Ávrám
Apóllon ❻
NAXOS-STADT ❶
Moní Faneroménis ⛪
Myrisis
Agios Geórgios ⛪
Galini
Komiakí ❺
Agía Anna ✈
Kourounochón ❷
Mélanes-Tal
Koronos
Glinádo
Mýloi
Kinídaros
Moní
Pláka ⛪
Chalkí
Apeíranthos ❹
Mikri Vigla ⛪
Ano Sagkrí
Filóti
Moutsoúna
Kástráki ✈
Tragaía-Tal ❸
Berg Zas
▲ 1000 m

0 Kilometer    5

**Terrassierte Felder außerhalb von Komiákí**

## Apeírathos ❹
Απείραθος

25 km südöstlich von Náxos-Stadt.
🚶 1500. 🚌

Apeírathos wurde von kretischen Flüchtlingen im 17. und 18. Jahrhundert errichtet, die vor den Türken flohen und hier in den nahe gelegenen Korundminen arbeiteten. Es hat von allen Dörfern das meiste Flair mit seinen marmorgepflasterten Straßen und Wehrtürmen (*pýrgoi*, 14. Jh.) der venezianischen Familie Crispi. Hier trägt man noch Tracht, und Bauern bieten ihre Waren auf Eseln an.

Das kleine **Archäologische Museum** beherbergt eine Sammlung protokykladischer Marmorplatten mit Alltagsszenen und neolithische Funde. Es gibt auch ein kleines **Geologisches Museum** im ersten Stock der Schule. Unterhalb des Dorfes liegt der Hafen von **Moutsoúna**, wo die Schiffe mit Korund beladen wurden, bevor er an Bedeutung verlor. Den schönen Strand säumen Ferienvillen.

🏛 **Archäologisches Museum**
An der Hauptstraße. ☐ tägl. ●
Feiertage. ♿
🏛 **Geologisches Museum**
In der Dorfschule. ☐ tägl. ●
Feiertage. 📷

## Komiákí ❺
Κωμιάκη

42 km östlich von Náxos-Stadt.
🚶 500. 🚌

Von Kóronos windet sich die Straße in engen Haarnadelkurven bergauf, bevor man endlich das hübsche Dorf Komiákí (auch: Koronída) erreicht. Das höchstgelegene Dorf der Insel und ehemaliger Wohnort der Korund-Bergarbeiter ist mit Weingärten bedeckt und als Herkunftsort des *kitrón*-Likörs bekannt. Man hat von hier einen wundervollen Blick auf die terrassierten Weingärten. Von Kóronos beginnt auch einer der schönsten Spaziergänge auf Náxos: über Marmorstufen hinab in ein saftiges Tal und zum reizenden Dörfchen **Myrísis**.

## Apóllon ❻
Απόλλων

49 km nordöstlich von Náxos-Stadt.
🚶 100. 🚌

Das ursprüngliche Fischerdorf wandelt sich langsam zu einem Ferienort, der im Sommer mit Busreisenden füllt, die von den Fischtavernen und dem riesigen *koúros* angezogen werden. Stufen führen den Hügel hinauf zum antiken Marmorsteinbruch über der Stadt, wo die riesige unvollendete Marmorfigur seit 600 v.Chr. verlassen daliegt. Die Figur mit dem Bart stellt angeblich Apollo dar, Sie ist 10,5 Meter hoch und wiegt stattliche 30 Tonnen. Der Tag des heiligen Johannes des Täufers am 28. August wird im Dorf festlich begangen.

**UMGEBUNG:** In Agiá, zehn Kilometer westlich von Apóllon, steht **Cocco Pýrgos**, 1770 erbaut vom venezianischen Clan der Cocco zu Beginn ihrer Herrschaft über den Norden von Náxos (*pýrgoi* sind Wehrtürme aus venezianischer Zeit, die nur auf Náxos zu finden sind). An der Nordküste liegt der idyllische Strand von **Ormos Avráam** mit einer gemütlichen Taverne.
Die Straße ins verlassene **Moní Faneroménis** (1606) schraubt sich 13 Kilometer südlich von Apóllon an die Westküste hinunter. Unweit südlich in Richtung Galíni führt eine Straße zum berühmtesten *pýrgos* der Insel, dem **Hohen Turm** des Cocco-Clan, 1660 an strategischer Stelle über einem Tal erbaut. Im 17. Jahrhundert brach zwischen der orthodoxen Familie Cocco und den katholischen Barozzi wegen einer Beleidi-

**Der Hafen von Moutsoúna (Náxos)**

**Der riesige *koúros* im antiken Marmorsteinbruch von Apóllon**

gung eine Familienfehde aus. Die Fehde führte zur Bombardierung des Hohen Turms, als eine Frau aus der Familie der Barozzi ihren Mann, einen Freibeuter, überredete, den Turm zu belagern. Die Cocco überstanden die Belagerung, doch die Blutrache tobte noch weitere 20 Jahre, bis eine Heirat die beiden Familien versöhnte.

**Venezianischer Wehrturm (*pýrgos*) westlich von Apóllon**

### VORGELAGERTE INSELN
Zwischen Náxos und Amorgós liegen die »einsamen Inseln« **Donoússa, Koufoníssi, Iráklia** und **Schinoússa**. Es gibt dort Zimmer und Postämter, aber keine Banken.

Die Tropfsteinhöhle Ai-Ianni auf Iráklia (größte Insel) besitzt eindrucksvolle Stalagtiten und kykladische Funde. Koufoníssi besteht aus der Insel Ano mit sehr guter Infrastruktur und schönen Sandstränden sowie der unbewohnten Insel Káto. Schinoússa hat Strände und Wanderrouten über gepflasterte Maultierpfade. Die nördlichste Insel Donoússa liegt recht isoliert (Versorgungsengpässe!). Hier wurde eine Siedlung aus der geometrischen Zeit entdeckt, doch die meisten Besucher kommen wegen der schönen Sandstrände von **Kéntros** und **Livádi**.

## Amorgós
Αμοργός

🏛 1800.  🚢 Katápola u. Aigiali.
🚌 an den Häfen von Katápola u. Aigiali.  ℹ Katápola-Kai (0285 71278).  🎭 Ormos Aigialis 12 km nordöstlich von Amorgós-Stadt.

D IE WILD ZERKLÜFTETE Insel Amorgós ist schmal und lang und hat einige Strände. Seit 3300 v.Chr. bewohnt, erlebte sie während der Kykladenkultur ihren Höhepunkt. Damals gab es drei Städte: Minoa, Arkesini und Egiali. Keramik- und Marmorfunde (1885) wanderten ins Archäologische Museum in Athen *(siehe S. 282)*.

### CHORA
Der Hauptort ist ein Gewirr blendendweißer Häuser mit Windmühlen in der Nähe. Über der Stadt erhebt sich die venezianische Festung **Apano Kástro** (1290 erbaut von Geremia Ghisi). Hier findet sich auch die kleinste Kirche Griechenlands: **Agios Fanoúrios**.

**UMGEBUNG:** Die Hauptattraktion der Insel ist das spektakuläre Kloster **Moní Panagía Chozoviótissa** unterhalb von Chóra an der Ostküste. Das kahle byzantinische Wehrkloster (1088 von Kaiser Alexis Comnenus gegründet) klammert sich an die 180 Meter hohen Klippen. Es beherbergt eine wundertätige Ikone der Gottesmutter; die Bibliothek besitzt antike Manuskripte.

### INSELERKUNDUNG
Die Insel erforscht man am besten zu Fuß oder per Boot, obwohl es einige Busverbindungen gibt. Haupthafen ist **Katápola** im Südwesten in einer hufeisenförmigen Bucht mit Tavernen, Pensionen, Fischerbooten und einem kleinen Kiesstrand. Das Hafengebiet verbindet drei Dörfer: den Fährhafen Katápola, das ruhigere **Xylokeratídi** im Norden und **Rachídi** auf dem Hügel. Von Katápola führt ein Pfad zu den Ruinen der antiken Stadt **Minoa** auf der Hügelkuppe. Zu sehen sind die zyklopischen Mauern, das Gymnasion und Fundamente eines Apollon-Tempels.

Der nördliche Hafen **Ormos Aigíalis** ist wegen seines schönen Sandstrandes der wichtigste Ferienort. Es lohnt sich, den Maultierpfaden nach Norden zu den Hügeldörfern von **Tholária** mit römischen Gräbern *(tholos)* zu folgen. Ebenfalls empfehlenswert ist das hübsche Dorf **Lagkáda** mit seiner Blütenpracht an der gestuften Hauptstraße.

**Felskloster Moní Chozoviótissa**

**Ios-Stadt: weiße Mauern und blaue Kirchenkuppeln**

# Ios
Ιος

🚶 1650. 🚣 Gialós. 🚌 Ios-Stadt.
ℹ️ Ano Chóra, Ios-Stadt (0286
91222). 🚆 Mylopótas 2 km östlich
von Ios-Stadt.

IN DER ANTIKE war Ios von Eichenwäldern bedeckt, die später zum Schiffsbau abgeholzt wurden. Die Ionier bauten Städte am Hafen von Gialós und an der Stelle von Ios-Stadt, die später als venezianische Bollwerke dienten. Auf Ios liegt Homer begraben. Am 15. Mai findet die Omíria statt, das Homer-Fest. Eine lokale Spezialität ist *myzíthra*, ein weicher, cremiger Käse.

Ios' reges Nachtleben zieht vor allem die Jugend an. Die Insel hat weitere Reize zu bieten. An der bergigen Küste finden sich über 400 Kapellen und einige der schönsten Sandstrände der Kykladen.

**Ios-Stadt** ist eine berauschende Mischung weißer Häuser und blauer Kuppeln, wird aber immer mehr von Diskos und Bars überschwemmt. Sehenswert sind auch die Ruinen der venezianischen Festung (1400 von Marco Crispi erbaut), Reste antiker Mauern und zwölf Windmühlen über der Stadt.

**Gialós** mit seinem geschäftigen Hafen voller Jachten und Fischerboote, guter Fischtavernen und Pensionen ist ruhiger als Ios-Stadt. Der Strand ist recht windig, doch 20 Mi-

**Windmühle über Ios-Ort**

nuten westlich liegt die sandige Bucht von Koumpará. Von hier gibt es Busverbindungen nach Ios-Stadt und zum herrlichen Strand von **Mylopótas** mit zwei Campingplätzen. Ausflugsboote fahren von Gialós die Buchten von **Manganári** im Süden und **Psáthi** im Osten an. Den Strand von **Agía Theodóti** an der Nordostküste dominieren die Ruinen der mittelalterlichen Burg Palaiokástro. Am 8. September findet in **Moní Agías Theodóti** ein Fest zum Gedenken an den Sieg über Piraten statt. Das Tor, das die Piraten stürmten, ist noch zu sehen. Die Bewohner konterten den Angriff mit heißem Öl. Homers Grab liegt vermutlich nördlich des ionischen Stadt **Plakotós**, die im Lauf der Zeit die Klippen hinunterrutschte. Homer starb auf Ios, als er auf der Reise nach Athen hier anlegte. Der Grabeingang, Ruinen von Häusern und des hellenistischen Turms **Psarópyrgos** sind zu sehen.

# Síkinos
Σίκινος

🚶 300. 🚣 Aloprónia. 🚌 Síkinos-Ort. ℹ️ Kástro, Síkinos-Ort (0286
51222). 🚆 Agios Geórgios 7 km
nordöstlich von Síkinos-Ort.

DIE STILLE UND sehr griechische Insel zählt zu den rauhesten Schönheiten der Kykladen. In klassischer Zeit als *oinie* (Weininsel) bekannt, blieb sie im Lauf der Geschichte stets unbedeutend. Die etwa 300 Inselbewohner leben hauptsächlich von Fischfang und Ackerbau, und obwohl es einige Ferienhäuser gibt, blieb die Insel vom Massentourismus noch weitgehend verschont.

**Síkinos-Ort** teilt sich in zwei Teile: Kástro und Chóra hoch auf einem Berggrat über dem Meer. Kástro ist ein Gewirr von Straßen und *kafeneía* (Cafés). Am Eingang zum Ort quert man die Plateía Kástro, wo die Mauern der Steinhäuser (18. Jh.) eine Bastion zur Verteidigung bildeten. Wichtigste Sehenswürdigkeit ist die Kirche Pantánassa. Inmitten der Häuserruinen erhebt sich ein riesiges marmornes Tor.

Das gegen Piraten befestigte und teilweise zerstörte Wehrkloster Moní Zoödóchou Pigís wacht auf den Felsen über Chóra und besitzt Ikonen von Skordílis (18. Jh.).

Im mittelalterlichen Chóra findet sich im Haus eines amerikanischen Auswanderers ein privates **Volkskundemuseum** mit einer Olivenpresse und einer breiten Auswahl an Geräten des Alltags.

Von Chóra aus führt ein etwa einstündiger Weg an den zyklopischen Mauern entlang nach **Moní Episkopís**. Mit

**Der goldene Strand von Mylopótas (Ios)**

den dorischen Säulen und Inschriften vermutet man hier ein Mausoleum (3. Jh. n.Chr.), das im 7. Jahrhundert zur Kirche Koímisis Theotókou umgebaut wurde. Im 17. Jahrhundert wurde ein Kloster angebaut, das heute leer steht.

Drei Kilometer südöstlich von Síkinos stößt man an der Ostküste auf **Aloprónoia** (auch Skála) mit kleinen Cafés, in denen man auch einkaufen kann, einem neuen Hotelkomplex und einem kindersicheren großen Sandstrand.

**Volkskundemuseum**

Ano Chorió, Síkinos-Ort.
⬜ Mai–Sep tägl.

**Aloprónoias verschlafener Hafen**

# Folégandros
Φολέγανδρος

🏠 650. ⛴ 🚌 Karavostásis.
ℹ Chóra (0286 41249).
🚌 Agkális 2 km westlich von Folégandros-Ort.

**D**AS KAHLE UND TROCKENE Folégandros (phönizisch: »felsig«) zählt zu den kleinsten bewohnten Kykladeninseln. Die klassische Verbannungsinsel blieb von den Wirren der ägäischen Geschichte weitgehend unberührt und hatte nur von Zeit zu Zeit mit Piratenüberfällen zu kämpfen. Beliebt wegen der herben Landschaft und schönen Chóra, kann die Insel im Sommer recht lebhaft werden, doch auch Wanderfreunde kommen voll auf ihre Kosten.

**Koímisis tis Theotókou in Folégandros**

**Folégandros-Ort**, zum Schutz vor Piraten 300 Meter über dem Meer erbaut, sollte man sich keinesfalls entgehen lassen. Der Ort besteht aus dem befestigten *kástro (siehe S. 18)* und dem Hauptort Chóra. Die im 13. Jahrhundert von Marco Sanudo, dem Herzog von Náxos, erbaute Festung erreicht man durch ein Tor. Die hohen Steinhäuser stehen so knapp an den Klippen, daß ihre Wände ein unüberwindliches Hindernis darstellen und das Labyrinth von abenteuerlich gepflasterten Gassen und kubischen Häusern mit buntbemalten Holzbalkonen sicher umschließen.

In der Chóra spielt sich das Leben um vier Plätze mit ihren Kunsthandwerksläden und Tavernen ab. Der Weg vom Busbahnhof führt zur Kirche Koímisis tis Theotókou (Mariä Himmelfahrt). Sie wurde gebaut, nachdem eine Silberikone auf wundersame Weise vor Piraten gerettet wurde, die in einem Sturm umkamen. Als Teil der antiken Stadtmauer steht die Kirche wahrscheinlich auf einem Artemis-Tempel.

Fährhafen ist **Karavostásis** an der Ostküste, mit einem kleinen Hafen mit schattigem Kiesstrand, Restaurants, Hotels und Zimmern. Es gibt einen Bus nach Chóra, und **Livádi** liegt in Gehdistanz. Im Sommer werden den Ausflüge zu den westlichen Stränden **Agkális**, **Agios Nikólaos**

und **Latináki**, sowie zur beliebten Goldenen Höhle (so genannt wegen des goldenen Schimmers der Tropfsteine) **Chrysospiliá** angeboten. Die Grotte liegt knapp unter dem Meeresspiegel bei den nordöstlichen Klippen.

**Ano Meriá** fünf Kilometer westlich von Folégandros-Ort besteht aus Bauernhöfen links und rechts der Straße, die von terrassierten Feldern umgeben werden. Von hier sieht man herrliche Sonnenuntergänge, an klaren Tagen erkennt man am Horizont sogar Kreta.

Es gibt ein gutes **Ökologie- und Volkskundemuseum** mit landwirtschaftlichen Geräten und Szenen traditionellen bäuerlichen Lebens. Am 27. Juli feiert man den Namenstag von Agios Panteleímon.

Von Ano Meriá winden sich steile Pfade zu den entlegenen Stränden von **Agios Geórgios** und **Vígla** hinunter.

**Ökologie- und Volkskundemuseum**

Ano Meriá. ⬜ Juli–Mitte Sep tägl.

**Traditionelle Häuser im Kástro (Folégandros)**

# Mílos
Μήλος

DIE VULKANINSEL mit ihren bizarren Felsformationen, heißen Quellen und weißen Dörfern auf den Klippen ist die spektakulärste der Kykladen. Unter den Minoern und Mykenern kam die Insel durch Obsidianhandel zu großem Reichtum. Im 4. Jahrhundert v.Chr. wurde Mílos von Athen kriegerisch erobert und kolonialisiert. Geplagt von Piraten, wurde die Insel im Mittelalter von den Crispi regiert, ab 1580 von den Türken. Die Insel lebt heute vom Mineralienhandel, der Tourismus gewinnt an Bedeutung.

Funde der Nachbarinsel Kímolos sind ebenfalls ausgestellt. Das **Museum für Geschichte und Volkskunde** mit Trachten, Möbeln und Kunsthandwerk befindet sich in einer Villa (19. Jh.) im Zentrum.

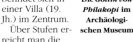

*Die **Göttin von Philakopi** im Archäologischen Museum*

Über Stufen erreicht man die Ruinen des *kástro*, von den Venezianern auf einem Vulkankegel 280 Meter über dem Meer erbaut. Nur die Häuser, die die Außenmauer bildeten, sind erhalten.

Die Kirche Mésa Panagía über dem *kástro* wurde während des Zweiten Weltkrieges bombardiert. Die wiedererrichtete Kirche heißt **Panagía Schoiniótissa** (Unsere liebe Frau im Busch), weil in einem Busch an der Stelle der alten Kirche eine Marien-Ikone gefunden wurde.

Die Kirche **Panagía Thalassítra** (Unsere Liebe Frau vom Meer, 1728) birgt Christus- und Marien-Ikonen sowie des hl. Eleftherios.

Die massiven Steinblöcke der zyklopischen Mauer des Osttors (450 v.Chr.) sind erhalten, 15 Meter westlich sieht man Marmorfunde und einen Taufbrunnen aus einer byzan-

**Blick über die Häuser von Pláka in der Vormittagssonne**

### PLAKA

Das Felsendorf Pláka vier Kilometer über dem Hafen von Adámantas präsentiert sich als hübsches Nebeneinander von Kirchen und weißen kubischen Häusern unweit von Trypití mit seinen Windmühlen.

Man nimmt an, daß Pláka auf den Ruinen der Akropolis von Mílos steht (erbaut 1100–800 v.Chr. von den Dorern). Pláka wurde später von den Athenern zerstört und von den Römern neu besiedelt.

Wichtigste Sehenswürdigkeit ist das **Archäologische Museum**. Die Eingangshalle dominiert eine Kopie der *Venus von Milo*, die hier gefunden wurde. Es gibt neolithische Funde (Obsidian), mykenische und bemalte Keramiken und Terrakotta-

Tierfiguren (3500 v.Chr.) aus der antiken Stadt Philakopi. Das berühmteste Stück unter den Keramiken ist eine frühe kykladische Gottheit im minoischen Stil. Der hellenistische Poseidon (4. Jh. v.Chr.) und der *koúros* von Milos (560 v.Chr.) finden sich heute im Archäologischen Nationalmuseum in Athen *(siehe S. 282).*

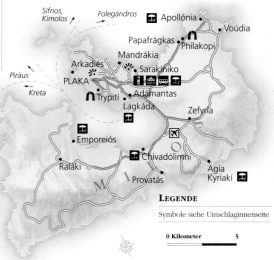

Symbole siehe Umschlaginnenseite

### LEGENDE

0 Kilometer      5

**Die Zwillingsfelsen (»Die Bären«) bei Adámantas**

**INFOBOX**

⚐ 4500. ✈ 7 km südöstlich von Adámantas. ⛴ Adámantas. ☷ Adámantas. ⓘ Am Hafen, Adámantas (0287 22445). ⚓ Nautische Woche: Ende Juni–Anf. Juli; Panagía in Zefyría: 15. Aug.

## MILOS' GEOLOGIE

Die Insel vulkanischen Ursprungs ist reich an Mineralien und weist spektakuläre Felsformationen auf. Von Adámantas gibt es Boote zur reizvollen Bimsstein-Mondlandschaft von Sarakíniko (vor drei Millionen Jahren entstanden), den als »Orgelpfeifen« bekannten Lavaformationen von Glaronísia (bei Philakopi) und dem schwefelgrünen Wasser bei Papafrágkas. Wegen der geothermalen Tätigkeit gibt es heiße Quellen. Das Meer erreicht dadurch an manchen Stellen (z. B. bei den Klippen von Mávra Gkrémna) 30 Zentimeter unter der Oberfläche bis zu 100 °C.

tinischen Basilika. Das nahe gelegene römische Amphitheater wird noch für Aufführungen genutzt.

🏛 **Archäologisches Museum**
Stadtplatz. ☎ 0287 21620.
⭘ Di–So. ⬤ 1. Mai. 🖾
🏛 **Museum für Geschichte und Volkskunde**
Pláka. ☎ 0287 21292. ⭘ Di–Sa u. So nachm. ⬤ Feiertage. ♿ 🖾

**In den Christlichen Katakomben**

**UMGEBUNG:** In der nahe gelegenen Stadt Trypití befinden sich guterhaltene **Christliche Katakomben** (1. Jh. n.Chr.), die einzigartig in Griechenland sind. Der massive Komplex (291 Gräber, 184 Meter lang) von Grabnischen wurde in den Berg getrieben. In jeder einzelnen Gewölbenische sind bis zu sieben Menschen begraben. Archäologen schätzen die Zahl der Begrabenen auf etwa 8000.

Von den Katakomben führt ein Pfad zu einem Gedenkstein, wo die *Venus von Milo* am 8. April 1820 vom Bauern Geórgios Kentrótas entdeckt wurde. Er stieß in seinem Feld auf eine Höhle mit der halben Statue darin. Die andere Hälfte wurde von einem französischen Offizier entdeckt, und die beiden Teile wurden am

1. März 1821 als Geschenk für Ludwig XVIII. gekauft. Die Venus steht heute im Louvre in Paris. Die Arme sind wahrscheinlich im Streit um den Besitz der Statue verlorengegangen.

⛪ **Christliche Katakomben**
Trypití, 2 km südöstlich von Pláka.
☎ 0287 21625. ⭘ Di–So.

**INSELERKUNDUNG**
Die zerklüftete Insel ist übersät von Spuren vulkanischer Tätigkeit und langen Stränden. Die sehenswerte große Bucht von Mílos (einst ein Vulkankrater) ist einer der schönsten natürlichen Häfen des Mittelmeers.

Der schmale Sandstrand von **Lagkáda** westlich von Adámantas ist bei Familien sehr beliebt. Auf dem Weg dorthin passiert man öffentliche Bäder mit warmem Thermalwasser.

Südlich von Adámantas gibt es in der Bucht von Mílos eine Reihe schöner Strände, darunter **Chivadólimni** mit einem türkisblauen Salzwassersee. An der Südküste nahe Próvatas stößt man auf den Strand von Agía Kyriakí.

Am nordöstlichen Inselende befindet sich der beliebte Ferienort **Apollónia** mit seinem schattigen Strand. Von hier gibt es Wassertaxis zur Insel **Kímolos** (nach dem dort abgebauten Kalk – *kimolía*).

Vom antiken Kulturzentrum **Philakopi** südwestlich von Apollónia ist nur mehr wenig erhalten. Zu sehen sind noch die mykenischen Stadtmauern, Ruinen von Häusern sowie einige Grabstätten, doch ein Großteil der Stadt ist im Meer versunken.

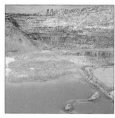

**Mineralienmine bei Voúdia (noch in Betrieb)**

**Bimssteinlandschaft bei Sarakíniko**

**Schwefelgrünes Wasser bei Papafrágkas**

# Santoríni
Σαντορίνη

**V**ON DEN MINOERN wurde Santoríni 3000 v.Chr. kolonialisiert. 1450 v.Chr brach der Vulkan aus – daraus resultiert die Halbmondform. Santoríni ist anerkannter Kandidat für das versunkene Atlantis. Unter den Dorern (8. Jh. v.Chr.) Thíra genannt, wurde die Insel von den Venezianern, die sie im 13. Jahrhundert eroberten, nach der hl. Irene in Santoríni umbenannt. Trotz Tourismus bleibt die Insel mit den weißen Dörfern hoch über den schwarzen Sandstränden ein faszinierendes Urlaubsziel.

**Frühes Kykladenidol**

**Eine der vielen Bars an den Klippen von Firá mit Caldera-Blick**

## Firá ❶
Φηρά

🏛 1550.  ⛴ 🚌 50 m südlich des Stadtplatzes.  ℹ 0286 22649.  ✈ Monólithos 5 km östlich.

Der Hauptort Firá oder Thíra überblickt die Caldera und die Insel Néa Kaméni. Er wurde im späten 18. Jahrhundert gegründet, als die Bewohner von der venezianischen Festung Skáros (bei Imerovígli) wegen des besseren Zugangs zum Meer auf die Hochebenen der Klippen zogen.

Nachdem die Stadt 1956 durch ein Erdbeben zerstört worden war, baute man die Kirchen mit den Kuppeln und die Höhlenhäuser *(skaftá)* wieder auf. Die terrassierte Stadt am Rand der Caldera ist heute dicht mit Hotels, Bars und Restaurants bebaut. Von hier genießt man herrliche Ausblicke, vor allem bei Sonnenuntergang. Den winzigen Hafen von Skála Firá 270 Meter darunter erreicht man über eine Seilbahn oder 580 Stufen.

Firá hat eine weite Fußgängerzone, und seine verschlungenen Gassen sind oft nur breit genug für einen Esel. An der Plateía Theotokópoulou treffen die wichtigsten Straßen aufeinander. Hier findet sich auch der Busbahnhof. Alle

**Am Hang gelegene Häuser in Firá**

## AUF EINEN BLICK

Akrotíri ❹
Thíra ❸
Firá ❶
Oía ❷

## LEGENDE

Symbole siehe Umschlaginnenseite

0 Kilometer                    5

Náxos, Anáfi
Baxédes
Síkinos, Páros, Ios
Oía
Ammoúdi
Arméni

Imerovígli
Kanakári

THIRASIA
FIRA

Folégandros, Kreta
Skála Firá
NEA KAMENI
Monólithos
PALAIA KAMENI
ASPRO NISI
Athiniós
Karterá

Moní tou Profítou Ilía
Thíra
Berg Profítis
565 m
Akrotíri
Emporeió
Perissa
Kókkini Ammos
Almyrá
Vlycháda

Straßen von hier in Richtung Norden und vom Hafen treffen schließlich bei der schönen Plateía Firostefáni aufeinander. Die spektakulärste Straße, **Agíou Miná**, verläuft am Rand der Caldera in Richtung Süden zur Kirche Agíou Miná; mit der blauen Kuppel und dem weißen Glockenturm ist sie das Wahrzeichen von Santoríni.

**Detail farbiger vulkanischer Klippen in Firá**

Gegenüber der Seilbahnstation gibt es im **Archäologischen Museum** Funde von Akrotíri *(siehe S. 237)* und Mésa Vounó *(siehe S. 236)*, darunter frühe Kykladenidole aus Bimssteinbrüchen der Insel sowie eine Sammlung attischer schwarzfiguriger Vasen.

Das **Mégaro Ghisi Museum** in einer schönen Villa (17. Jh.) im nördlichen Teil der Stadt beherbergt Manuskripte vom 16. bis 19. Jahrhundert und Karten, Gemälde und Fotografien der Stadt vor und nach dem Erdbeben.

Trotz des Erdbebens finden sich noch Spuren architektonischer Schätze aus dem 17. und 18. Jahrhundert. Einige Villen konnten restauriert werden (Nomikoú und Erythroú Stavroú).

Auf dem Weg nach Framgiuka (Frankenviertel) mit dem Labyrinth von Gassen ist die hübsche Kapelle **Agios Stylianós** am Rand der Klippen einen Abstecher wert.

Die orthodoxe **Ypapantí-Kathedrale** (Darstellung Jesu im Tempel) im Süden wurde

**Auf dem Eselsrücken von Skála Firá nach Firá**

1827 erbaut. Das imposante ockerfarbene Gebäude hat zwei Glockentürme und Wandgemälde von Christóforos Asímis (19. Jh.). Der Glockenturm des **Dómos** von

**INFOBOX**

🏙 12 500.  ✈ 5 km südöstlich von Firá.  ⛴ Skála Firá.  🚌 ℹ Firá (0286 22649).  🎵 Klassische Konzerte in Firá: Aug u. Sep.

Agíou Ioánnou dominiert den Norden der Stadt. Obwohl das Erdbeben großen Schaden anrichtete, sind weite Teile des barocken Inneren erhalten und restauriert.

🏛 **Archäologisches Museum**
Gegenüber der Seilbahnstation.
📞 0286 22217.  ⏰ Di–So.
⬤ Feiertage.
🏛 **Mégaro Ghisi Museum**
Gegenüber dem Archäologischen Museum.  📞 0286 23077.
⏰ Mai–Okt tägl.  📷

## GEOLOGISCHE GESCHICHTE SANTORINIS

Santoríni ist einer von mehreren Vulkanen des Südägäischen Vulkanbogens. Während der minoischen Zeit (um 1450 v.Chr.) fand eine riesige Eruption statt, durch die Santoríni schließlich seine heutige Form annahm.

**1** *Santoríni war eine kreisförmige Insel, bevor die massive Eruption ihr Inneres heraussprengte.*

Jahrhundertelange **vulkanische Aktivität** führt 1450 v.Chr. zum Ausbruch.

**Wolken** mit flüssigem Gestein breiten sich 30 km weit aus.

**Krater von 22 km²**

**2** *Die Eruption hinterließ einen riesigen Krater (Caldera). Der Sog des Wassers erzeugte eine Springflut (tsunami), die das minoische Kreta zerstörte.*

**Riesige Lavamengen** begraben Akrotíri *(siehe S. 237).*

**Néa Kaméni und ihre aktiven Vulkankegel**

**Der Vulkan erhebt sich 300 m hoch**

**Thirasía**

**3** *Die Inseln Néa Kaméni und Palaiá Kaméni entstanden nach späterer vulkanischer Tätigkeit (197 v.Chr. und 1707). Die Vulkane sind noch aktiv.*

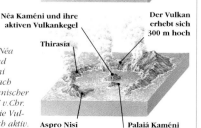

**Aspro Nisí**

**Palaiá Kaméni**

# Überblick: Die Insel Santoríni

SANTORINI HAT MEHR zu bieten als die oft fotografierten Attraktionen von Firá, die hübschen Dörfer im Landesinneren und herrliche schwarze Sandstrände bei Kamári und Períssa. Sie können auch die eine oder andere Weinkellerei besuchen oder einen Abstecher auf die kleineren Inseln machen. Es gibt gute Busverbindungen, ein Fahrzeug erweitert aber Ihren Radius. Zu wichtigen Sehenswürdigkeiten wie Thíra oder Akrotíri gibt es Busse und organisierte Touren.

Das antike Thíra am Ende der Halbinsel Mésa Vounó

Ocker-blau gestrichene Hausfront in Oía

## Oía ❷
Oía

11 km nordwestlich von Firá.
🚶 400. 🚌 ℹ️ Hauptstraße (0286 71234).

Die Stadt Oía an der Nordspitze der Insel ist berühmt für ihre atemberaubenden Sonnenuntergänge. Beliebtes Programm ist ein Abendessen in einem der vielen Restaurants an den Klippen, während die Sonne hinter der Caldera versinkt. Achtung: In der Stadt soll es der Legende nach Geister und Vampire geben.

Oía erreicht man über eine der anstrengendsten Straßen der Kykladen. Der drittwichtigste Hafen war einst ein reiches Wirtschaftszentrum, bevor Oía beim Erdbeben 1956 zum Teil zerstört wurde.

Heute präsentiert sich die Stadt in regionaltypischem Stil, nachdem sie nach dem Erdbeben sorgfältig wiederaufgebaut wurde. Die weißen und pastellfarbenen Häuser klammern sich an die Klippen mit den berühmten Felshäusern *(skaftá)*. Einige der neoklassizistischen Häuser reicher Reeder sind noch erhalten. Am Rand der Caldera verläuft ein marmorgepflasterter Weg nach Firá. Über Treppen erreicht man Arméni und den Fischerhafen **Ammoúdi** mit den schwimmenden Bimssteinen und dem roten Kiesstrand. Die Tradition des Schiffsbaus wird im Dock von Arméni am Fuß der Klippen fortgeführt, obwohl der Hafen heute hauptsächlich für den Fährverkehr zur kleinen Insel Thirasía genutzt wird.

## Das antike Thíra ❸
Αρχαία Θήρα

11 km südwestlich von Firá.
🚌 nach Kamári. ◐ Di–So. ● Feiertage. 🚻 Perissa 200 m darunter.

In 370 Metern Höhe strategisch günstig auf der felsigen Landzunge von Mésa Vounó an der Südostküste stehen die Ruinen der antiken Dorerstadt Thíra. Rekolonialisiert nach dem großen Vulkanausbruch *(siehe S. 235)*, erheben sich die Ruinen auf Terrassen über dem Meer.

Der Großteil der Ruinen (um 1860 vom deutschen Archäologen Hiller von Gaertringen freigelegt) stammt von den Ptolemäern, die im 4. und 3. Jahrhundert vor Christus den ägyptischen Göttern Tempel bauten. Es gibt auch hellenistische und römische Funde. Die Vasen aus dem 7. Jahrhundert v.Chr., die hier entdeckt wurden, stehen im Archäologischen Museum von Firá *(siehe S. 235)*.

Auf dem Gelände sieht man eine frühchristliche Basilika, Reste privater Häuser (einige mit Mosaik), die Agora (Marktplatz) und ein Theater mit senkrechtem Blick aufs Meer. Am westlichen Ende findet man ein Heiligtum (3. Jh. v.Chr.) mit Reliefs eines Adlers, eines Löwen, eines Delphins und eines Phallus als Symbol für Zeus, Apollo, Poseidon und Priapus, errichtet von Artemídoros, Admiral der ptolemäischen Flotte.

Im Osten, auf der Festterrasse trifft man auf Graffiti vom 8. Jahrhundert v.Chr. Die In-

Bildhauerarbeit aus Thíra

Fischerdorf Ammoúdi mit Oía auf den Klippen

**Blick vom antiken Thíra nach Kamári**

schriften preisen die Teilnehmer und Tänzer der Gymnopädien – kultische Feste, in denen Jungen nackt tanzten und Hymnen an Apollo sangen oder ihre Kräfte in sportlichen Bewerben maßen.

**UMGEBUNG:** Der Felsrücken von Mésa Vounó mit dem Profítis-Gipfel ragt zwischen den beliebten Stränden von Kamári und Aperís ins Meer. Der beliebteste Ferienort **Kamári** liegt unterhalb des antiken Thíra. Den Strand mit Steinen und schwarzem Vulkansand umgeben Bars, Tavernen und Apartments. In **Períssa** findet man auf acht Kilometern schwarzen Sand, einen Campingplatz und ein breites Wassersportangebot. Auf den Ruinen der byzantinischen Kapelle der hl. Irene, nach der die Insel benannt ist, steht heute eine moderne Kirche.

## Akrotíri ❹

Ακρωτήρι

12 km südwestlich von Firá.
🚶 350. 🚌 Kókkini Ammos 1 km südlich.

Der ehemalige minoische Vorposten im Südwesten der Insel zählt heute zu den wichtigsten Fundstätten der Kykladen. Nach einem Vulkanausbruch im Jahr 1866 entdeckten französische Archäologen hier minoische

Amphoren. Professor Spyrídon Marinátos legte schließlich 1967 die gesamte Anlage frei, die nach 3500 Jahren unter vielen Tonnen vulkanischer Asche wunderbar erhalten war. Bedeutendste Entdeckung waren die Fresken, die heute im Nationalmuseum von Athen zu sehen sind *(siehe S. 282)*. Marinátos verunglückte bei den Ausgrabungsarbeiten und liegt hier bei seinem Lebenswerk begraben. Die Ausgrabungen umfassen späte zwei- bis dreistöckige Häuser aus dem 16. Jahrhundert v.Chr. mit riesigen *pithoi* (Vorratsgefäßen aus Ton). Hier wurde auch das bekannte Fresko mit den beiden boxenden Jünglingen entdeckt. Außerdem wurden eine Mühle, eine Töpferei sowie ein Lagerraum mit *pithoi* für Getreide, Mehl und Öl ans Tageslicht gebracht. Von einer Aussichtsbrücke aus kann man den Grundriß der Stadt gut erkennen. Das dreistöckige »Haus der Damen« trägt seinen Namen wegen eines Freskos mit zwei üppigen dunklen Frauen. Die Fresken von Fischerjungen und Schiffen des drei-

eckigen Hauptplatzes sind heute im Archäologischen Museum von Firá untergebracht.

Das Abwassersystem der Stadt läßt den hohen Entwicklungsgrad der Kultur erkennen. Es wurden keine menschlichen oder tierischen Funde gemacht, was darauf schließen läßt, daß die Bewohner durch Beben gewarnt und rechtzeitig geflohen waren.

### VORGELAGERTE INSELN

Von Athiniós (12 km südlich von Firá) verkehren Boote zu den Nachbarinseln. Die nächsten sind **Palaiá Kaméni** und **Néa Kaméni** (die »versengten Inseln«). Auf Palaiá Kaméni können Besucher ein heißes Schlammbad nehmen, auf Néa Kaméni den Krater erklimmen. **Thirasía** hat einige Tavernen und Hotels. Vom malerischen Hauptort Manólas genießt man einen schönen Blick über die Caldera nach Firá. Die etwas abgelegene, friedliche Insel **Anáfi** (die südlichste der Kykladeninseln) teilt die Geschichte der Inseln um Santoríni und hat herrliche Strände. Es gibt einige antike Ruinen, doch von den Apollon- und Artemis-Heiligtümern, die hier standen, ist nichts erhalten.

**Pithoi (Vorratskrüge) aus Akrotíri**

## AKROTÍRIS FRESKEN

Die um 1500 v.Chr. entstandenen minoischen Wandgemälde ähneln denen von Knosós *(siehe S. 268f)*. *Der junge Fischer* stellt einen Knaben mit blauen und gelben Fischen dar, und *Die boxenden Knaben* zwei junge Boxer mit langem, schwarzem Haar und Mandelaugen. Durch die Verwendung der beständigen Lava blieb die Farbe der Fresken erhalten. Ein Großteil ist im Archäologischen Nationalmuseum in Athen ausgestellt *(siehe S. 282)*.

Die spektakuläre Lage von Firá auf den Klippen von Santoríni ▷

# KRETA

CHANIA · RETHYMNO · IRAKLEIO · LASITHI

**D**IE INSEL KRETA *ist von rauhen, hohen Bergen geprägt, deren kompromißlose Unüberwindlichkeit sich tief in die Seele der Kreter gegraben hat. Die jahrhundertelange Isolation durch Berge und Meer formte den stolzen, freiheitsliebenden Charakter der Kreter. Eroberer kamen und gingen, doch die Leidenschaft der Kreter für Individualität und Unabhängigkeit blieb bestehen.*

Fast 3000 Jahre lagen die Ruinen der minoischen Zivilisation an der Küste Kretas begraben und vergessen da. Erst zu Beginn des 20. Jahrhunderts legte man die Ruinen der großartigen minoischen Paläste von Knosós, Phaestos, Mália und Zákros frei. Deren Pracht ist Ausdruck des hohen Niveaus der minoischen Kultur, die man heute für die Wiege der europäischen Zivilisation hält.

**Teppichdetail, Anógeia**

In der Geschichte durchlebte Kreta Zeiten der religiösen Unterdrückung und der Besetzung durch fremde Mächte. Die Römer brachten Kreta ihr Verwaltungssystem, und der antike Stadtstaat Górtys wurde 65 v.Chr. Hauptstadt der römischen Provinz auf Kreta. Der byzantinischen Herrschaft folgte die venezianische (1204–1669), wovon die herrlichen Festungen wie beispielsweise Fragkokástello und elegante Gebäude in Réthymno und Chaniá noch heute zeugen. Unterdrückung und religiöse Verfolgung unter den Türken (1669–1898) führten zu einer starken Unabhängigkeitsbewegung. 1913 wurde Kreta unter Elefthérios Venizélos (1864–1936) griechisch. Im Zweiten Weltkrieg wurde die Insel von deutschen Truppen besetzt.

Heute verbinden sich Berge, Meer und Geschichte zusammen mit der gelassenen Haltung der Kreter zu einer speziellen Mischung, die alljährlich zahlreiche Urlauber auf die idyllische Insel lockt.

**Kreter in Réthymno in traditionellen kretischen Schuhen und Kopfbekleidung**

◁ **Palmengesäumte Flußmündung am Préveli-Strand an Kretas Südküste**

# Kretas Flora und Fauna

D IE NATUR AUF KRETA ist so vielfältig wie die Insel selbst. Im Frühling ist ganz Kreta von Pflanzen übersät: Blumen an den Küsten, Olivenhaine, Wiesen und Obstgärten im Inselinneren. Als *phrygana* bezeichnete Felsheiden sind häufig, daneben gibt es in entlegenen Schluchten auch Flecken immergrüner Wälder. Süßwassersümpfe ziehen Wasservögel an, und Kretas Lage zwischen Nordafrika und dem griechischen Festland macht es im Frühling und Herbst zum idealen Rastplatz für Zugvögel. Durch die relative Isolation der Insel entstanden zudem mehrere einzigartige Pflanzenarten.

Auf der **Akrotíri-Halbinsel** gibt es Chamäleons.

*Winterliche Sturzbäche vom Omalós-Plateau haben die **Samariá-Schlucht** (siehe S. 250f) eingeschnitten. Besucher sollten nach Pfingstrosen, Zyklamen und kretischem Ebenholz Ausschau halten. Mit Glück sieht man auch die kretische Wildziege Kri-Kri, die sich geschickt über die steilen Abhänge bewegt.*

Chaniá

OMALÓS-PLATEAU

Réthymno

*Auf dem **Omalós-Plateau** (siehe S. 250) ist der Lämmergeier, der größte Raubvogel Europas, zu Hause. Mit den schmalen Flügeln und dem keilförmigen Schwanz zieht er über Bergen und Schluchten seine Kreise.*

In der **Kourtalióti-Schlucht** nimmt Salbei große Flächen ein.

Moní Préveli

Agía Galíni

0 Kilometer 20

**Moní Préveli** (siehe S. 256) wird zwischen Mai und August von Teichrohrsängern aufgesucht. Das Männchen hat eine schöne schwarz-weiße Kopfzeichnung und rote Knopfaugen.

**Speer- und Schwertfische** sind die größten Fische um Kreta.

Am **Golf von Mesará** mit seinem rauhen Grasufer findet der Schwalbenschwanz Lebensraum.

Agía Triáda

In den Sümpfen von **Agía Triádas** leben Stelzenläufer.

*In **Agía Galíni** (siehe S. 259) kann man herrliche Frühlingsblumen entdecken, darunter die berühmte Riesenorchidee. Sie wird bis zu 60 cm hoch und blüht von Februar bis Anfang März.*

**Die gelbe Bienen-Ragwurz**

**Pechnelke mit klebrigen Stengeln**

**Kretisches Ebenholz (endemisch)**

## KRETAS WILDBLUMEN

Jedes Jahr besuchen zahlreiche Botaniker und Naturliebhaber die Insel wegen ihrer spektakulären Flora. Von Februar bis Mai steht die Insel in voller Blütenpracht, gegen Ende Juni sind viele Blumen bereits verblüht und verdorrt. Den Sommer überleben sie gegen die Hitze geschützt unter der Erde, wo sie neue Kräfte sammeln.

**NATURKUNDLICHE STUDIENREISEN**

**NATOURS-Reisen**
Reiseveranstalter für aktives und umweltbewußtes Reisen
Untere Eschstr. 15,
49177 Ostercappeln.
05473 92290.

**Studiosus Reisen**
Rießstr. 25,
80992 München.
089 500600.

**EGUS Reisen**
Geiststr. 1,
37077 Göttingen.
0551 4950535.

*Mália* (siehe S. 272f) *ist eines der vielen Küstengebiete, wo Wat- und Stelzvögel im Frühling und Herbst Station machen. Diese Waldschnepfe wird hier einige Tage lang am Rand von Teichen und Marschlandschaften auf Futtersuche gehen.*

Im Frühling findet man auf den blühenden Hängen des **Díkti** auch die Bienen-Ragwurz.

**Delphine** sieht man von Landzungen im Norden aus.

Säbelschnäbler schätzen die Verdunstungsbecken von **Eloúnta**.

**Mália**

*Kretisches Ebenholz kommt nur auf Kreta vor und bedeckt im Frühling mit seinen rosa-lila Blüten die steilen Klippen von **Siteía*** (siehe S. 276).

**Siteía**

**Ierápetra**

In den Feldern von **Lasíthi** entdeckt man Wiedehopfe.

Zugvögel wie die Bachstelze machen in **Agios Nikólaos** Rast.

**Geckos** leben im Osten der Insel an Steinmauern neben den Straßen.

*Rotkopfwürger fühlen sich in **Ierápetra*** (siehe S. 275) *wohl. Sie ernähren sich von Insekten und kleinen Wirbeltieren, die sie manchmal auf Dornen aufspießen, damit sie sie leichter fressen können.*

*An den steilen Klippen von **Zákros*** (siehe S. 277) *führen Falken im Sommer wahre Kunststücke vor.*

# Überblick: Kreta

A LS SÜDLICHSTE griechische Insel ist Kreta für tief-
blaues Wasser, Sandstrände und strahlenden
Sonnenschein bekannt. An der Nordküste findet
man zahlreiche Ferienorte und ebenso viele historische Stätten wie Réthymno und Chaniá. Die zerklüftete Südküste ist vor allem im Südwesten weniger erschlossen. Vier große Bergketten ziehen sich
von Ost nach West über die 250 Kilometer lange
Insel – mit herrlicher Landschaft und spektakulären
Schluchten ein Paradies für Wanderer. Der Hauptort
Irákleio mit seinem berühmten Historischen Museum bietet sich als Basis für einen Abstecher nach
Knosós an, zum größten minoischen Palast Kretas.

**Kartenspieler unter den Weinlau-
ben in der Altstadt von Réthymno**

Kythíra,
Gýtheio
RODOPOS
GRAMVOUSA
GRAMVOUSA

AKROTIRI-
HALBINSEL
**5**
SOUDA
Piräus

KASTELLI
**1** KISAMOU
MALEME
CHANIÁ
**4**
↑ Piräus
FALASARNA
POLIRINIA

GEORGIOPOLI
RETHYMNO **7**
MONI
ARKADIOU
ARCHAIA
ELEFTHIRA
**12**
ANOGE

MONI
CHRISOSKALITISSI
IRINI-
SCHLUCHT
LAKE KOURNAS
ARMENOI-FRIEDHOF
IDA-GEBIRGE

ELAFONISI BEACH
SAMARIA-
SCHLUCHT
IMBROS-SCHLUCHT
AMARI-
TAL **13**
**14**
IDEO ANTRO

**2**
PALAIOCHORA
**3** SQUGIA
AGIA
LOUTRO
**8**
SFAKIA
**9**
**10** PLAKIAS
**11**
AGIA GALINI
AGIA
TRIADA

ROUMELI
FRAGKOKASTELLO
MONI PREVELI
**16**
**17**

**PHAESTOS 19**

PAXIMADIA
**18**
MATALA

**Blick auf den Hafen (Sfakiá)**

GAVDOPOULA

GAVDOS

## SIEHE AUCH

- *Übernachten* S. 306 ff
- *Restaurants* S. 330 ff
- *Reiseinformationen* S. 356 ff

## UNTERWEGS
Die Provinzhauptstädte Chaniá, Réthymno, Irákleio und Agios Nikólaos
sind Verkehrsknotenpunkte für die
jeweilige Region. Die Busverbindungen mit regelmäßigem Linienverkehr
entlang der Nordküste sind recht gut.
Auch mit dem Auto kommt man zügig voran. Taxis fahren zu günstigen
Preisen. Die Bergstraßen zwischen
den Dörfern sind meist asphaltiert.

**Überkuppelte Moschee (venezianische Fortétsa in Réthymno)**

## Auf einen Blick

**Zur Orientierung**

**Nordtor des Palastes von Knosós**

**Pelikan im malerischen Hafen von Siteía**

**Windmühle am Beginn des Lasíthi-Plateaus**

## Legende

Symbole siehe Umschlaginnenseite

**Der herrliche lange Sandstrand von Falásarna mit seinem türkisblauen Wasser**

## Kastélli Kisámou ❶
Καστέλλι Κισάμου

Chaniá. 3000. Kastélli Kisámou.

DIE KLEINE, bescheidene Stadt (auch: Kastélli) liegt südöstlich der nahezu unbewohnten **Halbinsel Gramvoúsa**, einst ein berüchtigtes Seeräubernest. Tourismus spielt in Kastélli keine große Rolle, es gibt jedoch einige Hotels und am Kiesstrand auch Restaurants. Von Kastélli läßt sich die Westküste Kretas gut erkunden. Lohnenswert sind Bootsausflüge zur Spitze der Halbinsel Gramvoúsa mit ihren schönen, einsamen Sandstränden.

**UMGEBUNG:** Etwa sieben Kilometer südlich von Kastélli liegen die Ruinen der antiken Stadt **Polyríneia** aus dem 6. Jahrhundert v.Chr. oberhalb des Dorfes Ano Palaiókastro (auch: Polyríneia) verteilt. Der befestigte Stadtstaat wurde von den Römern ausgebaut, später von Byzantinern und Venezianern. Poströmische Mauern, Fundamente und Türme sind noch zu sehen.
   Die Kirche **Enneninta-ennéa Martyron** (99 Märtyrer) aus dem Jahr 1894 steht auf den Ruinen eines großen hellenistischen Bauwerks.
   An der Westküste der Gramvoúsa-Halbinsel, 16 Kilometer westlich von Kastélli, windet sich eine Straße zum herrlichen und einsamen Strand von **Falásarna** hinab. Erdbeben haben fast alle Spuren der einst wohlhabenden Hafen-

stadt vernichtet. Heute findet man hier einige Gästehäuser und Tavernen, die verstreut am nördlichen Strandende stehen. Von hier führen mehrere kleine Straßen im Zickzack nach Süden und verbinden einige ruhige Fischerdörfer der spektakulären Westküste miteinander.
   Etwa 20 Kilometer östlich von Kastélli, am Beginn der mächtigen Rodopós-Halbinsel, liegt das malerische Fischerdorf **Kolympári**. Einen Kilometer nördlich des Ortes stößt man auf das eindrucksvolle Kloster **Moní Panagías Goniás** (17. Jh.), in herrlicher Lage am Meer mit schönen Ikonen aus dem 17. Jahrhundert. Jedes Jahr am Fest Johannes' des Täufers (29. August) legen zahlreiche Pilger den dreistündigen Fußmarsch zur Kirche **Agios Ioánnis Gíonis** zurück. Dort findet eine Massentaufe für Jungen mit dem Namen Johannes statt.

## Palaióchora ❷
Παλαιόχωρα

Chaniá. 1800.
🛈 Venizélou (0823 41507).
Elafónisos 14 km westlich.

IN DEN 60ER JAHREN von den Hippies entdeckt, ist Palaióchora ein Paradies für Rucksacktouristen und Pauschalreisende. Die kleine Hafenstadt entstand um eine venezianische Burg, die 1279 erbaut wurde. 1539 von Piraten zerstört, sieht man heute nur mehr ihre Ruinen auf der kleinen Halbinsel, die die beiden schönen Strände des Dorfes voneinander trennt. Der weite Sandstrand im Westen umfaßt eine Windsurf-Schule, der östliche ist felsig und gut geschützt.

**UMGEBUNG:** In den Lefká Ori (Weiße Berge) windet sich ein Netz kleiner Straßen durch eine atemberaubende Terrassen-

**Moní Chrysoskalítisas in der Nähe von Palaióchora**

## DIE SCHLACHT VON KRETA (1941)

Nach der Besetzung Griechenlands im Zweiten Weltkrieg landeten deutsche Truppen auch auf Kreta. Tausende sprangen über dem Gebiet von Chaniá ab, wo der Flughafen von Máleme am 20. Mai 1941 eingenommen wurde.

Die Schlacht um Kreta dauerte zehn Tage, begleitet von hohen Verlusten auf beiden Seiten. Die Alliierten zogen sich durch die Lefká Ori (Weiße Berge) im Süden zurück, wo sie mit Hilfe der Einheimischen evakuiert wurden. Es folgten bis 1945 vier Jahre deutscher Besetzung, in denen die Kreter ungebrochenen Widerstand leisteten.

**Deutsche Fallschirmjäger auf Kreta, 1941**

landschaft und Bergdörfer, die für ihre byzantinischen Kirchen bekannt sind. Nächstes Dorf ist **Anydroi**, fünf Kilometer östlich von Palaióchora, mit seiner zweischiffigen Kirche **Agios Geórgios** mit Fresken aus dem Jahr 1323 von Ioánnis Pagoménos («der Erfrorene»).

Im Sommer fahren täglich Boote nach **Elafónisos,** einem lagunenartigen Strand mit goldenem Sand und kristallklarem Wasser. Von hier führt ein Fünf-Kilometer-Fußmarsch nach Norden zu **Moní Chryso-skalítisas** (Goldene Stufe, wegen der 90 Stufen, die zur Kirche führen und von denen eine golden scheint – zumindest in den Augen der Gerechten). Zu erreichen ist es auch über eine Straße 28 Kilometer südlich von Kastélli Kisámou. Von Palaióchora kann man eine stürmische, 64 Kilometer lange Überfahrt zum südlichsten Punkt Europas, der Insel **Gávdos**, wagen.

**Fresko von Ioánnis Pagoménos, Agios Geórgios**

aufstrebenden Ferienort gibt es Zimmer, einige Tavernen und Bars. Über dem langen Kiesstrand erhebt sich die Dorfkirche auf den Ruinen eines byzantinischen Gebäudes, dessen Mosaikböden zum Großteil entfernt wurden.

**UMGEBUNG:** Etwa 60 Gehminuten westlich von Soúgia trifft man auf den antiken Stadtstaat **Lissós**, ein florierendes Handelszentrum in hellenistischer und römischer Zeit mit zwei schönen Basiliken (13. Jh. n.Chr.), den Ruinen eines Asklepieions (Heilungstempel, 3. Jh. v.Chr.) und eines Heiligtums. Der Weg nach Lissós führt durch die **Agía-Eiríni-Schlucht**. Die bei erfahrenen Wanderern durchaus beliebte Schlucht soll ähnlich der von Samariá besser erschlossen werden.

## Soúgia ❸
Σούγια

Chaniá. ⌖ 270. 🚢 🚌 🚕 Soúgia; Lissós 3 km westlich.

**A**M EINGANG DER Agía-Eiríni-Schlucht gelegen, war das Dörfchen einst völlig von der Welt abgeschnitten. Heute gibt es eine gute Straße nach Chaniá und zur Nordküste. Im

## Chaniá ❹

*Siehe S. 248f.*

## Akrotíri-Halbinsel ❺
Χερσόνησος Ακρωτήρι

6 km nordwestlich von Chaniá. 🚢 Soúda. 🚌 Chaniá u. Soúda. 🚕 Stavrós 14 km nördlich von Chaniá; Maráthi 10 km östlich von Chaniá.

**D**IE FÜR KRETA recht flache Halbinsel liegt zwischen Réthymno *(siehe S. 254f)* und Chaniá *(siehe S. 248f)*. Am Beginn, auf dem Profítis-Ilías-Berg, steht die Gedenkstätte des kretischen Nationalhelden Elefthérios Venizélos *(siehe S. 39)*. Sein Grab ist ein nationales Heiligtum, denn hier hißten die Rebellen 1897 als Protest gegen die Großmächte die griechische Fahne.

Bei den Hügeln im Nordosten der Insel gibt es viele Klöster. **Moní Agías Triádas** mit eindrucksvollen Kuppeln stammt aus dem 17. Jahrhundert, während **Moní Gouvernétou** auf die frühe venezianische Zeit zurückgeht. Beide sind noch von Mönchen bewohnt. Das verlassene **Moní Katholikoú** ist teilweise in Fels gehauen und nur zu Fuß erreichbar.

Im Osten der Halbinsel befindet sich der **Commonwealth-Soldatenfriedhof** mit Gräbern von über 1500 britischen, australischen und neuseeländischen Soldaten, die in der Schlacht von Kreta fielen.

**⚰ Commonwealth-Soldatenfriedhof**
4 km südöstlich von Chaniá.
🔲 tägl.

**Grasende Ziegen auf der Halbinsel Akrotíri**

# Chaniá ❹
Χανιά

**Olivenöl,
Markthalle
in Chaniá**

V OR DEM HINTERGRUND majestätischer Berge
und tiefblauen Wassers ist Chaniá eine
der anziehendsten Städte der Insel und ein
guter Ausgangspunkt für Ausflüge in den
Westen Kretas. Die wuchtigen neoklassizistischen Gebäude und die massiven venezianischen Festungen geben neben weiteren Bauwerken Zeugnis von der turbulenten und
vielfältigen Vergangenheit der Stadt. Um die
minoische Siedlung Kydonia kämpften Römer, Byzantiner, Venezianer, Genuesen, Türken und Ägypter. Nach der Vereinigung mit
Griechenland 1913 erlebte die Insel während des Zweiten Weltkriegs eine weitere Eroberung – dieses Mal
durch die deutsche Armee 1941, als um Chaniá die
Schlacht von Kreta tobte *(siehe S. 247)*.

**Die Janitscharen-Moschee**

**Der venezianische Firkás-Turm am äußeren Hafenbecken (Chaniá)**

### Der Hafen
Im alten venezianischen Viertel rund um den Hafen finden
sich die interessantesten Sehenswürdigkeiten der Stadt.
In der Nordwestecke des
Hafens bietet das **Marinemuseum** im gut restaurierten
venezianischen Firkás-Turm
eine Sammlung von Schiffsmodellen und nautischen Instrumenten. Hier finden im
Sommer auch Theater- und
Tanzaufführungen statt.

Auf der anderen Seite des
äußeren Hafenbeckens steht
aus der Zeit der türkischen Eroberung 1645 das älteste türkische Bauwerk Kretas, die
**Janitscharen-Moschee**. Sie
wurde im Zweiten Weltkrieg
zerstört und bald danach wiederaufgebaut. Hinter der Moschee erhebt sich der älteste
Teil der Stadt, Kastélli mit der
minoischen Siedlung **Kydonia**, wo derzeit Grabungen
stattfinden. Sie ist zwar nicht

zugänglich, aber von der
Straße deutlich zu sehen. Man
erreicht sie über Líthinon, eine
Straße mit reichverzierten ve-
nezianischen Portalen. Viele
Funde sind im Archäologi-
schen Museum zu sehen, dar-
unter eine Sammlung von
Tontafeln mit minoischer
Linear-A-Schrift.

Am inneren Hafen stehen
die heute verlassenen venezianischen Arsenale, in denen
Schiffe einst deponiert und repariert wurden. Vom venezianischen Leuchtturm am Ende
der Mole hat man einen herrlichen Blick über Chaniá.

🔲 **Marinemuseum**
Firkás-Turm, Aktí Kountourióti.
📞 0821 91875. ⬜ tägl.
🔴 Feiertage. 📷

### Rund um die Markthalle
Über die Chalidon-Straße
erreicht man die Markthalle
aus der Zeit um die Jahr-
hundertwende mit ihrer
großen Auswahl von hei-
mischem Obst und Gemüse,
aber auch von Souvenirs aus
Kreta. Die Skydlof- oder
Stilvanádika-Straße entlang

**Der alte Hafen von Chaniá kommt bei einbrechender Dämmerung zur Ruhe**

**Stimmungsvoll: Straßen im alten Spiántza-Viertel**

**INFOBOX**

Chaniá. 🏙 50 000. ✈ 16 km
östlich von Chaniá. ⚓ Soúda-
Bucht. 🚌 Kydonías (Fernreisen),
Plateía Agorás (Regionalverkehr).
ℹ Kriári 40 (0821 92943). 🛒
Mo–Do, Sa (Gemüse u. Kleidung).
🎭 Nautische Woche: Ende Juni.
🏖 Agía Marína 9 km westlich;
Plataniás 11 km westlich.

des Marktes quillt über vor Läden mit verschiedensten Lederwaren, darunter kretische Stiefel und Sandalen. Im nahe gelegenen **Archäologischen Museum** in der ehemaligen venezianischen Kirche San Francesco findet man Funde aus dem Westen Kretas, wie etwa Keramiken, Skulpturen, Mosaike und Münzen von der neolithischen bis zur römischen Zeit. Im Museumshof ist ein türkischer Brunnen zu sehen. Am Ende des schräg gegenüberliegenden Platzes steht die Kathedrale **Agía Triáda** (19. Jh.).

*Dionysos-und-Ariadne-Mosaik (Archäologisches Museum Chaniá)*

🎦 **Archäologisches Museum**
Chalidón 21. 📞 0821 90334.
🕐 Mai–Okt tägl.; Nov–Apr Di–So.
⬤ Feiertage. 📷 ♿

**Das Spiántza-Viertel**
Das malerische Altstadtviertel Spiántza nordöstlich der Markthallen bezaubert mit hölzernen Balkonen, die von alten Häusern über gepflasterte Gassen herausragen. Der von Bäumen umgebene Platz **Plateía 1821** erinnert an den Aufstand gegen die türkische Besetzung, während dem ein orthodoxer Bischof erhängt wurde. Den Platz überblickt die venezianische Kirche **Agios Nikólaos** mit dem Minarett rechts, in der Nähe befinden sich die aus dem

16. Jahrhundert stammende **Agioi Anárgyroi** mit frühen Ikonen und Gemälden sowie **San Rocco** (1630).

**Außerhalb der Stadtmauern**
Südlich der Markthallen entlang der Tzanakáki-Straße befindet sich der **Park**. Er wurde im 19. Jahrhundert vom türkischen Pascha angelegt. Es gibt dort auch einen netten Zoo mit einigen Tieren, darunter die kretische Wildziege Kri-Kri, einen Kinderspielplatz, ein Café und eine Freilichtbühne, die meist für lokale Festlichkeiten und kulturelle Veranstaltungen genutzt wird. Das nahe gelegene **Historische Museum und die Archive** sind in einem neoklassizistischen Gebäude untergebracht und widmen sich dem Freiheitskampf Kretas. Unter den

Exponaten finden sich Fotografien und Briefe des berühmten Staatsmannes Elefthérios Venizélos (1864–1936) und andere historische Dokumente.

🎦 **Historisches Museum und Archive**
Sfakianáki 20. 📞 0821 52606.
🕐 Mo–Fr. ⬤ Feiertage.

**UMGEBUNG:** Von Chaniá nach Westen bis ins 21 Kilometer weit entfernte Tavronítis erstreckt sich fast nahtlos eine Reihe von Sandstränden. Eine gute Alternative zu den Stränden in der Stadt bietet einer der ersten entlang dieser Strecke, der ruhige Strand von **Agioi Apóstoloi**.
Weiter westlich erinnert der **Deutsche Soldatenfriedhof** an die Fallschirmlandung der deutschen Armee bei Máleme (1941; *siehe S. 247*). Der Friedhof am Hügel zählt über 4000 Gräber mit schlichten Grabsteinen. In einem kleinen Pavillon am Eingang gibt es eine kurze Dokumentation zu sehen, die an dieses Ereignis erinnert.

✝ **Deutscher Soldatenfriedhof**
19 km westlich von Chaniá.
📞 0821 62296. 🕐 tägl.

**Der Sandstrand von Agioi Apóstoloi westlich von Chaniá**

# Samariá-Schlucht **❻**

Φαράγγι της Σαμαριάς

**D**IE LÄNGSTE SCHLUCHT Europas stellt zweifellos den landschaftlichen Höhepunkt Kretas dar. Nach der Errichtung des Nationalparks im Jahr 1962 zogen die Bauern, die hier wohnten, weg und hinterließen die heute noch bestehenden kleinen Kapellen.

*Paeonia clusii,*
*Samariá-Schlucht*

Ausgehend von Xylóskalo 44 Kilometer südlich von Chaniá, führt ein vielbegangener Weg durch die Schlucht zum Meer hinunter. Nach einem anstrengenden Fußmarsch von 18 Kilometern und einer Dauer von etwa fünf bis sieben Stunden erreicht man Agía Rouméli. Am Weg stößt man auf Trinkwasserquellen; es empfiehlt sich festes Schuhwerk.

**Blick über die spektakuläre Samariá-Schlucht**

Omalós-Plateau

**★ Xylóskalo (Holztreppe)**
*Die Samariá-Schlucht erreicht man über Xylóskalo, einen Zick-Zack-Pfad mit Holzgeländer, der auf den ersten zwei Kilometern um atemberaubende 1000 Höhenmeter fällt.*

**Agios Nikólaos**
*Am Beginn von Xylóskalo steht die kleine Kapelle im Schatten von Pinien und Zypressen.*

---

## KRI-KRI (KRETISCHE WILDZIEGE)

Die kretische Wildziege Kri-Kri, von der man annimmt, daß sie tatsächlich eine wilde Verwandte der im Mittelmeerraum allgegenwärtigen verwilderten Hausziege sei, kommt in nur wenigen Gebieten auf Kreta vor – u. a. in der Samariá-Schlucht. Auf felsigem Untergrund bewegt sich die kretische Wildziege Kri-Kri äußerst geschickt und sicher, wodurch sie ihren Feinden gegenüber im Vorteil ist. Viele ausgewachsene Wildziegen haben ein schön gezeichnetes Fell und Hörner mit drei Ringen.

**Ein Kri-Kri im Fels**

0 Kilometer      2

★ **Samariá-Dorf**
*Die Bewohner verließen das Dorf 1962, als die Schlucht zum Nationalpark erklärt wurde.*

**INFOBOX**

44 km südlich von Chaniá.
nach Xylóskalo.
Agía Rouméli nach Sfakiá (via Loutró); nach Palaiochóra (via Soúgia); letzte Fähre zurück um 17 Uhr. **Schlucht** ☐ Mai–Mitte Okt 6–16 Uhr tägl. (10. Apr– 31. Okt bei guter Witterung).

**Agios Geórgios**

Die kleine Kirche **Osía María** am Fuß einer steilen Felswand mit Fresken (14. Jh.)

**Agios Christós**

**Metamórphosis**

★ **Sidirósportes (Eiserne Pforten)**
*Nach 12 Kilometern verengt sich der Weg zwischen zwei hochaufragenden Felswänden auf nur 3 Meter. Die „Eisernen Pforten" sind die engste Stelle der Schlucht.*

**Agía Paraskeví**

**Agios Geórgios**

**Agía Rouméli (Altes Dorf)**

**Agía Rouméli (Neues Dorf)**
*Das ehemalige Piratennest Agía Rouméli ist heute Exporthafen für Zypressen nach Griechenland. Neben Tavernen bietet es auch* domátia *(Gästezimmer).*

**LEGENDE**

| | |
|---|---|
| ℹ️ | Auskunft |
| 🅿️ | Parkplätze |
| 🜄 | Quellen mit Trinkwasser |
| | Asphaltierte Straße |
| | Parkgrenzen |
| -- | Wanderpfad |
| ⚜️ | Aussichtspunkt |

**NICHT VERSÄUMEN**

★ **Xylóskalo (Holztreppe)**

★ **Samariá-Dorf**

★ **Sidirósportes (Eiserne Pforten)**

## Réthymno ❼
Ρέθυμνο

RÉTHYMNO (hellenisch-römisch: Ríthymna) war bereits seit minoischer Zeit besiedelt. Unter venezianischer Herrschaft entwickelte sich die Stadt im 16. Jahrhundert zu einem literarischen und künstlerischen Zentrum, in das viele Gelehrte aus Konstantinopel kamen. Trotz des stark zunehmenden Fremdenverkehrs hat die Stadt ihren Charme bewahrt und ist auch heute noch die geistige Hauptstadt Kretas. In der Altstadt finden sich viele guterhaltene venezianische und türkische Gebäude. Die riesige venezianische Fortétsa, im 16. Jahrhundert zum Schutz gegen Piraten erbaut, überblickt den Hafen und den malerischen Leuchtturm aus dem 13. Jahrhundert.

**Die Nerantzés-Moschee (17. Jh.)**

### Réthymno entdecken
Réthymnos geschäftiger Hafen ist ein einziges großes Straßencafé; viele Touristen kehren hier ein. Er wird von einem schönen Sandstrand gesäumt, den im Westen ein inneres Hafenbecken mit einem restaurierten **Leuchtturm** (13. Jh.) auf der Mole abschließt.

Das Stadtbild dominiert die **Fortétsa** über dem inneren Hafen. Sie wurde um 1570 von Pallavicini zum Schutz gegen Piraten (Barbarossa hatte die Stadt 1538 zerstört) und türkische Expansionsbestrebungen erbaut. Die Außenmauern sind weitgehend erhalten. Im Inneren stehen eine Moschee, eine kleine Kirche und Teile der Gebäude des Burgherrn; vieles ist jedoch zerstört. Im Sommer finden hier Open-air-Konzerte statt.

**Webarbeit im Museum für Geschichte und Volkskunst**

Direkt gegenüber dem Haupteingang der Fortétsa steht das **Archäologische Museum** in einer ehemaligen türkischen Bastion. Die Exponate sind chronologisch von neolithischer über minoische bis römische Zeit geordnet und umfassen Funde aus Gräbern, Heiligtümern und Höhlen der Umgebung. Hervorzuheben sind späte minoische Sarkophage (larnakes) und Grabbeigaben.

Die Altstadt hinter der Fortétsa ist ein Gassengewirr mit venezianischen und türkischen Gebäuden mit schmiedeeisernen Balkonen. Unweit der Plateía Peocháki steht die **Nerantzés-Moschee** (17. Jh.), die am besten erhaltene der Stadt. Die venezianische Kirche wurde von den Türken in eine Moschee umgewandelt. Heute dient sie als Konzerthalle.

An der Palaiológou-Straße sprudelt der venezianische **Rimóndi-Brunnen** mit Löwenköpfen, umringt von Gemüseläden und Cafés. Auch die elegante venezianische **Loggia** (Lótzia) aus dem 16. Jahrhundert findet man hier.

Das kleine **Museum für Geschichte und Volkskunst** ist in einer venezianischen Villa untergebracht. Zu sehen ist lokales Kunsthandwerk, darunter Webarbeiten, Keramik, Spitze und Schmuck.

⚓ **Fortétsa**
Katecháki. ☎ 0831 28101. ◯ Mai–Okt tägl. ● Feiertage. 📷

🏛 **Archäologisches Museum**
Cheimáras. ☎ 0831 54668. ◯ Di–So. ● Feiertage. 📷

🏛 **Loggia**
Palaiológou u. Arkadíou. ☎ 0831 53270. ◯ Mai–Sep Mo–Sa. ● Feiertage. 📷

🏛 **Museum für Geschichte und Volkskunst**
Verdánou 30. ☎ 0831 23398. ◯ Apr–Okt Mo–Sa. ● Feiertage. 📷

**Beliebter Treffpunkt: Tavernen und Bars entlang der Promenade von Réthymno**

◁ **Fischerboote im malerischen venezianischen Hafen von Réthymno**

### INFOBOX

Réthymno. 24 000. nahe Plateia Karaóli. Kefalogián-nidon. Eleftheríou Venizélou (0831 29148). Mo in Askoútsi. Weinfest: Mitte Juli; Renaissance-Festival: Mitte–Ende Juli.

**UMGEBUNG:** Östlich von Réthymno in Richtung Pánormos gehen die Feriensiedlungen nahtlos ineinander über, während der 20 Kilometer lange, relativ einsame Strand im Westen in **Georgioúpoli** endet. Trotz großer Ferienanlagen hat sich der kleine Ort seine ursprüngliche Atmosphäre bewahrt. Die Straßen säumen große Eukalyptusbäume, und ein malerischer Fluß mit Schildkröten plätschert friedlich zum Meer. Der **Kournás-See** fünf Kilometer landeinwärts liegt in einer Mulde, umgeben von steilen Hügeln. Es gibt dort Tretboote, Surfbretter und Kanus sowie schattige Tavernen.

In Aménoi an der Hauptverbindungsstraße zwischen Réthymno und Agía Galíni liegt eine große **minoische Nekropole**, an der viele Gräber freigelegt wurden, einige mit beeindruckend langen Eingängen. Unter den Fundstücken: Bronzewaffen, Vasen, Sarkophage *(larnakes)*, die heute in den Archäologischen Museen von Chaniá *(siehe S. 249)* und Réthymno ausgestellt sind.

**Minoische Nekropole**
9 km südlich von Réthymno.
Di–So. Feiertage.

## Sfakiá ❽
Σφακιά

Chaniá. 400. 0825 91205. Sweetwater 3 km westlich Loutró.

**Ü**BER DEM LIBYSCHEN MEER am Eingang der atemberaubenden Impros-Schlucht genießt Sfakiá (oder Chóra Sfakión) als letzte Siedlung an der Küste bis Palaiochóra

Das beeindruckende Fragkokástello vor grandiosem Hintergrund

*(siehe S. 246)* eine Vormachtstellung. Es ist nicht verwunderlich, daß die Männer der Clans von Sfakiá, bis vor kurzem von der Welt abgeschnitten, immer schon für ihren kompromißlosen Drang nach Unabhängigkeit und Eigenständigkeit berühmt waren, aber ebenso für notorische Fehden und Blutrache. Heute spielt der Tourismus eine Rolle. Das Dorf liegt sehr günstig für Abstecher an die Südwestküste.

**Sfakiote in traditioneller Kleidung**

**UMGEBUNG:** Westlich von Sfakiá fallen die Berge jäh zum Libyschen Meer ab. Es bleibt gerade genug Platz für kleine Siedlungen, die man nur per Boot oder zu Fuß über den E4-Küstenweg erreicht. Nächst gelegenes Dorf ist **Loutró**, ein bezaubernd gelegener Ort, dessen geschützte Bucht mit dem geschwungenen Strand und

**Die stille Bucht mit den weißgekalkten Häusern von Loutró**

kleinen weißen Häusern keine Wünsche an ein »echtes« griechisches Dorf offenläßt. Im Sommer sorgen einige Tavernen und Gästehäuser für Verpflegung und Unterkunft. Boote setzen zur Insel Gávdos und zum herrlichen Strand Sweetwater über.

## Fragkokástello ❾
Φραγκοκάστελλο

14 km östlich von Sfakiá, Chaniá. tägl.

**Z**UR ZEIT SEINER Fertigstellung 1371 stand Fragkokástello allein am Ufer östlich von Sfakiá. Vom Inneren ist wenig übrig, doch die Schildmauern sind gut erhalten. Oberhalb des Südtores blickt der venezianische Markuslöwe aufs Meer hinaus.

Die Venezianer bauten die Festung als Bollwerk gegen Piraten und rebellische Sfakioten. Hier fiel 1770 der Sfakiotenführer Ioánnis Daskalogiánnis den Türken in die Hände und wurde von ihnen in Irákleio bei lebendigem Leib gehäutet. 50 Jahre später besetzte der griechische Unabhängigkeitskämpfer Chatzimichális Daliánis die Festung und versuchte sie mit nur 385 Mann zu halten. Sie wurden von den überlegenen Türken gnadenlos massakriert.

Der Sandstrand mit seichtem Wasser direkt unter der Festung ist ideal für Familien mit kleinen Kindern. Für Touristen und Motorradfahrer gibt es einige verstreut liegende Hotels und Tavernen.

**Boote im kleinen Hafen von Plakiás**

## Plakiás ⑩
Πλακιάς

*Réthymno.* 🚶 *100.* 🚌 🚤 *Damnóni 3 km östlich.*

BIS VOR KURZEM einfaches Fischerdorf für Mýrthios und Selliá, hat sich Plakiás zu einem gut ausgestatteten Ferienort entwickelt. Der graue Sandstrand ist fast zwei Kilometer lang. Am Eingang der Katsyfoú-Schlucht gelegen, ist der Ort idealer Ausgangspunkt, um diese Region zu erkunden. In alle Richtungen gibt es gute Verbindungsstraßen.

**UMGEBUNG:** Fünf Minuten Fahrt oder ein Spaziergang um die Halbinsel führen zum Strand von **Damnóni** mit einladenden Buchten. Am angrenzenden Hügel werden Ferienhäuser gebaut. Drei Kilometer westlich von Plakiás befindet sich der Strand von **Soúda**.

## Moní Préveli ⑪
Μονή Πρέβελη

*14 km östlich von Plakiás, Réthymno.* 📞 *0832 31246.* 🚌 ⭕ *tägl.* 📷 *nur für das Museum.* ♿

DURCH DIE Kourtaliótiko-Schlucht erreicht man das Mönchskloster Préveli in isolierter, aber reizvoller Lage über dem Meer. Bei der Evakuierung der alliierten Truppen spielte es im Zweiten Weltkrieg eine wichtige Rolle (*siehe S. 247*).

Die Gebäude stehen um einen großen Innenhof (1731). Die Kirche stammt aus dem 19. Jahrhundert. Im Museum ist der Klosterschatz ausgestellt, darunter silberne Kerzenhalter und kostbare Meßgewänder.

Das landeinwärts gelegene Kloster **Moní Agíou Ioánnou** (16. Jh., auch Káto Préveli) wurde von Abt Préveli gegründet und im 17. Jahrhundert zugunsten der besseren strategischen Position des heutigen Klosters verlassen. Etwa einen Kilometer östlich von Moní Préveli führt ein steiler Pfad zum Palmenstrand von **Préveli** (auch Kourtaliótiko), einer palmengesäumten Oase mit kristallklarem Wasser.

**Venezianische Kirchenfassade (Moní Arkadíou)**

## Moní Arkadíou ⑫
Μονή Αρκαδίου

*24 km südöstlich von Réthymno.* 📞 *0831 71216.* 🚌 *nach Réthymno.* ⭕ *tägl.* 📷 *nur im Museum.* ♿ *nur im Kloster.*

DAS KLOSTER (5. Jh.) steht am Ende einer kurvenreichen Schlucht, die zu einem fruchtbaren Hochplateau mit Obst-

bäumen und Zypressen führt. Eindrucksvollster Teil des am Ende des 16. Jahrhunderts erneuerten Komplexes ist die zweischiffige Kirche mit reicher venezianischer Fassade aus dem Jahr 1587. Vor der Verfolgung durch hier ansässige Muslime bot das Kloster sicheren Schutz. Am 9. November 1866, als sich hier Hunderte Flüchtlinge verschanzten, wurde es von der türkischen Armee angegriffen. Vor die Wahl zwischen Tod und Niederlage gestellt, entzündeten die Kreter ihr Munitionslager, wobei Christen und Muslime getötet wurden. Die Opfer des Blutbads wurden zu unvergessenen Märtyrern für die Freiheit. Ein Denkmal erinnert an die einzigen Überlebenden. Es waren ein Mädchen und der Abt, der das Schießpulver entzündete. Ein kleines Museum zeigt sakrale Gefäße, Ikonen, Gebetbücher und Andenken an die Freiheitskämpfer.

**UMGEBUNG:** Zehn Kilometer nordöstlich von Moní Arkadíou, bei Archaía Eléftherna, liegen die Ruinen des antiken Stadtstaates **Eléftherna** (700 v.Chr.). Heute sind noch ein Turm auf einem Felskamm und eine zerstörte hellenistische Brücke im Tal darunter zu sehen. **Margarítes** im Nordosten ist für seine Töpferarbeiten berühmt.

**Das abgelegene Kloster Moní Préveli schmiegt sich an die Felsen**

# Tour durch das Amári-Tal ⑬

**B**EHERRSCHT VON den Gipfeln des Ida-Gebirges im Osten, bietet das Amári-Tal herrliche Ausblicke auf Felsgipfel, breite grüne Täler und dramatische Schluchten. Gewundene, aber gut befahrbare Straßen verbinden die kleinen Bauerndörfer, wo man auch heute noch vor den Tavernen Männer in hohen Stiefeln und Pluderhosen *(vrákes)* sieht. Das Gebiet ist übersät von Bildstöcken, Kirchen und Klöstern mit schönen byzantinischen Fresken und Ikonen.

Schon immer ein Zentrum des kretischen Widerstands, wurden viele der Dörfer im Amári-Tal während des Zweiten Weltkrieges zerstört.

**Detail aus der Kirche Panagía in Mýronas**

**Olivenhaine im Amári-Tal**

**Thrónos ①**
Die Kirche Panagía in Thrónos mit schönen Fresken stammt aus dem 14. Jahrhundert. Spuren der Mosaike einer früheren Basilika (4. Jh.) sind noch zu sehen.

**Moní Asomáton ②**
Heute befindet sich hier inmitten einer saftigen Oase mit Palmen, Platanen und Eukalyptusbäumen eine Landwirtschaftsschule.

**Amári ③**
Einen schönen Blick auf das Ida-Gebirge hat man vom venezianischen Glockenturm im Ortszentrum. Außerhalb des Dorfes beherbergt die Kirche Agía Anna die ältesten Fresken der Insel (1225).

**Mýronas ⑧**
Im Zentrum befindet sich die im venezianischen Stil erbaute Kirche Panagía mit schönen Fresken (14. Jh.).

**Gerakári ⑦**
Der Ort ist für seine Kirschen und für Cherry Brandy berühmt.

**Vizári ④**
Westlich von Vizári befinden sich die Ruinen einer frühen christlichen Basilika aus dem 6. Jahrhundert.

RETHYMNO, Agía Foteiní, Monastiráki, Opsigiás, Platánia, Fourfourás, Vrýses, SPILI, Platýs, AGIA GALINI, Apodoúlou

**Kardáki ⑥**
Die Ruine der Kirche Agios Ioánnis Theológos steht an der Straße nördlich von Kardáki.

**Ano Méros ⑤**
Ein großes Kriegerdenkmal außerhalb des Ortes zeigt eine Frau, die den Widerstandskämpfern ein Denkmal setzt.

## TIPS FÜR AUTOFAHRER

**Länge:** 92 km.
**Rasten:** Es gibt in jedem Dorf Tavernen. Von der Taverne in Ano Méros bietet sich ein herrlicher Blick über das Tal. Gegenüber der Kirchenruine außerhalb von Kardáki ist idealer Rastplatz für heiße Sommertage mit Schatten und Trinkwasser (siehe S. 360).

**LEGENDE**

▬ Routenempfehlung
– Andere Straßen
🌣 Aussichtspunkt

0 Kilometer 5

# Ida-Gebirge ⑭
Ψηλορείτης

Réthymno. 🚌 nach Anógeia und Kamáres.

M IT 2456 METERN HÖHE ist der hochaufragende Gipfel des Psiloreítis die Krönung des massiven Ida-Gebirges. An diesem höchsten Berg Kretas befinden sich viele Kultstätten, darunter die berühmte Idäische Zeushöhle.

Von Anógeia führt eine gepflasterte Straße 23 km durch felsiges Gebiet mit verstreuten Hirtenhütten zum **Nída-Plateau**. Eine einsame Taverne sorgt für Besucher am Weg zur **Idäischen Zeushöhle** (20 Minuten den Berg hinauf). In der riesigen Höhle, in der Zeus aufgezogen wurde, entdeckte man unter anderem bemerkenswerte Bronzeschilder (700 v.Chr.). Einige Funde sind im Archäologischen Museum von Irákleio zu sehen *(siehe S. 266f)*. Vom Plateau führt ein markierter Weg zum Gipfel des **Psiloreítis**. Unweit vom Plateau gibt es auch ein kleines Skigebiet, das an Wochenenden von Dezember bis März besucht wird, wenn es die Schneelage erlaubt.

Am Südhang des Berges führt eine Drei-Stunden-Tour von Kamáres-Dorf hinauf zur **Kamáres-Höhle**, wo die berühmten minoischen Kamáres-Keramiken entdeckt wurden. Beispiele sind im Archäologischen Museum in Irákleio ausgestellt.

## KRETISCHE HÖHLEN UND DER ZEUS-MYTHOS

Auf der Insel Kreta finden sich nicht weniger als etwa 4700 Höhlen, von denen nur um die 2000 erforscht sind. Seit dem Neolithikum dienten Höhlen als Kultstätten und bergen noch so manchen archäologischen Schatz. Eng verbunden mit der antiken kretischen Mythologie ziehen die diktäische *(siehe S. 273)* und die idäische Höhle die meisten Besucher an. Der Sage nach gebar Rhea Zeus in der diktäi-

schen Höhle, wo er von *kourítes* (Kriegern) bewacht und einer Ziege gesäugt wurde. Danach wurde er vor seinem Vater Kronos in der idäischen Höhle versteckt und aufgezogen. Kronos hatte seine Nachkommen verschlungen, weil einer seiner Söhne ihn entmachten wollte. In klassischer Zeit war die idäische Höhle wichtiges Pilgerzentrum.

**Lasíthi: Stalagmiten in der diktäischen Höhle *(siehe S. 273)***

# Anógeia ⑮
Ανώγεια

Réthymno. 🏠 2300. 🚌

D AS KLEINE DORF Anógeia hoch im Ida-Gebirge stammt aus dem 13. Jahrhundert. Es blickt auf eine bewegte Vergangenheit zurück: In den Jahren 1821 und 1826 wurde es von den Türken, 1944 von der Deutschen Armee zerstört und danach wieder vollständig aufgebaut.

Das heutige Anógeia erstreckt sich entlang des Bergkammes und hat ein **Krieger-denkmal** mit einer Bronzefigur in traditioneller Kleidung. Am Denkmal sind die wichtigsten Daten der jüngeren Geschichte Kretas verewigt: 1821 Griechische Unabhängigkeit, 1866 Massaker im Kloster Moní Arkadíou *(siehe S. 256)*, 1944 Ende der Deutschen Besetzung. Tavernen, Geschäfte und Banken findet man ebenfalls in diesem Stadtteil.

Die Altstadt zieht sich den Hang hinab in einem Gewirr enger Gassen, die an einem kleinen Platz mit Ständen und Tavernen zusammenlaufen. An dieser Stelle steht der Politiker

**Das Nída-Plateau zwischen Anógeia und der idäischen Höhle (Ida-Gebirge)**

**Anógeia: Frau mit handgefertigten Teppichen und Spitze**

Vasíleios Skoulás in Marmor neben seinem Freund Venizélos *(siehe S. 39)* in schlichtem Holz (gefertigt vom kretischen Künstler Manólis Skoulás).

Die Stände in der Altstadt (eines der Zentren Kretas für Web- und Stickarbeiten) überbieten sich an folkloristischen Stickereien, Spitze und farbenfrohen Teppichen. In den Tavernen werden gegrilltes Ziegenfleisch und andere kretische Spezialitäten serviert. Musikliebhaber können zum Denkmal von Níkos Xyloúris pilgern, einem früh verstorbenen Folksänger der 70er Jahre, dessen kleines Haus den Hauptplatz überblickt.

## Agía Galíni

Αγία Γαλήνη

 Réthymno. 1040. Agía Galíni.

DAS EHEMALIGE Fischerdorf am südlichen Ende des Amári-Tals hat sich zu einem weitläufigen Ferienort entwickelt. Die wenigen alten Häuser und engen Straßen des alten Dorfes gehen zwischen den vielen Ferienapartments entlang der Küste beinahe unter. Der quirlige Hafen mit seinen Tavernen drängt sich am freien Platz zwischen dem Wasser und den Klippen. Der kleine Sandstrand unterhalb des Hafens ist bei Sonnenanbetern beliebt.

**UMGEBUNG:** Vom Hafen von Agía Galíni fahren Taxiboote täglich die Strände von **Agios Geórgios, Agios Pávlos** und den etwas weiter entfernten von Moní **Préveli** an *(siehe S. 256)*. Es gibt auch täglich Ausflüge zu den Paximádia-Inseln mit schönen Sandstränden.

## Agía Triáda

Αγία Τριάδα

3 km westlich von Phaestos, Irákleio.
nach Phaestos. 0892 91360.
tägl. Feiertage.
Kómo 10 km südwestlich; Mátala 15 km südwestlich.

DIE MINOISCHE VILLA von Agía Triáda wurde von Italienern zwischen 1902 und 1914 ausgegraben. Das L-förmige Gebäude wurde um 1700 v.Chr. in der Neuen Palastzeit *(siehe S. 271)* auf älteren Fundamenten erbaut. Privat- und Empfangsräume liegen in der Ecke des „L" und blicken auf die Straße, die wahrscheinlich zum Meer führte. Gipsblenden und Fresken schmückten die Wände dieser Räume. Hier wurden wertvolle Funde der minoischen Zeit entdeckt, darunter die Schnittervase, das Boxerrhyton und der Prinzenbecher,

die im Archäologischen Museum von Irákleio zu sehen sind *(siehe S. 266f)*. Die Bedeutung des Gebäudes dokumentieren die hier gefundenen Tonsiegel und die seltenen Tontafeln mit der nicht entschlüsselten Linear-A-Schrift.

Nach der Zerstörung der Villa durch ein Feuer um 1400 v.Chr. wurde an ihrer Stelle ein mykenisches Megaron (Halle) erbaut. Die zerstörte Siedlung im Norden mit ihren einzigartigen Geschäftsarkaden stammt zum Großteil aus dieser Zeit, ebenso wie der herrlich bemalte Sarkophag aus der Nekropole im Norden mit der Darstellung einer Begräbnisprozession. Er ist im Archäologischen Museum von Irákleio zu sehen.

**Agía Triáda: Ausgrabungen**

**UMGEBUNG:** Im Dorf Vóroi, sechs Kilometer nordöstlich von Agía Triáda, steht das faszinierende **Museum für Kretische Volkskunde** mit einer gutsortierten Sammlung von Werkzeugen und Gegenständen des täglichen Lebens bis ins 20. Jahrhundert.

**Museum für Kretische Volkskunde**
0892 91394. Apr–Okt tägl.; Nov–März Mo–Fr.
Feiertage.

**Ferienort Agía Galíni zwischen den Felsen am Fuß des Amári-Tals**

**Stadtstrand von Mátala vor Sandsteinklippen**

## Mátala ⓲
Μάταλα

Irákleio. 🚶 132. 🚌 🚕 *Kalamáki 5 km nördlich; Léntas 24 km südöstlich.*

**B**IS ZUM TOURISTENBOOM in den 60er Jahren war Mátala ein kleines Fischerdorf in einer idyllischen Bucht; danach wurde es zu einem pulsierenden Ferienort ausgebaut. Heute drängen sich im quirligen Ortszentrum Hotels, Bars und Restaurants, und ständig kommen neue Gebäude hinzu.

Auch wenn es nicht so wirkt, ist die Geschichte nicht spurlos an Mátala vorbeigegangen. Laut Homer strandete hier Menelaos, der Mann Helenas *(siehe S. 50)*, auf dem Rückweg von Troja. In hellenistischer Zeit war Mátala der Hafen für den Stadtstaat Górtys. Die Höhlen in den Sandsteinklippen, die sich dramatisch über der Stadt erheben, wurden während der Römerzeit als Gräber aus dem Stein herausgeschlagen. Später fanden dort die ersten Christen Unterschlupf, danach Schäfer und schließlich die Hippies.

**UMGEBUNG:** Um Mátala gibt es einige wunderschöne Sandstrände, darunter die Bucht von **Kaloí Liménes** im Südosten. Hier soll der Apostel Paulus auf seinem Weg nach Ägypten gelandet sein. Im Norden führt ein sandiger Pfad nach **Kómmos**, einem der besten Sandstrände der Südküste. An dieser herrlichen Stelle lag die minoische Siedlung Kómmos, wahrscheinlich damals ein wichtiger Hafen für Phaestos *(siehe S. 262f)*. Hier findet eine Grabung statt.

Von Mátala verkehren täglich Boote zu den Paximádia-Inseln und zum palmengesäumten Strand von Préveli *(siehe S. 256)* weiter westlich. Es gibt auch einige Busse zu den historischen Stätten von Phaestos, Agía Triáda *(siehe S. 259)* und Górtys.

## Phaestos ⓳

Siehe S. 262f.

## Górtys ⓴
Γόρτυς

Irákleio. 📞 0892 31144. 🚌
🗓 *tägl.* ⬤ *Feiertage.* 📷 ♿

**V**ON MINOISCHER bis in die christliche Zeit besiedelt, florierte der antike Stadtstaat unter den Dorern im 6. Jahrhundert v.Chr. Nach seinem Sieg über Phaestos im 2. Jahrhundert v.Chr. wurde Górtys die wichtigste Polis Kretas. Ihre Stellung wurde nach der Eroberung durch die Römer 65 v.Chr. gefestigt, als Górtys zur Hauptstadt der neuen römischen Provinz von Kreta und Zyrene (heute Libyen) wurde. Unter byzantinischer Herrschaft ging es der Stadt wegen ihrer strategisch günstigen Lage mit Häfen im Westen und Süden an einem Nebenfluß der Lethe (heute Mitropolianós), die in die fruchtbare Messará-Ebene fließt, weiterhin

**Statue bei den Ruinen von Górtys**

sehr gut.

Erst im späten 7. Jahrhundert n.Chr. konnte die großartige Stadt von arabischen Eroberern zerstört werden.

Die meistbesuchten Ruinen des weitläufigen Gebiets liegen nördlich der Hauptstraße.

---

**Teil des Stadtrechts von Górtys im Odeion (Górtys)**

### DAS STADTRECHT GORTYS

Der umfassendste Gesetzestext der antiken griechischen Welt wurde bei Ausgrabungen der Stadt Górtys gefunden und stammt aus dem 5. Jahrhundert v.Chr. Jeder Steinblock des Stadtrechts enthält 12 Spalten mit Inschriften in dorisch-kretischem Dialekt. Die insgesamt 600 Zeilen laufen abwechselnd von links nach rechts und umgekehrt (*Boustrophedon*-Stil, wörtlich: wie der Pflug die Richtung wechselnd). Der Text war öffentlich zugänglich und behandelte privatrechtliche Dinge wie Ehe, Scheidung, Adoption, Rechte und Pflichten von Sklaven sowie den Verkauf und die Teilung von Besitz.

*Bema* **(Raum hinter dem Altar) in der Agios-Títos-Basilika (Górtys)**

## Tour durch die Ruinen

In der Nähe des Eingangs befinden sich Parkplatz, Kartenverkauf und Café. Dahinter: Reste der Basilika **Agios Títos** (6. Jh.), einst ein eindrucksvolles, dreischiffiges Gebäude, dessen Grundriß noch deutlich sichtbar ist. In der früher wichtigsten christlichen Kirche Kretas liegt wahrscheinlich der hl. Titus, erster Bischof und Schutzpatron Kretas, begraben. Er wurde vom Apostel Paulus gesandt, um die Heiden zu bekehren. Hinter der Basilika erstreckte sich wahrscheinlich die griechische **Agora** (Marktplatz). Daran schließen die halbrunden Bänke des römischen **Odeion** an, ursprünglich für Konzerte genutzt und heute Standort der berühmten Steinblöcke mit Górtys' Stadtrecht.

Hinter dem Odeion führt ein Weg zum **Akropolis**-Hügel, wo um 1000 v.Chr. eine postminoische Siedlung entstand. Teile der Befestigung sind erhalten. Am Osthang des Hügels stößt man auf die Grundmauern des **Athene-Tempels** (7. Jh. v.Chr. ) Eine Statue und andere Votivgaben eines Opferaltars etwas darunter sind im Historischen Museum von Irákleio *(siehe S. 264).*

Ein großes Gebiet des römischen Górtys südlich der Hauptstraße wurde nur teilweise freigelegt. In einem Olivenhain steht der **Apollon-Pythios-Tempel** (7. Jh. v.Chr.), dem in hellenistischer Zeit ein monumentaler Altar beigefügt wurde. Im 2. Jahrhundert n.Chr. wurde der Tempel in eine christliche Basilika umgewandelt, die bis ins 6. Jahrhundert große Bedeutung hatte. Danach wurde sie von der Basilika Agios Títos abgelöst. Am anderen Ende steht das **Prätorium** (1. Jh. n.Chr.), der großartige Palast des römischen Statthalters.

**UMGEBUNG:** Unweit östlich von Górtys steht in **Agioi Déka** eine byzantinische Kirche (13. Jh.) gleichen Namens an der Stelle, wo zehn kretische Christen 250 n.Chr. wegen ihrer Opposition gegen den römischen Kaiser Decius gemartert wurden. Eine Ikone in der Kirche erinnert an das Ereignis.

**Ikone der zehn Märtyrer (13. Jh., Kirche Agioi Déka)**

Nördlich von Górtys fährt man über eine landschaftlich schöne Straße ins Bergdorf **Zarós**, das beachtlich viele Grünflächen aufweist. Von hier führt ein markierter Wanderweg nach Norden durch die spektakuläre **Zarós-Schlucht**. Die Ikonen des Klosters **Moní Vrontísi** (heute im Museum für religiöse Kunst in Irákleio; *siehe S. 264)* drei Kilometer nordwestlich stammen von Michaïl Damaskinós (1530–91; bedeutender Vertreter der kretischen Schule).

**Ruinen des Prätoriums, des großartigen Palastkomplexes des römischen Statthalters (Górtys)**

# Phaestos ⑲
Το Ανάκτορο της Φαιστού

IN SPEKTAKULÄRER Lage auf einem Höhenrücken über der fruchtbaren Messará-Ebene war Phaestos einer der bedeutendsten minoischen Paläste Kretas. Der italienische Archäologe Frederico Halbherr legte 1900 zwei Paläste frei. Die Reste des ersten Palastes (um 1900 v.Chr. erbaut und 1700 v.Chr. von einem Erdbeben zerstört) sind noch sichtbar. Ein Großteil der Ruinen stammt jedoch vom zweiten Palast, der um 1450 vermutlich von einer Flutwelle schwer beschädigt wurde. Der Stadtstaat wurde schließlich im 2. Jahrhundert v .Chr. von Górtys zerstört *(siehe S. 260f)*. Die Überlagerung der beiden Paläste erschwert eine genauere Interpretation.

**Blick auf die Messará-Ebene vom Nordhof**

**Im Archiv** finden sich einige Behälter aus Lehmziegel. Hier wurde der berühmte Diskos entdeckt.

**Das Peristyl**, ein Hof mit Säulen, trägt Spuren eines früheren Bauwerks, das aus der Vorpalastzeit (3500–1900 v.Chr.) stammt.

**Nord- hof**

**Heiligtum des ersten Palastes**

★ **Freitreppe**
*Die monumentale Treppe, der Haupteingang zum Palast, führt zum Propylon (Tor) und zu einem Lichthof mit Säulen.*

## DER DISKOS VON PHAESTOS

Diese runde Tonscheibe mit 16 Zentimeter Durchmesser wurde 1903 in Phaestos entdeckt. Sie hat auf beiden Seiten Bildsymbole, die sich spiralförmig von außen nach innen fortsetzen. Ursprung und Bedeutung sind weitgehend unklar. Möglicherweise handelt es sich um eine heilige Hymne. Der Diskos zählt zu den bedeutendsten Stücken im Archäologischen Museum von Irákleio *(siehe S. 266f)*.

**Westhof und Theaterbezirk**
*Die Ruinen des Westhofs gehen auf 1900 v.Chr. (Alte Palastzeit) zurück. Von den Bänken der Nordseite verfolgte man Rituale und Zeremonien.*

### Königliche Gemächer

*Zu diesen luxuriösen Räumen zählen das Megaron der Königin (links) und des Königs, eine Toilette und ein Lustralbad (überdecktes Becken).*

**INFOBOX**

65 km südwestlich von Irákleio.
☎ 0892 91315. 🚌 ◯ Apr–Sep
8–19 Uhr tägl.; Okt–März 8–17
Uhr tägl. ● 1. Jan, 25. März,
Karfreitag vorm., Ostersonntag,
1. Mai, 25., 26. Dez. 🖉 📷

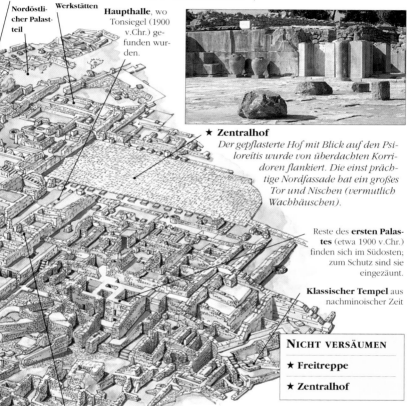

**Nordöstlicher Palastteil**

**Werkstätten**

**Haupthalle**, wo Tonsiegel (1900 v.Chr.) gefunden wurden.

#### ★ Zentralhof
*Der gepflasterte Hof mit Blick auf den Psiloreítis wurde von überdachten Korridoren flankiert. Die einst prächtige Nordfassade hat ein großes Tor und Nischen (vermutlich Wachhäuschen).*

Reste des **ersten Palastes** (etwa 1900 v.Chr.) finden sich im Südosten; zum Schutz sind sie eingezäunt.

**Klassischer Tempel** aus nachminoischer Zeit

**NICHT VERSÄUMEN**

★ Freitreppe

★ Zentralhof

**Vorratsräume**

## REKONSTRUKTION DES ZWEITEN PALASTES

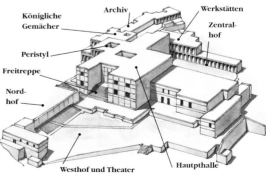

**Archiv**

**Werkstätten**

**Königliche Gemächer**

**Zentralhof**

**Peristyl**

**Freitreppe**

**Nordhof**

**Westhof und Theater**

**Hauptthalle**

**Vorratsbecken**
*Diese runden Becken von 1900 v.Chr. dienten zur Aufbewahrung von Getreide.*

# Irákleio ㉑
Ηράκλειο

**S**EIT DEM NEOLITHIKUM besiedelt, diente Irákleio (Irakli-on) während der Römerzeit als Hafen für Knosós. Unter den Venezianern als Hauptstadt von deren Besitzungen in der Ägäis hieß es Candia. Heute leidet Irákleios Reiz unter den verstopften Straßen und den Betonapartments. Trotz dieses ersten Eindrucks hat die Stadt eine Vielfalt an venezianischer Architektur zu bieten, darunter die Stadtmauer und die Festung. Das Archäologische Museum beherbergt die weltgrößte Sammlung minoischer Kunst, und es gibt gute Verbindungen zum Palast von Knosós *(siehe S. 268ff)*.

**Die venezianische Kirche Agios Títos**

## Irákleio entdecken

Zentrum der Stadt ist die Plateía Eleftheríou Venizélou mit Fußgängerzone, Cafés und Geschäften rund um den reich verzierten **Morozini-Brunnen**. Die restaurierte Kirche **Agios Márkos** wurde von den Venezianern 1239 erbaut und dient heute als Konzert- und Ausstellungshalle. Von hier führt die Straße 25 Avgoústou nach Norden zum venezianischen Hafen. Die elegante **Loggia** aus dem 17. Jahrhundert, in dem sich heute das Rathaus der Stadt befindet, war früher Treffpunkt des Adels Kretas. Unweit davon, an einem kleinen Platz etwas abseits der Straße, steht die neu ausgestattete Kirche **Agios Títos**, die dem Patron der Insel geweiht ist. Der winzige **El-Greco-Park** auf der anderen Seite der 25 Avgoústou erinnert an den berühmtesten Maler Kretas.

Der alte Hafen am nördlichen Ende der 25 Avgoústou wird von der venezianischen **Festung** beherrscht, deren einschüchternd massive Mauern den Türken im 17. Jahrhundert erfolgreich Widerstand leisteten. Die venezianische *Rocca al Mare* (Festung

**Markuslöwe (Detail der Festung)**

am Meer – **Koules** unter den Türken) wurde zwischen 1523 und 1540 errichtet. Gegenüber der Festung befindet sich das venezianische **Arsenal** (16. Jh.) mit Arkaden, in dem Schiffe gebaut und repariert wurden.

Weiter westlich zeichnet das **Historische Museum** die Geschichte Kretas ab der Zeit des frühen Christentums nach. Zu sehen sind byzantinische Ikonen und Friese, Skulpturen und Material zur Schlacht von Kreta *(siehe S. 247)*. Stolz dieses Museums ist das einzige El-Greco-Gemälde der Insel Kreta, *Landschaft des Götterberges Sinai* (um 1570).

Nur wenige Schritte weiter südwestlich der Plateía Venizélou, an der Plateía Agías Aikaterínis, steht die venezianische Kirche (16. Jh.) Agía Aikateríni von Sinai. Sie beherbergt heute das **Ikonenmuseum**, eine herrliche Sammlung byzantinischer Ikonen, Fresken und Manuskrip-

## EL GRECO

Domínikos Thetokópoulos (alias El Greco, 1545–1614) wurde auf Kreta geboren. Seine Kunst wurzelt in der kretischen Schule, die seine dramatische Farbgebung und langgezogenen Gestalten prägte. Bevor er nach Spanien ging, lernte er bei Tizian in Italien. Seine Werke sind in vielen wichtigen Museen der Welt zu sehen, doch ironischerweise findet man in seiner Heimat Kreta nur ein Bild von ihm, ausgestellt im Historischen Museum von Irákleio.

*Landschaft des Götterberges Sinai* von El Greco (um 1570), **Historisches Museum**

te. Sechs Ikonen von Michaïl Damaskinós, einem Künstler des 16. Jahrhunderts, der hier zusammen mit El Greco studierte, zählen zu den wichtigsten Ausstellungsstücken. Daneben steht die Kathedrale **Agios Minás** (19. Jh.).

Weiter östlich führt die Odos 1866 nach Süden zur Plateía Kornárou. Hier kann man bei einem netten ehemaligen türkischen Brunnenhaus Kaffee trinken. Daneben erhebt sich der **Bembo-Brunnen** (16. Jh.) mit der kopflosen römischen Statue.

**Beherrscht von der venezianischen Festung: der Hafen von Irákleio**

**Der Bembo-Brunnen auf der Plateía Kornárou**

Die Plateía Elefthérias (Freiheitsplatz) im Osten wird von einer Statue von Elefthérios Venizélos beherrscht, dem Vater der politischen Vereinigung mit Griechenland. Die Fußgängerzone der Odos Daidálou hat nette Geschäfte und Restaurants. Im Norden befinden sich das **Archäologische Museum** *(siehe S. 266f)* und die Touristeninformation. Im Osten begrenzen die Stadtmauern den Platz; sie bieten eine gute Aussicht.

Im Süden der Stadt, außerhalb der Stadtmauern, beschäftigt sich das **Naturhistorische Museum** mit der Fauna und Flora der Ägäis. Zu sehen sind Fossilien, Pflanzen sowie lebende und ausgestopfte Tiere.

🏛 **Loggia**
25 Avgoústou. ☎ 081 245245.
◯ Mo–Sa. ⬤ Feiertage.
⛴ **Festung**
Venezianischer Hafen. ◯ Di–So.
⬤ Feiertage. 🖼
🏛 **Historisches Museum**
Lysimáchou Kalokairinoú 7. ☎ 081 288708. ◯ Mo–Sa. ⬤ Feiertage.
🖼 ♿
🏛 **Ikonenmuseum**
Agia Aikateríni in Sinai, Plateía Agías Aikaterínis. ☎ 081 288825. ◯ Mo–Sa. ⬤ Feiertage. 🖼 ♿

**INFOBOX**

Irákleio. 🏠 116.000. ✈ 5 km östlich. 🚢 östlich des venezianischen Hafens. 🚌 Leofóros Papadimitríou (nach Réthymno, Chaniá, Agios Nikólaos und Ierápetra); Plateía Koráka (nach Mátala). 🛈 Xanthoudídou 1 (081 228203). 🛍 Sa. 🎭 Sommer-Festival: Juli–Sep. 🏖 Amoudára 10 km westlich.

🏛 **Naturhistorisches Museum**
Neória. ☎ 081 324366.
⬤ telefonisch erfragen.

**UMGEBUNG:** Auf der Hauptstraße Irákleio–Réthymno nach Osten zweigt eine Straße Richtung Anógeia *(siehe S. 258f)* nach **Tylissós** ab, wo 1902 die Reste dreier minoischer Villen entdeckt wurden. Nach Westen verläuft die Straße entlang der Küste, an der kleinen Bucht des Ferienortes **Agía Pelagía** vorbei. Im nahe gelegenen **Fódele** wurde angeblich El Greco geboren. Sein Haus steht nordwestlich des Dorfes in der Nähe der Kirche.

**STADTZENTRUM IRAKLEIO**

Agios Márkos ⑤
Agios Minás ③
Agios Títos ⑦
Bembo-Brunnen ⑩
Historisches Museum ①
Archäologisches Museum ⑧
Loggia ⑥
Morozini-Brunnen ④
Ikonenmuseum ②
Denkmal des Elefthérios Venizélos ⑨

**LEGENDE**

🚌 Bushaltestelle
🛈 Auskunft
✝ Kirche
▬ Alte Stadtmauer

# Archäologisches Museum in Irákleio

Αρχαιολογικό Μουσείο Ηρακλείου

DAS MUSEUM BEHERBERGT die weltweit umfassendste Sammlung minoischer Funde und gewährt einzigartige Einblicke in eine hochentwickelte Kultur, die sich auf Kreta vor mehr als 3000 Jahren etabliert hatte. Zu sehen sind Funde von der ganzen Insel, die sich seit 1883 angesammelt haben, darunter die berühmten Fresken von Knosós (siehe S. 268ff) und der Diskos von Phaestos (siehe S. 262), einer der wichtigsten Funde der Antike. Kunstvolle Steingefäße, erlesener Schmuck und minoische Doppeläxte stellen nur einen Teil der riesigen Sammlung dar.

**Goldener Bienenanhänger**
*Der herrliche Bienenanhänger (17. Jh. v.Chr.) mit zwei kunstvollen Bienen stammt aus der Nekropole Chrysólakkos von Mália.*

**★ Stierkopfrhyton**
*Dieses Kultgefäß (16. Jh. v.Chr.; siehe S. 59) aus Knosós wurde zum Ausschenken von Wein verwendet. Das Rhyton besteht aus Steatit und hat Bergkristall- und Perlmutteinlagen.*

**★ Diskos von Phaestos**
*Die Tonscheibe wurde 1903 im Palast von Phaestos gefunden.*

Erdgeschoß

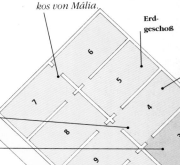

---

**NICHT VERSÄUMEN**

★ Saal mit minoischen Fresken

★ Diskos von Phaestos

★ Stierkopfrhyton

★ Schlangengöttin

---

**Oktopus-Vase**
*Die schöne spätminoische Vase aus Palaíkastro (siehe S. 277) trägt Meeresmotive.*

**Aufgang zum 1. Stock**

**Minoische Vase mit Doppelaxt-Motiv**

## DIE MINOISCHE DOPPELAXT

Die minoische Doppelaxt diente Zimmerleuten und Steinmetzen als Werkzeug, war aber auch ein äußerst mächtiges religiöses Symbol, das man mit der Muttergottheit in Verbindung bringt. Das berühmte Labyrinth von Knosós *(siehe S. 268ff)* hält man für »den Ort der Doppelaxt«, wegen des altgriechischen Wortes *labrys* für dieses Werkzeug. Seine Bedeutung für die minoische Kultur wird aus der häufigen Darstellung auf Vasen, *larnakes* (Tonsarkophagen), Siegeln, Fresken und Säulen deutlich. Die Axt schmückte auch die Wände des Palastes von Knosós. Die kultische Doppelaxt wird oft zwischen heiligen Hörnern oder in den Händen einer Priesterin dargestellt. Votiväxte waren reich verziert und aus Gold, Silber, Kupfer oder Bronze gefertigt.

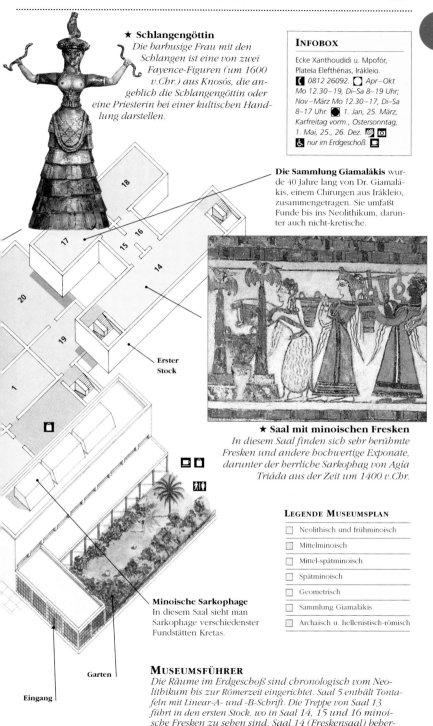

## ★ Schlangengöttin
*Die barbusige Frau mit den Schlangen ist eine von zwei Fayence-Figuren (um 1600 v.Chr.) aus Knosós, die angeblich die Schlangengöttin oder eine Priesterin bei einer kultischen Handlung darstellen.*

### INFOBOX

Ecke Xanthoudidi u. Mpofór, Plateia Elefthérias, Irákleio.
☎ 0812 26092. ⬤ Apr–Okt Mo 12.30–19, Di–Sa 8–19 Uhr; Nov–März Mo 12.30–17, Di–Sa 8–17 Uhr. ⬤ 1. Jan, 25. März, Karfreitag vorm., Ostersonntag, 1. Mai, 25., 26. Dez. 🖼 📷
♿ nur im Erdgeschoß. 🚪

**Die Sammlung Giamalákis** wurde 40 Jahre lang von Dr. Giamalákis, einem Chirurgen aus Irákleio, zusammengetragen. Sie umfaßt Funde bis ins Neolithikum, darunter auch nicht-kretische.

**Erster Stock**

## ★ Saal mit minoischen Fresken
*In diesem Saal finden sich sehr berühmte Fresken und andere hochwertige Exponate, darunter der herrliche Sarkophag von Agía Triáda aus der Zeit um 1400 v.Chr.*

### LEGENDE MUSEUMSPLAN

| | |
|---|---|
| ☐ | Neolithisch und frühminoisch |
| ☐ | Mittelminoisch |
| ☐ | Mittel-spätminoisch |
| ☐ | Spätminoisch |
| ☐ | Geometrisch |
| ☐ | Sammlung Giamalákis |
| ☐ | Archaisch u. hellenistisch-römisch |

**Minoische Sarkophage**
In diesem Saal sieht man Sarkophage verschiedenster Fundstätten Kretas.

**Garten**

**Eingang**

## MUSEUMSFÜHRER
*Die Räume im Erdgeschoß sind chronologisch vom Neolithikum bis zur Römerzeit eingerichtet. Saal 5 enthält Tontafeln mit Linear-A- und -B-Schrift. Die Treppe von Saal 13 führt in den ersten Stock, wo in Saal 14, 15 und 16 minoische Fresken zu sehen sind. Saal 14 (Freskensaal) beherbergt ein Modell des Palastes von Knosós.*

# Der Palast von Knosós ❷

Ανάκτορο της Κνωσού

DER ERSTE PALAST von Knosós (um 1900 v.Chr.) wurde von einem Erdbeben um 1700 v.Chr. zerstört und bald wieder völlig aufgebaut. Die heutigen Ruinen stammen fast ausschließlich von diesem zweiten Palast. Zentrum der Ausgrabung ist der Nord-Süd ausgerichtete Zentralhof, an den die wichtigsten Teile des Palastes anschließen *(siehe S. 270f)*. Die Original-fresken befinden sich im Archäologischen Museum von Irákleio *(siehe S. 266f)*.

**Blick über den Zentralhof nach Nordosten**

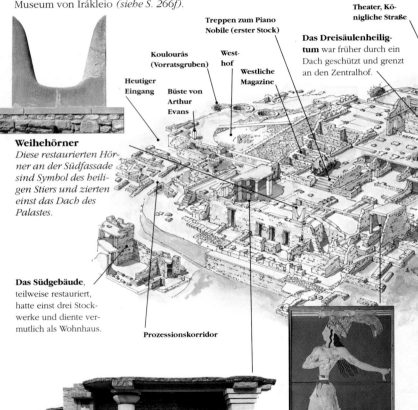

**Theater, Königliche Straße**

**Treppen zum Piano Nobile (erster Stock)**

**Das Dreisäulenheiligtum** war früher durch ein Dach geschützt und grenzt an den Zentralhof.

**Koulourás (Vorratsgruben)**

**West-hof**

**Westliche Magazine**

**Heutiger Eingang**

**Büste von Arthur Evans**

**Weihehörner**
*Diese restaurierten Hörner an der Südfassade sind Symbol des heiligen Stiers und zierten einst das Dach des Palastes.*

**Das Südgebäude**,
teilweise restauriert, hatte einst drei Stockwerke und diente vermutlich als Wohnhaus.

**Prozessionskorridor**

**Südpropylon**
*Den Palast betrat man durch diese monumentale Säulen-durchgangshalle mit der Replik eines Opfergefäßträgers (Detail des Prozessionsfreskos).*

★ **Priesterkönig-Fresko**
*Das Fresko, auch bekannt als* Lilienprinz, *ist ein Detail aus dem Prozessionsfresko und zeigt eine Figur mit einer Krone von Lilien und Federn.*

**INFOBOX**

5 km südlich von Irákleio. ☎ 0812
31940. 🚌 ◯ Apr–Okt 8–19
Uhr tägl.; Nov–März 8–17 Uhr
tägl. ● 1. Jan, 25. März,
Kafreitag vorm., Ostersonntag, 1.
Mai, 25., 26. Dez. 🎫 📷 🎒 🖼

### ★ Thronsaal
*Der Thronsaal mit Vorraum und Lustralbad war vermut-
lich ein Heiligtum. Der originale Steinthron, der wahrscheinlich einer Priesterin gehörte, wird von Greifenfresken
umgeben, einem heiligen Symbol der minoischen Kultur.*

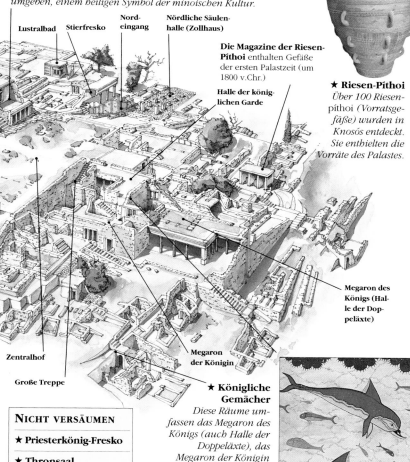

**Lustralbad**

**Stierfresko**

**Nord-
eingang**

**Nördliche Säulen-
halle (Zollhaus)**

**Die Magazine der Riesen-
Píthoi** enthalten Gefäße
der ersten Palastzeit (um
1800 v.Chr.)

**Halle der könig-
lichen Garde**

### ★ Riesen-Píthoi
*Über 100 Riesen-
píthoi (Vorratsge-
fäße) wurden in
Knosós entdeckt.
Sie enthielten die
Vorräte des Palastes.*

**Megaron des
Königs (Hal-
le der Dop-
peläxte)**

**Zentralhof**

**Große Treppe**

**Megaron
der Königin**

### ★ Königliche
Gemächer
*Diese Räume um-
fassen das Megaron des
Königs (auch Halle der
Doppeläxte), das
Megaron der Königin
mit einer Kopie des
berühmten Delphin-
Freskos und einem
Badezimmer sowie die
Große Treppe.*

---

**NICHT VERSÄUMEN**

★ **Priesterkönig-Fresko**

★ **Thronsaal**

★ **Riesen-Píthoi**

★ **Königliche Gemächer**

# Überblick: Der Palast von Knosós

D ER PALAST VON KNOSÓS wurde als einziger auf Kreta von Sir Arthur Evans 1900–1929 mit viel Phantasie wiederaufgebaut. Auch wenn seine Interpretation in akademischen Kreisen umstritten ist, gewinnt man durch die Rekonstruktion des zweiten Palastes einen guten Eindruck vom Leben auf Kreta in der minoischen Zeit, was bei den anderen Palästen nicht so einfach ist.

**Restaurierte Lehmbadewanne neben dem Megaron der Königin**

## RUND UM DAS SÜDPROPYLON

M AN BETRITT DEN Palastkomplex über den **Westhof**, wo der originale zeremonielle Eingang mit einer Büste von Sir Arthur Evans gekennzeichnet ist. Links sieht man drei runde Gruben *(koulourás)*, in denen wahrscheinlich Getreide aufbewahrt wurde. Die **westlichen Magazine** entlang der Westfassade enthielten zahlreiche große Vorratsgefäße *(píthoi)*. Kontrolle der Ressourcen und Vorratshaltung stellten wesentliche Grundlagen für die hervorragende Macht des Palastes dar, was auch an den Gruben deutlich wird.

Der westliche Eingang des Westhofs in der hinteren rechten Ecke führt zum **Prozessionskorridor**. Die Wandfresken die heute durch das Abrutschen des Hanges verkürzten Ganges zeigen Opferträger, die wahrscheinlich Teil der Zeremonie bei staatlichen und religiösen Ereignissen waren. Weitere zeremonielle Darstellungen trägt das **Südpropylon**, zu dem eine Abzweigung des Korridors führte. Vom Südpropylon

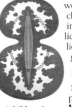

**Schildmotiv, Knosós**

führen Stufen zum rekonstruierten **Piano Nobile**, so bezeichnet von Sir Arthur Evans, der hier die Staats- und Empfangsräume vermutete. Die in diesem Teil des Palastes gefundenen Steinvasen wurden für kultische Zwecke verwendet und verdeutlichen die zentrale religiöse Bedeutung des Palastes. Der enge Zusammenhang zwischen weltlicher und geistlicher Macht wird auch im **Thronsaal** deutlich, wo wahrscheinlich rituelle Reinigungen im Lustralbad stattfanden. Vom Thronsaal führen Stufen zum einst gepflasterten **Zentralhof**, der früher von hohen Gebäuden umgeben war, heute jedoch Wind und Wetter schutzlos ausgesetzt ist.

## KÖNIGLICHE GEMÄCHER

D IE RÄUME an der Ostseite des Zentralhofs sind von solcher Größe und Eleganz, daß man in ihnen die königlichen Gemächer vermutet. Sie sind in den Berg hineingebaut und über die **Große Treppe** zu erreichen, die zu den beeindruckendsten noch erhaltenen Teilen des Palastes zählt.

Die Treppe führt hinab in einen Säulenhof, der den darunterliegenden Stockwerken Licht spendet. Diese Lichthöfe sind typisch für die minoische Architektur.

Das **Megaron der Königin** war nicht nur mit dem Luxus einer Toilette samt Abwassersystem ausgestattet, sondern verfügte sogar über ein kleines Badezimmer mit Lehmbadewanne. Korridore und Räume in diesem Bereich zierten Fresken mit Blumen- und Tiermotiven.

Die **Halle der Königlichen Garde**, die zu den Königlichen Gemächern führt, ist mit Schildmotiven verziert. Das **Megaron des Königs** oder die Halle der Doppeläxte trägt ihren Namen wegen der zierlichen Doppelaxtsymbole, die in die Steinwand geritzt sind. Dieser größte Raum der Königlichen Gemächer konnte mit Türenreihen unterteilt werden, wodurch seine Größe flexibel war. Man stieß auf Reste, von denen man annimmt, daß sie zu einem Thron gehörten, was darauf hindeutet, daß der Raum auch für Staatsgeschäfte verwendet wurde.

## DER NORDEN UND WESTEN DES ZENTRALHOFES

D ER NORDEINGANG zum Zentralhof war mit bemerkenswerten figurativen Elementen geschmückt. Heute ist hier eine Replik des *Stierfreskos* zu sehen. Der Nord-

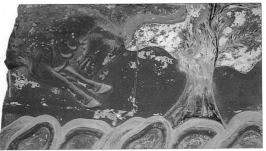

**Replik des berühmten *Stierfreskos***

eingang führt zur **nördlichen Säulenhalle**, die Sir Arthur Evans als Zollhaus bezeichnete, da er annahm, daß hier Waren inspiziert wurden. Die Halle ist ein Anbau aus der Neuen Palastzeit (um 1700 v.Chr.). Unmittelbar westlich führen restaurierte Stufen zu einem Pool, dem **nördlichen Lustralbad**. Brandspuren und Ölgefäße deuten darauf hin, daß Besucher des Palastes hier zuerst gereinigt und gesalbt wurden, bevor sie den Palast betraten. Weiter westlich stößt man auf das **Theater**, einen Hof mit Stufen, dessen Lage am Ende der Königlichen Straße vermuten läßt, daß hier die Rituale, mit de-

**Theater: Hof mit Stufen**

nen Besucher empfangen wurden, stattfanden. Die **Königliche Straße**, die vom Palast weg ins minoische Knosós führt, war von Häusern gesäumt. Etwas abseits liegt der

sogenannte Kleine Palast. Das Gebäude wurde zwar freigelegt, ist aber nicht zugänglich. Es ist dem Hauptpalast architektonisch ähnlich und wurde zur selben Zeit zerstört.

## DIE GESCHICHTE VON KNOSOS

Als Hauptstadt des minoischen Kretas war der Palast von Knosós der größte und reichste der Insel. Er umfaßte mehr als 1000 Räume und verfügte über den Luxus eines gut entwickelten Abwassersystems, von Wasserklosetts und gepflasterten Straßen. Der Legende nach soll sich das unterirdische Labyrinth des Minotaurus in Knosós befunden haben. Dieser Stiermensch wurde von König Minos' Frau Pasiphaë geboren und von Theseus getötet. Die Rekonstruktion zeigt den zweiten Palast um 1700 v.Chr.

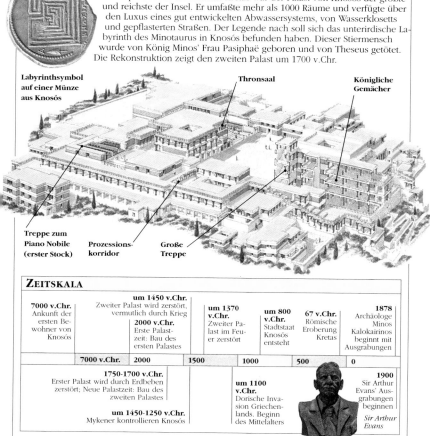

**Labyrinthsymbol auf einer Münze aus Knosós**

**Thronsaal**

**Königliche Gemächer**

**Treppe zum Piano Nobile (erster Stock)**

**Prozessionskorridor**

**Große Treppe**

### ZEITSKALA

| 7000 v.Chr. Ankunft der ersten Bewohner von Knosós | um 1450 v.Chr. Zweiter Palast wird zerstört, vermutlich durch Krieg | | um 1370 v.Chr. Zweiter Palast im Feuer zerstört | um 800 v.Chr. Stadtstaat Knosós entsteht | 67 v.Chr. Römische Eroberung Kretas | 1878 Archäologe Minos Kalokairinos beginnt mit Ausgrabungen |
|---|---|---|---|---|---|---|
| | | 2000 v.Chr. Erste Palastzeit: Bau des ersten Palastes | | | | |

| 7000 v.Chr. | 2000 | 1500 | 1000 | 500 | 0 |
|---|---|---|---|---|---|

| 1750-1700 v.Chr. Erster Palast wird durch Erdbeben zerstört; Neue Palastzeit: Bau des zweiten Palastes | | um 1100 v.Chr. Dorische Invasion Griechenlands. Beginn des Mittelalters | 1900 Sir Arthur Evans' Ausgrabungen beginnen *Sir Arthur Evans* |
|---|---|---|---|
| um 1450-1250 v.Chr. Mykener kontrollieren Knosós | | | |

**Beliebtes Ziel für Pauschalreisende: Chersónisos (Seeseite)**

## Archánes ㉓
Αρχάνες

Irákleio. 🏠 4000. 🚌 ℹ️ 0817 51488.

ABSEITS VON Kretas Ferienorten an der Küste ist Archánes ein bodenständiges landwirtschaftliches Zentrum mit Olivenhainen und kleinen Weingärten, das sich über die Hügel ausbreitet. Am Fuß des heiligen **Bergs Gioúchtas** (hier soll Zeus begraben liegen), war Archánes in minoischer Zeit ein wohlhabender und wichtiger Ort.

1964 wurden Ruinen eines minoischen **Palastes** in Tourkogeitoniá entdeckt. Wenige Schritte außerhalb der Stadt, am Fourní-Berg, liegt die weitläufige **minoische Nekropole**. Zu den hier entdeckten Schätzen zählen das Grab einer Prinzessin samt Spiegel und Golddiadem und wunderschön gravierte Siegelringe. Einige von ihnen sind im **Archäologischen Museum** von Archánes zu sehen.

### 🏛️ Minoische Nekropole
Fournoí-Berg. ⭕ Mo, Mi–So. ⚫ Feiertage.
### 🏛️ Archäologisches Museum
Kalochristianáki. ⭕ Mo, Mi–So. ⚫ Feiertage. ♿

**UMGEBUNG:** Am Nordhang des Berges Gioúchtas befindet sich das minoische Heiligtum **Anemospiliá**. Ausgrabungen förderten ein schreckliches Menschenopfer zutage. Vermutlich unterbrach ein Erdbeben um 1700 v.Chr. die Zeremonie und tötete alle Anwesenden. Wenig davon ist erhalten, doch man hat einen herrlichen Blick auf den Psiloreítis (siehe S. 258).

Das **Kazantzákis-Museum** in Myrtiá zeigt Memorabilia des weltberühmten Autors von Romanen wie *Alexis Sorbas*.

### 🏛️ Kazantzákis-Museum
Myrtiá, 14 km östlich von Archánes.
📞 0817 42451. ⭕ März–Okt Fr–Mi; Nov–Feb So. ⚫ Feiertage. 📷

## Chersónisos ㉔
Χερσόνησος

Irákleio. 🏠 4050. 🚌 ℹ️ 0897 22764. 🚢 Chersónisos.

VON DER KLASSISCHEN bis in die byzantinische Zeit ein florierender Hafen, ist Chersónisos (genau: Liménas Chersónisou) heute beliebtes Ziel für Pauschalreisen.

Inmitten all der Tavernen, Souveniräden und Diskos spürt man am Hafen noch das Flair des alten Chersónisos. Der pyramidenförmige römische **Brunnen** am Hafen stammt aus dem 2.–3. Jahrhundert n.Chr. Hier sieht man auch noch Reste des weitgehend versunkenen **Römischen Hafens**. Im **Kretischen Freilichtmuseum** (Lychnostátis) versetzen unter anderem eine Windmühle, ein Steinhaus und eine Galerie den Besucher zurück in die Zeit des alten Kretas. Das **Museum bäuerlichen Lebens** in einer Olivenpresse aus dem 19. Jahrhundert zeigt verschiedene traditionelle bäuerliche Werkzeuge. Abkühlung bietet der **Aqua Splash Water Park** mit Becken, Wasserrutschen und Wasserfällen.

*Hard Rock CAFÉ CRETE*

Chersónisos: Hard Rock Café

### 🏛️ Kretisches Freilichtmuseum
Lychnostátis. 📞 0897 23660. ⭕ Apr–Okt Di–So. ⚫ Feiertage. 📷 ♿
### 🏛️ Museum bäuerlichen Lebens
Piskopianó. 📞 0897 23303. ⭕ Apr–Okt Di–So. 📷 ♿
### 🏊 Aqua Splash Water Park
5 km südlich der Autobahn. 📞 0897 24950. ⭕ Apr–Okt tägl. 📷 ♿

---

### NIKOS KAZANTZAKIS

Níkos Kazantzákis (1883–1957) aus Myrtiá ist der bekannteste Schriftsteller Kretas. Er engagierte sich für die Unabhängigkeit seiner Heimat von den Türken und schrieb Gedichte, philosophische Essays, Stücke und Romane, darunter *Alexis Sorbas* und *Die letzte Versuchung* (beide verfilmt). Er wurde von der Kirche exkommuniziert. So trägt sein Grabstein in Irákleio seine eigenen Worte: »Ich hoffe nichts. Ich fürchte nichts. Ich bin frei.«

**Aus den 60er Jahren: Filmplakat zu *Alexis Sorbas***

# Mália ㉕
Μάλια

36 km östlich von Irákleio. 🏛 2700.
🚌 🚃 Stalida 3 km nordwestlich.

DAS MEKKA DER Pauschalreisenden quillt über von Sonnenhungrigen, die untertags die überfüllten Strände und abends die dröhnenden Diskos bevölkern.

In krassem Gegensatz dazu liegen die Ruinen des weniger besuchten minoischen **Palastes von Mália** abseits des Lärms in einer Niederung im Westen. Der erste Palast wurde 1900 v.Chr. errichtet und wie die anderen 1700 v.Chr. und wieder 1450 v.Chr. *(siehe S. 271)* zerstört.

Vielfältig ist die Landschaft des Lasíthi-Plateaus

Wie die anderen Paläste auch verfügt er über die typischen Merkmale eines minoischen Palastes: einen großen Zentralhof mit einem Opferaltar, königliche Gemächer,

**Riesen-Píthos im Palast von Mália**

Lustralbäder und Lichthöfe. In einem kleinen Heiligtum im Westflügel findet man auf Doppelsäulen das minoische Kultsymbol der Doppelaxt *(labrys)*.

Unweit des Palastes läuft eine Grabung nach den Resten einer mutmaßlichen Siedlung, im Norden findet sich die Nekropole von **Chrysólakkos** (Goldgrube). Hier stieß man auf wichtige Funde, darunter auf den berühmten Bienenanhänger, der im Archäologischen Museum in Irákleio *(siehe Seite 266f)* zu besichtigen ist.

## 🏛 Palast von Mália
3 km östlich von Mália. ☎ 0897 31597. ☐ Di–So. ● 28. Okt, Feiertage. 📷 ♿

**UMGEBUNG:** 6,5 Kilometer östlich von Mália befindet sich der aufstrebende Ort Sísi. Weiter Richtung Westen, hinunter nach Mílatos, eröffnen sich herrliche Ausblicke. Von hier führt ein gut markierter Weg zur Mílatos-Höhle mit einem Glassarg voller Gebeine in Gedenken an das Massaker 1823 im griechischen Unabhängigkeitskrieg gegen die Türken.

## Lasíthi-Plateau ㉖
Οροπέδιο Λασιθίου

Díkti-Gebirge, Irákleio. 🚌 nach Tzermiádo.

HOCH IM herrlichen Díkti-Gebirge in einer kesselförmigen Ebene gelegen, war Lasíthi jahrhundertelang von der Außenwelt abgeschnitten. Eine Reihe von Windmühlen

am Séli-Ampélou-Paß markiert den Haupteingang zur Ebene, einem flachen bewirtschafteten Gebiet 800 Meter über dem Meeresspiegel, umgeben von Bergen. Dank des von den Bergen angeschwemmten fruchtbaren Bodens gedeihen hier Obst, Kartoffeln und Getreide. Einige Windmühlen dienen heute noch der Erzeugung von Energie.

Unter den Dörfern rund um die Ebene ist **Tzermiádo** das größte mit gutem touristischem Angebot. Vom Dorfzentrum führt ein markierter Weg zur **Trápeza-Höhle** (auch Króneion-Höhle). Vom westlichen Ende des Dorfes gelangt man über einen holprigen Weg (60 Gehminuten) hinauf zur Ausgrabungsstelle der nachminoischen Siedlung **Karfí**. Am südlichen Ende der Ebene liegt das Dorf **Agios Geórgios** mit einem kleinen **Volkskundemuseum**, das in zwei alten Häusern untergebracht ist. Zu sehen sind Stickereien, Bilder und Kazantzákis-Memorabilien.

Höhepunkt eines Ausflugs nach Lasíthi ist die **diktäische Höhle** bei Psychró, der Geburtsort des Zeus *(siehe S. 258)*. Zahlreiche Funde stammen von hier: Votivgaben, Doppeläxte und Bronzestatuetten, die heute im Archäologischen Museum Irákleios stehen *(siehe S. 266f)*.

## 🏛 Volkskundemuseum
Agios Geórgios. ☎ 0844 31228. ☐ März–Okt tägl. 📷 ♿
## 🏛 Diktäische Höhle
Psychró. ☐ tägl. ● 27. Sep, 28. Okt, Feiertage. 📷

Kleines Heiligtum in der verwinkelten Mílatos-Höhle

**Die befestigte Insel Spinalógka gegenüber von Eloúnta**

# Eloúnta ㉗
Ελούντα

Lasíthi. 🏘 1500. 🚌 ℹ 0841
41350. 🏠 Di. 🚢 Eloúnta.

DER ANTIKE Stadtstaat Oloús
wurde von den Venezia-
nern 1579 zu einem befestigten Hafen ausgebaut. Idyllisch
am Mirabello-Golf gelegen, ist
Eloúnta heute ein etabliertes
Ferienziel. Die Stadt ist mit
schönen Sandbuchten geseg-
net und verfügt über ein breites Angebot an Übernach-
tungsmöglichkeiten.

Östlich des Orts verbindet
eine Landenge das Festland
mit einer langen Landzunge,
der Spinalógka-Halbinsel. Hier
sieht man unter Wasser Reste
des hellenisch-römischen
Stadtstaates **Oloús**. Nördlich
der Halbinsel liegt die kleine
Insel **Spinalógka**, auf der eine
eindrucksvolle venezianische
Festung (16. Jh.) heute verlassen dasteht. Sie widerstand
lange Jahre der türkischen Belagerung. Zuletzt diente sie bis
in die Mitte der 50er Jahre als
Leprakolonie. Heute gibt es
von Eloúnta und anderen Orten für Touristen regelmäßige
Bootsverbindungen zur Insel.
**UMGEBUNG:** Abwechslung vom

hektischen Treiben in Eloúnta
bietet der kleine Ort **Pláka**
fünf Kilometer nördlich. In
kleinen Tavernen am Meer
wird frischer Fisch serviert,
von wo man mit Booten auf
die Insel Spinalógka übersetzen kann.

**Schädel mit Lorbeerkranz (Archäo-
logiemuseum, Agios Nikólaos)**

# Agios Nikólaos ㉘
Αγιος Νικόλαος

Lasíthi. 🏘 10 000. ⛴ 🚌
ℹ Koundoúrou 21 (0841 22357).
🏠 Mi. 🚢 Almyrós 2 km östlich;
Chavánia 3 km westlich.

AGIOS NIKÓLAOS als einer der
schönsten Ferienorte Kre-
tas reizt durch seine herrliche
Lage am Golf von Mirabello.
Die Entstehung der Stadt geht
auf die hellenistische Zeit zurück, als Lató »pros Kamára«

(zum Bogen hin) der Hafen
für den Stadtstaat Lató war.
Unter den Venezianern verlor
der Hafen an Bedeutung. Erst
im 19. Jahrhundert setzte die
Entwicklung des heutigen Agios Nikólaos ein.

Das Zentrum des beliebten
Ferienortes ist der Hafen und,
mit einer Tiefe von 64 Meter,
der sogenannte »See ohne Boden« Voulisméni. Das **Volkskundemuseum** mit Blick auf
den See beherbergt eine bunte Mischung aus kretischer
Handwerkskunst und Hausrat.
Nördlich der Stadt, beim Mí-
nos-Palast-Hotel, steht die
winzige Kirche **Agios Nikólaos** (10./11. Jh. n.Chr.), nach
der die Stadt benannt ist.

In der Nähe wichtiger Fundstätten gelegen, bewahrt das
**Archäologische Museum**
wahre Schätze aus der Provinz
Lasíthi; dazu gehören Steinvasen, Goldschmuck von der
minoischen Siedlung Móchlos
in der Nähe von Gourniá und
Töpferarbeiten, darunter ein
Trinkgefäß, das als Göttin von
Mýrtos bekannt ist. Einzigartiges Exponat ist der Schädel eines Mannes, vermutlich eines
Athleten, mit einem goldenen
Lorbeerkranz und einer Silbermünze als Obolus für die
Fahrt über den Styx, den Fluß
in die Unterwelt.

Im Sommer verkehren
Boote zu den Inseln Spinalógka und Agioi Pántes, wo die
kretische Wildziege *Kri-Kri
(siehe S. 250)* anzutreffen ist.

🏛 **Volkskundemuseum**
Koundoúrou 23. 📞 0841 25093.
⬜ Apr–Okt So–Fr. ⬤ Feiertage.
♿ &
🏛 **Archäologisches Museum**
Palaiológou 68. 📞 0841 24943.
⬜ Di–So. ⬤ Feiertage. 🚫

**Das hübsche innere Hafenbecken von Agios Nikólaos mit dem Voulisméni-See im Vordergrund**

**Ausschnitt aus dem *Paradies-Fresko* in Panagía Kerá (Kritsá)**

# Kritsá ㉙
Κριτσά

Lasíthi. 🏛 2500. 🚌 ℹ Kritsá (0841 51205). 🛒 Mo. 🚉 Ammoudára 11 km östlich; Istro 15 km südöstlich.

DER KLEINE ORT Kritsá am Fuß des Lasíthi-Plateaus ist für seine berühmte byzantinische Kirche bekannt. Die Hauptstraße des Zentrums für kretische Handwerkskunst wird während der Sommermonate überschwemmt mit Spitzen, kunstvoll gewebten Teppichen und Stickereien. Von den Cafés und Tavernen des Ortes genießt man einen schönen Blick über das Tal zum Meer hinunter. Etwa ab November geht man in Kritsá wieder zur Tagesordnung über.

Östlich von Kritsá, etwas abseits der Straße in einem Olivenhain, steht die **Panagía Kerá** (13. Jh.), geschmückt mit einigen der herrlichsten Fresken Kretas aus dem 13. und der ersten Hälfte des 14. Jahrhunderts. Von den drei Schiffen ist das Mittelschiff das älteste. Im Inneren findet man herrliche Darstellungen aus dem Leben Christi und der Jungfrau Maria.

**UMGEBUNG:** Der befestigte dorische Stadtstaat **Lató** aus dem 7. Jahrhundert v.Chr. florierte in der Klassik, verlor jedoch unter den Römern an Bedeutung, als es vom leichter zugänglichen Hafen Lató pros Kamára (heute Agios Nikólaos) abgelöst wurde. Auf einem Sattel zwischen zwei Gipfeln gelegen, bietet die antike Stadt einen schönen Blick auf den Golf von Mirabello. Eine gepflasterte Straße mit Werkstätten und Häusern auf der rechten Seite führt hinauf zur Agora mit einer Regenwasserzisterne und einem Heiligtum. An der Nordseite der Agora führt eine von zwei Türmen flankierte Treppe zum *Prytaneion* (Rathaus), wo sich einst die Archive der Stadt befanden. Im Süden der Agora sieht man einen Tempel und ein Theater.

## Lató
4 km nördlich von Kritsá.
◯ Di–So. ● Feiertage.

**Die gefragten Spitzen von Kritsá**

# Ierápetra ㉚
Ιεράπετρα

Lasíthi. 🏛 15 000. 🚌 ℹ Adrianoú (0842 22562). 🛒 Sa. 🚉 Agiá Fotiá 17 km östlich; Makrýs Gialós 30 km östlich.

IERAPETRA AN DER Südostküste Kretas kann von sich behaupten, die südlichste Stadt Europas zu sein. Für die seit vorminoischer Zeit besiedelte Stadt spielten Handel und kultureller Austausch mit Nordafrika immer eine zentrale Rolle. Sir Arthur Evans (siehe S. 270) bezeichnete sie als »Schnittstelle minoischer und archaischer Zivilisation«. Die einst florierende Stadt mit Vielen, Tempeln, Amphitheatern und eindrucksvollen Gebäuden hat ihre beste Zeit bereits hinter sich. Die Zeugnisse vergangener Pracht sind verschwunden, teils wegen Plünderungen, teils wegen moderner »Stadtentwicklung«.

Den Eingang zum alten Hafen bewacht eine frühe venezianische **Festung** (13. Jh.). Westlich davon erstreckt sich das sehenswerte türkische Viertel mit einer **Moschee** und einem eleganten türkischen Brunnen. Ebenfalls in diesem Viertel, an der Kougiomoutzáki, steht die Kirche **Aféntis Christós** (14. Jh.) und abseits der Samouíl das nicht zugängliche **Haus Napoleons**, in dem er 1798 auf dem Weg nach Ägypten übernachtet haben soll.

Alles, was nicht Plünderungen oder Raubgräbern zum Opfer fiel, ist im kleinen **Archäologischen Museum** im Stadtzentrum ausgestellt. Die Exponate von der minoischen bis in die römische Zeit umfassen *larnakes* (Sarkophage), *píthoi* (Vorratsgefäße), Statuen, Bronzeäxte und Steinarbeiten.

Von Ierápetra Richtung Osten erstrecken sich in fast ununterbrochener Linie die von den allgegenwärtigen Hotels und Restaurants gesäumten Sandstrände. Vom Hafen gibt es täglich Boote zu den idyllischen weißen Stränden und Zedernwäldern der unbewohnten Insel **Chrysí**.

## Festung
Alter Hafen. ◯ tägl. ● Feiertage. 📷
## 🏛 Archäologisches Museum
Adrianoú Koustoúla. ℹ 0842 28721.
◯ Di–So. ● Feiertage. ♿

**Moschee und Brunnen im alten türkischen Viertel (Ierápetra)**

**Ausgrabungen von Goúrnia**

# Goúrnia ③

Γούρνια

18,5 km östlich von Agios Nikólaos, Lasíthi. 🚌 ⬜ *Di–So.* ● *Feiertage.* 🏛 🚉 *Istro 8 km westlich.*

**D**IE MINOISCHE Siedlung liegt auf einem kleinen Hügel über der friedlichen Bucht von Mirampéllou. Sie wurde von der amerikanischen Archäologin Harriet Boyd-Hawes zwischen 1901 und 1904 freigelegt und zählt zu den besterhaltenen Kretas. Ein Mini-Palast (ein Zehntel von Knosós) bildet das Zentrum und ist von einem Labyrinth enger Straßen und kleiner Häuser umgeben. Die Siedlung besteht seit etwa 3000 vor Christus, die Ruinen stammen jedoch aus der Neuen Palastzeit (um 1700 v.Chr., *siehe S. 271*). Ein durch seismische Aktivität ausgelöstes Feuer zerstörte die Siedlung um 1450 v.Chr.

**UMGEBUNG:** Zwei Kilometer westlich von Goúrnia auf der Landstraße nach Westen windet sich eine alte Betonstraße nach links zum Kloster **Moní Faneroménis** hinauf (6 km nach der Abzweigung). Die Kapelle **Panagía** (15. Jh.) ist in eine Höhle hineingebaut und beherbergt heilige (angeblich wundertätige) Ikonen.

Auf der Landstraße nach Osten führt eine Straße von Sfáka nach links zum reizenden Fischerdorf **Móchlos**. Die kleine Insel Móchlos war einst durch eine Landenge mit dem Festland verbunden. Dort findet sich eine minoische Siedlung mit Nekropole.

# Siteía ㉜

Σητεία

Lasíthi. 🏃 *7500.* ✈ ⛴ 🚌 🚃 *Di.* 🚉 *Siteía.*

**Z**WISCHEN GOÚRNIA und Siteía schlängelt sich die Landstraße durch eine der herrlichsten Landschaften Kretas hindurch. In der Nähe von Siteía geht die Landschaft in eher trockenes Hügelland mit Weinbergen über.

Trotz Zeugnissen einer nahen großen hellenisch-römischen Siedlung stammt das heutige Siteía aus dem 4. Jahrhundert nach Christus. Unter byzantinischer und florentinischer Herrschaft florierte Siteía. Erdbeben und Piratenüberfälle (16. Jh. n.Chr.) setzten dem ein Ende. Erst durch den Wiederaufbau ging es nach 1870 wieder bergauf.

Heute lebt die Stadt unter anderem von der Herstellung von Wein und Olivenöl, und das Rosinenfest Mitte August feiert ihren Erfolg als Rosinen-Exporteur.

Das Zentrum der Altstadt bildet ein malerischer Hafen mit dichtgedrängten Cafés und Tavernen. Am Nordende erhebt sich die jetzt restaurierte venezianische **Festung** (sie wird heute als Open-air-Theater genutzt), einziges Zeugnis der einstigen umfassenden Stadtbefestigung.

In einem renovierten alten Haus in Hafennähe befindet sich das **Volkskundemuseum** mit einer Sammlung lokaler Trachten und Webarbeiten.

Am südlichen Stadtrand liegt das **Archäologische Museum** mit Funden aus dem Umland. Die Exponate reichen von neolithischer bis in römische Zeit und umfassen eine sehenswerte minoische Elfenbeinstatuette, den *Palaíkastro Koúros*. Zu sehen sind auch Funde aus Ton, darunter eine reiche Sammlung aus dem Zákros-Palast.

🏛 **Volkskundemuseum**
Kapetán Sífi 33. 📞 *0843 22861.* ⬜ *Mai–Sep Mo–Sa.* ● *Feiertage.* 🏛 ♿ *Erdgeschoß.*
🏛 **Archäologisches Museum**
Piskokéfalou 3. 📞 *0843 23917.* ⬜ *Di–So.* ● *Feiertage.* 🏛 ♿

**Siteías Altstadt am Hügel über dem baumgesäumten Hafen**

## Moní Toploú ❸❸
Μονή Τοπλού

16 km westlich von Siteía, Lasíthi.
☎ 0843 61226. 🚌 nach Vái.
**Kloster u. Museum** ◯ tägl.
🗺️ 🚌 Itanos 7,5 km nordöstlich.

**Ausgrabungen von Zákros hinter Káto Zákros**

**D**AS KLOSTER (14. Jh.) ist heute eines der reichsten und einflußreichsten Kretas. Die heutigen Gebäude stammen aus venezianischer Zeit, als das Kloster gegen Piratenüberfälle befestigt wurde. Der türkische Name »toplou« bezieht sich auf die hier aufgestellten Kanonen. Während des Zweiten Weltkriegs unterhielt der kretische Widerstand hier einen Radiosender, wofür Abt Siligknákis von den Deutschen in der Nähe von Chaniá exekutiert wurde.

Drei Ebenen mit Klosterzellen schauen auf den Innenhof, in dem eine kleine Kirche (14. Jh.) mit Fresken und Ikonen steht. Die berühmteste darunter ist die Ikone *Allmächtig bist Du, Herr,* 1770 fertiggestellt von Ioánnis Kornáros. In der Fassade wiederholt eine hellenistische Inschrift

**Ikone *Allmächtig bist Du, Herr* von Ioánnis Kornáros (Moní Toploú)**

den Schiedsspruch von Magnesia (132 v.Chr.), der den Streit der rivalisierenden Stadtstaaten Ierápytna (dem heutigen Ierápetra) und Itanos um das Heiligtum des diktäischen Zeus in Palaíkastro regelte. Der Stein war ursprünglich als Grabstein verwendet worden. Im Museum sieht man Steinmetzarbeiten und Ikonen (15.–18. Jh.).

## Vái-Strand ❸❹
Παραλία Βάϊ

28 km nordöstlich von Siteía, Lasíthi. 🚌

**D**ER EXOTISCHE Strand von Vái wirkt fast tropisch mit seinen in Europa einzigartigen Palmen, die hier auch schon in der Klassik wuchsen. Die einladende Bucht ist bei Urlaubern sehr beliebt, auch wenn sich das in überteuerten Tavernen und Besucherrummel bemerkbar macht. Es wird jedoch streng auf den Schutz der einzigartigen Palmen *Phoenix theophrasti* geachtet.

**UMGEBUNG:** In der einsamen Landschaft zwei Kilometer nördlich von Vái lag auf einer Erhebung zwischen zwei Sandbuchten der antike Stadtstaat **Itanos**. Man fand spärliche minoische, hellenischrömische und byzantinische Reste, darunter auch eine byzantinische Basilika und die spärlichen Überreste mehrerer klassischer Tempel.

**Palaíkastro** Zehn Kilometer südlich von Vái ist das Zentrum des expandierenden Olivenölhandels. Am Südende vom Strand von Chióna zwei Kilometer östlich befindet sich die minoische Siedlung Palaíkastro, wo derzeit eine Grabung läuft.

## Zákros ❸❺
Ζάκρος

Káto Zákros, Lasíthi. ☎ 0843 93338.
🚌 ◯ Di–So. ● Feiertage.
🗺️ 🚌 Káto Zákros; Xerókampos 13 km südlich.

**D**ER KRETISCHE Archäologe Nikólaos Pláton entdeckte 1961 den ungeplünderten Palast von Zákros. Der viertgrößte kretische Palast wurde um 1700 v.Chr. erbaut und wie die anderen um 1450 zerstört. Durch seine Lage wurde er zum Zentrum des Handels mit dem Nahen Osten.

Der zweistöckige Palast erstreckte sich um einen Zentralhof, an dessen Ostseite die königlichen Gemächer anschlossen. Reste einer Säulenhalle mit Zisterne sind noch sichtbar, ebenso ein Wasserbecken, in dem man 1964 3000 Jahre alte Oliven entdeckte. Die Haupthalle, Werkstätten und Vorratsräume liegen im Westflügel. Zu den Funden gehören das Bergkristallrhyton und zahlreiche Vasen, die sich heute im Archäologischen Museum von Irákleio befinden *(siehe S. 266f).*

**Vái-Strand mit seinem ruhigen Meer und den einzigartigen Palmen**

# KURZER AUFENTHALT IN ATHEN

**D**ie große, von Bergen umgebene Vier-Millionen-Metropole Athen umfaßt eine Fläche von 457 km². Stolz der Stadt sind der 2500 Jahre alte Tempel der Pallas Athene, der Parthenon und eine Reihe hervorragender Museen. Ein kurzer Zwischenaufenthalt in Athen auf dem Weg zu den Griechischen Inseln eignet sich ausgezeichnet für eine Besichtigung der Höhepunkte der Stadt.

Athen ist als Wiege der europäischen Kultur seit etwa 7000 Jahren besiedelt. Ihren Höhepunkt erreichte die Stadt, als Perikles monumentale Bauwerke in Auftrag gab (5. Jh. v.Chr.), darunter einige der Akropolis-Tempel. Weitere Zeugnisse aus der Klassik sind auf der antiken Agora zu sehen, einem Komplex öffentlicher Gebäude, die von der rekonstruierten Attalos-Stoa, einem langen Säulengang, dominiert wird.

*Evzone auf der Plateía Syntágmatos*

Von Athens jüngerer Geschichte gibt es kaum architektonische Zeugnisse. Mit Ausnahme einiger schöner byzantinischer Kirchen in der Pláka, einem der ältesten Viertel, ist aus der Zeit der Kreuzfahrer, Venezianer und Türken nichts Bedeutendes erhalten. 1834 erklärte König Otto von Bayern, beeindruckt von der Akropolis, Athen zur Hauptstadt Griechenlands. Unter ihm entstand rund um die antike »Spitze der Stadt« das moderne Athen mit neoklassizistischen öffentlichen Gebäuden, ausgedehnten Boulevards und eleganten Plätzen.

Das reiche kulturelle Erbe findet sich in den herrlichen Museen der Stadt, wie etwa dem Archäologischen Museum, in dem einzigartige Exponate den Glanz des antiken Griechenlands wiederauferstehen lassen. Die Nationale Gemäldegalerie verfügt über eine reiche Auswahl griechischer und anderer europäischer Werke.

Auch das Nachtleben in Athen läßt keine Wünsche offen: Tavernen, Clubs und Bars haben bis in die frühen Morgenstunden geöffnet. Im Sommer sind die Open-air-Kinos und -Theater (z. B. das Herodes-Attikus-Theater am Fuß der Akropolis) besonders beliebt. Musik gibt es für jeden Geschmack, angefangen von griechischer Volksmusik über Pop und Jazz bis zur Klassik. Flohmärkte, Antiquitätenläden in Monastiráki und Designer-Boutiquen in Kolonáki laden zum Shopping ein.

Blick auf die Akropolis vom Filopáppos-Hügel

◁ Lykavittós-Hügel in Athen zwischen Betonhäusern und byzantinischen Kirchen

# Überblick: Athen

A UCH MIT NUR einem Nachmittag Zeit lohnt es sich, einige der bedeutendsten Sehenswürdigkeiten Athens zu besichtigen, wie die Akropolis und die Agora. Die Sammlung griechischer Kunst im Archäologischen Nationalmuseum beherbergt viele Funde dieser Stätten. Das erst kürzlich renovierte Benáki-Museum wartet mit einer glitzernden Auswahl an Schmuck, Kleidung und Keramik aus Griechenland und dem Nahen Osten auf. Eine Alternative zu den Museen ist Shopping, egal, ob Sie sich für den Flohmarkt der Pláka oder die Designer-Läden in Kolonáki entscheiden. Nehmen Sie öffentliche Verkehrsmittel *(siehe S. 288ff).*

**Adrianoú in der Pláka**
*(siehe S. 283)*

**Der Zentralmarkt**
bietet feine Lebensmittel, Kräuter und Gewürze.

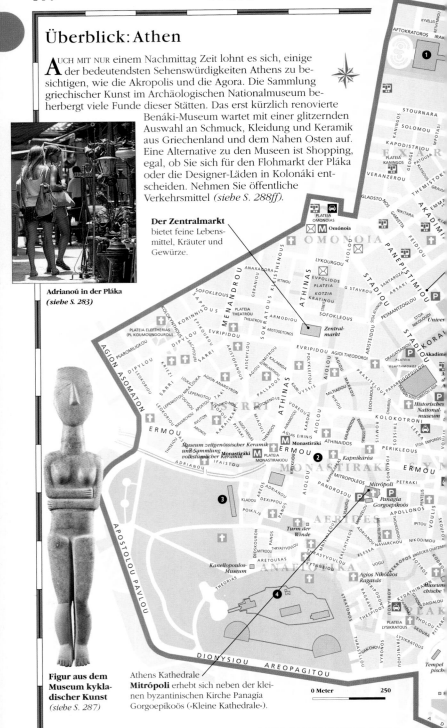

**Figur aus dem Museum kykladischer Kunst**
*(siehe S. 287)*

Athens Kathedrale
**Mitrópoli** erhebt sich neben der kleinen byzantinischen Kirche Panagía Gorgoepikoös (»Kleine Kathedrale«).

0 Meter          250

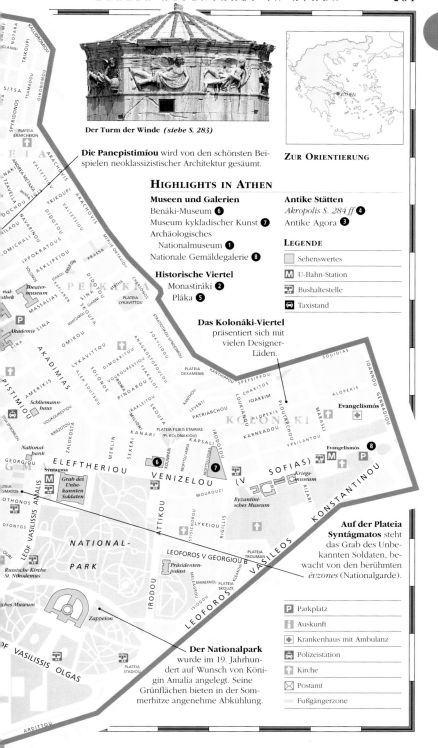

**Der Turm der Winde** *(siehe S. 283)*

**Die Panepistimíou** wird von den schönsten Beispielen neoklassizistischer Architektur gesäumt.

ZUR ORIENTIERUNG

## HIGHLIGHTS IN ATHEN

### Museen und Galerien
Benáki-Museum ❻
Museum kykladischer Kunst ❼
Archäologisches
   Nationalmuseum ❶
Nationale Gemäldegalerie ❽

### Historische Viertel
Monastiráki ❷
Pláka ❺

### Antike Stätten
*Akropolis S. 284 ff* ❹
Antike Agora ❸

### LEGENDE
| | |
|---|---|
| ☐ | Sehenswertes |
| Ⓜ | U-Bahn-Station |
| 🚏 | Bushaltestelle |
| 🚕 | Taxistand |

**Das Kolonáki-Viertel** präsentiert sich mit vielen Designer-Läden.

**Auf der Plateía Syntágmatos** steht das Grab des Unbekannten Soldaten, bewacht von den berühmten *évzones* (Nationalgarde).

**Der Nationalpark** wurde im 19. Jahrhundert auf Wunsch von Königin Amalía angelegt. Seine Grünflächen bieten in der Sommerhitze angenehme Abkühlung.

| | |
|---|---|
| P | Parkplatz |
| ℹ | Auskunft |
| ✚ | Krankenhaus mit Ambulanz |
| 🏠 | Polizeistation |
| ✝ | Kirche |
| ✉ | Postamt |
| | Fußgängerzone |

# Archäologisches Nationalmuseum ❶
Μουσείο Αρχαιολόγικο της Ελλάδος

Patíssion 44, Exárcheia. 📞 01 821 7717. Ⓜ Omónoia, Victoria.
🕐 Mitte Apr–Mitte Okt
Mo 12.30–19 Uhr, Di–Fr 8–19 Uhr, Sa u. So 8.30–15 Uhr; Mitte Okt–März Mo 11–17 Uhr, Di–Fr 8–17 Uhr, Sa u. So 8.30–17 Uhr.
⬛ Feiertage. 🖼️ 📷 🎥 🖥️

**Einkaufsbummel durch das bunte Monastiráki-Viertel (Athen)**

DIE EXPONATE des 1891 eröffneten Museums waren zuvor über die ganze Stadt verstreut gewesen. 1939 wurden neue Flügel angebaut, während des Zweiten Weltkrieges wurde die unbezahlbare Sammlung ausgelagert und zur Sicherheit versteckt. Das Museum wurde 1946 wiedereröffnet, doch weitere 50 Jahre Renovierungsarbeit waren nötig, bis die herrlichen Exponate in gebührendem Rahmen präsentiert werden konnten.

Mit seiner umfassenden Sammlung an Keramiken, Skulpturen und Schmuck verdient das Museum zweifellos, zu den besten der Welt gezählt zu werden. Es empfiehlt sich, einen Besuch sorgfältig zu planen und selektiv vorzugehen, um nicht alles auf einmal abdecken zu wollen.

Die Exponate lassen sich in sieben Hauptsammlungen unterteilen: neolithische und kykladische, mykenische, geometrische und archaische Skulpturen, römische und hellenistische Skulpturen, die Keramiksammlungen und die Thíra-Fresken. Es gibt auch kleinere sehenswerte Sammlungen, darunter die faszinierende Schmucksammlung Eléni Stathátou und die kürzlich eröffneten Ägypten-Säle.

Zu den Höhepunkten des Museums zählen die einzigartigen Funde der Königsgräber von Mykene, insbesondere die *Totenmaske des Agamemnon*. Keinesfalls versäumen sollte man auch die archaischen *koûroi*-Statuen und die unübertroffene Sammlung klassischer und hellenistischer Statuen. Zwei der wichtigsten und schönsten Bronzen sind *Der kleine Reiter* und *Poseidon*. Auch die auf der Welt umfassendste Sammlung antiker Keramiken findet sich hier, mit einer Vielzahl an eleganten rot- und schwarzfigurigen Vasen (6. und 5. Jh. v.Chr.; *siehe S. 58f*) und einigen geometrischen Dipylonvasen (1000 v.Chr.).

**Agamemnons Totenmaske** im **Archäologischen Nationalmuseum**

# Monastiráki ❷
Μοναστιράκι

Ⓜ Monastiráki. **Markt** 🕐 tägl.

DAS NACH DEM kleinen Kloster an der Plateía Monastirakíou benannte Viertel assoziiert man unweigerlich mit dem berühmten Flohmarkt in der Nähe der Agora zwischen der Sari im Westen und der Straße Aióulou im Osten. In den Geschäften der Straßen Pandrósou, Ifaístou und Areos, abseits der Plateía Monastirakíou, findet man Gegenstände aller Art von Antiquitäten, Lederwaren und Silber bis hin zu billigen Souvenirs.

Zentrum des Flohmarkts ist die Plateía Avyssínias östlich der Plateía Monastirakíou, wo sich jeden Morgen Händler mit Möbeln und weiteren Utensilien postieren. Unter der Woche findet man hier Antiquitäten, gebrauchte Bücher, Teppiche, Lederwaren, Tavernenstühle und Armeeausrüstungen.

An Sonntagen, wenn die Geschäfte geschlossen sind, floriert der Handel auf dem Markt entlang der Straße Adriánou und auf der Plateía Agíou Filippoú – der ideale Ort für Schnäppchen. Bei farbenprächtigen Teppichen, Stickereien und gutem Silberschmuck lohnt sich das Zugreifen.

# Antike Agora ❸
Αρχαία Αγορά

Hauptzugang in Adriánou, Monastiráki. 📞 01 321 0185. Ⓜ Thiseio, Monastiráki. **Museum und Stätte** 🕐 Di–So 8.30–14.30 Uhr, Karfreitag 12–15 Uhr. ⬛ Feiertage. 🖼️ 📷 ♿ begrenzt.

DAS AMERIKANISCHE Archäologie-Institut begann hier in den 30er Jahren mit den Ausgrabungen, und seitdem wurde eine komplexe Anlage von Gebäuden und Tempeln freigelegt. Die demokratisch organisierte Agora war nicht nur politisches und religiöses Zentrum des antiken Athens, sondern auch Schauplatz des Handels und des täglichen Lebens, mit einer Vielzahl an Schulen und eleganten Stoas mit Geschäften. Auch das

**Dach der Kirche Agios Nikólaos über den Straßen der Pláka**

Staatsgefängnis befand sich hier, ebenso wie die Münze, in der die berühmten Münzen mit dem Eulensymbol geprägt wurden. Sogar eine Olivenpresse wurde entdeckt.

Das bedeutendste erhaltene Gebäude ist die eindrucksvolle zweistöckige Attalos-Stoa, die zwischen 1953 und 1956 auf den Originalfundamenten mit antikem Baumaterial nachgebaut wurde. Sie wurde von König Attalos II. von Pergamon (reg. 159–138 v.Chr.) gestiftet und dominierte bis zu ihrer Zerstörung 267 n.Chr. den östlichen Teil der Agora. Heute sind im darin untergebrachten Museum die Funde der Agora ausgestellt, darunter eine *klepsydra* (Wasseruhr, um die Redezeit bei Gericht festzulegen), Stimmsteine aus Bronze und Gegenstände des täglichen Lebens wie Terrakotta-Spielzeug oder Ledersandalen. Die am besten erhaltenen Ruinen der Agora sind das Odeion des Agrippa (ein überdachtes Theater) und das Hephaisteion (Hephaistos-Tempel), auch bekannt als Theseion.

## Akropolis ➍

*Siehe S. 284 ff.*

## Pláka ➎
Πλάκα

Ⓜ *Monastiráki.* 🚌 *1, 2, 4, 5, 9, 10, 11, 12, 15, 18.*

Dᴉᴇ Pʟᴀᴋᴀ ɪsᴛ das historische Zentrum Athens. Auch wenn nur wenige Bauwerke weiter als bis in die Türkenzeit zurückreichen, ist es das älteste ständig bewohnte Viertel der Stadt. Eine mögliche Deutung des Namens ist, daß die albanischen Soldaten der türkischen Armee, die sich hier im 16. Jahrhundert niederließ, das Viertel als *plaka* (alt) bezeichneten. Trotz des unaufhörlichen Stroms von Touristen und Athenern, die zum Essen in den alten Tavernen oder für einen Bummel durch die Antiquitäten- und Ikonenläden kommen, hat sich die Pláka die Atmosphäre eines Wohnviertels erhalten. Das einzige in Athen erhaltene choregische Denkmal ist das **Lysikrates-Denkmal** auf der Plateía Lysikrátous. Es erinnert an den Sieg der Chor- und Tragödienaufführungen bei den Dionysischen Spielen im Theater des Dionysos. Die Bauwerke sind nach dem Sponsor *(choregos)* des Siegerteams benannt.

**Detail eines Terrakotta-Dachs (Pláka)**

Eine der sehenswerten Kirchen ist die **Agios Nikólaos Ragavás** (11. Jh.) mit antiken Säulen in den Wänden.

Der **Turm der Winde** (2. Jh. v.Chr.) im Westen der Pláka steht auf der Römischen Agora. Er wurde vom syrischen Astronomen Andronikos als Wasseruhr mit Wetterfahne gebaut. Auf dem Marmorfries ist auf jeder Seite einer der acht mythologischen Winde dargestellt.

🜲 **Turm der Winde**
Plateía Aérides. 📞 *01 324 5220.*
🕐 *Di–So.* ⬛ *Feiertage.* 📷

**Fassade des Hephaisteion auf der antiken Agora**

# Akropolis
Ακρόπολη

İN DER MITTE des 5. Jahrhunderts v.Chr. überredete Perikles die Athener zu einem großangelegten Bauprojekt, das heute als Sinnbild der politischen und kulturellen Errungenschaften Griechenlands gewertet wird. Auf der Akropolis wurden drei völlig gegensätzliche Tempel und ein Monumentaleingang errichtet. Das Dionysos-Theater am Südhang wurde im 4. Jahrhundert v.Chr. gebaut, das Theater des Herodes Atticus im 2. Jahrhundert n.Chr. hinzugefügt.

**Die Akropolis mit dem Tempel des Zeus im Vordergrund**

**★ Halle der Karyatiden**
*Diese Frauenstatuen ersetzen in der Südhalle des Erechtheion die Säulen. Die Originalfiguren, die heute im Akropolis-Museum zu besichtigen sind, wurden durch Kopien ersetzt.*

**Wo Athene ihren Olivenbaum** im Wettstreit mit Poseidon pflanzte, steht auch heute einer.

**Die Propyläen** wurden 437–432 v.Chr. als neuer Eingang zur Akropolis errichtet.

**★ Tempel der Athena Nike**
*Der Tempel der Sieges-Athene (427–424 v.Chr.) befindet sich an der Westseite der Propyläen.*

**Das Beulé-Tor** war der früheste Eingang zur Akropolis.

**Weg zur Akropolis von der Kartenverkaufsstelle**

**NICHT VERSÄUMEN**

★ **Parthenon**

★ **Halle der Karyatiden**

★ **Tempel der Athena Nike**

**Theater des Herodes Atticus**
*Auch bekannt als Odeion des Herodes Atticus, wurde dieses herrliche Theater 161 n.Chr. erbaut. 1955 restauriert, wird es heute für Freilichtkonzerte verwendet.*

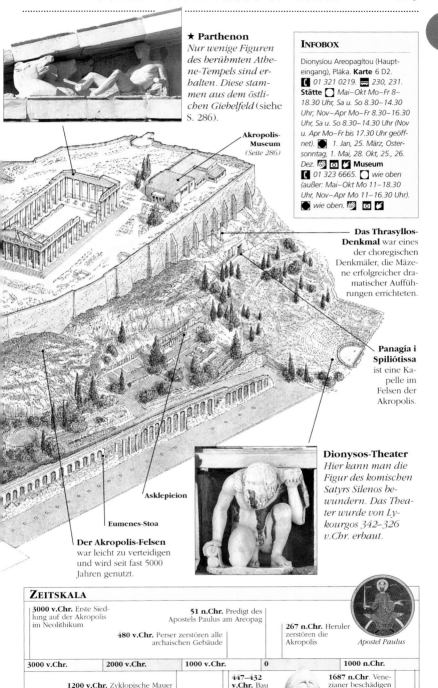

**★ Parthenon**
*Nur wenige Figuren des berühmten Athene-Tempels sind erhalten. Diese stammen aus dem östlichen Giebelfeld* (siehe S. 286).

**Akropolis-Museum**
*(Seite 286)*

**INFOBOX**

Dionysíou Areopagítou (Haupteingang), Pláka. **Karte** 6 D2.
🔲 *01 321 0219.* 🚌 *230, 231.*
**Stätte** ◯ *Mai–Okt Mo–Fr 8–18.30 Uhr, Sa u. So 8.30–14.30 Uhr; Nov–Apr Mo–Fr 8.30–16.30 Uhr, Sa u. So 8.30–14.30 Uhr (Nov u. Apr Mo–Fr bis 17.30 Uhr geöffnet).* ◯ *1. Jan, 25. März, Ostersonntag, 1. Mai, 28. Okt, 25., 26. Dez.* 🎫 ◎ ✂ **Museum**
🔲 *01 323 6665.* ◯ *wie oben (außer: Mai–Okt Mo 11–18.30 Uhr, Nov–Apr Mo 11–16.30 Uhr).* ● *wie oben.* 🎫 ◎ ✂

**Das Thrasyllos-Denkmal** war eines der choregischen Denkmäler, die Mäzene erfolgreicher dramatischer Aufführungen errichteten.

**Panagía i Spiliótissa** ist eine Kapelle im Felsen der Akropolis.

**Dionysos-Theater**
*Hier kann man die Figur des komischen Satyrs Silenos bewundern. Das Theater wurde von Lykourgos 342–326 v.Chr. erbaut.*

**Asklepieíon**

**Eumenes-Stoa**

**Der Akropolis-Felsen** war leicht zu verteidigen und wird seit fast 5000 Jahren genutzt.

**ZEITSKALA**

| | | | | |
|---|---|---|---|---|
| **3000 v.Chr.** Erste Siedlung auf der Akropolis im Neolithikum | | **51 n.Chr.** Predigt des Apostels Paulus am Areopag | **267 n.Chr.** Heruler zerstören die Akropolis | *Apostel Paulus* |
| | **480 v.Chr.** Perser zerstören alle archaischen Gebäude | | | |

| 3000 v.Chr. | 2000 v.Chr. | 1000 v.Chr. | 0 | 1000 n.Chr. |
|---|---|---|---|---|

| | | | | |
|---|---|---|---|---|
| **1200 v.Chr.** Zyklopische Mauer ersetzt den alten Mauerwall | | **447–432 v.Chr.** Bau des Parthenon unter Perikles | | **1687 n.Chr.** Venezianer beschädigen Parthenon |
| **510 v.Chr.** Orakel von Delphi erklärt Akropolis zum heiligen Ort und verbietet Sterblichen, dort zu wohnen | | | *Perikles (495–429 v.Chr.)* | **1987 n.Chr.** Restaurierung des Erechtheion abgeschlossen |

# Überblick: Die Akropolis

SOBALD MAN DIE PROPYLÄEN, den Monumentaleingang der Akropolis, durchschritten hat, bietet der Parthenon ein beeindruckendes Bild. Daneben finden sich auf der »Spitze der Stadt« noch das Erechtheion und der Tempel der Athena Nike. Seit 1975 ist der Zugang zu den Tempelbezirken verboten. Es grenzt an ein Wunder, daß auf der Akropolis überhaupt noch etwas erhalten ist. Kriege, Plünderungen und Schäden durch Umweltverschmutzung haben ihren Tribut gefordert.

**Teil des Frieses auf der Nordseite des Parthenon**

**Der *Moschophoros* (Kalbträger) im Akropolis-Museum**

### 🏛 Der Parthenon

Dieses wohl zu den bekanntesten Gebäuden der Welt zählende Bauwerk wurde von Perikles in Auftrag gegeben. 447 v.Chr. begann man mit der Arbeit, als der Bildhauer Phidias mit der Aufsicht über den Bau des herrlichen neuen dorischen Tempels der Athene, der Schutzgöttin der Stadt, beauftragt wurde. Dieses Bauwerk wurde an der Stelle eines älteren, archaischen Tempels für die Athene Parthenos, Phidias' eindrucksvolle, zwölf Meter große Statue, errichtet; sie war mit Elfenbein und Gold verziert.

Nach nur neun Jahren Bauzeit wurde der Tempel der Göttin während der Großen Panathenäen 438 v.Chr. geweiht. Die Architekten Kallikrates und Iktinos hatten in der komplexen Struktur des Tempels aus pentelischem Marmor die gerade Linie durch leicht gekrümmte ersetzt. Man nimmt an, daß so optischer Verzerrung entgegengewirkt oder der Eindruck von Größe verstärkt werden sollte. Alle Säulen sind in der Mitte etwas dicker und leicht nach innen geneigt, während das Fundament im Zentrum etwas nach oben gewölbt ist.

Für die Giebelfelder und Friese rund um den Parthenon wurde ein ganzes Heer von Bildhauern und Malern beschäftigt. Die Bildhauer Agorakritos und Alkamenes, beide Schüler von Phidias, arbeiteten an dem berühmten Fries mit Darstellungen von Menschen und Pferden des Panathenäen-Zuges.

Trotz der Schäden und Umbauten (man verwendete den Tempel als Kirche, Moschee und sogar als Waffenlager) beeindruckt der Parthenon auch heute noch und bleibt ein beeindruckendes Symbol für die Macht des antiken Griechenlands.

### 🏛 Akropolis-Museum

Das 1878 eröffnete Museum befindet sich in der südöstlichen Ecke etwas unterhalb des Parthenon. Seit dem Umbau nach dem Zweiten Weltkrieg beherbergt es eine Sammlung, die nur den Funden von der Akropolis gewidmet ist. Unter den Schätzen finden sich einige schöne Statuen (5. Jh. v.Chr.) und Teile vom Parthenon-Fries.

Die Sammlung beginnt chronologisch mit Werken aus dem 6. Jahrhundert v.Chr. in **Saal I**, **II** und **III** mit dem Moschophoros (»Kalbträger«, etwa 570 v.Chr.) und Torsi aus Giebelfeldern mit mythologischen Szenen. In **Saal V** findet sich ein Giebelfeld des alten Athene-Tempels. **Saal IV** und **VI** umfassen die einzigartige Korensammlung (550–500 v.Chr., Mädchenstatuen als Opfer an die Göttin Athene).

In **Saal VII** und **VIII** trifft man unter anderem auf Fragmente vom Erechteion-Fries und eine gutherhaltene Metope von der Südseite des Parthenon. Die Sammlung endet schließlich in **Saal IX** mit den vier übrigen Karyatiden des Erechtheion, gut geschützt hinter Glas und bei gleichbleibender Temperatur verwahrt.

**Blick auf den Parthenon von Südwesten bei Sonnenaufgang**

## Benáki-Museum ❻
### Μουσείο Μπενάκη

Ecke Koumpári u. Vasilíssis Sofías, Kolonáki. ☎ 01 361 1617. 🚌 3, 7, 8, 13. ◯ telefonisch erfragen. ● Feiertage. 📷 🅿 ♿ begrenzt.

**D**IESES HERVORRAGENDE Museum umfaßt eine vielfältige Sammlung von griechischer Kunst und griechischem Kunsthandwerk, Schmuck, regionalen Trachten und politischen Memorabilien vom 3. Jahrhundert v.Chr. bis ins 20. Jahrhundert. Es wurde von Antónis Benáki (1873–1954) gegründet, Sohn von Emmanoúil Benáki, der sein Vermögen in Ägypten gemacht hatte. Schon früh interessierte sich Antónis für griechische, persische, ägyptische und türkische Kunst und begann mit seiner Sammlung bereits in Alexandria. Als er 1926 nach Athen zog, stiftete er sie dem griechischen Staat. Das Museum in seiner eleganten neoklassizistischen Villa aus dem 19. Jahrhundert, erbaut vom Architekten Anastásios Metaxás, der auch das Kallimármaro-Stadion plante, wurde 1931 der Öffentlichkeit übergeben.

Ein großer Teil der Sammlung besteht aus teilweise bis zu 5000 Jahre altem Goldschmuck. Zu sehen sind außerdem Ikonen, liturgisches Silber, ägyptische Funde und griechische Stickereien. Die Chatzikyriákos-Galerie widmet sich ausschließlich den Malereien und Skulpturen des verstorbenen Künstlers.

## Museum kykladischer Kunst ❼
### Μουσείο Κυκλαδικής και Αρχαίας Ελληνικής Τέχνης

Neofýtou Doúka 4 (neuer Flügel in Irodótou 1), Kolonáki. ☎ 01 722 8321. 🚌 3, 7, 8, 13. ◯ Mo u. Mi–Fr 10–16 Uhr, Sa 10–15 Uhr. ● Feiertage. 📷 🅿 ♿ 🖥

**D**IESES MODERNE, 1986 eröffnete Museum bietet dem Besucher die mit Abstand weltbeste Sammlung kykladischer Kunst. Mit Hilfe wohlhabender Griechen von Nikólas und Dolly Goulandrí zusammengetragen, bietet die Sammlung einen schönen Überblick über diese etwa 5000 Jahre alte Kultur.

Im übersichtlichen Museum mit fünf Etagen herrscht eine überaus entspannte Atmosphäre. Der Rundgang beginnt im ersten Stock, in dem sich die Kykladenidole befinden. Sie stammen meist aus Gräbern des 3. Jahrtausends v.Chr.; ihre genaue Bedeutung ist immer noch ein Geheimnis.

Zu den wohl schönsten Exemplaren zählt die *Harfenspieler*. Im zweiten Stock befindet sich antike griechische Kunst, im vierten die Sammlung Charles Polítis mit klassischer und prähistorischer Kunst mit einigen äußerst sehenswerten Terrakotta-Frauenfiguren aus Tanágra (Mittelgriechenland). Der dritte Stock des Museums ist für temporäre Ausstellungen reserviert.

**Sitzendes kykladisches Idol**

Ein neuer Flügel wurde 1992 in der Stathátos-Villa nebenan eröffnet. Die Villa trägt ihren Namen von den ursprünglichen Besitzern Otto und Athiná Stathátos. Hier befindet sich die Griechische Kunstsammlung der Akademie Athen. Die Ausstellungen im ersten Stock wechseln regelmäßig.

## Nationale Gemäldegalerie ❽
### Εθνική Πινακοθήκη

Vasiléos Konstantínou 50, Ilísia. ☎ 01 723 5937. 🚌 3, 13. ◯ Mo u. Mi–Sa 9–15 Uhr, So 10–14 Uhr. ● Feiertage. 📷 ♿

**D**AS NIEDRIGE, moderne Bauwerk beherbergt eine ständige Ausstellung europäischer und rein griechischer Kunst. Der erste Stock des 1971 eröffneten Museums widmet sich hauptsächlich Gemälden von Van Dyck, Dürer, Cézanne und Rembrandt. Zu sehen ist auch Picassos *Frau in weißem Kleid* (1939) und Caravaggios *Sänger* (1620). Der Großteil der Sammlung besteht aus griechischer Kunst vom 18. bis zum 20. Jahrhundert. Das 19. Jahrhundert wird von Themen des Unabhängigkeitskrieges *(siehe S. 38f)* und des Meeres dominiert. Es gibt auch einige hervorragende Porträts von Nikólaos Gýzis (1842–1901; *Der Verlierer der Wette*, 1878) und Nikifóros Lýtras (1883–1927; *Warten*, 1900 und *Der Strohhut*, 1925).

Ikone *Anbetung der Könige* aus dem Benáki-Museum

# In Athen unterwegs

**Bushalte-stelle**

DIE SEHENSWÜRDIGKEITEN im Stadtzentrum liegen alle dicht beieinander und sind meist zu Fuß erreichbar. Auf diese Art kommt man eindeutig am besten voran, besonders angesichts der haarsträubenden Staus während der Stoßzeiten, wenn sämtliche Verkehrsmittel langsam und ineffizient vorankommen. Der Ausbau der U-Bahn sollte eine Entspannung der Situation bringen, doch bis zu deren Fertigstellung sind Athener und Touristen auf Busse und Oberleitungsbusse angewiesen. Taxis mit ihren EU-weit günstigsten Hauptstadttarifen stellen sogar für längere Fahrten ebenfalls eine preiswerte Alternative dar.

**Orange-weißer Regionalbus für die Region Attika**

**Einer der vielen blau-weißen Busse**

## BUSFAHREN IN ATHEN

ATHEN VERFÜGT ÜBER ein enges Netz an Buslinien. Busse sind preiswert, können aber langsam und unangenehm überfüllt sein, besonders im Stadtzentrum und während der Stoßzeiten. Am schlimmsten ist es von 7 bis 8.30, 14 bis 15.30 und 19.30 bis 21 Uhr.

Es gibt Einzelfahrkarten und Zehnerblocks, die beide im voraus in einem *períptero* (Straßenkiosk) oder an einer Vorverkaufsstelle gekauft werden müssen. Vorverkaufsstellen erkennen Sie an dem braun-rot-weißen Logo und der Aufschrift *eisitíria edó*. Dieselben Fahrkarten gelten gleichermaßen für Busse und Oberleitungsbusse und müssen jeweils vor Antritt der Fahrt in einem Automaten entwertet werden. Auf Zuwiderhandlung steht eine Geldstrafe. Die Fahrkarte gilt nur für eine Fahrt innerhalb der Zone im Zentrum. Beim Umsteigen muß eine neue Karte gelöst werden.

**Fahrkarten-verkauf**

---

## DIE WICHTIGSTEN ROUTEN IN ATHEN

Bis 1998 sollen die Metro-Stationen Kerameikós, Plateía Syntágmatos und Nationale Gemäldegalerie eröffnet werden. Ausgrabungen können zu Verzögerungen führen.

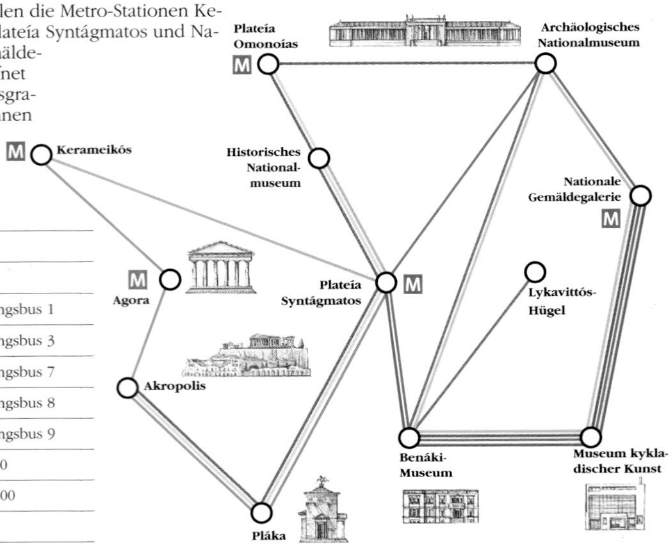

### LEGENDE

— Bus A5

— Bus 230

— Oberleitungsbus 1

— Oberleitungsbus 3

— Oberleitungsbus 7

— Oberleitungsbus 8

— Oberleitungsbus 9

— Minibus 60

— Minibus 100

Ⓜ Metro

Plateía Omonoías Ⓜ

Archäologisches Nationalmuseum

Ⓜ Kerameikós

Historisches Nationalmuseum

Nationale Gemäldegalerie Ⓜ

Ⓜ Agora

Plateía Syntágmatos Ⓜ

Lykavittós-Hügel

Akropolis

Benáki-Museum

Museum kykladischer Kunst

Pláka

# ΜΟΝΑΣΤΗΡΙΟΝ
## Monastirion

Metro-Station Monastiráki

## BUSVERBINDUNGEN

Es GIBT IN ATHEN vier wichtige Busnetze, die den Großraum Athen und die Region Attika abdecken. Busse sind in Blau-Weiß, Rot, Orange-Weiß und Grün lackiert. Blau-weiße Busse fahren ein großes Netz mit über 300 Routen im Großraum Athen ab und verbinden die Bezirke miteinander und mit dem Zentrum. Zusätzlich fahren Minibusse das Stadtzentrum ab. Man erkennt sie an den roten Tafeln an den Haltestellen.

Orange-weiße Busse bedienen das Gebiet um Athen. In diesen Bussen zahlt man beim Fahrer. Wegen der größeren Distanzen ist auch der Fahrpreis entsprechend höher. Beide Busbahnhöfe für die orange-weiße Linie befinden sich an der Mavrommataión, in der Nähe von Pedío tou Areos (Areos-Park). Auch wenn man an jeder Haltestelle einsteigen kann, kann man üblicherweise erst außerhalb des Zentrums aussteigen. Diese Busse verkehren seltener als die blau-weißen, einige stellen den Verkehr schon am frühen Abend ein.

Die grünen Express-Busse verkehren zwischen Athen und dem Hafen Piräus. Die Nummern 040 und 049 fahren sehr häufig – etwa alle sechs Minuten – von Athinas über die Plateía Omonoías zu verschiedenen Stationen von Piräus, darunter zur Plateía Karaïskáki und dem Hafen.

## OBERLEITUNGSBUSSE

Das BUSNETZ wird von den gelb gekennzeichneten Oberleitungsbussen ergänzt. Etwa 20 Linien durchqueren das Stadtzentrum und bieten günstige Verbindungen zu den Sehenswürdigkeiten der Innenstadt Athens. Alle Linien queren die Pláka. Für das Archäologische Nationalmuseum empfiehlt sich die Linie 3 von der Plateía Syntágmatos, Linie 1 verbindet den Lárissis-Bahnhof mit der Plateía Omonoías und der Plateía Syntágmatos, dem Herzen des Stadtzentrums.

Vorderansicht eines Oberleitungsbusses

## ATHENS METRO

ATHENS METRO IST ein schnelles und verläßliches Transportmittel. Ihre Nützlichkeit hält sich jedoch in Grenzen, da sie derzeit über nur eine Linie von Kifisiá im Norden bis nach Piräus im Süden verfügt, mit den wichtigen Stationen Thiseío, Monastiráki, Omónoia und Victoria. Ein Großteil der Strecke verläuft oberirdisch, nur die Strecke im Zentrum zwischen Attikí und Monastiráki ist unterirdisch. Die Metro wird hauptsächlich von Pendlern genutzt, Touristen gelangen damit bequem nach Piräus.

Metro-Tickets

Der Fahrpreis erhöht sich etwas, wenn man auf der Strecke die Station Omónoia durchfährt. Karten sind an jeder Station erhältlich und müssen vor Antritt der Fahrt entwertet werden – die Entwerter befinden sich jeweils an den Eingängen zu den Plattformen. Die Metro verkehrt im Fünf-Minuten-Takt von 5 Uhr früh bis Mitternacht.

Ein Ausbau des Metro-Netzes ist in Arbeit; geplant sind zwei zusätzliche Linien und 18 neue Stationen, die bis Ende 1998 fertiggestellt sein sollen. Die neuen Routen werden von Nordwesten nach Südosten und von Westen nach Osten verlaufen, mit Umsteigemöglichkeit an den Stationen Omónoia und Monastiráki. Die Linien verlaufen etwa 20 Meter unter der Erde, um nichts von wissenschaftlichem Interesse zu beschädigen. Die archäologischen Ausgrabungen im Zuge des Ausbaus behindern derzeit das Fortkommen, und so wird sich die Fertigstellung wahrscheinlich um bis zu einige Jahre verzögern.

Metro-Station Piräus

## ATHEN MIT DEM AUTO

AUTOFAHREN IN Athen kann eine nervenaufreibende Angelegenheit sein, besonders wenn man die örtlichen Gepflogenheiten nicht gewöhnt ist. Viele Straßen im Zentrum sind Fußgängerzonen, und es gibt auch jede Menge Einbahnstraßen, so daß die Route sorgfältig geplant werden sollte. Auch wenn es nicht so aussieht, ist Parken vor einem Parkverbotsschild oder an einer gelben Linie verboten. Es gibt Parkuhren und Parkscheinautomaten, aber auch unterirdische Parkhäuser, die allerdings erfahrungsgemäß relativ schnell besetzt sind.

Um die gefährliche Ausmaße erreichende Luftverschmutzung einzudämmen, hat man versucht, den Verkehr im Zentrum zu reduzieren: An geraden Tagen dürfen nur Autos mit gerader Autonummer in den Zentrumsbereich *(daktýlio)*, an ungeraden nur Autos mit ungerader Nummer. Die Regel gilt nicht für ausländische Autos; meiden Sie aber dennoch, wenn möglich, das Zentrum.

**Gelbes Taxi in Athen**

## TAXIS IN ATHEN

GANZE SCHWÄRME gelber Taxis kurven beinahe Tag und Nacht durch Athen, doch eines zum Stehenbleiben zu bewegen, erweist sich oft als recht schwierig, besonders beim Schichtwechsel zwischen 2 und 3 Uhr nachmittags. Sie werden nur mitgenommen, wenn Sie in die gleiche Richtung wie der Fahrer wollen.

**Parkuhr in Athen**

Um ein Taxi anzuhalten, stellt man sich an den Rand des Bürgersteigs und ruft jedem Taxi, das langsamer wird, sein Ziel zu. Wenn das »Taxi«-Schild beleuchtet ist, ist der Wagen definitiv frei (doch auch unbeleuchtete Taxis können frei sein).

Es ist allgemein üblich, weitere Kunden zusteigen zu lassen, lassen Sie deshalb auch die besetzten Taxis nicht außer acht. Wenn Sie nicht der erste Fahrgast im Taxi sind, achten Sie beim Einsteigen auf den Zähler; der Fahrpreis wird nicht geteilt, und Sie sollten nur Ihren Anteil der Strecke oder den Mindestpreis von 200 Dr bezahlen müssen.

Die Taxis in Athen sind am europäischen Standard gemessen extrem billig. Für Fahrten innerhalb des Zentrums sollten Sie nie mehr als 700 Dr bezahlen müssen, vom Zentrum nach Piräus oder zum Flughafen zwischen 1000 und 1700 Dr.

Doppelt so teuer wird es zwischen Mitternacht und 5 Uhr morgens und bei Fahrten, die eine gewisse Distanz vom Zentrum überschreiten. Es gibt auch kleine Aufpreise für Gepäck mit einem Gewicht

**Parken verboten an ungeraden Tagen**

**Parken verboten an geraden Tagen**

über zehn Kilogramm und für Fahrten vom Flughafen, Fährhafen und Bahnhof. Die Gebühren steigen auch während der Weihnachtsferien und um die Osterfeiertage.

Für eine kleine Zusatzgebühr können Sie eines der zahlreichen Funktaxis bestellen, das Sie zu einer bestimmten Zeit an einem bestimmten Ort abholt. Hier sind die Telefonnummern einiger Taxi-Unternehmen aufgelistet:

**Express**
**(** 01 993 4812.

**Kosmos**
**(** 01 420 0042.

**Hellas**
**(** 01 645 7000.

## ZU FUSS IN ATHEN

DAS ZENTRUM Athens ist sehr kompakt, und fast alle wichtigen Sehenswürdigkeiten liegen 20 bis 25 Gehminuten von der Plateía Syntágmatos entfernt, die allgemein als Zentrum gilt. Bei Stau, überfüllten Bussen und Problemen, ein Taxi zu finden, sollte man zu Fuß gehen. Athen ist noch immer eine der sichersten Städte zum Spazierengehen, doch sollte man wie in jeder anderen größeren Stadt besonders nachts vorsichtig sein.

**Zeichen für Fußgängerzone**

**Besucher der griechischen Hauptstadt auf dem Weg zum Areopag**

## NAHVERKEHRSNETZ IN ATHEN

AN DER PLATEÍA Syntágmatos und der Plateía Omonoías läuft das öffentliche Verkehrsnetz zusammen. Von hier fahren Oberleitungs- und andere Busse zum Flughafen, zum Hafen von Piräus, den beiden Bahnhöfen sowie den internationalen und nationalen Busbahnhöfen.

Bus 091 verbindet das Stadtzentrum mit den Terminals Ost und West und dem Charterterminal des Flughafens. Die Busse 040 und 049 fahren zwischen Piräus und dem Stadtzentrum (Syntágmatos und Omonoí) hin und her.

Auch die Metro fährt bis Piräus. Der Hafen ist direkt mit dem Flughafen verbunden: Bus 19 fährt von Piräus zum Flughafen, auch nachts, doch dann seltener.

Oberleitungsbus 1 fährt am Lárissis-Bahnhof vorbei (Peloponnísou-Bahnhof in Gehdistanz), während Bus 024 zum Busbahnhof-Terminal B an der Liosíou und Bus 051 zu Terminal A an der Kifisoú fährt.

Auch wenn es etwas teurer als die öffentlichen Verkehrsmittel ist, sind Taxis eine bequeme Alternative, sein Ziel zu erreichen. Die Fahrzeiten schwanken beträchtlich, doch außerhalb der Stoßzeiten benötigt man vom Zentrum

bis zum Flughafen 25 bis 30 Minuten, vom Zentrum nach Piräus zwischen 30 und 40 Minuten, und von Piräus zum Flughafen ebenfalls zwischen 30 und 40 Minuten.

**Bus von Piräus zum Stadtzentrum von Athen**

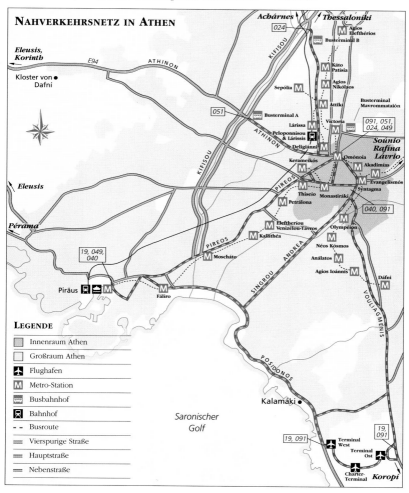

## NAHVERKEHRSNETZ IN ATHEN

### LEGENDE

| | |
|---|---|
| ▨ | Innenraum Athen |
| ▢ | Großraum Athen |
| ✈ | Flughafen |
| M | Metro-Station |
| 🚌 | Busbahnhof |
| 🚉 | Bahnhof |
| - - | Busroute |
| ═ | Vierspurige Straße |
| ═ | Hauptstraße |
| ═ | Nebenstraße |

# ZU GAST AUF DEN INSELN

# ÜBERNACHTEN

UNTERKÜNFTE SIND AUF den Griechischen Inseln in den meisten Fällen eher zweckmäßig, nur manchmal übertrieben ausgestattet. Das Angebot ist reichhaltig und deshalb im Vergleich zu anderen Urlaubszielen in Europa recht günstig. Trotz der Kommerzialisierung in den überfüllten Ferienorten findet man abseits vom Massentourismus noch echte Gastfreundschaft. Auf den

**Ferienapartments (Ionische Inseln)**

nächsten vier Seiten werden Ihnen verschiedene Möglichkeiten der Unterbringung vorgestellt, darunter auch Campingplätze und Jugendherbergen. Die Hotelliste auf den Seiten 298–311 umfaßt mehr als 150 Übernachtungsmöglichkeiten, sie reichen von einfachen *domátia* (Zimmer) und Berghütten bis hin zu Luxushotels und Hotels in erhabenen restaurierten Gebäuden.

## HOTELS

DIE MEISTEN griechischen Hotels sind in der im Mittelmeerraum üblichen Betonarchitektur gebaut, doch an der Küste sind hohe Gebäudekomplexe verboten. Viele Hotels stammen aus der Zeit der Junta (1967–74), als Investitionen in »modernen« Tourismus gefördert wurden. Einige wenige neoklassizistische oder ältere Hotels bestehen noch und profitieren vom staatlichen Denkmalschutz.

Seit den 80er Jahren werden Hotels im allgemeinen mit mehr Phantasie und Gefühl für die Umgebung gebaut. Die teureren Hotels bieten entsprechend besseren Service und verfügen über gut geschultes Personal.

### HOTELKETTEN

IN GRIECHENLAND mit seiner Tradition des Familienbetriebs haben sich Hotelketten nie durchsetzen können. Unter den wenigen davon ist die einst staatliche Xeniá-Kette aus den 50er Jahren die älteste. Um die meisten ihrer Hotels mit abgenutzter Einrichtung und gleichgültigem Personal macht man besser einen Bogen. Die Ketten **Grecotel** auf Kreta oder **Chandris Hotel** auf Korfu und Chíos sind eine bessere Wahl. Grecotel hat seinen Service jüngst erheblich verbessert.

### HOTELS IN RESTAURIERTEN GEBÄUDEN

WÄHREND DER 70er Jahre begann EOT (Griechische Zentrale für Fremdenverkehr) die Restaurierung landestypischer Gebäude für touristische Zwecke zu fördern. Man bekommt dort für sein Geld etwas geboten – darunter auch Flair und Atmosphäre. Aus Gründen des Denkmalschutzes haben die Zimmer nicht immer Bad und WC. Anlagen dieser Art findet man in Mestá (Chíos) und Oía (Santoríni). Der Komplex in Mestá wurde kürzlich privatisiert – ein Zeichen dafür, daß auch immer stärkeres kommerzielles Interesse an solchen Projekten besteht.

Auch Privatunternehmer haben erfolgreich viele jahrhundertealte Gebäude zu kleinen und mittleren Hotels umgebaut. Solche gelungenen Adaptionen findet man auf Yydra und Kreta (in Chaniá und Réthymno) sowie auf Sými, Mýkonos, Sýros, Lésvos, Folégandros und Kálymnos.

### DOMATIA

ZAHLREICHE Unterkünfte in Griechenland (besonders auf den kleinen Inseln) bestehen aus sogenannten *domátia* (Privatzimmern). Früher befanden sie sich oft im Haus der Vermieterfamilie, heute

**Hotel Alíki *(siehe S. 304)* mit Booten im Vordergrund (Sými)**

◁ Taverne Steni Valá auf der Insel Alónnisos

**Skiáthos-Palace-Hotel** *(siehe S. 300)*

zunehmend eher in eigens dafür errichteten modernen Gebäuden. Im Vergleich zu Hotels mit gleichem Komfort sind die Zimmer (meist mit neutralen Kiefernmöbeln eingerichtet) sehr preiswert. Immer häufiger kann man mit Dusche/WC im Zimmer rechnen, es gibt oft auch eine Küche. Aufenthaltsräume oder Frühstücksräume etc. sind die Ausnahme, für heißes Wasser sorgen entweder ein Tauchsieder oder die Solaranlage.

## KATEGORIEN

HOTELS UND DOMÁTIA werden von der EOT bewertet. Die Kategorien für Hotels reichen von E bis A, plus deluxe, für *domátia* von C bis A. An und für sich sollte ein direkter Zusammenhang zwischen Komfort und Kategorie bestehen, was aber aufgrund von Meinungsverschiedenheiten mit den Lokalbehörden nicht immer der Fall ist.

Hotels der Kategorie E mit nur der notwendigsten Ausstattung und geringer Profitspanne sind nahezu ausgestorben. D-Hotels gibt es nach wie vor; sie sollten zumindest einige Zimmer mit Dusche/WC anbieten. Bei Hotels der Kategorie C müssen alle Zimmer über Dusche/WC verfügen sowie über einen Aufenthaltsraum wie zum Beispiel eine kleine Bar, in der man auch essen kann, oder einen Frühstücksraum, in dem ein einfaches Frühstück serviert wird. Hotels der Kategorie B brauchen Extras wie Restaurant, umfangreicheres Frühstück und zumindest eine Sportmöglichkeit wie Pool oder Tennisplatz. A-Hotels liegen meist am Strand und bieten jeglichen Komfort, darunter Konferenzräume und Tele-

fonanlagen für Geschäftsreisende. Die oft in sich geschlossenen De luxe-Hotel-Komplexe bieten Gleiches auf höherem Niveau.

C-*domátia* mit Bad auf dem Gang und spartanischer Einrichtung sind im Aussterben begriffen und werden zusehends von der Kategorie B mit Dusche/WC im Zimmer und manchmal auch Gemeinschaftsküche ersetzt. A-Zimmer in schöner Umgebung mit Küchen in jeder Einheit entsprechen annähernd Apartments.

## PREISE

DIE HOTEL- UND *domátia*-Preise sollten ihrer Kategorie angepaßt sein, obwohl die Tarife von Saison und Ort abhängig sind. Für 4000 Dr oder etwas darunter findet man zumeist ein C-*domátio* für zwei Personen ohne Dusche/WC oder ein E- oder D-Hotel. Für 6000 Dr bekommt man ein B-*domátio* für zwei Personen, während A-*domátia* und C-Hotels zwischen 7000 und 9000 Dr verlangen. B-Hotels kosten pro Doppelzimmer zwischen 9000 und 13000 Dr, A-Hotels liegen meistens zwischen 13000 und 17000 Dr. Deluxe-Hotels fallen nicht in das EOT-Preisschema und können durchaus auf 22000 Dr kommen.

**Fenster auf dem Dodekanes**

Diese Circa-Angaben gelten für die Hauptsaison und verstehen sich inklusive Steuern und Frühstück. Bei weniger als drei Nächten Aufenthalt kann sich der Preis etwas erhöhen. Zu Frühlingsbeginn und im Spätherbst fallen die Preise oft bis zu 50 Prozent.

## SAISONBEGINN

DIE MEISTEN Hotels und alle *domátia* auf den Inseln haben nur während der Hauptsaison geöffnet (Ende April bis Ende Oktober – genaue Zeiten siehe Hotelliste). Fällt das orthodoxe Osterfest in den frühen April, beginnt die Saison oft schon dann.

Laut Gesetz dürfen *domátia* im Winter nicht vermietet werden. Die Auswahl beschränkt sich dann oftmals auf nur ein Hotel im Hauptort der Insel.

## BUCHEN

DIE HÄUFIGSTE und kostengünstigste Methode, eine Unterkunft zu buchen, ist im voraus über ein Reisebüro oder im Rahmen einer Pauschalreise. Wenn Sie ein Hotel direkt kontaktieren, sollten Sie dies per Fax tun, damit Ihre Buchung schriftlich fixiert ist.

Sie werden vielleicht um Ihre Kreditkartennummer gebeten oder um einen Scheck im voraus in der Höhe des Preises für eine Nacht. Das Geld kann einbehalten werden, wenn Sie nicht kommen.

**Stélla Tsakíri** *(siehe S. 300)* in Volissós (Chíos)

## FERIENAPARTMENTS UND FERIENVILLEN

FERIENAPARTMENTS oder -villen *(garsonières)* sind die logische Weiterentwicklung der *domátia.* Der Hauptunterschied besteht darin, daß jede Wohneinheit ihre eigene Küche hat, oft sind auch Swimmingpool und Gartenanlage vorhanden.

Mit wenigen Ausnahmen bucht man die gut ausgestatteten Ferienapartments in einem Pauschalangebot. Viele Ferienvillen werden jedes Jahr im voraus für längere Zeit von bestimmten Reiseveranstaltern gebucht und sind im Prinzip für Individualreisende nicht greifbar. In schlechten Jahren, wenn dies nicht der Fall ist, wendet man sich am besten an die Reisebüros vor Ort – man wird Sie dort über den aktuellen Stand informieren und Ihnen für geringes Entgelt ein Apartment vermitteln. In der Nebensaison kann man mit dem Besitzer direkt verhandeln und Apartments für längere Zeit mieten.

## JUGENDHERBERGEN

AUF DEN GRIECHISCHEN Inseln gibt es sieben vom IYHF (Internationales Jugendherbergswerk) anerkannte Jugendherbergen *(xenón neótitos):* auf den Inseln Santoríni, Korfu und Kreta (in Irákleio, Réthymno, Plakiás, Siteía und Chaniá). Die griechischen Jugendherbergen sind nicht so strikt wie in anderen Ländern. Sogar ohne Jugendherbergsausweis ist es gegen einen

Das Kloster Agios Giórgos auf Skýros *(siehe S. 112f)*

Aufpreis möglich, dort zu übernachten – vorausgesetzt, es sind noch Zimmer frei.

Auf den Inseln gibt es auch einige inoffizielle Jugendherbergen, die sehr gut sein können und oft besser ausgestattet sind als die vom IYHF offiziell anerkannten.

## BERGHÜTTEN

VON DEN INSELN hat nur Kreta drei gut ausgestattete Berghütten *(katafýgia):* eine am Psiloreítis (Berg Ida) und zwei in den Weißen Bergen bei Chaniá. Die Hütte bei Kallérgi über der Samariá-Schlucht in den Weißen Bergen ist als einzige fast das ganze Jahr über geöffnet. Für die beiden anderen muß der Schlüssel in Irákleio bzw. Chaniá von den Zweigstellen des **EOS** (Griechischer Alpenverein) besorgt werden. Wenn man die Hütte aber nicht als Gruppe mietet, kann das ein teures Unterfangen werden.

## AGROTOURISMUS

DIE IDEE KAM IN den 80er Jahren auf, um Frauen in der Provinz die Möglichkeit zur finanziellen Unabhängigkeit zu geben. Urlauber können in einem Haus auf dem Dorf wohnen (Frühstück inklusive) und haben die Möglichkeit, am täglichen Leben in der Landwirtschaft teilzunehmen. Solche Programme gibt es in Pyrgí (Chíos) und Pétra (Lésvos). In Pétra betreibt die Kooperative ein zentral gelegenes, preiswertes Restaurant mit regionaler Küche. Für Buchungen kann man sich direkt an die jeweilige Kooperative wenden. Adressen hält die Griechische Zentrale für Fremdenverkehr bereit.

## KLÖSTER

DIE WENIGER frequentierten Klöster in Griechenland haben Unterkünfte *(xenónes),* die in erster Linie für die Unterbringung griechisch-orthodoxer Pilger an Wochenenden gedacht sind. Diese haben immer Priorität, doch findet man oft kurzfristig auch Platz.

Die Unterbringung ist spartanisch-schlafsaalartig, mit einem frugalen Abendessen und einem Kaffee zum Frühstück. Es ist üblich, in der Hauptkirche *(katholikón)* eine Spende zu hinterlassen.

Auf den Inseln verschwindet die Tradition der Gastfreundschaft – eine Folge von Massentourismus und Kommerzialisierung. In den abgelegeneren Gegenden von Rhodos, Kreta und anderen großen Inseln kann man jedoch in den Klöstern Unterkunft finden.

## CAMPING

AUF DEN GRIECHISCHEN Inseln gibt es fast 80 offiziell anerkannte Campingplätze. Die meisten liegen in Strandnähe und sind für Caravans geeignet. Einige wenige gehören der EOT oder der Gemeinde, die restlichen Plätze werden privat geführt. Der überwiegende Teil ist mit solarbeheizten Warmwasserduschen, schattigen Stellplätzen, Snackbar oder Café und Stromanschluß gegen Extragebühr

Im Hotel Erevos *(siehe S. 305)* in Imerovígli, Santoríni

ausgestattet. Luxuriöse Anlagen ähneln kleinen Feriendörfern mit Swimmingpool, Tennisplätzen, Waschräumen, Bank- und Postservice sowie Bungalows für Gäste ohne Zelt. Der Boden ist meist hart, deshalb empfiehlt sich die Mitnahme kurzer Heringe und eines geeigneten Hammers. Der **Griechische Campingverband** gibt regelmäßig ein Heft heraus, in dem alle Campingplätze mit Ausstattung aufgeführt sind.

Hotel Green *(siehe S. 308)* in Spíli, Kreta

### BEHINDERTE

F ÜR INFORMATIONEN wendet man sich am besten an die Selbsthilfeverbände der jeweiligen Gemeinde. Allgemeine Informationen enthält der *Rat-*

**Campingplatz Lakka Paxi auf den Ionischen Inseln**

*geber für Behinderte* des Bundesministeriums für Arbeit und Sozialordnung.

**Mobility International** gibt vierteljährlich eine Zeitschrift mit aktuellen Informationen über Reisen für Behinderte heraus. In Griechenland kann man sich an **Hermes** um Rat wenden. In der nachfolgenden Hotelliste ist angezeigt, welche Einrichtungen (zum Beispiel Lifte) für Behinderte zur Verfügung stehen.

Informationen von griechischen Stellen sind zumeist rudimentär: EOT gibt nur einen Fragebogen heraus, der individuell verschickt werden kann, um festzustellen, ob ein Hotel behindertengerecht ist.

### WEITERE INFORMATIONEN

D ER NÜTZLICHE, aber englische Hotelführer *Guide to Hotels,* erhältlich bei der EOT (Griechische Zentrale für Fremdenverkehr), umfaßt alle offziell registrierten Hotels, nicht aber Ferienapartments und *domátia,* mit Preisen, Ausstattung und Saisonbeginn/Saisonende. Für Informationen zu *Agrotourismus* wendet man sich am besten an die Vertretungen der EOT in Deutschland. Die Zentrale hat ihren Sitz in Frankfurt/Main, Neue Mainzer Straße 22, 60311 Frankfurt. Tel: 069-236 561. Weitere Stellen gibt es in Berlin, Hamburg und München.

---

| AUF EINEN BLICK | | |
|---|---|---|

### HOTELKETTEN

**Chandris Hotels**
Syngroú 385,
17564 Paléo Fáliron, Athen.
☎ 01 941 4825.

**Club Mediterranée Hellas SA**
Omírou 8, 10564 Athen.
☎ 01 325 4110.

**Divani Hotels**
Parthenónos 19–25,
11742 Athen.
☎ 01 922 9650.

**Grecotel**
PO Box 25, 74100
Réthymno, Kreta.
☎ 0831 71602 *(Kreta).*
☎ 01 725 0920 *(Athen).*

**ITAS Resorts Hotels**
Voulís 31–33,
10557 Athen.
☎ 01 323 9476.

**Mamidakis Hotels of Greece**
Panepistimíou 56,
10678 Athen.
☎ 01 361 9781.

**Zante Hotels**
PO Box 191, Laganás
29100, Zákynthos.
☎ 0695 51948.

### JUGENHERBERGEN

**Deutsches Jugendherbergswerk**
Hauptverband,
32754 Detmold.
☎ 0 52 31-7 40 10.

**IYHF (Griechenland)**
Dragatsaníou 4, 10559
Athen.
☎ 01 323 4107.

### BERGHÜTTEN

**EOS (Ellinikós Orivatikós Sýndesmos)**
(Verein Griechischer Alpinisten, Griechischer Alpenverein)
Filadelfías 126,
13671 Acharnés, Attika.
☎ 01 246 1528.

### AGROTOURISMUS

**Pétra, Lésvos**
☎ 0253 41238.

**Pyrgí, Chíos**
☎ 0271 72496.

### CAMPING

**Griechischer Campingverband**
Sólonos 76,
10680 Athen.
☎ 01 362 1560.

### BEHINDERTE REISENDE

**Hermes**
Patriárchou Grigoríou toú
Pémptou 13,
16452 Argyroúpoli, Attika.
☎ 01 996 1887.

**Bundesministerium für Arbeit und Sozialordnung**
Rochusstr. 1, 53123 Bonn.
☎ 02 28-52 70.

### WEITERE INFORMATIONEN

**Greek Travel Pages**
Psýlla 6,
10557 Athen.
☎ 01 324 7511.

Informationen erteilen Ihnen auch die Vertretungen der Griechischen Zentrale für Fremdenverkehr (EOT) in Ihrem Heimatland.

# Hotelauswahl

DIESE HOTELS VERSCHIEDENSTER Preisklassen wurden wegen ihrer Leistung, Ausstattung und Lage ausgewählt. Sie sind nach Gebieten geordnet, beginnend mit den Ionischen Inseln. Verwenden Sie die farbig markierten Suchhilfen an den Seiten, um die gewünschte Region zu finden. Weitere Informationen erhalten Sie auf den Seiten 294f.

| | ANZAHL DER ZIMMER | RESTAURANT | STRANDNÄHE | SWIMMINGPOOL | KLIMAANLAGE |
|---|---|---|---|---|---|
| **KORFU:** *Akrotíri Beach* ⒹⒹⒹⒹ<br>Aristeídis Polyímas, Palaiokastrítsa, 49083. 📞 0663 41237. 📠 0663 41277.<br>Eines der besten Hotels der beliebten Ferienregion, in schöner Lage auf einer Landzunge. ● *Nov–Apr.* 🛏 ♿ 🏊 🅿 🍽 | 127 | ● | ▦ | ● | ▦ |
| **KORFU:** *Bella Venezia* ⒹⒹⒹⒹ<br>N Zampéli 4, Korfu-Stadt, 49100. 📞 0661 46500. 📠 0661 20708.<br>Zentral gelegene neoklassizistische Villa mit hohen Räumen, die komfortabel und geschmackvoll ausgestattet sind. Freundlicher und flotter Service. 🛏 ♿ 🅿 🍽 | 32 | | ▦ | | ▦ |
| **KORFU:** *Corfu Palace* ⒹⒹⒹⒹⒹ<br>Leof Demokratías 2, Korfu-Stadt, 49100. 📞 0661 39485. 📠 0661 31749.<br>Luxushotel in einer herrlichen tropischen Gartenanlage, mit ruhigem Strand und Blick auf das Festland. ● *Nov–März.* 🛏 ♿ 🅿 🍽 | 112 | ● | ▦ | ● | ▦ |
| **KORFU:** *Divani Palace* ⒹⒹⒹⒹ<br>Naysikás 20, Korfu-Stadt, 49100. 📞 0661 38996. 📠 0661 35929.<br>Schönes Hotel 3 km außerhalb der Stadt Korfu, an einem bewaldeten Hügel über der Lagune von Kanóni. ● *Nov–März.* 🛏 ♿ 🅿 🍽 | 165 | ● | ▦ | ● | ▦ |
| **KORFU:** *San Stéfano* ⒹⒹⒹⒹ<br>In Meernähe, Benítses, 49081. 📞 0661 36036.<br>Dieses schöne Hotel beherbergte einmal Politiker Europas während einer Konferenz. Ausstattung sehr gut. ● *Nov–Feb.* 🛏 🏊 🅿 🍽 | 259 | ● | ▦ | ● | ▦ |
| **ITHAKI:** *Méntor* ⒹⒹⒹ<br>Vathý-Hafen, 28300. 📞 0674 32433. 📠 0674 32293.<br>Kleines, schönes, peinlich sauberes Hotel (Familienbetrieb), mit Bar am Dachgarten für laue Abende. 🛏 ♿ 🅿 🍽 | 38 | ● | ▦ | | |
| **KEFALLONIA:** *Tourist* ⒹⒹⒹ<br>Ioánnou Metaxá 94, Argostóli, 28100. 📞 0671 22510.<br>Die Farben Blau und Weiß geben dem netten Hotel ein sehr griechisches Flair. Komfortable, preiswerte Zimmer. 🛏 🍽 | 20 | ● | ▦ | | |
| **KEFALLONIA:** *Kefalloniá Star* ⒹⒹⒹ<br>Ioánnou Metaxá 50, Argostóli, 28100. 📞 0671 23181. 📠 0671 23180.<br>Alteingesessenes, komfortables Haus an der Hauptstraße zum Hafen. Einige Zimmer mit Balkon und schönem Meerblick. 🛏 ♿ 🍽 | 42 | | ▦ | ● | |
| **KEFALLONIA:** *Filoxenía Guest House* ⒹⒹⒹⒹ<br>In Meernähe, Fiskárdo, 28084. 📞 0674 41319. 📠 0674 41319.<br>Moderne Ausstattung harmonisch gemischt mit traditionellen Möbeln in restaurierter Villa. Großzügige Zimmer mit gut ausgestatteter Gemeinschaftsküche. Im quirligen Hafenort zentral gelegen. ● *Dez–März.* 🛏 ♿ 🍽 | 6 | | ▦ | | |
| **LEFKADA:** *Lefkás* ⒹⒹⒹⒹ<br>Papágou 2, Lefkáda-Stadt, 31100. 📞 0645 23916. 📠 0645 24579.<br>Großes, zentral gelegenes Hotel mit freundlichem Personal und entspannter Atmosphäre. Luftige und geräumige Zimmer. 🛏 🏊 | 186 | | ▦ | | |
| **LEFKADA:** *Nydrío Aktí* ⒹⒹⒹ<br>In Meernähe, Nydrí, 31100. 📞 0645 92400. 📠 0645 92151.<br>Hotel in Strandlage mit Blick auf die Inseln der Umgebung, gut ausgestattete Zimmer mit Balkon, Strandbar. | 39 | | ▦ | | ▦ |
| **MEGANISI:** *Meganísi* ⒹⒹ<br>Nördlich des Dorfplatzes, Katoméri, 31083. 📞 0645 51240. 📠 0645 51639.<br>Das Hotel im Familienbetrieb ist das einzige der Insel. Einfache, aber komfortable Unterbringung in ländlicher Umgebung. 🛏 ♿ 🅿 🍽 | 18 | ● | | | |

**Preisklassen** gelten für Standard-Doppelzimmer für eine Nacht in der Hauptsaison inkl. Steuer, Service und Frühstück.
- Dr bis 8000 Dr
- DrDr 8000–12 000 Dr
- DrDrDr 12 000–16 000 Dr
- DrDrDrDr 16 000–21 000 Dr
- DrDrDrDrDr über 21 000 Dr

**RESTAURANT**
Restaurant im Hotelbereich, ausschließlich für Hotelgäste.

**STRANDNÄHE**
Strand in Gehentfernung.

**SWIMMINGPOOL**
Die Swimmingpools in Hotels sind meist recht klein und liegen im Freien, wenn nicht anders angegeben.

**KLIMAANLAGE**
Hotel mit Klimaanlage in allen Zimmern.

| | | ANZAHL DER ZIMMER | RESTAURANT | STRANDNÄHE | SWIMMINGPOOL | KLIMAANLAGE |
|---|---|---|---|---|---|---|
| **ZAKYNTHOS:** *Montreal* <br> Alykés, 29090. 0695 83241. FAX 0695 83342. <br> Direkt am Strand des quirligen Ferienortes gelegen. Alle Zimmer mit Meerblick; moderne, gepflegte Ausstattung. ● *Nov–März.* | DrDr | 35 | ● | ▦ | | |
| **ZAKYNTHOS:** *Strada Marína* <br> Lomvárdou 14, Chóra, 29090. 0695 42761. <br> Das schönste Hotel der Stadt liegt direkt am Meer. Zimmer bieten alle Annehmlichkeiten. Angenehmer Dachgarten. | DrDrDr | 112 | ● | ▦ | | |

## ARGO-SARONISCHE INSELN

| | | ANZAHL DER ZIMMER | RESTAURANT | STRANDNÄHE | SWIMMINGPOOL | KLIMAANLAGE |
|---|---|---|---|---|---|---|
| **AIGINA:** *Aiginítiko Archontikó* <br> Agiou Nikoláou u. Eakou 1, Aígina-Stadt, 18010. 0297 24968. FAX 0297 24968. <br> Neoklassizistisches Gebäude mit zwei Innenhöfen und Dachgarten. Frühstücksraum ist schön restauriert, die einfachen Zimmer haben Messingbetten und antike Möbel. | DrDr | 10. | | | | ▦ |
| **AIGINA:** *Nafsiká* <br> Nahe dem Apollon-Tempel, Aígina-Stadt, 18010. 0297 22333. <br> Kleines, ruhiges Hotel im Familienbetrieb, außerhalb der Stadt am Meer gelegen. Die Ausgrabungsstätten sind gut erreichbar. ● *Apr–Okt.* | DrDrDr | 36 | ● | ▦ | | |
| **KYTHIRA:** *Margaríta* <br> Im Stadtzentrum, Chóra, 80100. 0735 31711. FAX 0735 31325. <br> Elegantestes Hotel von Chóra in einer umgebauten Villa aus dem 19. Jahrhundert. Zimmer ohne Balkon. ● *Okt–März.* | DrDrDr | 12 | | | | |
| **KYTHIRA:** *Vasílis Bungalows* <br> Kapsáli-Bucht, 80100. 0735 31125. FAX 0735 31553. <br> Der beste unter den Bungalow-Komplexen auf den Hügeln über der Kapsáli-Bucht. Alle Einheiten mit eigener Küche. ● *Okt–März.* | DrDrDrDr | 13 | | ▦ | | |
| **YDRA:** *Hydra* <br> Voúlgari 8, Ydra-Stadt, 18040. 0298 52102. FAX 0298 52102. <br> Umgebaute Villa auf einem Hügel westlich der Stadt. Die Zimmer mit Blick auf den Hafen sind die schönsten. ● *Nov–Feb.* | DrDrDr | 13 | | | | |
| **YDRA:** *Neféli* <br> Tsamadoú 814, Ydra-Stadt, 18040. 0298 53297. <br> Hotel auf einem Hügel im Westen mit drei Terrassen, auf denen das Frühstück serviert wird. Steiler Aufstieg, sehr schöne Aussicht. ● *Nov–Feb.* | DrDrDr | 10 | | ▦ | | |
| **YDRA:** *Mistral* <br> Ydra-Stadt, 18040. 0298 52509. FAX 0298 53412. <br> Am südöstlichen Stadtrand ohne Blick auf den Hafen, aber ruhig, mit freundlichem Personal und feudalem Frühstück. ● *Dez–Feb.* | DrDrDrDr | 20 | | | | ▦ |
| **YDRA:** *Ydroússa* <br> Am Park, Ydra-Stadt, 18040. 0298 52217. FAX 0298 52161. <br> Das ehemalige staatliche *Xenía* hat von der Privatisierung profitiert. Verschachteltes Gebäude im Zentrum. | DrDrDr | 36 | ● | | | |
| **SPETSES:** *Poseidónion* <br> In Meernähe, Ntápia, Spétses-Stadt, 18050. 0298 72006. FAX 0298 72208. <br> Jahrhundertwende-Hotel mit leicht verblichener Eleganz, besonders im Empfangsbereich. Bestehen Sie auf ein Zimmer mit Meerblick mit hohen Fenstern und Blick über den Peloponnes. ● *Nov–März.* | DrDrDrDr | 52 | | ▦ | | |
| **SPETSES:** *Spétses* <br> Westlich von Ntápia, Spétses-Stadt, 18050. 0298 72602. FAX 0298 72494. <br> Eines der wenigen qualitativ hochwertigen Hotels der Insel bei nur wenig höherem Preis. Alle Zimmer mit Meerblick. ● *Nov–März.* | DrDrDrDr | 77 | ● | ▦ | | |

Zeichenerklärung siehe Umschlaginnenseite hinten

**Preisklassen** gelten für Standard-Doppelzimmer für eine Nacht in der Hauptsaison inkl. Steuer, Service und Frühstück.
Dr bis 8000 Dr
DrDr 8000–12 000 Dr
DrDrDr 12 000–16 000 Dr
DrDrDrDr 16 000–21 000 Dr
DrDrDrDrDr über 21 000 Dr

**RESTAURANT**
Restaurant im Hotelbereich, ausschließlich für Hotelgäste.

**STRANDNÄHE**
Strand in Gehentfernung.

**SWIMMINGPOOL**
Die Swimmingpools in Hotels sind meist recht klein und liegen im Freien, wenn nicht anders angegeben.

**KLIMAANLAGE**
Hotel mit Klimaanlage in allen Zimmern.

## SPORADEN UND EVIA

| | ANZAHL DER ZIMMER | RESTAURANT | STRANDNÄHE | SWIMMINGPOOL | KLIMAANLAGE |
|---|---|---|---|---|---|
| **ALONNISOS:** *Charavgí* (Dr)(Dr)<br>Am Hafen, Patitíri. ☎ 0424 65090.<br>Preiswertes Hotel mit herrlichem Blick über den Ort. Alle Zimmer mit Balkon. ● Nov–Feb. | 12 | | ■ | | |
| **EVIA:** *Beis* (Dr)(Dr)<br>Kými-Strand, 34003. ☎ 0222 22604. FAX 0224 22049.<br>Komfortables Hotel, Zimmer mit Blick auf den Hafen. Im hervorragenden Restaurant wird frischer Fisch serviert. | 40 | ● | ■ | | |
| **EVIA:** *Apollon* (Dr)(Dr)(Dr)(Dr)<br>Kárystos-Bucht, 34001. ☎ 0224 22045. FAX 0222 22870.<br>Modernes Hotel am Ende einer schönen Bucht, geräumige Suiten mit Meerblick – pro Suite bis zu fünf Personen. ● Nov–März. | 36 | ● | ■ | ● | ■ |
| **EVIA:** *Kandíli* (Dr)(Dr)(Dr)(Dr)(Dr)<br>1 km zum Meer, Prokópi, 34004. ☎ 0227 41381. FAX 0227 41190.<br>Hotel mit schöner Anlage, mit Seminarzentrum und Kursangebot (Malen, Mosaik). Landrover steht zur Verfügung. | 12 | | | ● | |
| **SKIATHOS:** *Atrium Hotel* (Dr)(Dr)(Dr)(Dr)<br>Plataniás-Strand, Agia Paraskeví, 73002. ☎ 0427 49345. FAX 0427 49444.<br>Schönes, neues Haus auf bewaldetem Hügel über dem Sandstrand von Plataniás. Alle Zimmer mit Balkon. ● Okt–Mai. | 75 | ● | ■ | ● | ■ |
| **SKIATHOS:** *Esperídes* (Dr)(Dr)(Dr)(Dr)<br>Achladiá, 6 km südlich von Skiathos-Stadt, 73002. ☎ 0427 22245. FAX 0427 21580.<br>Klubartiges Hotel, exzellente Ausstattung, Tennisplätze. Geräumige Zimmer über dem Sandstrand. ● Nov–Feb. | 180 | ● | ■ | | |
| **SKIATHOS:** *Palace* (Dr)(Dr)(Dr)(Dr)<br>Koukounariés-Strand, 37002. ☎ 0427 49700. FAX 01 323 3667.<br>Klubartiges Hotel am Sandstrand mit Pinien. Alle Zimmer mit Meerblick. ● 25. Okt. | 220 | ● | ■ | | |
| **SKOPELOS:** *Thea Home* (Dr)(Dr)(Dr)<br>In Meernähe, Skópelos-Stadt, 37003. ☎ 0424 22859. FAX 01 647 5692.<br>Kleines Hotel (Familienbetrieb), herzliche Atmosphäre und freundliches Personal. Zimmer mit Balkon zur Skópelos-Bucht. ● Okt–Apr. | 12 | | ■ | | |
| **SKOPELOS:** *Zanétta* (Dr)(Dr)(Dr)<br>300 m zum Meer, Elios, 37003. ☎ 0424 33140. FAX 0424 33717.<br>Anlage mit 60 Apartments mit Küchenblock, umgeben von schönen Wäldern. ● Mitte Okt–Juni. | 60 | ● | | ● | |
| **SKYROS:** *Neféli* (Dr)(Dr)(Dr)<br>Plagiá-Viertel, Skýros-Stadt, 34007. ☎ 0222 91964. FAX 0222 92061.<br>Regionaltypisches Hotel am Rand von Skýros-Stadt. 10 Zimmer und 9 Apartments. | 19 | | ■ | | |

## NORDOSTÄGÄISCHE INSELN

| | ANZAHL DER ZIMMER | RESTAURANT | STRANDNÄHE | SWIMMINGPOOL | KLIMAANLAGE |
|---|---|---|---|---|---|
| **CHIOS:** *Stélla Tsakíri* (Dr)(Dr)<br>Plateía Pirgos, Volissós, 82103. ☎ 0271 21421. FAX 0271 21521.<br>Gruppe regionaltypischer Steinhäuser, liebevoll von einem Athener Bildhauer restauriert. Alle mit Terrasse, Küche und Originalelementen. | 9 | | | | |
| **CHIOS:** *Kýma* (Dr)(Dr)(Dr)<br>Evgeniou Chandrí 1, Chíos-Stadt, 82100. ☎ 0271 44500. FAX 0271 44600.<br>Ehemalige Strandvilla eines reichen Reeders, heute freundliches, effizientes Hotel im Familienbetrieb. | 60 | | ■ | | ■ |

**LESVOS:** *Vaterá Beach* — Dr Dr Dr — 24
Vaterá-Strand, 81300. ☎ 0252 61212. FAX 0252 61164.
Modernes, freundliches Hotel (Familienbetrieb) am Sandstrand. Alle
Zimmer mit großem Balkon mit herrlichem Blick auf die Ägäis und die
Berge. ● Nov–März. 

**LESVOS:** *Clára Hotel und Bungalows* — Dr Dr Dr Dr — 42
Avláki-Viertel, Pétra, 81109. ☎ 0253 41532. FAX 0253 41535.
Pastellfarbener, schön gestalteter Komplex am Hügel mit Blick nach Norden auf Pétra und Mólyvos. Alle Zimmer mit Balkon und postmodernem
minimalistischem Dekor; Tennisplätze. ● Okt–März. 

**LESVOS:** *Laureate* — Dr Dr Dr Dr Dr — 8
Vareiá-Strand, 81100. ☎ 0251 43111. FAX 0251 41629.
Luxuriöses Hotel in restaurierter Villa mit Zimmern, Studios und
Apartments inmitten eines schönen Gartens mit Lorbeerbäumen und
herrlichen Riesenpinien. 

**LESVOS:** *Olive Press* — Dr Dr Dr Dr — 53
Am Mólyvos-Strand, 81108. ☎ 0253 71205. FAX 0253 71647.
Charmantes, charaktervolles Hotel in einer ehemaligen Olivenpresse. Alle
Zimmer geräumig und um einen Innenhof gelegen. 12 Selbstversorger-
Apartments mit Küche. ● 15. Okt. 

**LIMNOS:** *Villa Afrodíti* — Dr Dr Dr — 12
Am Platí-Strand, Platí, 81400. ☎ 0254 23489. FAX 0254 25031.
Eines der saubersten Hotels der Insel und immer gut belegt. Mit
beliebtem Restaurant und guter Ausstattung. ● Okt–Apr. 

**LIMNOS:** *Aktí Myrína* — Dr Dr Dr Dr Dr — 125
2 km nördlich von Myrína, 81400. ☎ 0254 22310. FAX 0254 22352.
Luxushotel mit Steinhäuschen mit Garten, auf Terrassen über dem
Hotelstrand gelegen. Tennisplätze, Fitneß-Center und
Wassersportmöglichkeiten. ● Okt–Apr. 

**SAMOS:** *Olympia Beach* — Dr Dr Dr — 42
Strandlage, Kokkári, 83100. ☎ 0273 61314. FAX 0273 92457.
Ruhiges Hotel (Familienbetrieb) am Strand mit schönem Blick aufs Meer.
Regionaltypisches Gebäude mit Holz- und Marmorausstattung. Alle
Zimmer mit Balkon. ● Nov–Apr. 

**SAMOS:** *Fytó Bungalows* — Dr Dr Dr Dr — 75
800 m westlich von Pythagóreio, 83103. ☎ 0273 61314. FAX 0273 62045.
Modernes, komfortables Hotel mit herrlichem Garten und schattiger
Terrasse. Ideal für Erkundungstouren zu den Stränden und
Ausgrabungsstätten von Sámos. ● Nov–Apr. 

**SAMOS:** *Sámaina Bay Hotel* — Dr Dr Dr Dr — 75
Karlóvassi-Strand, 83200. ☎ 0273 34004. FAX 0273 34009.
Komfortables, etwas abgelegenes Hotel, jedoch gut geführt und mit
traditionellem Ambiente. Einige Zimmer mit Meerblick, gute Ausstattung
mit Sauna und großem Lounge-Bereich. ● Nov–Apr. 

**SAMOTHRAKI:** *Xenía* — Dr Dr Dr — 6
Paleópolis, 3 km nördlich von Chóra, 68002. ☎ 0551 41166. FAX 0551 41230.
Einfaches, einstöckiges Hotel in schöner Lage inmitten von Eichen, für
die amerikanischen Archäologen in den 50er Jahren erbaut, zwischen
dem Heiligtum der Großen Götter und dem Meer. ● Okt–Mai. 

**THASOS:** *Alkyón* — Dr Dr — 11
In Hafennähe, Thásos-Stadt, 64004. ☎ 0593 22148.
Empfehlenswertes kleines Hotel, geführt von Experten für Botanik und
Kulinarisches. Botanische Führungen werden angeboten. ● Mai–Sep. 

**THASOS:** *Alexándra Beach Hotel* — Dr Dr Dr Dr — 125
Potós-Strand, 64002. ☎ 0593 52391. FAX 0593 51185.
Hotelkomplex auf einer Landzunge über einem 2 km langen Strand, mit
allem Komfort: Tennisplätze, Fitneß-Center und Wassersport (Ausrüstung
kann geliehen werden). ● Nov–Apr. 

**THASOS:** *Miramáre* — Dr Dr Dr Dr — 30
Skála Potamiás, 64004. ☎ 0593 61040. FAX 0593 61043.
Modernes Hotel in einer saftig-grünen Schlucht am südlichen Ende des
berühmten Strands von Chryssí Ammoudiá. ● Mai–Sep. 

Zeichenerklärung siehe Umschlaginnenseite hinten

**Preisklassen** gelten für Standard-Doppelzimmer für eine Nacht in der Hauptsaison inkl. Steuer, Service und Frühstück.
Dr bis 8000 Dr
Dr Dr 8000–12 000 Dr
Dr Dr Dr 12 000–16 000 Dr
Dr Dr Dr Dr 16 000–21 000 Dr
Dr Dr Dr Dr Dr über 21 000 Dr

**RESTAURANT**
Restaurant im Hotelbereich, ausschließlich für Hotelgäste.

**STRANDNÄHE**
Strand in Gehentfernung.

**SWIMMINGPOOL**
Die Swimmingpools in Hotels sind meist recht klein und liegen im Freien, wenn nicht anders angegeben.

**KLIMAANLAGE**
Hotel mit Klimaanlage in allen Zimmern.

## DODEKANES

| | | ANZAHL DER ZIMMER | RESTAURANT | STRANDNÄHE | SWIMMINGPOOL | KLIMAANLAGE |
|---|---|---|---|---|---|---|
| **ASTYPALAIA:** *Australía* <br> Gegenüber dem *kástro*, Astypálaia-Stadt, 85900. ☎ 0243 61275. <br> Modernes Hotel am Meer mit Blick zur Burg, Balkonen mit Meerblick und schattigem Garten mit Bäumen. Unterhalb des Hotels serviert ein Restaurant frischen Fisch und Gegrilltes. ● Okt–Apr. | Dr | 15 | ● | ▦ | | |
| **CHALKI:** *Argyrénia* <br> Póntamos-Strand, Nimporió, 85110. ☎ 0241 45205. <br> Umgeben von schönen Gärten abseits der Straße zum Póntamos-Strand, mit herrschaftlichen Zimmern mit Terrassen. Es gibt keine Kochgelegenheit, aber Tavernen in der Nähe. | Dr | 9 | | ▦ | | |
| **CHALKI:** *Captain's House Pension* <br> Am Stadtplatz, Nimporió, 85110. ☎ 0241 45201. <br> Reizende neoklassizistische Pension, geführt von ehemaligem Marineoffizier. Frühstück wird auf der schattigen Terrasse serviert. ● Dez–Feb. | Dr Dr | 4 | | | | ▦ |
| **KALYMNOS:** *Galíni* <br> Am Stadtplatz, Vathý, 85200. ☎ 0243 31241. <br> Pension (Familienbetrieb) mit Blick auf Bootshafen und Vathý-Bucht. Einfache, komfortable Zimmer, Frühstück auf der Terrasse. | Dr | 14 | ● | ▦ | | |
| **KALYMNOS:** *Panórama* <br> Am Hafen, Pothiá, 85200. ☎ 0243 23138. <br> Kleines Hotel abseits vom quirligen Hafen. Schönes Interieur, herrlicher Blick aufs Meer. ● Okt–März. | Dr | 13 | | ▦ | | |
| **KALYMNOS:** *Delfíni* <br> In Meernähe, Myrtiés, 85200. ☎ 0243 47514. ℻ 0243 48144. <br> Zentral gelegen für Strand und Nachtleben, mit Dachterrasse und Bar mit Blick auf den Hafen. ● Nov–März. | Dr Dr | 20 | | ▦ | | |
| **KARPATHOS:** *Ammopí Beach* <br> Ammopí-Strand, 85700. ☎ 0245 22723. <br> Direkt am Strand gelegen, spartanische Zimmer mit Balkon, gutes Preis-Leistungs-Verhältnis. | Dr | 6 | | ▦ | | |
| **KASOS:** *Anagénnisis* <br> Im Ortszentrum, Frý, 85855. ☎ 0245 41323. ℻ 0245 41036. <br> Günstiges amerikanisch-griechisch geführtes Unternehmen. Zimmer mit Meerblick sind teurer. | Dr | 12 | | ▦ | | |
| **KASTELLORIZO:** *Mavrothalassítis* <br> Am Hafen, Kastellórizo-Stadt, 85111. ☎ 0241 49202. ℻ 0241 49202. <br> Günstiges, restauriertes Hotel, geführt von australisch-griechischen Brüdern, kühle Zimmer mit Dusche/WC. | Dr | 6 | | ▦ | | |
| **KASTELLORIZO:** *Megísti* <br> Am Hafen, Kastellórizo-Stadt, 85111. ☎ 0241 49272. ℻ 0241 49221. <br> Städtisches Hotel am Hafen. Wahrscheinlich die angenehmste Unterkunft der Stadt. ● Nov–März. | Dr Dr Dr | 17 | | ▦ | | |
| **KOS:** *Afendoúlis* <br> Evripílou 1, Kos-Stadt, 85300. ☎ 0242 25321. ℻ 0242 25797. <br> Freundliches kleines Hotel (Familienbetrieb), in ruhiger Lage nahe am Meer. Reizender Garten voller Jasmin. ● Okt–März. | Dr Dr | 17 | | ▦ | | |
| **KOS:** *Chará* <br> Chálkonos 6, Kos-Stadt, 85300. ☎ 0242 22500. <br> Angenehmes, kleines Hotel an einer baumgesäumten Straße unweit des Stadtstrands. Alle Zimmer mit Balkon. ● Okt–Apr. | Dr Dr | 16 | | ▦ | | |

**KOS:** *Karávia-Strand* — Ⓓ Ⓓ Ⓓ Ⓓ — 300
Karávia-Strand, 2 km nördlich von Pylí, 85300. ☎ 0242 41291. FAX 0242 41215.
Luxuskomplex mit umfangreichem Animationsprogramm, darunter auch
Bootsfahrten zu den Inseln der Umgebung. ● Nov–Apr. 🛏 ⅋ ⓞ 🅰 ✉

**KOS:** *Porto Bello Beach* — Ⓓ Ⓓ Ⓓ Ⓓ — 350
In Meernähe, 2 km westlich von Kardámaina, 85300. ☎ 0242 91217. FAX 0242 91168.
Hotelkomplex mit weißgekalkten Bungalows direkt am Strand. Schöner
Blick aufs Meer; Kinderspielplätze. ● Nov–März. 🛏 ⅋ ⓞ 🅰 ✉

**LEROS:** *Kávos* — Ⓓ — 10
Am Hafen, Pantéli, 85400. ☎ 0247 23247.
Ausgezeichnete, günstige Pension mit Blick auf den Bilderbuch-Hafen
von Pantéli. Einige Zimmer mit Balkon. ● Okt–Mai. 🛏 ⓞ

**LEROS:** *Archontikó Angélou* — Ⓓ Ⓓ — 17
In Meernähe, Alinda, 85300. ☎ 0247 22749. FAX 0247 24403.
Hotel auf schönem Grundstück in altem Gebäude von 1895, erbaut
während der türkischen Besetzung. ● Nov–März. 🛏 ⓞ ✉

**LEROS:** *Voulaféndis Bungalows* — Ⓓ Ⓓ — 16
In Meernähe, Alinda, 85400. ☎ 0247 23515. FAX 0247 24533.
Luxuriöse Apartment-Anlage rund um eine alte Villa, gute Ausstattung
und eine Piano-Bar. ● Okt–Apr. 🛏 ⅋ ⓞ

**NISYROS:** *Charítos* — Ⓓ Ⓓ — 11
In Hafennähe, Mandráki, 85111. ☎ 0242 31322. FAX 0242 31122.
Unweit vom Hafen günstig für Fähren gelegen. Freundliche Pension mit
geräumigen Zimmern und Balkon mit Meerblick. 🛏 ⓞ

**NISYROS:** *Porfýris* — Ⓓ Ⓓ — 15
Mandráki, 85111. ☎ 0242 31176. FAX 0242 31376.
Angenehmes, preiswertes Hotel mit Blick auf Obstgärten. Von der
Terrasse schöner Blick auf die Insel Gyalí. ● Nov–Apr. 🛏 ✉

**PATMOS:** *Artemis* — Ⓓ Ⓓ Ⓓ — 24
Am Eingang zum Grígos-Park, 85500. ☎ 0247 31555. FAX 0247 34016.
Hotelkomplex mit Unterbringung im Insel-Stil; schöner Blick aufs Meer,
gute Ausstattung, darunter ein Fitneß-Center. ● Nov–März. 🛏 ⓞ

**PATMOS:** *Astéri* — Ⓓ Ⓓ Ⓓ — 28
Mérichas-Bucht, Skála, 85500. ☎ 0247 32465. FAX 0247 31347.
Ruhig gelegenes Hotel an der Mérichas-Bucht. Der Besitzer ist Imker und
serviert zum Frühstück seinen eigenen Honig. ● Nov–März. 🛏 ⅋ 🅰 ⓞ

**PATMOS:** *Australis* — Ⓓ Ⓓ Ⓓ — 18
500 m über der Stadt, Skála, 85500. ☎ 0247 31576.
Pension im Familienbetrieb, ruhig in schönem Garten gelegen. Frühstück
wird unter Jasmin auf der Terrasse serviert. ● Nov–März. 🛏 ⓞ

**PATMOS:** *Golden Sun* — Ⓓ Ⓓ Ⓓ — 24
Nahe der Straße Chóra–Grígos, 85500. ☎ 0247 32318. FAX 0247 34019.
Nettes Hotel in einem kleinen Fischerdorf an der Bucht von Grígos.
Schöner Blick aufs Meer von der Dachterrasse. ● Apr–Juni. 🛏 🅰 ⓞ

**RHODOS:** *Spartális* — Ⓓ Ⓓ — 79
Nördlich von Plastíra 2, Rhodos-Stadt, 85100. ☎ 0241 24371. FAX 0241 20406.
Einfaches, aber freundliches Hotel in günstiger Lage für Fähren und
Bootsausflüge. Hübsche Frühstücksterrasse. ● Nov–März. 🛏 ⅋ 🅰 ✉

**RHODOS:** *Nikolís* — Ⓓ Ⓓ Ⓓ Ⓓ — 10
Ippodámou 61, Rhodos-Stadt, 85100. ☎ 0241 34561. FAX 0241 32034.
Stilvolles Hotel in mittelalterlichem Gebäude im Zentrum der Altstadt,
Zimmer nach hinten mit Terrassen auf einen Garten. 🛏 ⅋ ⓞ ✉

**RHODOS:** *Rhodos Imperial Grecotel* — Ⓓ Ⓓ Ⓓ Ⓓ Ⓓ — 402
Leofóros Ialyssoú, Ixiá, 85101. ☎ 0241 75000.
Luxuriösestes Fünf-Sterne-Hotel der Stadt, in schönem Garten nahe Ixiá-
Strand, 4 km südwestlich von Rhodos-Stadt. ● Nov–Feb. 🛏 ⅋ 🅰 ⓞ ✉

**RHODOS:** *Rhodos Palace* — Ⓓ Ⓓ Ⓓ Ⓓ Ⓓ — 785
Ialyssós-Bucht, Ixiá, 85101. ☎ 0241 25222. FAX 0241 25350.
Luxushotel mit Apartments und Bungalows in weitläufiger Anlage.
Hallenbad und Pool. ● Nov–Feb. 🛏 ⅋ 🅰 ⓞ ✉

Zeichenerklärung siehe Umschlaginnenseite hinten

**Preisklassen** gelten für Standard-Doppelzimmer für eine Nacht in der Hauptsaison inkl. Steuer, Service und Frühstück.
Dr bis 8000 Dr
DrDr 8000–12 000 Dr
DrDrDr 12 000–16 000 Dr
DrDrDrDr 16 000–21 000 Dr
DrDrDrDrDr über 21 000 Dr

**Restaurant**
Restaurant im Hotelbereich, ausschließlich für Hotelgäste.

**Strandnähe**
Strand in Gehentfernung.

**Swimmingpool**
Die Swimmingpools in Hotels sind meist recht klein und liegen im Freien, wenn nicht anders angegeben.

**Klimaanlage**
Hotel mit Klimaanlage in allen Zimmern.

| Hotel | Anzahl der Zimmer | Restaurant | Strandnähe | Swimmingpool | Klimaanlage |
|---|---|---|---|---|---|
| **Symi:** *Chorió* DrDrDr<br>Chorió-Viertel, Sými-Stadt, 85600. *0241 71800.* FAX *0241 71802.*<br>Modern ausgestattetes Hotel gegenüber den Windmühlen des Orts, mit schönem Blick auf den Ort. Alle Zimmer mit Balkon. ● *Okt–März.* | 17 | | | | |
| **Symi:** *Alíki* DrDrDrDr<br>In Meernähe, Sými-Stadt, 85600. *0241 71665.* FAX *0241 71655.*<br>Restaurierte Kapitänsvilla mit elegantem Interieur. Schön gelegen, Zimmer mit Meerblick. ● *Okt–März.* | 15 | | ■ | | ● |
| **Symi:** *Niréfs* DrDrDrDr<br>Akti Georgíou, Sými-Stadt, 85600. *0241 72400.* FAX *0241 72404.*<br>Regionaltypisches Hotel, kürzlich renoviert. Internationale Atmosphäre, eines der elegantesten Hotels der Insel. ● *Okt–Apr.* | 36 | ● | ■ | | |
| **Tilos:** *Eiríni* DrDr<br>Am Meer, Livádia, 85002. *0241 44293.* FAX *0241 44238.*<br>Einfaches, geschmackvolles Hotel im Familienbetrieb in üppigem Garten mit Hibiskussträuchern und Bananenbäumen. ● *Nov–März.* | 23 | | ■ | | |
| **Tilos:** *Panórama Studios* DrDr<br>Livádia-Bucht, 85002. *0241 44365.* FAX *0241 44365.*<br>Schöne, moderne Apartments mit gemeinsamer Terrasse, in Hanglage über der Bucht von Lavádia. Terrasse mit Weinlaube. ● *Okt–Feb.* | 6 | | | | ■ |
| **KYKLADEN** | | | | | |
| **Amorgos:** *Aigíali* DrDrDrDr<br>In Hanglage über dem Hafen, Aigíali, 84008. *0285 73393.* FAX *0285 73394.*<br>Hotelkomplex mit guter Ausstattung wie Taverne und großem Pool; schöner Meerblick von der Veranda. ● *Nov–März.* | 30 | ● | ■ | ● | ■ |
| **Andros:** *Paradise* DrDrDrDrDr<br>700 m vom Strand, Andros-Stadt, 84500. *0282 22187.* FAX *0282 22340.*<br>Elegant ausgestattetes Hotel in neoklassizistischer Villa mit Snack-Bar und Mini-Bus-Service für Transfer und Ausflüge. ● *Nov–März.* | 41 | | ■ | ● | |
| **Folegandros:** *Kástro* DrDr<br>Am Nordrand von Chóra, 84011. *0286 41230.* FAX *0286 41230.*<br>Zimmer schauen über steile Klippen aufs Meer. Das malerische, 500 Jahre alte Gebäude ist Teil der antiken Burgmauer, mit Steinmosaikböden und Tonnengewölbe. Günstig zum Zentrum gelegen. ● *Okt–März.* | 12 | | | | |
| **Folegandros:** *Anemómylos Apartments* DrDrDrDrDr<br>In Meernähe, Chóra, 84011. *0286 41309.* FAX *0286 41407.*<br>Vollausgestatteter Komplex in kykladischem Stil um einen Innenhof mit Balkonen zum Meer. ● *Mitte Okt–Apr.* | 17 | | | | |
| **Ios:** *Diónysos* DrDrDrDr<br>Mylopótas, 2 km südöstlich von Ios-Stadt, 84001. *0286 91215.* FAX *0286 91215.*<br>Luxuriöses, regionaltypisches Hotel direkt am Strand. Gute Ausstattung und Transfer-Service. ● *Nov–Apr.* | 40 | ● | ■ | ● | ■ |
| **Ios:** *Pétra Holiday Village* DrDrDrDr<br>Ios-Bucht, Ios-Stadt, 84001. *0286 91409.* FAX *0286 91049.*<br>Traditionelle Häuser über der Bucht von Ios. Geschmackvolle Einrichtung und separate Terrassen. ● *Okt–Apr.* | 18 | | ■ | | ■ |
| **Kea:** *Kéa Beach* DrDrDrDr<br>Koundoúros-Bucht, 5 km südlich von Písses, 84002. *0288 31230.* FAX *0288 31234.*<br>Luxuskomplex mit Bungalows im Kykladen-Stil mit umfangreichem Angebot von Nachtklub bis Wassersport. ● *Okt–Apr.* | 48 | ● | ■ | ● | |

**KYTHNOS:** *Kýthnos* ⒹⒹ 15
Mérichas-Bucht, 84006. [ 0281 32247. FAX 0281 32092.
Einfaches, aber freundliches Hotel direkt am Meer. Zimmer zum Meer haben Balkon.

**KYTHNOS:** *Porto Klaras* ⒹⒹⒹ 24
Loutrá-Strand, Loutrá, 84006. [ 0281 31276. FAX 0281 31355.
Sehr gut ausgestattete, neue Apartments in der Nähe vom Strand und den heißen Quellen. Große Auswahl von Familiensuiten bis Zweibettzimmer mit Meerblick; hübscher Barbereich im Freien. ● Dez–Apr.

**MILOS:** *Delfíni* ⒹⒹⒹ 24
In Hafennähe, Adámantas, 84801. [ 0287 22001.
Kleines, freundliches Hotel unweit des Hafens, geführt von einem Kapitän aus dem Ort. Ruhig gelegen; Frühstücksterrasse. ● Nov–März.

**MILOS:** *Pópi's Windmill* ⒹⒹⒹⒹⒹ 2
In der Nähe des Stadtplatzes, Trypiti, 84801. [ 0287 22286. FAX 0287 22396.
Hotel für unvergeßliche Tage. Von der luxuriösen ehemaligen Windmühle hat man einen schönen Blick auf den Hafen von Adámantas.

**MYKONOS:** *Cavo Tagoo* ⒹⒹⒹⒹⒹ 72
500 m vom Hafen, Mýkonos-Stadt, 84100. [ 0289 23692. FAX 0289 24923.
Eines der modernsten und doch freundlichsten Hotels der Insel. Träger des Ägäischen Architektur-Preises mit einer Reihe schöner kykladischer Maisonetten über der Bucht von Tagoo. ● Nov–März.

**MYKONOS:** *The Princess of Mýkonos* ⒹⒹⒹⒹⒹ 38
Agios-Stéfanos-Strand, 84600. [ 0289 23806. FAX 0289 23031.
Hotel im Kykladen-Stil in typischem Blau-Weiß, beliebt bei Stars wie Jane Fonda. Luxusausstattung mit Fitness-Center, Konferenzräumen und Satelliten-Fernsehen. ● Nov–März.

**NAXOS:** *Grotta* ⒹⒹⒹ 40
Aplomata-Viertel, am Hafen, Náxos-Stadt, 84300. [ 0285 22215. FAX 0285 22000.
In guter Lage auf einer Landzunge, mit schönem Blick auf Stadt und Meer. Saubere Zimmer mit Balkon.

**PAROS:** *Dína* ⒹⒹ 8
An der Hauptstraße, Paroikiá, 84400. [ 0284 21325.
Kleines, aber freundliches Haus in zentraler Lage, mit einfachen, peinlich sauberen Zimmern mit ansprechendem Interieur. ● Nov–Apr.

**PAROS:** *Astir of Paros* ⒹⒹⒹⒹⒹ 57
Kolympíthres, 11 km nördlich von Paroikiá, 84400. [ 0284 51976. FAX 0284 51985.
Luxuskomplex mit gut ausgestatteten Zimmern mit Balkon; Angebot umfaßt Kunstgalerie und Reitsport. ● Nov–März.

**SANTORINI:** *Ermís* ⒹⒹⒹ 36
Kamári-Strand, 84700. [ 0286 31664. FAX 0286 32240.
Freundliches Hotel im Familienbetrieb in schönem Garten unweit des Stadtzentrums, mit gut ausgestatteten Zimmern. ● Nov–Mai.

**SANTORINI:** *Jack's Village Armeni* ⒹⒹⒹⒹ 12
Im Zentrum von Oía-Stadt, 84700. [ 0286 71439.
Auswahl von luxuriösen Höhlen-Apartments bis zu einfachen Doppelzimmern. Zimmer mit Balkon und schöner Aussicht. ● Nov–März.

**SANTORINI:** *Erevos* ⒹⒹⒹⒹⒹ 6
Mit Blick auf die Caldera, Imerovigli, 84700. [ 0286 24250.
In den Fels gebautes Gebäude aus dem 18. Jahrhundert; eine der ruhigsten Lagen der Insel. Zimmer mit regionaltypischer Einrichtung und Patios mit Blick auf den Vulkan.

**SANTORINI:** *Fanári Villas* ⒹⒹⒹⒹⒹ 13
Ammoúdi-Bucht, 84700. [ 0286 71008. FAX 0286 71235.
Typische *skaftá*-Höhlenhäuser mit einem Hauch von Luxus. Bar und Stufen zur darunter gelegenen Ammoúdi-Bucht. ● Dez–März.

**SANTORINI:** *Kavalári* ⒹⒹⒹⒹ 18
Nähe Bushaltestelle, Firá, 84700. [ 0286 22455. FAX 0286 22603.
Das ungewöhnliche Hotel ist terrassenförmig in den Fels gebaut. Das ehemalige Kapitänshaus bietet einen herrlichen Blick auf die Caldera und unvergeßliche Sonnenuntergänge. ● Nov–März.

Zeichenerklärung siehe Umschlaginnenseite hinten

**Preisklassen** gelten für Standard-Doppelzimmer für eine Nacht in der Hauptsaison inkl. Steuer, Service und Frühstück.
Dr bis 8000 Dr
DrDr 8000–12 000 Dr
DrDrDr 12 000–16 000 Dr
DrDrDrDr 16 000–21 000 Dr
DrDrDrDrDr über 21 000 Dr

**RESTAURANT**
Restaurant im Hotelbereich, ausschließlich für Hotelgäste.

**STRANDNÄHE**
Strand in Gehentfernung.

**SWIMMINGPOOL**
Die Swimmingpools in Hotels sind meist recht klein und liegen im Freien, wenn nicht anders angegeben.

**KLIMAANLAGE**
Hotel mit Klimaanlage in allen Zimmern.

| | ANZAHL DER ZIMMER | RESTAURANT | STRANDNÄHE | SWIMMINGPOOL | KLIMAANLAGE |
|---|---|---|---|---|---|
| **SANTORINI:** *Palace*  DrDrDrDrDr<br>500 m vom Stadtplatz, Firá, 84700. 0286 22771. FAX 0286 23705.<br>Schönes Hotel mit geräumigen Zimmern und guter Ausstattung. Herrlicher Blick auf die Ägäis und die Caldera. ● Nov–März. | 106 | ● | ▪ | ● | ▪ |
| **SERIFOS:** *Aretí*  DrDr<br>In Meernähe, Livádi, 84005. 0281 51479. FAX 0281 51547.<br>Hotel im Familienbetrieb mit Konditorei, angenehmen Zimmern mit Terrasse und friedlichem Garten über dem Meer. Günstig zur Fähre gelegen. ● Nov–Apr. | 13 | | ▪ | | |
| **SIFNOS:** *Artemón*  DrDrDrDr<br>Agiou Konstandinou, Artemónas, 84003. 0284 31303. FAX 0284 32385.<br>1,5 km vom Hauptort Apollonía in Artemónas gelegen. Schönes und geschmackvolles Hotel in Gehentfernung zu ruhigen Stränden. Terrasse mit Meerblick. ● Nov–März. | 23 | ● | ▪ | | |
| **SIFNOS:** *Aléxandros*  DrDrDrDrDr<br>Am Meer, Platís Gialós, 84003. 0284 71333. FAX 0284 71303.<br>Angenehmes Hotel mit Restaurant, Terrassen und Pool an einem Hügel über dem Strand von Gialós gelegen. ● Okt–März. | 26 | ● | ▪ | ● | |
| **SIKINOS:** *Flóra*  Dr<br>Mit Blick über den Hafen, Aloprónia, 84010. 0286 51214.<br>Ausgezeichneter, preiswerter Komplex im Kykladen-Stil am Hügel über dem Hafen; acht Selbstversorger-Apartments um Innenhöfe mit herrlichem Blick auf das Meer. | 8 | | | | |
| **SYROS:** *Villa Neféli*  DrDrDr<br>Párou 21, Ermoúpoli, 84100. 0281 87076.<br>Hotel in neoklassizistischem Gebäude mit Marmorfassade. Saubere, einfache Zimmer, reizender Dachgarten. | 7 | | ▪ | | ▪ |
| **SYROS:** *Omiros*  DrDrDrDr<br>Omírou 43, Ermoúpoli, 84100. 0281 84910. FAX 0281 86266.<br>Ehemaliges Haus des bekannten Bildhauers Vitális; 150 Jahre altes, geschmackvoll umgebautes neoklassizistisches Gebäude. Große Dachterrasse mit Blick auf den Hafen. | 13 | | | | |
| **TINOS:** *Aeolos Bay Hotel*  DrDrDr<br>Agios Fokas-Strand, 84200. 0283 23339.<br>In Gehentfernung zum Zentrum gelegenes, komfortabel eingerichtetes Hotel mit Swimmingpool und Blick über den Strand. Zur Ausstattung gehört auch die Frühstücksterrasse. ● Nov–März. | 69 | ● | ▪ | ● | |

## KRETA

| | | | | | |
|---|---|---|---|---|---|
| **AGIA PELAGIA:** *Alexander House*  DrDrDrDrDr<br>In Meernähe. 081 811303. FAX 081 811381.<br>Angenehmes, geschmackvolles Hotel in Agía Pelagía, 20 km westlich von Irákleio. Um einen Innenhof mit Swimmingpool gelegen, eine Minute vom Strand entfernt. ● Nov–März. | 83 | ● | ▪ | ● | ▪ |
| **AGIA PELAGIA:** *Kapsís Beach Hotel and Bungalows*  DrDrDrDrDr<br>In Meernähe. 100 m außerhalb des Ortes. 081 811112. FAX 081 811076.<br>Eines der besten Luxushotels im mondänen Ferienort Agía Pelagía, 20 km westlich von Irákleio. Herrlich in einer Vorgebirgs-Landschaft gelegen und von Sandstränden umgeben. ● Nov–Apr. | 680 | ● | ▪ | ● | ▪ |
| **AGIOS NIKOLAOS:** *Istron Bay*  DrDrDrDrDr<br>13 km östlich von Agios Nikólaos. 0841 61303. FAX 0841 61383.<br>Herrlich abgeschiedene Hotelanlage mit Blick auf eine wunderschöne Bucht und eigenem Sandstrand. Freundliche Atmosphäre. | 118 | ● | ▪ | ● | ▪ |

**AGIOS NIKOLAOS:** *Mínos Beach* — 130
Aktí Ilía Sotírou, 72100. ☎ 0841 22345. FAX 0841 22548.
Exklusiver Hotelkomplex mit weißgekalkten Bungalows in schön
gestalteter Gartenanlage am Golf von Mirampéllo. Das Hotel verfügt über
einen eigenen Strand. ● Nov–März.

**CHANIA:** *Terésa* — 8
Angélou 8, 73100. ☎ 0821 92798.
Renoviertes venezianisches Gebäude mit herrlichem Blick von der Dach-
terrasse und einigen Zimmer. Sehr gutes Preis-Leistungs-Verhältnis.

**CHANIA:** *Amforá* — 20
Párodos Theotokópoulou 20, 73131. ☎ 0821 93224. FAX 0821 93226.
Restauriertes venezianisches Gebäude (13. Jh.) mit geschmackvollen
Zimmern und reizender Dachterrasse mit Blick auf den Hafen.

**CHANIA:** *Villa Androméda* — 8
Eleftheríou Venizélou 150, 73133. ☎ 0821 45263. FAX 0821 45265.
Elegant restauriertes neoklassizistisches Gebäude; 1870 erbaut,
beherbergte es einst das deutsche Konsulat. Das Hotel umfaßt acht
luxuriös ausgestattete Suiten. ● 20. Nov–20. Jan.

**CHERSONISOS:** *Creta Maris* — 13
Am Meer, 800 m westlich von Chersónisos, 70014. ☎ 0897 22115. FAX 0897 22130.
Luxushotel mit acht Bungalows in der Nähe von Chersónisos.
Freilufttheater und Open-air-Kino. ● Dez–Jan.

**CHERSONISOS:** *Silva Maris* — 13
Chersónisos-Strand, 70014. ☎ 0897 22850. FAX 0897 21404.
Komplex im Stil eines ägäischen Dorfes im Osten von Chersónisos.
Zimmer mit Balkon und Meerblick. ● Nov–Feb.

**ELOUNTA:** *Eloúnta Beach Hotel* — 280
2 km nördlich von Eloúnta, 72053. ☎ 0841 41412. FAX 0841 41373.
Die Grande Dame unter den Hotelanlagen bietet sämtliche Annehmlichkeiten: von Jacuzzis, türkischem Bad und Sauna bis zu Scuba-Diving,
Wasserski und Paragliding. ● Nov–März.

**ELOUNTA:** *Eloúnta Mare* — 96
2 km nördlich von Eloúnta, 72053. ☎ 0841 41102. FAX 0841 41307.
Hotelkomplex am Golf von Mirampéllo mit Hauptgebäude und 47
weißgekalkten Bungalows, jeder mit eigenem Pool und Garten.
Hotelstrand und sämtliche Annehmlichkeiten. ● Nov–März.

**IERAPETRA:** *Astron* — 70
Michaíl Kóthri 56, 72200. ☎ 0842 25114. FAX 0842 25917.
Komfortables, neues Hotel am Rand von Ierápetra. Zimmer mit Balkon
und Meerblick; Sandstrand nur 20 m entfernt.

**IRAKLEIO:** *Lató* — 50
Epimenídou 15, 71202. ☎ 081 228103. FAX 081 240350.
Nettes Hotel mit herrlichem Blick auf den venzianischen Hafen. In
zentraler Lage unterhalb des Archäologischen Museums.

**IRAKLEIO:** *Atlantís* — 160
Ygeías 2, 71202. ☎ 081 229103. FAX 081 226265.
Großes, modernes Hotel, versteckt in einer ruhigen Straße, mit
herrlichem Rundblick über den Fährhafen und Irákleio.

**IRAKLEIO:** *Galaxy* — 144
Dimokratías 67, 71306. ☎ 081 238812. FAX 081 211211.
Attraktives, modernes Hotel um einen Innenhof mit Swimmingpool.
Geschmackvoll ausgestattete Zimmer.

**KASTELLI KISAMOU:** *Kíssamos* — 30
Iróon Polytechníou, 73400. ☎ 0822 22086. FAX 0822 22475.
Einfaches, aber freundliches und gut geführtes Hotel im Stadtzentrum. Im
Winter einziges Hotel mit Heizung und Wasser.

**LOUTRO:** *The Blue House* — 15
Am Hafen, 73011. ☎ 0825 91127.
Regionaltypisches weißgekalktes Haus mit blauen Fensterläden an einer
der schönsten Stellen Kretas. Jedes Zimmer mit eigenem Balkon zum
winzigen Hafen. 15 Minuten mit der Fähre von Sfakiá. ● Nov–März.

Zeichenerklärung siehe Umschlaginnenseite hinten

**Preisklassen** gelten für Standard-Doppelzimmer für eine Nacht in der Hauptsaison inkl. Steuer, Service und Frühstück.
Dr bis 8000 Dr
DrDr 8000–12 000 Dr
DrDrDr 12 000–16 000 Dr
DrDrDrDr 16 000–21 000 Dr
DrDrDrDrDr über 21 000 Dr

**RESTAURANT**
Restaurant im Hotelbereich, ausschließlich für Hotelgäste.

**STRANDNÄHE**
Strand in Gehentfernung.

**SWIMMINGPOOL**
Die Swimmingpools in Hotels sind meist recht klein und liegen im Freien, wenn nicht anders angegeben.

**KLIMAANLAGE**
Hotel mit Klimaanlage in allen Zimmern.

| | ANZAHL DER ZIMMER | RESTAURANT | STRANDNÄHE | SWIMMINGPOOL | KLIMAANLAGE |
|---|---|---|---|---|---|
| **MATALA:** *Orión* — DrDr | 46 | | ■ | ● | |
| **PALAIOCHORA:** *Réa* — DrDr | 14 | ● | ■ | | |
| **PLAKIAS:** *Plakiás Bay* — DrDrDr | 28 | ● | ■ | | |
| **RETHYMNO:** *Liberty* — DrDrDr | 35 | | | | ■ |
| **RETHYMNO:** *Fortétsa* — DrDrDr | 54 | ● | ■ | ● | |
| **RETHYMNO:** *Grecotel Creta Palace* — DrDrDrDrDr | 162 | ● | ■ | ● | ■ |
| **SITEIA:** *Archontikó* — Dr | 9 | | | | |
| **SPILI:** *Green* — Dr | 13 | | | | ■ |
| **ZAROS:** *Idi Hotel* — DrDr | 59 | ● | | ● | |
| **AREOS:** *Park* — DrDrDrDr | 146 | ● | | ● | ■ |
| **EXARCHEIA:** *Exarcheíon* — DrDr | 54 | | | | |
| **EXARCHEIA:** *Museum* — DrDr | 58 | | | | |

**MATALA:** *Orión*
1 km südlich von Mátala, 70200. ( 0892 42129. FAX 0892 42129.
Schönes, preiswertes Hotel in herrlich abgeschiedener Lage außerhalb von Mátala an der Südküste Kretas. Großer Swimmingpool und einige herrliche Strände in Gehentfernung. ● Nov–März.

**PALAIOCHORA:** *Réa*
Antoníou Peráki, 73001. ( 0823 41307. FAX 0823 41605.
Freundliches Hotel (Familienbetrieb) mit schattiger, blumenübersäter Terrasse. Sandstrand fünf Gehminuten entfernt. ● Nov–März.

**PLAKIAS:** *Plakiás Bay*
Plakiás-Bucht, 74060. ( 0832 31215. FAX 0832 31951.
Kleines, weißgekalktes, blumenüberwuchertes Hotel in herrlicher Lage über der Bucht von Plákias. ● Nov–März.

**RETHYMNO:** *Liberty*
Ecke Moátsou u. Preveláki, 74100. ( 0831 55851. FAX 0831 55850.
Komfortables Hotel in zentraler Lage in der Nähe des Stadtparks und der Seeseite. ● 20. Dez–Mitte Jan.

**RETHYMNO:** *Fortétsa*
Melisinoú 16, 74100. ( 0831 55551. FAX 0831 54073.
Eines des nettesten Hotels Réthymnos in einer ruhigen Seitenstraße hinter der Fortétsa, eine Gehminute vom Meer. ● Dez–Feb.

**RETHYMNO:** *Grecotel Creta Palace*
Am Strand, Misiría, 74100. ( 0831 55181. FAX 0831 54085.
Hotelanlage mit eigenem Strand in Misiría, 4 km östlich von Réthymno. Sehr gute Ausstattung; Fitneß-Center. ● Nov–März.

**SITEIA:** *Archontikó*
Kondiláki 16, 72300. ( 0843 28172.
Hotel in elegantem, altem Gebäude mit hohen Decken und winzigem Garten. Freundliche, entspannte Atmosphäre. ● Nov–Feb.

**SPILI:** *Green*
Nähe Stadtplatz, 74100. ( 0832 22225.
Das Hotel in der Bergstadt Spíli, 20 km südlich von Réthymno, ist erkennbar an den vielen Geranien. ● Nov–März.

**ZAROS:** *Idi Hotel*
Nördlich von Zarós am Fuße des Ida, 70002. ( 0894 31301. FAX 0894 31511.
Reizendes Hotel in fast alpiner Umgebung außerhalb von Zarós, 38 km südlich von Irákleio. Zarós ist für seine Quellen berühmt.

## ATHEN

**AREOS:** *Park*
Leofóros Alexándras 10, 10682. ( 01 883 2712. FAX 01 823 8420.
Hotel gegenüber dem netten Areos-Park mit großzügigen Zimmern, guter Bar auf der Dachterrasse und lange geöffnetem Café.

**EXARCHEIA:** *Exarcheíon*
Themistokléous 55, 10683. ( 01 380 5611. FAX 01 380 3296.
Hotel in der Nähe der nachts belebten Plateía Exarcheíon. Einfache Zimmer, gutes Straßencafé.

**EXARCHEIA:** *Museum*
Mpoumpoulínas 16, 10682. ( 01 380 1256. FAX 01 380 0507.
Hinter der modernen Fassade verbirgt sich ein elegantes Interieur. Wegen seiner Lage gegenüber dem Archäologischen Nationalmuseum bei Wissenschaftlern beliebt. Saubere, ruhige Zimmer.

**ILISIA:** *Hilton*
Leofóros Vasilíssis Sofías 46, 11528. 01 725 0201. FAX 01 725 3110.
Das bekannteste moderne Hotel Athens. Alle Zimmer mit Balkon und
atemberaubendem Blick über die Stadt. 453

**KOLONAKI:** *Athenian Inn*
Cháritos 22, 10675. 01 723 9552. FAX 01 724 2268.
Saubere, einfache Zimmer und freundlicher Service. Im Herzen von
Kolonáki inmitten von Geschäften, Restaurants und Cafés gelegen. 25

**KOLONAKI:** *St. Georg Lykavittós*
Kleoménous 2, 10675. 01 729 0711. FAX 01 729 0439.
Kleines Luxushotel unterhalb des Lykavittós-Hügels. Große Zimmer mit
schöner Aussicht, hervorragendes Dachrestaurant. 167

**KOUKAKI:** *Marble House*
Zinni Anastasiou 35, 11741. 01 923 4058.
Wegen seiner Sauberkeit und dem hilfsbereiten Personal eindeutiger
Favorit unter den Mittelklassehotels. Am Ende einer Sackgasse gelegen;
fast alle Zimmer mit Dusche/WC und Balkon mit Weinranken. 16

**MAKRYGIANNI:** *Athens Gate*
Leofóros A Syngroú 10, 11742. 01 923 8302. FAX 01 923 7493.
Zentral gelegenes, modernes Hotel mit komfortablen Zimmern und Dach-
garten mit Blick auf die Akropolis und das Hadrians-Tor. 100

**MAKRIGIANNI:** *Divani Palace Acropolis*
Parthenónos 19–25, 11742. 01 922 2945. FAX 01 921 4993.
Nach gelungenen Verbesserungen zur Deluxe-Klasse aufgestiegen und
nur wenige Schritte von der Akropolis entfernt. In der Lobby sieht man
ein Originalfragment der Themistokleischen Stadtmauer. 251

**MAKRYGIANNI:** *Iródeion*
Rovértou Gkálli 4, 11742. 01 923 6832. FAX 01 923 5851.
Hotel mit großen, modernen Zimmern, schattigem Patio mit Pistazien-
bäumen und Dachterrasse mit Blick auf die Akropolis. 90

**MAKRYGIANNI:** *Royal Olympic*
Athanasíou Diákou 28–32, 11743. 01 922 6411. FAX 01 923 3317.
Hotel mit schönen, großen Zimmern, alle mit herrlichem Blick auf den
Tempel des olympischen Zeus. Gutes Grill-Restaurant. 304

**MONASTIRAKI:** *Témpoi*
Aiólou 29, 10551. 01 321 3175. FAX 01 325 4179.
Nahe dem Blumenmarkt und der Kirche Agía Eiríni gelegen. Idealer Aus-
gangspunkt, um das Angebot der Märkte Athínas zu erforschen. 24

**MONASTIRAKI:** *Attalos*
Athínas 29, 19554. 01 321 2801. FAX 01 324 3124.
In der Nähe von Monastiráki und Athiná ideal für Shopping-Touren
gelegen; zufriedenstellende Zimmer, einige mit Balkon. Dachgarten mit
schönem Blick auf die Akropolis. 80

**NEOS KOSMOS:** *Christína*
Petmezá 15, 11743. 01 921 5353. FAX 01 921 5569.
Bei Geschäftsleuten beliebtes Hotel unweit der Akropolis. Saubere und
gemütliche Zimmer. 93

**NEOS KOSMOS:** *Athenaeum Inter-Continental*
Leofóros Andrea Syngroú 89–93, 11745. 01 902 3666. FAX 01 924 3000.
Luxuriöses Hotel, komplett von modernen griechischen Künstlern
gestaltet, mit einer großen Auswahl guter Restaurants, Bars und
Geschäfte. Gut ausgestattetes Fitneß-Center. 520

**NEOS KOSMOS:** *Ledra Marriot*
Leofóros Andrea Syngroú 115, 11745. 01 934 7711. FAX 01 935 8603.
Luxusklassehotel mit sämtlichen Annehmlichkeiten seiner Preisklasse:
große, geräumige Zimmer, hervorragende Restaurants, darunter das
Trendlokal Kona Kai. 259

**OMONOIA:** *La Mirage*
Maríchas Kotopoúli 3, 10431. 01 523 4755. FAX 01 523 3992.
Ideal für Gäste, die direkt am Puls der 24-Stunden-Hektik der Plateía
Omonoías sein wollen. Alle Räume mit Doppelverglasung. 208

Zeichenerklärung siehe Umschlaginnenseite hinten

**Preisklassen** gelten für Standard-Doppelzimmer für eine Nacht in der Hauptsaison inkl. Steuer, Service und Frühstück.

Ⓓⓡ bis 8000 Dr
Ⓤⓓⓡ 8000–12 000 Dr
ⒹⓡⒹⓡ 12 000–16 000 Dr
ⒹⓡⒹⓡⒹⓡ 16 000–21 000 Dr
ⒹⓡⒹⓡⒹⓡⒹⓡ über 21 000 Dr

**RESTAURANT**
Restaurant im Hotelbereich, ausschließlich für Hotelgäste.

**STRANDNÄHE**
Strand in Gehentfernung.

**SWIMMINGPOOL**
Die Swimmingpools in Hotels sind meist recht klein und liegen im Freien, wenn nicht anders angegeben.

**KLIMAANLAGE**
Hotel mit Klimaanlage in allen Zimmern.

| | ANZAHL DER ZIMMER | RESTAURANT | STRANDNÄHE | SWIMMINGPOOL | KLIMAANLAGE |
|---|---|---|---|---|---|
| **OMONOIA:** *Dorian Inn* ⒹⓡⒹⓡⒹⓡⒹⓡ | 146 | ● | | ● | ■ |
| **OMONOIA:** *King Minos* ⒹⓡⒹⓡⒹⓡⒹⓡ | 194 | ● | | | ■ |
| **OMONOIA:** *Titánia* ⒹⓡⒹⓡⒹⓡⒹⓡ | 396 | ● | | | ■ |
| **ORTHON:** *Stanley* ⒹⓡⒹⓡⒹⓡⒹⓡ | 400 | ● | | ● | ■ |
| **PLAKA:** *John's Place* Ⓓⓡ | 15 | | | | |
| **PLAKA:** *Koúros* Ⓓⓡ | 10 | | | | |
| **PLAKA:** *Faídra* ⒹⓡⒹⓡ | 27 | | | | |
| **PLAKA:** *Acropolis House Pension* ⒹⓡⒹⓡⒹⓡ | 19 | | | | ■ |
| **PLAKA:** *Adonis* ⒹⓡⒹⓡⒹⓡ | 26 | | | | |
| **PLAKA:** *Adrian* ⒹⓡⒹⓡⒹⓡ | 22 | | | | ■ |
| **PLAKA:** *Aphrodite* ⒹⓡⒹⓡⒹⓡ | 84 | ● | | | ■ |
| **PLAKA:** *Ermís* ⒹⓡⒹⓡⒹⓡ | 45 | | | | ■ |

**OMONOIA:** *Dorian Inn* ⒹⓡⒹⓡⒹⓡⒹⓡ
Peiraiós 15–19, 10552. 🕻 01 523 9782. FAX 01 522 6196.
Schönes Hotel im Herzen des Stadtzentrums gelegen; Dachgarten mit spektakulärem Blick über Athen und die Akropolis. ▱ ♿ 🎧 🗐

**OMONOIA:** *King Minos* ⒹⓡⒹⓡⒹⓡⒹⓡ
Peiraiós 1, 10552. 🕻 01 523 1111. FAX 01 523 1361.
Hotel mit großem Lounge-Bereich zum Entspannen mit Restaurant und Bar. Alle Zimmer sind ruhig. ▱ ♿ 🎧 🗐

**OMONOIA:** *Titánia* ⒹⓡⒹⓡⒹⓡⒹⓡ
Panepistimíou 52, 10678. 🕻 01 330 0111. FAX 01 330 0700.
Eingang zu diesem gut ausgestatteten Hotel durch Einkaufspassage in der Nähe der Plateía Omonoías. Zimmer mit allem Komfort, Bar auf der Dachterrasse und Café im Parterre sind immer gut besucht. ▱ ♿ 🎧 🗐

**ORTHON:** *Stanley* ⒹⓡⒹⓡⒹⓡⒹⓡ
Odysséos 1, Plateía Kairaskáki, 10437. 🕻 01 524 1611. FAX 01 524 4611.
Hotel mit großen, voll ausgestatteten Zimmern mit Balkon. Umfangreiches Angebot, darunter Dachgarten und Pool sowie Bar und Restaurant, die immer gut besucht sind. ▱ ♿ 🎧 🗐

**PLAKA:** *John's Place* Ⓓⓡ
Patróou 5, 10557. 🕻 01 322 9719.
Eines des besseren günstigen Hotels für Rucksacktouristen. Kleine, aber sehr saubere Zimmer. Dusche/WC am Gang.

**PLAKA:** *Koúros* Ⓓⓡ
Kódrou 11, 10557. 🕻 01 322 7431.
Preiswerte kleine Pension in umgebautem neoklassizistischem Gebäude, im Herzen der Pláka gelegen. Einfache, aber saubere Zimmer mit Balkon.

**PLAKA:** *Faídra* ⒹⓡⒹⓡ
Chairofóntos 16, 10558. 🕻 01 323 8461.
Die Lage des Hotels unweit des Lysikrates-Denkmals entschädigt für die leicht schäbige Ausstattung.

**PLAKA:** *Acropolis House Pension* ⒹⓡⒹⓡⒹⓡ
Kódrou 6–8, 10557. 🕻 01 322 2344. FAX 01 323 3143.
Pension in umgebautem Gebäude aus dem 19. Jahrhundert. Große, luftige Zimmer, alle mit eigenem Balkon. ▱ 🗐

**PLAKA:** *Adonis* ⒹⓡⒹⓡⒹⓡ
Kódrou 3, 10557. 🕻 01 324 9737. FAX 01 323 1602.
Modernes, preisgünstiges Hotel mit einfachen Zimmern und Panoramablick vom Dachgarten auf Athen. Sämtliche Zimmer mit Balkon.
▱ 🎧 🎧

**PLAKA:** *Adrian* ⒹⓡⒹⓡⒹⓡ
Adrianoú 74, 10556. 🕻 01 322 1553. FAX 01 325 0461.
Hotel im Zentrum der Pláka. Einfache, komfortable Zimmer und ruhige Terrasse, um dem Rummel der Stadt zu entkommen. ▱ 🎧 🗐

**PLAKA:** *Aphrodite* ⒹⓡⒹⓡⒹⓡ
Apóllonos 21, 10557. 🕻 01 323 4357. FAX 01 322 5244.
Hotel in guter Lage mit sauberen, preiswerten Zimmern, einige mit schönem Blick auf die Akropolis. ▱ ♿ 🎧 🗐

**PLAKA:** *Ermís* ⒹⓡⒹⓡⒹⓡ
Apóllonos 19, 10557. 🕻 01 323 5514. FAX 01 323 2073.
Trotz trister Lobby nettes Hotel mit großen Zimmern, einige mit Balkon zu einem Kinderspielplatz. ▱ ♿ 🗐

**PLAKA:** *Neféli*   ⒹⒹⒹ   18
Angelikís Chatzimicháli 2, 10558. ☎ 01 322 8044.
Modernes Hotel, versteckt in einem ruhigen Eckchen der Pláka. Saubere
Zimmer mit zufriedenstellender, einfacher Ausstattung. 🛏 ♿ 🍽

**PLAKA:** *Byron*   ⒹⒹⒹⒹ   20
Výronos 19, 10558. ☎ 01 323 0327. FAX 01 322 0276.
Kleines, einfaches Hotel in der Nähe der Akropolis am Rand der Pláka.
Einige Zimmer mit Balkon. 🛏 ♿ 🅿

**PLAKA:** *Omiros*   ⒹⒹⒹⒹ   37
Apóllonos 15, 10557. ☎ 01 323 5486. FAX 01 322 8059.
Einfaches Hotel in stillem Eck der Pláka gelegen; sehr netter Dachgarten.
🛏 ♿ 🅿 🍽

**PLAKA:** *Electra Palace*   ⒹⒹⒹⒹⒹ   106
Navárchou Nikodímou 18, 10559. ☎ 01 324 1401. FAX 01 324 1875.
Beliebtes Hotel mit Dachgarten und Swimmingpool. Schöne Aussicht und
Zimmer mit Balkon. 🛏 ♿ 🅿 🍽

**PLAKA:** *Myrtó*   ⒹⒹⒹⒹ   12
Níkis 40, 10558. ☎ 01 322 7237.
Kleines Hotel zentral in der Nähe der Plateía Syntágmatos und der Pláka
gelegen. Ideal für Kurzaufenthalte in Athen. 🛏 ♿

**STATHMOS LARISSIS:** *Novotel Athens*   ⒹⒹⒹⒹⒹ   195
Michaíl Vóda 4–6, 10439. ☎ 01 825 0422. FAX 01 883 7816.
Zur französischen Novotel-Kette gehörendes schönes, zentral gelegenes
Hotel mit modernen, gut ausgestatteten Zimmern, Swimmingpool und
einem atemberaubenden Dachgarten. 🛏 ♿ 🅿 🍽

**STREFI HILL:** *Oríon*   ⒹⒹ   38
Anexartisías 5 u. E Mpenáki 105, 11473. ☎ 01 382 7362. FAX 01 380 5193.
Ruhiges Hotel neben dem Stréfi-Hügel oberhalb des quirligen Exárcheia-
Viertels. Beliebt bei Studenten für kurzfristige Aufenthalte. 🅿

**SYNTAGMA:** *Aretoúsa*   ⒹⒹⒹⒹ   87
Mitropóleos 6–8 u. Níkis 12, 10563. ☎ 01 322 9431. FAX 01 322 9439.
Zentrales Hotel mit gutem Preis-Leistungs-Verhältnis. Moderne Zimmer,
Dachgarten und belebte Bar. 🛏 ♿ 🅿 🍽

**SYNTAGMA:** *Astor*   ⒹⒹⒹⒹ   130
Karageórgi Servías 16, 10562. ☎ 01 355 1000. FAX 01 325 5115.
Hotel mit ganzjährig geöffnetem Restaurant auf der Dachterrasse mit
atemberaubendem Blick auf Athen. Die Doppelzimmer vom 6. Stock
aufwärts genießen eine herrliche Aussicht. 🛏 ♿ 🅿 🍽

**SYNTAGMA:** *Amalía*   ⒹⒹⒹⒹⒹ   98
Leofóros Vasilíssis Amalías 10, 10557. ☎ 01 323 7301. FAX 01 323 8792.
Zentral gelegenes Hotel mit schönem Blick auf das Parlament und
den Nationalpark. Die Zimmer sind zwar klein, haben aber alle ein
Marmorbad. 🛏 ♿ 🍽

**SYNTAGMA:** *Electra*   ⒹⒹⒹⒹⒹ   110
Ermoú 5, 10557. ☎ 01 322 3223. FAX 01 322 0310.
Zentral gelegenes Hotel, ideal für Shopping-Touren nach Monastiráki.
Nette und saubere Zimmer. 🛏 ♿ 🍽

**SYNTAGMA:** *Esperia Palace*   ⒹⒹⒹⒹⒹ   184
Stadíou 22, 10564. ☎ 01 323 8001. FAX 01 323 8100.
Schönes Stadthotel mit Marmorlobby und geschmackvollen Zimmern.
Restaurant und Bar sind bei den Athenern beliebt. 🛏 ♿ 🍽

**SYNTAGMA:** *Grande Bretagne*   ⒹⒹⒹⒹⒹ   450
Plateía Syntágmatos, 10563. ☎ 01 323 0251. FAX 01 322 8034.
Dieses wohl schönste Luxushotel Athens wurde 1852 erbaut und ist das
Wahrzeichen der Plateía Syntágmatos. Schöne Lobby und Zimmer,
ausgezeichneter Service. 🛏 ♿ 🍽

**SYNTAGMA:** *NJV Meridien*   ⒹⒹⒹⒹ   177
Vasiléos Georgíou, 10564. ☎ 01 325 5301. FAX 01 323 5856.
Schönes Hotel mit luxuriösen, schalldichten, blau-weißen Zimmern. Gute
Ausstattung. Die Explorer's Lounge und das Marco-Polo-Restaurant sind
immer gut besucht. 🛏 ♿ 🍽

Zeichenerklärung siehe Umschlaginnenseite hinten

# RESTAURANTS, CAFÉS UND BARS

**W**ER IN Griechenland essen geht, erlebt die Verwirklichung von Demokratie: Ob reich, ob arm, ob jung, ob alt – sie alle genießen das Restaurant, die Taverna oder das Café, das ihnen am liebsten ist. Für die Griechen ißt man dort am besten, wo das Essen frisch, reichlich und gut ist und nicht notwendigerweise in einem ausgefallenen Ambiente serviert wird. Auch die Besucher schätzen die einfache, gesunde griechische Küche – Olivenöl,

*Tsikoudiá, ein kräftiger kretischer Schnaps*

Joghurt, Gemüse, ein wenig Fleisch und Wein in fröhlicher Runde. Das dreistündige Mittagessen mit Siesta ist auf den Inseln Alltag. Nur die Touristenzentren servieren ein üppiges westeuropäisches Frühstück, ein eher kurzes Mittagessen (13–14.30 Uhr) und ein relativ frühes Abendessen (19.30–23 Uhr). Die Griechen lieben das schnelle Frühstück, ein opulentes Mittagsmahl und abends *mezédes* vor einem oft bis in die Nacht dauernden Abendessen.

## RESTAURANTS

**D**AS TRADITIONELLE griechische Restaurant *(estiatório)* ist einer der schönsten Orte der Welt, um zu essen – freundlich, oft laut und mitunter mit schattigen Innenhöfen oder Terrassen ausgestattet. In einem traditionellen Restaurant bekommt man stets gute, ortstypische Gerichte und Weine. In Griechenland geht oft die ganze Familie gemeinsam essen. Man sucht sich in der Küche etwas aus und nimmt sich viel Zeit zum Genießen.

Viele traditionelle Restaurants haben sich entweder auf eine Regionalküche, eine Zubereitungsart oder eine bestimmte Art von Speisen spezialisiert. Auf Inseln wie Kreta, wo einige Griechen aus Kleinasien leben, ißt man noch im *kapnistarió*, wo geräucherte Schweinekoteletts oder Würste sowie verschiedene Gerichte vom Holzkohlengrill serviert werden.

In einem traditionellen Restaurant umfaßt die Speisekarte *(siehe S. 316ff)* meist nur ein Dutzend *mezédes* (Vorspeisen oder Häppchen), etwa acht Hauptgerichte, vier oder fünf Gemüsegerichte und Salate, ein Dessert aus frischem Obst oder etwas Süßes sowie regionale und nationale Weine.

Die Palette an Restaurants reicht von sehr teuren in den großen Inselstädten bis zu herrlich preiswerten. Das billigste Traditionsrestaurant ist das *mageirió*. Hier gibt es meist keine Speisekarte und nur wenige Gerichte und Weine, dafür frisch Zubereitetes aus der Heimat des Besitzers und passablen, oft recht guten offenen Wein aus der jeweiligen Region.

Viele Hotelrestaurants kochen nicht nur für Hausgäste. Die Küche der großen Inselhotels ist in der Regel internationaler, aber auch teurer.

*Restaurant Windmill in Skiáthos (siehe S. 324)*

*Das Patmian House auf Pátmos (siehe S. 327)*

Einige bieten auch verfeinerte Varianten traditionell griechischer Gerichte. In kleineren, ländlichen Hotels sind die Küche und die ortstypischen Weine hingegen oft so vorzüglich, daß man sie sich nicht entgehen lassen sollte.

In den vergangenen Jahren hat eine neue Riege junger griechischer Küchenchefs mit ihren *kultúra*-Restaurants Bekanntheit erlangt und eine Küche auf der Grundlage der vorzüglichen urwüchsigen Zutaten, Aromen und Farben Griechenlands entwickelt, die mit den hinreißenden, neuen griechischen Weinen serviert werden.

## TAVERNAS

**I**N DER TAVERNA zu essen oder zu trinken ist ein Hochgenuß, auch wenn man nur *mezédes* bestellt (die Griechen trinken selten, ohne etwas zu essen). Traditionelle Tavernas sind von frühabends bis in die Nacht geöffnet, gelegentlich auch mittags. Die Speisekarte ist kurz und saisonabhängig – etwa sechs oder acht mezédes, vier Hauptgerichte wie

**In einer Taverna in Plakiás (Kreta)**

Aufläufe und frisch zubereitete *(tis óras)* Speisen sowie die üblichen Beilagen wie Gemüse, Salate, Obst und Wein.

Wie traditionelle Restaurants konzentrieren sich auch manche Tavernas teils auf die Gerichte und Weine der Heimat des Besitzers, teils auf eine bestimmte Zubereitungsart oder bestimmte Speisen.

In einer *psarotavérna* bekommt man guten Fisch. In kleinen Fischerdörfern stehen die Tische einer *psarotavérna* oft buchstäblich am Strand, und der Besitzer serviert selbstgefangenen Fisch wie rote Meerbarbe, Seebarsch und Octopus. Bei den großen Fischrestaurants in Touristenregionen ist jedoch Vorsicht geboten: Sie servieren meist überteuerten, mitunter importierten oder tiefgefrorenen Fisch.

**Akkordeonspieler in ner Taverna auf Sými**

Die *psistariá* ist eine Taverna, die sich auf Grillgerichte vom Spieß und vom Holzkohlengrill *(sta kárvouna)* spezialisiert hat. In ländlichen *psistariés* ist das Angebot an gegrilltem Fleisch von Lamm, Schwein, Huhn, Wild und anderen Tieren überaus reichhaltig. Am Hafen werden Fische und Schalentiere gegrillt und mit Zitronensaft und Olivenöl serviert. Auf dem Land sind Tavernas und Cafés oftmals Familienbetriebe; sie warten den Tag über mit einfachen Mahlzeiten wie Omeletts und Salaten auf, schließen jedoch oft schon am frühen Abend. Genießen Sie wie die Griechen nach dem Essen in der Taverna Süßigkeiten und Gebäck in einem *zacharoplasteío* (siehe S. 314).

## CAFÉS UND BARS

Drehscheibe des öffentlichen Lebens sind die Cafés *(kafeneía)*, und noch im kleinsten Weiler kann man irgendwo Kaffee oder Wein trinken. Sie fungieren zudem als wichtige Kommunikationszentrale: Hier wird die Post geholt, telefoniert, Zeitung gelesen und stundenlang debattiert.

In allen *kafeneía* wird griechischer Kaffee serviert, manchmal *frappé* (kalter Instantkaffee im hohen Glas), alkoholfreie Getränke, Bier, Ouzo und Wein und auf Bestellung meist auch ein kleiner Imbiß; die Cafés sind von frühmorgens bis spätabends geöffnet. Als sozialer Mittelpunkt des Dorfs haben ländliche *kafeneía* (wie auch viele in den Inselstädten) sieben Tage in der Woche geöffnet.

In einem *galaktopoleío* oder »Milchladen« kann man Joghurt mit Honig genießen. Ein *oinopoleío* (Weinladen mit Kaffeebar) ist ideal zum Kosten regionaler Weine (offen oder in Flaschen). Der Besitzer stammt immer aus einem Winzerdorf oder einer Winzerfamilie und bereitet zum Wein mitunter einfache Gerichte.

In einem *mezedopoleío* oder *mezés*-Laden wird nicht nur ortstypischer Wein mit den entsprechenden *mezédes* serviert, sondern auch Ouzo und Raki. Die passenden *mezédes* sind weniger salzig als jene, die zum Wein gereicht werden.

Jeder Griechenlandurlauber muß eine *ouzerí* besucht haben. Dort bestellt man etwa ein Dutzend kleine Teller mit Fleisch, Fisch und Gemüse und kostet die zahlreichen Ouzo-Varianten mit einem Glas oder einem Krug Wasser.

**Das Artemónas auf der Insel Sífnos *(siehe S. 330)***

Restaurant am Meer in Skála Sykaminiás (Lésvos)

## FAST FOOD UND SNACKS

EIN BESUCHER könnte leicht denken, die Griechen würden pausenlos essen. Fast scheint es, als hätte jede Straße ihre Imbißbude und als würden an jeder Ecke Süßigkeiten, Nüsse, belegte Brötchen, Maiskolben und Eßkastanien verkauft.

Obwohl Fast food in den Touristenzentren weit verbreitet ist, kann man problemlos traditionell Griechisches finden. Das extrem preisgünstige *souvlatzídiko* bietet *souvláki* zum Mitnehmen – Fleisch, Fisch oder Gemüse auf Spießchen gegrillt, dazu frisches Brot. Im *ovelistírio* bekommt man *gýros* – Fleisch vom Drehspieß in Pitabrot – auf die Hand *(sto chéri)*.

In vielen Bäckereien werden pikante Pasteten und belegte Brötchen angeboten, und wo viel los ist, findet man immer ein Café, wo gehaltvolle Snacks und Salate zu haben sind.

Naschkatzen lieben das *zacharoplasteío* (wörtlich: »Zuckerbildhauerei«), wo traditionelle süße Brotsorten und Pastetchen sowie zahlreiche duftende Honigkuchen entstehen.

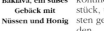

**Baklava, ein süßes Gebäck mit Nüssen und Honig**

## FRÜHSTÜCK

FÜR DIE Griechen ist dies die unwichtigste Mahlzeit des Tages. In traditionellen Familien und Cafés wird nur eine Tasse griechischer Kaffee mit *paximádia* (ein zwiebackähnliches Brot),

*koulourákia* (mit Sesam bestreute Kringel oder Brötchen) oder Trockenkuchen mit Marmelade gereicht. In vielen Touristencafés gibt es statt dessen für die ausländischen Gäste Filterkaffee in großen Tassen und Croissants oder Brioches. Im Sommer servieren manche *kafeneía* nach wie vor frische Feigen, Joghurt, Honig und Rosinenbrot sowie englisches oder kontinentales Frühstück, um allen Gästen gerecht zu werden.

## RESERVIERUNG

INSELRESTAURANTS sind meist recht zwanglos, aber dennoch oft sehr gefragt. Wo eine Tischreservierung möglich ist, empfiehlt es sich, davon Gebrauch zu machen. Unter den Einheimischen ist es üblich, sich vorab am selben Tag persönlich im Restaurant oder in der Taverna nach den Speisen zu erkundigen. Der Inhaber nimmt Ihre Bestellung auf und reserviert für Sie das gewünschte Gericht.

## WEIN

AUS DEN heutigen griechischen Traubensorten werden ganz andere Weine gekeltert als in Westeuropa. Gastwirte pflegen jedoch erst seit kurzem auch Flaschenweine. Wenn die Karte bessere Flaschenweine wie Ktíma Merkoúri, Seméli oder Strofiliá aufführt, ist der Inhaber vermutlich ein Kenner, bei dem man auch eine teurere Flasche bestellen kann. Günstigere Flaschenweine mit gutem Preis-Leistungs-Verhältnis sind dagegen z. B. Kourtáki oder Boutári.

In traditionellen Restaurants und Tavernas bekommt man meist nur offenen, stets preisgünstigen Wein vom Faß. Offene Weine stammen meist aus der Region; von allen griechischen Weinen ist vor allem der Rosé bekannt für seinen ungewöhnlichen, aber angenehmen Geschmack.

**Wein aus Límnos**

## BEZAHLEN

IN GRIECHENLAND wird noch überwiegend bar bezahlt. Wenn Sie Kreditkarten verwenden, informieren Sie sich vorab, ob das Restaurant generell Kreditkarten und vor allem Ihre Karte akzeptiert (oft werden nur bestimmte Karten gebilligt). *Kafeneía* nehmen praktisch nie Kreditkarten, Café-Bars nur selten; viele akzeptieren jedoch Reiseschecks. In Tavernas, Restaurants und *kafeneía* auf dem Land bezahlt man nur bar. Das Verzeichnis auf Seite 322ff zeigt, wo Kreditkarten akzeptiert werden.

Die Bar Kástro in Mýkonos-Stadt *(siehe S. 329)*

Die hellen Lichter der *ouzerí* To Kamáki auf Alónissos *(siehe S. 324)*

## BEDIENUNG UND TRINKGELD

DIE GRIECHEN nehmen sich Zeit, wenn sie essen gehen, und erwarten aufmerksamen Service. Die Bedienung hat viel Lauferei, bekommt jedoch ein großzügiges Trinkgeld – bis zu 20 Prozent bei gutem Service, in der Regel 10 bis 15 Prozent. In traditionellen Restaurants sind Gedeck und zusätzlich berechnetes Brot vielfach im Preis enthalten, der Service in der Regel nicht. Wasser wird kostenlos gereicht.

**Brotkorb aus Rhodos**

In Restaurants westlicher Prägung und Touristen-Tavernas wird auf die Rechnung gelegentlich eine Bedienungspauschale aufgeschlagen; wenn dazu auch noch Telefonkosten und Klimaanlage berechnet werden, kann der Endpreis weit höher sein.

## KLEIDUNG

DIE GRIECHEN machen sich fein, wenn sie essen gehen. Besucher sollten bequeme Kleidung tragen, jedoch keine knappen Tops und Shorts oder Sportkleidung, außer direkt am Strand, auch wenn Touristenlokale Kunden kaum abweisen werden. Einige Hotelrestaurants verlangen formelle Kleidung (dies ist im Restaurantverzeichnis vermerkt).

Wer im Sommer draußen essen möchte, sollte sich für den Abend ein Sakko oder einen Pullover mitnehmen.

## KINDER

DASS GRIECHISCHE Kinder schon früh Stammgäste in Restaurants und Tavernas werden, ist ein wesentlicher Teil ihrer Erziehung. Deshalb sind Kinder überall in Griechenland, außer in Bars, gern gesehen. In feineren Restaurants erwartet man von ihnen angemessenes Verhalten, doch im Sommer, wenn man draußen ißt, können sich Kinder natürlich entfalten und spielen. Außer in Hotels mit Spitzenservice sind Hochstühle unbekannt; trotzdem kann man in zwanglosen Lokalen und Tavernas problemlos mit Kindern jeden Alters essen gehen.

## RAUCHEN

ÜBERALL IN Griechenland wird geraucht, und nur in sehr teuren Speiselokalen gibt es Nichtraucherzonen. Zum Ausgleich sind die meisten Restaurants gut durchlüftet, und mindestens die Hälfte des Jahres über kann man im Freien essen.

## ROLLSTUHLFAHRER

AUF DEM LAND, wo überall viel Platz ist, gibt es kaum Probleme für Rollstuhlfahrer; überfüllte Touristenrestaurants sind hingegen oft nur eingeschränkt zugänglich. Gehsteige sind häufig uneben, und viele Restaurants haben am – noch dazu engen – Eingang Stufen. Verschiedene Organisationen leisten behinderten Reisenden Hilfestellung; die auf Seite 337 aufgeführten bieten spezielle Informationen zu Griechenland.

## VEGETARISCHE KÜCHE

DIE GRIECHISCHE Küche bietet dem Vegetarier eine reiche Auswahl. Aufgrund der Vielfalt der Speisen kann man sich in traditionellen Restaurants, Tavernas oder *kafeneía* meist problemlos rein vegetarische Vor- oder Hauptspeisen bestellen. Griechische Gemüsegerichte sind gehaltvoll, preiswert, sehr sättigend und phantasievoll zubereitet.

Vegetarier, die überhaupt keine tierischen Produkte essen, könnten zwar Schwierigkeiten haben, doch da die griechische Küche kaum Milchprodukte verwendet, können auch sie sich auf allen Griechischen Inseln wunschgemäß ernähren.

## PICKNICKS

DIE BESTE ZEIT für ein Picknick ist der Frühling, wenn die Landschaft am schönsten ist und es noch nicht allzu heiß ist. Die für diese Jahreszeit typischen Speisen wie Fastenbrot aus Olivenöl, süßes Osterbrot, Pasteten mit Blattgemüsefüllung, Käse und junger Retsina eignen sich ideal für ein Picknick. Die besten Sommer-Snacks für den Strand sind Obst, (z. B. Pfirsiche und Feigen), Joghurt, Hartkäse, Tomaten, Brot und Oliven.

**Kaffeetrinken im Liston in Korfu-Kerkira**

# Die griechische Speisekarte

**D**ER TRADITIONELLE erste Gang besteht aus verschiedenen *mezédes* oder Vorspeisenhäppchen, die man den ganzen Tag über auch in *ouzerís* oder Bars bekommt. Fleisch oder Fisch, meist mit Salat, bilden den nächsten Gang. Die Weinauswahl ist meist knapp, Kaffee und Kuchen genießt man nach dem Essen in einer Konditorei. Auf dem Land kann man sich die traditionellen Gerichte direkt in der Küche aussuchen.

**Mezédes**, Vorspeise und Imbiß zugleich, genießt man mit Wein oder anderen Getränken.

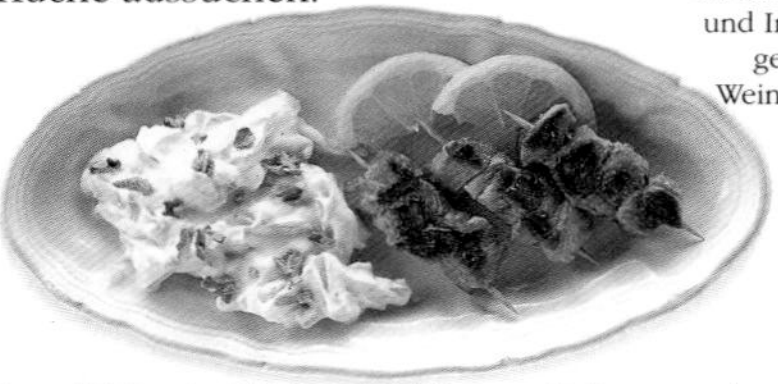

**Taramosaláta**, *ein Mus aus Meerbarber Rogen und Brot oder Kartoffeln, ist ein traditionelles Fastengericht, steht heute aber auf der Karte jeder Taverna.*

**Souvlákia** *sind kleine, mit Zitrone, Kräuter und Olivenöl gewürzte Schweinefleischstücke, die auf Spießchen gegrillt werden. Hier werden sie mit* **tzatzíki**, *cremigem Joghurt mit Gurken, Knoblauch und Minze, serviert.*

Oliven

**Fisch** ist am besten an der Küste und auf den Inseln.

**Melitzanosaláta** *(links) ist ein Mus aus gegrillten Auberginen und Kräutern,* **revythosaláta** *ein Brei aus Kichererbsen, Koriander und Knoblauch.*

**Melitzánes imám baïldí** – *Auberginen, gefüllt mit einer Mischung aus Zwiebeln, Tomaten und Kräutern.* **Ntolmádes** *(unten) sind mit Rosinen, Pinienkernen und Reis gefüllte Weinblätter.*

Gebratener Tintenfisch

**ΜΕΖΕΣ**
*Mezés*

**Ελιές**
*Eliés*

**Ταραμοσαλάτα**
*Taramosaláta*

**Τζατζίκι**
*Tzatzíki*

**Σουβλάκια**
*Souvlákia*

**Ρεβυθοσαλάτα**
*Revythosaláta*

**Μελιτζανοσαλάτα**
*Melitzanosaláta*

**Ντολμάδες**
*Ntolmádes*

**Μελιτζάνες ιμάμ μπαΐλντί**
*Melitzánes imám baïldí*

**Χωριάτικη σαλάτα**
*Choriátiki saláta*

**ΨΑΡΙΑ**
*Psária*

**Πλακί**
*Plakí*

**Σχάρας**
*Scháras*

**Τηγανιτά καλαμάρια**
*Tiganitá kalamária*

**Choriátiki saláta**, *griechischer Salat mit Tomaten, Gurken, Zwiebeln, Kräutern, Kapern und Feta-Käse als wesentlichen Zutaten.*

**Scháras** *heißt »vom Grill«. Zu diesem Sommergericht aus gegrilltem Schwertfisch reicht man einen Salat aus bitterem Blattgemüse.*

**Psária plakí** – *ein im ganzen gebackener Fisch mit Karotten, Lauch und Kartoffeln in einer Sauce aus Tomaten, Fenchel und Olivenöl.*

## BROT IN GRIECHENLAND

Brot gilt den Griechen als wichtigstes Nahrungsmittel und wird zu jeder Mahlzeit gereicht. Dorfbäcker variieren das Brot täglich mit Rosinen, Kräutern, Blattgemüse oder Käse. Zu den orthodoxen Feiertagen werden spezielle Brotsorten gebacken.

**Olivenbrötchen mit Kräutern**

**Ungesäuertes Pitabrot**

*Paximádia* (zweimal gebacken)

*Koulourákia* (süße oder normale Brötchen)

*Tsouréki* (Feiertagsbrot)

**ΚΡΕΑΣ**
*Kréas*

**Μουσακάς**
*Mousakás*

**Κεφτέδες**
*Keftédes*

**Χοιρινό σουβλάκι**
*Choirinó souvláki*

**Κλέφτικο**
*Kléftiko*

**ΛΑΧΑΝΙΚΑ ΚΑΙ ΣΑΛΑΤΙΚΑ**
*Lachaniká kai salatiká*

**Μελιτζάνες και κολοκυθάκια τηγανιτά**
*Melitzánes kai kolokythákia tiganitá*

**Αγκινάρες α λα πολίτα**
*Agkináres a la políta*

**Σπαράγγια σαλάτα**
*Sparángia saláta*

**ΓΛΥΚΑ**
*Glyká*

**Φρέσκα φρούτα**
*Fréska froúta*

**Σύκα στο φούρνο με μαυροδάφνη**
*Sýka sto foúrno me mavrodáfni*

**Γιαούρτι και μέλι**
*Giaoúrti kai méli*

**Fleisch** gibt es eher auf dem Festland als auf den Inseln.

**Kebabs aus gegrilltem Schweinefleisch**

**Gemüse und Salat**, oft aus wildwachsenden Sorten

**Gebratene Auberginen und Zucchini**

**Artischocken mit Kartoffeln, Dill, Zitrone und Öl**

**Spargel in Olivenöl mit Zitrone**

**Desserts** – einfaches Gebäck, Obst oder Joghurt

**Frisches Obst** je nach Jahreszeit

**Mousakás** besteht aus geschichteten gebratenen Auberginen- und Kartoffelscheiben, würzigem Hackfleisch und Béchamelsauce; es wird mit Käse überbacken.

**Keftédes** sind reichlich mit Kräutern, Koriander und Kreuzkümmel gewürzte, in Olivenöl gebratene Frikadellen (hier mit Safranreis).

**Sýka sto foúrno me Mavrodáfni** – Feigen, gebacken in Mavrodaphne-Weinsauce, werden als Dessert serviert. Die Sauce aus Wein, Gewürzen und Honig wird mit Orangenblütenwasser verfeinert.

**Giaoúrti kai méli** (Joghurt mit Honig), die köstlichste griechische Zwischenmahlzeit, wird in speziellen «Milchläden» serviert (auch zum Mitnehmen).

**Kléftiko** – meistens Ziegenfleisch, das in Pergament gebacken wird und deshalb saftig und aromatisch bleibt.

# Fische und Fischgerichte

Schon seit je nutzen die griechischen Köche den Reichtum an Fisch und Meeresfrüchten. Thunfisch und Schwertfisch durchziehen die warmen Gewässer der Ägäis, Anchovis und Sardinen finden hier ihre Nahrung. Die Buchten und Höhlen rund um die vielen hundert felsigen Inseln bieten der begehrten roten Meerbarbe, der Zahnbrasse und dem Papageifisch Unterschlupf; an der langen Küste leben zahlreiche Schalen- und Krustentiere. Es gibt nichts Köstlicheres, als in einer Taverna an der im Sonnenlicht glitzernden Ägäis Fisch oder Meeresfrüchte, frisch aus dem Meer und ohne übertriebene Zutaten zubereitet, zu genießen. Der Fisch wird gegrillt, gebraten oder gebacken und immer im ganzen serviert (da der Kopf für die Griechen der beste und nahrhafteste Teil ist).

**Frischer Fisch am Hafen Skála Sykaminiás auf Lésvos**

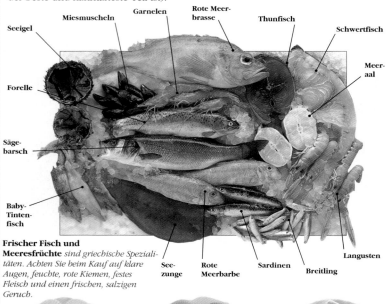

Seeigel
Miesmuscheln
Garnelen
Rote Meerbrasse
Thunfisch
Schwertfisch
Forelle
Sägebarsch
Baby-Tintenfisch
Meeraal
Seezunge
Rote Meerbarbe
Sardinen
Breitling
Langusten

**Frischer Fisch und Meeresfrüchte** *sind griechische Spezialitäten. Achten Sie beim Kauf auf klare Augen, feuchte, rote Kiemen, festes Fleisch und einen frischen, salzigen Geruch.*

**Tsirosaláta** *ist ein typisches* mezés: *dünn geschnittener Räucherfisch, rote Bete und frische Kräuter mit Olivenöl und Zitronensaft.*

**Streídia,** *oder Austern, wurden schon in der Antike gegessen. Man serviert sie mit Schalotten, Rotweinessig und Petersiliensauce.*

**Achinoí,** *Seeigelrogen, werden bei Vollmond, wenn sie am fettesten sind, gesammelt und in kretischen Fischtavernen als abendliche Köstlichkeit aufgetragen.*

**Psarósoupa** – *für diese Fisch-suppe werden Miesmuscheln, Schalentiere, Garnelen, Skor-pionfische, Sägebarsche in einer Lauch-Kräuter-Brühe gekocht.*

**Astakós** *ist eine seltene und teure Spezialität. Der von Schwammtauchern gesammel-te Hummer wird mit Olivenöl und Zitronensaft serviert.*

**Tónnos psitós**, *gebratenes Thun-fischsteak mit Karotten, Lauch, Kartoffeln und Dill, wird zur Zeit der Thunfischwanderung im Frühjahr und Herbst angeboten.*

**Marídes** – *winzige Breitlinge werden in Mehl gewendet und in Olivenöl gebraten. Auf Kos ißt man sie als Vor- oder Hauptspeise mit Salat, Dill und Frühlingszwiebeln.*

**Barboúnia**, *rote Meerbarbe, ist in Griechenland der begehr-teste Fisch überhaupt. In der Regel brät man ihn im ganzen.*

**Bourthéto** *sind die kleinen Fi-sche eines Fischzugs, die in mit Cayennepfeffer gewürzter Toma-tensauce gebacken werden.*

**Garídes giouvétsi** *ist ein mo-dernes Gericht mit großen Shrimps oder Garnelen in einer Sauce aus Tomaten, Olivenöl und Petersilie, überbacken mit Feta-Käse.*

**Kávouras** – *ein spätsommerliches Gericht: Gekochte Krabben wer-den mit pikanten ionischen Oli-ven sowie einer Sauce aus Oli-venöl und Zitronensaft serviert.*

**Chtapódi** *(sehr beliebt in Grie-chenland): Kleine Stücke von gegrilltem Octopus oder Tinten-fisch in Rotweinessig und Olivenöl.*

Rosmarin

Gehackte Auber-ginen

Sägebarsch

Blatt-salat

**Sardélles** – *Sardinen werden in Weinblättern gegrillt. Dann wirft man die Blätter weg und trägt den Fisch mit Zitrone und frischem Dill auf.*

**Lavráki** *ist ein ganzer, mit Olivenöl, Rotweinessig und frischem Rosmarin gebackener Sägebarsch. Der Kopf gilt als besondere Spezialität und gebührt stets dem Gast. Leicht bittere Blattsalate passen ideal zu diesem delikaten, süßen Fisch.*

# Was ißt man auf den Griechischen Inseln?

**J**EDE INSELGRUPPE hat je nach Lage und Geschichte ihre eigene kulinarische Tradition. Ein Vermächtnis der venezianischen Okkupation sind die zahlreichen Teigwaren in der ionischen Küche.

Die Gerichte der felsigen, wilden Kykladen sind von ihrem Geschmack her sehr intensiv. Die Köche des Dodekanes und der Nordägäischen Inseln profitieren vom Fischreichtum des umliegenden Meeres. Typisch kretisch sind stark gewürzte Speisen, die von der langen türkischen Besatzung zeugen. Auf Kreta hat man einige herrliche Küchenutensilien und ungewöhnliche Zutaten aus minoischer Zeit ausgegraben.

**Weintraube**

Kunden an einem Bananenstand in der Nähe von Vãi auf Kreta

**Saláta limniótiki** *ist ein ägäisches mezés aus neuen Kartoffeln, Dill und Kapern.*

**Agkináres a la políta** – *Artischockenherzen in Olivenöl und Zitronensaft.*

**Fáva** *ist ein Püree aus gelben Santoriner Linsen, Kapern und Öl.*

**Prása me sousámi** *– gebackener Lauch mit Sesam.*

**Pastítsio**, *eine Spezialität aus Korfu, ist ein Auflauf aus Makkaroni, einer Fleisch-Tomaten-Füllung und Béchamelsauce, mit Käse überbacken.*

**Mpriám**, *ein Auflauf aus Herbstgemüse mit einer Kruste aus Semmelbröseln und Käse.*

**Sofríto**, *ein spezielles Schmorgericht aus Korfu mit Fleisch, Olivenöl, Weinessig, Tomaten und frischem Knoblauch.*

**Kandierte Pistazien**   **Orangen**   **Morello-Kirschen**

**Süßes Brot**

**Glyká** *sind Früchte in Sirup. Hier werden Pistazien, Morello-Kirschen und Orangen mit süßem Brot serviert.*

## KÄSE

In Griechenland werden etliche Käsesorten aus Schaf-, Kuh- und Ziegenmilch nach ortstypischer Tradition hergestellt.

**Feta-Käse in Olivenöl**

*Graviéra*

*Kefalotýri*   *Feta*   *Kaséri*

## KRETA

Eine Reihe von Gerichten gibt es nur auf Kreta. Daß hier viel öfter Schweinefleisch verwendet wird als im Rest des Landes, ist ein Relikt aus der Antike.

**Chórta** *ist wildes Blattgemüse, das hier gekocht und mit Olivenöl und Essig oder Zitronensaft serviert wird.*

**Saláta kritikí,** *ein Salat aus Brunnenkresse, hier mit Feta-Käse und Orangen, wird als* mezés *oder zu Grillfleisch gereicht.*

**Choirinó kritikó,** *ein Klassiker: Dicke Schweinekoteletts werden gebacken, bis sie zart sind.*

**Saligkária** *(Schnecken) sind ein* mezés, *der mit dem Branntwein* tsigouthiá *serviert wird.*

**Arnáki psitó,** *gegrilltes Lammkotelett, gewürzt mit Zitrone, Olivenöl und Oregano und angerichtet mit Paprikaschoten.*

**Stifádo,** *hier aus Tintenfisch, ist ein Auflauf mit Kräutern, Tomaten, Olivenöl und Essig, der auch mit Fleisch zubereitet werden kann.*

**Loukoumádes,** *ein Snack aus kleinen fritierten »Berlinern«, die in Sirup getaucht und mit Zimt bestreut werden.*

## GRIECHISCHE GETRÄNKE

Im ionischen, kretischen und ägäischen Weinanbaugebiet werden jeweils typische Inselweine produziert. Zu den Spezialitäten zählen der Retsina, ein geharzter Wein, der Branntwein Ouzo und Dessertweine aus der nördlichen Ägäis. Zum Frühstück trinkt man starken Kaffee in kleinen Tassen.

**Starker griechischer Kaffee**

**Bougátsa** *sind Puddingtörtchen, die mit Zimt und Zucker bestreut werden.*

**Sýka me tyrí** *ist ein Sommer-*mezés, *eine Nachspeise oder ein Snack aus frischen Feigen mit* mizýthra-*Käse, der aus Feta-Molke gewonnen wird.*

**Ein Retsina von Kourtaki**

**Ouzoflasche**

**Gentilini, ein kretischer Weißwein**

**Rotwein aus Kreta**

***Nach jeder Mahlzeit*** *wird ein Teller mit frischem Obst, oft Wassermelone, gereicht.*

# Restaurantauswahl

DIE FOLGENDEN Restaurants wurden aus verschiedenen Preiskategorien aufgrund ihres guten Preis-Leistungs-Verhältnisses, ihrer traditionsbewußten Küche und ihrer Lage ausgewählt. Das Verzeichnis führt die Restaurants nach Regionen auf, beginnend mit den Ionischen Inseln, und nennt Kriterien, die Ihre Entscheidungsfindung erleichtern können. Einzelheiten finden Sie auf Seite 312ff.

| | KLIMAANLAGE | TISCHE IM FREIEN | LIVE-UNTERHALTUNG | WEINE AUS DER REGION |
|---|---|---|---|---|
| **IONISCHE INSELN** | | | | |
| **KORFU:** *Nikólas* ⓓ | | ■ | ● | ■ |
| Am Meer, Gimári. ☎ 0663 91136. | | | | |
| Diese Taverna liegt malerisch an einem ruhigen Strand in Gimári, 2 km westlich von Kalámi. Hier wird traditionelle griechische Küche mit *mousakás*, gegrilltem Fleisch und frischem Fisch geboten. ● Nov–März. | | | | |
| **KORFU:** *Tría Adélfia* ⓓ | | ■ | ● | ■ |
| Am Hafen, Kassiópi. ☎ 0663 81211. | | | | |
| Ungeachtet des steigenden Touristenstroms hat sich dieses Restaurant sein griechisches Flair bewahrt. Typisch griechische Speisen wie *mousakás* und Salate; der Fisch wird täglich vom Besitzer selbst gefangen. ● Nov–März. 🍷 | | | | |
| **KORFU:** *Chez George* ⓓⓓ | | ■ | | ■ |
| Palaiokastrítsa-Strand. ☎ 0663 41233. | | | | |
| Diese Taverna in idealer Lage mit guter Küche hat sich auf Meeresfrüchte von Hummer und Schwertfisch bis Meerbarbe spezialisiert. ● Nov–Feb. 🍷 | | | | |
| **KORFU:** *Rex* ⓓⓓ | ● | ■ | | |
| Kapodistríou 66, Korfu-Stadt. ☎ 0661 39649. | | | | |
| Das Rex in einem Gebäude aus dem 19. Jahrhundert ist wahrhaft traditionell mit authentisch griechischer und korfiotischer Küche. Kosten Sie den würzigen Schwertfisch *mpourdétto* mit Paprika und Kartoffeln. 🍷 | | | | |
| **ITHAKI:** *Fatoúro* ⓓ | | ■ | | |
| Dorfplatz, Stavrós. ☎ 0674 31385. | | | | |
| Eine einfache Taverna in einem reizenden Hügeldorf mit guter, hausgemachter Küche. Es gibt keine Karte, der Besitzer kocht mit jeweils aktuellen Zutaten, vor allem gute Gemüseaufläufe und Salate. ● mittags; Nov. | | | | |
| **ITHAKI:** *Trechantíri* ⓓ | ● | ■ | | |
| Hinter der Plateía Doúreiou Ippou, Vathý. ☎ 0674 33066. | | | | |
| Etablierte Familientaverna im Marktviertel. Das Besitzerehepaar serviert gute Beispiele traditioneller Küche wie *mousakás* oder Lammbraten, dazu große Salate und Retsina. ● mittags; Dez–Jan. | | | | |
| **KEFALLONIA:** *Anonymous* ⓓ | | ■ | | |
| Antóni Trítsi 146, Argostóli. ☎ 0671 22403. | | | | |
| Diese einladende Taverna hat immer drei oder vier Tagesspezialitäten, darunter oftmals frischen Fisch und andere griechische Köstlichkeiten. ● Nov–Feb. | | | | |
| **KEFALLONIA:** *Patsoúras* ⓓ | ● | ■ | | ■ |
| Ioánnou Metaxá, Argostóli. ☎ 0671 22779. | | | | |
| Dieser kleine Familienbetrieb (Beiname »Perivoláki«) hat einen schönen Garten, etliche typische Inselgerichte wie *krasáto* (Schweinefleisch in Wein) sowie die Kefalloniá-Fleischpastete. ● Nov; Ostern, Weihnachten. 🍷 | | | | |
| **KEFALLONIA:** *Fáros* ⓓⓓ | | ■ | | ■ |
| Am Hafen, Fiskárdo. ☎ 0674 41276. | | | | |
| Dieses Restaurant serviert frischen Fisch und eine gute Kefalloniá-Fleischpastete (*kreatópita*): Rindfleischstücke im Teigmantel, dazu Reis und Tomatensauce – die Inselspezialität. ● Okt–März. 🍷 | | | | |
| **LEFKADA:** *Káto Vrýsi* ⓓ | | ■ | | ■ |
| Dórpfeld, Lefkáda-Stadt. ☎ 0645 22722. | | | | |
| Traditionelle Taverna mit klassisch griechischen Speisen wie *mousakás*, Hühnchen, Salaten und dem beliebten Nudelgericht *pastítsio*. ● Okt–März. | | | | |
| **LEFKADA:** *Kávos* ⓓ | | ■ | ● | ■ |
| Am Hafen, Nydrí. ☎ 0645 92520. | | | | |
| Diese elegante, aber zwanglose Taverna wird vor allem von Touristen besucht; enorm große Auswahl an Salaten, gegrilltem Fisch und Fleisch. ● Nov–Feb. 🍷 | | | | |

| | KLIMAANLAGE | TISCHE IM FREIEN | LIVE-UNTERHALTUNG | WEINE AUS DER REGION |
|---|---|---|---|---|

**Preise** für ein Drei-Gänge-Menü und eine halbe Flasche Hauswein inklusive Steuern und Bedienung:
Dr bis 3000 Dr
DrDr 3000–5000 Dr
DrDrDr 5000–8000 Dr
DrDrDrDr 8000–11 000 Dr
DrDrDrDrDr über 11 000 Dr

**KLIMAANLAGE**
Restaurant mit Klimaanlage.

**TISCHE IM FREIEN**
Garten oder Terrasse, oft mit schönem Ausblick.

**LIVE-UNTERHALTUNG**
Tanz oder Musikveranstaltungen an bestimmten Wochentagen.

**WEINE AUS DER REGION**
Eine Auswahl lokaler griechischer Weine.

| | | KLIMAANLAGE | TISCHE IM FREIEN | LIVE-UNTERHALTUNG | WEINE AUS DER REGION |
|---|---|---|---|---|---|
| **PAXOS:** *Táka Táka* <br> Gáïos, 50 m vom Dorfplatz (beschildert). ☎ 0662 32329. <br> Das weinbewachsene Gartenrestaurant ist sehr beliebt bei den Einheimischen. Gegrilltes Fleisch und Fisch sind Hausspezialitäten. ● *Sep–Mai.* | Dr | | ■ | | ■ |
| **ZAKYNTHOS:** *I Mantaléna* <br> Am Meer, 1 km östlich von Alykés. ☎ 0695 83487. <br> Dieses fabelhafte Restaurant in Familienbesitz serviert einen Willkommenstrunk, eigenes Brunnenwasser, Wein vom eigenen Weinberg und hausgemachte Speisen. Kosten Sie die gefüllten Weinblätter! ● *Feiertage.* | Dr | | ■ | | ■ |

## ARGO-SARONISCHE INSELN

| | | KLIMAANLAGE | TISCHE IM FREIEN | LIVE-UNTERHALTUNG | WEINE AUS DER REGION |
|---|---|---|---|---|---|
| **AIGINA:** *Kóstas* <br> Nahe dem Strand von Agía Marína, Agía Marína. ☎ 0297 32424. <br> Der Küchenchef und Inhaber kocht griechische Spezialitäten wie geschmortes Kaninchen *(stifádo)*. Garten mit Maulbeerbäumen. ● *Nov–März.* 🌿 | Dr | | ■ | | ■ |
| **AIGINA:** *Avra* <br> Kazantzákis 2, Aigina-Stadt. ☎ 0297 24493. <br> Fischtaverna mit hölzernen Möbeln und rustikalem Flair in herrlicher Lage am Meer. Tintenfisch in Wein zählt zu den Spezialitäten. | DrDr | | ■ | | ■ |
| **AGKISTRI:** *Therís* <br> Megalochóri-Strand, Mílos. ☎ 0297 91400. <br> Der Meerblick, der Garten und die guten Speisen sind sehr einladend. Traditionelle Gerichte wie *kléftiko* und *stifádo* vom Lamm. 🌿 | Dr | ● | ■ | | |
| **KYTHIRA:** *Zormpás* <br> Spirídona Stái 34, Chóra. ☎ 0735 31655. <br> Gutes Grilllokal mit einigen wenigen Grillgerichten wie *sieftaliá* und ortstypischer Wurst sowie diversen Vorspeisen. ● *Okt–Juni Mo.* 🌿 | Dr | | ■ | ● | ■ |
| **KYTHIRA:** *Sotíris* <br> Am Dorfplatz, Avlémonas. ☎ 0735 33922. <br> Diese Fischtaverne ist bei den Einheimischen beliebt. Hier werden der Fang des Tages und der Weißwein des Hauses aufgetischt. ● *Okt–Apr Mo–Fr.* | DrDr | | ■ | ● | ■ |
| **POROS:** *Poúnta* <br> Metropoléos, Póros-Stadt. ☎ 0298 26078. <br> Der Küchenchef dieses Restaurants in ruhiger Lage gilt als der beste im Ort. Traditioneller Steinbau, das Innere ist mit Holz dekoriert. Griechische und andere europäische Küche. 🌿 | DrDr | ● | ■ | | |
| **SPETSES:** *O Pánas* <br> Am Strand von Ligonéri, 4 km westlich von Spétses-Stadt. ☎ 0298 73030. <br> Ein Ehepaar führt diese authentische *ouzerí*. Vegetarische *mezédes*, gegrilltes Fleisch und Meeresfrüchte. ● *Okt–Apr Mo–Do.* 🌿 | Dr | | ■ | ● | ■ |
| **SPETSES:** *Patralis* <br> Kounoupítsa, 3 km westlich von Spétses-Stadt. ☎ 0298 72314. <br> Diese traditionelle Taverne am Meer serviert gute, ortstypische Speisen. Fisch und griechische Desserts sind Hausspezialitäten. ● *Nov–Mitte Dez.* 🌿 | Dr | ● | ■ | | ■ |
| **YDRA:** *Kondylénia's* <br> An der Küstenstraße nach Kamíni, 1 km westlich von Ydra-Stadt. ☎ 0298 53520. <br> Wegen seines fabelhaften Meerblicks ein beliebtes Mittagslokal. Interessante Rezepte wie Auflauf mit Spinat, Tintenfisch und Garnelen. ● *Nov–Jan.* | Dr | | ■ | | ■ |
| **YDRA:** *Xerí Eliá* <br> Am Hauptplatz von Ydra-Stadt. ☎ 0298 52886. <br> Wunderbare, alte Taverne mit Steinmauern und Holzdecke. Hier genießt man Lamm-*kapamá*, Fisch und *mpaklavá* in einem großen Garten. 🌿 | DrDr | ● | ■ | ● | ■ |

**Preise** für ein Drei-Gänge-Menü und eine halbe Flasche Hauswein inklusive Steuern und Bedienung:
- ⓓ bis 3000 Dr
- ⓓⓓ 3000–5000 Dr
- ⓓⓓⓓ 5000–8000 Dr
- ⓓⓓⓓⓓ 8000–11 000 Dr
- ⓓⓓⓓⓓⓓ über 11 000 Dr

**KLIMAANLAGE**
Restaurant mit Klimaanlage.

**TISCHE IM FREIEN**
Garten oder Terrasse, oft mit schönem Ausblick.

**LIVE-UNTERHALTUNG**
Tanz oder Musikveranstaltungen an bestimmten Wochentagen.

**WEINE AUS DER REGION**
Eine Auswahl lokaler griechischer Weine.

## SPORADEN UND EVIA

| | | KLIMAANLAGE | TISCHE IM FREIEN | LIVE-UNTERHALTUNG | WEINE AUS DER REGION |
|---|---|---|---|---|---|
| **ALONNISOS:** *To Kamáki* <br> Ikion Dolópon, Patitíri. 📞 0424 65245. <br> Die beliebte *ouzerí* serviert Meeresfrüchte wie gebackene Miesmuscheln, gefüllten Tintenfisch und rote Meerbarbe. ● Mo mittags; Nov–März. | ⓓ | | ■ | | |
| **EVIA:** *Kávo d'Oro* <br> Párodos Sachtoúri, Kárystos. 📞 0224 22326. <br> Hausgemachte Speisen in einer traditionsreichen Taverna. Kosten Sie die Schmorgerichte, *ntolmádes* oder Auberginen. ● Okt–Dez. | ⓓ | | ■ | | ■ |
| **EVIA:** *Lalari* <br> Am Hafen, Kými. 📞 0222 22624. <br> Meernähe und freundlicher Service zeichnen diese vorzügliche Taverna aus, die gegrillte Shrimps, Oktopus und rote Baby-Meerbarbe serviert. ● Nov–Apr. | ⓓ | | ■ | ● | ■ |
| **EVIA:** *To Pyrofáni* <br> Neben Agía Triáda, Limni. 📞 0227 31640. <br> Fischtaverna mit frisch gefangenem Fisch wie Hummer und Langusten. Probieren Sie die Spezialität *garídes saganáki* (gebackene Shrimps). 🗏 | ⓓ | | ■ | ● | ■ |
| **EVIA:** *Gkoúveris* <br> Leofóros Voudoúri 20, Chalkída. 📞 0221 25769. <br> Seezungen, Meerbrassen und Makrelen werden im Freien gegrillt. Die Taverna am Meer serviert auch Salate und Schmorgemüse. ● Ostern, 1. Jan. | ⓓⓓ | ● | ■ | | |
| **SKIATHOS:** *I Mouriá* <br> Hinter der Nationalbank, Skiáthos-Stadt. 📞 0427 23069. <br> In diesem alten Steinhaus wird mit das beste Essen auf der Insel zubereitet. Sehr beliebt sind Kaninchen-*stifádo*, gebratener Tintenfisch und gekochtes Blattgemüse, dazu eine Karaffe Retsina. ● Apr–Okt mittags. 🗏 | ⓓ | | ■ | | ■ |
| **SKIATHOS:** *Ta Psarádika* <br> Neben dem Fischmarkt, Skiáthos-Stadt. 📞 0427 23412. <br> Die Einheimischen schätzen diese Taverna im Winter wegen ihrer Kuttelsuppe *(pastsás)* und im Sommer wegen des Fischs und der *mezédes*. 🗏 | ⓓ | | ■ | | ■ |
| **SKIATHOS:** *Troúllos* <br> Troúllo-Strand, Troúllos. 📞 0427 49255. <br> Bis hinab zum Strand stehen die Tische dieser Taverna. Schwertfisch-*souvláki* und Breitling sind stets zu empfehlen. ● Mitte Okt–Mitte Apr. 🗏 | ⓓ | | ■ | | |
| **SKIATHOS:** *Windmill* <br> Kotróni Hill, Skiáthos-Stadt. 📞 0427 21223. <br> Restaurant in einer alten Windmühle mit herrlichem Blick auf Hafen und Stadt. Vorwiegend internationale Küche. ● mittags; Okt–Apr. 🗏 | ⓓⓓⓓ | | ■ | | |
| **SKOPELOS:** *Mólos* <br> Am Meer, Skópelos-Stadt. 📞 0424 22551. <br> Dieses schlichte Restaurant am Meer bereitet alle griechischen Traditionsgerichte aus hochwertigen, frischen Zutaten. ● Nov–Dez. | ⓓⓓ | ● | ■ | | |
| **SKYROS:** *Asterias* <br> Am Hauptplatz, Skýros-Stadt. 📞 0222 91380. <br> In diesem ruhigen Restaurant genießt man traditionell Griechisches und ortstypische Spezialitäten wie Hummer mit Spaghetti. ● Okt–Mai. | ⓓⓓ | | ■ | | |
| **SKYROS:** *Christína* <br> Beim Hotel Neféli, Skýros-Stadt. 📞 0222 91778. <br> Ein in einem herrlichen Garten gelegenes Restaurant in australischem Besitz. Traditionell griechische und orientalische Küche sowie eine große Auswahl an Desserts. ● mittags; Okt–Mai Mo–Do; Juni–Sep So. | ⓓⓓ | | ■ | | |

## NORDOSTÄGÄISCHE INSELN

**CHIOS:** *Karatzás*
Am Meer, Karfás. 0271 3122.
Diese alteingesessene Taverna direkt am Wasser wartet mit allen üblichen
Meeresfrüchten und reichlich Gemüse auf. Guter Service.

**CHIOS:** *O Dólomas*
Beim Hotel Morning Star, Kondári, 2 km nördlich von Karfás. 0271 21040.
Verschlissenes Dekor und oft unkonzentrierter Service, aber großartige *mezédes*.
Man ißt sehr angenehm im schattigen Garten. mittags; Mo; Okt.

**CHIOS:** *O Moriás sta Mestá*
Hauptplatz, Mestá. 0271 76400.
Feine, ländliche Spezialitäten wie eingelegten Meerfenchel *(krítamo)* bietet
dieses Grill-Lokal. Der kräftige Rosinenwein erinnert an Sherry.

**FOURNOI:** *Níkos's*
Am Meer, Hafen-Stadt. 0275 51253.
Das Nikos's, Beiname Reméntzo, ist das Lokal für *skathári* (Schwarzbrasse)
oder *astakós* (die hier übliche Hummerart). Man sucht sich selbst den Fisch
aus, der dann gegrillt wird. Nov–Apr.

**LESVOS:** *Bennett's*
Am Meer, Skála Eresoú. 0253 53624.
Restaurant unter britischer Leitung mit vegetarischen Gerichten. Typische
Speisen sind etwa Lasagne oder Knoblauchpilze. Nov–Apr.

**LESVOS:** *I Sykaminiá*
Am Hafen, Skála Sykaminiás. 0253 55319.
Das älteste der drei Lokale in der Umgebung fungiert im Winter als *kafeneío*.
Die Spezialitäten wie Sardinen, Anchovis, Tintenfisch und gefüllte
Kürbisblüten kann man auch unter einem Maulbeerbaum genießen.

**LESVOS:** *Mourágio*
Am Meer, Skála Polichnítou, 13 km nördlich von Vaterá-Strand. 0252 41821.
Das Mourágio gilt als das beste etlicher guter Fisch- und *mezédes-ouzerís* in der
Umgebung und serviert frischen Fisch aus dem Golf von Kalloní. Nov–März.

**LESVOS:** *To Ammoudéli*
An der Straße von Plomári nach Melint. 0252 31333.
Dieses preiswerte, freundliche Lokal mit Meerterrasse serviert Meeresfrüchte
(Spezialität: Octopus) und gegrilltes Fleisch. Es werden auch einige *mezédes*
sowie Ouzo aus der Region angeboten. 15. Aug; Nov–Apr.

**LESVOS:** *Vafeiós*
In Vafeiós an der Straße nach Kaminiá, 5 km südöstlich von Mólyvos. 0253 71752.
Beliebt bei Einheimischen und Touristen aus Mólyvos wegen seiner
vernünftigen Preise, einer herrlichen Terrasse und der umfangreichen Karte
mit Regionalgerichten. Das Essen ist sehr reichhaltig! Nov–März.

**LIMNOS:** *O Plátanos*
Zentralmarkt, Myrína. 0254 22070.
Dieses Restaurant an einem stimmungsvollen Platz zwischen alten Häusern
und einer uralten Platane serviert Traditionelles aus dem Ofen wie *pastítsio*
(Makkaroniauflauf) und Gemüseaufläufe.

**LIMNOS:** *Zimbabwe*
Hauptplatz, Platí. 0254 24954.
In dieser *ouzerí* sitzt man auf der Terrasse. Die winzige Küche produziert
gutes Essen, vor allem gegrilltes Fleisch und Meeresfrüchte. Wie viele
Bewohner von Límnos wohnte der Inhaber jahrelang in Südafrika.

**SAMOS:** *Oi Psarádes*
Am Meer, Kondakaiíka-Dorf, 5 km östlich von Karlóvasi. 0273 32489.
Üppige Fischgerichte und eine begrenzte Auswahl an *mezédes* und Salaten
genießt man auf einer Terrasse mit Meerblick. Im Mai, kurz bevor die Zeit der
Netzfischerei aufhört, ist die Taverna am empfehlenswertesten. Nov–März.

**SAMOS:** *Steve's*
Am Hafen, Karlóvasi. 0273 35263.
Die Eltern des aus Südafrika zurückgekehrten griechischen Inhabers bereiten
vorzügliche griechische Speisen. Große Portionen, ein Angebot für Vegetarier
und gelegentlich hausgemachte Desserts. Nov–Apr mittags.

Zeichenerklärung siehe hintere Umschlagklappe

**Preise** für ein Drei-Gänge-Menü und eine halbe Flasche Hauswein inklusive Steuern und Bedienung:
Ⓓ bis 3000 Dr
ⒹⒹ 3000–5000 Dr
ⒹⒹⒹ 5000–8000 Dr
ⒹⒹⒹⒹ 8000–11 000 Dr
ⒹⒹⒹⒹⒹ über 11 000 Dr

**KLIMAANLAGE**
Restaurant mit Klimaanlage.

**TISCHE IM FREIEN**
Garten oder Terrasse, oft mit schönem Ausblick.

**LIVE-UNTERHALTUNG**
Tanz oder Musikveranstaltungen an bestimmten Wochentagen.

**WEINE AUS DER REGION**
Eine Auswahl lokaler griechischer Weine.

| | KLIMAANLAGE | TISCHE IM FREIEN | LIVE-UNTERHALTUNG | WEINE AUS DER REGION |
|---|---|---|---|---|
| **SAMOS:** *To Kýma*   ⒹⒹ<br>An der Küstenstraße von Karlóvasi. 📞 0273 34017.<br>Diese 1984 eröffnete *ouzerí* in einem kleinen, weißen Gebäude bietet durchweg hochwertiges Essen, üppige Meeresfrüchte-Platten und mit die schönsten Sonnenuntergänge auf der Insel. ● *Nov–Feb.* | | ■ | | ■ |
| **SAMOTHRAKI:** *I Plateía*   Ⓓ<br>Hauptplatz, Chóra. 📞 0551 41224.<br>Von den beiden vorzüglichen Tavernas am Dorfplatz hat diese Meerblick und eine gewagtere Speisekarte als andere Lokale. Gefüllter Tintenfisch und Standardgerichte wie *mydia saganáki* (Miesmuscheln mit Käse). ● *Okt–Mai.* 🅶 | | ■ | ● | ■ |
| **SAMOTHRAKI:** *Orízontas*   Ⓓ<br>Am Hafen von Kamariotíssa. 📞 0551 41793.<br>Mit Abstand die beste Taverna am Fährhafen. Schnell servierte Ofengerichte und offener Wein garantieren regen Andrang. ● *Nov–Feb.* | ● | ■ | | ■ |
| **THASOS:** *O Gláros*   Ⓓ<br>Alykí-Bucht. 📞 0593 53047.<br>Die älteste und vermutlich beste der zahlreichen Tavernas im Umkreis. Fisch, gegrilltes Fleisch und Salate genießt man auf einer schattigen Terrasse mit Blick auf die Bucht von Alykí. ● *Okt–Mai.* | | ■ | | |
| **THASOS:** *O Plátanos*   Ⓓ<br>Hauptplatz, Sotíros. 📞 0593 71234.<br>Das O Plátanos zwischen der alten Kirche und dem Brunnen wird von einer freundlichen Athenerin geführt. Vorzügliche Grillspezialitäten und Aufläufe sowie hausgemachter *tsípouro* (eine Art Ouzo). ● *Nov–Apr.* | | ■ | ● | ■ |
| **THASOS:** *Kleoníki*   ⒹⒹ<br>Am Busbahnhof, Theológos-Dorf. 📞 0593 31000.<br>Dieses Grill-House mit Beinamen Taverna Iatroú hat sich auf Spanferkel, Ziege und *kokorétsi* (Kebab aus Innereien) spezialisiert. 🅶 | | ■ | ● | ■ |
| **DODEKANES** | | | | |
| **ASTYPALAIA:** *Kalámia*   Ⓓ<br>Livádi-Strand. 📞 0243 61468.<br>Im Garten dieser traditionellen Taverna direkt am Strand genießt man typisch griechische Küche und frische Meeresfrüchte. ● *Okt–Mai.* | | ■ | | ■ |
| **CHALKI:** *Pontamos*   Ⓓ<br>Póntamos-Strand, Nimporió. 📞 0241 45295.<br>Erholen Sie sich unter dem Karobbaum dieser stimmungsvollen Taverna oberhalb des Strands. Das mittags gut besuchte Lokal wartet mit griechischen Gerichten und Snacks auf. ● *Okt–Apr.* | | ■ | | |
| **KALYMNOS:** *Iliovasílema*   Ⓓ<br>Beim Plaza Hotel, Masoúri-Strand. 📞 0243 47683.<br>Die Möbel sind etwas grell, doch das Fleisch ist großartig. Hier bekommt man ein vorzügliches Kaninchen-*stifádo*, Fleisch und vegetarische Speisen. Wegen der freundlichen Atmosphäre sehr gefragt bei Familien. ● *Nov–Apr.* 🅶 | | ■ | | |
| **KALYMNOS:** *Xefterís*   Ⓓ<br>Neben Moní Christós, Pothiá. 📞 0241 45340.<br>Das etwas abseits gelegene Xefterís gilt bei Einheimischen als die beste Taverna des Dorfs und ist seit 85 Jahren in Familienbesitz. Frischer Fisch, Lammbraten und Gemüsegerichte. | | ■ | | ■ |
| **KARPATHOS:** *Kalí Kardiá*   Ⓓ<br>An der Straße zum Vróntis-Strand, Kárpathos-Stadt. 📞 0245 22256.<br>Diese von einer griechisch-amerikanischen Familie geführte Taverna liegt direkt am Wasser. Gute Ofengerichte und frischer Fisch. ● *Okt–März.* | | ■ | ● | ■ |

**KASOS:** *Emporeiós* ⓓ
Emporeió-Hafen, 1 km von Frý. 📞 *0245 41586.*
Diese traditionelle Fischtaverna in ruhiger Lage mit Garten serviert stets frische
Meeresfrüchte und Fleisch zu vernünftigen Preisen. ● *Mitte Sep– Mai.*

**KASTELLORIZO:** *Ta Platánia* ⓓ
Plateía Choráfia, Kastellórizo-Stadt. 📞 *0241 49206.*
Spezialitäten dieses Restaurants oberhalb des Hafen sind *revythokeftédes*
(Kichererbsenbratlinge) sowie Ofengerichte. Kostenlose *chalvá*! ● *Okt–Mai.*

**KOS:** *Frangolis* ⓓ
Plateia Arístonis, Kakó Prinári, Kos-Stadt. 📞 *0242 28761.*
Das Frangolis gilt als eine der besten traditionellen Tavernas der Insel und hat
eine echt griechische Karte (eine Seltenheit im Dorf Kos). Gegrilltes Fleisch
und Ofengerichte genießt man im schattigen Garten.

**KOS:** *Olympiáda* ⓓ
Kleopátras 2, Kos-Stadt. 📞 *0242 23031.*
Traditionelle Taverna abseits des Rummels. Gutes Preis-Leistungs-Verhältnis
und sehr griechisch! ● *Ostern; 25. Dez; Jan.* 🌿

**KOS:** *O Plátanos* ⓓⓓⓓ
Plateía Plátanos, Kos-Stadt. 📞 *0242 28991.*
Das nach Hippokrates' Platane benannte Café blickt zur Agora hin. Klassische
Musik und Kuchen an einem schattigen Plätzchen. ● *Nov– Apr.* 🌿

**LEROS:** *Garbo's* ⓓ
Am Hafen, Agía Marína. 📞 *0247 24767.*
In diesem stilvollen Restaurant herrscht stets reger Andrang; umfassende
internationale Speisekarte. ● *Okt.*

**LEROS:** *María* ⓓ
Am Meer, Pantéli. 📞 *0247 22967.*
Stimmungsvolle, authentische Fischtaverna mit breitem Angebot an frischem
Fisch, von knusprigem Breitling zu *kalamári* (Tintenfisch). ● *Okt– Mai.*

**LIPSI:** *Kalypsó* ⓓ
Kalypsó Hotel, am Meer, Lipsí-Stadt. 📞 *0247 41242.*
Dieses mit Wein bewachsene Hotelrestaurant mit Beinamen Mr. Mungo's
serviert alle griechischen Klassiker. Kosten Sie den vorzüglichen gegrillten
Octopus und *revythokeftédes* (Kichererbsenbratlinge).

**NISYROS:** *Nísyros* ⓓ
An der Hauptstraße, Mandráki. 📞 *0242 31460.*
Die Tische stehen unter einem Dach aus wildem Wein. Alle üblichen
griechischen Mittags- und Abendgerichte. ● *Mitte Okt–März.*

**NISYROS:** *Agkístri* ⓓⓓ
Páloi-Strand. 📞 *0242 31460.*
Gutes, von einer Familie geführtes Strandlokal. Fleisch aus eigener Schlachtung,
frischer Fisch und perfekte Ofengerichte wie *mousakás.* ● *Mitte Okt–Apr.* 🌿

**PATMOS:** *Arion Café* ⓓ
Am Meert, Skála. 📞 *0247 31595.*
Dieses Straßencafé mit neoklassizistischer Fassade und einer Musikbar im
Inneren ist ein beliebter Treffpunkt. Kaffee, Cocktails und Snacks. ● *Okt–März.*

**PATMOS:** *Alóni* ⓓⓓ
An der Straße von Chóra nach Grigos. 📞 *0247 31007.*
Einheimische wie Touristen genießen einen Abend in diesem Restaurant im Freien
mit griechischer Livemusik und Tanzdarbietungen. Das Essen, meist
Fleischgerichte und griechische Dips, ist dafür etwas teurer.

**PATMOS:** *Patmian House* ⓓⓓ
Abseits der Plateía Dimarchíou, Chóra. 📞 *0247 31180.*
Dieses Restaurant in einer idyllischen Seitenstraße liegt in einer alten
Kapitänsvilla. Vorzügliche internationale Küche in elegantem Rahmen –
perfekt für ein romantisches Abendessen. ● *Okt– Mai.*

**RHODOS:** *Alatopípero* ⓓⓓ
Michaíl Petrídi 76, Rhodos-Stadt. 📞 *0241 65494.*
Am kalten und warmen Vorspeisenbuffet dieses fabelhaften *mezedopoleío* hat man
freie Wahl. Großes Angebot an vegetarischen Speisen wie Auberginen mit Feta
und Gewürzen. ● *Jan –Feb Mo abends.* 🌿

Zeichenerklärung siehe hintere Umschlagklappe

**Preise** für ein Drei-Gänge-Menü und eine halbe Flasche Hauswein inklusive Steuern und Bedienung:
Dr bis 3000 Dr
DrDr 3000–5000 Dr
DrDrDr 5000–8000 Dr
DrDrDrDr 8000–11 000 Dr
DrDrDrDrDr über 11 000 Dr

**KLIMAANLAGE**
Restaurant mit Klimaanlage.

**TISCHE IM FREIEN**
Garten oder Terrasse, oft mit schönem Ausblick.

**LIVE-UNTERHALTUNG**
Tanz oder Musikveranstaltungen an bestimmten Wochentagen.

**WEINE AUS DER REGION**
Eine Auswahl lokaler griechischer Weine.

| | KLIMAANLAGE | TISCHE IM FREIEN | LIVE-UNTERHALTUNG | WEINE AUS DER REGION |
|---|---|---|---|---|
| **RHODOS:** *O Chrístos* — DrDr | | ■ | | ■ |
| **RHODOS:** *Sandy Beach* — DrDr | | ■ | | ■ |
| **RHODOS:** *Paliá Istoriá* — DrDrDr | | ■ | | ■ |
| **SYMI:** *O Meraklís* — Dr | ● | ■ | | ■ |
| **SYMI:** *Tólis* — DrDr | | ■ | ● | |
| **TELENDOS:** *Theíos Géorgios* — DrDr | | ■ | ● | |
| **TILOS:** *Eirína* — Dr | | ■ | | |
| **AMORGOS:** *Ambrosia* — Dr | ● | ■ | ● | ■ |
| **AMORGOS:** *Vitzéntsos* — DrDrDr | | ■ | | |
| **ANDROS:** *Archipélagos* — Dr | | ■ | | ■ |
| **ANDROS:** *Syróco* — DrDr | | ■ | | ■ |

**RHODOS:** *O Chrístos* — DrDr
Klaude Pepper 165, Zéfyros-Viertel, Rhodos-Stadt. 0241 31680.
Diese Taverna hinter dem Handelshafen ist eine gute Adresse: griechische Küche abseits des Touristenstroms zu vernünftigen Preisen. ● *So abends.*

**RHODOS:** *Sandy Beach* — DrDr
Beim Sun Beach Hotel, Ialyssós-Bucht, 5 km nördlich der antiken Stätte. 0241 94600.
Dieses beliebte Mittagslokal direkt am Strand serviert meisterliche Klassiker wie *kopanistí* (Püree aus Oliven, würzigem Käse und Paprika) und *skordaliá* (Kartoffel-Knoblauch-Püree), dazu verschiedene Ouzos. ● *Nov–März.* ◪

**RHODOS:** *Paliá Istoriá* — DrDrDr
Mitropóleos 108, Ammos-Viertel, Rhodos-Stadt. 0241 32421.
Pfiffige Speisen aus Griechenland und dem Mittelmeer in einem preisgekrönten Lokal. Phantasievolle, gesunde Kreationen wie rote Bete mit Walnüssen oder Hummer mit Spaghetti. Reservierung ratsam. ● *mittags.* ◪

**SYMI:** *O Meraklís* — Dr
Neben Agios Ioánnis, Gialós-Viertel, Sými-Stadt. 0241 71003.
Die Taverna hinter der Bank kocht noch am ehesten im traditionellen Stil. Vorzügliche Gemüsegerichte, frischer Fisch sowie alle griechischen Standardgerichte. Vernünftige Preise und freundlicher Service. ◪

**SYMI:** *Tólis* — DrDr
Pédi-Bucht. 0241 71601.
Diese freundliche Taverna unmittelbar am Wasser ist mittags gut besucht. Kleine, aber ansprechende Speisekarte mit frischem Fisch und ortstypischen Gemüsegerichten. ● *27. Juli, Nov–Apr.*

**TELENDOS:** *Theíos Géorgios* — DrDr
Am Meer, Télendos-Hafen. 0243 47502.
Zahlreiche Vorspeisen, exzellente Meeresfrüchte, hausgemachte Speisen und Salate zu vernünftigen Preisen. Von den Tischen direkt am Wasser schöne Aussicht auf Kálymnos. ● *Nov–Mitte Apr.* ◪

**TILOS:** *Eirína* — Dr
Am Meer, Livádia. 0241 44206.
Diese traditionelle Taverna serviert gute, hausgemachte griechische Kost an Tischen direkt am Wasser. Gemüsegerichte wie *fasoláda* (Bohnensuppe) und *gígantes* (Bohnen) sind besonders gut. ● *Nov–Apr.*

## KYKLADEN

**AMORGOS:** *Ambrosia* — Dr
An der Straße von Aigiáli nach Tholária. 0285 73107.
Dieses beliebte Restaurant bietet traditionelle Küche und einen herrlichen Meerblick. Frischen Fisch und Hummer bekommt man immer. ◪

**AMORGOS:** *Vitzéntsos* — DrDrDr
Am Hafen, Katápola. 0285 71518.
Spezialitäten wie Kitz und Kartoffelauflauf sowie täglich frischer Fisch werden in dieser beliebten, aber teuren Taverna aufgetischt. ● *Mitte Okt–Mitte März.*

**ANDROS:** *Archipélagos* — Dr
Am Meer, Andros-Stadt. 0282 24430.
Diese moderne, aber traditionell dekorierte Taverna am Strand wartet mit griechischen Standardgerichten und frischem Fisch auf.

**ANDROS:** *Syróco* — DrDr
Hinter dem Hauptplatz, Mpatsí. 0282 41023.
Ein 100 Jahre altes Gebäude beherbergt dieses Restaurant. Traditionell griechische Küche und europäische Speisen wie Pizza und Spaghetti. Guter Service; schöner Meerblick. ● *mittags.*

**IOS:** *Mpármpa-Manólis* ⓓ
Páno Foúrno, Ios-Stadt. 📞 *0286 91767.*
Diese traditionelle *ouzerí* im Zentrum serviert zahlreiche *mezédes*, dazu eine
Auswahl an Ouzos und Weinen. ● *Weihnachtszeit.*

**IOS:** *Pithári* ⓓ
Plateía Evangelismoú, Ios-Stadt. 📞 *0286 91379.*
Eine der besten Tavernas der Insel und noch dazu sehr freundlich.
Vorzügliche griechische Küche und offener Wein. ● *20. Okt–20. Apr.*

**KYTHNOS:** *To Kantoúni* ⓓ
Mérichas-Bucht. 📞 *0281 32220.*
Das einfache Lokal in romantischer Lage mit herrlichem Blick auf die Bucht hat
sich auf Grillgerichte und *sfougáta* (Käsebällchen) spezialisiert. ● *Nov.*

**KYTHNOS:** *To Louloúdi* ⓓ
Panagía Kanála, Kanála. 📞 *0281 32362.*
Diese authentische Taverna auf dem Areal der Kirche hat eine Terrasse mit
Meerblick. Hausgemachtes von Ziegenschmorbraten über Leber bis hin zu
Gemüsegerichten. Guter Retsina vom Faß. ● *Okt–Apr.*

**MILOS:** *Trapatsélli's* ⓓ
An der Küstenstraße nach Adámantas. 📞 *0287 22010.*
Vielleicht das bekannteste Fischrestaurant der Insel direkt am Wasser.
Vorzügliches und vielfältiges Speiseangebot mit Ungewöhnlichem wie
Tintenfisch-*stifádo* und *spetsofái* (Paprika-Wurst-Eintopf). ● *Nov–Apr.*

**MILOS:** *Varco* ⓓ
Am Hafen, Adámantas. 📞 *0287 22660.*
Das billige und fröhliche Varco tischt schmackhafte, traditionell griechische
Gerichte, frischen Fisch und guten offenen Wein auf. ● *Dez–März.*

**MYKONOS:** *Antoníni's* ⓓⓓ
Plateía Mantó, Mýkonos-Stadt. 📞 *0289 22319.*
Gilt vielen als das beste Speiselokal der Insel – echt griechische und zudem
preiswerte Gerichte. Kosten Sie die fabelhaften *mezédes*, gefolgt von *stámnas*,
einer köstlichen Kalbfleischplatte. ● *Nov–Mai.*

**MYKONOS:** *Kástro* ⓓⓓⓓ
Kástro-Viertel, Klein-Venedig, Mýkonos-Stadt. 📞 *0289 23072.*
In dieser legendären Gay-Bar oberhalb von Kástro kann man behaglich
Erdbeer-Daiquiris schlürfen und klassische Musik hören. ● *Mitte Okt–Apr.*

**MYKONOS:** *Chez Katrin* ⓓⓓⓓⓓ
Nikíou, Mýkonos-Stadt. 📞 *0289 22169.*
Eines der ältesten internationalen Restaurants der Insel mit Beinamen Bobby's
und beliebt bei den Einheimischen. Bekannt für seine französische Küche und
seine Mousse au Chocolate. Reservierung ratsam. ● *Nov–Apr.* ✉

**NAXOS:** *Manólis* ⓓ
Altstadt, Náxos-Stadt. 📞 *0285 25168.*
In dieser Gartentaverna im Herzen der Altstadt genießt man traditionelle
griechische Speisen wie *melitzánes* (gebratene Auberginen), *skordaliá*
(Kartoffel-Knoblauch-Püree) sowie andere Köstlichkeiten. ● *Nov–März.*

**NAXOS:** *Oneiro* ⓓⓓ
Parapórti-Viertel, Náxos-Stadt. 📞 *0285 23846.*
Schöne Aussicht vom Dachgarten, romantisches Kerzenlicht und eine
internationale Speisekarte – das Oneiro ist eine gute Wahl. ● *Nov–Apr.* ✉

**PAROS:** *Páros* ⓓⓓ
Abseits der Agorá, Paroikiá. 📞 *0284 21319.*
Genießen Sie traditionell Griechisches sowie Spezialitäten aus Páros wie
Käsepastete in diesem Restaurant am Meer. ● *Mitte Okt–März.* ✉

**PAROS:** *Tamarísko* ⓓⓓ
Abseits der Agorá, Paroikiá. 📞 *0284 24689.*
Internationale Gerichte mit gutem Preis-Leistungs-Verhältnis im vermutlich
besten Restaurant der Insel. ● *mittags; Sep–Juli Mo; Jan–Feb.* ✉

**SANTORINI:** *Camille Stefaní* ⓓⓓ
Kamári-Strand. 📞 *0286 31716.*
Dieses elegante Restaurant liegt am Strand, hat einen französischen Einschlag
sowie Wein aus eigener Produktion. ● *Nov–Apr Fr–So mittags.*

Zeichenerklärung siehe hintere Umschlagklappe

**Preise** für ein Drei-Gänge-Menü und eine halbe Flasche Hauswein inklusive Steuern und Bedienung:
Dr bis 3000 Dr
DrDr 3000–5000 Dr
DrDrDr 5000–8000 Dr
DrDrDrDr 8000–11 000 Dr
DrDrDrDrDr über 11 000 Dr

**KLIMAANLAGE**
Restaurant mit Klimaanlage.

**TISCHE IM FREIEN**
Garten oder Terrasse, oft mit schönem Ausblick.

**LIVE-UNTERHALTUNG**
Tanz oder Musikveranstaltungen an bestimmten Wochentagen.

**WEINE AUS DER REGION**
Eine Auswahl lokaler griechischer Weine.

| | Preis | KLIMAANLAGE | TISCHE IM FREIEN | LIVE-UNTERHALTUNG | WEINE AUS DER REGION |
|---|---|---|---|---|---|
| **SANTORINI:** *Nikólas*<br>Oberhalb des Hauptplatzes, Firá. 0286 24550.<br>Traditionsreiche Taverna im Herzen von Firá mit authentisch griechischer Speisekarte, frischem Fisch und offenem Wein. ● Dez. | DrDrDr | | | | ▨ |
| **SERIFOS:** *Tákis*<br>Am Meer, Livádi. 0281 51159.<br>Das Tákis liegt direkt am Meer und bietet eine ausführliche Speisekarte mit Fisch und Salaten sowie eine umfangreiche Weinkarte. ● Nov–März. 🍷 | DrDrDr | | ▨ | | |
| **SIFNOS:** *Liotrívi Maganas*<br>Beim Busbahnhof, Artemónas. 0284 31246.<br>Eine der bekanntesten Tavernas auf den Kykladen mit renommierten, typischen Spezialitäten. Die Griechen lieben die sonntägliche *revýthia* (Kichererbseneintopf) mit offenem Wein in lebhafter Atmosphäre. ● Dez. | Dr | ● | ▨ | ● | ▨ |
| **SIFNOS:** *Artemónas*<br>Agíou Kostandínou 3, Artemónas. 0284 31303.<br>Dieses Restaurant im ruhigen Garten des Hotels Artemónas bietet gute, hausgemachte Speisen mit Gemüse aus eigenem Anbau. ● Okt–Apr. 🍷 | DrDr | | ▨ | | |
| **SIKINOS:** *Kástro*<br>Abseits des Hauptplatzes, Síkinos-Stadt. 0286 51026.<br>Diese quirlige Taverna im Kástro-Viertel ist beliebt bei Einheimischen wie Besuchern. Ausgezeichnete Küche und manchmal spontaner Tanz. | Dr | | ▨ | | |
| **SYROS:** *Lilí's*<br>Piátsa, Ano-Sýros-Viertel, Ermoúpoli. 0281 88087.<br>Bekannt für seinen herrlichen Blick auf die Bucht und die griechischen Speisen im Stil der *nouvelle cuisine*. Am Wochenende Livemusik. ● Nov–März mittags. | Dr | ● | ▨ | ● | ▨ |
| **SYROS:** *To Iliovasílema*<br>Kíni-Strand, Kíni. 0281 71211.<br>Diese populäre, nach dem großartigen Sonnenuntergang benannte Taverna wird von einer Musikerfamilie von Sýros geleitet. ● Nov–März. | Dr | | ▨ | ● | |
| **SYROS:** *I Folia*<br>Athanasíou Diákou 1, Ermoúpoli.<br>Das unprätentiöse I Folia im Viertel Vrondádo gilt als eine der besten Tavernas auf den Kykladen und spezialisiert sich auf Klassiker wie Taubenkasserole sowie Kaninchen-Blumenkohl-Bällchen. | DrDr | ● | ▨ | | |
| **TINOS:** *Palaiá Pallada*<br>Pallada-Viertel, hinter dem Hafen, Tínos-Stadt. 0283 23516.<br>Dieses Restaurant serviert traditionell griechische Tavernakost sowie frischen Fisch, gegrilltes Fleisch und Wein vom Faß. ● 1.–20. Jan. 🍷 | Dr | | ▨ | | |
| **TINOS:** *Xinári*<br>Evangelistrías 13, Tínos-Stadt. 0283 23337.<br>Das Xinári liegt an einer Einkaufsstraße und bietet kreativ gewürzte Speisen mit libanesischer Note sowie hausgemachtes Brot. ● Mitte Okt–Apr. 🍷 | DrDr | ● | ▨ | ● | |

## KRETA

| | Preis | KLIMAANLAGE | TISCHE IM FREIEN | LIVE-UNTERHALTUNG | WEINE AUS DER REGION |
|---|---|---|---|---|---|
| **AGIA ROUMELI:** *To Farángi*<br>Hauptplatz. 0825 91225.<br>Zu den Spezialitäten der Taverna zählen gefüllte Kohlrouladen, Paprika und Weinblätter. Kosten Sie *sfakianés pítes* (Pasteten mit Honig). ● 15. Nov–März. 🍷 | Dr | | ▨ | ● | ▨ |
| **AGIOS NIKOLAOS:** *Itanos*<br>Kýprou 1. 0841 25340.<br>Diese beliebte Taverna etwas abseits der Plateía Venizélou serviert traditionell Kretisches wie Fleisch vom Holzkohlengrill. Tische im Freien. | Dr | | ▨ | | ▨ |

**AGIOS NIKOLAOS:** *I Tráta*                                                   ⓓⓓ
Pagkílou 17. 📞 *0841 22028.*
Das I Tráta ist Fischtaverna und Grill-Lokal zugleich; frischer Fisch und
gegrilltes Fleisch, traditionell Griechisches und Italienisches wie Pizza. 🖂

**ANALIPSI PEFKON:** *Porfýra*                                                  ⓓ
Am Strand. 📞 *0843 51011.*
Das Porfýra in Analípsi Péfkon, 40 km südlich von Siteía, verwendet selbst-
gepflückte Bergkräuter und natives Olivenöl. Lammfleisch mit Zimt und Hühn-
chen in Walnußsauce zählen zu den Spezialitäten. ● *Mitte Nov–Mitte März.* 🖂

**CHANIA:** *Akrogiáli*                                                         ⓓ
Akti Papanikolí 19, Néa-Chóra-Viertel. 📞 *0821 73110.*
Das geschäftige und trendbewußte Fischrestaurant von Néa Chóra, 18 km
südöstlich von Chaniá. Breite Auswahl an Fisch und guter Service. Probieren
Sie den gegrillten Tintenfisch. ● *mittags; Ostern; 25. Dez abends.*

**CHANIA:** *To Dóloma*                                                         ⓓ
Kapsokalývon 5. 📞 *0821 51196.*
Der Mittag ist die beste Zeit in diesem modernen Restaurant mit schnellem
Service und guter Küche. Die gefüllten Tomaten sind sehr zu empfehlen. ·

**CHANIA:** *The Well of the Turk*                                              ⓓⓓ
Kaliníkou Zarpáki. 📞 *0821 54547.*
Dieses gemütliche Restaurant mit Kerzenlicht befindet sich in einem alten
Gewölbe. Hier gibt es würzige, authentische Speisen wie Fleischbällchen mit
Aubergine und gefüllten Tintenfisch. Orientalische Musik. ● *So mittags; Di.*

**CHANIA:** *Thólos*                                                            ⓓⓓ
Agíon Déka, Altstadt. 📞 *0821 46725.*
Die Tische dieses Restaurants in einem Gebäude aus dem 14. Jahrhundert
stehen auf drei Ebenen. Sorgsam zubereitete Speisen aus besten
einheimischen Zutaten. Umfangreiche Weinkarte. ● *Nov–Apr.* 🖂

**CHANIA:** *O Anemos*                                                          ⓓⓓⓓ
Sourmelí 40–42, Aktí Tompázi. 📞 *0821 58330.*
Ein feines Restaurant am Meer unterhalb der alten Stadtmauer, spezialisiert auf
Meeresfrüchte in teils recht interessanten Kreationen wie in Ouzo gegarter
Tintenfisch. Neben Fisch werden auch Fleischgerichte angeboten. 🖂

**CHORAFAKIA:** *Eiríni*                                                        ⓓ
Am Dorfeingang. 📞 *0821 39470.*
Diese quirlige Taverna in Chorafákia, 8 km nördlich von Chaniá, bietet
einfache Hausmannskost. Besonders gut sind *agkináres me koukiá*
(Artischocken mit Bohnen) sowie Ziege oder Lamm in Zitronensauce.

**IRAKLEIO:** *I Erganos*                                                       ⓓ
G Georgiádou 6. 📞 *081 285629.*
Traditionell kretische Küche in einem Restaurant in Familienbesitz. Aufgrund
seiner charakteristischen Spezialitäten wie *sygoúri* (Fleischsuppe) ist es eher
im Winter als im Sommer interessant. ● *mittags; Mitte Juni–Aug.*

**IRAKLEIO:** *O Kyriákos*                                                      ⓓⓓ
Leofóros Dimokratias 53. 📞 *081 222464.*
In diesem alten Restaurant mit Holz-Innendekor genießt man traditionell
kretische Küche. Man sucht sich sein Essen in der Küche aus und sieht bei der
Zubereitung zu. ● *Mi abends; Mitte Juni–10. Juli.* 🖂

**IRAKLEIO:** *Tartoúfo*                                                        ⓓⓓ
Leofóros Dimokratias 83. 📞 *081 285629.*
Dieses populäre italienische Restaurant tischt alle möglichen Sorten Pasta und
herrliche Holzofenpizzas auf. ● *mittags; Mitte Dez–2. Jan.*

**KOUNOUPIDIANA:** *O Mítsos*                                                   ⓓ
Hauptplatz. 📞 *0821 64331*
Dieses alte, von einer Familie geführte Grill-Lokal in Kounoupianá, 4 km
nordöstlich von Chaniá, hat die besten Grillhähnchen in der Umgebung.
Flotter Service, einfaches Essen und freundliche Atmosphäre. ● *Dez.*

**KOUTSOURAS:** *Archipélagos*                                                  ⓓ
Am Meer, 18 km östlich von Ierápetra. 📞 *0843 51026.*
Ein junges Ehepaar führt dieses stimmungsvolle Restaurant in Koútsouras. Die
Spezialität des Hauses sind *pítes* (Pasteten gefüllt mit Käse, Tomaten, Paprika
und Gewürzen). ● *mittags; Nov–Feb.* 🖂

Zeichenerklärung siehe hintere Umschlagklappe

**Preise** für ein Drei-Gänge-Menü und eine halbe Flasche Hauswein inklusive Steuern und Bedienung:
- ⓓ bis 3000 Dr
- ⓓⓓ 3000–5000 Dr
- ⓓⓓⓓ 5000–8000 Dr
- ⓓⓓⓓⓓ 8000–11 000 Dr
- ⓓⓓⓓⓓⓓ über 11 000 Dr

**KLIMAANLAGE**
Restaurant mit Klimaanlage.

**TISCHE IM FREIEN**
Garten oder Terrasse, oft mit schönem Ausblick.

**LIVE-UNTERHALTUNG**
Tanz oder Musikveranstaltungen an bestimmten Wochentagen.

**WEINE AUS DER REGION**
Eine Auswahl lokaler griechischer Weine.

| | Preis | KLIMAANLAGE | TISCHE IM FREIEN | LIVE-UNTERHALTUNG | WEINE AUS DER REGION |
|---|---|---|---|---|---|
| | | | | | |

**KOUTSOURAS:** *Kalliontzís* — ⓓ — — ■ ● ■
Am Meer, Dorfeingang. ☎ 0843 51244.
Das Kalliontzís in Koútsouras, 18 km östlich von Ierápetra, bietet hervorragende, hausgemachte Kost und eine herzliche Atmosphäre. Die Tische im Freien stehen unter Tamarisken. ● *Nov–März.*

**RETHYMNO:** *O Goúnos* — ⓓ — ● — ●
Koronaíaou 6. ☎ 0831 28816.
Traditionell griechische Gerichte wie Kaninchen-*stifádo* serviert diese Taverna in einem 150 Jahre alten Gebäude. Im Sommer Volkstanz.

**RETHYMNO:** *Tavérna tou Kómpou* — ⓓⓓ — — ■
An der Straße von Réthymno nach Chaniá. ☎ 0831 29725.
Genießen Sie kretische Spezialitäten wie *apátzia* (Räucherwürstchen) und *glykádia* (Ziege) in dieser traditionellen Taverna unter Bäumen im Garten. Das Fleisch wird auf Holzkohle gegrillt. ● *mittags; Nov–Apr Mo.*

**SFAKIA:** *Livikón* — ⓓ — — ■
Am Meer. ☎ 0825 91211.
Das Restaurant in Familienbesitz ist Teil des Livikón Hotels am Meer und serviert Riesenportionen griechischer Speisen zu vernünftigen Preisen. Neben frischem Fisch gibt es auch Pasteten mit Honig. ● *Nov–März.* 🍴

**SITEIA:** *Zormpás* — ⓓ — — ■
Am Hafen. ☎ 0843 22689.
Genießen Sie *mezédes*, trinken Sie Kaffee oder essen Sie Gerichte wie *mousakás* und *fasólia* (grüne Bohnen) in dieser altmodischen Taverna. 🍴

**SOUDA:** *O Mantás* — ⓓⓓ — ● ■
Ellis 12. ☎ 0821 89413.
Diese berühmte, im traditionellen Stil dekorierte Fischtaverna serviert ausgezeichneten Fisch. Service und Preis-Leistungs-Verhältnis sind gut. ● *20. Aug–10. Sep, Ostern, 25., 26. Dez.*

**ZAKROS:** *Káto Zákros Bay* — ⓓ — — ■ ●
Am Meer, nahe der archäologischen Stätte von Zákros. ☎ 0843 93375.
Diese Taverna in Familienbesitz kümmert sich um ihre Gäste. Traditionelle Gerichte wie *mousakás* sowie frisch gegrillter Fisch werden stets gut zubereitet; Gemüse, Obst und Fleisch sind aus eigener Produktion. ● *Okt–Apr.*

## ATHEN

**AKROPOLIS:** *Strofí* — ⓓⓓ — ● ■ — ■
Rovértou Gkálli 25, 11742. ☎ 01 921 4130.
Der Blick vom Dach auf die Akropolis lockt unentwegt Besucher an. Die Speisekarte nennt alle Standardgerichte einer griechischen Taverna wie gebratene Zucchini, Oktopus und grilltes Lamm. ● *mittags; So.* 🍴

**EXARCHEIA:** *Kostogánnis* — ⓓⓓ — ● ■ — ■
Zaími 37, 10682. ☎ 01 821 2496.
Ein verlockendes Buffet mit Meeresfrüchten und mariniertem Fisch ziert den Eingang dieses Restaurants unweit des Archäologischen Nationalmuseums. ● *mittags; So; Aug.*

**EXARCHEIA:** *Oasis* — ⓓⓓ — ● ■ — ■
Valtetsíou 44, 10681. ☎ 01 330 1369.
Diese Taverna liegt in einem herrlichen Garten und serviert Köstlichkeiten wie gebackene Makrele und butterweiches, gebratenes Spanferkel.

**KOLONAKI:** *Filíppou* — ⓓⓓ — — ■ — ■
Xenokrátous 19, 10675. ☎ 01 721 6390.
Die ungemein beliebte Taverna tischt Standardgerichte auf. Brathähnchen mit Zitronenkartoffeln und *ntolmádes* sind besonders gut. ● *So; 15. Aug.*

**KOLONAKI:** *To Kafeneío* ⓓⓓ ● ▪
Loukianoú 26, 10675. ☎ 01 722 9056.
Die *mezedopoleío* der gehobenen Klasse präsentiert vorzügliche *mezédes* wie
auch einige der besseren griechischen Weine der neuen Generation. ● *So; Aug.*

**KOLONAKI:** *Dódeka Apostóloi* ⓓⓓⓓⓓ ● ▪
Kanári 17, 10671. ☎ 01 361 9358.
Mittags werden in der Weinbar im Keller typische *mezédes* serviert, während
man oben abends internationale Küche bietet. ● *So; Juni–Sep.* 🍴

**LYKABETTOS:** *Al Convento* ⓓⓓⓓ ●
Anapíron Polémou 4–6, 11521. ☎ 01 723 9163.
Eines der besseren italienischen Restaurants in Athen. Man serviert alte
Favoriten wie Spaghetti *al vongole* und *carbonara* wie auch *carpaccio* mit
Rucola und Parmesan. ● *mittags; So.* 🍴

**MONASTIRAKI:** *Cafe Avissynía* ⓓⓓ ● ▪ ● ▪
Plateía Avissynías, 10555. ☎ 01 321 7047.
Wenn am Wochenende der Akkordeonspieler und der Sänger auftreten, ist
das Café proppenvoll. Unter der Woche hat man mehr Ruhe, um die
ungewöhnlichen makedonischen Speisen zu kosten. ● *Aug.* 🍴

**MONASTIRAKI:** *Oinodíki* ⓓⓓⓓ ● ▪
Plateía Avissynías, 10555. ☎ 01 321 5465.
Diese winzige Weinbar hat eine der besten Weinkarten der Stadt und zum
Wein eine begrenzte Auswahl an *mezédes.* ● *Juli–Aug.* 🍴

**MONASTIRAKI:** *Koutí* ⓓⓓⓓⓓ ● ▪
Adrianoú 23, 10555. ☎ 01 321 2836.
Dieses Restaurant in einem restaurierten Haus aus dem 19. Jahrhundert mit Blick
auf die Agora serviert frische Mittelmeergerichte. ● *Mo abends; Aug.* 🍴

**OMONOIA:** *Athinaikón* ⓓⓓ ● ▪
Themistokléous 2, 10678. ☎ 01 383 8485.
In diesem alteingesessenen Lokal werden zahlreiche gut zubereitete Fleisch-
und Fisch-*mezédes* aufgetragen. Zu den Mahlzeiten trinkt man Ouzo und
offenen Wein. ● *So; Aug.*

**PLAKA:** *O Damígos* ⓓ ▪
Kydathinaíon 41, 10558. ☎ 01 322 5084.
Die Spezialitäten dieser Kellertaverna sind eingesalzener Kabeljau mit
Knoblauchsauce, Pommes und Salat, dazu gekühlter Retsina. ● *Juni–Sep.*

**PLAKA:** *Tsekoúras* ⓓⓓ ▪
Ecke Tripódon u. Epichármou 2, 10558. ☎ 01 323 3710.
Die billige, freundliche Taverna mit dem Feigenbaum im Inneren tischt Fava-
Bohnen, gedämpfte Schnecken, Salate und Grillgerichte auf. ● *mittags; Aug.*

**PLAKA:** *Dáfni* ⓓⓓⓓ ● ▪ ● ▪
Lysikrátous 4, 10557. ☎ 01 322 7971.
Fresken in schreienden Farben zieren die Wände dieser neoklassizistischen
Villa. Halten Sie sich an die einfachen Gerichte wie Schwertfisch oder
*keftédes* (Frikadellen). ● *mittags; Nov–Apr So.* 🍴

**SYNTAGMA:** *Ideal* ⓓⓓ ● ▪
Panepistimíou 46, 10678. ☎ 01 330 3000.
Diese beliebte Institution wartet seit 1922 mit exzellenter griechischer und
internationaler Küche auf. Zu den Spezialitäten zählen Milchkalb mit Aubergine,
gefüllte Zucchini und Artischocken in Zitronensauce. ● *So.* 🍴

**SYNTAGMA:** *Strofiliá* ⓓⓓ ● ▪
Plateía Karítsi, 10561. ☎ 01 323 4803.
In der nach dem vorzüglichen Wein des Inhabers benannten Bar kann man
zahlreiche Weine sowie interessante *mezédes* kosten. ● *Juni–Mitte Sep.*

**THISEIO:** *Iródeion* ⓓⓓ ● ▪
Apostólou Pávlou 29, 11851. ☎ 01 346 1585.
Traditionelle, angenehme *mezedopoleío* mit ungewöhnlichen *mezédes* wie
gebratene Hähnchenbrust und gefüllte *kalámari.* Blick auf die Akropolis. 🍴

**THISEIO:** *Pil Poul* ⓓⓓⓓⓓ ● ▪ ● ▪
Ecke Apostólou Pávlou u. Poulopoúlou, 11851. ☎ 01 342 3665.
Die trendbewußte Mittelmeerküche und der Blick auf die Akropolis ziehen die
Massen in dieses belebte und teure Restaurant. ● *So.* 🍴

# GRUND-
# INFORMATIONEN

PRAKTISCHE HINWEISE 336-351
REISEINFORMATIONEN 352-361

# PRAKTISCHE HINWEISE

G RIECHENLAND STEHT für kulturellen und sinnlichen Genuß. Die Schönheit des Landes, das heiße Klima, das warme Wasser sowie das Savoir-vivre der Einheimischen bürgen für einen entspannten Urlaub. Es zahlt sich jedoch aus, die Eigenheiten des griechischen Lebens zu kennen, um unnötigen Frust zu vermeiden: Wann soll man reisen? Was mitbringen? Wie bereist

**Soldat in Galauniform**

man das Land? Und was tut man, wenn etwas schiefgeht? Griechenland ist nicht mehr das besonders preiswerte Urlaubsland, wenngleich öffentliche Transportmittel, Mietwägen, Restaurants und Hotels immer noch günstig sind. Informationen erhält man in den zahlreichen Büros des EOT *(siehe S. 338)*, die Sie eingehend über die praktischen Aspekte Ihres Aufenthalts beraten.

## REISEZEIT

D IE HAUPTSAISON auf den griechischen Inseln von Ende Juni bis Anfang September ist die heißeste *(siehe S. 47)* und teuerste Reisezeit und zudem sehr beliebt. Die kältesten und feuchtesten Monate sind Dezember bis März. Dann verkehren Transportmittel nur eingeschränkt, und viele Hotels und Restaurants sind geschlossen.

Der Frühling – Ende April bis Mai – ist mit die schönste Reisezeit: Es ist sonnig, aber noch nicht glühend heiß, man begegnet nur wenigen Touristen, und die Landschaft erstrahlt in den intensiven Farben der Wildblumen sowie in frischem, kräftigem Grün.

## REISEGEPÄCK

I N GRIECHENLAND bekommen Sie alles, was Sie für das tägliche Leben brauchen, obwohl Sie eine gute Karte Ihrer Zielregion *(siehe S. 360)*, einen Adapter für elektrische Geräte *(siehe S. 339)*, Sonnenbrille und -hut, Mückenschutz, Me-

dikamente und eine Sonnencreme mit einem hohen Lichtschutzfaktor mitbringen sollten.

Neben der Badekleidung braucht man fast ganzjährig nur leichte Kleidung; am Abend ist ein Sakko oder Pullover empfehlenswert, im Mai und Oktober zwingend erforderlich. Im Winter und Frühling braucht man Regenschutz und warme Kleidung.

In vielen religiösen Gebäuden gelten Kleidungsvorschriften (meist ausgeschildert), an die man sich halten sollte *(siehe S. 339)*.

**ΕΛΕΓΧΟΣ ΔΙΑΒΑΤΗΡΙΩΝ**
**PASSPORT CONTROL**

**Paßkontrolle am Flughafen Athen**

## VISA

B ESUCHER AUS der EU brauchen für einen Aufenthalt von bis zu 90 Tagen kein Visum, sondern lediglich einen gültigen Personalausweis. Wer länger bleibt, muß beim **Ausländeramt** in Athen oder in entlegenen Gegenden bei der

Polizei eine Aufenthaltsgenehmigung beantragen.

Wer kein Bürger der EU ist und in Griechenland arbeiten oder studieren möchte, sollte sich einige Monate im voraus bei einem griechischen Konsulat nach Visa und Arbeitserlaubnis erkundigen.

## ZOLLBESTIMMUNGEN

F ÜR BESUCHER aus der EU gibt es keine Zollkontrollen oder Einreiseformalitäten mehr. Auch die Bestimmungen für zollpflichtige Waren wurden in den vergangenen Jahren entschärft, obwohl man sich Wertsachen, die man später wieder ausführen will, bei der Einreise im Paß eintragen lassen sollte. Besucher, die nicht aus der EU kommen, müssen sich bei der Ankunft unter Umständen einer Zollkontrolle unterziehen.

Die nicht genehmigte Ausfuhr von Antiquitäten und archäologischen Kunstwerken gilt als schwerer Verstoß. Die Strafen reichen von hohen Geldbußen bis zu Gefängnis.

Wer rezeptpflichtige Medikamente einführt, sollte dem Zoll gegebenenfalls eine Rezeptkopie vorlegen können *(siehe S. 340)*. Ein- und Ausfuhrbeschränkungen für Devisen werden auf Seite 343 erläutert.

EU- und Nicht-EU-Bürger können folgende Warenmengen zollfrei ein- und ausführen: 200 Zigaretten oder 100 Zigarillos oder 50 Zigarren oder 250 Gramm Tabak (Mindestalter: 18 Jahre); 1 Liter Spirituosen und 2 Liter Wein oder Likör (Mindestalter: 18 Jahre); 50 Gramm Parfüm und 250 ml Eau de Toilette.

**Strandleben im Hochsommer**

◁ **Fischer in Skála Sykamniás auf Lésvos**

**Ankunft einer Familie am Flughafen Athen**

## REISEN MIT KINDERN

KINDER SIND bei den Griechen sehr beliebt und praktisch überall willkommen. Die meisten Hotels bieten auf Anfrage Babysitterdienste an; erkundigen Sie sich vor dem Buchen *(siehe S. 295).*

Kinder bis zehn Jahre (gelegentlich auch nur bis acht Jahre) bekommen bis zu fünfzig Prozent Ermäßigung in öffentlichen Verkehrsmitteln.

Kinder können meist problemlos im Meer baden, doch behalten Sie sie im Auge, da Rettungsschwimmer rar sind. Auch die Gefahren durch zu hohe Sonnenbestrahlung sind nicht zu unterschätzen.

## HINWEISE FÜR FRAUEN

GRIECHENLAND ist ein sehr sicheres Land, die Einheimischen sind sehr gastfreundlich. Alleinreisende Ausländerinnen werden respektvoll behandelt, vor allem, wenn sie angemessen gekleidet sind (siehe S. 339). Allein per Anhalter zu fahren, birgt wie überall ein Risiko und ist nicht anzuraten.

## HINWEISE FÜR JUGEND-LICHE UND STUDENTEN

INNERHALB Griechenlands gibt es keine Ermäßigungen auf Fähren, Bus- und Bahnfahrten, außer für Studenten, die in Griechenland studieren. Sonderangebote ermöglichen jedoch preiswerte Reisen nach Griechenland, vor allem in der Nebensaison. Es gibt etliche Reisebüros für Studenten und Jugendliche wie **STA Travel** mit weltweit 120 Büros. Auch wenn man in griechischen Jugendherbergen den Internationalen Jugendherbergsausweis nur selten braucht, sollte man ihn sich zu Hause besorgen. Für Studenten aus der EU mit einem Internationalen Studentenausweis (ISIC) ist der Eintritt in den staatlichen Museen und Ausgrabungsstätten frei. Studenten, die nicht aus der EU stammen, bekommen mit dem ISIC-Ausweis meist fünfzig Prozent Rabatt. Für Jugendliche gibt es keine Ermäßigungen; gelegentlich wird mit der »Go 25«-Karte, die Reisende unter 26 Jahren bei jedem STA-Büro bekommen, ein Rabatt gewährt.

**Internationaler Studentenausweis**

## BEHINDERTE REISENDE

IN GRIECHENLAND gibt es wenige behindertengerechte Einrichtungen. Sorgfältige Planung ist unerläßlich. In diesem Führer ist vermerkt, ob eine Sehenswürdigkeit mit dem Rollstuhl befahrbar ist. Beim **Bundesverband Selbsthilfe Körperbehinderter e.V.**, dem **FMG-Verlag** oder der **Bundesarbeitsgemeinschaft der Clubs Behinderter** kann man Rat einholen. Veranstalter wie **TUI**, **Zellmer Reisen** oder **Olinthos Tours** organisieren Behindertenreisen.

**Hinweisschild für Rollstuhlfahrer am Flughafen von Athen**

### AUF EINEN BLICK

#### FREMDENVERKEHRS-ÄMTER

**Deutschland**
Neue Mainzer Straße 22, 60311 Frankfurt/M. 069 23 65 62; Fax 069 23 65 76.

**Österreich**
Opernring 8, 1015 Wien.
01 512 53 17; Fax 01 513 91 89.

**Schweiz**
Löwenstraße 25, 8001 Zürich.
01 221 01 05; Fax 01 212 05 16.

#### NÜTZLICHE ADRESSEN

**Ausländeramt**
Leofóros Alexándras 173, Athen.
01 770 5711.

**Bundesverband Selbsthilfe Körperbehinderter e.V.**
Alkrautheimer Str. 17, 74238 Krautheim. 06294 681 10.

**FMG-Verlag**
Postfach 1547, 53005 Bonn.
0228 61 61 33 (u.a. Buch: Handicapped-Reisen Ausland).

**Bundesarbeitsgemeinschaft der Clubs Behinderter und ihrer Freunde**
Eupener Str. 5, 55131 Mainz.
06131 22 55 14 (Liste mit Veranstaltern von Behindertenreisen).

**Internationaler Studenten- und Jugendreiseservice**
Nikis 11, 2. Stock, 10557 Athen.
01 323 3767.

**STA Travel**
Berger Str. 118, 60385 Frankfurt/M. 069 43 01 91.

**TUI Touristik Union**
Postfach 61 02 80, 30625 Hannover. 0511 567-0.

**Zellmer Reisen**
Am Anker 2, 40668 Meerbusch.
02150 18 61.

**Olinthos Tours**
c/o Michael Geiss, Schellbergstr. 63, 70188 Stuttgart. 0711 286 53 89.

# Wichtige Reiseinformationen

**Das Emblem des EOT**

FÜR EINEN sorglosen Urlaub auf den griechischen Inseln sollte man sich an das Motto »sigá, sigá« (»langsam, langsam«) halten. Dazu gehört auch die nachmittägliche Siesta, die man vor allem in den heißesten Monaten, wo sie zur physiologischen Notwendigkeit wird, ernst nehmen sollte. So gut wie alles hat nach dem Mittagessen einige Stunden geschlossen; wenn es kühler wird, erwachen die Inseln erneut zum Leben. Die Geschäfte öffnen wieder, die Restaurants füllen sich, und in den Küstenorten macht jeder seine *vólta*, den Abendspaziergang – eine nachahmenswerte griechische Gewohnheit.

## AUSKUNFT

EINE AUSKUNFT findet man in vielen Inselstädten und -dörfern, sei es in Form der **EOT**-Büros (Ellinikós Organismós Tourismoú, das staatliche griechische Fremdenverkehrsamt), städtischer Fremdenverkehrsbüros, der lokalen Touristenpolizei *(siehe S. 340)* oder privater Reisebüros. Das EOT veröffentlicht umfangreiches Material wie Karten, Broschüren und Merkblätter über Transportmittel und Unterkünfte. Man muß jedoch wissen, daß nicht alle Informationen aktuell und zuverlässig sind. Adressen und Telefonnummern der EOT- und städtischen Fremdenverkehrsbüros sowie der Touristenpolizei sind in diesem Führer vermerkt.

## ZEIT

GRIECHENLAND ist der Mitteleuropäischen Zeit (MEZ) eine Stunde voraus.

Am letzten Sonntag im März stellt man die Uhren eine Stunde vor zur griechischen Sommerzeit, am letzten Sonntag im Oktober wieder zurück. Diese weitere Stunde Zeitunterschied sollte man vor allem bei Flug- und Fährverbindungen berücksichtigen.

## ÖFFNUNGSZEITEN

DIE ÖFFNUNGSZEITEN in Griechenland sind sehr vage

**EOT-Büro im Herzen Athens**

und ändern sich von Tag zu Tag, Saison zu Saison und Ort zu Ort. Deshalb sollte man die Zeitangaben dieses Führers nur als grobe Richtlinien betrachten und sich bei der Auskunft vor Ort nach exakten Zeiten erkundigen.

Staatliche Museen und archäologische Sehenswürdigkeiten sind generell von etwa 8 bis 15 Uhr geöffnet (wichtige Stätten in den Sommermonaten bis 19 Uhr). Montags und an Feiertagen *(siehe S. 46)* sind sie meist geschlossen. Regional- oder Privatmuseen sind häufig auch in Ferienzeiten sowie an regionalen Festtagen geschlossen. Klöster sind, meist mit Ausnahme einiger

**Ein *períptero* (Kiosk) mit zahlreichen Zeitungen und Zeitschriften**

Stunden am Nachmittag, von Sonnenauf- bis -untergang geöffnet.

Die Öffnungszeiten der einzelnen Geschäfte finden Sie auf Seite 346, Apotheken auf Seite 341, Banken auf Seite 342, Postämter auf Seite 345 und OTE (Telegrafenämter) auf Seite 344.

Die meisten Geschäfte und Ämter schließen, bis auf einige Läden in Feriendörfern und touristisch ausgerichteten Orten, an Feiertagen und regionalen Festtagen. Wichtige regionale Feste finden Sie in diesem Führer in der Infobox der jeweiligen Stadt.

## EINTRITTSPREISE

DIE MEISTEN staatlichen Museen und archäologischen Sehenswürdigkeiten verlangen zwischen 500 und 2000 Dr Eintritt. Es gibt jedoch Ermäßigungen von etwa 25 Prozent für EU-Bürger im Alter von 60 Jahren und darüber (belegen Sie Ihr Alter mit Hilfe Ihres Passes) und fünfzig Prozent für Nicht-EU-Studenten mit Internationalem Studentenausweis *(siehe S. 337)*.

Museen und Sehenswürdigkeiten, die an Feiertagen geöffnet haben, verlangen keinen Eintritt.

## VERANSTALTUNGEN

DIE BEIDEN englischsprachigen Zeitungen *Athens News* und *Greek Times* enthalten einen Veranstaltungskalender (letztere informiert landesweit und auch über kindgerechte Veranstaltungen). *Athenscope* ist die wichtigste Athener Programmzeitschrift in englisch; *The Athenian* faßt kulturelle Ereignisse zusammen. Eine Übersicht über griechische Feste und kulturelle Ereignisse finden Sie auf Seite 42ff. Welche Veranstaltungen vor Ort stattfinden, erfragt man am besten bei der nächsten Auskunft. Eine im Sommer beliebte Form der Unterhaltung ist »Kino im Freien« (die meisten Filme laufen in englischer Sprache mit griechischen Untertiteln). In den Ferienorten gibt es Bars, Diskos

**Hinweis auf Kleidungsvorschriften in einem Kloster**

und Nachtklubs; in jedem Dorf bilden Tavernas und *kafeneía* (Cafés) des Zentrum des öffentlichen Lebens.

## RELIGION

DIE GRIECHEN sind zum überwiegenden Teil griechisch-orthodox. Die religiösen Symbole und Rituale sind tief in der griechischen Kultur verwurzelt und praktisch allgegenwärtig. In ganz Griechenland feiert man Heiligenfeste *(siehe S. 46)*; diese sind manchmal regional begrenzt, manchmal auch von landesweiter Bedeutung.

Die größte religiöse Minderheit mit weniger als zwei Prozent der Gesamtbevölkerung sind die thrakischen Muslime. Sie leben größtenteils in den nordöstlichen Landesteilen. Kirchen und Heiligtümer anderer Religionen findet man vorwiegend in Athen.

## UMGANGSFORMEN

WIE ÜBERALL wird auch in Griechenland höfliches und respektvolles Verhalten honoriert. Versuchen Sie deshalb, sich bereits vor der Reise einige griechische Grundbegriffe anzueignen und vor Ort möglichst anzuwenden *(siehe S. 396ff)*.

Formelle Garderobe ist selten nötig, doch beim Besuch von Kirchen und Klöstern sowie in einigen noblen Restaurants ist angemessene Kleidung (für Männer Hosen, für Frauen Röcke) zwingend erforderlich.

**Griechischer Priester**

Oben-ohne-Baden wird allgemein toleriert, FKK ist offiziell auf einige wenige Strände beschränkt. Sie sollten jedoch in jedem Falle die landesweiten oder auch regionalen Gepflogenheiten respektieren und im Zweifelsfall eher zurückhaltend auftreten.

In Restaurants ist der Service in der Rechnung inbegriffen, Trinkgelder (meist 10 bis 15 Prozent) sind dennoch stets gern gesehen. Bedenken Sie, daß in vielen auf Touristen zugeschnittenen Lokalen häufig ein Bedienungszuschlag erhoben wird. Toilettenfrauen sollte man auch ein Trinkgeld geben. Taxifahrer, Portiers und Zimmermädchen erwarten dies nicht, freuen sich jedoch über diese Art der Anerkennung.

## FOTOGRAFIEREN

FILME BEKOMMT man überall in Griechenland (in Ferienorten und an Sehenswürdigkeiten allerdings jedoch meist extrem überteuert).

**Ein typisch griechischer zweipoliger Stecker**

In Kirchen und Klöstern darf man offiziell nicht fotografieren; in Museen ist es meist gestattet, jedoch oft ohne Blitz und Stativ. Wo man fotografieren darf, ist gewöhnlich auch eine Videokamera erlaubt (im Einzelfall kann dabei eine geringe Zusatzgebühr erhoben werden). An Sehenswürdigkeiten, in Museen oder besonders auch religiösen Bauwerken sollte man sich angesichts uneinheitlicher Vorschriften immer erst eine Genehmigung holen, bevor man am jeweiligen Ort mit dem Filmen beginnt.

## ELEKTRIZITÄT

WIE IN ANDEREN europäischen Ländern beträgt auch in Griechenland die Stromspannung 220 V bei 50 Hz Wechselstrom. Es werden zwei- oder dreipolige Stecker verwendet. Nehmen Sie für alle Fälle einen diesen technischen Voraussetzungen entsprechenden Adapter mit.

## MASSE UND GEWICHTE

IN GRIECHENLAND gilt das metrische System mit zwei Ausnahmen: Entfernungen auf See werden in nautischen Meilen, Flächen in *strémmata*, etwa 0,1 Hektar, angegeben.

---

### AUF EINEN BLICK

**BOTSCHAFTEN UND KONSULATE IN GRIECHENLAND**

**Deutschland**
Vassilíssis Sofías 3,
15124 Athen-Amaroússion.
☎ 01–369 41 11.

**Österreich**
Leoforos Alexandros 26,
10683 Athen.
☎ 01–821 98 23;
Fax 01–821 98 23.

**Schweiz**
Iassiou 2,
11521 Athen.
☎ 01–723 03 64;
Fax 01–724 92 09.

# Sicherheit und Notfälle

GRIECHENLAND IST eines der sichersten europäischen Urlaubsländer. Den traditionell hohen Stellenwert der Gastfreundschaft spürt jeder Besucher des Landes. Dennoch sollte man, wie in anderen Reiseländern auch, vorab eine umfassende Reiseversicherung abschließen. Der Straßenverkehr ist jedenfalls eine ständige Gefahrenquelle. Die Griechen sind sehr impulsive Autofahrer, und das Land hat inzwischen die höchsten Unfallzahlen in Europa. Autofahrer wie Fußgänger sollten stets auf der Hut sein.

**Emblem der Feuerwehr**

## SICHERHEIT

IM VERGLEICH zum restlichen Europa ist die Kriminalität in Griechenland relativ gering. Dennoch sind einige Vorsichtsmaßnahmen ratsam: Schließen Sie Auto und Hotelzimmer ab, achten Sie in der Öffentlichkeit auf Ihre Handtasche, und bewahren Sie Dokumente nicht alle am selben Ort auf. Im Falle eines Diebstahls wenden Sie sich an die Polizei oder die Touristenpolizei.

## POLIZEI

IN GRIECHENLAND gibt es neben der normalen Polizei noch eine Hafen- und eine Touristenpolizei. Letztere ist sowohl Polizei als auch Touristeninformation und deshalb für Urlauber am nützlichsten. Bei Diebstahl, Verlust des Reisepasses oder einer Beschwerde über Geschäfte, Restaurants, Reiseführer oder Taxifahrer wende man sich zunächst an diese. Da Touristenpolizisten sprachkundig sind, können sie als Übersetzer fungieren, wenn die örtliche Polizei hinzugezogen werden muß. In ihren Dienststellen stehen zudem Karten, Broschüren und Unterkunftshinweise zur Verfügung.

## RECHTSBEISTAND FÜR TOURISTEN

DAS VON europäischen Verbraucherorganisationen und der EU-Kommission gegründete Programm **EKPIZO** informiert Touristen über ihre Rechte. Es gibt Urlaubern, die

**Ein Polizist hilft Touristen bei der Orientierung**

Probleme mit Hotels, Campingplätzen, Reisebüros etc. haben, Hilfestellung. Touristen erhalten Informationen und, falls nötig, Rechtsbeistand durch einen Rechtsanwalt (in englisch, französisch oder deutsch). Regionale Telefonnummern erfragen Sie im Athener EKPIZO-Büro.

## MEDIZINISCHE BEHANDLUNG UND VERSICHERUNG

EU-BÜRGER sind bei Vorlage des Formulars E111 (erhältlich bei den Krankenkassen) zu einer kostenlosen medizinischen Behandlung in Griechenland berechtigt; die Notfallbehandlung in einem öffentlichen Krankenhaus ist für alle Ausländer kostenlos. Auf den Inseln sind öffentliche Gesundheitseinrichtungen jedoch rar, Privatkliniken teuer. Urlauber sollten vorab eine Reiseversicherung abschließen, die neben medizinischer Behandlung auch Verlust oder Diebstahl von persönlichem Besitz abdeckt.

Doch Achtung: Manche Policen gelten nicht für »gefährliche« Aktivitäten wie Motorradfahren und Bergtouren; nicht alle erstatten Arzt- und Krankenhauskosten direkt, und nur wenige enthalten Krankenwagen- oder Rücktransporte per Flugzeug. Wer seinen Flug mit einer Kreditkarte wie VISA oder American Express bezahlt, erhält einen begrenzten Reiseversicherungsschutz inklusive Rückerstattung des Ticketpreises im Falle eines Bankrotts des Veranstalters.

## GESUNDHEITSVORSORGE

BEI AUSLANDSREISEN lassen sich einfache Sicherheitsvorkehrungen meist ohne großen Aufwand treffen; manche sind angesichts der Hitze unerläßlich. Es liegt auf der Hand, daß man sich mit Sonnenhut, -brille und -creme mit hohem Schutzfaktor vor übermäßiger Sonneneinstrahlung schützt (vor allem bei hellem Hauttyp). Halten Sie sich vor allem zu Beginn Ihrer Reise möglichst häufig im Schatten auf. Ein Hitzschlag ist eine echte Gefahr, die umgehend medizinischer Behandlung bedarf; Erschöpfungszustände sind nicht zu unterschätzen.

Trinken Sie reichlich Wasser, auch wenn Sie nicht durstig sind. Die in jeder griechischen Apotheke erhältlichen Elektrolyttabletten beugen gegebenenfalls einem durch

**Uniform eines Hafenpolizisten**  **Uniform eines Stadtpolizisten**

**Krankenwagen mit der Nummer des Notrufes**

**Feuerwehrfahrzeug**

**Polizeiwagen**

Schwitzen verursachten Mineralstoffverlust vor.

Nehmen Sie einen Vorrat an Ihren Standard- oder Dauermedikamenten mit sowie eine Kopie des Rezepts mit der Medikamentenbezeichnung. Dies hilft nicht nur, wenn Ihnen das Medikament ausgeht, sondern auch bei etwaigen Einreiseformalitäten. Beachten Sie, daß das in vielen Kopfschmerztabletten enthaltene Kodein in Griechenland verboten ist.

Das Leitungswasser in Griechenland ist meist trinkbar; in entlegenen Gegenden sollte man sich vor Ort erkundigen. Mineralwasser in Flaschen bekommt man überall (noch dazu oft eisgekühlt).

Warten Sie mindestens zwei Stunden nach einer Mahlzeit, bevor Sie im Meer schwimmen, da Magenkrämpfe mitten auf dem Wasser tödlich

enden können. Im Wasser ist Vorsicht vor Weberfischen, Quallen und Seeigeln geboten; letztere sind keine Seltenheit. Falls Sie auf einen treten, ist der Stachel mit einer sterilisierten Nadel und Olivenöl zu entfernen. Bei Hautrötungen durch Berührung einer Qualle helfen Essig, Backpulver und Mittel aus der Apotheke. Der Weberfisch ist zwar selten, doch ein Stich mit seinem giftigen Stachel ist ungemein schmerzhaft. Tauchen Sie die betroffene Stelle sofort in sehr heißes Wasser, um das Gift zu verdünnen.

Für Griechenland sind keine Impfungen erforderlich; Ärzte empfehlen mitunter eine Auffrischungsimpfung gegen Tetanus und Typhus.

## APOTHEKEN

**G**RIECHISCHE Apotheker sind hochqualifiziert; sie beraten nicht nur bei harmloseren Beschwerden, sondern verkaufen auch Medikamente, die anderswo rezeptpflichtig sind. Die *farmakeía* (Apotheke) erkennt man am roten oder grünen Kreuz auf weißem Grund. Sie sind von 8.30 bis 14 Uhr geöffnet, nachmittags und Samstag vormittags jedoch meist geschlossen. Das Bereitschaftssystem in größeren Städten gewährleistet eine Versorgung von 7.30 bis 14 und 17.30 bis 22 Uhr. Einzelheiten sind im Fenster angeschlagen (in griechischer und englischer Sprache).

**Apothekenzeichen**

## NOTDIENSTE

**D**IE WICHTIGSTEN Notfallnummern entnehmen Sie der folgenden Rubrik »Auf einen Blick«. Für Unfälle und medizinische Notfälle gibt es nur in Athen einen 24stündigen Notarztdienst, außerhalb Athens, in Provinzstädten und auf den Inseln jedoch meist nicht. Patienten können gegebenenfalls per Krankenwagen und Fähre oder Hubschrauber von einem Inselkrankenhaus des ESY (der nationale griechische Gesundheitsdienst) in ein ESY-Zentralkrankenhaus nach Athen gebracht werden.

Eine umfassende Liste mit ESY-Krankenhäusern und Privatkliniken ist bei der Touristenpolizei erhältlich.

---

### AUF EINEN BLICK

**LANDESWEITE NOTRUFNUMMERN**

**Polizei**
📞 *100.*

**Krankenwagen**
📞 *166.*

**Feuerwehr**
📞 *199.*

**Pannenhilfe**
📞 *174.*

**Küstenwache**
📞 *108.*

**ATHENER NOTRUFNUMMERN**

**Touristenpolizei**
📞 *171.*

**Ärzte**
📞 *105 (14–7 Uhr).*

**Apotheken**
*Informationen über 24-Stunden-Bereitschaft unter:*
📠 *107 (Innenstadt).*
📠 *102 (Stadtrand).*

**Giftnotruf**
📞 *01 779 3777.*

### EKPIZO-BÜRO

**Athener Büro**
Valtetsiou 43–45,
10681 Athen.
📞 *01 330 0673.*

# Währung und Geldwechsel

**Euroscheck-Logo**

**Geldautomat an der Nationalbank**

Auf den griechischen Inseln Geld zu wechseln ist einfach und weitgehend unproblematisch. Wo es keine Bank gibt, finden Sie womöglich ein Postamt, und selbst in den kleinsten Städten und Ferienorten können Sie Autoverleihfirmen oder Reisebüros Geld und Reiseschecks wechseln – wenngleich gegen stattliche Gebühren. Das Bankwesen in größeren Städten und Touristenzentren entspricht internationalem Standard, und Geldautomaten werden immer häufiger.

## ÖFFNUNGSZEITEN

Alle Banken sind Montag bis Donnerstag, 8 bis 14 Uhr, und Freitag, 8 bis 13.30 Uhr geöffnet. In größeren Städten und Touristenzentren hat in der Sommersaison in der Regel mindestens eine Bank in den Abendstunden sowie am Samstag vormittags geöffnet.

Geldautomaten, außerhalb von größeren Städten und Ferienorten eher eine Seltenheit, sind 24 Stunden in Betrieb. An Feiertagen *(siehe S. 46),* unter Umständen auch an regionalen Festtagen, sind alle Banken geschlossen.

## BANKEN UND GELDWECHSEL

Banken gibt es in allen größeren Städten und Urlaubsorten; zudem kann man in Postämtern (die meist niedrigere Gebühren verlangen und auch in abgelegenen Regionen präsent sind), Reisebüros, Hotels, Fremdenverkehrsämtern und Autoverleihfirmen Geld wechseln. Nehmen Sie stets Ihren Paß mit, wenn Sie Reiseschecks einwechseln, und erkundigen Sie

sich vorab über die oft unterschiedlichen Wechselkurse und -gebühren. In größeren Städten und Touristenzentren findet man oft auch Geldwechselautomaten, die Tag und Nacht in Betrieb sind und wie die Bankomaten eine mehrsprachige Bedienungsanleitung haben.

## KREDITKARTEN, SCHECKS UND EUROSCHECKS

**Logo der Nationalbank**

Visa, Euro-/Mastercard, American Express und Diners Club sind die am meisten verbreiteten Kreditkarten in Griechenland und die günstigste Zahlungsweise für Flugtickets, internationale Fährtickets, Mietautos, die meisten Hotels und größere Einkäufe. Preiswerte Tavernas, Läden und Hotels akzeptieren in der Regel keine Kreditkarten.

In einigen Banken bekommt man auf eine ausländische Kreditkarte Bargeld (Minimum 15 000 Dr). Weisen Sie sich mit ihrem Paß aus. Mit der Kreditkarte können Sie auch an Geldautomaten Landeswährung abheben. In Banken wie am Automaten werden in der Regel 1,5 Prozent Bearbeitungsgebühr erhoben (bei VISA 2,5 Prozent).

Cirrus und Plus Debitkartensysteme funktionieren auch in Griechenland. Mit Cirrus können Sie an Automaten der Griechischen Nationalbank, mit Plus bei Automaten der Handelsbank Geld abheben.

Reiseschecks sind die sicherste Möglichkeit, größere Summen mitzunehmen. Bei Verlust oder Diebstahl werden sie rückerstattet, wenngleich sich dies oft sehr langwierig gestaltet. Die am meisten verbreiteten Reiseschecks in Griechenland sind American Express und Thomas Cook. Meist werden darauf zweimal Gebühren erhoben: einmal beim Kauf (1 bis 1,5 Prozent) und einmal beim Einwechseln (letztere variieren erheblich).

Reiseschecks können in den meisten Postämtern eingewechselt werden *(siehe S. 345),* was man bei Reisen in entlegenere Regionen oder auf kleinen Inseln unbedingt berücksichtigen sollte.

Euroschecks kann man in ganz Griechenland in Banken und Postämtern sowie in vielen Hotels, Geschäften und Reisebüros einwechseln. Für den Umtausch an sich fallen keine Kosten an, wenngleich für jeden eingetauschten Scheck eine Gebühr von etwa zwei Prozent erhoben wird. Alle Gebühren werden direkt von Ihrem Konto abgebucht.

**Geldwechselautomat**

**Geldumtausch in einer der zahlreichen Wechselstuben**

## WÄHRUNG

D IE GRIECHISCHE Währungseinheit ist die Drachme (Dr). Am häufigsten sind Banknoten zu 100, 500, 1000, 5000 und 10 000 Dr sowie Münzen zu 5, 10, 20, 50 und 100 Dr (inzwischen auch zu 200 Dr). Man darf nicht mehr als 100 000 Dr in bar ein- und ausführen. Auslandswährung und Reiseschecks dürfen unbegrenzt eingeführt werden, sollten jedoch bei einem Gegenwert von mehr als 600 000 Dr bei Einreise angegeben werden, falls man sie später wieder ausführen möchte; Auslandswährung im Gegenwert von mehr als 6 200 000 Dr muß überwiesen werden.

**AUF EINEN BLICK**

*Rufen Sie bei Verlust oder Diebstahl Ihrer Kreditkarte von Griechenland aus folgende Nummern:*

**Euro-/Mastercard**
*0049 69 79 33 19 10.*

**American Express**
*0049 69 75 76 10 00.*

**Diners Club**
*0049 69 26 03 50.*

**Visa**
*00 800 116 38.*

*Rufen Sie bei Verlust oder Diebstahl Ihrer Reiseschecks von Griechenland aus folgende Nummern:*

**American Express**
*0049 130 85 31 00.*

**Thomas Cook**
*0049 130 85 99 30.*

**Visa**
*00 800 116 38.*

**Münzen**
*Die gängigsten griechischen Münzen (in Originalgröße).*

**100 Dr**

**50 Dr**

**20 Dr**

**10 Dr**

**5 Dr**

**Banknoten**
*Am gebräuchlichsten sind Banknoten zwischen 100 und 10 000 Drachmen. Die Scheine sind alle gleich groß, doch jeder Wert hat seine eigene Farbe und zeigt eine andere historische oder mythologische Figur.*

**10 000 Dr**

**5000 Dr**

**1000 Dr**

**500 Dr**

**100 Dr**

# Kommunikation

**Das Logo der Post**

DIE GRIECHISCHE Telefongesellschaft heißt OTE (Organismós Tilepikoinonión Elládos). Die Telekommunikation hat sich in den vergangenen Jahren erheblich verbessert – inzwischen gibt es Direktverbindungen in alle größeren Länder, die oft besser sind als Nahverbindungen, dafür zu den teuersten in ganz Europa zählen. Die griechische Post ist relativ zuverlässig, besonders in größeren Städten und Ferienorten; die Kommunikation per Fax läuft problemlos. Die Griechen sind eifrige Zeitungsleser, und neben den zahlreichen griechischen Publikationen gibt es gute internationale Zeitungen und Zeitschriften.

## TELEFON UND FAX

ÖFFENTLICHE Fernsprecher findet man in Hotelfoyers, Telefonzellen, Kiosken oder im OTE-Amt vor Ort. Ferngespräche führt man am besten mit Telefonkarte von einer Telefonzelle aus (Karten zu 100, 500 oder 1000 Einheiten sind am Kiosk erhältlich). Sie können dafür auch ein Telefon mit Gebührenzähler im OTE-Büro verwenden, von wo aus man auch R-Gespräche führen kann. Die OTE-Büros sind in größeren Städten täglich von 7 bis 22 Uhr oder Mitternacht, in Kleinstädten bis 15 Uhr geöffnet. Die Gebühren schwanken, doch Ortsgespräche sind

meist preiswert, Inlandsgespräche überraschend teuer, und Ferngespräche kosten extrem viel. Sie können sich vorab bei der Vermittlung nach Gebühren und Tarifarten (die von dem Land abhängen, das Sie anrufen wollen) erkundigen.

Schiff-Land- und Land-Schiff-Verbindungen laufen über INMARSAT; über diesen Service informiert die Marinevermittlung unter 158.

**Öffentlicher Fernsprecher**

Von OTE-Büros, wenigen Stadtpostämtern sowie einigen Autoverleihfirmen und Reisebüros aus kann man Faxe senden (meist jedoch

gegen einen erheblichen Aufpreis). Um ein Fax zu empfangen, könnten Sie sich entweder mit einer Autoverleihfirma oder einem Reisebüro gut stellen (die meist entgegenkommend sind und Ihre Faxe aufbewahren) oder ein OTE-Büro aufsuchen.

## RADIO UND FERNSEHEN

DIE DREI staatlichen Radiostationen und unzählige Regionalsender übersättigen den Äther über Griechenland, und guter Empfang ist nicht immer garantiert. Zahlreiche Sender spielen griechische Musik, aber auch Klassik wie ETA 3, einer der drei staatlichen Sender, den man auf 95,6 MHz empfängt. Es gibt einen täglichen Nachrichtenüberblick in deutsch, englisch und französisch; mit einem Kurzwellenempfänger bekommen Sie auch den BBC World Service herein (im Großraum Athen auf 107,1). Superstar ist eine weitere englischsprachige Radiostation, die rund um die Uhr auf 93,4 MHz sendet.

Den griechischen Fernsehmarkt teilen sich zwei öffentlich-rechtliche, etliche private und eine Unmenge von Kabel- und Satellitensendern aus ganz Europa. Die meisten Sender bieten eine Mischung aus ausländischen Seifenopern, Gameshows, Sport und Filmen (ausländische Filme haben meist Untertitel und sind nicht synchronisiert).

ET1, einer der beiden öffentlich-rechtlichen Sender, bringt täglich um 18 Uhr Nachrichten in englisch; CNN und Euronews senden rund um die Uhr englische Nachrichten. Alle englischsprachigen Zeitungen und Zeitschriften enthalten auch ein Fernsehprogramm.

## TELEFONIEREN MIT DEM KARTENTELEFON

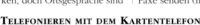

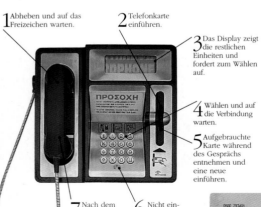

1 Abheben und auf das Freizeichen warten.

2 Telefonkarte einführen.

3 Das Display zeigt die restlichen Einheiten und fordert zum Wählen auf.

4 Wählen und auf die Verbindung warten.

5 Aufgebrauchte Karte während des Gesprächs entnehmen und eine neue einführen.

7 Nach dem Gespräch einhängen und Karte entnehmen.

6 Nicht einhängen, wenn ein zweites Telefonat folgen soll: Taste »Nächstes Gespräch« drücken und wählen.

**Telefonkarte mit 500 Einheiten**

**Telefonkarte mit 100 Einheiten**

**Roter Briefkasten für Expreßsendungen**

**Gelber Briefkasten für herkömmliche Sendungen**

## ZEITUNGEN UND ZEITSCHRIFTEN

AUSLÄNDISCHE Zeitungen und Zeitschriften (meist einen Tag alt) bekommt man – stark überteuert – am Kiosk *(períptera)*, in Buchläden in größeren Städten sowie in Touristenläden der Ferienzentren. Viel preiswerter und verbreiteter sind die englischsprachigen Zeitungen aus Athen: *Athens News* erscheint täglich außer Montag, *Greek Times* einmal wöchentlich. Auch das Monatsmagazin *Athenian* bekommt man in den meisten Ferienorten und der Hauptstadt. Diese Publikationen informieren ausführlich über das Unterhaltungsangebot, über Festivals und kulturelle Ereignisse und bringen Nachrichten aus dem In- und Ausland. Beliebte griechische

Zeitungen sind *Eleftherotypía*, *Eléftheros Typos* und *Ta Néa*.

## POST

DIE POSTÄMTER *(tachydromeía)* sind meist Montag bis Freitag von 7.30 bis 14 Uhr, größere Ämter oft bis 20 Uhr geöffnet (letztere mitunter auch stundenweise an Wochenenden). An Feiertagen *(siehe S. 46)* sind alle Postämter geschlossen. Unter dem Hinweisschild »Exchange« wird neben dem Angebot an herkömmlichen Dienstleistungen auch Geld gewechselt.

Briefkästen sind meist gelb; Kästen mit zwei Schlitzen tragen die Aufschrift *esoterikó* (Inland) und *exoterikó* (Ausland). Rote Briefkästen sind für Expreßsendungen ins In- und Ausland, die etwas teurer, aber auch um einige Tage schneller sind.

Briefmarken *(grammatósima)* bekommt man im Postamt und der *períptera* (die meist zehn Prozent Provision aufschlägt). Luftpostbriefe von den griechischen Inseln in die meisten europäischen Länder dauern in der Regel etwa drei bis sechs Tage, nach Übersee zwischen fünf und acht Tage oder mehr; Postkarten sind sogar noch einige Tage länger unterwegs.

**Briefmarkenautomat**

Viele Griechen und auch Besucher des Landes lassen sich ihre Sendungen postlagernd schicken. Die Sendung sollte deutlich als »Poste Restante« ausgezeichnet sein; außerdem sollte der Nachname des Empfängers unterstrichen sein, damit die Post richtig einsortiert wird. Wenn Sie die Sendung abholen (die bis zu dreißig Tage aufbewahrt und dann zurückgeschickt wird), müssen Sie sich mit Personalausweis oder Reisepaß als Empfänger zeigen.

Verschließen Sie die Päckchen nicht, die Sie von Griechenland in einen Nicht-EU-Staat schicken wollen, da der Inhalt auf dem Postamt grundsätzlich zuerst nach Sicherheitskriterien untersucht wird. Bereits verschlossen angelieferte Sendungen werden in den allermeisten Fällen wieder geöffnet.

### AUF EINEN BLICK

**Inlandsgespräche**

151 (Inlandsvermittlung).

131 (Auskunft für Ortsgespräche im Inland).

132 (Auskunft für Ferngespräche im Inland).

**Auslandsgespräche**

161 (Internationale Vermittlung und Auskunft).

162 (Internationale Auskunft für Gespräche aus Athen).

**Auslandsgespräche aus Griechenland**

Wählen Sie 00, anschließend die Auslandsvorwahl (siehe unten), die Ortsnetzkennzahl ohne die 0 und die Teilnehmernummer.
**Deutschland** 49.
**Österreich** 43.
**Schweiz** 41.

**Gespräche aus Deutschland, Österreich und der Schweiz nach Griechenland**

Wählen Sie 00, anschließend die Auslandsvorwahl 30, die griechische Ortsnetzkennzahl ohne die 0 und die Nummer des griechischen Teilnehmers.

**Athener lesen Zeitungen an der Wäscheleine vor einem Kiosk**

# Einkaufen in Griechenland

**Honig aus Evia**

**A**UF DEN GRIECHISCHEN Inseln einkaufen kann recht unterhaltsam sein, vor allem, wenn man direkt beim Erzeuger kauft. In den Dörfern, wo das (Kunst-)Handwerk eine wichtige Einnahmequelle ist, kann man oft bei der Herstellung von Stickereien, Spitze und Keramik zusehen. Neben diesen Produkten und vor Ort erzeugten Nahrungsmitteln werden fast alle anderen Güter auf die Inseln geliefert und dort mit Preisaufschlag verkauft.

**Olivenholzschüsseln und andere Souvenirs aus der Altstadt von Korfu**

## MEHRWERTSTEUER UND MEHRWERTSTEUER-ERSTATTUNG

**F**AST ALLE PREISE verstehen sich inklusive FPA *(Fóros Prostitheménis Axías)*, einer Mehrwertsteuer von 18 Prozent.

Aufgrund EU-Regelungen ist es nicht mehr möglich, sich die Mehrwertsteuer von Waren, die in einem EU-Land, in diesem Fall Griechenland, gekauft wurden, nachträglich rückerstatten zu lassen.

## ÖFFNUNGSZEITEN

**V**ON ZAHLREICHEN Ausnahmen abgesehen, sind Geschäfte und Boutiquen meist Montag, Mittwoch und Samstag von 9 bis 14.30, Dienstag, Donnerstag und Freitag von 9 bis 14 und 17 bis 20 Uhr geöffnet. Supermärkte, die man außer in den kleinsten Dörfern überall findet, sind oft Familienbetriebe und in der Regel Montag bis Samstag von 8 oder 9 bis 21 und 22 Uhr geöffnet. In den meisten Ferienorten kann man auch sonntags einkaufen. Der Kiosk an der Ecke *(períptero)*,

den es fast in jeder Stadt gibt, ist von ungefähr 7 bis 23 Uhr oder Mitternacht geöffnet und verkauft alles vom Aspirin über Zeitungen bis zum Eis.

**Korb mit Kräutern und Gewürzen an einem Markt in Irákleio (Kreta)**

## MÄRKTE

**I**N DEN MEISTEN Städten auf den Griechischen Inseln gibt es einen Wochenmarkt *(laïki agorá)* – hier werden frisches Obst und Gemüse, Kräuter, Fisch, Fleisch und Geflügel verkauft, oftmals gleich daneben Schuhe, Unterwäsche, Stoffe, Haushaltswaren und diverse Elektrogeräte.

In den größeren Städten ist der Markt jeden Tag in einem anderen Stadtteil; er beginnt meist frühmorgens, rechtzeitig zur Siesta gegen 13.30 Uhr werden die Waren eingepackt. Die Preise sind allgemein niedriger als im Supermarkt, und in vielen Fällen kann man ein bißchen handeln, zumindest bei nicht verderblicher Ware.

## ESSEN UND TRINKEN

**H**ONIG, PISTAZIEN, Oliven, Kräuter und Gewürze sind Köstlichkeiten; zu den guten Käsesorten zählen der beliebte salzige *feta* und der süße kretische *manouri*. Naschkatzen lieben das Gebäck des *zacharoplasteío* (Konditorei).

**Logo des Supermarkts AB *(Alpha Vita)***

Griechenland ist bekannt für Weine und Spirituosen wie Weinbrand, Ouzo (Anisbranntwein), Retsina (geharzter Wein), Weinbrand und das kretische Feuerwasser Raki. Griechische Weinbrände sind preiswerter als französischer Cognac. Mit Wasser vermischt sind sie nach dem Essen sehr bekömmlich. Die Anzahl der Sterne gibt Auskunft über die Qualität des Metaxa. Raki ist ein Schnaps aus Weintrester.

## MASSE UND GEWICHTE

**D**AS IN DEUTSCHLAND, Österreich und der Schweiz gebräuchliche metrische System mit Maßeinheiten wie Kilometer, Liter, Kilogramm etc. wird auch in Griechenland verwandt.

## KONFEKTIONSGRÖSSEN

**I**N GRIECHENLAND gelten sowohl für Damen- und Herrenkleidung wie auch für Schuhe die gleichen Größenangaben, wie sie in den deutschsprachigen Ländern verbreitet sind.

# Griechische Souvenirs

Traditionelles Kunsthandwerk ist ein typisches, aber nicht unbedingt billiges Souvenir aus Griechenland. Die Auswahl ist groß, angefangen mit Goldreproduktionen antiker Stücke bis zu rustikalen Töpfen, Holzlöffeln und Sandalen. Die Insel Kreta ist vor allem bekannt für ihre Lederwaren; in der Stadt Chaniá *(siehe S. 248)* findet ein großer Ledermarkt statt. Berühmte Keramik wird auf Kreta, Lésvos und Sífnos hergestellt. In vielen Dörfern auf den Griechischen Inseln fertigt man farben-

**Teppich aus Anógeia auf Kreta**

prächtige Stickereien und Wandbehänge. Man findet auch die dicken *flokáti*-Teppiche aus Schaf- oder Ziegenwolle, die jedoch eher in den Gebirgsregionen des Festlands als auf den Inseln gewoben werden. Auf den kleineren Inseln verdienen sich die einheimischen Familien im Sommer oft mit in Heimarbeit gefertigtem Kunsthandwerk einen Großteil ihres Jahreseinkommens. Wenn man auf dem Dorf einkauft, könnte man durch Handeln manche Waren günstiger erstehen.

**Goldschmuck** *ist in größeren Städten erhältlich. Juweliere wie Lalaounis glänzen mit modernem Design, während man in Museumsläden Reproduktionen findet.*

**Ikonen**, *Miniaturen oder riesige Gemälde, werden in Geschäften und Klöstern verkauft. Die besten und teuersten entstehen unter Verwendung uralter Techniken und traditioneller Materialien.*

**Kunstvolle Gebrauchsgegenstände** *wie diese Holzlöffel werden in traditionellen Kunsthandwerksläden angeboten. Wie hier entstehen in Handarbeit Formen und Figuren aus dem stark gemaserten Olivenholz.*

**Kombolói**, *die weitverbreiteten »Betperlen«, werden zur Beruhigung gezählt. Man findet sie in Souvenir- und Schmuckgeschäften.*

**Küchenutensilien** *bekommt man auf Märkten und in Spezialgeschäften. In dieser Kupferkanne* (mpríki) *wird griechischer Kaffee zubereitet.*

**Lederwaren** *sind überall erhältlich. Taschen, Rucksäcke und Sandalen sind hochwertige Souvenirs.*

**Zierkeramik** *gibt es in vielen Formen und Ausführungen. Traditionelles, meist schlichtes und funktionelles Tongeschirr wird im Randgebiet Athens und größerer Inselstädte feilgeboten.*

# Urlaub für Individualisten und Outdoor-Aktivisten

**Moped auf Rhodos**

WER SEINEM Urlaub auf den Griechischen Inseln einen speziellen Schwerpunkt geben möchte, kann unter zahlreichen organisierten Reisen und besonderen Kursen wählen: Sie können unter geschulter Führung archäologische Stätten besuchen, Ihre literarischen Fähigkeiten verbessern, malen oder Ihre Innenwelt erkunden. Auf den Inseln können Sie an den unterschiedlichsten Wanderungen sowie botanischen oder ornithologischen Exkursionen teilnehmen. Informationen über Segeln und Wassersport und die schönsten Strände finden Sie auf Seite 350f.

**Besucher des antiken Theaters von Delos** (*siehe S. 214f*)

## ARCHÄOLOGISCHE RUNDREISEN

FÜR FREUNDE DER ruhmreichen Antike ist die Fahrt zu berühmten Ausgrabungsstätten unter qualifizierter Führung ein faszinierendes und denkwürdiges Erlebnis. Viele Touren berücksichtigen bei der Fahrt zu antiken Ruinen auch venezianische Festungen, byzantinische Kirchen, Höhlen, archäologische Museen und Klöster. Exkursionen und Studienreisen werden unter anderem von den Anbietern **Akademische Studien-** reisen Heidelberg, **Karawane Studienreisen** und **Xenia Reisen** angeboten. Teil des Programms ist meist auch die Insel Kreta mit ihren vielen Sehenswürdigkeiten.

## SCHREIBEN UND MALEN

FÜR KÜNSTLERISCH ambitionierte Urlauber ist Griechenland mit seiner lebhaften Landschaft und dem berühmten Licht ein inspirierendes Reiseland. Kurse in kreativem Schreiben, Zeichnen und Malen gibt es in allen Schwierigkeitsgraden. Das **Skýros Centre** (*siehe S. 112*) auf der gleichnamigen Insel bietet im Ort Skýros und dem Dorf Atsítsa Urlaube zur persönlichen Weiterentwicklung oder mit therapeutischer Zielsetzung an (Schwerpunkte sind Schreiben und Malen). **Attika Reisen** und **Behringer Touristik** veranstalten diverse Kreativreisen zu Griechischen Inseln.

## NATURREISEN

DIE GRIECHISCHEN Inseln sind reich an Naturschönheiten, und man muß kein Botaniker oder Vogelkundler sein, um die prächtige Flora und Fauna bewundern zu können. Wenn im Frühling die Wildblumen blühen, ist die beste Zeit zur Naturerkundung. Diese Jahreszeit ist auch ideal zur Beobachtung von Zugvögeln, die auf ihrer Reise von Afrika nach Europa in Griechenland Rast machen. **DNV Tours/Naturstudienreisen** bietet botanische Reisen auf die Insel Thásos sowie ornithologische Reisen an; **Natur & Kultur Wanderstudienreisen** hat unter anderem Kreta, Mýkonos und Rhodos im Programm. Die griechische **Hellenic Ornithological Society** informiert generell über Vogelbeobachtung in Griechenland.

Weitere Informationen über die Tierwelt auf Kreta sowie über spezielle Reiseanbieter finden Sie auf Seite 242f. Meistens sind Abstecher zu nahe gelegenen historischen und archäologischen Sehenswürdigkeiten im Programm von Naturreisen inbegriffen.

**Chamäleons leben vor allem auf Kreta**

## WANDERN

DIE GRIECHISCHE Hügellandschaft ist ein Wanderparadies, vor allem von März bis Juni, wenn die Landschaft grünt und blüht und es noch nicht zu heiß ist. Die Szenerie vieler Inseln bietet Wanderfreunden ein idealen Rahmen für ihr Hobby. **Trekking Hellas** veranstaltet Wanderurlaube in den Weißen Bergen Kretas sowie auf den Kykladen-Inseln Andros und Tínos. **Athenogenes** bietet zudem Urlaub auf Kreta sowie auf Ikaría, Sámos und Lésvos an. **Hauser Exkursionen** veranstaltet Trekkingtouren nach Kreta (Nordküste und Südkü-

**Touristen in den Höhlen bei Psychró (Kreta)**

**Aufstieg zum Berg Ida im Herzen Kretas**

ste). Auch **TDS Travel & Data Service** bietet Reisen mit Schwerpunkt Trekking an.

Trekking- und Wanderfreunde, die auf eigene Faust unterwegs sind, finden in *Die Berge Griechenlands* von Georg Sfikas (Verlag Efstadiadis, Athen) oder in *Trekking in Greece* (Lonely Planet) hilfreiche Informationen.

### HEILBÄDER

I N GRIECHENLAND gibt es infolge vulkanischer Aktivität zahlreiche heiße Quellen, weshalb man auf einigen Inseln Heilbäder für Hydrotherapie, Physiotherapie und Hydromassage findet. Die wichtigsten Adressen – unter anderem auf Kos und Nísyros im Dodekanes, auf den nordägäischen Inseln Ikaría, Lés-

vos, Límnos und Chíos sowie auf Zákynthos und der Kykladen-Insel Andros – finden Sie in der EOT-Informationsbroschüre *Spas in Greece* (Heilbäder in Griechenland).

### KREUZ- UND BOOTSFAHRTEN

**Schild »Bootsfahrten« auf Korfu**

H ERRLICHE Natur und faszinierende Geschichte machen eine Kreuzfahrt in Griechenland zu einem entspannenden und interessanten Erlebnis. Zwischen April und Oktober reicht die Palette von der Luxuskreuzfahrt bis zu kleineren Bootsausflügen. Kreuzfahrten an Bord großer Luxusliner mit entsprechendem Service, die oft im Rahmen längerer Reisen von Italien in den Nahen Osten oder zum Schwarzen Meer auch die Griechischen Inseln ansteuern, können Sie über Reiseveranstalter wie **TUI, Xenia Reisen** oder **Royal Olympic Cruises** buchen.

Das Angebot an Bootsverbindungen ist überaus reichhaltig. Von Touristenzentren aus werden zahlreiche Bootsfahrten zu nahe gelegenen Inseln und Sehenswürdigkeiten angeboten. Diese Fahrten bucht man am besten vor Ort.

**Boote für Tagesfahrten im Hafen Mandráki (Rhodos)**

---

**AUF EINEN BLICK**

**Athenogenes**
18 Plateía Kolonakíou,
10673 Athen.
☎ 01 361 4829.

**Hellenic Ornithological Society**
Emmanouíl Mpenáki 53,
10681 Athen.
☎ 01 381 1271.

**Attika Reisen**
Sonnenstraße 3,
80331 München.
☎ 089 54 55 51 00.

**Behringer Touristik**
Robert-Bosch-Str. 12,
35398 Gießen.
☎ 0641 968 10.

**DNV Tours/Naturstudienreisen**
Max-Planck-Str. 10,
71711 Steinheim.
☎ 07154 13 18 30.

**Natur & Kultur Wanderstudienreisen**
Im Winkel 4,
89155 Ringingen.
☎ 07344 92 12 22.

**Royal Olympic Cruises**
Aktí Miaoúli,
18538 Piräus.
☎ 01 429 1000.

**G. Wegemann**
23000 Gýthion-Kamares.
☎ 0030 733 93 666.

**Hauser Exkursionen International**
Marienstr. 17,
80331 München.
☎ 089 235 00 60.

**TDS Travel & Data Service GmbH**
Müllerstr. 47,
80469 München.
☎ 089 235 00 60.

**TUI**
Karl-Wiechert-Allee 23,
30625 Hannover.
☎ 0511 567 62 00.

**Trekking Hellas**
Filellinon 7,
10557 Athen.
☎ 01 323 4548.

**NATOURS-Reisen**
Reiseveranstalter für aktives und umweltbewußtes Reisen
Untere Eschstr. 15,
49177 Ostercappeln.
☎ 05473 922 90.

**Studiosus Reisen**
Rießtr. 25,
80992 München.
☎ 089 500 600.

**EGUS Reisen**
Geiststr. 1,
37077 Göttingen.
☎ 0551 495 05 35.

# Strände und Wassersport

**ES IST KEIN** Wunder, daß Wasserratten Griechenland lieben: mehrere tausend Inseln, kristallklares Wasser und Strände jeder Art. Schwimmen kann man fast das ganze Jahr über, doch die eigentliche Wassersportsaison reicht von Ende Mai bis Anfang November. In den größeren Ferienzentren werden alle Wassersportarten angeboten, die Mietgebühren für ausgeliehenes Equipment sind für den Mittelmeerraum recht moderat. Wenn Sie es ruhiger angehen lassen möchten, können Sie sich zum Entspannen einen der zahlreichen herrlichen Inselstrände aussuchen.

**Die blaue Flagge – ein sauberer Strand**

wenigen Ausnahmen (aber generell in Blickweite einer Kirche) offiziell verboten.

Die griechischen Küsten ermöglichen grundsätzlich einen sicheren Badegenuß, wenngleich es praktisch nirgends eine Wasserwacht oder ähnliche Sicherheitsdienste gibt. Pro Jahr sind einige Todesfälle zu verzeichnen, vor allem an stürmischen Tagen, wenn die See rauh ist und untermeerische Strömungen starke Turbulenzen auslösen können. In der Nähe von Stränden sind Haie und Stachelrochen selten; weiter verbreitet sind Seeigel und Quallen, die bei Kontakt schmerzhaft, aber nicht sonderlich gefährlich sind.

**Flaggen von Reiseunternehmen am »Golden Beach« von Páros**

## STRÄNDE

**D**IE GRIECHISCHEN Inseln weisen die unterschiedlichsten Strände auf, von Kies und Vulkangestein über Schotter bis hin zu feinem Sand. Sandstrände gibt es hauptsächlich auf den Kykladen und den Ionischen Inseln (die schönsten jeweils an der Südküste). Auf Kreta findet man überwiegend, wenngleich nicht ausschließlich, Sandstrände. Die nordostägäischen Inseln, die Sporaden

und der Dodekanes verfügen sowohl über Sand- als auch Kiesstrände. Einige winzige Inseln wie Chálki und Kastellórizo haben nur sehr wenige oder gar keine Strände, dafür oft kristallklares Wasser, das zum Schnorcheln einlädt.

Jeder Strand mit einer blauen Flagge (die alljährlich von der Griechischen Gesellschaft für Naturschutz zusammen mit der EU verliehen wird) läßt sein Wasser garantiert alle 15 Tage auf Reinheit hin untersuchen und erfüllt zudem etliche andere Umweltkriterien. Diese Strände zählen zu den schönsten und kindersichersten, sind jedoch oft überfüllt. Auch die Strände, die in den jeweiligen Einträgen dieses Führers empfohlen werden, sind einen Besuch wert. Der Hauptstrand neben einem Inselhafen steht bisweilen unter der Leitung des EOT. Er ist sauber und bietet Duschen, kostet dafür jedoch Eintritt. Oben-ohne-Baden ist weit verbreitet, Nacktbaden mit

## WASSERSPORT

**A**NGESICHTS der insgesamt überaus langen Küste gibt es unzählige Wassersportmöglichkeiten. Windsurfen ist sehr beliebt. Besonders geeignet hierfür sind die Ionischen Inseln Korfu, Lefkáda und Zákynthos, Lésvos und Sámos in der Nordägäis, Kos im Dodekanes, die Kykladeninsel Náxos und Kreta. Die **Hellenic Water-ski Federation** liefert die besten Informationen. Für Wasserski oder Jet-Skiing bezahlt man etwas mehr, in den größeren Ferienzentren wird inzwischen auch Parasailing angeboten. Wo man sich Ausrüstung leihen kann, werden meist auch Kurse angeboten.

**Schwimmer an einem Pool am Strand von Rhodos**

**Urlauber erlernen die Kunst des Windsurfens**

**Verleih für Wassersportausrüstung (Rhodos)**

## TAUCHEN UND SCHNORCHELN

IM ERSTAUNLICH klaren Wasser des Mittelmeers und der Ägäis sind eine herrliche Unterwasserwelt und antike Überreste zu bestaunen. Fast überall an den Küsten kann man schnorcheln *(siehe S. 20f)*, Gerätetauchen unterliegt jedoch strengen Beschränkungen. Spezielle Tauchzonen gibt es um Kreta, Rhodos, Kálymnos und Mýkonos sowie rund um die meisten Ionischen Inseln. Beim EOT erhalten Sie eine Liste, die alle Zonen aufführt, in denen mit Gerät getaucht werden darf, oder schreiben Sie an das **Department of Underwater Archaeology** in Athen. Wo auch immer Sie schnorcheln oder tauchen, ist es streng verboten, antike Fundstücke mitzunehmen oder auch nur zu fotografieren.

## SEGELURLAUB

EIN SEGELURLAUB kann bei Jacht-Charterfirmen in und außerhalb Griechenlands gebucht werden. Die Saison dauert von April bis Ende Oktober oder Anfang November,

das Angebot ist vielfältig. Es gibt vier Kategorien von Bootscharter: Einfache Bootscharter ohne Skipper oder Crew für jedermann mit Segelerfahrung (wenden Sie sich an die **Hellenic Professional and Bareboat Yacht Owners' Association**). Der Crewcharter reicht von einem bezahlten Skipper, Assistenten oder Koch bis zu einer Jacht mit voller Crew. Wer innerhalb einer Flotille aus meist sechs bis zwölf Booten eine Jacht chartert, kann einerseits un-

**Teilnehmer eines Segelkurses**

abhängig segeln und andererseits per Funk den Rat des Führungsboots einholen. **Sun Yachting Germany**, **THR Tours** und **B+R Yachting** bieten Segeltörns und Jachtcharter an. Weitere Auskünfte erteilt die **Hellenic Yachting Federation** in Piräus.

**Ein Segeltörn vor der griechischen Küste**

# REISEINFORMATIONEN

Dank seines heißen und sonnigen Klimas ist Griechenland ein ungemein beliebtes Reiseland. In den wärmeren Monaten (Mai bis Oktober) gelangen Millionen von Touristen per Charterflug auf eine der griechischen Inseln, wenngleich man auch per Auto, Bahn oder Bus nach Griechenland reisen und mit Fähren auf die Inseln übersetzen kann. Viele der größeren Inseln werden angeflogen, und das Netz der Fährverbindungen erreicht sogar die entlegensten Inseln. Ergänzend dazu versorgt das Busnetz mit

**Passagierflugzeug der Olympic Airways**

gut frequentierten Hauptstrecken auch die kleinsten Gemeinden. Auf größeren Inseln ist man mit dem Auto oder Motorrad am flexibelsten und kann Gegenden bereisen, die von öffentlichen Transportmitteln nicht erreicht werden. Doch die Straßen in abgelegenen Landesteilen sind meist schwer befahrbar und bergen Gefahren in sich *(siehe S. 360)*. Wenn Sie kein Auto mieten möchten, sind Taxis eine preisgünstige Alternative, und auf vielen Inseln befördern Bootstaxis Fahrgäste entlang der Küste.

## ANREISE MIT DEM FLUGZEUG

Die **Lufthansa** unterhält Linienflüge von Düsseldorf, Frankfurt oder München nach Athen und Thessaloníki. Die griechische Fluggesellschaft **Olympic Airways** bietet u.a. Flüge von Berlin, Köln, Düsseldorf, Frankfurt, München, Stuttgart, Salzburg, Wien, Basel und Zürich nach Athen. Wenn Sie mit Olympic Airways fliegen, kommen Sie in Athen am West-Terminal an *(siehe S. 354)* und brauchen für einen anschließenden Inlandflug nicht das Terminal zu wechseln.

Von Europa aus gibt es Direktverbindungen zu etwa 20 internationalen Flughäfen in Griechenland. Von den Inseln wickeln nur Kreta, Rhodos und Korfu, auf dem Festland nur Athen

**Reisende mit Duty-Free-Waren**

und Thessaloníki Linien- und Charterflüge ab. Die anderen internationalen Flughäfen sind nur per Charterflug auf direktem Weg zu erreichen. Alle Linienflüge von außerhalb Europas landen in Athen, und nur wenige Fluglinien bieten Direktflüge an.

Ein neuer Flughafen in Sparta, 25 km östlich von Athen, befindet sich derzeit im Bau; es steht jedoch noch nicht fest, wann er seinen Betrieb aufnehmen wird.

## CHARTERFLÜGE UND PAUSCHAL-REISEN

Zwischen Mai und Oktober werden zahlreiche Charterflüge von europäischen Flughäfen aus nach Griechenland angeboten. Sie können separat oder als

**Einchecken am West-Terminal im Flughafen Athen**

Teil einer Pauschalreise über das Reisebüro gebucht werden.

Charterflüge sind zwar die preiswertesten Flüge überhaupt, unterliegen jedoch bestimmten Auflagen: Nach Buchung kann das Abflugdatum nicht mehr geändert werden, minimale und maximale Aufenthaltsdauer sind meist fix (zwischen drei Tagen und einem Monat). Wer von Griechenland aus die Türkei besuchen will, muß wissen, daß Charterpassagieren nur ein Tagesausflug gestattet ist; bei längerem Aufenthalt verfällt das Ticket für den Rückflug aus Griechenland.

## FLUGZEITEN

Ein Flug von London oder Amsterdam nach Athen dauert etwa dreieinhalb Stunden; die Flugzeit ab Paris oder Berlin beträgt circa drei Stunden (von Berlin aus geht es etwas schneller). Von Madrid aus dauert

**Ankommende Passagiere am Ost-Terminal im Flughafen von Athen**

**Reisebüro in Athen**

der Flug etwas mehr als vier Stunden und ab Rom knappe zwei Stunden. Die kurze Flugdauer führt dazu, daß bei den meisten Flügen kein Zwischenaufenthalt eingelegt wird

### FLUGPREISE

Flüge nach Griechenland sind in der Regel zwischen Juni und September am teuersten, doch wieviel Sie im Endeffekt bezahlen, hängt in erster Linie vom speziellen Ticket ab. In der Hauptsaison sind Charterflüge normalerweise die preiswerteste Alternative; Linienflüge zu Spartarifen sind jedoch auch üblich und sollten bei längeren Aufenthalten oder in der Nebensaison, wenn Charterflüge rar sind, in Betracht gezogen werden. Man kann auch sparen, indem man lange Zeit im voraus einen APEX(Advance Purchase Excursion)-Flug bucht, der jedoch wie ein Charterflug mit einer fixen Mindest- und Höchstaufenthaltsdauer sowie anderen Auflagen verbunden ist. Der besondere Nachteil von dieser Variante und von Charterflügen generell ist, daß

Sie in der Regel hinsichtlich Abflugdatum und Aufenthaltsdauer über wenig Flexibilität verfügen. Reisende mit einem eher knappen Budget können oftmals in den Wochenendausgaben der Tageszeitungen günstige Schnäppchen ergattern oder sich im Reisebüro nach Last-Minute-Flügen erkundigen.

Unabhängig vom Reiseveranstalter erhalten Sie in Deutschland mit Ihren Tickets und Reiseunterlagen einen Sicherungsschein; dieser Schein gewährleistet Ihnen, daß Sie wieder nach Hause kommen, falls der Veranstalter bankrott gehen sollte.

**Flugsteig-Symbol**

Beachten Sie bitte auch, daß Inlandflüge in Griechenland immer mit einer Flughafensteuer belegt werden (*siehe S. 354*).

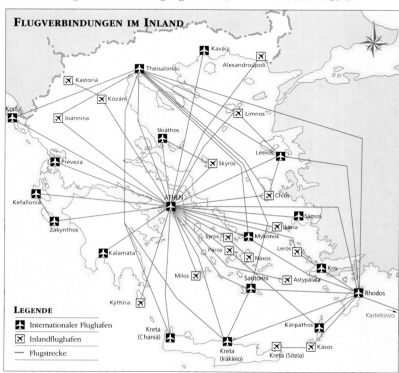

## FLUGVERBINDUNGEN IM INLAND

Kaváia
Alexandroúpoli
Thessaloníki
Kastoriá
Kozáni
Korfú
Limnos
Ioánnina
Skiáthos
Préveza
Lésvos
Skýros
Kefalloniá
Chíos
Zákynthos
Sámos
ATHEN
Ikaría
Kalamáta
Mýkonos
Syros
Leros
Páros
Naxos
Kos
Milos
Santoríni
Astypálaia
Rhodos
Kýthira
Kastellórizo
Kárpathos
Kreta (Chaniá)
Kásos
Kreta (Irákleio)
Kreta (Siteia)

### LEGENDE
- Internationaler Flughafen
- Inlandflughafen
- — Flugstrecke

# Flugverbindungen

**Olympic-Logo**

DER FLUGHAFEN Athen ist der wichtigste des Landes. Er hat zwei Terminals (Ost und West) sowie ein weiteres Terminal für Charterflüge. Athen ist Ziel der meisten internationalen Flüge und bietet auch die besten Anschlußflüge zu den Inseln. Da diese fast alle vom West-Terminal starten, muß man das Terminal wechseln, außer man kommt mit Olympic Airways in Griechenland an. Auch Thessaloníki wickelt Linienflüge ab, jedoch nur innereuropäische. Die anderen internationalen Flughäfen in Griechenland werden nur von Chartermaschinen angeflogen.

**Im West-Terminal (Olympic) des Athener Flughafens**

## INLANDFLÜGE

DAS GRIECHISCHE Inlandflugnetz ist weit verzweigt. **Olympic Airways** und ihr Ableger **Olympic Aviation** betreiben die meisten Inlandflüge, wenngleich auch etliche private Gesellschaften wie **Air Greece**, **Aegean Aviation**

und **Interjet** Flüge zwischen Athen und einigen größeren Inseln anbieten. Ein Inlandflug ist mindestens doppelt so teuer wie dieselbe Strecke per Bus oder Fähre (Deckklasse). Tickets und Flugpläne für Olympic-Flüge erhalten Sie bei allen Büros von Olympic Airways innerhalb und außer

halb Griechenlands sowie in größeren Reisebüros. In der Hauptsaison ist eine Reservierung unerläßlich.

Olympic Airways unterhält Direktflüge von Athen auf mehr als zwei Dutzend Inseln, von Thessaloníki aus auf neun Inseln *(siehe S. 353)*. Im Sommer bestehen etliche Verbin

## DIE TERMINALS DES ATHENER FLUGHAFENS

Vom Ost-Terminal wird der größte Teil des internationalen Flugverkehrs abgewickelt, vom West-Terminal Inlandflüge und die Flüge mit Olympic Airways. Zwischen beiden besteht eine Busverbindung.

### LEGENDE

| | |
|---|---|
| ☐ Besucherzone | ☐ Paßkontrolle |
| ☐ Check-in | ☐ Gepäckausgabe |
| ☐ Nur für Passagiere | ☐ Kein Zutritt |
| ☐ Zoll | ☐ Bordkartenkontrolle |

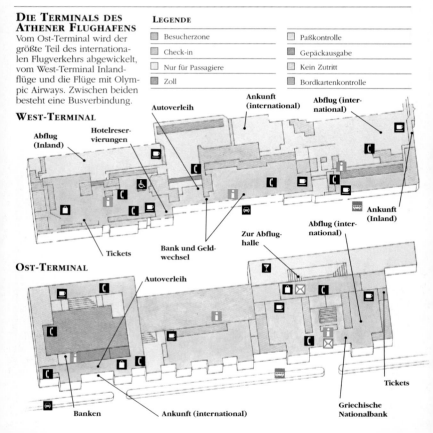

**WEST-TERMINAL**

**OST-TERMINAL**

Autoverleih · Ankunft (international) · Abflug (international) · Abflug (Inland) · Hotelreservierungen · Ankunft (Inland) · Abflug (international) · Zur Abflughalle · Tickets · Bank und Geldwechsel · Autoverleih · Tickets · Banken · Ankunft (international) · Griechische Nationalbank

dungen zwischen den Inseln, etwa ein Dutzend davon ganzjährig.

Auf Inlandflüge wird eine Flughafensteuer in zwei Kategorien erhoben: eine für Flüge bis zu etwa 730 Flugkilometer und der doppelte Tarif für längere Flüge.

## WEITERTRANSPORT AB FLUGHAFEN ATHEN

MIT DEM TAXI gelangt man am angenehmsten vom Flughafen Athen ins Zentrum. Die Taxistände befinden sich vor den Terminals, die Fahrpreise sind niedriger als in jeder anderen europäischen Großstadt. Die Fahrtdauer hängt vom Verkehr ab und

beträgt, wenn die Straßen einigermaßen frei sind, etwa dreißig Minuten.

Alternativ dazu fährt der Expreßbus 091 *(siehe S. 291)* von den Terminals West (Olympic Airways), Ost und Charter zur Plateía Syntágmatos im Herzen Athens (Abfahrt jede halbe Stunde zwischen 5 Uhr und Mitter-

nacht, nach Mitternacht stündlich).

Ein anderer Expreßbus (Nr. 19) fährt von den Flughafenterminals zur Plateía Karaïskáki am Hafen von Piräus (Abfahrt etwa alle fünfzig Minuten zwischen 5 Uhr und Mitternacht und weitere vier Fahrten zwischen Mitternacht und 5 Uhr).

**Ein »Island Hopper« von Olympic Aviation**

---

### AUF EINEN BLICK

#### FLUGHAFEN ATHEN

**West-Terminal**
*Fluginformation:*
☎ 01 936 3363.

**Ost-Terminal**
*Fluginformation:*
☎ 01 969 4111.

#### OLYMPIC AIRWAYS

**Abflug und Ankunft**
☎ 01 936 3363.
☎ 144.

**Athener Büro**
Syngroú 96,
11741 Athen.
☎ 01 966 6666.

**Büro in Kreta**
Plateía Eleftheriás, Irákleio.
☎ 0812 29191.

**Büro in Rhodos**
☎ 0241 24555.

**Büro in Thessaloníki**
Kountouriótou 3,
Thessaloníki.
☎ 031 230240.

#### ANDERE FLUGGESELLSCHAFTEN

**Lufthansa**
Vas. Sofias Ave. 11,
10671 Athen.
☎ 01 369 22 00.

Meg. Konstantinou Str.,
85100 Rhodos.
☎ 0241 302 13.

Ethn. Antistaseos 172,
713 06 Irákleio.
☎ 081 396 04 24 (Kreta).

**Air France**
Karageórgi Servias 4,
10562 Athen.
☎ 01 323 8507.

**British Airways**
Othonos 10,
10557 Athen.
☎ 01 325 0602.
Thessaloníki.
☎ 0312 42005.

**KLM**
Vouliagménis 41,
16675 Athen.
☎ 01 938 0177.

#### PRIVATLINIEN FÜR INLANDFLÜGE

**Aegean Aviation**
Ost-Terminal,
Athener Flughafen,
16603 Athen.
☎ 01 995 0325.

**Air Greece**
Filellínon 22,
10557 Athen.
☎ 01 324 4457.

**Interjet**
Syngroú 350,
17680 Athen.
☎ 01 930 2151.

**KAL Aviation**
Vasiléos Konstantínou 26,
11635 Athen.
☎ 01 723 9971.

**Olympic Aviation**
☎ 01 938 4149.
☎ 01 936 3565 (oder über Olympic Airways).

#### REISEBÜROS IN ATHEN

**American Express Travel Services**
Ermoú 2,
10563 Athen.
☎ 01 324 4975.

**Ginis Vacances**
3. Stock,
Ermoú 23–25,
10563 Athen.
☎ 01 325 0401.

**Hellenic Holidays**
Lékka 3–5, Syntágmatos,
10563 Athen.
☎ 01 323 7800.

**International Student and Youth Travel Service**
2. Stock, Níkis 11,
10557 Athen.
☎ 01 323 3767.

**Manos Travel**
Panepistimíou 39,
10564 Athen.
☎ 01 325 0711.

#### OLYMPIC AIRWAYS-BÜROS IM AUSLAND

**Deutschland**
Direktion:
Hamburger Allee 2–10,
60486 Frankfurt.
☎ 069 97 06 72 05.

Büros:
Kurfürstendamm 64–65,
10707 Berlin.
☎ 030 885 69 60.

Minoritenstr. 7,
50667 Köln.
☎ 0221 257 66 95.

**Österreich**
Reservierung Wien:
☎ 01 50 44 16 50.

**Schweiz**
Reservierung Zürich:
☎ 01 211 37 37.

# Mit dem Schiff

DIE GRIECHEN sind seit je ein Volk von Seefahrern. Angesichts der vielen Inseln und mehrerer tausend Kilometer Küste spielt das Meer eine wichtige Rolle im Alltag und in der Geschichte des Landes. Heute ist es für Griechenland eine wichtige Einnahmequelle, da Millionen von Touristen auf den Inseln Urlaub machen. Für die Inselbewohner ist das Fährnetz eine Lebensader, für den Touristen eine angenehme Möglichkeit, von Insel zu Insel zu tingeln oder ein spezielles Ziel zu erreichen.

## ANREISE MIT DEM SCHIFF

GANZJÄHRIG BESTEHEN regelmäßige Fährverbindungen zwischen Ancona, Bari und Brindisi in Italien und den griechischen Häfen Igoumenítsa in Epirus und Patras auf dem Peloponnes (im Sommer verkehren zusätzliche Fähren ab Venedig, Triest und Otranto). Je nach Jahreszeit, Verladehafen, Fährgesellschaft, Ticket und Ermäßigungen (für Studenten, Jugendliche oder Bahnpaßinhaber) schwanken Fahrzeiten und -preise erheblich.

Zu den weiteren ganzjährigen Fährverbindungen zählt auch die Route von Haifa (Israel) über Zypern nach Rhodos und Piräus (im Sommer mit Zwischenaufenthalt auf Kreta). Von der türkischen Ägäisküste verkehren das ganze Jahr über Fähren zwischen Kusadasi und Sámos sowie zwischen Çesme und Chíos (im Sommer außerdem zwischen Bodrum und Kos, Marmaris und Rhodos sowie Ayvalik und Lésvos).

Wenn Sie mit der Autofähre nach Griechenland reisen möchten, müssen Sie sämtliche Fahrzeugpapiere mitfüh-

**Eine Autofähre verläßt den Hafen von Mandráki (Nísyros)**

ren; im Sommer ist eine Reservierung unbedingt notwendig. Anschriften deutscher Buchungsbüros finden Sie auf Seite 359.

## DAS GRIECHISCHE FÄHRNETZ

DIE FÄHRVERBINDUNGEN in Griechenland sind gut; Abfahrtzeiten und Fahrpläne werden jedoch locker gehandhabt. In kleineren Häfen stellt sich oft die Frage,

ob eine Fähre am gewünschten Tag zum gewünschten Ziel fährt. Sehen Sie bei Ankunft im Fahrplan nach.

In größeren Häfen wie dem betriebsamen Athener Hafen Piräus ist es schon etwas schwieriger: Zahllose Schiffs- und Fährverbindungen beginnen hier. Dreh- und Angelpunkt ist die Plateía Karaïskáki, wo die meisten Agenturen für Fährtickets sowie die Hafenpolizei präsent sind. Das Fährnetz wird von etlichen konkurrierenden Fährgesellschaften unterhalten, die ihre eigenen Agenturen haben. Deshalb ist es nicht einfach herauszufinden, wann und von welchem Dock Fähren abfahren. Die Fähren gruppieren sich je nach Zielort, doch wenn der Hafen überfüllt ist, legen sie an, wo Platz ist. Auf der Suche nach Ihrer Fähre werden Sie deshalb die Informationstafeln der Agenturen studieren oder die Hafenpolizei *(limenarcheío)* fragen müssen.

In diesem Führer sind die direkten Fährlinien auf den einzelnen Inselkarten, den Bildlandkarten sowie der Übersichtskarte auf der vorletzten Umschlagseite eingezeichnet; sie gelten für die Hauptsaison (Juni bis August). In der Nebensaison fahren alle Fähren seltener, manche Strecken werden ganz eingestellt. Die Strecken auf diesen Karten dienen nur als Anhaltspunkt; erkundigen Sie sich am Urlaubsort, bevor Sie eine Fähre nehmen.

Die Wochenfahrpläne des EOT sind zwar nicht hundertprozentig korrekt, informieren jedoch grob über die Abfahrtszeiten; fragen Sie auch im Reisebüro vor Ort nach. Englischsprachige Zeitungen wie die *Greek Times* drucken im Sommer den Fahrplan ab. Tragflügelboote, Katamarane, Kajiken und Bootstaxis ergänzen den Fährplan (weitere Informationen auf Seite 358f).

## FÄHRTICKETS

TICKETS FÜR alle Fährverbindungen bekommt man im Büro der jeweiligen Fährgesellschaft, im Reisebüro, am Kai oder auf der Fähre selbst.

**Motorradfahrer warten am Hafen von Piräus auf eine Fähre**

**Fähre auf der Fahrt zum Hafen von Zákynthos**

Alle Preise mit Ausnahme der ersten Klasse werden vom Verkehrsministerium festgelegt, weshalb für dieselbe Strecke bei jeder Gesellschaft derselbe Preis zu entrichten sein sollte. Wie bei der Anreise nach Griechenland sind Autofähren in der Hauptsaison auch im Inland vorab zu reservieren; Motorräder und Autos kosten einen Aufpreis (ein Auto ist mitunter drei- oder viermal so teuer wie eine Person).

Kinder unter zwei Jahren fahren kostenlos, von zwei bis neun zum halben Preis und ab zehn zum Erwachsenenpreis. Auf den Hauptstrecken werden drei Klassen von der Deck- bis zur Luxusklasse angeboten (letztere kostet fast so viel wie ein Flug).

Die Erste Klasse umfaßt meist eine Zweibett-Außenkabine mit Bad. Die zweite Klasse kostet etwa 25 Prozent weniger und bietet eine Drei- oder Vierbettkabine mit Waschbecken (meist Innenkabinen). Bei der Buchung einer Deckpassage haben Sie unter anderem Zugang zu einem Salon mit Liegesitzen, wenngleich es in einer warmen, sternenklaren Sommernacht auf Deck am schönsten ist.

## DIE KAMINE DER FÄHRGESELLSCHAFTEN

Die Kamine der Fährschiffe sind auffällig bemalt und dienen Reisenden, die den Hafen nach ihrer Fähre absuchen, als Orientierung.

Da eine Fährgesellschaft nicht einmal in Piräus gleichzeitig mehr als zwei oder drei Schiffe im Dock stehen hat, findet man sich anhand der Kamine am besten zurecht.

**Minoa-Linie**

**DANE-Linie**

**ANEK-Linie**

GA-Fähren

Ventouris See-Linie

**NEL-Linie**

## DER HAFEN VON PIRÄUS

Piräus ist der größte und wichtigste griechische Hafen. Diese Karte des Haupthafens zeigt, wo man Fähren zu bestimmten Zielorten höchstwahrscheinlich findet.

### LEGENDE DER FÄHRZIELE

| | |
|---|---|
| ◻ | Argo-Saronische Inseln |
| ◼ | Nordostägäische Inseln |
| ◻ | Dodekanes |
| ◼ | Kykladen |
| ◼ | Kreta |
| ◻ | Internationale Fähren |
| ◻ | Tragflügelboote und Katamarane |

(Zeichenerklärung Umschlaginnenseite)

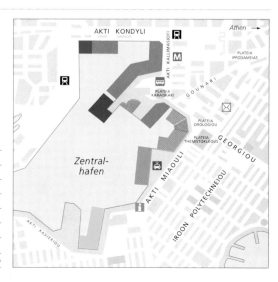

**Abfahrt der Katamarane**

**Tragflügelboot («Flying Dolphin»)**

## TRAGFLÜGELBOOTE UND KATAMARANE

**E**INIGE INSELN sind mit dem Tragflügelboot erreichbar. Die etwa 60 Boote werden vor allem von **Flying Dolphin** (im Besitz der Fährgesellschaft Ceres) und **Dodecanese Hydrofoils** betrieben, wenngleich Tragflügelboote generell »Flying Dolphins« heißen. Sie sind doppelt so schnell wie die Fähren, aber auch doppelt so teuer.

Tragflügelboote haben den großen Nachteil, daß sie meist nur in den Sommermonaten fahren und bei schlechtem Wetter oft nicht einsatzfähig sind. Wenn die See nicht ruhig ist, sind Tragflügelboote ziemlich langsam und Passagieren, die leicht seekrank werden, nicht zu empfehlen.

Ein Tragflügelboot befördert etwa 140 Passagiere, jedoch keine Autos oder Motorräder. Eine Reservierung ist oft unerläßlich; in der Hauptsaison sollte man so früh wie möglich buchen. Tickets bekommt man bei den Agenturen oder am Kai, jedoch nur selten an Bord. Die Boote befahren die Küste des Festlandes und des Peloponnes und steuern die Argo-Saronischen Inseln, Évia, die Sporaden und einige Kykladeninseln an. Es bestehen auch Verbindungen zwischen Rhodos und Sámos.

**Passagiere auf einer Fähre**

Katamarane sind in Griechenland noch verhältnismäßig neu. Was Sitze, Bar und Fernsehen an Bord anbelangt, erinnern sie fast an ein Flugzeug. Katamarane sind zudem besser auf behinderte Passagiere eingestellt. Sie sind zwischen den Ionischen Inseln im Einsatz, und etwa ein halbes Dutzend befährt die Ägäis, hauptsächlich zwischen dem Festlandhafen Rafína und den Inseln Andros, Tínos und Mýkonos. Die Preise entsprechen denen der Tragflügelboote; Tickets sollte man einige Tage vor Abfahrt in einem Reisebüro kaufen. Wenn noch Platz ist, kann man sie jedoch auch noch an Bord erwerben.

**Katamaran**

## AUSFLÜGE FÜR TOURISTEN

**I**N VIELEN Urlaubsorten können Besucher mit Ausflugsbooten abgelegene Strände oder Höhlen besuchen, Tagesfahrten oder Kurztrips machen. Fahrstrecken und -zeiten richten sich nach regionalen Gegebenheiten. Aktuelle Informationen und Buchungsmöglichkeiten können Sie vor Ort im Reisebüro oder bei der Auskunft erfragen.

**Ausflugs-Kajike auf den Argo-Saronischen Inseln**

## FÄHREN ZWISCHEN DEN INSELN

NEBEN den großen Fähren auf den Hauptstrecken verkehren im Sommer auch kleinere Schiffe zwischen den einzelnen Inseln. Diese Fähren unterliegen der Preiskontrolle durch die Regierung; Charterboote von Agenturen verlangen nach Belieben (und das oft zu stattlichen Preisen),

**Bootstaxi an der Küste bei Spétses**

bieten dafür jedoch Direktverbindungen, die lange Umwege über Festlandhäfen ersparen.

## WASSERTAXIS

BOOTSTAXIS (oder Kajiken) verkehren – meist nur in der Hauptsaison – entlang der Küste und auf kurzen Strecken zwischen Inseln; bei rauher See müssen die kleinen Boote jedoch als erste den Be-

trieb einstellen. Angesichts der geringen Distanzen sind sie teurer als Fähren, befahren jedoch oft Strecken, die ansonsten abseits von allen Routen liegen.

Routen und Fahrzeiten werden vom Bootsinhaber festgelegt, und Sie können nur am Kai herausfinden, welches Taxi in die von Ihnen gewünschte Richtung fährt.

## ROUTEN DER KATAMARANE UND TRAGFLÜGELBOOTE

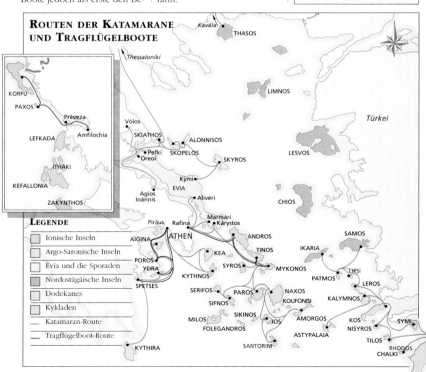

### LEGENDE

|  | Ionische Inseln |
|--|--|
|  | Argo-Saronische Inseln |
|  | Évia und die Sporaden |
|  | Nordostägäische Inseln |
|  | Dodekanes |
|  | Kykladen |
| — | Katamaran-Route |
| — | Tragflügelboot-Route |

# Mit dem Auto und der Bahn

**D**IE STRASSEN auf den Inseln werden immer besser, doch vor allem in entlegenen Gegenden sind sie oft noch holperig und manchmal nur mit Vierradantrieb zu bewältigen. Autos und Motorräder können problemlos gemietet werden, zahlreiche Taxis ergänzen das gute Busnetz. Da die Autokarten der Reisebüros vor Ort kaum zuverlässig sind, sollte man seine eigenen mitbringen (z. B. von GeoCenter oder Freytag & Berndt).

**Vorfahrt-
straße**

**Vorrang vor dem
Gegenverkehr**

**Hupen
verboten**

**Wildwechsel**

**Haarnadel-
kurve**

**Kreisverkehr**

## ANREISE MIT DEM AUTO

**D**IE MEISTEN direkten Landverbindungen nach Griechenland durch das ehemalige Jugoslawien sind derzeit nicht zu empfehlen. Die Alternativroute führt über Italien und von dort mit der Fähre nach Griechenland. Der **ADAC** und sein griechisches Pendant **ELPA** geben Auskünfte zur Reiseplanung. Autofahrer müssen Führerschein, Kfz-Papiere und die grüne Versicherungskarte mitnehmen.

## VERKEHRSREGELN

**D**IE GRIECHISCHEN Verkehrszeichen entsprechen mit Ausnahme einiger Nebenstraßen in ländlichen Gebieten dem europäischen Standard. Die Höchstgeschwindigkeit für Autos beträgt auf Autobahnen 120 km/h, auf Landstraßen 90

km/h und in Ortschaften 50 km/h. Es herrscht Gurtpflicht, Kinder unter zehn Jahren dürfen nicht vorne sitzen.

## AUTOVERLEIH

**I**N ALLEN FERIENORTEN bieten Autoverleihfirmen unterschiedliche Fahrzeuge vom Kleinwagen bis zum Minibus an. Verleihfirmen vor Ort sind meist preiswerter als internationale Firmen wie **Avis** und **Hertz** und dennoch nicht minder zuverlässig. Eine Haftpflichtversicherung ist gesetzlich vorgeschrieben, eine persönliche Unfallversicherung sehr zu empfehlen. Man muß seit mindestens einem Jahr den Führerschein haben; das Mindestalter für Fahrer liegt zwischen 21 und 25 Jahren.

## MOTORRAD-, MOPED-UND FAHRRADVERLEIH

**M**OTORRÄDER und Mopeds können auf den Inseln problemlos gemietet werden. Letztere sind ideal für Kurzstrecken auf flachem Terrain; in bergigem Gelände braucht man unbedingt ein Motorrad. Ihr Gefährt

**Zweispra-
chiges
Straßenschild**

sollte in gutem Zustand sein, Ihr Versicherungsschutz ausreichend; überprüfen Sie auch, ob Ihre eigene Reiseversicherung auch Motorradunfälle abdeckt.

Die Höchstgeschwindigkeit beträgt auf Autobahnen für Motorräder bis zu 100 ccm 70 km/h, für schwerere Motorräder 90 km/h. Es besteht Helmpflicht.

In einigen Ferienorten kann man auch Fahrräder mieten, wenngleich die Hitze und der Straßenzustand oft den größten Fahrradfreund abschrecken. Fahrräder darf man auf den meisten griechischen Fähren und in Bussen kostenlos mitnehmen.

## TANKSTELLEN

**I**N STÄDTEN FEHLT es nicht an Tankstellen, doch auf dem Land sind sie dünn gesät. Fahren Sie sicherheitshalber immer mit vollem Tank los, und nehmen Sie auf jeden Fall einen Ersatzkanister mit. Meistens gibt es drei oder vier Benzinarten: super (95 Oktan), bleifrei, super bleifrei und Diesel, der in Griechenland *petrélaio* heißt. Die Tankstellen bestimmen ihre Öffnungszeiten selbst. Meist haben sie an allen Wochentagen von etwa 7 oder 8 bis 19 oder 22 Uhr geöffnet.

**Tankstellen-
schild**

**Fahrradverleih am Strand von Kos**

**Eine Taxifahrt auf der Insel Lipsí**

## TAXIS

AUF DEN INSELN ist das Taxi ein recht günstiges Transportmittel. In der Regel richtet sich der Preis nach dem Taxameter; bei längeren Strecken kann man ihn auch pro Tag oder Fahrt aushandeln. Oft kann man sich vom Fahrer irgendwo absetzen und einige Stunden später wieder abholen lassen. In den Dörfern gibt es meistens mindestens ein Taxi (Reservierungen am besten im *kafeneío*). Oft teilen sich mehrere Fahrgäste ein Taxi, wobei jeder seine Teilstrecke bezahlt.

## MIT REISE- UND LINIEN-BUS UNTERWEGS

REISEBUSSE verbinden Griechenland mit dem restlichen Europa, obwohl die Preise über der Charterangeboten der Hauptsaison liegen.

Betreiber des griechischen Busnetzes ist **KTEL** (Koinó Tameío Eispráxeon Leoforeíon), ein Verband privater Unternehmen, der praktisch jede Gemeinde versorgt. In Dörfern fährt oft nur ein- oder zweimal pro Tag ein Bus und hält meist an der Taverna oder dem *kafeneío*; die Verbindungen zwischen größeren Städten sind zahlreich und effizient. Man kann auch davon ausgehen, daß zwischen dem Hafen und dem abseits der Küste liegenden Hauptort einer Insel ein Bus verkehrt.

Auf vielen größeren Inseln bieten Reisebüros Ausflugsfahrten mit qualifizierten Reiseführern an. Ihr Programm umfaßt archäologische und historische Sehenswürdigkeiten, beliebte Städte und Badeorte, Strände, Wanderungen wie etwa durch die Samariá-Schlucht auf Kreta und Veranstaltungen wie ein Abend in einer typisch griechischen Taverna.

**Front eines Nahverkehrsbusses auf Nísyros**

## MIT DER BAHN UNTERWEGS

EINE BAHNFAHRT nach Griechenland dauert zwei Tage. Die Hauptroute führt nach Italien, weiter mit der Fähre über die Insel Korfu nach Patras.

Das Bahnnetz ist im Besitz des **OSE** (Organismós Sidirodrómon Elládos) und beschränkt sich auf das Festland. Nützlich für Inselurlauber sind die Strecken von Athen nach Patras, Vólos (Fähren nach Skiáthos und Skópelos) und an die attische Küste (Évia).

**Die markante Spitze eines Expreßzugs**

---

### ■ AUF EINEN BLICK

#### AUTOMOBILKLUBS

**ADAC-Büros, z.B.**
**ADAC Südbayern**
Am Westpark 8, 81373 München.

**ADAC Pannenhilfe**
📞 0049 89 22 22 2.
(aus Griechenland).

**ADAC Notrufstationen**
📞 01 777 56 44 (Athen).
📞 031 41 22 90 (Thessaloníki).

**ELPA (Ellinikí Léschi Periigíseon kai Aftokinítou)**
Erdgeschoß,
Mesogeíon 2–4, 11527 Athen.
📞 01 779 1615.
📞 104 (Pannenhilfe).

#### MIETWAGEN

**Avis**
Leofóros Amalías 46–48,
10558 Athen.
📞 01 322 4951.

**Budget**
Syngroú 8,
11742 Athen.
📞 01 921 4771.

#### BUSSE UND REISEBUSSE

**Deutsche Touring GmbH**
Am Römerhof 17,
60486 Frankfurt/M.
📞 069 790 30.

**Busbahnhöfe in Athen**
Terminal A: Kifisoú 100.
📞 01 513 2834.
Terminal B: Liosíou 260.
📞 01 832 9585.

#### ZÜGE

**OSE (Information und Reservierung)**
Sína 6, Athen.
📞 01 323 6747.

**Bahnhöfe in Athen**
Lárissis-Bahnhof
📞 01 524 0646.
Peloponnísou-Bahnhof
📞 01 513 1601.

📠 145 Abfahrt Inland (ab Athen).
📠 147 Abfahrt Ausland (ab Athen).

# Textregister

# Danksagung

DER VERLAG bedankt sich bei allen, die bei der Herstellung dieses Buches mitgewirkt haben.

#### HAUPTAUTOREN

MARC DUBIN ist Amerikaner und pendelt ständig zwischen London und Sámos. Seit 1978 hat er alle griechischen Provinzen besucht. Er ist Autor bzw. Co-Autor zahlreicher Bücher über Griechenland, mit so unterschiedlichen Themen wie Wandern oder traditioneller griechischer Musik.

STEPHANIE FERGUSON, freiberufliche Journalistin und Reiseführerautorin, bereiste fast alle 50 griechischen Inseln. Nach einem Urlaub vor 20 Jahren war sie so begeistert von Griechenland, daß sie seitdem Beiträge zu acht Büchern über das Land verfaßt hat.

MIKE GERRARD ist Reiseführerautor. Er schrieb bereits mehrere Bücher über verschiedene Regionen Griechenlands. Er besucht das Land seit 1964 regelmäßig.

ANDY HARRIS ist Reiseführer- und Kochbuchautor mit Wohnsitz in Athen.

TANYA TSIKAS ist eine kanadische Schriftstellerin und Herausgeberin von Reiseführern. Sie ist mit einem Griechen verheiratet und lebt nach einem langen Aufenthalt auf Kreta heute in Oxford.

#### ERGÄNZENDE ILLUSTRATIONEN

Richard Bonson, Louise Boulton, Gary Cross, Kevin Goold, Roger Hutchins, Claire Littlejohn.

#### GRAFIK- UND REDAKTIONSASSISTENZ

Hilary Bird, Elspeth Collier, Catherine Day, Jim Evoy, Emily Hatchwell, Leanne Hogbin, Kim Inglis, Lorien Kite, Felicity Laughton, Andreas Michael, Ella Milroy, Lisa Minsky, Robert Mitchell, Jennifer Mussett, Tamsin Pender, Jake Reimann, Simon Ryder, Rita Selvaggio, Claire Stewart, Claire Tennant-Scull, Amanda Tomeh.

DER VERLAG bedankt sich besonders bei The Greek Wine Bureau, Odysea.

#### WEITERE AUTOREN

Anna Antoniou, Anastasia Caramanis, Magda Dimouti, Shirley Durant, Panos Gotsi, Zoi Groummouti, Peter Millett, Tasos Schizas, Garifalia Tsiola.

#### WEITERE ERGÄNZENDE ILLUSTRATIONEN

Ideal Photo S.A., The Image Bank, Melissa Publishing House, Tony Stone Worldwide.

#### ERGÄNZENDE FOTOGRAFIE

Jane Burton, Frank Greenaway, Derek Hall, Dave King, Neil Lucas, National History Museum, Stephen Oliver, Roger Philips, Kim Sayer, Clive Steeter, Harry Taylor, Kim Taylor, Mathew Ward, Jerry Young.

#### GENEHMIGUNG FÜR FOTOGRAFEN

DER VERLAG bedankt sich bei den folgenden Institutionen für die freundlich gewährte Fotografieerlaubnis:

Nelly Dimoglou Folk Dance Theatre, Rhodos; Museum für Griechische Volkskunst, Athen; Karpathos-Museum; Markos Vamrakaris Museum, Syros; Kymi Volkskunde-Museum, Evia; Stavros Kois's Haus, Syros. Ein Dank auch an alle Kirchen, Museen, Hotels, Restaurants, Läden, Galerien und anderen Institutionen, die wir aus Platzmangel leider nicht einzeln nennen können.

#### BILDNACHWEIS

o = oben; ol = oben links; olm = oben links mitte; om = oben mitte; orm = oben rechts mitte;
or = oben rechts; mlo = mitte links oben; mo = mitte oben; mro = mitte rechts oben; ml = mitte links; m = mitte; mr = mitte rechts; mlu = mitte links unten; mu = mitte unten; mru = mitte rechts unten; ul = unten links; u = unten; um = unten mitte; uml = unten mitte links; ur = unten rechts; d = Detail.

Wir haben uns bemüht, alle Urheber ausfindig zu machen und zu nennen. Sollte dies in einigen Fällen nicht gelungen sein, bitten wir dies zu entschuldigen. In der nächsten Auflage werden wir versäumte Nennungen nachholen.

Folgende Kunstwerke wurde mit freundlicher Genehmigung der Copyrightinhaber reproduziert: © ADAGP, Paris und DACS, London 1997 *Der Kuß* Constantin Brancusi 207ur. Das Kunstwerk *Drei stehende Figuren*, Henry

Moore (1947) 207ul wurde mit Genehmigung der Henry Moore Foundation reproduziert.

Der Verlag bedankt sich bei folgenden Personen, Vereinigungen und Bildarchiven für die freundliche Genehmigung zur reproduktion ihrer Fotografien:

Aisa Archivo Icongrafico, Barcelona: Museo Archeologique, Bari 55or; Museo Archeologique, Florenz 52ol; AKG, London: 186u, 284o; Antiquario Palatino 51ul; British Museum 285u; Erich Lessing Akademie der Bildenden Künste, Wien 52m; Musée du Louvre 51ol; Archäologisches Museum Neapel 141u; Archäologisches Nationalmuseum Athen, 24–5(d), 25o; Staatliche Kunstsammlungen, Albertinum, Dresden 29mru, Liebighaus, Frankfurt/Main 31m; Staatliche Antikensammlungen und Glyptotek, München 50u; Mykonos Museum 53o; Antike Kunst und Architektur: 27mo, 28o, 32o, 32mo, 33ml, 35o, 54mu, 54u(d), 95u; Antikenmuseum Basel und Sammlung Ludwig: 58–9; Aperion: John Hios 43m; Argyropoulos Photo Press: 43o, 45mr, 46o, 46mu.

Benaki Museum: 23u, 34mo, 37o, 37m, 39mo, 287o; Paul Bernard: 31o; Bibliotheque National, Paris: Caoursin folio 175 4m(d), 36–7(d), Caoursin folio 33 185ul, Caoursin folio 79 185ur; Bodleian Library, Oxford: MS Canon Misc 378 170v 32mu; Bridgeman Art Library, London: Birmingham City Museums and Art Galleries *Pheidias vollendet den Parthenon-Fries,* Sir Lawrence Alma-Tadema 56o; Bibliothèque Nationale, Paris *Der Autor Guillaume Caoursin, Vizekanzler des Jerusalemer Johanitterordens widmet sein Buch Pierre d'Aubusson, dem Großmeister des Johanitterordens, der von hohen Würdenträgern des Ordens umringt ist* (1483), illustriert vom Meister des Kardinals von Bourbon Lat 6067 f 3v 22(d); British Museum, London *Becher, Tondo, Szene mit heimkehrenden Jägern* 27mu, *Griechische Vase mit Schwammtaucher* (um 500 v. Chr.) 165ur; Fitzwilliam Museum, University of Cambridge *Figurine des Demosthenes,* Enoch Wood of Burslem (um 1790) 55ol, *Attisches Gefäß: Schweine und Odysseus,*

(470–60 v. Chr.) 83ul; Freud Museum, London *Figur der Artemis von Myrina,* Hellenistische Periode (2 Jh. v. Chr.) 214ol; Giraudon/Louvre Paris *Alexander der Goße,* (3. Jh. v. Chr.) Marmor 30or; Haus der Masken, Delos *Mosaik des Dionysus auf dem Leopard* (um 180 n. Chr.) 33o; Kunsthistorisches Museum, Wien *Elisabeth in Bayern, Gattin des Kaisers Franz Joseph I. von Österreich,* Franz Xavier Winterhalter 79m(d); Lauros-Giraudon/Louvre, Paris *Geflügelte Nike von Samothrake* (2. Jh. v. Chr.) 128m; Louvre, Paris *Doppelbüste von Aristophanes und Sophokles* (15. Jh.) 54o; Archäologisches Nationalmuseum Athen *Bronzestatue des Poseidon* (um 460–450 v. Chr.) Foto Bernard Cox 50m; Privatsammlung *Zweiflügelige Ikone der Jungfrau mit Kind und zwei Heiligen* Kretische Schule (15. Jh.) 36ml; Victoria and Albert Museum, London *Korfu,* Edward Lear 77u; © The British Museum: 24mlu, 25mu, 26ol, 28mu, 29mlu, 51or(d), 51ur, 53m(d), 58ol, 59ol, 59or, 135mro.

Camera Press, London: ANAG 41ol, 41ul; Christopher Simon Sykes 73o; Wim Swaan 215o; Tanya Colbourne: 350o; Bruce Coleman Ltd.: Philip van de Berg 243ml; Luiz Claudio Marigo 87o; Natalio Feneck 111mo; Gordon Langsbury 243ul; Andrew J Purcell 20mo; Kim Taylor 111ul; World Wildlife Fund for Nature 111o; Konrad Wothe 243ur.

C M Dixon Photo Resources: 25ca; Glyptotek, München 30or; Marc Dubin: 18o, 19ulo, 19uro, 44ol, 170o, 195o, 195u, 219u, 229m, 231u, 248u.

Ecole Française d'Athenes: 214or; Ecole Nationale Superieure Des Beaux Arts, Paris: *Delphes Restauration du Sanctuaire Envoi,* Tournaire (1894) 28–9; Ekdotiki Athinon: 3, 24mru, 160u, 183u(d), 184ul(d); Elia: 105u; Janice English: 188o, 189o, 189u, 190m, 190u; ET Archive: Nationalionales Archäologisces Museum, Neapel 30mo; Mary Evans Picture Library: 83m, 83mu, 83ur, 129u, 152u.

Ferens Art Gallery: Hull City Museums and Art Galleries and Archives *Elektra am Grab des Agamennon* (1869), Lord Frederick Leighton 53u.

GIRAUDON, Paris: Chateau Ecouen *Retour d'Ulysse* Ecole Siennoise 83ml; Louvre Paris 58m, *Scène de Massacres de Scio,* Eugene Delacroix 38mo(d), 143u(d); Musée Nationale Gustave Moreau *Hesiode et Les Muses,* Gustave Moreau 54mo; Musée d'Art Catalan, Barcelona 285mu; NICHOLAS P GOULANDRIS FOUNDATION MUSEUM OF CYCLADIC AND ANCIENT GREEK ART: 207ol, 207om, 207or, 207ml, 207mr, 280u, 287o; RONALD GRANT ARCHIVE: *Zorba the Greek,* 20th Century Fox 272u.

ROBERT HARDING PICTURE LIBRARY: David Beatty 42ur; Tony Gervis 42mo, 42ul; Photri 354o; Adam Woolfitt 44m; HELIO PHOTO: 94mo; HELLENIC POST SERVICE: 41mlo; HELLENIC WAR MUSEUM, Athens: 247o; HISTORICAL MUSEUM OF CRETE, Irákleio: *Landschaft des Götterberges Sinai,* El Greco 264or; MICHAEL HOLFORD: British Museum 30mu, 50o; HULTON GETTY COLLECTION: 39mu(d); Central Press Photo 40mlu(d).

IDEAL PHOTO SA: T Dassios 297m; A Pappas 231o; C Vergas 43mlu, 43ur, 44or, 79u, 113u, 157o; IMAGES COLOUR LIBRARY: 90o, 266ul; IMPACT PHOTOS: Jeremy Nicholl 348u; Caroline Penn 43ul.

CAROL KANE: 194ur; GULIA KLIMI: 45o; KOSTOS KONTOS: 24mr, 40mro, 40mlo, 43mru, 46mo, 159u, 160m, 184ur, 341o, 351m, 355o.

FRANK LANE PICTURES: Eric and David Hoskings 242ul; ILIAS LALAOUNIS: 347mlo.

MAGNUM PHOTOS LTD.: Constantine Manos 42o; MANSELL COLLECTION: 50–1.

NATIONAL GALLERY OF VICTORIA, Melbourne: *Greek by the Inscriptions Painter Challidian* Felton Bequest (1956) 52u; NATIONAL HISTORICAL MUSEUM: 36o, 38o, 38–9(d), 39o, 40u; NATURAL IMAGE: Bob Gibbons 243ol; Peter Wilson 250ol; NATURE PHOTOGRAPHERS: Brinsley Burbridge 243or; Robin Bush 243mr; Michael J. Hammett 20or; Paul Sterry 111ur, 243om; ANTONIS NICOLOPOULOS: 350m, 351u.

OLYMPIC AIRWAYS: 352o; ORONOZ ARCHIVO FOTOGRAFICO: Biblioteca National Madrid *Invasions Bulgares Historia Matriksiscronica FIIIV* 34mu(d);

Charlottenberg, Berlin 54or; El Escorial, Madrid *Schlacht von Lepanto,* Cambiaso Luca 36mr(d); Museo Julia 51m(d); Musée du Louvre 58u; Museo Vaticano 55u, 59ul; OXFORD SCIENTIFIC FILMS: Paul Kay 21or.

ROMYLOS PARISIS: Museum der Stadt Athen 38mu; PICTOR INTERNATIONAL: 44u; BILDER: 42mru, 350ur; PLANET EARTH BILDER: Wendy Dennis 242m; Jim Greenfield 21mu; Ken Lucas 111mu; Marty Snyderman 21ol; PRIVATE SAMMLUNG: 277m; POPPERFOTO: 40mru, 41mro, 41ur.

REX FEATURES: Sipa Press/C Brown 41or.

SCALA, Florenz: Gallerie degli Uffizi 26mub; Museo Archeologico, Florenz 27o; Museo Mandralisca Cefalu 28mo; Museo Nationale Tarquinia 59ur; Museo de Villa Giulia 26–7, 58or; SPECTRUM COLOUR LIBRARY: 250ol; MARIA STEFOSSI: 16ul.

TAP SERVICE ARCHAEOLOGICAL RECEIPTS FUND HELLENIC REPUBLIC MINISTRY OF CULTURE: A Epharat of Antiquities 41mu, 56ur, 284mu, 284u,285o,285mo; Akropolis-Museum 286ol, 286or; Andros Archäologisches Museum 204ml; Agios Nikolaos Archäologisches Museum 274m; B Epharat of Antiquities 62ul, 94o, 94mu, 94u, 95o, 95m; Chalkida Archäologisches Museum 116m; Chania Archäologisches Museum 249m; Korfu Archäologisches Museum 65o, 76m; Eretreia Archäologisches Museum 5o, 115u, 117m; 5th Epharat of Byzantine Antiquities 35m; 14th Epharat of Byzantine Antiquities 133o, 136o, 140u; 4th Epharat of Byzantine Antiquities 14m, 161m, 161u, 195m; IH Epharat of Antiquities 124o, 125o, 125u; IΘ Epharat of Antiquities 128u, 129mo, 129mu; Ikia Varelitzidenas 121m; Irakleio Archäologisches Museum 262ul, 266o, 266mo, 266mu, 267o, 267m, 268ur; K. Epharat of Antiquities 131u; KA Epharat of Antiquities 63o, 152o, 214u, 215mo, 215mu, 215ul, 215ur, 223m, 226ml, 236mu, 237m, 348mo; KB Epharat of Antiquities 167u, 168o, 168m, 176o, 182ol, 182or, 182m, 182u, 183o, 183m, 192o, 192mr; KΓ Epharat of Antiquities 245o, 259m, 260m, 260u, 261 alle, 262o, 262m, 262ur, 263 alle, 268o, 268m, 268ul, 269ol, 269or, 269u, 270o, 270m, 270u, 271o, 271u; KΔ Epharat of Antiquities

# Sprachführer

**E**S GIBT kein allgemeingültiges System, die griechische Sprache in römischen Buchstaben darzustellen. Das in diesem Reiseführer verwendete System wird von der griechischen Regierung benutzt. Obwohl noch nicht überall im Lande angewendet, wurden die meisten Straßen und Plätze nach diesem System umgeschrieben. Klassische Namen haben hier keine Akzente. Wo ein allgemein bekannter deutscher Name existiert (zum Beispiel: Korfu), wurde dieser auch verwendet. Abweichungen werden im Register genannt.

## AUSSPRACHEREGELN

Der Akzent über griechischen Begriffen zeigt an, welche Silbe betont wird. In der rechten Ausprache-Spalte wird die betonte Silbe durch einen fettgedruckten Buchstaben angezeigt.

## DAS GRIECHISCHE ALPHABET

| | | | |
|---|---|---|---|
| Α α | A a | **Arm** | |
| Β β | V v | **Wo** | |
| Γ γ | G g | **ja** (folgt danach ein e oder i) **n**ein (folgt ein ξ oder γ) | |
| Δ δ | D d | **th** wie im Englischen | |
| Ε ε | E e | **Ei** | |
| Ζ ζ | Z z | **s**o | |
| Η η | I i | **I**gel | |
| Θ θ | Th th | **th** wie im Englischen | |
| Ι ι | I i | **I**gel | |
| Κ κ | K k | **Kind** | |
| Λ λ | L l | **Land** | |
| Μ μ | M m | **Mann** | |
| Ν ν | N n | **Nein** | |
| Ξ ξ | X x | **Taxi** | |
| Ο ο | O o | **Ochse** | |
| Π π | P p | **Partei** | |
| Ρ ρ | R r | **Raum** | |
| Σ σ | S s | **süß** (Sonne, wenn danach ein μ folgt) | |
| ς | s | (am Ende des Wortes) | |
| Τ τ | T t | **Tee** | |
| Υ υ | Y y | **I**gel | |
| Φ φ | F f | **Fisch** | |
| Χ χ | Ch ch | Lo**ch**, aber **h**ier, wenn danach ein a, e oder i-Laut folgt | |
| Ψ ψ | Ps ps | Ma**pp**e | |
| Ω ω | O o | **Ochse** | |

## KOMBINATIONEN VON BUCHSTABEN

Im Griechischen gibt es Kombinationen von zwei Vokalen, die wie ein Laut ausgesprochen werden:

| | | | |
|---|---|---|---|
| Αι αι | Ai ai | **Ei** | |
| Ει ει | Ei ei | **I**gel | |
| Οι οι | Oi oi | **I**gel | |
| Ου ου | Ou ou | **Flu**t | |

Es gibt ebenso Kombinationen von zwei Konsonanten, die wie ein Laut ausgesprochen werden:

| | | | |
|---|---|---|---|
| Μπ μπ | Mp mp | **B**all, manchmal La**mp**e in der Wortmitte | |
| Ντ ντ | Nt nt | **D**ach, manchmal Hu**nd** in der Wortmitte | |
| Γκ γκ | Gk gk | **G**rill, manchmal Ha**ng** in der Wortmitte | |
| Γξ γξ | nx | An**gs**t | |
| Τζ τζ | Tz tz | Hi**tz**e (hart) | |
| Τσ τσ | Ts ts | Hi**tz**e (weich) | |
| Γγ γγ | Gg gg | Ha**ng** | |

## NOTFÄLLE

| | |
|---|---|
| Hilfe! | Βοήθεια! |
| | Voitheia |
| Halt! | Σταματήστε! |
| | Stamatiste |
| Rufen Sie einen Arzt! | Φωνάξτε ένα γιατρό |
| | Fonáxte éna giatró |
| Einen Kranken-wagen/ die Polizei/die Feuerwehr | Καλέστε το ασθενοφόρο/την αστυνομία/την πυροσβεστική |
| | Kaléste to asthenofóro/tin astynomia/tin pyrosvestiki |
| Wo ist das nächste Telefon/Kranken-haus/Apotheke? | Πού είναι το πλησιέστερο τήλεφωνο/νοσοκο-μείο/φαρμακείο; |
| | Poú einai to plisiés-tero tiléfono/ nosoko-meio/farmakeio? |

## GRUNDWORTSCHATZ

| | |
|---|---|
| Ja | Ναι |
| | Nai |
| Nein | Οχι |
| | Ochi |
| Bitte | Παρακαλώ |
| | Parakaló |
| Danke | Ευχαριστώ |
| | Efcharistó |
| Gern geschehen | Παρακαλώ |
| | Parakaló |
| In Ordnung | Εντάξει |
| | Entáxei |
| Entschuldigung | Με συγχωρείτε |
| | Me synchoreite |
| Hallo | Γειά σας |
| | Geiá sas |
| Auf Wiedersehen | Αντίο |
| | Antio |
| Guten Morgen | Καλημέρα |
| | Kaliméra |
| Gute Nacht | Καληνύχτα |
| | Kalinýchta |
| Vormittag | Πρωί |
| | Proí |
| Morgen | Απόγευμα |
| | Apógevma |
| Abend | Βράδυ |
| | Vrádi |
| Heute morgen | Σήμερα το πρωί |
| | Simera to proi |
| Gestern | Χθές |
| | Chthés |
| Heute | Σήμερα |
| | Simera |
| Morgen | Αύριο |
| | Avrio |
| Hier | Εδώ |
| | Edó |
| Dort | Εκεί |
| | Ekei |
| Was? | Τί; |
| | Tí? |
| Warum? | Γιατί; |
| | Giati? |
| Wo? | Πού; |
| | Poú? |
| Wie? | Πώς; |
| | Pós? |
| Warten Sie! | Περίμενε! |
| | Perimene! |

## NÜTZLICHE SÄTZE

| | |
|---|---|
| Wie geht's? | Τί κάνεις; |
| | Ti káneis? |
| Danke, gut | Πολύ καλά, |
| | ευχαριστώ |
| | Poly kalá, efcharistó |
| Hallo? | Πώς είστε; |
| | Pós eiste? |
| Sehr erfreut | Χαίρω πολύ |
| | Chaíro polý |
| Wie ist Ihr Name? | Πώς λέγεστε; |
| | Pós légeste? |
| Wo ist/sind ...? | Πού είναι; |
| | Poú einai? |
| Wie weit ist es bis ...? | Πόσο απέχει... ; |
| | Póso apéchei...? |
| Wie komme ich nach ...? | Πώς μπορώ να |
| | πάω.... ; |
| | Pós mporó na páo...? |
| Sprechen Sie Englisch? | Μιλάτε Αγγλικά; |
| | Miláte Angliká? |
| Ich verstehe | Καταλαβαίνω |
| | Katalavaino |
| Ich verstehe nicht | Δεν καταλαβαίνω |
| | Den katalavaino |
| Könnten Sie langsamer sprechen? | Μιλάτε λίγο πιο αργά παρακαλώ; |
| | Miláte ligo pio argá parakaló? |
| Tut mir leid | Με συγχωρείτε |
| | Me synchoreite |
| Hat jemand einen Schlüssel? | Έχει κανένας κλειδί; |
| | Echei kanénas kleidi? |

## NÜTZLICHE WÖRTER

| | |
|---|---|
| groß | Μεγάλο |
| | Megálo |
| klein | Μικρό |
| | Mikró |
| heiß | Ζεστό |
| | Zestó |
| kalt | Κρύο |
| | Krýo |
| gut | Καλό |
| | Kaló |
| schlecht | Κακό |
| | Kakó |
| genug | Αρκετά |
| | Arketá |
| gut | Καλά |
| | Kalá |
| geöffnet | Ανοιχτά |
| | Anoichtá |
| geschlossen | Κλειστά |
| | Kleistá |
| links | Αριστερά |
| | Aristerá |
| rechts | Δεξιά |
| | Dexiá |
| geradeaus | Ευθεία |
| | Eftheia |
| zwischen | Ανάμεσα / Μεταξύ |
| | Anámesa / Metaxý |
| an der Ecke ... | Στη γωνία του... |
| | Sti gonia tou... |
| nahe | Κοντά |
| | Kontá |
| weit | Μακριά |
| | Makriá |
| hinauf | Επάνω |
| | Epáno |
| runter | Κάτω |
| | Káto |
| früh | Νωρίς |
| | Noris |
| spät | Αργά |
| | Argá |
| Eingang | Η είσοδος |
| | I eisodos |
| Ausgang | Η έξοδος |
| | I éxodos |
| Toilette | Οι τουαλέτες /WC |
| | Oi toualétes / WC |
| besetzt | Κατειλημμένη |
| | Kateiliméni |

| | |
|---|---|
| nicht besetzt/frei | Ελεύθερη |
| | Eléftheri |
| frei/kein Eintritt | Δωρεάν |
| | Doreán |
| hinein/hinaus | Μέσα /Έξω |
| | Mésa/ Exo |

## TELEFONIEREN

| | |
|---|---|
| Wo ist die nächste Telefonzelle? | Πού βρίσκεται ο πλησιέστερος τηλεφωνικός θάλαμος; |
| | Poú vrisketai o plisiésteros tilefonikós thálamos? |
| Ich möchte ein Ferngespräch führen | Θα ήθελα να κάνω ένα υπεραστικό τηλεφώνημα |
| | Tha ithela na káno éna yperastikó tilefónima |
| Ich möchte ein R-Gespräch führen | Θα ήθελα να χρεώσω το τηλεφώνημα στον παραλήπτη |
| | Tha ithela na chreóso to tilefónima ston paralípti |
| Ich werde es später noch mal versuchen | Θα ξανατηλεφωνήσω αργότερα |
| | Tha xanatilefoniso argótera |
| Kann ich eine Nachricht hinterlassen? | Μπορείτε να του αφήσετε ένα μήνυμα; |
| | Mporeite na tou afisete éna minyma? |
| Könnten Sie lauter sprechen, bitte? | Μιλάτε δυνατότερα, παρακαλώ; |
| | Miláte dynatótera, parakaló |
| Ortsgespräch | Τοπικό τηλεφώνημα |
| | Topikó tilefónima |
| Warten Sie bitte | Περιμένετε |
| | Periménete |
| OTE-Telefonamt | Ο ΟΤΕ / Το τηλεφωνείο |
| | O OTE / To tilefoneio |
| Telefonzelle/Kiosk | Ο τηλεφωνικός θάλαμος |
| | O tilefonikós thálamos |
| Telefonkarte | Η τηλεκάρτα |
| | I tilekárta |

## EINKAUFEN

| | |
|---|---|
| Wieviel kostet das? | Πόσο κάνει; |
| | Póso kánei? |
| Ich hätte gerne ... | Θα ήθελα... |
| | Tha ithela... |
| Haben Sie ... ? | Έχετε...; |
| | Echete...? |
| Ich schaue nur | Απλώς κοιτάω |
| | Aplós koitáo |
| Nehmen Sie Kreditkarten/ Traveller-Schecks? | Δέχεστε πιστωτικές κάρτες/travellers' cheques; |
| | Décheste pistotikés kártes/travellers' cheques? |
| Wann öffnen/schließen Sie? | Ποτέ ανοίγετε/ κλείνετε; |
| | Póte anoigete/ kleinete? |
| Verschicken Sie auch ins Ausland? | Μπορείτε να το στείλετε στο εξωτερικό; |
| | Mporeite na to steilete sto exoterikó? |
| dieser | Αυτό εδώ |
| | Aftó edó |
| jener | Εκείνο |
| | Ekeíno |

| | | |
|---|---|---|
| teuer | Ακριβό | Akrinó |
| preiswert | Φθηνό | Fthinó |
| Größe | Το μέγεθος | To mégethos |
| weiß | Λευκό | Lefkó |
| schwarz | Μαύρο | Mávro |
| rot | Κόκκινο | Kókkino |
| gelb | Κίτρινο | Kítrino |
| grün | Πράσινο | Prásino |
| blau | Μπλε | Mple |

## LÄDEN UND GESCHÄFTE

| | | |
|---|---|---|
| Antiquitäten | Μαγαζί με αντίκες | Magazí me antíkes |
| Bäckerei | Ο φούρνος | O foúrnos |
| Bank | Η τράπεζα | I trápeza |
| Basar | Το παζάρι | To pazári |
| Buchladen | Το βιβλιοπωλείο | To vivliopoleío |
| Metzger | Το κρεοπωλείο | To kreopoleío |
| Konditor | Το ζαχαροπλαστείο | To zacharoplasteío |
| Käseladen | Μαγαζί με αλλαντικά | Magazí me allantiká |
| Kaufhaus | Πολυκάταστημα | Polykatástima |
| Fischmarkt | Το ιχθυοπωλείο/ ψαράδικο | To ichthyopoleío/ psarádiko |
| Gemüsehändler | Το μανάβικο | To manáviko |
| Friseur | Το κομμωτήριο | To kommotirio |
| Kiosk | Το περίπτερο | To periptero |
| Lederwaren | Μαγαζί με δερμάτινα είδη | Magazí me dermátina eídi |
| Straßenmarkt | Η λαϊκή αγορά | I laïkí agorá |
| Zeitungshändler | Ο εφημεριδοπώλης | O efimeridopólis |
| Apotheke | Το φαρμακείο | To farmakeío |
| Postamt | Το ταχυδρομείο | To tachydromeío |
| Schuhgeschäft | Κατάστημα υποδημάτων | Katástima ypodimáton |
| Souvenirladen | Μαγαζί με "souvenir" | Magazí me "souvenir" |
| Supermarkt | Σουπερμάρκετ/ Υπεραγορά | "Supermarket"/ Yperagorá |
| Tabakladen | Είδη καπνις | Eídi kapnis |
| Reisebüro | Το ταξειδιωτικό γραφείο | To taxeidiotikó grafeío |

## SEHENSWÜRDIGKEITEN

| | | |
|---|---|---|
| Auskunft | Ο ΕΟΤ | O EOT |
| Touristenpolizei | Η τουριστική αστυνομία | I touristiki astynomia |

| | | |
|---|---|---|
| archäologisch | αρχαιολογικός | archaiologikós |
| Kunstgalerie | Η γκαλερί | I gkalerí |
| Strand | Η παραλία | I paralía |
| byzantinisch | βυζαντινός | vyzantinós |
| Burg | Το κάστρο | To kástro |
| Kathedrale | Η μητρόπολη | I mitrópoli |
| Höhle | Το σπήλαιο | To spílaio |
| Kirche | Η εκκλησία | I ekklisía |
| Volkskunst | λαϊκή τέχνη | laïki téchni |
| Brunnen | Το συντριβάνι | To syntriváni |
| Hügel | Ο λόφος | O lófos |
| historisch | ιστορικός | istorikós |
| Insel | Το νησί | To nisi |
| See | Η λίμνη | I límni |
| Bibliothek | Η βιβλιοθήκη | I vivlíothíki |
| Haus | Η έπαυλις | I épavlis |
| Kloster | Μονή | moni |
| Berg | Το βουνό | To vounó |
| Stadt | δημοτικός | dimotikós |
| Museum | Το μουσείο | To mouseío |
| national | εθνικός | ethnikós |
| Park | Το πάρκο | To párko |
| Garten | Ο κήπος | O kipos |
| Schlucht | Το φαράγγι | To farángi |
| Grab von ... | Ο τάφος του... | O táfos tou... |
| Fluß | Το ποτάμι | To potámi |
| Straße | Ο δρόμος | O drómos |
| Heiliger | άγιος/άγιοι/αγία/ αγίες | ágios/ágioi/agia/agies |
| Quelle | Η πηγή | I pigi |
| Platz | Η πλατεία | I plateía |
| Stadion | Το στάδιο | To stádio |
| Statue | Το άγαλμα | To ágalma |
| Theater | Το θέατρο | To théatro |
| Rathaus | Το δημαρχείο | To dimarcheío |
| geschlossen an Feiertagen | κλειστό τις αργίες | kleistó tis argies |

## TRANSPORT

| | | |
|---|---|---|
| Wann fährt .... ab? | Πότε φεύγει το ....; | Póte févgei to...? |
| Wo ist die nächste Bushaltestelle? | Πού είναι η στάση του λεωφορείου; | Poú eínai i stási tou leoforeíou? |
| Fährt ein Bus nach ...? | Υπάρχει λεωφορείο για....; | Ypárchei leoforeío gia...? |
| Fahrkartenschalter | Εκδοτήρια εισητηρίων | Ekdotiria eisitiríon |
| Rückfahrkarte | Εισητήριο με επιστροφή | Eisitirio me epistrofí |

| | |
|---|---|
| einfache Fahrt | Απλό εισητήριο |
| | Apló eisitírio |
| Bushaltestelle | Ο σταθμός |
| | λεωφορείων |
| | O stathmós |
| | leoforeíon |
| | Εισητήριο |
| Busticket | λεωφορειου |
| | Eisitírio leoforeíou |
| Oberleitungsbus | Το τρόλλευ |
| | To trólley |
| Hafen | Το λιμάνι |
| | To limáni |
| Zug/U-Bahn | Το τρένο |
| | To tréno |
| | σιδηροδρομικός |
| Bahnhof | σταθμός |
| | sidirodromikós |
| | stathmós |
| | Το μοτοποδήλατο / |
| Motorrad | το μηχανάκι |
| | To motopodílato / |
| | To michanáki |
| Fahrrad | Το ποδήλατο |
| | To podílato |
| Taxi | Το ταξί |
| | To taxí |
| Flughafen | Το αεροδρόμιο |
| | To aerodrómio |
| Fähre | Το φερυμπότ |
| | To "ferry-boat" |
| | Το δελφίνι / Το |
| Luftkissenboot | υδροπτέρυγο |
| | To delfíni / To |
| | ydroptérygo |
| Katamaran | Το καταμαράν |
| | To katamarán |
| zu vermieten | Ενοικιάζονται |
| | Enoikiázontai |

## IM HOTEL

| | |
|---|---|
| Haben Sie ein freies Zimmer? | Έχετε δωμάτια; |
| | Échete domátia? |
| | Δίκλινο με διπλό |
| Doppelzimmer mit Doppelbett | κρεββάτι |
| | Díklino me dipló krevváti |
| | Δίκλινο με μονά |
| Doppelzimmer | κρεββάτια |
| | Díklino me moná krevvátia |
| Einzelzimmer | Μονόκλινο |
| | Monóklino |
| Zimmer mit Bad | Δωμάτιο με μπάνιο |
| | Domátio me mpánio |
| Dusche | Το ντους |
| | To douz |
| Portier | Ο πορτιέρης |
| | O portiéris |
| Schlüssel | Το κλειδί |
| | To kleidí |
| Ich habe reserviert | Έχω κάνει κράτηση |
| | Écho kánei krátisi |
| Zimmer mit Meerblick/Balkon | Δωμάτιο με θέα στή θάλασσα/μπαλκόνι |
| | Domátio me théa sti thálassa/mpalkóni |
| Gilt der preis inklusive Frühstück? | Το πρωινό συμπεριλαμβάνεται στην τιμή; |
| | To proinó symperi- lamvánetai stin timí? |

## IM RESTAURANT

| | |
|---|---|
| Haben Sie einen Tisch frei? | Έχετε τραπέζι; |
| | Échete trapézi? |
| Ich möchte einen Tisch reservieren | Θέλω να κρατήσω ένα τραπέζι |
| | Thélo na kratíso éna trapézi |
| Die Rechnung bitte | Τον λογαριασμό, παρακαλώ |
| | Ton logariazmó parakaló |
| Ich bin Vegetarier | Είμαι χορτοφάγος |
| | Eímai chortofágos |

| | |
|---|---|
| Was ist heute frisch? | Τί φρέσκο έχετε σήμερα; |
| | Ti frésko échete simera? |
| Kellner/Kellnerin | Κύριε / Γκαρσόν / Κυρία (weiblich) |
| | Kýrie/Garson"/Kyría |
| Speisekarte | Ο κατάλογος |
| | O katálogos |
| Gedeck | Το κουβέρ |
| | To "couvert" |
| Weinkarte | Ο κατάλογος με τα οινοπνευματώδη |
| | O katálogos me ta oinopnevmatódi |
| Glas | Το ποτήρι |
| | To potíri |
| Flasche | Το μπουκάλι |
| | To mpoukáli |
| Messer | Το μαχαίρι |
| | To machaíri |
| Gabel | Το πηρούνι |
| | To piroúni |
| Löffel | Το κουτάλι |
| | To koutáli |
| Frühstück | Το πρωινό |
| | To proinó |
| Mittagessen | Το μεσημεριανό |
| | To mesimerianó |
| Abendessen | Το δείπνο |
| | To deípno |
| Hauptgericht | Το κυρίως γεύμα |
| | To kyríos gévma |
| Vorspeise | Τα ορεκτικά |
| | Ta orektiká |
| Nachtisch | Το γλυκό |
| | To glykó |
| Tagesgericht | Το πιάτο της ημέρας |
| | To piáto tis iméras |
| Bar | Το μπαρ |
| | To "bar" |
| Taverne | Η ταβέρνα |
| | I tavérna |
| Café | Το καφενείο |
| | To kafeneío |
| Fischrestaurant | Η ψαροταβέρνα |
| | I psarotavérna |
| Grillrestaurant | Η ψησταριά |
| | I psistariá |
| Weinhändler | Το οινοπωλείο |
| | To oinopoleío |
| Milchgeschäft | Το γαλακτοπωλείο |
| | To galaktopoleío |
| Restaurant | Το εστιατόριο |
| | To estiatório |
| Ouzeri | Το ουζερί |
| | To ouzerí |
| Mezes-Laden | Το μεζεδοπωλείο |
| | To mezedopoleío |
| Kebab zum Mitnehmen | Το σουβλατζίδικο |
| | To souvlatzidiko |
| blutig (Steak) | Ελάχιστα ψημένο |
| | Eláchista psiméno |
| mittel | Μέτρια ψημένο |
| | Métria psiméno |
| durchgebraten | Καλοψημένο |
| | Kalopsiméno |

## ESSEN UND TRINKEN

| | |
|---|---|
| Kaffee | Ο καφές |
| | O Kafés |
| mit Milch | με γάλα |
| | me gála |
| schwarzer Kaffee | σκέτος |
| | skétos |
| mit Zucker | χωρίς ζάχαρη |
| | choris záchari |
| nicht so süß | μέτριος |
| | métrios |
| sehr süß | γλυκύς |
| | glykýs |
| Tee | τσάι |
| | tsái |
| Kakao | ζεστή σοκολάτα |
| | zesti sokoláta |
| Wein | κρασί |
| | krasi |
| rot | κόκκινο |
| | kókkino |

| | | | | |
|---|---|---|---|---|
| weiß | λευκό | | 60 | εξήντα |
| | lefkó | | | exínta |
| rosé | ροζέ | | 70 | εβδομήντα |
| | rozé | | | evdominta |
| Raki | Το ρακί | | 80 | ογδόντα |
| | To rakí | | | ogdónta |
| Ouzo | Το ούζο | | 90 | εννενήντα |
| | To oúzo | | | enneninta |
| Retsina | Η ρετσίνα | | 100 | εκατό |
| | I retsína | | | ekató |
| Wasser | Το νερό | | 200 | διακόσια |
| | To neró | | | diakósia |
| Tintenfisch | Το χταπόδι | | 1000 | χίλια |
| | To chtapódi | | | chilia |
| Fisch | Το ψάρι | | 2000 | δύο χιλιάδες |
| | To psári | | | d΄yo chiliádes |
| Käse | Το τυρί | | 1 000 000 | ένα εκατομμύριο |
| | To tyrí | | | éna ekatomm΄yrio |
| Halloumi | Το χαλούμι | | | |
| | To chaloúmi | | | |

## ZEIT, TAGE UND MONATE

| Feta | Η φέτα | | eine Minute | ένα λεπτό |
|---|---|---|---|---|
| | I féta | | | éna leptó |
| Brot | Το ψωμί | | eine Stunde | μία ώρα |
| | To psomí | | | mía óra |
| Bohnensuppe | Η φασολάδα | | eine halbe Stunde | μισή ώρα |
| | I fasoláda | | | misí óra |
| Getreidegericht | Το χούμους | | Viertelstunde | ένα τέταρτο |
| (Bulgur) | To houmous | | | éna tétarto |
| Halwa | Ο χαλβάς | | halb eins | μία και μισή |
| | O chalvás | | | mía kai misí |
| Gyros | Ο γύρος | | Viertel nach eins | μία και τέταρτο |
| | O gýros | | | mía kai tétarto |
| Türkischer Honig | Το λουκούμι | | zehn nach eins | μία και δέκα |
| | To loukoúmi | | | mía kai déka |
| Baklawa | Ο μπακλαβάς | | Viertel vor zwei | δύο παρά τέταρτο |
| | O mpaklavás | | | d΄yo pará tétarto |
| Klephtiko | Το κλέφτικο | | zehn vor zwei | δύο παρά δέκα |
| | To kléftiko | | | d΄yo pará déka |

## ZAHLEN

| | | | ein Tag | μία μέρα |
|---|---|---|---|---|
| | | | | mía méra |
| 1 | ένα | | eine Woche | μία εβδομάδα |
| | éna | | | mía evdomáda |
| 2 | δύο | | ein Monat | ένας μήνας |
| | dýo | | | énas mínas |
| 3 | τρία | | ein Jahr | ένας χρόνος |
| | tría | | | énas chrónos |
| 4 | τέσσερα | | Montag | Δευτέρα |
| | téssera | | | Deftéra |
| 5 | πέντε | | Dienstag | Τρίτη |
| | pénte | | | Triti |
| 6 | έξι | | Mittwoch | Τετάρτη |
| | éxi | | | Tetárti |
| 7 | επτά | | Donnerstag | Πέμπτη |
| | eptá | | | Pémpti |
| 8 | οχτώ | | Freitag | Παρασκευή |
| | ochtó | | | Paraskeví |
| 9 | εννέα | | Samstag | Σαββάτο |
| | ennéa | | | Savváto |
| 10 | δέκα | | Sonntag | Κυριακή |
| | déka | | | Kyriaki |
| 11 | έντεκα | | Januar | Ιανουάριος |
| | énteka | | | Ianouários |
| 12 | δώδεκα | | Februar | Φεβρουάριος |
| | dódeka | | | Fevrouários |
| 13 | δεκατρία | | März | Μάρτιος |
| | dekatria | | | Mártios |
| 14 | δεκατέσσερα | | April | Απρίλιος |
| | dekatéssera | | | Aprílios |
| 15 | δεκαπέντε | | Mai | Μάιος |
| | dekapénte | | | Máios |
| 16 | δεκαέξι | | Juni | Ιούνιος |
| | dekaéxi | | | Ioúnios |
| 17 | δεκαεπτά | | Juli | Ιούλιος |
| | dekaeptá | | | Ioúlios |
| 18 | δεκαοχτώ | | August | Αύγουστος |
| | dekaochtó | | | Avgoustos |
| 19 | δεκαεννέα | | September | Σεπτέμβριος |
| | dekaennéa | | | Septémvrios |
| 20 | είκοσι | | Oktober | Οκτώβριος |
| | eíkosi | | | Októvrios |
| 21 | εικοσιένα | | November | Νοέμβριος |
| | eikosiéna | | | Noémvrios |
| 30 | τριάντα | | Dezember | Δεκέμβριος |
| | triánta | | | Dekémvrios |
| 40 | σαράντα | | | |
| | saránta | | | |
| 50 | πενήντα | | | |
| | peninta | | | |

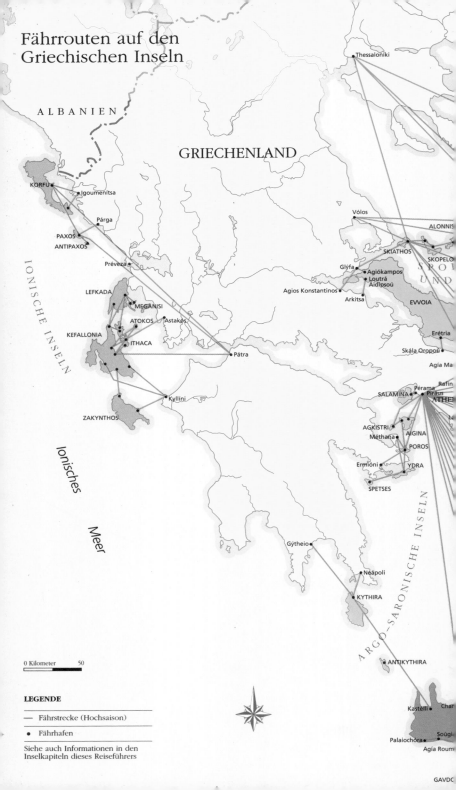